O MISTÉRIO DO PERGAMINHO DE COBRE DE Qumran

O REGISTRO DOS ESSÊNIOS DO TESOURO DE AKHENATON

ROBERT FEATHER

O MISTÉRIO DO PERGAMINHO DE COBRE DE Qumran

O REGISTRO DOS ESSÊNIOS DO TESOURO DE AKHENATON

Tradução:
Getúlio Elias Schanoski Jr.

Publicado originalmente em inglês sob o título *The Mystery of the Copper Scroll of Qumran*, por Bear & Company.
© 1999, 2003 by Robert Feather
Direitos de edição e tradução para o Brasil.
Tradução autorizada do inglês.
© 2011, Madras Editora Ltda.

Editor:
Wagner Veneziani Costa

Produção e Capa:
Equipe Técnica Madras

Tradução:
Getulio Elias Schanoski Jr.

Revisão:
Maria Cristina Scomparini
Wilson Ryoji Imoto
Elaine Garcia
Ana Paula Enes

Dados Internacionais de Catalogação na Publicação (CIP)
(Câmara Brasileira do Livro, SP, Brasil)

Feather, Robert
O Mistério do Pergaminho de cobre de Qumran: o registros dos Essênios do tesouro de Akhenaton / Robert Feather ; tradução Getúlio Elias Schanoski Jr.. — 2. ed. — São Paulo : Madras, 2011.
Título original: The mystery of the CopperScroll of Qumran

ISBN 978-85-370-0678-8

1. Cristianismo - Origem 2. Egito - Religião 3. Essênios 4. Islamismo - Origem 5. Judaísmo - Origem 6. Pergaminho de cobre - Crítica e interpretação I. Título.
11-04045 CDD-296.155

Índices para catálogo sistemático:
1. Pergaminho de cobre de Qumran :
Interpretação : Religião 296.155

Proibida a reprodução total ou parcial desta obra, de qualquer forma ou por qualquer meio eletrônico, mecânico, inclusive por meio de processos xerográficos, incluindo ainda o uso da internet sem a permissão expressa da Madras Editora, na pessoa de seu editor (Lei nº 9.610, de 19.2.98).

Todos os direitos desta edição, em língua portuguesa, reservados pela

MADRAS EDITORA LTDA.
Rua Paulo Gonçalves, 88 — Santana
CEP: 02403-020 — São Paulo/SP
Caixa Postal: 12183 — CEP: 02013-970 — SP
Tel.: (11) 2281-5555 — Fax: (11) 2959-3090
www.madras.com.br

A Vivien, Adam, Sarah,
Jasmine e Oxyrynchus

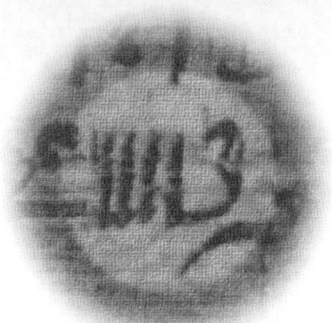

Índice

Agradecimentos 9
Prefácio da Nova Edição 11
Prefácio da Primeira Edição 19
  1. O Pergaminho de Cobre — Dois Mil Anos Escondido 23
  2. Bilhões em Ouro 37
  3. Metalurgia e Metrologia 51
  4. As Tribos Hebraicas e o Egito 63
  5. O Caldeirão Encasulado do Egito — Desenvolvimento
     da Civilização 83
  6. A Continuação da Família Amenhotep 103
  7. Abraão — Pai de Três Religiões, Fundador de Nenhuma 109
  8. Abraão no Palácio do Faraó 123
  9. O Faraó Akhenaton — O Rei Que Descobriu Deus 131
  10. José — O Profeta do Destino 143
  11. A Longa Viagem ao Sul 161
  12. Moisés — O Príncipe do Egito 165
  13. O Êxodo — Moisés Faz Sua Lista de Schindler 171
  14. Em Direção a Qumran 193
  15. Os Tesouros Perdidos de Akhenaton 217
  16. O Legado de Akhetaton 267
  17. Ligações Físicas, Materiais e Tecnológicas entre
     Qumran e Akhetaton 301
  18. Egito, Israel e Além — As Comunidades Sobrepostas 309
  19. Pistas Finais do Pergaminho de Cobre — A
     Ilha de Elefantine e os Falashas da Etiópia 325
  20. Reação Acadêmica e Erudita 353
Apêndice — Tradução do Pergaminho de Cobre 381
Glossário 407
Créditos das Ilustrações 423
Índice Remissivo 429

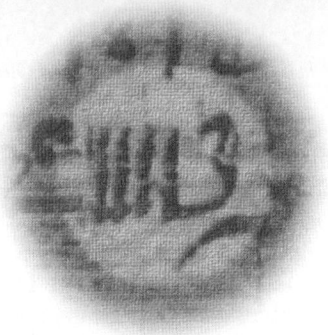

Agradecimentos

Inúmeras pessoas foram imensamente generosas ao ceder parte de seu precioso tempo, colaborando com suas opiniões precisas durante a preparação deste livro. Não as listo aqui em nenhuma forma específica de importância. Cada uma delas contribuiu com um elemento vital para a execução deste trabalho.

Meus sinceros agradecimentos a cada um dos muitos bibliotecários, arquivistas e funcionários de museus que ajudaram no agrupamento de informações de tantas disciplinas diferentes. Sem as obras dos autores que cito, não poderia nem ao menos ter começado a escrever este livro.

Há duas pessoas cuja motivação inicial, apoio imensurável e amizade me foram muito valiosos: Caroline Davidson, da Agência Literária Caroline Davidson, e o professor George J. Brooke*, professor Rylands de Crítica e Exegese Bíblicas da Universidade de Manchester, codiretor do Centro Manchester-Sheffield de Pesquisa dos Manuscritos do Mar Morto.

A todos os demais, minha sincera gratidão:

• Dra. Rosalie David, leitora e defensora da Egiptologia, do Museu de Manchester;

• Rabino William Wolff, Wimbledon e Sinagoga do Distrito;

• Graham Young, Penciuk, Escócia;

• Jozef Milik, líder da equipe de tradução dos Manuscritos do Mar Morto da École Biblique, Jerusalém;

• Henri de Contenson, diretor de Pesquisas Honorárias na CNRS, França;

• Professor John Tait, Universidade de Londres;

---

*N.E.: Segundo George J. Brooke, *Rylands* é o nome de uma famosa biblioteca inglesa, cujas doações propriciaram estudos bíblicos na Universidade de Manchester.

- Irene Morley, Universidade de Londres;
- Csaba La'da, Universidade de Hamburgo, Alemanha;
- Brian Norman, consultor editorial;
- Barry Weitz, cartógrafo e consultor textual;
- Alice Hunt, da Agência Literária Caroline Davidson;
- Donald W. Parry, Universidade Brigham Young, Utah;
- Jonathan Stoppi, consultor de computação de Qualum, Londres;
- Mark Vidler, autor de *The Star Mirror*;
- Miriam Blank Sachs, West Newton, Massachusetts, por sua permissão para a citação de um poema do livro de sua mãe, *The Spoken Choice*;
- Chris Elston, chefe executivo, Associação do Mercado de Ouro de Londres;
- Lesley Fitton e Dr. Paul Roberts, Departamento de Antiguidades Gregas e Romanas, do Museu Britânico;
- Paul Craddock, Laboratório de Pesquisas, do Museu Britânico;
- Michelle Pilley, Belinda Budge, Paul Redhead, Charlotte Ridings e Suzanne Collins, Thorsons, HarperCollins Publishers;
- Jon Graham, Jeanie Levitan, Patricia Rydle e Collette Fugere, Inner Traditions, Bear Company;
- Elizabeth Hutchins, editora *free-lance*;
- Martin Weitz, Focus Productions, Bristol;
- Lesley-Ann Liddiard, Departamento de História e Arte Aplicada, Museus Nacionais da Escócia;
- Andrea Davis, Departamento de Egiptologia, Museu de Liverpool
- Carol Andrews, mantenedora assistente, Departamento de Antiguidades Egípcias, do Museu Britânico;
- Dalia Tracz, bibliotecária assistente, Library Services, Universidade Faculdade de Londres;
- Professor Stefan Reif, diretor da Unidade de Pesquisas Taylor-Schechter Genizah, Biblioteca da Universidade de Cambridge e professor de Estudos Hebraicos Medievais, Universidade de Cambridge;
- Gwil Owen, Faculdade de Arqueologia e Antropologia, Universidade de Cambridge;
- Dott Carla Gallorini, bibliotecária, Sociedade de Exploração do Egito, Londres;
- P. W. Van Boxel, bibliotecário, Faculdade Leo Baeck, Londres;
- Lionel Bochurberg, Avocat au Barreau de Paris, França;
- Martin Stammers, Instituto de Materiais, Londres;
- Dr. Jack Harris, metalurgista e palestrante consultor;
- Rabino Mark Winer, Sinagoga do Oeste de Londres;
- Jonathan Williams, curador, Departamento de Moedas e Medalhas, Museu Britânico, Londres;
- Robert Shrager, historiador consultor, presidente House of Fraser;
- Roger Smolski, matemático e consultor de computação, RAC, Londres;
- Professor Harold Ellens, Universidade de Michigan, Michigan.

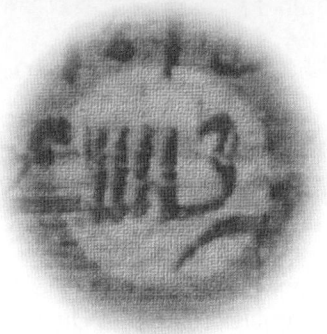

Prefácio da Nova Edição

Estudiosos são frequentemente desafiados por uma nova perspectiva sobre uma ideia antiga ou uma hipótese inovadora que os faz reexaminar um modelo tradicional. Quando um evento tão surpreendente acontece, é muito importante ser capaz de discernir a possibilidade e então a probabilidade de uma verdade nessa nova perspectiva. Para analisarmos a nova hipótese de Robert Feather com relação ao Pergaminho de Cobre e outros assuntos a respeito da tradição israelita antiga de forma construtiva, é preciso olharmos para todas as coisas pelo seu modelo e pela sua visão global. Ao fazer isso, podemos notar que o livro de Feather nos oferece uma nova e legítima hipótese, que é heuristicamente sustentada pelas evidências que ele nos apresenta.

A sabedoria exige que todos os detalhes discrepantes de um novo modelo sejam considerados como um todo. Alguns dos aspectos individuais podem não parecer fazer sentido se analisados isoladamente. No entanto, quando todas as possibilidades de um modelo são vistas como um todo, geralmente nos oferecem um quadro totalmente novo sobre uma tela antiga. Esse novo quadro é quase sempre mais cheio de detalhes do que o tradicional já conhecido, como no caso da análise de Feather do Pergaminho de Cobre. Sua hipótese utiliza todos os dados como uma visão coerente de alguma forma melhor do que as antigas tentativas de interpretação desse antigo documento enigmático. A sugestão de Feather nos oferece uma forma original, enriquecedora e interessante de analisarmos esse fenômeno relevante.

Feather relaciona aqui diversas opções de argumentação e uma enorme variedade de dados, anteriormente despercebidos ou inadequadamente analisados. Da forma que tudo isso se encaixa, em confirmação da hipótese geral do autor a respeito das relações egípcias mais importantes e das influências sobre a comunidade de Qumran, temos uma ideia coerente que trata das informações de maneira bastante eficaz — melhor do que qualquer outro modelo até a data de hoje. Por essa razão, a proposta de Feather é bastante convincente.

O Pergaminho de Cobre é um tipo único de documento entre os que foram encontrados nas cavernas próximas a Qumran. Dois outros tipos de documentos foram encontrados ali, ou seja, aqueles que descrevem a ideologia, ponto de vista, teologia e história do povo judeu após seu retorno do exílio na Babilônia (500 a.C.), e aqueles que fazem parte da regra e da visão geral da comunidade enclausurada de Qumran — os essênios. Os moradores de Qumran preservaram essa biblioteca dos Manuscritos do Mar Morto.

O Pergaminho de Cobre é misterioso e há uma variedade considerável de opiniões a respeito de como ele deve ser traduzido. Dois problemas agravam a dificuldade de sua tradução. Em primeiro lugar, nem todo seu conteúdo pode ser lido com clareza. Fica bastante evidente, a partir do pergaminho, que as pessoas que o copiaram para a placa de cobre não entendiam a língua que estavam copiando. Assim, nem todas as letras estão tão claras como gostaríamos. Em segundo lugar, há alguns caracteres gregos inseridos no texto que parecem ter muito pouca ligação com o conteúdo do Pergaminho de Cobre em si.

Esse mistério ainda não foi totalmente explicado de maneira conclusiva, com exceção da hipótese que Robert Feather desenvolve neste livro. Ele introduz ideias originais que parecem vir de direções completamente inesperadas e surpreendentes. Ele nos faz olhar para os Manuscritos do Mar Morto e, principalmente, para o Pergaminho de Cobre e sua relação com a comunidade de Qumran, de uma forma totalmente nova. Assim, ele nos faz considerar alguns padrões de percepção e trajetórias de investigação que irão, a longo prazo, ser muito úteis para a compreensão tanto do Pergaminho de Cobre quanto do antigo Judaísmo antes do tempo de Cristo e de Qumran. Essas ideias se referem a ligações de uma Qumran complexa e intrigante, com fontes egípcias que podem muito bem estar de posse do segredo para a descoberta dos tesouros descritos no Pergaminho de Cobre.

A simples ideia de estarmos diante de uma descoberta intrigante de um tesouro antigo já é por si só mágica e excitante. No entanto, ainda mais importante que isso é a possibilidade de que esse Pergaminho de Cobre introduza uma ligação entre o antigo Judaísmo, o Judaísmo pós-exílio e a religião egípcia. De forma impressionante, uma melhor compreensão do Pergaminho de Cobre pode demonstrar que ideias e movimentos significantes dentro do Judaísmo antigo foram resultados do desenvolvimento no antigo Egito que nos levam até Abraão, ou à escravidão dos israelitas, ou ainda ao Êxodo sob Ramsés II e à vida de Moisés. Para sermos capazes de determinar que o Judaísmo e, portanto, o Cristianismo, que se iniciou como uma forma de Judaísmo, tem suas raízes ou ligações com a cultura egípcia e a religião monoteísta, seria algo bastante interessante e extremamente intrigante.

A análise detalhista de Feather dos sistemas numérico e de pesos usados no Pergaminho de Cobre e sua descoberta de que são de origem egípcia e que, portanto, revelam uma conexão egípcia, parecem estar basicamente corretas. O conjunto de letras gregas inseridas em lugares peculiares no final das partes no pergaminho fora, por muito tempo, totalmente impossível de ser compreendido. O argumento de Feather revela uma ideia crucial para a resolução deste problema. Ele defende que se essas letras gregas forem lidas na sequência em que aparecem no pergaminho, elas evidentemente resultam em uma referência ao antigo rei egípcio Akhenaton. Essa afirmação nos proporciona um elemento da hipótese de Feather de que o texto do Pergaminho de Cobre tem alguma ligação com este rei, o grande faraó monoteísta e seu templo em Amarna.

Feather afirma que o texto do Pergaminho de Cobre sugere que ele traz um código e que este código também está presente em um documento escondido em um lugar específico, próximo a alguns dos tesouros listados no pergaminho. A localização ao que tudo indica está na Palestina (Israel), próximo a Jericó ou Gerizim, ou em algum lugar semelhante no Egito. Curiosamente, os locais em Israel são aparentemente lugares históricos não tão importantes, e os principais ficam no Egito. Se eu estivesse disposto a iniciar uma investigação arqueológica que fosse seguir as indicações de Feather, certamente gastaria boa parte do tempo, energia e recursos no Egito, especialmente em Amarna, e analisaria com bastante cuidado o local monoteísta do templo judeu ou pseudojudeu em Leontópolis, perto do Cairo.

O enorme intervalo de tempo de 1.200 anos entre o faraó Akhenaton e sua cidade santa de Amarna, por um lado, e a comunidade em Qumran, do outro, apresenta-nos grandes dificuldades no estabelecimento da ligação que Feather tenta determinar. Adicione a isso a distância de 600 quilômetros e o cenário torna-se bastante complicado. Esse é um ponto do qual discordo de certa forma da hipótese de Feather. Duvido que o Pergaminho de Cobre tenha sido criado pelos habitantes de Qumran. Acredito que a numeração egípcia, as letras gregas arcaicas inseridas nas colunas do texto, a qualidade do material de cobre e a natureza arcaica da linguagem hebraica como é transmitida no pergaminho estabelecem grandes chances de o Pergaminho de Cobre ter sido possuído e preservado pelos moradores de Qumran, mas que ele foi adquirido de outra comunidade muito mais antiga que havia copiado o texto de um papiro padrão ou de um pergaminho de tecido para a placa de cobre. Ele foi então enrolado na mesma forma do pergaminho original. A fonte original pode ser, inclusive, de um antigo Akhenaton egípcio da época de Moisés. A dificuldade daqueles que transmitiram as informações para o Pergaminho de Cobre foi a de distinguir, por exemplo, entre um *beta* e um *dalet* hebraicos, ou entre um *tav* e um *vav*, e isso indica que estavam lidando com uma língua, ou uma forma arcaica de um idioma, que não era totalmente familiar para eles. Essa interpretação solucionaria o problema do intervalo no tempo e na distância.

Feather sustenta, porém, que há outras indicações, no decorrer de outros Manuscritos do Mar Morto, de possíveis ligações de Qumran com o Egito, incluindo a extrema reverência da comunidade pela luz e o uso de um calendário solar. Mas é possível, conforme proposto por uma perspectiva tradicional, que os temas relacionados a esses conceitos, como a luz, o reino da luz, a fonte de luz, a associação da luz com a divindade, a natureza da luz no templo e outros tópicos, reflitam uma influência zoroástrica dos persas. É ainda possível que essas noções sejam derivadas de fontes helenísticas, ou que foram criadas no âmbito de uma ideologia teológica da própria comunidade de Qumran, ou que tenham sido tiradas de tradições israelitas padrão. Parece ter existido uma orientação generalizada com relação às noções religiosas centrais a respeito da importância da luz e do sol por todo o Vale do Mediterrâneo nos tempos antigos, e essas noções parecem ter sido fecundadas por meio de um cruzamento de umas sobre as outras em todas as culturas adjacentes. As interações já são evidentes nos primeiros séculos de encontro entre o Egito e a Grécia (século VI a.C. e até antes disso) e, principalmente, durante a Era Helenística, com sua interação entre a Grécia, a Síria, a Pérsia, a Palestina e o Egito.

Além disso, conceitos religiosos a respeito da luz parecem ser gerados de forma bastante natural na maioria dos cenários religiosos. Índios americanos tinham certeza de que Deus era representado no Universo como o grande espírito transparente associado ao Sol. A força desse aspecto do modelo de Feather não está na afirmação de que esta veneração da luz seja por si só uma evidência persuasiva da influência egípcia, mas sim na concatenação de múltiplas tendências de dados grandiosamente sugestivos que Feather consegue reunir, incluindo o papel da luz e do sol, que nos faz considerar com seriedade uma ligação egípcia substancial com a comunidade de Qumran e seus Manuscritos usados para a descrição dos templos. Assim, com base nesse modelo bastante sugestivo, as informações que temos a respeito das noções de Qumran com relação à luz parecem se encaixar com perfeição. Uma vez analisadas dessa forma, elas iluminam os demais aspectos do modelo final.

Como pudemos observar, a reverência pela luz inclui a reverência pelo sol. Certamente, a forma pela qual Akhenaton em Amarna contextualizou a divindade em seu monoteísmo foi feita para associá-la ao nascimento e ao pôr do sol. Entretanto, essa não foi uma contextualização centrada no sol como um objeto divino, mas sim um foco no sol como uma expressão da beneficência ou presença da divindade espiritual transcendental que inspirou o povo a iniciar sua adoração. Feather indica a ênfase em Qumran sobre os fenômenos da luz que demonstra uma similaridade entre Amarna e Qumran. Essa suposição é de alguma forma precária porque não podemos rejeitar a ideia aceita pela maioria dos estudiosos, anterior ao livro de Feather, que acreditava haver uma óbvia relação entre a preocupação de Qumran com a dualidade da luz e da escuridão, os filhos da luz e da escuridão, e assim por diante, e a veneração zoroástrica de Ahura Mazda na Pérsia. Acreditava-se que influências zoroásticas haviam passado a fazer parte da filosofia dos israelitas enquanto ainda no exílio na Babilônia e que foram assim trazidas de lá quando deixaram o exílio.

No entanto, sabemos ter existido uma disposição excessiva no mundo erudito de associar a tradição israelita com a Babilônia ou a Mesopotâmia, e uma resistência contra associações com o Egito. Essa resistência surgiu principalmente a partir de duas origens. Uma delas, a relação entre o Zoroastrismo, com sua ênfase na luz e na escuridão e vários outros tipos de noções teológicas, e a espécie de Judaísmo mágico, chamada de Judaísmo apocalíptico, no qual a comunidade de Qumran se baseava, sempre deixando óbvio que não havia a necessidade de desenvolver novas hipóteses que relacionariam Qumran ao Egito. A outra é de que os israelitas teriam uma dependência significante para as origens de sua religião com base em fontes egípcias, considerando-se que os egípcios são os vilões na tradição do Êxodo que deu forma à maior parte do pensamento israelita desde o início de seu desenvolvimento formal até os dias de hoje.

O Êxodo foi um processo por meio do qual certas coisas concretas podem ser deduzidas. Houve uma mudança de grande população do Egito. Isso dificilmente pode ser contestado. Essa mudança sofreu fortes influências de um líder muito importante. Não há razões para descontarmos a noção de que esse líder tenha sido uma pessoa chamada Moisés. Se essa foi uma empreitada que durou 40 anos ou 40 dias, não temos como saber ao certo. No entanto, realmente não existe uma só razão para contraditarmos o registro bíblico de que um tipo de migração nômade, por várias décadas, tenha acontecido por parte de uma comunidade relativamente primitiva de pessoas viajando do Egito para o lugar que mais tarde passou a ser chamado, ou que ficou conhecido na época como, Canaã e que se tornou o local dos israelitas. Quem eram os israelitas, quantos eram, se conquistaram grupos nômades ou tribos que se juntaram ao longo de seu caminho a eles, e se encontraram outro povo nômade agrário em Canaã e se juntaram a eles, são todas questões periféricas. Certamente sua tradição do Êxodo foi tão definitiva que se tornou a principal história teológica, cultural e histórica de uma comunidade de pessoas com a identidade específica que os israelitas desenvolveram, e uma história que não temos como simplesmente ignorar.

O argumento de Feather descreve com habilidade por que e como essa migração de israelitas do Egito durante o Êxodo estaria levando o mapa do tesouro. A possibilidade de que parte desse tesouro era a verdadeira riqueza do próprio Moisés como o príncipe do Egito, provavelmente também a riqueza da casta do sacerdote monoteísta que ainda existia na época de Moisés e com a qual ele se identificava. Isso, por sua vez, constituiria uma razão para Moisés iniciar o Êxodo e, naturalmente, levar parte do tesouro do templo da casta do sacerdote monoteísta, que provavelmente tentava preservar o tesouro do antigo templo de Amarna.

A ideia de que o monoteísmo estabelecido por Akhenaton, na companhia de José e Jacó, foi preservado no âmbito dessa casta sacerdotal, não é uma surpresa. A menos que você erradique por completo uma ideologia por meio da exterminação de todas as pessoas a ela associadas, qualquer repressão de uma ideologia apenas serve para reforçá-la. Existe um antigo adágio que diz que o sangue dos mártires foi a semente da Igreja. Esse princípio sempre foi verdadeiro na história. Se as pessoas atingem um elevado nível de percepção e alguém tenta reprimi-lo ou exterminar a comunidade, isso simplesmente faz com que a percepção ou a ideia crie uma resistência, expandindo-se para voltar a ressurgir no fim. Pode ter sido exatamente isso o que aconteceu, e o fato de ter continuado por um período de mais de 1.200 anos não seria total surpresa.

Na verdade, em Amarna, um sistema de religião e uma cidade foram destruídos e esse período da história, apagado. Assim, todos os elementos na repressão do monoteísmo existem exatamente para o tipo de situação que garantiria a perpetuação oculta dessa ideologia. Certamente a comunidade que era secreta, ou, evidentemente, sustentando-se nessa grande ideia e nessa grande tradição, estaria ligada o mais fortemente possível nos artefatos dessa tradição. Eles estariam baseados nas liturgias, documentos e, com certeza, nos equipamentos de suas práticas religiosas e seu tesouro. Portanto, eles teriam percorrido caminhos inóspitos, chegando inclusive a criar um Pergaminho de Cobre, para registrar o que quer que pudessem dessas coisas.

Por essas razões, a hipótese de Robert Feather funciona quando sua argumentação é vista de modo geral. Nesse contexto, os detalhes parecem sustentar de maneira adequada todo o estudo. O círculo hermenêutico é a essência do método científico da coletânea, formulação de hipóteses, análise e testes dos dados das amostras, sendo capaz de expandir seus achados, levando-nos a aplicações gerais e, assim, provocando uma revisão de hipóteses e um processo de fornecimento de dados em termos do que parece facilitar ao máximo o tratamento dessas informações. Sendo assim, é possível tirarmos conclusões e propor leis. Robert Feather foi capaz de fazer isso de forma adequada e minuciosa. Portanto, sua proposta deve ser encarada com seriedade, como algo que trata dos dados de maneira apropriada. Ela merece ser bastante exposta para que não seja negligenciada, simplesmente por se tratar de algo original e inovador, ou por não ter sido tirada dos principais centros de estudo e das autoridades acadêmicas.

Toda possível perspectiva adquirida, no tempo presente, do mundo antigo que tenha sido tão produtiva de todas as influências que tenham moldado o mundo ocidental, precisa ser analisada com seriedade. Aqui temos um momento importante da história, talvez há 500 ou 800 anos, do retorno do exílio na Babilônia até o surgimento do Judaísmo talmúdico que tem causado um efeito ainda mais significante do que o de qualquer outra era de influência ética ou religiosa. Se esse momento puder ser melhor explicado ou compreendido por um estudo cuidadoso do trabalho de Feather, essa atenção deveria ser imprescindível por parte dos estudiosos.

De minha parte, com base em uma pesquisa pessoal independente depois de ler o livro de Robert Feather, fui capaz de confirmar de maneira heurística grande parte de suas descobertas e conclusões. Estou convencido de que seu trabalho caminha por uma trajetória de pesquisas eruditas bastante úteis quando comparada a tudo que temos disponível nessa área de investigação.

PROFESSOR J. HAROLD ELLENS
Pesquisador do Judaísmo e das Origens Cristãs
Departamento de Estudos do Oriente Próximo
Universidade de Michigan

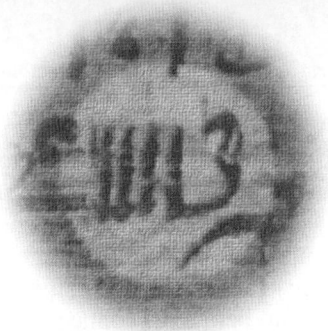

Prefácio da Primeira Edição

Os Manuscritos do Mar Morto são de grande importância na imaginação popular há mais de 50 anos. Seu apelo junto ao público se origina de uma combinação distinta de fatores. Refletindo algumas das mais elevadas aspirações humanas, eles foram encontrados em cavernas próximas aos lugares mais baixos da terra, em uma região onde se acreditava que nenhum manuscrito antigo pudesse ter sobrevivido. Contra todas as possibilidades, os pergaminhos nos falam de coisas que aconteceram há 2 mil anos. Contam-nos da época em que os fariseus estabeleceram seu domínio e formaram a religião predecessora imediata do Judaísmo talmúdico que, de muitas maneiras, ainda está presente no meio de nós. Descrevem para nós muito das origens do Cristianismo, em seu retrato das visões do fim dos tempos e sua expressão de esperança messiânica. Preenchem um espaço que os historiadores e teólogos de muitas gerações tentaram, em vão, traçar.

Dentre todos os Manuscritos do Mar Morto, porém, nenhum é mais fascinante do que o famoso Pergaminho de Cobre. Ele parece apresentar uma lista de tesouros enterrados, talvez em quantidades que impressionariam até mesmo a pessoa mais rica dos dias de hoje, gravados de maneira peculiar em placas de cobre, escritos em um idioma hebraico difícil de ser decifrado, com vários elementos codificados em grego. Depois de mais de uma geração de estudos por alguns dos mais modernos detetives do mundo antigo, ele ainda se recusa a revelar todos os seus segredos.

O trabalho de Robert Feather representa a melhor pesquisa de um estudioso amador, uma tradição de estudos baseados na busca de respostas de senso comum a partir de uma variedade de ângulos, dando início à procura de respostas de maneira obstinada para que uma discussão seja provocada. O grande entusiasmo com o qual o trabalho é escrito pode fazer com que mais coisas sejam ditas do que o cético gostaria de ouvir, mas há algumas pepitas de percepção aqui que até mesmo os autores do Pergaminho de Cobre poderiam muito bem ter reconhecido.

Desde o princípio, o debate a respeito do significado do Pergaminho de Cobre estava centrado no fato de existir ou não um tesouro real e fantástico. Para início de conversa, aqueles que defendem o lado do realismo eram poucos e nem sempre de comum acordo. Eram confrontados de forma estrondosa por alguns especialistas, cuja principal evidência era a de que os pesos do ouro e da prata mencionados no pergaminho eram simplesmente inacreditáveis — produzindo um total de metal precioso que excedia tudo o que havia sido fundido no mundo até aquela época. Os realistas só podiam afirmar que inscrever uma fantasia em placas caras de cobre com tanto cuidado e com elementos de codificação parecia ser uma brincadeira séria demais.

Contudo, em anos recentes, a realidade do tesouro tem se tornado cada vez mais aceita pelos especialistas, mas sempre com ressalvas qualificadas quando diz respeito a suas quantidades. Agora, Robert Feather, a partir de sua própria habilidade especial como metalurgista, oferece-nos uma interpretação muito intrigante dos complicados sinais de pesos, lendo-os com base nos sistemas egípcios de um tempo um pouco mais antigo. Os resultados podem não convencer todos; mas até onde podemos compreender o sistema de pesos e medidas usado pelos autores do pergaminho, eles são uma contribuição valiosa para a importante discussão em questão.

Muito importante também é o fato de Robert Feather reconhecer quase de maneira instintiva que os Manuscritos do Mar Morto merecem ser colocados em um contexto mais amplo do que aquele do domicílio do deserto desolado dos essênios de Qumran. Os Manuscritos não podem mais ser marginalizados pelos historiadores e teólogos. Mais do que qualquer outra evidência, os manuscritos bíblicos de Qumran nos falam acerca da transmissão do que viriam a ser os livros canônicos oficiais da Bíblia hebraica nos três séculos antes de os romanos destruírem o Templo de Jerusalém em 70 d.C. Além disso, os manuscritos que descrevem a vida do que a maioria considera ser a seita dos essênios mostram que não são um grupo de invejosos de mente limitada, mas sim pessoas capazes de compartilhar grande parte das características de seus vizinhos judeus, além de estarem totalmente envolvidos nos argumentos e debates do período.

Ainda mais importante, porém, vemos que mais da metade dos manuscritos encontrados nas cavernas próximas a Qumran descreve o Judaísmo de forma mais ampla do que seus radicais sectários poderiam imaginar: aqui, para serem redescobertos por nós hoje, estão os textos da sabedoria, as orações e os poemas, as interpretações bíblicas, os cálculos astronômicos e as histórias mais amadas de uma era de ouro da literatura judaica. O comparável florescimento da literatura judaica no Egito, no período final do Segundo Templo, é um lugar óbvio, porém raramente reconhecido, para começarmos a procurar evidências que possam nos ajudar em uma melhor análise dos próprios Manuscritos do Mar Morto.

O trabalho de Robert Feather é também um estímulo pela maneira como menciona de forma penetrante um dos principais problemas historiográficos. Para melhor entendermos, a questão refere-se a como dois fenômenos aparentemente semelhantes podem estar relacionados. Alguns estudiosos tendem de maneira natural a dividir todas as evidências em pedaços pequenos e, ao fazer isso, ressaltam as diferenças entre as coisas; por mais semelhantes que as coisas possam parecer, elas raramente podem ser associadas de forma direta umas com as outras. Outros leitores das mesmas evidências serão capazes de juntar todas as informações e, assim, enfatizar as semelhanças; as diferenças são explicadas quando reconhecemos que as provas vêm de tempos e contextos alternativos, mas que as semelhanças permanecem e, geralmente, indicam uma relação direta e casual entre os dois fenômenos. Aqueles que lerem este livro se depararão com a necessidade de se posicionar em alguma escola de pensamento.

Essa mesma questão historiográfica tem confundido os estudiosos de Qumran nos dias de hoje. Algumas vozes afirmam com veemência que os Manuscritos encontrados nas cavernas nada têm a ver com as pessoas que viviam em Qumran, mas que foram ali colocados por um povo de outro lugar. Outros tentam comprovar as diferenças entre as descrições clássicas dos essênios nas escritas de Philo, Pliny e Josephus e as descrições nos Manuscritos da comunidade e o movimento mais abrangente do qual fez parte. Todas as evidências são divididas com uma ênfase no pouco que podemos compreender. Outros estudiosos afirmam com propriedade que tudo o que a localização de Qumran, os manuscritos nas cavernas e as descrições dos essênios nas fontes clássicas têm em comum é muito mais importante do que algumas poucas discrepâncias que podem ser consideradas relativamente pequenas. Nenhuma das partes até hoje foi capaz de vencer essa discussão.

Temos aqui um livro que transpõe tempos e lugares por meio de sua própria forma desafiadora e historiográfica. Somos forçados a nos ver diante de inúmeras perguntas. Será que o tesouro era real? Será que parte dele foi encontrada? Será que ainda existe parte dele localizada nos lugares sugeridos? Estariam os Manuscritos nos indicando templos e sacerdotes em lugares distantes de Qumran no tempo e local anteriores ao que imaginávamos? Será que devemos encarar não somente o Judaísmo do fim do Segundo Templo de forma diferente, mas também as origens do monoteísmo israelita?

Será essa leitura artificial baseada em uma grande variedade de evidências mais fabulosa do que o próprio e enigmático Pergaminho de Cobre? Que cada leitor tire sua própria conclusão.

GEORGE J. BROOKE
Professor Rylands de Crítica e Exegese Bíblicas
Universidade de Manchester

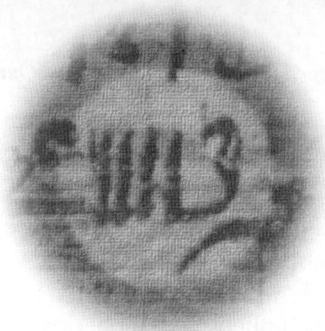

CAPÍTULO I

O Pergaminho de Cobre — Dois Mil Anos Escondido

Três horas e meia viajando pelas estradas sinuosas e empoeiradas do deserto da Judeia não é a maneira mais simples de nos aproximarmos de Qumran vindo de Jerusalém. Ao passar em frente a mosteiros exibidos em livros de fotografias em uma paisagem fria pontilhada por montes cobertos por rochas e ocasionais abrigos temporários, podemos admirar um cenário que não muda há milhares de anos. Ao pararmos em um ponto elevado do Monte Muntar para avistar os tons pastel do Mosteiro do Mar Saba, vemos ao longe duas pequenas crianças árabes de pele escura e um jumento, que parecem ter vindo do nada para pedir esmolas e olhar admirados para esses invasores de sua terra solitária. Quando a caminhonete finalmente pôde parar, empoleirada no alto de uma colina que dá visão para o Mar Morto, o calor é opressivo, nossas costas estão doloridas, e começamos a imaginar se realmente tudo aquilo valeu a pena. A visão de tirar a respiração que se apresenta diante de nossos olhos rapidamente faz desaparecer todas as suas dúvidas! (veja Placa 1)

Logo abaixo vemos uma enorme e vasta planície de tons beges, entremeada por uma fina e escura estrada e remendada por retângulos verdes de plantações de cultivos esparsas, com pedras e árvores descarnadas. Mais além, a uma distância ainda maior, podemos quase que sentir o sabor do salgado e espesso azul-escuro do Mar Morto que se mistura com seus tons violeta e malva ao do céu azul-claro.

É aqui que minha história começa, e onde vi pela primeira vez as ruínas deixadas por uma misteriosa "comunidade" perdida de ascéticos devotos, religiosos e pobres — os "Essênios de Qumran" — que viviam às margens do Mar Morto na terra bíblica da Judeia. Os famosos Manuscritos do Mar Morto, escondidos em cavernas com vista para o mar, formam a mais antiga coleção de documentos bíblicos já descobertos.[1] Documentos de imensa importância para os estudiosos da Bíblia e com implicações profundas para todas as principais religiões do Ocidente.

Foi o início de uma jornada que me levaria de volta ao tempo em que muitos dos pergaminhos foram escritos e copiados — a era de Jesus. De volta há mais de 1.500 anos, na época de Abraão e Sara e seu encontro com um faraó egípcio, no tempo de Jacó e José e seu encontro com o mais enigmático dos faraós e ao tempo de Moisés, príncipe do Egito, quando liderou seu povo até a terra prometida de Canaã.

Enquanto perambulava pelas ravinas cobertas de pedras e descia os montes atrás de Qumran, meu guia, Avner Goren, mostrou-me duas cavernas de entrada baixa, uma das quais ele se referiu como sendo a "Caverna 3", onde o Pergaminho de Cobre dos essênios havia sido encontrado em 1952. Eu tinha lido a respeito daquele estranho artefato, mas agora via pela primeira vez o local onde os Essênios de Qumran haviam escondido, talvez, seu pergaminho mais precioso, há cerca de 2 mil anos.

Metalurgista, com uma formação judia e um conhecimento do hebraico, eu considerava o Pergaminho de Cobre algo de interesse especial e me sentia, muito naturalmente, bastante intrigado com o uso incomum desse material como uma forma de registro de informações. Ainda mais surpreendente era o fato de que esse pergaminho contém uma lista de tesouro escondido, o qual jamais fora encontrado. Traduções convencionais do Pergaminho de Cobre me pareciam apresentar valores numéricos e pesos totalmente irreais relacionados ao tesouro, ao contrário de todo meu conhecimento de metalurgia e de minha experiência na refinação de metais preciosos. Por isso, comecei a questionar aquelas interpretações tradicionais.

Eu havia estudado metalurgia na universidade, quase que por uma escolha puramente aleatória. Vários de nós na Escola Secundária de Marylebone havíamos decidido ir para a Universidade de Londres simplesmente pelo fato de sermos amigos, e cheguei a passar muitas horas felizes

---

1. Algumas definições do termo "Manuscritos do Mar Morto" apontam em um sentido geral, indicando quaisquer Manuscritos encontrados ao longo das margens do Mar Morto ou até mesmo de documentos que estejam a eles relacionados. Neste livro, o termo "Manuscritos do Mar Morto" aplica-se unicamente àqueles que foram descobertos entre 1947 e 1956 nas 11 cavernas, próximo a Qumran, no Mar Morto.

em um porão quente da Faculdade *sir* John Cass tentando extrair metais de seus minérios ou purificando ouro pelo método da escorificação.[2] Com o passar do tempo, acabei me qualificando como profissional metalúrgico e, posteriormente, tornei-me um engenheiro diplomado, trabalhando inicialmente na refinação e análise de metais preciosos e mais tarde para a então Corporação de Ferro e Aço Britânica. Quando recebi um chamado para trabalhar com teclas de máquinas de datilografia no jornalismo, passei a trabalhar para o *Steel Times* como editor assistente e, posteriormente como editor do *The British Foundryman*. Mais tarde lancei um periódico para a Instituição de Metalurgistas, e uma revista a respeito de metrologia.[3]

Coincidência ou Milagre?

Há explicações conflitantes sobre a descoberta do primeiro Manuscrito do Mar Morto, mas podemos estar certos de que foram encontrados por um beduíno árabe[4] e que a data foi no início de 1947.

---

2. Escorificação é um processo de refinamento que retira impurezas de metais. É geralmente aplicado na purificação de minérios de cobre, ouro e prata e envolve a mistura de minérios impuros com chumbo e bórax granulado como dissolvente. A mistura é aquecida em uma fornalha para volatilizar o ponto baixo de fundição de impurezas e para combinar o restante com óxido de chumbo e bórax, formando uma escória de fácil remoção.
3. Meu último investimento em publicações foi feito na compra de uma antiga empresa de Robert Maxwell, que publicava revistas de jogos de xadrez e *bridge*!
4. Mohammed edh-Dhib e seu irmão, beduínos da tribo Taamirek, estavam procurando duas de suas cabras de pelugem preta que haviam se perdido nas montanhas ao longo das margens do Mar Morto. Ao escalar os montes mais baixos da lateral de uma colina, entraram em uma caverna escura e embolorada e se depararam com uma pilha de cacos de cerâmica, ao redor da qual havia potes de barro, pedaços de couro e alguns jarros.
Sem saber, haviam descoberto o primeiro lote dos mais importantes textos bíblicos já encontrados. Entre 1947 e 1956, outras dez cavernas, todas em um espaço de alguns quilômetros entre elas, revelariam o sonho do historiador, incluindo desde manuscritos completos até pequenos fragmentos; ao todo, cerca de 80 mil itens. As cavernas estão localizadas próximas ao que era o lugar de um antigo assentamento dos ultrarreligiosos essênios judeus, em Qumran, na margem ocidental norte do Mar Morto. O local é conhecido dos beduínos como Khirbet-Qumran — As Ruínas de Pedras de Qumran.
Os irmãos, sem saber o que fazer com os sete Manuscritos que encontraram, no local hoje conhecido por Caverna 1, mostraram-nos a um sapateiro sírio em Belém, apelidado de "Kando", que eles sabiam estar envolvido com antiguidades. Kando levou quatro dos pergaminhos para o arcebispo metropolitano do Mosteiro de São Marcos em Jerusalém que, imediatamente, os comprou pelo equivalente a £ 24. Essa aquisição sem preço deve estar classificada como uma das maiores barganhas de todos os tempos.

A história de como os sete principais Manuscritos* originais encontrados por Mohammed edh-Dhib e seu irmão – local que ficou conhecido como

O metropolitano tinha em sua posse a versão completa mais antiga em hebraico do Livro de Isaías do Antigo Testamento. Duas versões de Isaías foram encontradas na Caverna 1, considerando-se os indicativos ^{a} e ^{b}, que estavam escritos em formas antigas do hebraico. 1QIsa^a, datado de 202-107 a.C., contêm todos os 66 capítulos de Isaías, com exceção de algumas palavras que estão faltando. Ele tem 13 variações importantes do texto masorético hebraico usado atualmente, mas ainda assim é extremamente semelhante. 1QIa^b foi escrito por volta do tempo de Jesus e é menos completo, mas é bem parecido com o texto hebraico tradicional. Antes da descoberta desses Isaías, a versão hebraica mais antiga era o Cairo Codex, datado de 895 d.C. O metropolitano também adquirira um Manual de Disciplina dos Essênios de Qumran, um comentário de Habacuque — um profeta menos importante do século VII a.C., e um escritor apócrifo do Gênesis, que narra novamente, com detalhes, o Livro do Gênesis do Antigo Testamento.

Os três outros Manuscritos da Caverna 1 traziam uma versão incompleta de Isaías (1QIsa^b); um Pergaminho de Guerra, que descreve como os Essênios de Qumran (como os "filhos da luz"), preparam-se para travar uma batalha final contra os "filhos da escuridão" — aqueles que não seguiam suas crenças; e um Pergaminho de Salmos de Ação de Graças. Esses três Manuscritos foram adquiridos pelo professor E. L. Sukenik, da Universidade Hebraica do Oeste de Jerusalém, no dia 29 de novembro de 1947.

Pouco depois dessa compra, no dia 14 de maio de 1948, Israel declarou sua independência e foi iniciada uma guerra entre os árabes e os judeus. O arcebispo metropolitano, Mar Athanasius Yeshue Samuel (cujo nome confirmava sua aliança com as tradições árabes, cristãs e judaicas), vivia de acordo com sua natureza pragmática e imediatamente fugiu, cruzando a Síria, para o Líbano. Podemos apenas visualizá-lo apressando-se pelas pistas para pegar seu avião, com quatro Manuscritos inestimáveis presos sob o manto longo. Ele acabou indo parar na América, onde os Manuscritos foram, por um curto período, colocados em exibição no Museu de Arte de Worcester, Massachusetts, em 1951; mas foi somente em junho de 1954 que nosso inconstante metropolitano surgiu novamente, colocando o seguinte anúncio no *Wall Street Journal*:
"Os Quatro Manuscritos do Mar Morto"
Manuscritos bíblicos datados de, no mínimo, 200 d.C., estão à venda.
Esse seria o presente ideal para uma instituição educacional ou religiosa por; um indivíduo ou grupo.
Caixa F206, *The Wall Street Journal.*
Foi aqui que o destino interveio. No decorrer de minha história, você notará que sou um fã incondicional do destino e da coincidência. Por acaso, o filho do professor Sukenik, Yigael Yadin (um oficial do Exército que mais tarde se tornaria vice-primeiro-ministro de Israel), estava em Nova York e conseguiu, depois de uma corrida nervosa atrás de dinheiro, comprar os Manuscritos por $ 250 mil (por um intermediário, um industrialista / banqueiro de Nova York, Samuel Gottesmann).
Depois da Guerra dos Seis Dias de 1967, quando Israel ocupou a Margem Oeste da Jordânia, as cavernas e ruínas em Qumran ficaram sob seu controle e, posteriormente, tornaram-se o alvo de contínuas atividades arqueológicas. Foi também em 1967 que o último importante Pergaminho, o Pergaminho do Templo, foi adquirido de nosso famoso amigo Kando, que ainda morava em Belém e que escondera o Pergaminho de 9 metros embaixo de sua cama por 11 anos!
Todos os sete principais Manuscritos da Caverna 1 e o Pergaminho do Templo hoje são encontrados no Santuário do Livro, no Museu de Israel em Jerusalém. Outros fragmentos da Caverna 1 foram parar no Museu do Departamento de Antiguidades, Amã, na Jordânia; no Museu Arqueológico da Palestina, no Leste de Jerusalém (hoje com o nome de Museu Rockefeller); e na Bibliotheque Nationale, em Paris.
* Os sete Manuscritos englobam duas versões quase completas do Livro de Isaías do Antigo Testamento, um Pergaminho de Guerra e um Manual de Disciplina dos Essênios

a Caverna 1 – e que foram comprados em nome do Estado de Israel, antes de 1967, é algo muito estranho. Depois de passar pelas mãos de diversos intermediários, três dos Manuscritos encontrados pelos beduínos foram finalmente adquiridos pelo professor E. L. Sukenik, da Universidade Hebraica do Oeste de Jerusalém, no mesmo dia em que as Nações Unidas votaram pela recriação do Estado de Israel — 29 de novembro de 1947. A recuperação para as mãos dos judeus deste primeiro "tesouro" de documentos perdidos tem ao seu redor uma coincidência quase milagrosa depois de permanecerem escondidos por cerca de 2 mil anos em uma caverna empoeirada. É quase como se Deus dissesse: "Vamos começar tudo de novo e aqui está uma lembrança de Minhas palavras e algumas de Minhas palavras que vocês ainda não conhecem. Também lhes devolverei a Terra Prometida neste mesmo dia!" Os outros quatro principais Manuscritos da Caverna 1 foram recuperados pelo filho do professor Sukenik, Yigael Yadin, em 1954.

Na época da descoberta da Caverna 1, o território fazia parte do Mandato Britânico da Palestina; mas depois da Guerra de Independência de Israel em 1948-49, passou a pertencer ao Reino Hashemite da Jordânia. Entre 1949 e 1967, os beduínos e os arqueólogos sob a jurisdição do Departamento de Antiguidades da Jordânia (dirigido pelo padre Roland de Vaux, chefe da Dominican École Biblique et Archéologique Française, em Jerusalém) recuperaram todos os conteúdos conhecidos das dez cavernas restantes, com exceção de um grande Pergaminho da Caverna 11. Esse último "Pergaminho do Templo" foi recuperado pelos israelitas durante a Guerra dos Seis Dias de 1967.

Avaliação das Datas dos Manuscritos do Mar Morto

O consenso geral de opinião entre historiadores é de que os Manuscritos do Mar Morto de Qumran foram escritos ou copiados entre 350 a.C* e 68 d.C. Essas conclusões estão baseadas em estudos arqueológicos de artefatos relacionados, comparações paleológicas de antigos escritos e análises científicas por meio do uso de equipamentos de radiocarbono e de um Espectroscópio Acelerador de Massa (do inglês, AMS).[5]

---

de Qumran, um comentário a respeito de Habacuque, um Apócrifo do Gênesis e um Pergaminho de Salmos de Ação de Graças.

* Antes da Era Comum (ou Cristã) — isto é, antes de 1 a.C.. EC ou Era Comum (Cristã) corresponde a 1 d.C. em diante).

5. G. Bonani, entre outros, "Avaliação através do Radiocarbono dos Pergaminhos do Mar Morto", *Atiqot 20* (Jerusalém; Autoridade de Antiguidades de Israel, 1991); A. J. T. Jull, entre outros, "Avaliação pelo Radiocarbono dos Manuscritos e Fragmentos de Linho do Deserto da Judeia", *Radiocarbono 37* (New Haven, Conn.: *American Journal of Science*, 1995).

A análise com radiocarbono é uma ferramenta especialmente útil para a avaliação de datas de materiais carbônicos e, por técnicas modernas, pode nos fornecer datas precisas em períodos de dez em dez anos. O princípio pelo qual funciona é baseado na presença do isótopo de Carbono 14 em todos os materiais orgânicos, como, por exemplo, papéis de manuscrito, papiros, couro ou linho. Quando um organismo morre, ele para de receber Carbono 14 da atmosfera; a radioatividade confinada no isótopo decompõe-se a uma taxa que pode ser medida de maneira precisa, com uma meia-vida previsível de 5.730 anos (veja Glossário, Avaliação de Datas por meio de Carbono). Considerando-se essa taxa previsível de deterioração, os cientistas são assim capazes de calcular a idade do material que está sendo testado.

Até o início de 1990, a avaliação de datas pelo radiocarbono exigia vários gramas de material orgânico para uma medição, mas o AMS reduziu a necessidade do tamanho da amostra para menos de 2 miligramas, e o uso dessa técnica vem sendo muito mais utilizado. Um teste recente de amostras, por exemplo, nas dependências do AMS do Institute für Mittelenergiephysik, Zurique, Suíça,[6] datou o Pergaminho de Isaías como sendo de 205-200 a.C. Outros testes realizados em 1994 no Laboratório AMS do Arizona, Universidade do Arizona, em Tucson,[7] ofereceram resultados de entre 400-200 a.C. para o Testamento do Pergaminho de Kohath, 100-0 a.C. para o Pergaminho do Templo, 80-0 a.C. para o Pergaminho Apócrifo do Gênesis e 75 a.C. — 60 d.C. para o Pergaminho dos Salmos de Ação de Graças.

Na teoria, a avaliação de datas pelo radiocarbono é mais precisa do que qualquer outra forma de análise (sendo sua exatidão confirmada por meio de correlação com estudos paleográficos, que são, até certo ponto, subjetivos). O Tangenciamento Padrão (do inglês, SD) para precisão de datas pelo radiocarbono para o período dos pergaminhos é de aproximadamente 40 anos, com um resultado melhor obtido de cerca de 25 anos. A principal deficiência do processo de avaliação do radiocarbono é que não determina quando o *texto* foi, na verdade, escrito, mas somente a data mais antiga em que o material de base da escrita foi produzido. Análises dos materiais da tinta podem, porém, dar-nos informações adicionais, e esse é o assunto que voltaremos a discutir mais adiante.

---

6. Israel Carmi, "Avaliando os Manuscritos do Mar Morto pelos testes de Radiocarbono", *Os Manuscritos do Mar Morto — Cinquenta Anos Depois de sua Descoberta: Procedimentos do Congresso de Jerusalém, 20-25 julho, 1997* (Jerusalém: Sociedade de Exploração de Israel em colaboração com o Santuário do Livro, Museu de Israel, 2000).

7. Jull, entre outros, "Avaliação pelo Radiocarbono dos Manuscritos e Fragmentos de Linho do Deserto da Judeia".

Em sua plenitude, a coleção dos Manuscritos do Mar Morto compreende muitos Manuscritos quase completos, com cerca de 80 mil fragmentos de Manuscritos individuais, que formam parte de aproximadamente 830 documentos diferentes. Eles são geralmente atribuídos a uma coleção guardada por uma pequena seita secreta monástica, os Essênios de Qumran, conhecidos a partir de evidências arqueológicas e registros históricos como tendo habitado a área entre 150 a.C e 68 d.C. Acredita-se atualmente que muitos desses documentos foram copiados, ou originalmente escritos, pelos essênios.

Os Conteúdo dos Manuscritos

Os pergaminhos incluem extratos de escritos de todos os Livros do Antigo Testamento (com exceção do Livro de Ester), textos apócrifos e pseudo-epigráficos, comentários e expansões bíblicos; escritas sectárias dos Essênios de Qumran descrevendo suas atividades peculiares — como, por exemplo, descrições de sua imersão ritual na água e cerimônias de iniciação (veja Glossário — Manuscritos do Mar Morto).

Os Manuscritos constituem um registro definitivo do início da vida dos judeus e de suas crenças religiosas, independentemente da subsequente editoração e problemas de traduções de documentos copiados posteriormente. O conteúdo dos Manuscritos não foi submetido à censura talmúdica e cristã de documentos medievais que vieram depois. Foi, porém, sujeitado a interpretações partidárias contemporâneas e atrasos em sua publicação, especialmente por razões de engrandecimento pessoal, o que significa que 30% dos textos ainda esperam por uma publicação oficial.[8] Não abrirei esse armário específico de "esqueletos" neste momento, mas analisaremos mais adiante, no momento em que for relevante para a história.

---

8. Esse número estava certo na época da primeira edição, mas, em 2003, a quantidade de textos dos Manuscritos do Mar Morto ainda a ser publicada diminuíra para menos de 10%. Antes de sua descoberta, as versões mais antigas em hebraico do Antigo Testamento eram o Aleppo Codex, datado do século X d.C., preservado no Santuário do Livro em Jerusalém, e o texto Ben Asher, datado de 1008, hoje na Biblioteca do Estado na Rússia em St. Petersburg. O Aleppo Codex foi escrito na Palestina, levado para o Egito no século XI e encontrado em Aleppo, Síria, no século XIV. Ele fora danificado pelo fogo e não está completo.

Praticamente todos os documentos bíblicos descobertos anteriormente, com exceção dos Manuscritos do Mar Morto, chegaram até nós de cópias ou referências a documentos mais antigos de outros escritores. Eles foram, portanto, sujeitos a imprecisões em suas cópias e ajustes pelos escritores a fim de atender a seus objetivos doutrinais. George Brooke, "O Tesouro Embaixo de seus Narizes: 50 Anos de Manchester e os Pergaminhos do Mar Morto", Palestra no Museu de Manchester, 6 de dezembro de 1997.

De todo material que foi publicado, fica claro que os Manuscritos irradiam uma nova luz sobre os primeiros dias do Judaísmo e do Cristianismo, na cultura envolvida e nas estranhas atividades que se sucederam em Qumran.

A excitação gerada por essas descobertas, tanto para o público como para os círculos acadêmicos, foi algo sem precedentes e, se podemos dizer, tem aumentado com o passar dos anos. Como a coleção mais antiga conhecida de textos bíblicos já descoberta, eles antecedem todos os textos hebraicos escritos por quase 900 anos.

Há visões muito diferentes quanto às origens dos textos dos Manuscritos do Mar Morto, que muitas pessoas acreditam ser trabalhos originais dos Essênios de Qumran, como o Pergaminho de Guerra. Alguns estudiosos afirmam que estão enraizados no período posterior ao Primeiro Templo* dos profetas Ezequiel e Habacuque, por volta de 600 a.C. Outros consideram os textos como sido baseados em experiências dos séculos I ou II a.C. Todos estão convencidos de que são de imensa importância na avaliação de antigas crenças da fé dos judeus e dos cristãos e, posteriormente, dos muçulmanos.

Quem Foram os Êssenios de Qumran?

Apesar de as afiliações das pessoas que viveram em Qumran serem mencionadas por comentaristas contemporâneos, como Josephus**, Pliny o Ancião e Philo,[9] seus relatórios de "testemunhas oculares" variam em importantes detalhes e são bem rudimentares. Supõe-se que esses comentaristas estejam falando a respeito de uma seita do movimento essênio que existiu na Judeia no período do Segundo Templo, por volta do século II a.C., e que sobreviveu até o século I d.C. Conforme Josephus descreve:

---

* O Primeiro Templo de Jerusalém, construído por volta de 950 a.C, foi destruído em 586 a.C. pelos babilônios.

** N.E.: Leia também *Seleções de Flavius Josephus*, Madras Editora.

9. Flavius Josephus (37-100 d.C.), um historiador judeu que se tornou cidadão romano e escreveu, entre outras coisas, a respeito da comunidade dos essênios e sua colônia no Mar Morto.

Pliny o Ancião (23-79 d.C.) – Gaius Plinius Secundus nasceu em Como, Itália, de uma aristocrática família romana. Depois de um tempo no exército romano, ele dedicou-se a escrever tratados históricos de temas como sermões e a história de Roma. Um amigo do imperador Vespasian morreu durante a erupção vulcânica do Monte Vesúvio em 79 d.C.

Judaeus Philo (*c.* 20 a.C. a *c.* 40 d.C.), um filósofo judaico-egípcio e estudioso grego, que nasceu em Alexandria. Ele trabalhou em Alexandria em comentários bíblicos e leis e menciona os Essênios de Qumran em seus escritos.

Eles se reúnem novamente em um só lugar; e depois de se cobrirem com véus brancos, eles então banham seus corpos com água fria.[10]

Pliny o Ancião diz que os *Esseni* vivem no deserto da Judeia acima de En-Gedi e levam um estilo de vida dedicado ao celibato,[11] enquanto Philo fala o seguinte:

> Eles mostram-se especialmente devotos no serviço de Deus, não pelo sacrifício de seus animais vivos, mas por meio de uma avaliação adequada para preparar suas mentes de acordo com seu chamado sagrado.[12]

Recentes escavações em Qumran, realizadas no fim de 2001 e no início de 2002, sob a direção da Autoridade de Antiguidades de Israel, coordenada por Yuval Peleg e Itzhak Magen, desvendaram evidências de uma operação de produção de perfume ou óleo imediatamente adjacente às ruínas, estendendo-se a uma distância de cerca de 10 metros na direção da principal área do cemitério. Essa descoberta parece confirmar a descrição externa do historiador contemporâneo Pliny de que os essênios estiveram engajados em algum tipo de produção de perfume em suas localizações próximas ao Mar Morto. Essa é uma clara evidência que mais adiante exclui qualquer possibilidade de que o local em Qumran estivesse ocupado por qualquer grupo que não os essênios.

Até o momento, as escavações incluem a descoberta de 14 grandes recipientes de armazenagem brancos e vedados e uma grande bacia, com três furos, de uso desconhecido. Os jarros de armazenagem abertos contêm um material avermelhado parecido com terra. Análises dos conteúdos estão atualmente sendo desenvolvidas no Instituto Weitzman. Seria muito interessante se traços de garança fossem encontrados nos resíduos, visto que esse extrato vegetal medicinal foi detectado nos ossos de vários dos esqueletos escavados no principal cemitério e é exibido na forma de manchas vermelhas sobre as caveiras. Um canal que corre do local de trabalho chega até dentro de um canto ao sudeste de um *mikvah* (bacia de lavagem ritual) que fica próximo do local, indicando algum tipo de uso ritual do produto fabricado.

---

10. Flavius Josephus, *The Wars of the Jews* [As Guerras dos Judeus] (London: J.M. Dent & Sons, Ltd., 1928).
11. *Pliny the Elder, Historia Naturalis*, ed. Joyce Irene Whalley (London: Sidwick & Jackson, 1982).
12. David Scholer, *Works of Philo: Complete and Unabridged*, traduzido por C. D. Yong (Peabody, Mass.: Hendrickson Publishing, 1993).

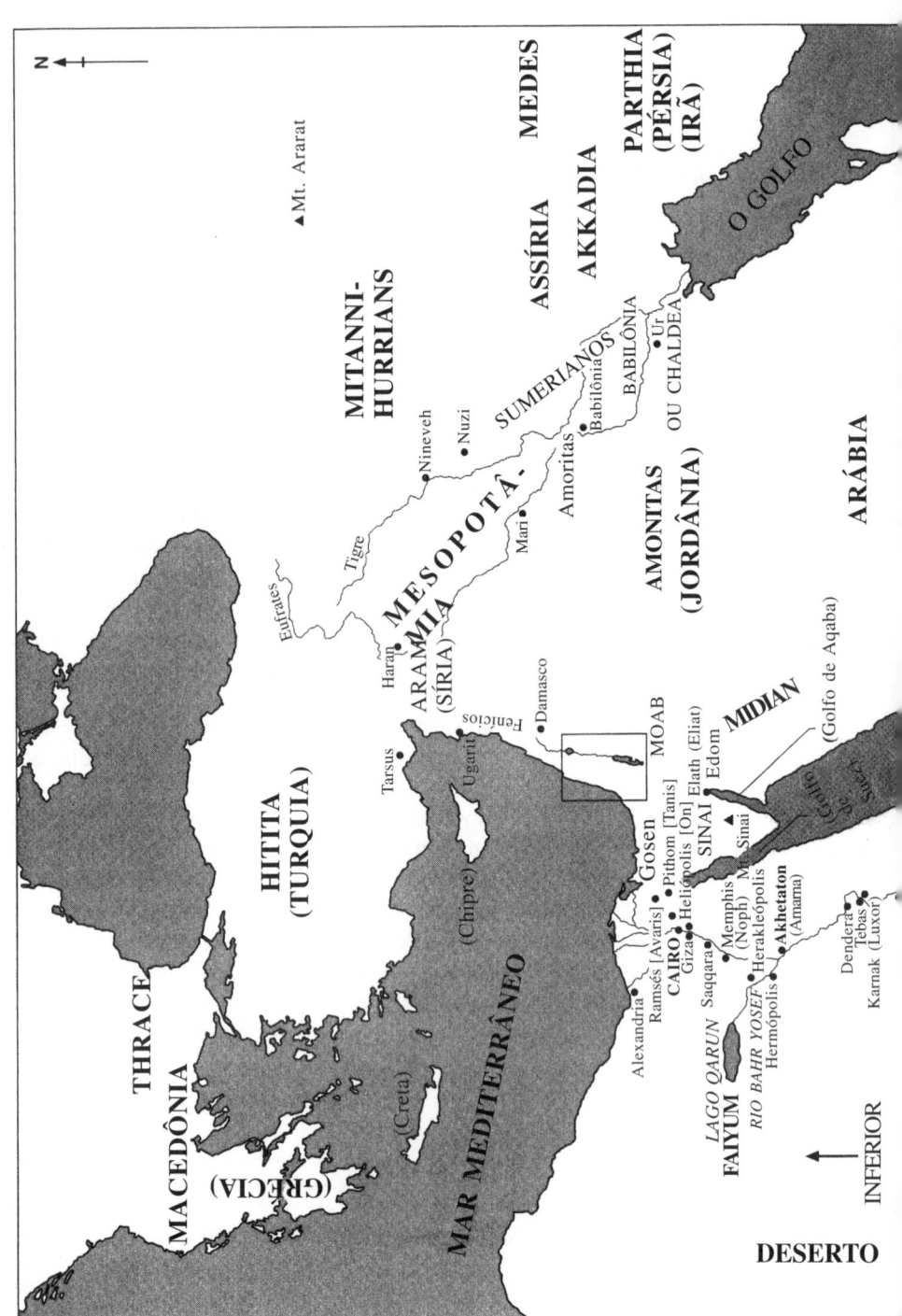

Figura 1: Mapa Relacional do Antigo Oriente Médio.

Os Essênios de Qumran praticavam uma forma de Judaísmo muito diferente daquela do restante do povo. Eles evitavam o acúmulo de riquezas pessoais, levando uma vida bastante simples, e eram devotos de uma observância religiosa. Desaprovavam o Templo de Jerusalém — o coração da veneração dos judeus — acreditando que o lugar havia sido construído de maneira incorreta, seus sacerdotes sendo "filhos da escuridão" e os festivais celebrados por eles como acontecendo nas épocas erradas do ano! Este último ponto baseava-se no fato de que os essênios usavam seu próprio calendário solar, em vez do mais comum calendário lunar. Acreditavam em um apocalipse final quando dois bons Messias viriam para salvar o mundo no fim dos tempos. Seus mortos eram enterrados nus, sem enfeites, em simples túmulos sem marcações. Acreditavam na imortalidade da alma e em alguma forma de pós-vida, mas não em sua própria ressurreição física.

Historiadores modernos discordam das origens dos Essênios de Qumran e nem ao menos têm certeza do que exatamente eles estavam fazendo em Qumran. Sua chegada e partida são cobertas de mistério. Evidências arqueológicas indicam que eles estiveram estabelecidos às margens do Mar Morto pelo menos por volta de 150 a.C. Sua forma de vida pacífica foi abruptamente ameaçada por um terremoto em 31 a.C., e eles, temporariamente, deixaram a região. Retornaram em 4 a.C.[13] — curiosamente, no ano aceito pela maioria dos estudiosos como sendo o do nascimento de Jesus — ou estaria eu apenas deixando minha afeição por coincidências tomar conta de mim? Em 68 d.C., eles partiram, ninguém sabe para onde, embora alguns deles apareçam defendendo o último forte contra os romanos, em Masada.

Enquanto explorava as ruínas de Qumran, eu ainda podia ver os restos de uma grande sala com peitoris baixos ao redor das janelas. Isso é conhecido como o *scriptorium*, onde cerca de 20 escribas devem ter passado muito tempo entregues em seu trabalho de copiar e escrever os Manuscritos do Mar Morto.[14] Os materiais que utilizavam para suas escritas

---

13. Ibid.
14. Sempre existiu uma diversidade de afirmações quanto à possibilidade de haver um *scriptorium* em Qumran. Em especial, Norman Golb (*Who Wrote the Dead Sea Scrolls?* [Quem Escreveu os Manuscritos do Mar Morto?]) (New York: Touchstone/Simon & Schuster, 1996), não acredita na existência de tábuas de escrita. Conforme De Vaux (R. de Vaux, *Archaeology and the Dead Sea Scrolls* [A Arqueologia e os Manuscritos do Mar Morto] (London, Oxford University Press, 1959) sugeriu a existência de opiniões recebidas de que mesas de escrita não eram usadas antes dos séculos VIII e IX d.C., mas ele cita exemplos do século III d.C. Contudo, De Vaux está convencido de que as mesas de Qumran eram usadas para escrita, e não para comer, e a maioria dos estudiosos hoje aceita sua interpretação. Há, na verdade, exemplos de mesas sendo usadas no início do século XIV a.C., conforme ilustrado na tumba de Huya em Amarna, Egito, que mostra cenas da oficina de Iuty, escultor-chefe da Rainha Tiyi. Veja Joyce Tyldesley, *Nefertiti, Egypt's Sun Queen* [Nefertiti, rainha do Sol do Egito] (London: Viking, 1998).

foram Manuscritos de papel, papiros, couro e argila. Entretanto, no dia 20 de março de 1952,[15] um pergaminho muito estranho foi desenterrado, um que havia sido gravado em uma placa quase de puro cobre — o tão famoso Pergaminho de Cobre.

O Pergaminho de Cobre foi descoberto em uma caverna, a cerca de 2 quilômetros ao norte de Qumran, por um grupo de arqueólogos liderados por Henri de Contenson que trabalhava para a Escola Americana de Pesquisas Orientais, a École Biblique et Archéologique Française, de Jerusalém, e para o Museu Arqueológico da Palestina. O teto da caverna com 10 metros de profundidade havia cedido, fechando o local com uma grande rocha. Dentro da câmara de 3 metros de profundidade que restou, apoiada contra a parede ao norte, havia dois pedaços do Pergaminho de Cobre — um em cima do outro (veja Placa 3).

Por que, afinal, os Essênios de Qumran teriam fabricado um Pergaminho de Cobre?

O conteúdo e a natureza jamais chegaram a ser totalmente explicados e, até os dias de hoje, mais de cinquenta anos após sua descoberta, eles ainda são um enigma para os historiadores convencionais. Especialistas no campo não concordam acerca das origens do pergaminho, da data de fabricação, da tradução e até mesmo da razão de sua existência, e eles continuam sem uma definição para seus confusos conteúdos. Quando me predispus a desvendar esses mistérios, ficou bastante evidente que esse aparentemente discordante pergaminho não se trata apenas de um catálogo de antigos tesouros fantásticos, mas também um documento histórico com implicações muito sérias para nossa compreensão das religiões e crenças atuais.

---

15. Referências na literatura divergem quanto à data do descobrimento do Pergaminho de Cobre. John Marco Allegro, em seu livro *The Treasure of the Copper Scroll* [O Tesouro do Pergaminho de Cobre] (London: Routledge & Kegan Paul, 1960), deu a data de 14 de março de 1952, outros historiadores dizem ter sido em 20 de março. Obtive uma data definitiva da pessoa que encontrou o Pergaminho de Cobre, Henri de Contenson, Directeur de Recherche Honoraire au CNRS. De acordo com ele, três equipes de escavação, chefiadas por J. T. Milik, D. Barthélemy e o próprio monsenhor Contenson, começaram os trabalhos em março de 1952 em várias partes das montanhas sobre Qumran. M. Contenson, com uma equipe de dez beduínos, chegou ao local no dia 10 de março e, depois de um trabalho de limpeza preparatória na Caverna 3, encontrou o Pergaminho de Cobre no dia 20 de março. Robert Feather, em uma entrevista gravada com Henri de Contenson, Paris, 16 de janeiro de 1999. Veja também E. M. Laperrousaz (ed.), *Qoumran et les Manuscrits de la Mer Morte* (Paris: Les Editions Du Cerf, 1997).

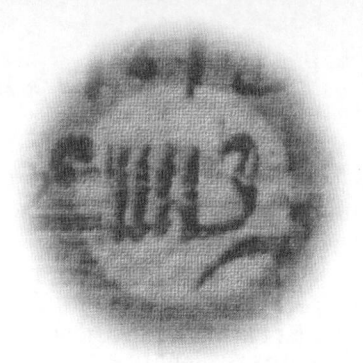

CAPÍTULO II

Bilhões em Ouro

Meu interesse cada vez mais forte pelos Manuscritos do Mar Morto cresceu ainda mais em 1996, quando visitei a coleção "Genizah" de textos arcanos guardados na Universidade de Cambridge e descobri que alguns desses manuscritos, encontrados no Cairo no fim do século XIX, eram comuns aos textos mais antigos dos Essênios de Qumran. Também fiquei sabendo que uma conferência internacional de três dias, especialmente elaborada para tratar do Pergaminho de Cobre, estava marcada para acontecer em Manchester no mês de setembro. Não consegui resistir e acabei participando depois de sentir minha curiosidade metalúrgica ser despertada pela ideia de o cobre ter sido usado como método de base para a escrita 2 mil anos atrás.

Logo descobriria que milhares de pesquisadores, estudiosos, acadêmicos, historiadores e teólogos estavam engajados em trabalhos por todo o mundo, decifrando e analisando os extensos conteúdos dos Manuscritos do Mar Morto. A maioria dessas pessoas também estava interessada no Pergaminho de Cobre.

Quando o Pergaminho de Cobre foi descoberto, estava em uma avançada condição de oxidação e havia sido dividido em duas seções enroladas separadamente. Em seu estado original, o artefato media 30 centímetros de largura, 2,4 metros de comprimento e tinha cerca de 1 milímetro de espessura. Ninguém sabia ao certo como fazer para abri-lo sem danificar o texto. Uma sugestão lunática foi a de tentar reduzir os óxidos do cobre com hidrogênio ou até mesmo por meio de eletrólise, para recuperar o cobre! Depois de uma boa quantidade de pesquisas preparatórias, John Allegro da Universidade de Oxford, membro da equipe internacional original de tradução trabalhando nos Manuscritos do Mar Morto em Jerusalém,[16] convenceu Lankester Harding, diretor do Departamento de Antiguidades da Jordânia, e o padre Roland de Vaux, presidente da École Biblique em Jerusalém, a dar-lhe permissão para levar uma das placas de cobre para a Inglaterra. Lá, a primeira peça do pergaminho foi finalmente "aberta" pelo professor H. Wright Baker na Faculdade de Ciência e Tecnologia de Manchester (atual UMIST) em 1955, seguida da segunda placa em 1956. A técnica usada por Wright Baker foi a de revestir o exterior do pergaminho com um adesivo *Araldite* e, em seguida, cortar o pergaminho, usando uma serra com espessura de 4.000th/polegadas, em 23 partes separadas (veja Placa 2). (Desde essa época, Manchester manteve um interesse especial pelo Pergaminho de Cobre).

O Idioma do Pergaminho de Cobre

Em círculos acadêmicos, o Pergaminho de Cobre é conhecido, de forma um tanto prosaica, como o 3Q15, o 3Q indicando que foi encontrado na Caverna 3 em Qumran. O pergaminho foi escrito na antiga forma do hebraico — um documento com formato quadrado — e demonstra ter afinidades linguísticas com o hebraico pré-Mishna e o aramaico (veja Glossário), com alguns termos somente compreensíveis por meio do estudo de cognatos arábicos e *akkadians*.[17] Outros Manuscritos do Mar Morto foram escritos na forma de um documento quadrado em aramaico, ou o tão famoso documento "Paleo-Hebraico", derivado do "Proto-Canaanita" — ele próprio uma evolução do "Ugarit", hieróglifos egípcios e "fenícios".[18]

---

16. A equipe internacional original que trabalhou nos Manuscritos do Mar Morto na École Archéologique Française de Jerusalem (às vezes citada como École Biblique) e o Museu Arqueológico da Palestina — mais tarde chamado de Museu Rockefeller — era formada pelo padre Jozef Milik e o padre Dominique Barthélemy, da École Biblique; John Strugnell e John Allegro, da Universidade de Oxford; Patrick Skehan e Frank Moore Cross, da Universidade Johns Hopkins, Baltimore; Claus-Hunno Hunzinger, da Alemanha; e Jean Starcky da França.
17. O *Mishnaic* hebraico não é conhecido como uma forma de linguagem totalmente reconhecida até o período talmúdico de 200 d.C. em diante, mas seu desenvolvimento inicial pode ser visto em uma série de textos dos Manuscritos do Mar Morto e no Pergaminho de Cobre, que se acreditava ter sido copiado há pelo menos 140 anos. Comparações textuais com a Bíblia mostraram usos tirados, por exemplo, de Ezequiel e Isaías, indicando, portanto, uma aliança datada de, no mínimo, 700 ou 800 a.C.
18. O sistema de linguagem e escrita do "Ugarit", no norte da Síria, desenvolvido por volta de 1500-1400 a.C. sob a influência do estilo cuneiforme (uma soletração triangular); *akkadian* das regiões mesopotâmica e suméria. O Ugarit reduziu o número de letras necessário, das muitas centenas em uso em outras línguas, para apenas 27. Sob a influência do Ugarit e dos hieróglifos egípcios, a escrita "Proto-

Há muitas coisas estranhas no Pergaminho de Cobre, mas a língua na qual ele foi gravado é um dos principais enigmas para os estudiosos. A paleografia hebraica (estilo de escrita) e a ortografia (soletração) no Pergaminho de Cobre são muito diferentes de quaisquer outras encontradas em textos da época de Qumran ou de qualquer outro lugar. Uma análise paleográfica mostra o estilo de escrita relativamente rudimentar, em parte pelo fato de que os artesãos que trabalharam no pergaminho tiveram de gravar as formas com ferramentas muito primitivas, e em parte porque parece que tiveram dificuldades em ler algumas letras do material do qual pareciam estar copiando.

O pergaminho não se encaixa na categoria de documento religioso ou literário, diferente dos demais Manuscritos do Mar Morto. Ele contém palavras, principalmente termos arquiteturais, que não são encontradas em outro pergaminho. O Pergaminho de Cobre é verdadeiramente um artefato "exclusivo", totalmente distinto de qualquer outro de Qumran. Ele é, contudo, quase de forma unânime, classificado como um dos Manuscritos do Mar Morto, e hoje pode ser visto no Museu Arqueológico de Amã, na Jordânia.

Eu sabia, pela experiência em lidar com metais não ferrosos, que gravar sobre o cobre, no período anterior a 68 d.C. (o *terminus ante quem* para sua produção,)[19] teria sido um processo extremamente caro e trabalhoso. Seu uso indica a importância que os Essênios de Qumran davam ao texto e sua determinação para garantir que a peça não deteriorasse com facilidade — diferente do pergaminho de papel e do papiro.

O próximo passo, obviamente depois de sua abertura, foi o de decifrar e traduzir o conteúdo do pergaminho. Uma tarefa nada simples em vista da natureza "estranha" da escrita, estilo e idioma. Tão difícil, na verdade, que diferentes versões até hoje continuam surgindo e estudiosos

---

Canaanita" foi desenvolvida em Canaã por volta de 1400-1300 a.C., inicialmente usando 27 letras, mas no século XIII a.C. com 22 letras. No século XI a.C., a influência fenícia estabeleceu uma forma normal do proto-canaanita (posteriormente chamada de "fenícia"), de 22 letras escritas na horizontal da direita para a esquerda. O "paleo-hebraico" surgiu em sua maior parte dessa forma "fenícia", por volta do século IX a.C.

19. 68 d.C. é a última possível data para o Pergaminho de Cobre ter sido gravado pelos Essênios de Qumran, visto que sua colônia foi destruída pelos romanos nessa época. Com exceção das evidências de alguns Essênios de Qumran que aparecem para ajudar os Extremistas na resistência dos romanos na fortaleza de Masada da montanha, próximo ao Mar Morto, onde, em 73 d.C., 960 judeus cometeram suicídio para evitar serem capturados, a história mais nada sabe a respeito dos Essênios de Qumran.

discutem de modo incansável a respeito de como melhor ler as letras em separado![20]

Foi por causa dessas diferenças nas interpretações eruditas que senti que tinha algo com que contribuir para a discussão, trazendo uma visão científica ao problema. Possivelmente, todos aqueles trabalhos desenvolvidos no campo da pesquisa dos Manuscritos do Mar Morto são de estudiosos linguísticos, historiadores, teólogos ou arqueólogos ligados a alguma instituição. Eles não costumam ser muito específicos; quase não há engenheiros e, pelo que sei, nenhum metalurgista estudando o problema. De forma alguma eu podia imaginar, na época, que a metalurgia pudesse ser capaz de oferecer a alavanca necessária para revelar os segredos do Pergaminho de Cobre.

Decifrando o Pergaminho de Cobre

De forma geral, o Pergaminho de Cobre apresenta uma lista de 64 localizações,* espalhadas por uma região geográfica muito ampla, que afirmam que grandes quantidades de ouro, prata, joias, perfumes preciosos, vestes rituais e outros pergaminhos estão enterradas. Por causa de sua raridade relativa, todos esses materiais seriam de valor considerável no mundo antigo. Perfumes, óleos e unguentos, por exemplo, eram vistos como itens que poderiam ter vindo de terras distantes, ao passo que vestes rituais teriam sido bordadas com minuciosos detalhes com fios de ouro e prata.

A primeira tradução do Pergaminho de Cobre foi feita por John Allegro em Manchester e a primeira tradução publicada (em francês) foi produzida pelo padre J. T. Milik, em 1959.[21] John Allegro, membro da equipe de tradução original, discordou com veemência do conteúdo dessa tradução publicada, mas seus superiores em Jerusalém não permitiram que editasse sua versão. Eles gostavam de poder manter um controle bastante rígido de tudo que estivesse de posse deles, certificando-se assim de que seu aval oficial estivesse presente em todas as publicações relacionadas.

---

20. Há pelo menos uma dúzia de traduções autorizadas disponíveis do Pergaminho de Cobre, e entre cada uma delas há muitas variações nas frases, palavras individuais e letras que oferecem leituras completamente diferentes para o significado do texto. Como exemplo das diferenças de opinião entre estudiosos, Jonas Greenfield (*Journal of the American Oriental Society 89* (New Haven, Conn.: American Oriental Society, 1969)), ao criticar a tradução oficial do Pergaminho de Cobre, discordou de 13% dos vocábulos.

* A maioria dos tradutores concorda que existem 64 localizações de tesouros listados no Pergaminho de Cobre, apesar de John Allegro listar apenas 61 itens em sua obra *The Treasure of the Copper Scroll*, publicada em 1960 por Routledge & Kegan Paul.

21. Jozef T. Milik, "Le Rouleau du Cuivre de Qumran (3Q15)", *Revue Biblique 66* (Paris: Librairie V. Lecoffre, 1959).

A mistura de frustração e excitação logo ficou forte demais para John Allegro, depois que começou a perceber que havia outras — mais sinistras — razões para a rigidez que lhe era imposta. Em particular, o conteúdo do Pergaminho de Cobre parecia questionar a linha oficial de que os Essênios de Qumran não tinham interesse em bens terrenos. Ele foi capaz de aliviar sua frustração depois de organizar duas expedições arqueológicas para a Jordânia, na esperança de encontrar alguns dos tesouros mencionados no Pergaminho de Cobre, em dezembro de 1959, e, novamente, em março de 1960. Como muitas pessoas que acabam se perdendo no meio do deserto, ele se viu caminhando em círculos, eventualmente voltando para o ponto de onde havia iniciado seu trabalho com absolutamente nada nas mãos.

A frustração de John Allegro com a equipe da École Biblique em Jerusalém só foi expressa quando ele desconsiderou as ordens de seus "mestres" e publicou uma versão em inglês da tradução em 1960, com o título *The Treasure of the Copper Scroll*.[22] As razões apresentadas depois que o livro foi lançado, na tentativa de atrasar sua publicação e impedir que ele usasse as fotografias do texto do pergaminho, foram as de que a "equipe" de Jerusalém temia uma invasão de caçadores de tesouros que poderiam surgir na região de Qumran, interferindo assim em seu trabalho sério. Uma explicação mais provável era a de que a listagem do Pergaminho de Cobre de vastos tesouros conflitava com a já existente ideia de que os Essênios de Qumran formavam uma comunidade empobrecida e espiritual que se abstinha de qualquer tipo de acúmulo de riquezas.

Estudiosos, em especial o padre Roland de Vaux, chefe da École Biblique et Archéologique Française, de Jerusalém, e o padre Jozef Milik, membro da equipe original de tradução dos Manuscritos do Mar Morto, denunciaram a tradução de John Allegro como sendo falha, chegando inclusive a lançar dúvidas em relação à autenticidade do conteúdo do Pergaminho de Cobre e afirmando que tudo não passava de puro folclore. Outros não tinham tanta certeza disso.

A tradução da equipe de Jerusalém finalmente foi lançada em 1962, com o título de *Les Petites Grottes de Qumran* na série *Discoveries in the Judaean Desert*.[23] Embora essa seja a versão "oficial", não existe uma tradução "definitiva" aceita do Pergaminho de Cobre até os dias de hoje, e todas as inúmeras edições publicadas apresentam muitas variações significantes.

A maioria dos estudiosos, porém, está hoje convencida de que o Pergaminho de Cobre foi gravado pelos Essênios de Qumran e que faz parte

---

22. John Marco Allegro, *The Treasure of the Copper Scroll* [O Tesouro do Pergaminho de Cobre] (London: Routledge & Kegan Paul, 1960).
23. M. Baillet, J. T. Milik e R. de Vaux, *Les "Petites Grottes" de Qumran: Discoveries in the Judaean Desert* (Oxford: Clarendon Press, 1962).

dos Manuscritos do Mar Morto.[24] Contudo, ainda há opiniões divergentes quanto ao fato de o Pergaminho de Cobre ser uma peça original de trabalho dos Essênios de Qumran. Alguns estudiosos sugerem que ele foi copiado, possivelmente de um documento ainda mais antigo. Eu me sinto mais orientado a acreditar nesta última ideia e, mais adiante, relatarei meus argumentos pessoais quanto às origens do Pergaminho de Cobre.

Em traduções convencionais do Pergaminho de Cobre[25], o peso de ouro mencionado nas diversas localizações é geralmente um valor total surpreendente de 26 toneladas, com 65 toneladas de prata,[26] apesar de diferentes compreensões dos termos usados para ouro e prata indicarem totais de aproximadamente 4 toneladas de ouro e 23 toneladas de prata.

Quando os pesos dos tesouros indicados no Pergaminho de Cobre são somados, chegamos aos seguintes totais:

Ouro	1.285 Talentos
Prata	666 Talentos
Ouro e prata	17 Talentos
Recipientes de ouro e prata	600 Talentos
Metais preciosos misturados	2.088 Talentos, 21 *Minas*, 4 *Staters*

Itens com pesos não especificados são os seguintes:

Lingotes de ouro	165
Barras de prata	7
Recipientes de ouro e prata	609

24. Apesar de a maioria dos estudiosos hoje aceitar que o Pergaminho de Cobre foi gravado pelos Essênios de Qumran e estar relacionado a um tesouro real, alguns dos antigos trabalhadores na École Biblique em Jerusalém, como, por exemplo, o padre de Vaux e o padre Jozef Milik, não levaram seu conteúdo a sério e achavam que havia sido baseado em fábulas. Uma pequena minoria, incluindo Norman Golb, da Universidade de Chicago, e Manfred Lehmann (*Revue de Qumran*, outubro de 1964), defendem que o Pergaminho de Cobre não foi obra dos Essênios de Qumran.
25. Allegro, *The Treasure of the Copper Scroll* [O Tesouro do Pergaminho de Cobre]; Florentino Garcia Martinez, *The Dead Sea Scrolls Translated* [Os Manuscritos do Mar Morto Traduzidos], tradução Wilfred G. E. Watson (Leiden: E. J. Brill, 1994); Albert M. Wolters, *The Copper Scroll: Overview: Text, and Translation* [O Pergaminho de Cobre: Visão Geral: Texto e Tradução] (Sheffield: Sheffield Academic Press, 1996); Geza Vermes, *The Complete Dead Sea Scrolls in English* [A Obra Completa dos Manuscritos do Mar Morto em Inglês] (London: Allen Lane, 1997).
26. John Marco Allegro, o primeiro tradutor do Pergaminho de Cobre, não conseguiu compreender os valores do Talento bíblico (embora tenha usado um Talento de 45 libras, em vez do valor mais comum de 76 libras), por isso ele, de maneira bastante arbitrária, diminuiu as estimativas de pesos em 1/60 ao aplicar a unidade bíblica.

Em termos bíblicos de Talento, o peso bruto do ouro e da prata é enorme. Um *Talento* equivale a cerca de 76 libras, ou 34,47 quilos, uma *Mina* com aproximadamente 0,5 quilo, enquanto um *Stater* era uma moeda (equivalente a meio Siclo) pesando em média 5 gramas.[27]

Onde os pesos dos tesouros listados são mostrados, as quantidades aproximadas de metais preciosos, usando um peso de Talento bíblico de 34,47 quilos, temos o seguinte:

Ouro	44,3 toneladas	hoje valendo aprox. £ 414 milhões
Prata	22,9 toneladas	hoje valendo aprox. £ 3 milhões
Metais preciosos misturados	93,2 toneladas	hoje valendo aprox. £ 583 milhões

Além disso, há listas em que nenhum peso é dado, mas enormes quantidades de materiais preciosos são mencionadas. Essas listas são divididas em 12 colunas e indicam a localização e o tipo do tesouro escondido.

O Pergaminho de Cobre parece se referir a metais preciosos que valem em torno de $ 1,5 bilhão em valores atuais, mas cujo valor histórico intrínseco seria muitas e muitas vezes superior!

Medindo cerca de 2,4 metros (8 pés) de comprimento, o Pergaminho de Cobre foi gravado em 12 colunas verticais, cada uma delas entre 13 e 17 linhas com texto que pode ser lido da direita para a esquerda, com aproximadamente 30 centímetros de profundidade.

TABELA 1: INDICAÇÃO DE ONDE ITENS DE VALOR SÃO MENCIONADOS NAS COLUNAS TEXTUAIS DO PERGAMINHO DE COBRE

	Col.1	Col.2	Col.3	Col.4	Col.5	Col.6	Col.7	Col.8	Col.9	Col.10	Col.11	Col.12
Barras de Ouro	100	65										
Barras de Prata						*	*					
Metais Preciosos	*	*	*	*	*	*	*	*	*	*	*	*
Baús de Dinheiro	*								*	*		
Recipientes			*		*				*			*
Vestes Rituais	*		*									
Jarras/Jarros		600		*			*	*		*		
Manuscritos					*		*					*
Unguentos/Óleos										*		
Pinho/Resinas										*	*	

Onde quantidades numéricas de materiais preciosos são mostradas no texto do Pergaminho de Cobre, esses valores são indicados na Tabela. Os asteriscos indicam onde somente uma descrição mais geral de materiais preciosos é mencionada em colunas específicas do texto.

27. Geoffrey Wigoder, *The New Standard Jewish Encyclopedia* (New York: Facts on File, 1992).

De quem Eram esses Tesouros?

O pergaminho não revela por quem, ou quando, os tesouros foram enterrados e muito menos a razão pela qual o fizeram. No entanto, a partir de alguns dos nomes de lugares reconhecíveis mencionados, presume-se que os tesouros foram escondidos dentro da Judeia ou próximo ao Monte Gerizim na Samaria (ambos os locais são parte de Israel), e estando relacionados aos tesouros do Segundo, ou possivelmente do Primeiro Templo de Jerusalém. Ambos os templos eram conhecidos como lugares onde considerável riqueza era acumulada por meio de doações de presentes de sacrifícios e do pagamento do dízimo.

O Primeiro Templo de Jerusalém foi construído pelo rei Salomão, por volta de 950 a.C., para abrigar a Arca da Aliança que guardava os Dez Mandamentos, e para ser o lugar central de adoração dos israelitas. Depois de sua destruição pelos babilônios em 586 a.C., ele foi parcialmente reconstruído depois de quase 50 anos e ficou conhecido como o Segundo Templo. Sua reconstrução continuou até que uma reconstituição final foi assumida por Herodes o Grande por volta de 30 a.C. O Templo foi posteriormente destruído pelos romanos em 70 d.C.

O Pergaminho de Cobre não faz menção aos Essênios de Qumran e também não contém qualquer um de seu estilo sectário de terminologias.[28] Controvérsias acerca das origens dos tesouros listados no Pergaminho de Cobre levaram à proposição de quase tantas teorias de conspiração quanto as implicadas com o assassinato do presidente Kennedy dos Estados Unidos. Há, porém, cinco principais teorias sustentadas por estudiosos modernos.

Elas dizem que os tesouros:

a) foram escondidos pelos Essênios de Qumran e vieram do Segundo Templo em Jerusalém *pouco antes* de sua destruição pelos romanos em 70 d.C.;

---

28. De acordo com Joseph Fitzmyer, *Responses to 101 Questions on the Dead Sea Scrolls* [Respostas a 101 Perguntas dos Manuscritos do Mar Morto] (New York: Paulist Press, 1992) — A Placa de Cobre (como ele a chama) não contém uma terminologia sectária e não menciona nada relacionado à comunidade. O professor Lawrence Schiffman, da Universidade de Nova York, identifica diversas palavras no Pergaminho de Cobre que não aparecem em nenhuma outra parte dos Manuscritos do Mar Morto ("O Vocabulário do Pergaminho de Cobre e do Pergaminho do Templo", Simpósio Internacional do Pergaminho de Cobre no Instituto de Ciência e Tecnologia da Universidade de Manchester, 8-11 de setembro de 1996).

b) foram escondidos por predecessores dos Essênios de Qumran e vieram do Primeiro Templo em Jerusalém *na época* de sua destruição pelos babilônios comandados por Nabucodonosor;

c) foram escondidos pelos Essênios de Qumran antes de 68 d.C. e pertenciam a eles;

d) não são reais, e que o pergaminho foi uma farsa perpetrada pelos Essênios de Qumran;[29]

e) eram do Segundo Templo, mas foram escondidos por sacerdotes ou outras pessoas que vieram de Jerusalém, e que os Essênios de Qumran não escreveram os Manuscritos do Mar Morto.[30]

(Há outra teoria de que os tesouros foram reunidos e escondidos em Jerusalém, depois da destruição do Segundo Templo, sugerida há cerca de 35 anos por Manfred Lehmann e outros,[31] mas existem poucos partidários dessa ideia atualmente).

Há contra-argumentos de todas essas teorias; os principais elementos deles estão listados a seguir na mesma ordem:

a) os Essênios de Qumran consideravam os sacerdotes e os frequentadores do Segundo Templo indignos e até mesmo desprezíveis (um tema confirmado por Jesus em seu ministério). Poucas relações estariam consistentes para que fosse aceito que os sacerdotes do Segundo Templo confiassem os tesouros aos Essênios de Qumran. O testemunho de Josephus[32] acerca da antipatia entre Jerusalém e os Essênios de Qumran também conflita com essa possibilidade;

b) o período em questão é longo demais; os Essênios de Qumran não se estabeleceram em Qumran por mais de 400 anos;

c) uma pequena e pobre comunidade não teria sido capaz de adquirir tesouros tão imensuráveis;

---

29. Theodor H. Gaster, *The Dead Sea Scriptures* [As Escrituras do Mar Morto] (Garden City, N.Y.: Doubleday, 1975).
30. Norman Golb, *Who Wrote the Dead Sea Scrolls?* [Quem Escreveu os Manuscritos do Mar Morto?] (New York: Touchstone/Simon & Schuster, 1996). John Allegro achava que os tesouros haviam sido escondidos pelos Extremistas — um grupo fanático de judeus rebeldes que lutaram contra os romanos de 66-73 d.C., quando foram finalmente aniquilados em Masada.
31. M. R. Lehmann, "Identificação do Pergaminho de Cobre Baseada em seus Termos Técnicos", *Revue de Qumran* 17 (Paris: Éditions Letouzey et Ané, outubro de 1964).
32. Thomas Bradshaw, *The Whole Genuine Works of Flavius Josephus* [Todas as Obras Genuínas de Flavius Josephus] (London: Alex Hogg, 1792).

d) gravar sobre o cobre era um trabalho custoso e difícil — o pergaminho foi obviamente criado com a intenção de garantir sua permanência. O "realismo" no estilo e no conteúdo do manuscrito, tão diferente de qualquer outra lenda antiga, e a falta de qualquer explicação sensata, o porquê de os Essênios de Qumran terem inventado tais informações parecem refutar essa ideia. Quem eles estariam tentando enganar? Os Essênios de Qumran eram um povo justo e partidário da verdade. Fraudes criativas e dispendiosas não faziam parte de seu estilo de vida;

e) a ligação íntima entre o Pergaminho de Cobre e os Essênios de Qumran e a dificuldade de imaginarmos como ou por que tesouros de um grande Templo foram escondidos em um período anterior a 68 d.C., antes de o Templo ser ameaçado.

A maioria dos estudiosos, como John Allegro, Kyle McCarter, Judah Lefkovits, Michael Wise, David Wilmot e Al Wolters,[33] agora é a favor da teoria de que os tesouros vieram do Segundo Templo e foram escondidos pelos essênios (ou outros), pouco antes de sua destruição. Parte de sua justificativa para essa teoria é a de que o Triunfal Arco de Titus, em Roma, exibe itens do tesouro, como, por exemplo, trombetas e o candelabro de sete velas, levados pelos romanos quando sitiaram Jerusalém. Apesar de descrever outros itens do tesouro do Templo, o Pergaminho de Cobre não faz menção de qualquer dos artigos mostrados no Arco de Titus; portanto, há uma espécie de lógica *in absentia*.

A maioria dos estudiosos desconsidera a teoria do Primeiro Templo como sendo a fonte dos tesouros listados. Porém, há dois protagonistas da teoria: Conklin e Andrea,[34] que expuseram uma ideia curiosa conhecida como o "Carrinho de Mão de Jeremias", que tem o profeta Jeremias transportando os tesouros do Primeiro Templo para o campo para escondê-los,

---

33. John Marco Allegro, *The Dead Sea Scrolls* [Os Manuscritos do Mar Morto] (Harmondsworth: Penguin Books, 1956); P. Kyle McCarter, *The Mystery of the Copper Scroll: The Dead Sea Scrolls After Forty Years* [O Mistério do Pergaminho de Cobre: os Manuscritos do Mar Morto Depois de Quarenta Anos] (Washington, D.C.: Sociedade Arqueológica Bíblica, 1991); J. K. Lefkovits, "O Tesouro do Pergaminho de Cobre: Fato ou Ficção?", Simpósio Internacional do Pergaminho de Cobre, no Instituto de Ciência e Tecnologia da Universidade de Manchester, 8-11 de setembro de 1996; Michael O. Wise, "David J. Wilmot e o Pergaminho de Cobre" no Simpósio Internacional do Pergaminho de Cobre, Centro Manchester-Sheffield de Pesquisa dos Manuscritos do Mar Morto, 1996: Albert Wolters, "A História e o Pergaminho de Cobre", *Anais da Academia de Ciências de Nova York* 722 (New York: Academia de Ciências de New York, 1994).
34. Joseph Conklin e Michelle Andrea, "O Carrinho de Mão de Jeremias: O Primeiro Tesouro do Templo do Pergaminho de Cobre de Qumran e a Terra da Redenção" (http://shell.idt.net/conklin/jeremiah.html).

antes de fugir para o Egito depois de ter confiado em segredo suas localizações a "zeladores" nas montanhas de Qumran. Cerca de 70 anos após a destruição do Templo, Esdras,[35] um parente de Jeremias, e Neemias voltam do exílio forçado na Babilônia, mas não recebem as informações a respeito das localizações do tesouro de seus guardiões. Pessoalmente, considero essa teoria extremamente sedutora como uma forma de explicação de onde parte dos tesouros descritos no Pergaminho de Cobre pode ter vindo.

Alguns acadêmicos franceses e outros[36] parecem ser a favor da ideia de que os tesouros vieram da riqueza da própria Comunidade de Qumran, considerando-se que novos membros entregaram todos os bens terrenos para a comunidade depois de se juntar a ela.

Argumentos que afirmam que os conteúdos do Pergaminho de Cobre não passam de ficção foram inicialmente propostos pelo padre De Vaux e por seu colega polonês, o padre Jozef Milik. Foram confrontados com dureza por John Allegro e, cada vez mais, outros estudiosos estão convencidos de que eles estavam enganados.

A última teoria, de que os tesouros vieram e foram escondidos pelos funcionários do Segundo Templo e que os Essênios de Qumran nada tiveram a ver com isso, é favorecida pelo professor Norman Golb da Universidade de Chicago. Ele não tem muitos seguidores.

No entanto, há diversos problemas com todas essas teorias que, até hoje, ainda não puderam ser solucionados. Estudiosos já tentaram inúmeras hipóteses para compreender como tanto ouro poderia ter vindo do Primeiro ou do Segundo Templo de Jerusalém, e ainda mais curioso, ter vindo a pertencer a uma seita de ascetas relativamente pobres como os Essênios de Qumran.

Outro importante e conflitante empecilho para todas as teorias atuais é a de que nenhuma delas levou à descoberta de qualquer um dos tesouros listados no Pergaminho de Cobre.

Bem, podemos dizer que esta última declaração está aberta a desafios por alguém chamado Sr. Vendyl Jones, que é, às vezes, mostrado como o modelo de Indiana Jones no filme de Steven Spielberg, *Caçadores da Arca Perdida*. Irei aqui brevemente digressionar para tratar de suas afir-

---

35. Conklin e Andrea acreditam que Esdras voltou da Babilônia cerca de 70 anos depois da destruição do Primeiro Templo, ou seja, em 516 a.C., ao passo que a maioria das autoridades data seu retorno por volta de 458 a.C.
36. André Dupont-Sommer, "Les Rouleaux de Cuivre Trouvé a Qoumran", *Revue de L'histoire des Religions* 151 (Paris: Presses Universitaires de France, 1957); Bargil Pixner, "Desvendando o Código do Pergaminho de Cobre: Um Estudo da Topografia de 3Q15", *Revue de Qumran* 11 (Paris: Éditions Letouzey et Ané, 1983); Stephen Goranson, "Sectarianismo, Geografia e o Pergaminho de Cobre", *Journal of Jewish Studies* 43 (Londres: Centro Oxford de Estudos Hebraicos e Judeus, 1992).

mações. Ele nasceu no dia 29 de maio de 1930 e cresceu no Estado do Texas. Quando completou 16 anos de idade, Vendyl sabia que sua vida deveria ser dedicada ao trabalho de Deus e, por fim, fundou o Instituto de Pesquisa Judaico-Cristã (hoje conhecido como o Instituto de Pesquisa Vendyl Jones, com sede em Arlington, Texas).

Conheci Vendyl em setembro de 1996 na Conferência do Pergaminho de Cobre em Manchester. Ele parecia ser um entusiasta amigável, defensor dos Manuscritos do Mar Morto, com uma enorme barba branca, que fazia perguntas estranhas demais. Quando o encontrei novamente, em julho de 1997, em uma conferência em Jerusalém, tivemos uma longa conversa a respeito de suas "descobertas". Vendyl havia organizado diversas escavações em Israel e, a partir de 1967, concentrara seus esforços na região ao redor de Qumran. Ele afirmava que, em abril de 1988, encontrara o óleo de unção do Segundo Templo de Jerusalém e, em 1992, as especiarias mencionadas no Pergaminho de Cobre. Fiquei impressionado, principalmente por nunca ter ouvido nada a respeito disso ou sequer visto qualquer relatório que dissesse que algo havia sido encontrado a partir de informações do Pergaminho de Cobre. Enquanto conversávamos, outro representante da conferência passou por nós e, *en passant*, fez um ataque verbal a Vendyl.

Naturalmente, fiquei um tanto confuso, mas depois soube que Vendyl havia sido proibido de escavar em Israel pelas Autoridades das Antiguidades. Ninguém nos círculos científicos leva suas afirmações a sério e nenhum periódico conhecido confirmou a autenticidade de suas declarações.

Voltei da conferência de Jerusalém em julho de 1997, revigorado com algumas das informações que havia conseguido e por causa das pessoas que conheci; estava ansioso com a teoria que estava começando a se formar em minha cabeça — de como o mistério do Pergaminho de Cobre poderia ser solucionado e de onde os tesouros teriam vindo originalmente.

Minha ideia pessoal é um tanto diferente da dos demais estudiosos. Não acredito que os tesouros vieram do Segundo Templo de Jerusalém, visto que os Essênios de Qumran eram extremamente contra esse Templo e suas atividades sacerdotais. Apesar de haver a possibilidade de parte dos tesouros ter vindo do Primeiro Templo em Jerusalém, já que descrições no Pergaminho de Cobre certamente se referem a objetos associados a ele, quando tivermos sido capazes de desvendar os segredos do Pergaminho de Cobre, ficará bastante evidente que *um outro* Templo é descrito — e que os Essênios de Qumran eram os guardiões não somente do tesouro, mas também de segredos que pertenciam a uma época muito anterior e a um lugar muito mais distante.

O pergaminho fora gravado sobre uma fina placa de cobre com uma forma incomum de escrita "cursiva" hebraica antiga. Embora (a partir de estudos paleográficos) se acredite hoje que ele tenha sido copiado em uma data entre 150 a.C. e 70 d.C., uma série de estudiosos, em especial John Elwolde,[37] (que trabalha em um projeto de dicionário do hebraico na Universidade de Sheffield), chegou a indicar a existência de passagens enigmáticas no Pergaminho de Cobre, que correspondem ao antigo hebraico bíblico — datado de 800 a 700 a.C. — e que o pergaminho contém muitas construções de palavras únicas que não eram usadas no Judaísmo comum na época de sua cópia.

A presença de letras gregas espalhadas no fim das seções do texto chamou minha atenção. Seu significado não era compreendido e elas pareciam ser algum tipo de código oculto.* Apesar de influências gregas serem constantes na época da gravação do Pergaminho de Cobre, os únicos textos dos Manuscritos do Mar Morto escritos em grego são de passagens bíblicas relacionadas ao Antigo Testamento. O grego não aparece nos textos sectários dos Essênios de Qumran; então, por que letras gregas estariam incluídas no Pergaminho de Cobre?

Muitas teorias foram propostas para explicar essas letras aparentemente aleatórias. Elas são de diversas formas consideradas uma criação de escribas como marcas de referência de algum tipo, iniciais de nomes de lugares, datas ou direções de localizações, mas nenhuma dessas explicações é aceita como conclusiva, e, por isso, continuam sendo um mistério.

As unidades de numeração dadas no texto, que estão relacionadas às quantidades do tesouro, também não são compreendidas com clareza por tradutores modernos. Os numerais aparecem em uma forma de escrita completa nada sofisticada, envolvendo aparentemente uma duplicação desnecessária.[38]

Existem outras "anomalias" para as quais parecia não haver respostas satisfatórias. Minha experiência em metalurgia fazia com que eu voltasse constantemente a essas perguntas sem respostas: por que uma comunidade não materialista se dedicaria a um trabalho tão grande para preservar essas informações em um Pergaminho de Cobre? Onde eles teriam conseguido o

---

37. J. F. Elwolde, "3Q15: Sua Afiliação Linguística, com Comentários Lexicográficos", Simpósio Internacional do Pergaminho de Cobre, Centro Manchester-Sheffield de Pesquisa dos Manuscritos do Mar Morto, 1996; J. Lefkovits, "O Tesouro do Pergaminho de Cobre: Fato ou Ficção — As Abreviações KK x KKRYN", Simpósio Internacional do Pergaminho de Cobre, Centro Manchester-Sheffield de Pesquisa dos Manuscritos do Mar Morto, 1996.

* O texto completo do Pergaminho de Cobre em sua forma original, incluindo a posição das letras gregas, pode ser visto no Apêndice, no fim do livro.

38. No Capítulo 3, incluí comentários da dra. Rosalie David, leitora e mantenedora de Egiptologia no Museu de Manchester, tratando das peculiaridades do sistema de numeração usado no Pergaminho de Cobre.

cobre? Como poderiam ter arcado com seus custos tão elevados? Nenhum outro Manuscrito do Mar Morto foi gravado sobre o cobre, bem como nenhum outro texto hebraico conhecido de qualquer lugar, antes desse período.

As perguntas aumentavam gradualmente e comecei a procurar formas de análise científicas, e não apenas escriturais, para o conteúdo e o material do pergaminho. Decidi concentrar-me primeiro na metalurgia, na técnica de fabricação e na metrologia do Pergaminho de Cobre.

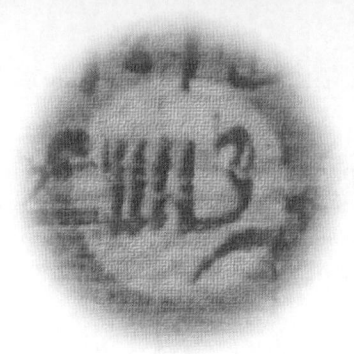

CAPÍTULO III

Metalurgia e Metrologia

A primeira coisa que decidi fazer foi olhar com mais cuidado a listagem de tesouros no Pergaminho de Cobre e as diversas traduções do texto para tentar desenvolver uma espécie de abordagem interdisciplinar ou de ideias paralelas para os problemas não solucionados.

Para cada uma das 64 localizações* listadas no Pergaminho de Cobre, a descrição de cada item de tesouro segue um mesmo padrão: uma pista geográfica e, às vezes, direcional; uma instrução de escavação; uma medida em cúbitos;[39] uma quantidade de peso, invariavelmente traduzida como Talentos; e o tipo de tesouro.

A unidade de peso, mostrada no Pergaminho de Cobre com um "K", é interpretada por estudiosos modernos como referência ao Talento bíblico. Sabe-se que ela é equivalente a cerca de 76 libras ou 35 quilos — uma unidade enorme de peso para ser usada quando se trabalha com itens pequenos como, por exemplo, brincos de ouro, pesando entre 30-40 gramas. Lembre-se de que as toneladas de metais preciosos mostrados nas traduções convencionais são de 26 (26 mil quilos) de ouro e 65 (65 mil quilos) de prata!

---

* Esse é o número normalmente aceito, apesar de John Allegro afirmar que há somente 61 delas.

39. Havia dois sistemas de medição de comprimento em uso na antiga Israel. O cúbito comum (*ammah*) — o comprimento do cotovelo de um homem até sua segunda articulação dos dedos — era igual a 45,8 centímetros e o cúbito grande media 52,5 centímetros. Geoffrey Wigoder (ed.), *The New Standard Jewish Encyclopedia* (New York: Facts on File, 1992).

Toda a minha experiência com metalurgia e ciência dizia que, com as técnicas de refinamento de metal relativamente primitivas disponíveis há 2 mil anos,[40] as unidades de peso em uso para os metais preciosos teriam de ser de uma magnitude muito inferior às presumidas pelos tradutores modernos.

Ouro e Prata

Comecei analisando as referências históricas relacionadas aos metais preciosos e descobri, a partir de uma Conferência NATO, de 1993, a respeito do "Ouro Pré-histórico" e diversas outras referências,[41] que a lista de tesouros do Pergaminho de Cobre, com base nas unidades traduzidas de forma convencional de peso, representaria mais de 25% de todo o suprimento de ouro do mundo naquela época, e que as 65 toneladas de prata seriam equivalentes ao estoque do mundo inteiro!

---

40. As principais fontes de ouro no antigo Oriente Médio ficavam nas regiões abaixo de Tebas, no Egito, estendendo-se ao sul até a parte baixa da Núbia e a leste do deserto do Sudão. As formas mais antigas de ouro foram encontradas antes de 3000 a.C. em jazidas aluviais e foram posteriormente minadas de veias em pedras de quartzo. O ouro dessas minas, em sua forma não combinada, era simplesmente batido no formato desejado. Minérios combinados eram batidos em partículas finas, separadas por meio de lavagem e, conforme a tecnologia de aquecimento era aperfeiçoada, derretidas e refinadas em cúpulas de barro com a ajuda de ar lançado sobre o metal fundido. Depois de cerca de 1300 a.C., o ouro "Ketem" começou a ser importado da Ásia.

    A prata, que normalmente não aparece em um estado combinado no Oriente Médio, era muito mais rara do que o ouro até cerca de 1300 a.C., tendo um valor aproximadamente duas vezes ao do ouro. Exemplos de objetos de prata que foram encontrados estavam geralmente associados a fontes de ouro, ou obtidos por meio de separação de minérios de Galena (sulfureto de chumbo) que tinham a prata minada no deserto oriental no sul do Egito.

    Apesar do ouro e da prata serem relativamente materiais de valor nos dias de hoje, com o ouro oscilando seu preço entre $ 280 e $ 500 a cada 30 gramas entre 1985 e 1998, e a prata, na época, por volta de $ 6 a cada 30 gramas, com as dificuldades apresentadas de refinação nos tempos antigos, eram mercadorias raras de valor extremamente alto.

41. Giulio Morteani e Jeremy P. Northover (eds.), "Ouro pré-histórico na Europa: Metalurgia e Produção de Minas", Procedimentos da Oficina de Pesquisa Avançada NATO de Ouro Pré-histórico na Europa, Seeon, Alemanha, 1993, publicado por Dordrecht Kluwer Academic, 1995; C. H. V. Sutherland, *Gold: Its Beauty, Power and Allure* [Ouro: Sua Beleza, Poder e Sedução] (London: Thames & Hudson, 1959); Timothy Green, *The World of Gold* [O Mundo de Ouro] (London: Rosendale Press, 1993).

O gráfico na Figura 2 mostra que, mesmo no tempo de Jesus, a quantidade total de ouro existente no mundo não era superior a 150 toneladas, e a prata era, por volta de antes de 900 a.C., mais rara que o ouro.[42] O grande aumento na produção de ouro aconteceu entre 1850 e 1900 (com a corrida do ouro na Califórnia), quando mais ouro foi minado em 50 anos do que nos 5 mil anos anteriores. Até 1850 não mais do que 10 mil toneladas de ouro haviam sido minadas. Mesmo hoje em dia, o total em ouro minado em toda a história totaliza apenas cerca de 130 mil toneladas.

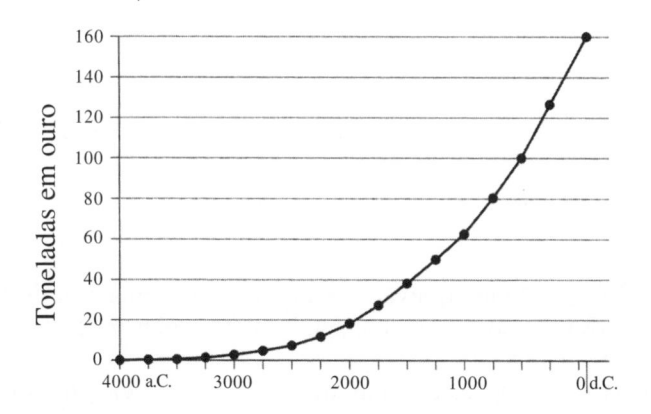

Figura 2: Gráfico mostrando as quantidades cumulativas de ouro minado em todo o mundo entre 4000 a.C. e 68 d.C.

Este último número pode parecer um tanto surpreendente quando pensamos no uso tão comum do ouro em joalherias, indústrias, odontologia, móveis decorativos, veículos espaciais, eletrônica ou as quantidades mantidas para cunhagem e barras. Mas o ouro é um dos metais mais maleáveis e dúcteis. Cerca de 30 gramas podem ser usados para cobrir uma área de até 100 pés quadrados (30,48 metros) — tão fino (5 milhões/polegada ou 0,0000127 centímetros) que chega a ser capaz de transmitir uma luz verde-clara — ou ainda ser conduzido por meio de fios com até 80 quilômetros de comprimento!

Para que um quarto do suprimento de ouro do mundo pudesse estar no Primeiro ou no Segundo Templos de Jerusalém, e mais, ter sobrevivido depois de seus saques, parece algo extremamente improvável. Da mesma

---

42. A prata tinha mais valor que o ouro no período egípcio do Novo Reino (de 1550 a.C.), em vista de sua disponibilidade de 2:1 em favor do ouro. Essa proporção foi aos poucos revertida, alcançando paridade aproximada por volta de 900 a.C., quando a prata se tornou mais abundante do que o ouro.

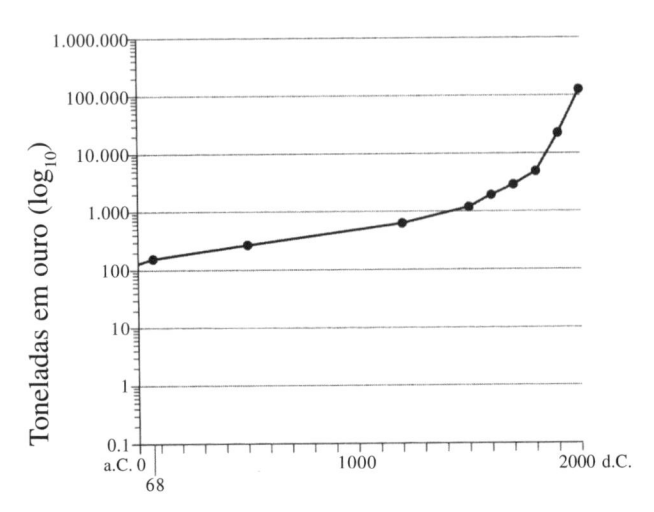

Figura 3: Gráfico mostrando as quantidades cumulativas de ouro minado em todo o mundo entre 68 e 1998 d.C.

forma, é difícil, se não impossível, acreditarmos que uma seita isolada de ascetas, como os Essênios de Qumran, pudesse, por conta própria, ter adquirido recursos tão amplos.

Algo estava muito errado nas traduções convencionais dos pesos mostrados no Pergaminho de Cobre!

Procedência do Pergaminho de Cobre

Decidi investigar as origens do pergaminho com mais detalhes, concentrando-me, a princípio, no aspecto que mais dominava — o metal em si.

É de conhecimento geral que os romanos e os gregos utilizavam o bronze (uma combinação de cobre e estanho) como um meio de gravação, mas o uso de cobre em separado era restrito a textos não literários. Os poucos exemplos citados do uso de cobre — como, por exemplo, as *Lex Coloniae Genetivae Juliae*,[43] inscrita em 43 a.C. — são, por meio de exames, considerados gravações de bronze.

O uso do cobre como material de escrita era, na verdade, algo desconhecido na Judeia na época, e até mesmo antes, dos Essênios de Qumran. Seu uso também era desconhecido em outros países do Oriente Médio, mas, de forma significativa, não era incomum nos textos egípcios antigos

---

43. Michael O. Wise, "David J. Wilmot e o Pergaminho de Cobre", no Simpósio Internacional do Pergaminho de Cobre, Centro Manchester-Sheffield de Pesquisas dos Manuscritos do Mar Morto, 1996.

gravados em cobre. Um dos raros exemplares que ainda existem, que dizem ser uma placa de liga de cobre, foi encontrado em Medinet Habu,[44] conhecido nos tempos antigos como Djamet e localizado no extremo sul, às margens oeste de Tebas do lado oposto de Luxor. Gravado em uma escrita demótica* egípcia, é datado do período romano do século I a.C. no Egito, e é semelhante ao Pergaminho de Cobre de Qumran, trazendo em seu conteúdo o inventário do templo.

Um exemplo muito mais antigo de gravação em cobre, em um templo egípcio da época de Ramsés III, c.1156 a.C., está descrito no Papiro de Harris, que também foi encontrado em Medinet Habu, e hoje pode ser visto no Museu Britânico. Esse documento impressionante mede cerca de 4 metros de comprimento e é o papiro egípcio mais longo já descoberto. Ele recita as realizações do tempo de vida do faraó Ramsés III, que reinou entre 1189 e 1156 a.C., e também traz um inventário de todas as suas posses. Nessas listas, encontramos menções do cobre sendo usado para gravações.[45]

> Fiz para ti grandes tabelas de prata, em trabalho batido, gravadas com o grande nome de sua majestade, esculpidas com a ferramenta do escultor, trazendo os decretos e os inventários das casas e templos que construí no Egito, durante meu reinado na terra; com o intuito de administrá-los em teu nome para todo o sempre. Tu és seu protetor e por eles responsável.
>
> Fiz para ti *outras tabelas de cobre em trabalho batido*, de uma mistura de seis [partes], da cor do ouro, gravadas e esculpidas com a ferramenta do escultor com o grande nome de sua majestade, com os regulamentos da casa dos templos; da mesma forma, as muitas orações e adorações, que fiz para teu nome. Teu coração sentiu-se feliz ao ouvi-las, óh senhor dos deuses.[46]

---

44. Ibid. Todos os exemplos de gravação em cobre, citados por Michael Wise, depois de examinados, demonstraram ser gravações em bronze. A referência à descoberta de Medinet Habu como sendo cobre está incorreta. Trata-se de uma placa de bronze medindo aproximadamente 30 centímetros quadrados e está de posse do Museu do Cairo.

* Demótica foi uma forma escrita que passou a ser usada no Egito como substituta da antiga escrita hierática (com exceção de assuntos religiosos e fúnebres) por volta de 670 a.C. Ela continuou sendo usada, junto ao grego, até o século II d.C.

45. Uma das melhores traduções do Papiro de Harris foi feita pelo grande arqueólogo pioneiro, James Henry Breasted. Nascido em Rockford, Illinois, em 1865, ele tornou-se o primeiro professor na América de uma "Cadeira de Egípcios" na Universidade de Chicago e foi chamado de "um dos profetas" por J. D. Rockefeller, que mais tarde favoreceria o Museu Rockefeller em Jerusalém com seu trabalho.

46. James Henry Breasted, *Ancient Records of Egypt, Vol. IV* [Registros Antigos do Egito, Vol. IV] (New York: Russell & Russell, 1912).

Essa é a única referência conhecida das tabelas ou placas de cobre sendo usadas em gravações no Egito. Os egípcios desse período eram bastante capazes de distinguir entre o cobre e o bronze, visto que os dois metais são citados de modo isolado no Papiro de Harris.[47]

Esse antigo exemplo egípcio e a falta de qualquer outro modelo conhecido de gravação em cobre fora do Egito antes do tempo dos Essênios de Qumran tornam ainda mais surpreendente o fato essa estranha e isolada seita ter sido capaz de fazer uso de um metal caro tão raro. O único lugar no Oriente Médio onde o cobre era usado, ainda que de forma rara, era no Egito. Há claras evidências de listas esculpidas em cobre estarem sendo praticadas no início de 1200 a.C., e um cobre relativamente puro podia ser encontrado a partir da era do bronze, 1550-1300 a.C. (Décima Oitava Dinastia).

Quando os Essênios de Qumran conseguiram o cobre? Afinal, por que quiseram usá-lo? O cobre não era usado na Judeia na época dos Essênios de Qumran, e teria sido muito difícil obtê-lo, isso para não mencionarmos seu custo extremamente elevado. Como eles teriam adquirido a habilidade da gravação e as técnicas de rebitamento que foram aplicadas no Pergaminho de Cobre?

O lugar lógico do aprendizado dessas habilidades seria o Egito, já que os egípcios tinham uma tradição estabelecida de conhecimento metalúrgico avançado. Sempre existira uma forte associação entre as tribos hebraicas e o Egito. Seria possível que esses conhecimentos e os materiais de cobre tivessem sido trazidos do Egito com os hebreus quando Moisés os conduziu para longe de sua escravidão?

Aspectos da Antiga Tecnologia do Cobre

É bastante lógico aceitarmos que o formato da produção das tabelas de cobre na época de Ramsés III pouco tivesse mudado com o passar do tempo e que continuasse semelhante ao do período de Ramsés II — o faraó aceito pela maioria como o governante no tempo do Êxodo dos hebreus. Na verdade, seria algo bastante comum que o filho de um faraó herdasse os bens do pai. Se o material bruto do Pergaminho de Cobre tivesse vindo do Egito, ele certamente estaria no formato de cobre batido e plano descrito no Papiro de Harris.[48]

---

47. Todas as referências a "latão" no Antigo Testamento, e há muitas, estão erradas. Elas deveriam ser lidas como "bronze". O latão não foi usado até os tempos romanos.

48. Há inúmeros exemplos de faraós tomando posse dos bens de seus predecessores, por direito ou por força, e tomando também para si decorações e materiais de suas tumbas, bem como estruturas de prédios e construções. Um bom exemplo é Haremhab que usurpou de muitas das posses e monumentos de Tutankhamon. Veja, por exemplo, Peter A. Clayton, *Chronicle of the Pharaohs* [Crônica dos Faraós] (London: Thames & Hudson, 1998).

Três peças separadas de cobre achatado foram anexadas para formar o Pergaminho de Cobre. Os tamanhos iguais das placas indicam que essa junção foi feita depois de sua gravação, para produzir um pergaminho longo, e não como uma forma de reparo nos materiais. Na virada do milênio, o caldeamento, a soldagem e a soldadura eram ainda técnicas pouco comuns disponíveis para os fabricantes de metais.[49] Portanto, não é difícil entender por que o Pergaminho de Cobre foi preso por rebites; mas são o uso de rebites de cobre, a delicadeza, o tamanho dos furos e a natureza reta das linhas dos rejuntes que causam tanto interesse. Eles são idênticos ao tipo de fixação usada na época da Décima Oitava Dinastia Egípcia.[50] O significado disso será melhor esclarecido posteriormente.

Além da forma mecânica do pergaminho, as outras duas características que considerei capazes de proporcionar uma comparação a ser feita dos materiais de cobre do Egito e de Qumran são a composição química e o peso.

Composição Química

Os antigos egípcios tinham grandes habilidades no campo do trabalho com metais, e sua especialidade na fundição e no uso do cobre pode ter sido originada por volta de 3000 a.C. Para mim, como metalurgista, há uma certa curiosidade ao analisar a face do "mais antigo metalurgista conhecido no mundo", preservado em toda a sua solenidade de barbas longas por mais de 3.000 anos em uma cartonagem* na parte superior de uma "múmia" no Museu do Cairo.[51]

Os minérios cupríferos** disponíveis no Egito vieram do deserto Oriental, Núbia e Sinai e foram rapidamente reduzidos de seus estados combinados, possibilitando a produção de um cobre puro e de fácil manuseio. Uma análise típica de uma adaga de cobre de uma antiga dinastia mostra que ela continha 99,5% de cobre, 0,39% de arsênico, 0,08% de ferro e um pequeno sinal de chumbo.[52] Na época do Novo Reino e da Décima Oitava Dinastia (c.

---

49. *A General Guide to the Egyptian Collections in the British Museum* [Um Guia Geral das Coleções Egípcias no Museu Britânico] (London: Publicações do Museu Britânico, 1975).
50. H. Garland e C. O. Bannister, *Ancient Egyptian Metallurgy* [Antiga Metalurgia Egípcia] (London: Charles Griffen & Co., 1926).
* Um entalhe representacional.
51. A mumificação, envolvendo remoção dos órgãos internos e o embalsamento para preservar o cadáver, foi comum entre a realeza egípcia e as classes mais altas do Antigo Reino (*c.* 2550 a.C.) até o período greco-romano (332 a.C. — 300 d.C.).
** Minérios com base em cobre. Às vezes encontrado na forma metálica, o cobre geralmente é formado como um óxido (cuprita) ou, combinado com ferro, como um sulfureto (pirita).
52. Garland e Bannister, *Ancient Egyptian Metallurgy* [Antiga Metalurgia Egípcia].

1350 a.C.), a técnica de fundição usando cadinhos e maçaricos já havia sido refinada, e recipientes de argila revestidos de couro com um maçarico inserido já vinham sendo usados. Essa técnica garantia que um cobre bastante puro — da ordem de 99,9% de pureza — fosse produzido.

Análises químicas mostraram que o Pergaminho de Cobre também foi produzido originalmente a partir de puro cobre (99,9%), com traços de arsênico, estanho e ferro — uma composição química quase idêntica ao do cobre produzido na Décima Oitava Dinastia![53]

Peso

Comecei a pensar a respeito de qual seria o verdadeiro peso do Pergaminho de Cobre em seu estado original. Em sua forma atual, o pergaminho está profundamente corroído — durante sua residência provisória de 2 mil anos em uma caverna úmida e quente próxima ao ambiente marítimo do Mar Morto, o artefato ficou quase que totalmente transformado em óxidos de cobre. Estima-se que o material original não corroído teria 1 milímetro de espessura, e cada uma das três partes que o compõem media 30 centímetros x 80 centímetros.[54] O peso total do cobre puro no qual o pergaminho foi originalmente gravado teria, portanto:

$$3 \times (30 \times 80) \times 0{,}1 \times 8{,}93 = 6.429{,}6g$$

em que 8,93 é a densidade de cobre em g/cc

---

53. Além do trabalho e da análise de restauração do pergaminho realizados pela Electricité de France, Paris, no início dos anos 1990, farpas de cobre do pergaminho foram, de acordo com P. Kyle McCarter, da Universidade Johns Hopkins, Baltimore, enviados para análise na Universidade de Harvard antes de 1955. Os resultados mostraram traços de estanho residual e 99,9% de cobre. As lascas restantes ainda estão na Galeria Freer, Washington, D.C. P. Kyle McCarter, "A Grafia Irregular do Pergaminho de Cobre", *The Dead Sea Scrolls — Fifty Years After Their Discovery: Proceedings of the Jerusalem Congress, July 20-25*, 1997 [Os Pergaminhos de Cobre — Cinquenta Anos após sua Descoberta: Procedimentos do Congresso de Jerusalém], 20-25 de julho, 1997 (Jerusalém: Sociedade de Exploração de Israel em colaboração com O Santuário do Livro, Museu de Israel, 2000). Veja também Albert Wolters, *The Copper Scroll Overview: Text and Translation* [Visão Geral do Pergaminho de Cobre: Texto e Tradução] (Sheffield: Sheffield Academic Press, 1960); D. Brizemeure e N. Lacoudre, "EDF et le Rouleau de Cuivre (3Q15)", *Simpósio Internacional do Pergaminho de Cobre*, Centro Manchester-Sheffield de Pesquisa dos Manuscritos do Mar Morto, 1996. (http://www.edf.fr/html/en/mag/mmorte/intro.htm). Veja também W. V. Davies, *Catalogue of Egyptian Antiquities in the British Museum — Tools and Weapons I: Axes* [Catálogo de Antiguidades Egípcias no Museu Britânico — Ferramentas e Armas I — Machados] (Londres: Publicações do Museu Britânico, 1987).

54. Wolters, *The Copper Scroll Overview, Text and Translation* [O Pergaminho de Cobre: Visão Geral Texto e Tradução].

Portanto, de onde teria vindo esse enorme pedaço de cobre extremamente puro? Teria sido de um lote de cobre descrito no Papiro de Harris?

O peso de cada uma das placas de cobre descritas no Papiro de Harris como fazendo parte do "estoque" guardado pelo faraó Ramsés III, é dado como 205,5 Deben, e existiam ao todo quatro placas.

O *Dicionário do Antigo Egito do Museu Britânico*[55] diz que o Deben é uma unidade de peso, usada para pesagem de metais como o cobre, no valor de 93,3 gramas. A partir daí, podemos calcular que cada uma das tabelas de cobre pesava:

205,5 x 93,3g = 19.173,5g ou 42,3lb

Pesando aproximadamente 42 libras, quando chegou o momento da gravação da placa de cobre e seu manuseio, seria bastante provável terem procurado reduzi-la em pesos iguais, menores e mais convenientes. Um tamanho mais adequado seria de 1/10 ou 1/9 do original — típicos divisores conhecidos sendo usados pelos egípcios no trabalho da pesagem de cobre. Se o peso da placa original fosse, na verdade, dividida em nove partes iguais, cada seção pesaria:

19.173,15/9 = 2.130,35g

Se três dessas partes menores fossem então rejuntadas (acomodando de maneira confortável o texto necessário para descrever as 64 localizações de tesouros mencionados no Pergaminho de Cobre), o peso final seria:

2.130,35 x 3 = 6.391,05g

Esse valor é impressionantemente próximo do peso estimado do Pergaminho de Cobre em seu estado original, de 6.429,6 gramas.

Para resumir, as correspondências entre o Pergaminho de Cobre e o material de cobre disponível no Egito na época do Êxodo dos hebreus são as seguintes:

	Cobre egípcio *c.* 1200 a.C.	O Pergaminho de Cobre *c.* 100 a.C.
Formato mecânico	plano, batido	plano, batido
Método de rejunte	rebites, linha reta	rebites, linha reta
Composição química	99,9% cobre, traços de arsênico e ferro	99,9% cobre, traços de arsênico e ferro
Peso da Unidade	6.391g	6.429g

---

55. Ian Shaw e Paul Nicholson, *Dicionário do Antigo Egito do Museu Britânico* (Londres: Publicado para os Fiduciários do Museu Britânico pela British Museum Press, *c.* 1995).

A proximidade no peso do Pergaminho de Cobre das partes exatas das placas de cobre descritas no Papiro de Harris não pareceria apenas coincidência. O valor está na casa dos 0,6%, indicando que podemos ter uma certeza de 99,4%, em termos simples de correlação de peso, de que o Pergaminho de Cobre veio de um pedaço de antigo cobre egípcio, semelhante àquele que pertencia a Ramsés III.[56] Quando outros fatores — relacionados a características físicas e químicas dos materiais — são comparados, a ligação fica ainda mais irresistível.

Sistemas de Numeração e Peso

A respeito da forma de escrita e unidades de medição usadas no Pergaminho de Cobre — será que *eles* têm algum elemento egípcio que possa ser usado como comparação, especialmente as unidades de numeração de Talentos, *Minas* e *Staters* mencionadas anteriormente? Passei a comparar os conteúdos do Pergaminho de Cobre com textos egípcios, datados de até 500 a.C., e cheguei a outra conclusão estarrecedora. As unidades de numeração e pesos usadas no pergaminho não eram de origem canaanita ou judaica, lugares onde os Essênios de Qumran residiam, mas sim egípcia! De fato, o sistema de numeração no Pergaminho de Cobre é típico daquele usado no Egito por volta de 1300 a.C. O sistema egípcio usava traços verticais individuais repetitivos, até o número 9, combinados com unidades decimais repetitivas para números maiores. Um bom exemplo disso pode ser visto na Coluna 6 do Pergaminho de Cobre (veja Placa 3), em que traços isolados repetidos são usados para representar o número 7. (veja também Apêndice, coluna 6, linha 13.)

Voltei mais uma vez ao problema dos pesos, geralmente relacionado aos tesouros por tradutores modernos do Pergaminho de Cobre. Dessa vez, usei uma perspectiva egípcia.

Os antigos egípcios haviam desenvolvido um sistema especialmente elaborado para a pesagem de metais preciosos. Esse sistema era baseado no *Kite*, uma unidade equivalente a 10 gramas, mas, às vezes, usada como uma unidade dobrada (KK) de 20,4 gramas. Acredito que não se trata de

---

56. Breasted, *Ancient Records of Egypt, Vol. IV* [Registros Antigos do Egito, Vol. IV]. Curiosamente, a tumba de Rekhmire, ministro-chefe de Tutmoses III, *c.* 1450 a.C., mostra uma placa do que parece ser cobre sendo carregado sobre os ombros de um trabalhador, e seu tamanho é equivalente às proporções das placas de couro de boi de cobre vistas ilustradas nas laterais dos caixões egípcios. A proporção dimensional é de aproximadamente 3:8; a mesma das partes individuais do Pergaminho de Cobre (Allesandra Nibbi, "O Lingote de Couro de Boi e a Mão Embaixo do Pote do Egito do Reino Médio", Procedimentos da Primeira Conferência Internacional de Mineração e Conservação de Artefatos Metálicos pela Metalurgia dos Antigos Egípcios, Cairo, 1995).

uma coincidência o fato de o som do "forte ch" do termo peso (do inglês, *weight*) usado no texto do Pergaminho de Cobre estar equacionado ao "K" egípcio na palavra *Kite*! Quando usei essas unidades de peso egípcias antigas, típicas do período anterior a 1000 a.C., para calcular as quantidades de ouro, prata e joias mencionadas no pergaminho, cheguei a pesos muito mais realistas do que aqueles mostrados anteriormente. Os totais aproximados de metais preciosos mencionados no pergaminho agora passam a ser:

Ouro   26 kg
Prata   13,6 kg
Metais preciosos misturados   55,2 kg

(Há também centenas de barras de ouro e prata, e jarras de metais preciosos, nas quais os pesos não são especificados.)

Estamos agora olhando para pesos que são uma fração daqueles mostrados nas traduções modernas do Pergaminho de Cobre, mas eles ao menos são valores plausíveis, bastante consistentes com as quantidades de ouro e prata em circulação no período. Por exemplo, se analisarmos mais uma vez o Papiro de Harris, ele nos mostra o acúmulo total de ouro em um período de 31 anos no Egito (de longe o país mais rico no antigo Oriente Médio), no valor de 387 quilos. A desvantagem é que o valor de nosso tesouro, de alguma forma, fica menor! Entretanto, ainda estamos falando de centenas de milhões de dólares em termos reais.

Então, o que podemos deduzir de todos esses cálculos? A conclusão lógica é que os sistemas de numeração e peso usados no Pergaminho de Cobre estão baseados em antigos sistemas egípcios.

Quando apliquei a conclusão em cálculos de metais preciosos e localizações descritas no Pergaminho de Cobre, elas começaram a apontar na direção que deveríamos tomar para iniciar a caçada ao tesouro e, talvez, a localização de onde grande parte dele pode ser encontrada.

Uma Segunda Opinião

Busquei uma segunda opinião nos sistemas de numeração e peso egípcios da dra. Rosalie David, mantenedora de Egiptologia no Museu de Manchester. Ela confirmou que, apesar de existir a possibilidade de o tipo de sistema de numeração usado no Pergaminho de Cobre ter persistido na escrita do templo egípcio por algum tempo depois da conquista grega do Egito (em 330 a.C.), seu uso "sempre foi específico do Egito e não era usado fora dali, com exceção do período das campanhas do Egito em Canaã de 1400 a 1100 a.C".[57]

---

57. Correspondência entre a dra. Rosalie David e o autor, 21 de dezembro de 1998-18 de janeiro de 1999. Ela é agora professora na Universidade de Manchester.

De acordo com a dra. David, o uso do antigo sistema egípcio de pesagem de metais "deixou de ser usado por volta de 500 a.C. e sempre fora, antes disso, de uso específico do Egito".

As ideias da Dra. David colocaram-me diante de mais perguntas. Por que um documento, ostensivamente escrito por uma comunidade judaica devota e não ortodoxa, que vivia próxima ao Mar Morto na Judeia por volta do tempo de Jesus, teria tantas características egípcias? E, por que o material de escrita, o sistema de numeração e o sistema de pesos usados seriam típicos do uso egípcio de um período de, no mínimo, mil anos antes?

Uma primeira resposta parecia ser que, apesar de o Pergaminho de Cobre poder ter sido copiado no século I a.C., parte de seu conteúdo teria vindo de um período de aproximadamente 1.200 a 1.300 anos antes.

Conforme prosseguia com minhas pesquisas, fiquei convencido de que essa conjuntura estava certa e que pelo menos parte do Pergaminho de Cobre não havia sido originalmente escrito pelos Essênios de Qumran, mas copiado por eles de algo muito mais antigo: escrito em egípcio, talvez por volta de 1300 a.C.

Pelo que sei, ninguém tentou traçar uma ligação direta entre os antigos egípcios dos séculos XIII e XII a.C. O Pergaminho de Cobre era, sem dúvida, um documento de enorme importância para os Essênios de Qumran, considerando o trabalho e os gastos que tiveram para sua produção.[58] Se seu conteúdo de fato tem uma ligação com o Egito, deveria ter sido algo de imenso valor para os Essênios de Qumran... e pode ser uma chave de outros tantos segredos.

Se o período egípcio anterior a 1000 a.C. deixara sua marca tecnológica no Pergaminho de Cobre, por que não haveria outras influências? Que paralelos culturais ou religiosos poderiam existir entre esse período e o existente na Judeia por volta do tempo de Jesus e, ainda mais especificamente, com as práticas dos Essênios de Qumran como autores do Pergaminho de Cobre?

O próximo passo, portanto, em minha jornada de descobrimento, era examinar que outras ligações relevantes poderiam existir entre o Egito e Israel. Para fazer isso eu precisava me concentrar no Antigo Egito e ver como sua cultura e religião podiam ter interagido com o antigo Judaísmo.

---

58. Há evidências em Qumran de que os habitantes desenvolveram habilidades no trabalho com o couro e nas produção de cerâmica, portanto eles poderiam muito bem ter adaptado essas habilidades para o trabalho com metais.

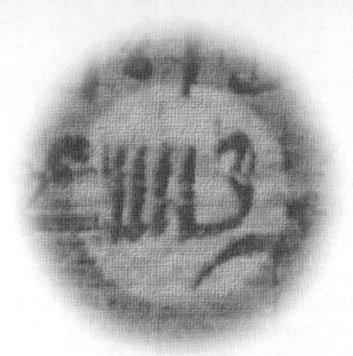

CAPÍTULO IV

As Tribos Hebraicas e o Egito

Depois de determinar que o Pergaminho de Cobre tinha tantas ligações importantes com o Egito, comecei a me perguntar por que essa comunidade relativamente isolada de judeus abstêmios e devotos que viviam em Qumran podia ter ficado de posse desse pergaminho. Que ligações concebíveis poderiam ter tido com o antigo Egito? Na verdade, será que existia qualquer conexão entre os tesouros a respeito do qual os Essênios de Qumran estavam escrevendo no Pergaminho de Cobre e o Egito? Os Essênios de Qumran sempre foram considerados de pura ascendência[59] hebraica, mas até mesmo essa ideia tinha de ser colocada sob discussão.

Comecei a analisar novamente as ligações entre as tribos hebraicas e a terra adjacente do Egito e fiquei surpreso ao descobrir a extensa interação entre os dois povos. (Pode ser útil olhar mais uma vez a Figura 1, o mapa relacional do Oriente Médio.)

Desde o início do ano 3000 a.C. até 1200 a.C., o Egito manteve uma presença armada em Canaã, quase sempre a usando como um ponto de partida para futuras conquistas no leste. Rotas de comércio ao longo da costa do Mediterrâneo estavam bem estabelecidas e uma interação comercial trazia pessoas e mercadorias para as partes no norte do Egito. Os hebreus,

---

59. O movimento dos essênios da Judeia durante o século II a.C. até o século I d.C. é descrito por Josephus, Pliny o Ancião e Philo como sendo composto por agrupamentos estáticos e móveis, talvez com um total de 4 mil em um mesmo período. Seu testemunho nunca indica que os essênios eram recrutados de nenhuma outra parte que não de judeus de linhagem hebraica.

uma tribo seminômade com rebanhos para alimentar, eram levados até o Egito, principalmente em tempos de seca e fome. O Egito era, afinal, um país cujos sistemas de irrigação avançados e suas dependências de estocagem de grãos o colocavam em melhor posição para lidar com os desastres naturais do que qualquer outro país no Oriente Médio.

Todos os principais personagens da Bíblia, desde Abraão e Sara até Jesus e Maria, tinham fortes ligações com o Egito. Jacó, José, os irmãos de José, os fundadores das doze tribos de Israel, bem como Moisés, Aarão e Miriam, Josué, Jeremias e Baruque, todos viveram por longos períodos no Egito e foram influenciados por sua cultura e religiões.

Quando analisamos as referências bíblicas do Egito, fica bastante claro que os autores são incapazes de evitar frequentes e detalhadas referências ao Egito. Na realidade, pelo fato de serem narrados em crônicas, podemos ver que tanto o Antigo como o Novo Testamento apresentam uma constante relação de "amor e ódio" com o Egito.[60] Em toda a Bíblia, o Egito é um lugar para onde os hebreus podem fugir, local de refúgio — para Abraão, Jacó, Jeroboam, Jeremias e Baruque, Onias IV e Jesus. Ou é então um local de onde precisam fugir, como no caso de Moisés e o Êxodo.

---

60. **Gênesis 12:10**
"Ora, havia fome naquela terra; Abrão, pois, desceu ao Egito, para peregrinar ali, porquanto era grande a fome na terra."
Gênesis 37:23-24, 28
"Logo que José chegou a seus irmãos, estes o despiram da sua túnica, a túnica de várias cores, que ele trazia; e tomando-o, lançaram-no na cova; mas a cova estava vazia, não havia água nela (...) Ao passarem os negociantes midianitas, tiraram José, alçando-o da cova, e venderam-no por 20 siclos de prata aos ismaelitas, os quais o levaram para o Egito (...)"
Gênesis 42:3 "Então desceram os dez irmãos de José, para comprarem trigo no Egito (...)"
Gênesis 46:6 "(...) também tomaram o seu gado e os seus bens que tinham adquirido na terra de Canaã, e vieram para o Egito, Jacó e toda a sua descendência com ele."
Jeremias 43:5-7 "Mas Joanã, filho de Careá, e todos os chefes das forças tomaram a todo o resto de Judá, que havia voltado dentre todas as nações, para onde haviam sido arrojados, com o fim de peregrinarem na terra de Judá; aos homens, às mulheres, às crianças, e às filhas do rei, e a toda pessoa que Nebuzaradão, capitão da guarda, deixara com Gedalias, filho de Aicão, filho de Safã, como também a Jeremias, o profeta, e a Baruque, filho de Nerias; e entraram na terra do Egito; pois não obedeceram à voz do Senhor; assim vieram até Tapanes."
Mateus 2:13 "E, havendo eles se retirado, eis que um anjo do Senhor apareceu a José em sonho, dizendo: 'Levanta-te, toma o menino e sua mãe, foge para o Egito, e ali fica até que eu te fale; porque Herodes há de procurar o menino para o matar.'"

Os poucos versículos a seguir, de Isaías, ilustram a inimizade e a reverência mostrada na Bíblia com relação ao Egito:

> E a terra de Judá será um espanto para o Egito; todo aquele a quem isso se anunciar se assombrará, por causa do propósito do Senhor dos exércitos, que determinou contra eles. Naquele tempo haverá cinco cidades na terra do Egito que falarão a língua de Canaã e farão juramento ao Senhor dos exércitos: e uma se chamará cidade de destruição. Naquele tempo o Senhor terá *um altar no meio da terra do Egito* e uma coluna se erguerá ao Senhor (...)
>
> Porque o Senhor dos exércitos os abençoará dizendo, *"bendito seja o Egito, meu povo,* e a Assíria, obra de minhas mãos, e Israel minha herança."
>
> *Isaías 19: 17-19, 25* (grifos meus)

Ao aprofundar-me nas teorias desses personagens bíblicos, tanto das fontes bíblicas como históricas, sempre me perguntava como suas histórias e possíveis motivações poderiam fornecer uma pista com relação à procedência e à localização dos tesouros do Pergaminho de Cobre. Eu estava procurando por qualquer personagem no Antigo Testamento que pudesse ter acesso a enormes quantias de riqueza. A seguir, apresento um resumo de minhas descobertas a partir dos relatos bíblicos (mais detalhes podem ser encontrados nas notas).

Abraão

Abraão foi o primeiro dos patriarcas (pais) hebreus e é geralmente aceito como o fundador do monoteísmo (a crença em um Deus com a exclusão de todos os outros). Ao deixar a cidade de Ur na Caldeia (sul da Babilônia), ele viajou para Canaã e visitou o Egito com sua esposa Sara por volta de 1500 a.C. Apesar de ser um chefe tribal, sua riqueza era proveniente, em especial, de animais domésticos que possuía — mas ele deixou o Egito "rico em gado, em prata e em ouro".[61]

---

61. O conceito de Abraão como o fundador do monoteísmo é baseado na história bíblica de que Deus apareceu pela primeira vez para ele em uma visão e prometeu que seus descendentes herdariam as terras do rio do Egito até o Eufrates. A avaliação das datas de Abraão por diversas autoridades varia de *c.* 1900 a 1400 a.C., e a prova de minha preferência de *c.* 1500 a.C. é discutida no Capítulo 7. Ele ofereceu seu filho Isaque como um sacrifício a Deus, ao que dizem em um lugar hoje conhecido como a Cúpula da Rocha em Jerusalém. O outro filho de Abraão, Ismael, é visto como sendo o pai dos muçulmanos.

Portanto, Abraão é um possível candidato, com acesso a modestas quantias de um antigo tesouro.

Jacó

O terceiro dos patriarcas hebreus e o pai de José, Jacó, que voltou de Canaã para a casa de seu tio em Haran, na Mesopotâmia (sul da Síria), para encontrar uma esposa, e acabando por encontrar duas — Leah e Rachel. Junto a elas (e suas duas criadas), ele teve 12 filhos e uma filha. Mais tarde, passou a usar o nome de "Israel". Ele foi encorajado a vir para o Egito com toda a família, por José, e fixou-se na parte mais favorável da terra.

Jacó tornou-se um amigo muito respeitado do faraó, que lhe ofereceu um enterro grandioso em sua morte. Sua riqueza pode muito bem ter sido passada aos dois netos preferidos, Efraim e Manasseh, os filhos de José.

José

O bisneto de Abraão, e o décimo primeiro filho de Jacó. José foi vendido por seus irmãos como um escravo no Egito.[62] Sua reputação de intérprete de sonhos chamou a atenção do faraó, que vinha tendo estranhos sonhos com sete vacas magras devorando sete vacas gordas, e sete espigas de milho completas sendo devoradas por sete espigas de milho magras. José, usando palavras de Deus, disse ao faraó que os sonhos significavam que viveriam sete bons anos de colheita no Egito, seguidos de sete anos ruins, e que medidas deveriam ser tomadas para armazenar os produtos do sétimo ano. O faraó – que eu identifico como sendo Amenhotep IV – ficou tão impressionado com José que o nomeou vizir, a segunda figura mais poderosa na Terra.

Já que José manteve sua posição privilegiada por pelo menos 14 anos, ele poderia muito bem ter se tornado um dos homens mais ricos no Egito, principalmente pelo fato de o faraó Amenhotep IV ser conhecido por presentear com muitos colares de ouro aqueles de quem gostava.

Esse, certamente, foi o primeiro personagem bíblico a ter acesso a grandes quantidades de riqueza e tesouros.

---

62. Como o filho predileto do pai, José instigou o ciúme de seus irmãos e foi vendido por eles a comerciantes, que, por sua vez, negociaram-no como escravo no Egito, por volta de 1350 a.C. Um escravo na casa de Potifar, o capitão da guarda do faraó, ele prosperou até que a esposa de Potifar se apaixonou por ele. Quando José rejeitou suas investidas sexuais, ela o denunciou ao marido que mandou que ele fosse jogado na prisão. Foi durante o período na prisão que a reputação de José como um intérprete de sonhos chamou a atenção do faraó.

Os Líderes das 12 Tribos de Israel

Os líderes das 12 tribos de Israel foram os filhos tanto de Jacó como de José, que vieram a fundar as 12 regiões de Canaã e que formaram o Reino dos Hebreus de Israel. Todos eles viveram no Egito por um longo período, e seus descendentes finalmente partiram com Moisés quando conduziu os hebreus para fora do Egito até a Terra Prometida.

Moisés

A figura central do Antigo Testamento, sendo o arquiteto da religião hebraica. Moisés nasceu no Egito, por volta de 1250 a.C., bem como seu suposto irmão Aarão e sua irmã Miriam. Depois de ser abandonado em uma cesta de palha no rio Nilo quando bebê, Moisés foi criado por uma princesa egípcia até que, já adulto, tomou frente da causa dos escravos hebreus. Moisés conseguiu a soltura dos hebreus da escravidão no Egito e iniciou o processo de uni-los em uma só nação, com uma religião monoteísta, dando-lhes os Dez Mandamentos, ou leis, para que seguissem durante a vida.

Moisés, o Egípcio?

Análises detalhadas da Torá (a Bíblia hebraica) e outros textos, como, por exemplo, o Talmude (comentários a respeito da lei e dos costumes dos judeus) e o *Midrash* (interpretações das escrituras hebraicas — veja Glossário), levaram-me à conclusão de que Moisés não havia apenas nascido e sido criado como egípcio, mas era, na verdade, um príncipe do Egito — um filho da Casa Real de faraós. Essa não é uma conclusão que qualquer escritor religioso aceitaria como verdadeira de forma aberta, mas chegou a ser sugerida por outras pessoas, e há muito tempo na história.[63]

Teria sido um anátema para os antigos compiladores do Antigo Testamento dos hebreus ter que reconhecer que seu mais importante líder e legislador não era um hebreu. Contudo, controvérsias continuam surgindo com o passar dos tempos, na teologia cristã e judaica e, em um grau um tanto menor, na teologia muçulmana. As discussões foram especialmente acirradas no tão famoso "período de esclarecimento" na Alemanha, no fim do século XIX e início do século XX.

---

63. Os mais notáveis dos antigos comentaristas do Antigo Testamento, sendo que todos acreditavam que Moisés fora educado como um egípcio e ocupara posição importante no país, são eles:
   a) Manetho — um autor do século III a.C. e sumo sacerdote de Heliópolis;
   b) Philo Judaeus — um escritor e filósofo judeu do século I a.C.;
   c) Flavius Josephus — um escritor judeu autorizado do século I a.C.;
   d) Justin Martyr — um padre da antiga Igreja Cristã do século II.

A ideia de que Moisés era um egípcio, e que seus ensinamentos acerca do monoteísmo tinham grandes afinidades egípcias, não é, portanto, algo novo. Foi um tema discutido tanto por Popper-Linkeus,[64] em 1899, como por Sigmund Freud, o pai da psicanálise, que escreveu em 1931.[65] Novos estudos, especificamente os que vieram do trabalho realizado com os Manuscritos do Mar Morto nos últimos anos, e também de minhas pesquisas particulares, foram capazes de acrescentar inúmeras informações e evidências importantes, garantindo uma nova avaliação da ideia.[66]

Moisés foi, de acordo com o Antigo Testamento, encontrado pela filha do faraó boiando em uma arca feita de papiros em um rio. Ele havia sido abandonado por uma família Levi* que temia o decreto de morte dos recém-nascidos hebreus promulgado pelo faraó. Curiosamente, os nomes de seu pai e de sua mãe não são revelados quando Moisés é mencionado pela primeira vez na Bíblia. Somente mais adiante, em Êxodo 6:20, sabemos que o pai de Moisés se chamava Anrão e que a mãe, Joquebede, era a tia de seu pai. Moisés foi, ao que tudo indica, amamentado por uma hebraica, mas, depois, criado desde a infância como o filho da filha do faraó na corte egípcia. Nessas circunstâncias, teria sido inevitável que ele adquirisse os

---

64. Josef Popper-Linkeus, *Der Sohn des Konigs von Egypten, Phantasieen eines Realisen* (Leipzig: Carl Reisner, 1899).
65. Sigmund Freud, *Moses and Monotheism* [Moisés e o Monoteísmo] (London: The Hogarth Press, 1951).

    Sigmund Freud, além de ser o pai da psicanálise, tinha um interesse fixo nas religiões antigas e na arqueologia, especialmente a egípcia. Em 1931, escreveu um estudo das origens de Moisés, intitulado de *Moses and Monotheism*, que atraiu críticas e reprovações consideráveis, em grande parte por ter retratado um primeiro Moisés assassinado pelos hebreus e a chegada de um segundo Moisés. A obra foi fortemente influenciada pela própria angústia contra seu parentesco judeu e sentimentos de culpa por sua própria não conformidade. O interesse no conceito original do Egito e do monoteísmo desapareceu, submerso na controvérsia engendrada pela interpretação extremista de Freud. Veja também Yosef Hayim Yerushalmi, *Freud's Moses* [O Moisés de Freud] (New Haven: Yale University Press, 1991).

    Uma importante coleção de papéis e manuscritos de Freud estão guardados na Biblioteca do Congresso, Washington DC. A paixão por colecionar relíquias antigas pode ser vista na casa de sua família em Maresfield Gardens 20, Hampstead, Londres, que está aberta ao público, e ainda guarda muitos dos bens pessoais que usou durante o trabalho de sua vida.
66. Embora esta parte do livro tenha sido escrita antes do lançamento da versão do filme de animação da vida de *Moisés, Príncipe do Egito* de Jeffrey Katzenberg, Dream Works SKG, fica claro que o filme também desafia a visão convencional das origens de Moisés.

* Descendentes dessa família Levi foram posteriormente designados a ser sacerdotes e guardiões do Templo em Jerusalém.

hábitos egípcios e aprendesse a falar o idioma. Pouco se sabe de sua juventude, mas temos informações de que em um determinado estágio do início de sua maturidade, ele, aparentemente, rebelou-se e foi forçado a fugir do palácio real.

Uma descrição da criação de Moisés deve ter apresentado problemas consideráveis para os cronistas do Antigo Testamento. A natureza da história que descreve sua criação tem qualidades de um conto de fadas e, ao que parece, só teria sido necessária se Moisés tivesse nascido um hebreu de linhagem não semita. Não apenas seria preciso provar que ele havia nascido um hebreu, mas seria necessário também uma explicação plausível de o porquê ter crescido e passado a maior parte do início de sua vida no palácio real do faraó — levando a vida de um príncipe do Egito. Esse não era um problema simples de ser resolvido, e exige toda a perspicácia da imaginação dos escritores. O que fazer? Simples: criar uma história ligando Moisés às origens dos hebreus.

Em vez de criar uma história original, os escritores preferem um mito ou fábula capaz de garantir a ideia. Já existia o antigo mito mesopotâmico de Sargon, datado de 2800 a.C.:

> Eu sou Sargon, o poderoso rei, rei de Agade (...) minha mãe, a Virgem, concebeu-me. Em segredo, ela me deu a vida. Colocou-me em um cesto de caniço, fechou a parte de cima com piche e me colocou sobre as águas do rio. A correnteza não me afogou, mas levou-me até Akki, o sacador das águas (...) como seu próprio filho ele me criou(...) Quando eu era um jardineiro, Ishtar apaixonou-se por mim. Tornei-me rei e por quarenta anos governei como tal.[67]

Entretanto, a história egípcia do nascimento de Hórus parece ser ainda mais adequada. Esse mito relata como o bebê Hórus foi colocado em uma balsa de junco por sua mãe, Ísis, e escondido na terra do pântano Delta para salvá-lo de seu inimigo Seth.[68] Uma curta história bonita, facilmente adaptada para permitir que Moisés tivesse nascido um hebreu, porém vivido como egípcio.

Havia outra razão para que a última história fosse preferida. Uma diferença fundamental existia entre a mitologia da Suméria e da Mesopotâmia — diferente da conhecida no Egito. A primeira costuma usar longos complôs envolvendo relacionamentos complicados, ao passo que os mitos egípcios eram histórias curtas integradas e faziam parte da língua viva. Sendo assim, elas eram mais maleáveis e podiam ser alteradas e atualiza-

---

67. Martin, Noth, *Êxodo: Um Comentário* (London: SCM Press, 1962).
68. Eberhard Otto, *Die Biographischen Inschriften der Agyptischen Spatzeit* (Leiden: E. J. Brill, 1954).

das, como palavras e ideias em qualquer outro idioma, sem repreensão autoconsciente.[69]

Essa divergência da mitologia mesopotâmica tornava a mitologia egípcia muito mais adaptável e atraente a outra cultura ou religião.[70] Essa é mais uma razão do porquê da adoção de ideias da mitologia egípcia para a filosofia hebraica ser mais simples do que aquelas vindas da Suméria e da Mesopotâmia, além da pronta disponibilidade de tais ideias.

Apesar de a tradição religiosa e uma série de historiadores testemunharem quanto à criação e educação de Moisés, suas versões, não surpreendentemente, diferem em alguns detalhes. Contudo, a linha geral é que ele recebeu educação formativa de sacerdotes — tanto egípcios como midianitas.* Manetho, um autor egípcio do século III a.C. e sumo sacerdote em Heliópolis, relata que Moisés recebeu funções sacerdotais no templo de Heliópolis.[71]

Manetho ainda relata que o nome original de Moisés era Osarsiph, e que ele havia ganhado seu nome em homenagem a Osíris, o deus patrono de Heliópolis. Justin Martyr, um antigo padre da Igreja, refere-se à educação de Moisés na seguinte passagem:

> Moisés também é descrito como um líder venerável e muito antigo dos judeus por escritores da história de Atenas como Hellanicus, Philochoros, Castor, Thallus e Alexander Polyhistor, bem como pelos sábios historiadores judeus Philo e Josephus (...)
>
> Esses escritores, que não pertencem a nossa religião [Cristianismo], afirmaram que suas informações foram coletadas de sacerdotes egípcios, junto aos quais Moisés nasceu e foi educado; na verdade, ele recebeu uma educação egípcia bastante completa, já que era um filho adotado de uma filha do rei.[72]

Para citarmos Paul Goodman, "o histórico Moisés, que se tornaria o líder e professor dos Filhos de Israel, parece ter sido criado como egípcio e participado muito pouco na servidão de seu povo".[73]

---

69. Siegfried Morenz, *Egyptian Religion* [A Religião Egípcia] (Ithica, N.Y.: Cornell University Press, 1994).
70. R. T. Rundle Clark, *Myth and Symbol in Ancient Egypt* [Mitos e Símbolos no Antigo Egito] (London: Thames & Hudson, 1978).
* Uma tribo nômade de beduínos sediada no noroeste da Arábia.
71. Alfred Sendrey, *Music in Ancient Israel* [A Música na Antiga Israel] (Nova York: Biblioteca Filosófica, 1969).
72. Ibid.
73. Paul Goodman, *History of the Jews* [História dos Judeus] (Londres: Escritório do Rabino Chefe, 1941).

Alguns historiadores encontram dificuldades em localizar um "verdadeiro" Moisés individual nos textos antigos. Outros encontram mais de um Moisés com uma ênfase diferente em seus conceitos de Deus. Pesquisas textuais, especialmente de estudiosos como Julius Wellhausen,[74] estão baseadas no nome dado a Deus em diferentes seções do Pentateuco.* As análises demonstram que há pelo menos quatro ou cinco principais autores por trás das escritas dos cinco livros de Moisés. Isso pode ser explicado ao relacionarmos autores do período mosaico, ou autores posteriores, a influências de diferentes fontes regionais. A conclusão da maioria dos autores é fortalecida pelas diferentes versões bíblicas a respeito de para onde Moisés teria fugido quando deixou o Egito, e por conflitos nos nomes dados a seu sogro, que é citado como sendo Jethro, Reuel, Raguel ou Hobab.[75]

O mais interessante (e no mínimo consistente) é que dizem que Moisés se casou com "Zipora", de uma família sacerdotal, e que morou com os midianitas por algum tempo. No entanto, acredito ser pouco provável que uma tribo de beduínos nômades, como o caso dos midianitas, tivesse sacerdotes com uma filosofia religiosa altamente desenvolvida com a qual Moisés pudesse aprender algo de útil. Além disso, o deus que os midianitas veneravam era o idólatra Baal. Também me parece pouco provável que um "príncipe do Egito", alguém criado nos luxos do palácio real como o filho da filha do faraó, fosse servir de maneira voluntária como pastor de seu sogro. Principalmente se nos lembrarmos de que entre os beduínos o costume era de que as mulheres cuidassem dos rebanhos.[76]

Na verdade, na passagem de Números 31, a Bíblia relata como Moisés mais tarde exigiu uma inacreditável e cruel vingança sobre a tribo dos

---

74. Julius Wellhausen, *Prolegomena zur Geschichte Israels* (Edimburgo: A. & C. Black, 1885). Julius Wellhausen foi um estudioso do século XIX que identificou no mínimo quatro diferentes autores do Pentateuco, a quem ele atribuiu as letras: J-Javé, c. 950 a.C., por fontes judaicas; E-Elohim, c. 850 a.C., fontes de Efraim; D-Deuteronômio, c. 640 a.C.; P-Priestly (Sacerdote), c. 550 a.C., fontes eclesiásticas.

* O Pentateuco é composto pelos cinco primeiros Livros do Antigo Testamento: Gênesis, Êxodo, Levítico, Números e Deuteronômio.

75. Quando Moisés foi banido do palácio, ele parte em direção à terra de Midiã, em algum lugar no noroeste da Arábia, e ali se casa com a filha, Zipora, de um sacerdote midianita (Êxodo 2). Ele tem um filho com ela que recebe o nome de Gershom — fazendo alusão ao fato de que Moisés é "um estranho em uma terra estranha", e referindo-se à terra de Gósen no Egito, onde estrangeiros tradicionalmente se estabeleciam.

Na Bíblia, há sérias confusões para sabermos ao certo com quem Moisés se casou em Midiã. O sogro de Moisés aparece com nomes como "Reuel, um midianita, em Êxodo 2:18; "Jethro" em Êxodo 3:1; "Raguel" em Números 10:29; e "Hobab" em Juízes 4:11.

76. A Bíblia (Êxodo 2:16) confirma que era um costume dos beduínos que as filhas da tribo cuidassem dos rebanhos.

midianitas de seu suposto sogro. Ele instruiu 12 mil homens armados a investir contra os midianitas e "eles mataram todos os homens", e todos os cinco reis de Midian, e todas as crianças do sexo masculino, e todas as mulheres que não eram virgens, e distribuíram todos os seus bens capturados e animais entre as 12 tribos de Israel. Dificilmente uma maneira justa de tratar a tribo de sua esposa!

Por que Moisés teria fugido para Midian e se casado com a filha de uma família de sacerdotes que venerava o contagioso e idólatra deus Baal? As provas cumulativas, no meu ponto de vista, dizem que isso não aconteceu, e que essa proposição não conta a história toda.

Seria possível que Moisés tivesse fugido para o sul e se casado com uma mulher de uma "família eclesiástica" de outra religião?

Um destino alternativo nos é indicado no *Midrash*,* no qual somos informados de que Moisés se casa com uma mulher da terra de Cush, uma terra ao sul do Egito, que começa na região da Ilha de Elefantine, equacionando-se na Núbia e na região norte da atual Etiópia. A Bíblia, em Números 12:1, confirma a história: "(...) e Moisés tomara por sua esposa uma mulher cuchita [etíope]".

Josephus, o confiável historiador judeu/romano, ao escrever de maneira breve depois do tempo de Jesus, é ainda mais específico a respeito da presença de Moisés na Etiópia e seu casamento com "Tharbis, filha do rei da Etiópia."

> Os etíopes seguiram sua vantagem de modo tão atento, que cruzaram todo o país até chegar em Memphis, e dali até o mar.[77]

Themuthis (o nome grego de Ramsés), o rei, convence Moisés a liderar um exército de hebreus contra os etíopes. Josephus continua:

> A alegria dos egípcios [sacerdotes] foi despertada; primeiro, a partir das esperanças de subjugar seus inimigos sob sua conduta; e depois, da possibilidade de ser capaz, depois de ter alcançado os objetivos para os quais ele foi nomeado para o posto acima, efetivar a destruição de Moisés. Os hebreus, por outro lado, ficaram felizes com a ideia de que, sob a direção de um líder tão habilidoso, provavelmente conseguiriam, em pouco tempo, ser capazes de se livrar da opressão dos egípcios.[78]

---

* O *Midrash* é a explicação, ensinamentos e comentários dos rabinos a respeito dos Manuscritos do Antigo Testamento, ao passo que o *Mishna* é a Lei Oral de Moisés, transcrita por volta de 200 d.C. e guardada pelos judeus ortodoxos, possuindo uma autoridade equivalente à da Torá.

77. Thomas Bradshaw, *The Whole Genuine Works of Flavius Josephus* [Toda a Obra Genuína de Flavius Josephus] (London: Alex Hogg, 1792).

78. Ibid.

Josephus não conseguiu encontrar confirmações nos "registros sagrados" dizendo que Moisés foi nomeado para o posto de um líder militar, e nós também não temos nenhum registro de uma consumada invasão de etíopes durante esse período. O único registro definitivo de uma invasão etíope é encontrado em um fragmento *stela* (uma placa de pedra inscrita) no Museu Britânico, que mostra a data de uma invasão em c. 1680 a.C. Apesar de a determinação dos aspectos militares ser um tanto suspeita, a substância de Josephus é a de que Moisés é forçado, por meio de uma hostilidade dos sacerdotes de Amon-Ra, a fugir para Cush acompanhado de vários hebreus, onde ele se casa com uma habitante da Núbia. A palavra hebraica para Núbia (Etiópia) é "Cush" que, algumas vezes, aparece escrita como "Kush", e é muito importante notarmos que essa é a mesma palavra usada no idioma dos egípcios. O cargo de "Príncipe de Cush"[79] é mencionado pela primeira vez no reinado de Tutmoses I, filho de Amenhotep I. É muito natural considerarmos que Moisés foi banido e enviado para os lugares mais longínquos dos limites do reino, conforme implícito por evidências de Manetho, e que tenha depois disso recebido o título de "Príncipe de Cush" para mantê-lo em silêncio e fora de seu caminho.

Os trabalhos de Josephus são possivelmente uma das melhores fontes que temos para comparar evidências históricas com o Antigo Testamento e os acontecimentos que permearam sua evolução. Ele também nos dá uma enorme variedade de ideias que dizem respeito ao Novo Testamento. Sem dúvida alguma, ele escreveu com uma certa inclinação para com a autenticidade do Judaísmo e, apesar de parecer que tenha utilizado certas determinações de acontecimentos a respeito dos quais escreveu como estando fora do momento certo, o conteúdo dos eventos discutidos por Josephus parece ser relativamente seguro. O historiador teve acesso a fontes exclusivas. Como cidadão romano, ele era um homem de confiança de Titus César, o filho do imperador Vespasian e, a partir de seus próprios escritos, parece que ele testemunhou a destruição do Segundo Templo de Jerusalém em 70 d.C. A partir de sua declaração de que Titus lhe deu a oportunidade de levar o que desejasse da cidade amaldiçoada e de sua afirmação: "Também recebi os livros santos por meio de sua [Titus] concessão", podemos deduzir que Josephus pode ter tido acesso direto aos Manuscritos Sagrados do Templo. Ele também parece ter visitado a biblioteca do século V a.C. de Neemias, onde os documentos estavam guardados no Templo de Herodes.

Existe outra meada "física" de evidências que indicam que Moisés não era um hebreu, e, portanto, podemos ter como relacionar o Egito faraônico com os hebreus.

---

79. *Sir* Ernest Alfred Wallis Budge, *The Mummy: A Handbook of Egyptian Funerary Archaeology* [A Múmia: um Manual de Arqueologia Funerária Egípcia] (London: Constable, 1989).

Circuncisão

A primeira menção de circuncisão na Torá acontece em Gênesis 17:9-27, como parte da aliança de Deus com Abraão. A cerimônia tinha de ser realizada no oitavo dia depois do nascimento de todas as crianças hebraicas do sexo masculino — e esse continua sendo o costume até os dias de hoje.

O Antigo Testamento é ambíguo quanto ao fato de Moisés ter sido circuncidado. Em Êxodo 4, sabemos que Gérsom, seu filho primogênito, foi circuncidado em um caso de urgência.[80]

Alguns comentaristas fizeram uso dessa passagem a respeito da circuncisão para se referir a Moisés, citado mais adiante com referências a seus "lábios não circuncidados"; essas referências, porém, acontecem depois do evento, em Êxodo 6:12, 30. Os versículos anteriores nos dão uma boa pista. Falam do alerta de Moisés ao faraó de que Deus assassinará o primogênito do Egito se ele não libertar os hebreus. A necessidade imediata de que Gérsom, seja circuncidado para que ele seja "ignorado" naquele dia temível, parece ainda mais indicar que a passagem se refere ao filho de Moisés. No entanto, a maioria dos comentaristas, por diversas outras razões, conclui que Moisés não era, nessa época, circuncidado.[81]

Essa conclusão, a partir de evidências bíblicas, parece sustentar o caso de que Moisés era um egípcio.

Portanto, como a prática da circuncisão relaciona Moisés ao Egito? A prática da circuncisão sempre foi costume no Egito, mas não um ato obrigatório — um fato confirmado por meio de exames de relíquias e inscrições em tumbas.[82] Entre os objetos encontrados na Tumba Real de El-Amarna, há um modelo de argila de um pênis circuncidado,[83] e inscrições (veja Placa 4) nas tumbas de Nefer-Seshem-Ptah e Ankh-Ma-Hor, em Saqqara,

---

80. Êxodo 4:24-26
    "Ora, sucedeu no caminho, em uma estalagem, que o Senhor o encontrou, e quis matá-lo [Moisés]. Então Zípora tomou uma faca de pedra, circuncidou o prepúcio de seu filho e, lançando-o aos pés de Moisés, disse: 'Com efeito, és para mim um esposo sanguinário.' O Senhor, pois, deixou-o. Ela disse: 'Esposo sanguinário, por causa da circuncisão.'"
81. Charles Weiss, *The Journal of Sex Research* (Mount Vernon, IA: Sociedade de Estudos Científicos do Sexo, julho de 1966); Julian Morgenstern, *Anuário do Colégio da União Hebraica* (Cincinnati: Alunos do Colégio União Hebraica, 1963).
82. *Sir* Ernest Alfred Wallis Budge, *The Papyrus of Ani* [O Papiro de Ani] (Avenel, N.J.: Gramercy Books, 1995).
83. Geoffrey Thorndike Martin, *The Royal Tombs of El-Amarna — 1: The Objects* [As Tumbas Reais de El-Amarna — 1: Os Objetos] (Londres: Sociedade de Exploração do Egito, 1974).

mostram egípcios circuncidados trabalhando.⁸⁴ Outros povos do Oriente Médio, como os semitas, babilônios, filisteus e sumerianos, não praticavam a circuncisão.

É provável que muitos dos hebreus fossem circuncidados, por meio de uma assimilação do costume egípcio e, mais tarde, uma obrigatoriedade para os escravos — uma prática comum. Se Moisés, depois que os Filhos de Israel deixaram o Egito, decidiu adotar a prática para todos, incluindo ele próprio, para distinguir seu povo dos idólatras de localidades vizinhas, é apenas uma conjectura.

A Bíblia relata, em Josué 5:2-8, que todos os hebreus do sexo masculino, vindos do Egito, foram circuncidados, mas os que nasceram durante as andanças, não. Uma circuncisão em massa foi, portanto, realizada em todos os homens em Gilgal, nas planícies de Jericó.

Outra pista pode ser constatada na passagem que descreve eventos depois que a circuncisão em massa foi realizada:

> Disse então o Senhor a Josué: "Hoje revolvi de sobre vós o opróbrio do Egito. Pelo que se chama aquele lugar: Gilgal até o dia de hoje.

> Josué 5:9

Agora, como uma forma de repreensão ao Egito e como homens livres, a circuncisão foi determinada como voluntária, e qualquer estigma anteriormente anexado a ela foi, a partir de então, negado.

O relato bíblico sustenta o caso de que Moisés era um príncipe do Egito quando ele, ao que tudo indica, diz que, durante a maior parte de sua vida, Moisés não era circuncidado: em termos bíblicos, isso indicaria que ele não era um hebreu. No entanto, como os hebreus supostamente deveriam ser circuncidados, os escritores bíblicos teriam sentido a necessidade de equacionar Moisés aos hebreus, e não aos egípcios — principalmente pelo fato de a circuncisão ser mais tarde considerada um sinal único da Aliança.

---

84. A pista que nos leva até as raízes de por que a circuncisão era praticada no Egito, nos faz analisar as antigas histórias da criação do Egito, até o Papiro de Ani, escrito durante a Décima Oitava Dinastia, no século XIV a.C. Nele, vemos que Re, o Deus criador, iniciou o processo de dar a vida a outros seres:

É o sangue que desceu do órgão sexual de Re
Após ter iniciado sua própria circuncisão,
E esses deuses são aqueles que passaram a existir depois dele.

Esse era o mito de como Re, ou Ra, fez com que outros deuses passassem a existir, das gotas de sangue que dele caíram.

Há, para sermos indulgentes, uma riqueza de detalhes exegéticos circunstanciais tirados da Bíblia, junto a inúmeras narrativas históricas convincentes "passadas para as gerações seguintes", que sugerem que Moisés era um nobre "príncipe do Egito". Aqui está um resumo das evidências encontradas até agora:

a) o testemunho de quatro autoridades históricas — Manetho, Philo, Josephus e Justin Martyr;

b) a tênue história de ele ter sido lançado ao Nilo quando ainda bebê — que eu relaciono a uma história paralela, uma fábula egípcia sobre o deus egípcio Hórus, colocado em um cesto de juncos e deixado à deriva no rio Nilo por sua mãe Ísis para salvá-lo de seus inimigos;

c) seu nome egípcio — que provavelmente quer dizer "filho de Amon" — que faz alusão a um deus egípcio conhecido como "o oculto". "Moisés" (do inglês, *Mose*) era um sufixo conhecido dos nomes faraônicos, como Ahmose e Tutmoses;

d) os nomes egípcios de seus "pais", Anrão e Joquebede;

e) a afirmação da Bíblia de que ele foi criado por uma princesa egípcia sem nome no palácio real do faraó;

f) seu casamento com uma mulher não hebraica chamada Zipora, filha de um sacerdote midianita (o Talmude também registra Moisés casado com uma segunda esposa cuchita, sem nome, que ele recebeu das terras ao sul do Egito);

g) o aparente impedimento de fala, que a Bíblia explica como a razão pela qual ele precisava de um porta-voz quando falava com outras pessoas. Vejo isso como uma "desculpa" para o fato de que Moisés precisava de um intérprete para falar com os hebreus, cuja língua não lhe era familiar;

h) evidências de que ele não era circuncidado, diferente dos hebreus.

Como príncipe do Egito, Moisés era um segundo personagem bíblico, além de José, que teria acesso a uma grande riqueza com bens de imenso valor.

Outras Possíveis Influências sobre os Hebreus

Mesopotâmia, Babilônia e Canaã

E a Mesopotâmia e a Babilônia e todos aqueles outros países mencionados na Bíblia que ficavam próximos a Canaã? Quais foram suas influências?

Havia, obviamente, ligações entre Canaã, a Mesopotâmia e a Babilônia ao norte, mas elas foram relativamente menores se comparadas às do Egito e refletem muito amplamente as primeiras experiências bíblicas dos hebreus.

Uma sabedoria herdada de fato designa uma aplicação maior esperada de influências nas raízes das três grandes religiões mundiais para as culturas da Mesopotâmia e da Suméria. Se analisarmos as relativamente recentes ligações, por exemplo, o *Atlas of the Jewish World* de Nicholas de Lange,[85] *The Oxford Companion to the Bible*, editado por Metzger e Coogan,[86] *The Lion Encyclopedia of the Bible* de Pat Alexander,[87] ou *Ancient Judaism* de Irving Zeitlin,[88] o exército de estudiosos representados nessas obras mal considera as influências egípcias e fala ostensivamente dos antecedentes babilônicos e mesopotâmicos. (Apresento mais detalhes acerca dos efeitos da Mesopotâmia e da Babilônia, ou a relativa falta deles, na parte em que falo dos hebreus no Glossário.)

Sim, há muitas semelhanças nos "estilos de vida" bíblicos dos patriarcas e aqueles da região restringida pelos rios Eufrates e Tigre, mas muito pouca ligação com suas inovações religiosas. Há algumas poucas referências ao norte da Mesopotâmia (Assíria), e pouca coisa que indique que os escritores do Antigo Testamento tivessem muito conhecimento de sua geografia. Conforme John Rogerson, professor emérito de Estudos Bíblicos na Universidade Sheffield, indica:

> Isso tudo é ainda mais surpreendente em vista das tradições que indicam que os ancestrais dos hebreus vieram do norte da Mesopotâmia.[89]

> Gênesis 11:27-30

Siegfried Morenz, diretor do Instituto de Egiptologia da Universidade de Leipzig, Alemanha, em seu estudo acerca da religião egípcia, é mais convincente chegando a ser impressionante:

> dificilmente qualquer consideração foi dada ao fato de que as formas religiosas da terra do Nilo também tiveram um efeito sobre o Novo Testamento (além do Antigo Testamento) e assim também sobre o início do Cristianismo (...)

---

85. Nicholas de Lange, *Atlas do Mundo Judeu* (Oxford: Phaidon, 1984).
86. Bruce M. Metzger e Michael D. Coogan, *The Oxford Companion to the Bible* [O Companheiro de Oxford da Bíblia] (Oxford: Oxford University Press, 1993).
87. Pat Alexander, ed., *The Lion Enclyclopedia of the Bible* (Berkhamsted: Lion Publishing, 1994).
88. Irving M. Zeitlin, *Ancient Judaism* [Judaísmo Antigo] (Cambridge: Polity Press, 1984).
89. John W. Rogerson, *Atlas da Bíblia* (New York: Facts on File Publications, 1991).

estudiosos não foram capazes de avaliar a influência que o Egito exerceu sobre todo o mundo helenístico do qual o Cristianismo estava destinado a ser moldado.[90]

Mas e a própria Canaã? Será que os canaanitas não eram tão influentes quanto o Egito? O que outros estudiosos dizem a respeito disso? A influência de Canaã sobre os hebreus só começa a ficar evidente bem depois de sua entrada do Egito por volta de 1200-1180 a.C., e mesmo nessa época vemos que seus efeitos são limitados demais. Irving Zeitlin, professor de Sociologia na Universidade de Toronto, de modo sucinto, analisa a posição e conclui: " (...) o culto israelita era próprio e não mostra sinal algum de ter sido adquirido em Canaã".[91] Dois outros historiadores eminentes, Yehezkel Kaufman e John Gray, reiteram as descobertas de Zeitlin.[92]

Religiões ortodoxas e seus "doutrinários de rotação" são as principais razões do porquê das filosofias hebraicas convencionais e, por indução, a cristã e a muçulmana, minimizarem, ou até mesmo ignorarem, antigas influências egípcias. No entanto, ao lermos "nas linhas" e "entrelinhas" das escrituras sagradas uma multiplicidade de paralelos pode ser encontrada. Quando analisamos práticas rituais e religiosas, vemos inúmeros pontos em comum. Quando examinamos o antigo desenvolvimento evolucionário de religiões "centrais", descobrimos ligações impressionantes com o Egito. (Algumas dessas influências egípcias também, de alguma forma, causaram impacto nas ideias védicas, hindus e budistas).

Entretanto, nenhum rabino de respeito, ou sacerdote, ou imã, tem a intenção de examinar de qualquer forma uma era que é instintivamente considerada idólatra. Poucos estudiosos judeus seriam vistos lendo o *Livro dos Mortos* (veja Glossário).

Permita-me caminhar aqui em um terreno contencioso. Para judeus ortodoxos fundamentalistas, cristãos e muçulmanos, a Torá — os Cinco

---

90. Morenz, *Egyptian Religion* [Religião Egípcia].
91. Outras citações de Zeitlin mostram a falta de influência de Canaã nos hebreus: "Assim, parece não haver nenhuma semelhança entre essa forma de organização social (democracia primitiva) e a dos canaanitas que era feudal e hierárquica."
"(...) não existe nenhuma evidência de um sincretismo canaanita-israelita na organização social e da tecnologia", "(...) onde as lendas primitivas do Gênesis são mencionadas, não existe uma influência canaanita aparente", Zeitlin, *Ancient Judaism* [Judaísmo Antigo].
92. "(...) A tecnologia militar israelita era muito diferente da usada pelos canaanitas." (Yehezkel Kaufman, *Toledot Ha-emunah Hayisraelit* (Jerusalem: The Bialik Institute and Devir, 1971)); "(...) profecia da palavra, que é uma característica tão distintiva de Israel, não existia em Canaã" (John Gray, *The Legacy of Canaan: The Ras Shamra Texts and Their Relevance to the Old Testament* [O Legado de Canaã: os Textos de Ras Shamra e sua Relevância no Antigo Testamento] (Leiden: E. J. Brill, 1965)).

Livros de Moisés — foi transmitida por Deus a Moisés no Monte Sinai na mesma versão hebraica que podemos encontrar hoje. Ela é imutável em cada uma das 792.077 de suas letras. Ela é a *Torah min Hashamayim* — "Torá do Céu". A mesma rigidez não se aplica para judeus progressistas, cristãos e muçulmanos. Para eles, a Bíblia é divinamente inspirada por Deus, mas não deve ser lida de forma literal, palavra por palavra.

Vemos ainda, não de forma surpreendente, que barreiras impostas e mantidas por religiões fundamentalistas têm-nas, cada vez mais, marginalizado nas instituições acadêmicas e de pesquisas bíblicas. Eu cito um exemplo de uma conhecida, especializada em traduções de livros. Na primeira aula de um curso de graduação de Estudos Judeus na Universidade de Londres, da qual ela participou, o palestrante iniciou com palavras que deixavam claro que qualquer pessoa no curso que acreditasse na *Torah min Hashamayim* podia perfeitamente deixar a sala, já que, com base nisso, fracassaria em sua graduação.

Uma atitude semelhante para com os estudos do Antigo Testamento pode ser vista em quase todas as universidades acadêmicas espalhadas pelo mundo. Desde Wellhausen até Friedman,[93] há uma pilha de evidências da altura do Monte Sinai para demonstrar que, apesar de a Bíblia poder ter sido "inspirada" por Deus, ela foi escrita por diversas mãos diferentes em períodos distintos na história. Para seu crédito, o Judaísmo progressista, fundado na metade do século XIX, alguns setores "esclarecidos" da ortodoxia e da Igreja Católica, seguindo o encíclico *Divinio Afflante Spiritu* do papa Pio XII de 1943,[94] passaram a assumir essa "verdade".

Quanto à pesquisa bíblica "não esclarecida", cuja maior parte foi, nos tempos antigos, dominada por uma opinião religiosa devota, eu descrevo esse fenômeno, que até hoje vai além das paredes dos institutos acadêmicos, da seguinte maneira: todas as religiões têm um interesse garantido na minimização e, em alguns casos, na distorção das influências admissíveis de seus antecedentes e das culturas adjacentes, de preservar e maximizar a exclusividade da religião particular e da natureza divina de sua revelação.

Não quero ficar atolado aqui em um lamaçal de exemplos de disputas eruditas que defendem a declaração anterior. Dois exemplos serão o suficiente.

---

93. Richard Elliott Friedman. *Who Wrote the Bible?* [Quem Escreveu a Bíblia?] (San Francisco: HarperSanFrancisco, 1997); Wellhausen, *Prolegomena zur Geschichte Israels*.
94. O papa Pio XII referia-se aos escritores da Bíblia como "o instrumento vivo e razoável do Espírito Santo". Seu *Divinio Afflante Spiritu* encíclico terminava assim:
    Deixe então que o intérprete, com todo cuidado e sem negligenciar qualquer luz derivada das pesquisas mais recentes, esforce-se para determinar o caráter peculiar e circunstâncias do escritor sagrado, o tempo em que ele viveu, as fontes escritas ou orais das quais se utilizou e as formas de expressão que empregou.

Por quase 50 anos após a descoberta dos Manuscritos do Mar Morto, em 1947, personalidades religiosas e historiadores continuaram de maneira escandalosa a omitir seu conteúdo (e provavelmente ainda o fazem). Pessoas como o padre Roland de Vaux, padre Jozef Milik, Frank Moore Cross e outros na École Biblique et Archéologique Français, em Jerusalém, bem como fiduciários de alguns dos Manuscritos no Museu Rockefeller, Jerusalém, avançaram os resultados de suas pesquisas por meio de um processo assustadoramente lento, enquanto tentavam maximizar suas próprias famas internacionais e apoiar seus preconceitos interiores.

Em outro exemplo que já mencionei, John Allegro, um dos historiadores mais importantes trabalhando neste campo, que foi instrumental para trazer o Pergaminho de Cobre para a Faculdade de Ciência e Tecnologia de Manchester e decifrar o texto nele esculpido, foi literalmente afastado por aqueles que chamava de colegas de confiança porque suas ideias não estavam de acordo com suas crenças.

Como parte da equipe original que trabalhou nos Manuscritos do Mar Morto na École Biblique, em Jerusalém, ele considerava-se o único cético religioso, que mais tarde iria se tornar um agnóstico, entre quatro católicos, um anglicano, um presbiteriano e outro protestante. Decepcionado com os atrasos na publicação de uma tradução inglesa do Pergaminho de Cobre, ele deixou o grupo e publicou sua própria versão.[95] Ele, em pouco tempo, ficou amargurado quando seus colegas veteranos o atacaram por sua iniciativa, dizendo que o conteúdo do Pergaminho de Cobre não passava de um "conto de fadas". Desiludido e deprimido, Allegro, por fim, deixou a academia e, em um gesto de desafio, escreveu um livro *best-seller* em que dizia que os antigos cristãos tinham desenvolvido sua fé depois de ingerir *Amanita muscaria* — cogumelos alucinógenos![96]

Conforme dou prosseguimento, fica cada vez mais claro que minha máxima, que diz que as religiões costumam distanciar-se de suas origens, não é mais evidente para as religiões "centrais" do que em sua relação com a antiga cultura egípcia. No entanto, as questões verdadeiramente interessantes se fundamentam no porquê da antiga religião/filosofia egípcia aparecer de maneira tão contundente como a base das equivalentes ocidentais, como eu afirmo, e como?

Depois de identificar dois hebreus bíblicos — José como o segundo no comando de um faraó e Moisés como um príncipe do Egito — que teriam obtido ou herdado uma enorme riqueza do Egito, e um personagem, Abraão, que era rico em função do ouro e da prata que possuía, eu agora

---

95. John Marco Allegro, *The Treasure of the Copper Scroll* [O Tesouro do Pergaminho de Cobre] (London: Routledge & Kegan Paul, 1960).

96. John Marco Allegro, *The Sacred Mushroom and the Cross* [O Cogumelo Sagrado e a Cruz] (London: Hodder & Stoughton, 1969).

passei a analisar se havia qualquer ligação entre suas riquezas e os tesouros do Pergaminho de Cobre dos Essênios de Qumran.

Um simples trabalho de detetive particular. Ter de encontrar uma ligação entre um dos três suspeitos e os Essênios de Qumran e... "caso encerrado"! Não tão simples assim, claro. Eu estava diante de acontecimentos de, no máximo, 3.500 anos atrás. Até mesmo a simples existência de Abraão como uma pessoa jamais chegou a ser historicamente provada. E havia reviravoltas surpreendentes pela frente, coisas que jamais poderia prever.

O primeiro passo era examinar, em detalhes, a natureza da religião egípcia, especialmente a que existiu nos tempos de José e Moisés, para ver se sua influência poderia ser traçada até a época dos Essênios de Qumran.

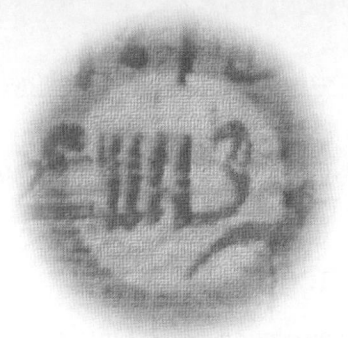

CAPÍTULO V

O Caldeirão Encasulado do Egito — Desenvolvimento da Civilização

A história do Egito começa nos períodos mais antigos e obscuros, sob o brilho forte de um sol impiedoso. Um sol que, por muitos meses do ano, atinge tudo que aparece em seu caminho, resseca a terra, murcha as plantas e transforma o solo em um deserto árido. Por outro lado, sem o sol nada cresce, nada amadurece, nada sobrevive.

Uma dicotomia muito estranha para que a mente antiga fosse capaz de compreender — um sol criador e, ao mesmo tempo, destruidor. Uma força poderosa a ser reverenciada e amada e, contudo, temida e respeitada. Ao longo de toda a Bíblia, esse conflito de qualidades está contido em suas histórias e, nos dias de hoje, formam o conceito de um Deus bondoso e, ainda assim, vingativo.

Claro que o outro ícone motivador da mente dos antigos egípcios era o rio Nilo, e ele também aparece inúmeras vezes em várias histórias bíblicas. Basta dizer que o rio também apresentava e reforçava as mesmas ideias dicotômicas. Ele nutria as plantações, trazendo alimento e sustento de vida, mas era também capaz de causar inundações desastrosas, morte e destruição.

Tanto o Sol como o Nilo, as duas forças mais extremas conhecidas dos antigos egípcios, de modo compreensivo, tornaram-se a base principal do interesse espiritual e das fontes das ideias dos egípcios com relação às origens da criação e da própria vida.

O Egito e a Criação

Antes de discutirmos o *porquê* de o Egito ser tão influente na formação das religiões ocidentais e das subsequentes atitudes da moralidade, como costumo chamar, é necessário examinarmos com mais detalhes *como*, para descobrirmos se as ideias básicas que podem relacionar os conceitos religiosos ocidentais na verdade existiram.

Iniciei minhas buscas apoiado em algumas antigas mitologias egípcias a respeito da criação, para ver quais interessantes correlações eram possíveis ser encontradas. Para compreender o aspecto mitológico, necessitamos examinar mais de perto a antiga história e as lendas do Egito.

A visão convencional da religião egípcia está baseada em uma diversidade de divindades, com uma ênfase dominada pela morte e por deuses em forma de criaturas exóticas semi-humanas exemplificados por Hórus — o deus da guerra com cabeça de falcão e corpo humano, o céu e a majestade divina —; ou Anúbis — o deus canino dos mortos.

Esses conceitos por si só não estão incorretos, mas, na verdade, sustentam as diversas crenças religiosas dos antigos egípcios, em que notamos uma profunda compreensão de que um Ser Supremo existe por trás desse manto de deuses.

A ideia de um único Deus, na realidade, é datada de mil anos *antes* do tempo de Abraão. Até mesmo no início do período do Antigo Reino, em 2700 a.C., havia o reconhecimento de que uma fonte de autoridade na Terra (faraó) era comparada a de um único criador e gerador de força divina. Pelo nível do Antigo Reino, c. 2500 a.C., o Deus Supremo de Heliópolis era contemplado como um poder espiritual e intelectual que controlava o tempo e o movimento, a moralidade e a ordem natural.[97]

Até por volta de 1760 a.C., com a invasão das tribos hyksos[98] da Ásia, o Egito permaneceu curiosamente ileso de influências culturais estrangeiras. Cortado pelo mar ao norte, pelo deserto ao sudoeste e ao

---

97. Siegfried Morenz, *Egyptian Religion* [A Religião Egípcia] (Ithica, N.Y.: Cornell University Press, 1994); Hermann Junker, *Die Gotterlehre von Memphis* (Berlim: Akademie der Wissenschaften, 1939); H. Kees, "Der Gotterglaube im Alten Agypten", *Mitteilungen der Vorderasiatisch-Agyptischen Gesellschaft* 45 (Leipzig, 1941).
98. Os hyksos foram invasores semitas do leste que dominaram a maior parte do Egito de cerca de 1640 a 1538 a.C. Fizeram de Avaris sua capital na região delta do Nilo e veneravam Seth, Anath e Astarte.

Tabela 2: Os principais períodos históricos do Egito de 3100 a.C. a 1070 a.C.

Período	Dinastias	a.C.	Eventos	Textos
PERÍODO ARCAICO	0 — 2ª Dinastias	3100 3000 2686	Reino unido por Menes Capital de MEMPHIS deus dominante Horus	
ANTIGO REINO	3ª — 6ª Dinastias	2500	Poder do Deus Sol Re surge em HELIÓPOLIS	Textos de inscrição nas pirâmides*
PRIMEIRO PERÍODO INTERMEDIÁRIO	7ª — 11ª Dinastias	2180 2040	HERAKLEOPOLIS torna-se Capital TEBAS torna-se capital	Textos dos caixões e sarcófagos **
REINO MÉDIO	12ª — 14ª Dinastias	2000		Tumbas/caixões nas colinas de Tebas
SEGUNDO PERÍODO INTERMEDIÁRIO	15ª — 17ª Dinastias	1782 1570	Invasores Hyksos da capital leste AVARIS (Invasores da Núbia do Sul)	
NOVO REINO	18ª — 20ª Dinastias	1500 1350 1331 1070 1000	TEBAS reinstalada como capital AKHETATON eleita capital TEBAS reinstalada como capital	Textos em papiros de caixões ***

* Inscrição de feitiços e rituais de internamento e realização segura do pós-vida.
** Inscrições sobre caixões e sarcófagos.
*** Feitiços em Textos dos Caixões em papiros na forma do *Livro dos Mortos* (quase totalmente incorporado nos papiros de Ani), fórmulas essenciais de feitiços, hinos e detalhes de itens necessários para afastar o mal e alcançar a imortalidade. Posteriormente, compilado no *Livro dos Desejos*, *Papiro Mortuário Rhind*, *Livro da Eternidade Oposta*. Os *Guias do Além* incluem o *Livro dos Dois Caminhos*, alguns feitiços do *Livro dos Mortos*, Campos de Precipitação, *Amduat* (Livro daquilo que existe no submundo), *Livro de Portais*, *Livro das Cavernas*.

nordeste, e por cataratas intransitáveis das correntezas do Nilo, o lugar desenvolveu seu exclusivo ambiente social, científico e religioso, e sua própria forma de escrita hieroglífica (com imagens pictóricas). Esse isolamento cultural permitiu a evolução de uma estrutura religiosa e filosófica distinta que, apesar de constantemente modificada por uma reavaliação, permaneceu a mesma em sua essência por 1.250 anos, desde 3000 a.C. Os principais ícones religiosos eram, como já mencionei, o Sol e o Nilo, junto a um terceiro, a sequência natural da Criação — a Morte.

Nossa ideia dos acontecimentos nesse período foi quase totalmente deduzida de inscrições antigas encontradas no interior das tumbas dos faraós, rainhas e oficiais da Quinta e da Sexta Dinastias, datadas de 2350 a 2250 a.C. Outras fontes de informações podem ser encontradas nos textos dos caixões da Sétima a Décima Dinastias, datados de 2250 a 2050 a.c., e do *Livro dos Mortos*, que aparece pouco antes de 2000 a.C. (veja Glossário).

Essas fontes mostram que os egípcios, há cerca de 4.000 anos antes de nosso tempo, eram um povo surpreendentemente intelectual e religioso. Suas formas de conceituar, geralmente em termos extremamente sexuais, eram marcadas por mitos e histórias relacionados a uma estrutura complexa de deuses e sua criatividade.

Em muitos aspectos, suas ideias, reconhecidas por historiadores famosos como o professor americano James Breasted[99] e E. Wallis Budge,[100] curador no Museu Britânico, estavam bastante avançadas nas filosofias grega e cristã. Antigas ideias egípcias foram compostas por um conceito quase surreal de um único criador divino, que podia, apesar de tudo, sem nenhum conflito de compreensão, assumir inúmeras formas — vingativo, destrutivo, combativo; assim como bondoso, criativo e auxiliador.

A Instabilidade Traz novas Ideias

No fim do período do Reino Médio (2055-1780 a.C.), invasores asiáticos começaram a transformar o *status quo* dos costumes egípcios, causando destruição das estruturas religiosas. Os invasores adotaram muitas formas egípcias, mas trouxeram influências siro-canaanitas. A purificação do caos gerou um novo exame filosófico do papel da própria vontade do homem, seu relacionamento com Deus, o bem e o mal e a alma do homem. A ideia de Deus como o pastor e Seus filhos como o rebanho, uma analogia

---

99. James Henry Breasted, *Development of Religion and Thought in Ancient Egypt* [Desenvolvimento da Religião e do Pensamento no Egito Antigo] (London: Hodder & Stoughton, 1912).
100. *Sir* Ernest Alfred Wallis Budge, *Egyptian Religion* [A Religião Egípcia] (Avenel, N.J.: Gramercy Books, 1996).

Tabela 3: Cronologia dos Faraós Egípcios Governantes e Prováveis Esquemas de Datas dos Patriarcas Hebreus[101]

Dinastias	Faraós (Governantes)	a.C.	Figuras Bíblicas (Acontecimentos Históricos)
Período Inicial	I-II	2996-2688	
Antigo Reino	III-VI	2688-2180	
Primeiro Período Intermediário	VII-XI	2180-2011	
Reino Médio	XII-XIV	2011-1640	
Segundo Período Intermediário	XV-XVII	(Os Hyksos) 1640-1538	
Novo Reino	XVIII	Ahmose 1538-1517	
		Amenhotep I 1517-1496	Abraão e Sara no Egito
		Tutmoses I 1496-1485	
		Tutmoses II 1485-1476	
		Hatshepsut 1476-1455	
		Tutmoses III 1476-1422	
		Amenhotep II 1424-1396	
		Tutmoses IV 1396-1387	
		Amenhotep III 1387-1349	
		Amenhotep IV (Akhenaton) 1349-1332	José vendido no Egito. Jacó e os hebreus chegam no Egito
		Semenkhkare 1332-1328	
		Tutankhamon 1328-1319	
		Ay 1319-1315	
		Haremhab 1315-1296	
	XIX	Ramsés I 1296-1295	
		Seti I 1295-1281	
		Ramsés II 1281-1215	
		Merneptah 1215-1206	
Período de anarquia e conflitos causados por estrangeiros		Setnakhte	Moisés e Aarão guiam o Êxodo do Egito
	XX	Ramsés III-XI 1187-1072	
Terceiro Período Intermediário	XXI-XXIV	1072-713	Rei Davi (1000 a.C.) torna Jerusalém capital de Israel. Rei Salomão (970 a.C.) constrói o Templo em Jerusalém
1º Final de Período	XXV	(Cuchitas) 713-655	
	XXVI	Psamtek I 664-610	
		Neko II 610-595	Rei Josué
Período Saíte Domínio cuchita e assírio abalado. Governo egípcio de Sais na região Delta		Psamtek II 595-589	
		Apries 589-570	1º Templo destruído (586 a.C.) por Nabucodonosor. Israelitas do norte exilados na Babilônia e outras áreas
		Amasis 570-526	
	XXVII	(Persas) 525-404	
	XXVIII		404-399
	XXIX		399-380
	XXX	Nektanebo I 380-362	
		Nektanebo II 360-343	
		(Persas) 343-332	

101. As datas dos faraós são médias das apresentadas por meio de uma série de estudos citados em *The Sceptre of Egypt — A Background for the Study of the Ancient Egyptian Antiquities in the Metropolitan Museum of Art* [O Cetro do Egito — um Pano de Fundo para o Estudo das Antiguidades Egípcias no Museu Metropolitano de Arte], de William C. Hayes, Museu Metropolitano de Arte de Nova York, 1990.

posteriormente emprestada de forma modificada pelos Evangelhos cristãos, não podia mais ser mantida.

Depois das reviravoltas do Segundo Período Intermediário, de 1650 a 1550 a.C., os invasores hyksos deixaram um legado de dúvida nas mentes dos egípcios acerca do desejo supremo de Deus de protegê-los dos desastres externos. Um poeta egípcio do período, Ipu, de maneira tocante, invoca o "diretor do Universo" para despertar de seus sonos e, como um "bondoso pastor", proteger seu povo:

> Diziam que Ele era o pastor de todos os homens, que não havia mal em seu coração, que por mais insignificante que fosse seu rebanho, ele passaria o dia inteiro cuidando deles (...) [102]

R. T. Rundle Clark, palestrante de História Antiga na Universidade Birmingham, descreveu o poema de Ipu:

> Ele revela o monoteísmo secreto da mente egípcia e a situação trágica que sucede quando este conceito imponente é abalado em suas raízes.[103]

Onde estava Deus agora? Seria o homem capaz de promulgar seu próprio julgamento? Quem cuidaria de sua alma?

Nesse período, vemos um reconhecimento nítido de que o homem foi imbuído do livre-arbítrio para fazer o bem ou o mal, e injunções para cuidar de outras pessoas — principalmente de pais falecidos e seus locais de descanso — tornam-se evidentes. Com a acessão dos faraós do Novo Reino, e a família Amenhotep (iniciando com Ahmose em 1538 a.C.), o conceito do livre-arbítrio foi consolidado na ideia de um Deus unificado.

Os poucos exemplos a seguir mostram como esse antigo monoteísmo "em desenvolvimento" deixou sua marca nos Antigo e Novo Testamentos, e enfatizam o poder das ideias dos egípcios e sua influência na mente dos hebreus.

---

102. R. T. Rundle Clark, *Myth and Symbol in Ancient Egypt* [Mitos e Símbolos no Antigo Egito] (London: Thames & Hudson, 1978).
103. Ibid.

Esquema Generalizado de Deuses Egípcios

DEUSES CRIADORES

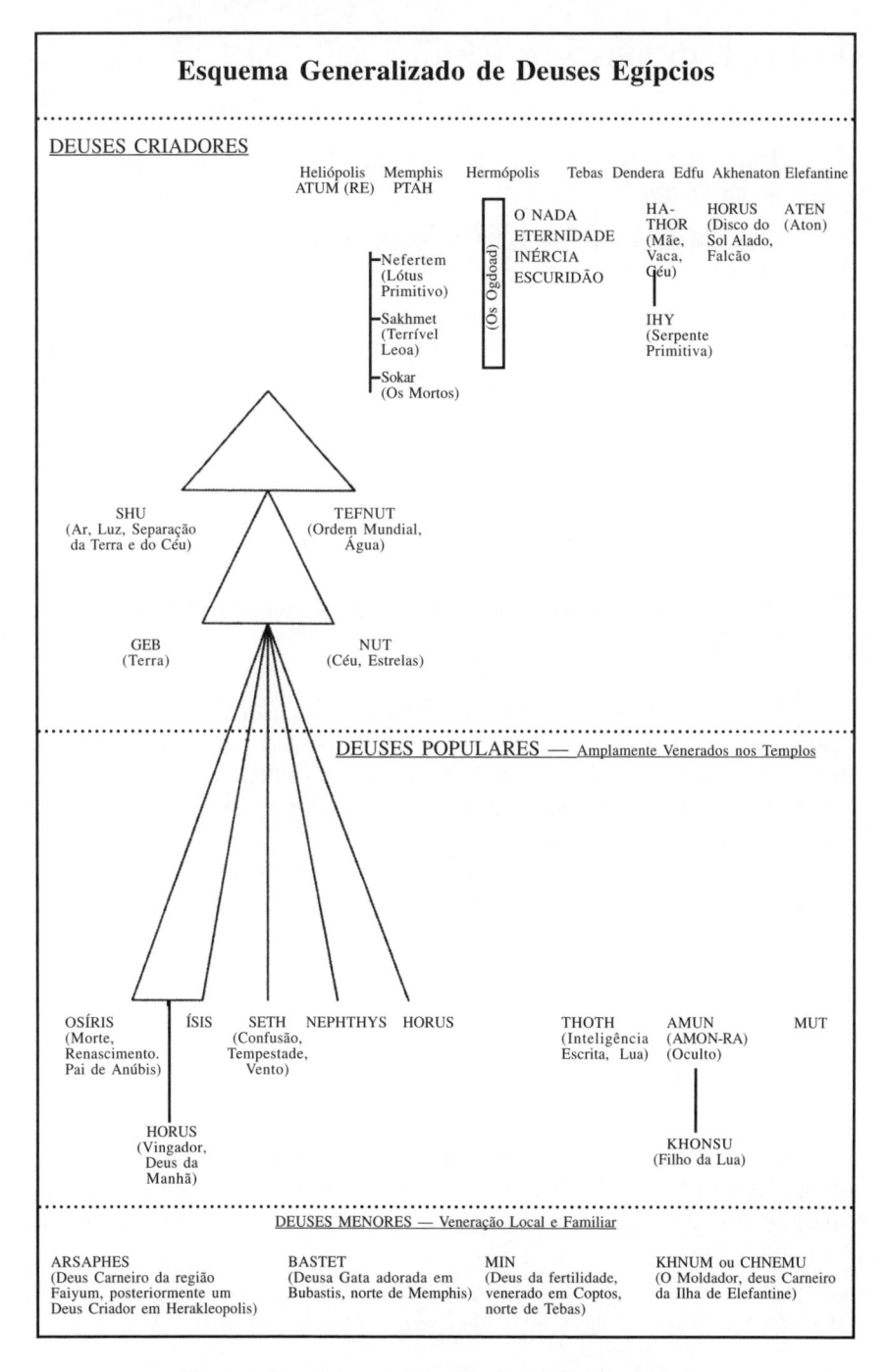

Heliópolis Memphis   Hermópolis   Tebas Dendera Edfu Akhenaton Elefantine
ATUM (RE) PTAH

- O NADA / ETERNIDADE / INÉRCIA / ESCURIDÃO (Os Ogdoad)
- HA-THOR (Mãe, Vaca, Céu)
- HORUS (Disco do Sol Alado, Falcão)
- ATEN (Aton)

Ptah:
- Nefertem (Lótus Primitivo)
- Sakhmet (Terrível Leoa)
- Sokar (Os Mortos)

IHY (Serpente Primitiva)

SHU (Ar, Luz, Separação da Terra e do Céu)   **TEFNUT** (Ordem Mundial, Água)

GEB (Terra)   **NUT** (Céu, Estrelas)

DEUSES POPULARES — Amplamente Venerados nos Templos

- **OSÍRIS** (Morte, Renascimento. Pai de Anúbis)
- **ÍSIS**
- **SETH** (Confusão, Tempestade, Vento)
- **NEPHTHYS**
- **HORUS**
- **THOTH** (Inteligência Escrita, Lua)
- **AMUN** (AMON-RA) (Oculto)
- **MUT**

HORUS (Vingador, Deus da Manhã)

KHONSU (Filho da Lua)

DEUSES MENORES — Veneração Local e Familiar

- **ARSAPHES** (Deus Carneiro da região Faiyum, posteriormente um Deus Criador em Herakleopolis)
- **BASTET** (Deusa Gata adorada em Bubastis, norte de Memphis)
- **MIN** (Deus da fertilidade, venerado em Coptos, norte de Tebas)
- **KHNUM ou CHNEMU** (O Moldador, deus Carneiro da Ilha de Elefantine)

Figura 4: Um esquema generalizado dos deuses egípcios

Textos Egípcios e a Bíblia

O *Livro dos Mortos*, capítulo 85, registra o Criador Supremo dizendo:

> Tornei-me o que sou em meio às Águas Primitivas neste meu nome Khopri.[104]

Atum era o principal deus na forma invisível, Re era deus como o sol nos céus, Khopri era Deus na forma visível.

O iniciador da luz da total escuridão das águas ocultas, concebidas como preenchendo o Universo, trouxe a aurora. O surgimento de Atum para criar a luz foi marcado pela aparição de um "pássaro de Luz", ou "Fênix". Nos Textos das Pirâmides, compostos na maioria pelos sacerdotes de Heliópolis, o Discurso 600 é uma oração que pede a proteção da pirâmide:

> Ó Atum! Quando passaste a existir, surgiste como uma Eminência Suprema,
> Brilhaste como a Pedra Benben no Templo da Fênix em Heliópolis.[105]

Podemos ver esse "pássaro na forma de uma Fênix" hoje em dia, aparecendo em inúmeras formas tanto na mitologia cristã como na hebraica. Ele tem uma antiga descrição de cores nas Catacumbas de Priscilla, nos arredores de Roma, onde o mais antigo desenho conhecido de Maria, a Mãe de Jesus, também pode ser encontrado.

Antes da criação, na mitologia egípcia, não havia nada além da água em todo lugar. A Escuridão estava sobre a face do abismo. A primeira manifestação do Deus Supremo é na forma de Luz. Isso parece algo familiar? Compare com Gênesis 1:1-3:

> No princípio criou Deus os céus e a terra. A terra era sem forma e vazia; e havia trevas sobre a face do abismo; mas o Espírito de Deus pairava sobre a face das águas. Disse Deus: "Haja luz". E houve luz.

Os mitos egípcios de como a "palavra" de Ptah e o "olho" de Atum, os deuses criadores, tornaram-se os veículos de criação e o elemento de visão de luz são diretamente análogos das histórias da criação do Antigo

---

104. *Sir* Ernest Alfred Wallis Budge, *The Book of the Dead* [O Livro dos Mortos] (New York: Gramercy Books, 1995).
105. Clark, *Myth and Symbol in Ancient Egypt* [Mitos e Símbolos no Antigo Egito].

Testamento. O papel paralelo das criaturas mitológicas, como a cobra, também pode ser claramente identificado.¹⁰⁶

---

106. A "cobra", a "palavra" e o "olho" aparecem de muitas maneiras na mitologia egípcia.

Imaginando que você tenha um estômago forte, levante a tampa amadeirada de um caixão típico da Nona Dinastia ou apenas examine os textos em seu exterior caminhando ao redor dele sem se sentir enjoado demais, e encontrará referências da "Serpente Primitiva", que sabe falar e que delineia os limites da existência. Aqui, a "serpente" parece ser um agente de Deus e do lado do bem. Ao contrário, na teologia hebraica, a "cobra" é vista de forma um tanto estranha. No Jardim do Éden ela é vista como um demônio tentador, mas na interpretação do *Midrash* (veja Glossário) das Escrituras hebraicas, a cobra é citada como um agente ou mensageiro de Deus, e não como seu oponente.

Uma possível explicação dessa contradição é que a "cobra do mal" deriva dos antigos mitos babilônicos no estilo Gilgamesh, ao passo que a "cobra favorável" (que é também uma protetora), deriva de uma antiga tradição egípcia que existe em um período posterior.

A "cobra" é, de fato, uma criatura constante de fascinação na mitologia egípcia. Ela aparece em inscrições com barbas, como a "serpente" masculina, e na forma de uma cobra na versão feminina, vindo mais tarde a representar deusas. Em suas muitas formas, ela também representa um papel perigoso, conforme mostrado neste Texto da Pirâmide, Encanto 664:

Se você se torna um perigo para mim, eu pisarei em você, mas se você me reconhecer, não irei maltratá-lo, pois você é aquela coisa misteriosa e sem forma, que os deuses previram como um ser sem braços e sem pernas, a qual segue seus deuses irmãos (...)

Aqui temos uma referência clara de como a cobra obteve sua forma, repetida na Bíblia em **Gênesis 4:14:**

Então disse o Senhor à serpente, "Porque fizeste isso, mais amaldiçoada serás,/ Do que todos animais domésticos, E de todas as feras selvagens:

Em sua barriga irás arrastar-te, E sujeira irás comer,

Todos os dias de tua vida."

Em outra observação da doutrina de Memphis, o "motor" definitivo de criação era visto como a "palavra" que Deus deu para dar nome a tudo que existe no mundo — sem a qual nada existiria.

E então Ptah descansou depois de ter criado todas as coisas e todo o Verbo Divino.

Esses conceitos são mais uma vez vistos com detalhes na história da Criação do Antigo Testamento e de Adão.

Gênesis 2:19

"Da terra formou, pois, o Senhor Deus todos os animais, o campo e todas as aves do céu, e os trouxe ao homem, para ver como os chamaria; e tudo o que o homem chamou a todo ser vivente, isso foi o seu nome."

Gênesis 2:3

"Abençoou Deus o sétimo dia, e o santificou; porque nele descansou de toda a sua obra que criara e fizera."

A ordem da criação na cosmologia egípcia varia ao longo dos períodos das dinastias, bem como de acordo com as perspectivas nos diferentes centros de cultura religiosa — Heliópolis, Hermópolis, Memphis, Tebas, Herakleopolis — e por isso não é fácil estabelecermos um formato padrão.

"O Verbo Divino" aparece com destaque em todo o pensamento egípcio antigo, quase como uma força espiritual com um poder próprio; e associado ao ato bom e favorável da criação. Associado de modo íntimo à ideia egípcia do "Verbo" sendo o veículo da criação de Deus, está o conceito moral das boas ações promovendo o "Verbo", e as más ações prejudicando o "ka" e impedindo a redenção divina — conceitos rapidamente assumidos pelo Judaísmo e pelo Budismo. Do Texto da Pirâmide 1098, temos:
"Quando o ato de realizar aquilo que devia ser feito fica confuso,
Quando o ato e o comando daquilo que devia ser feito estão inativos.
Eu crio e comando para ele que comanda o bem;
Meus lábios são as Companhias Gêmeas,
Eu sou o Grande Mundo."
Compare essa citação com o início do Evangelho de São João no Novo Testamento:
João 1:1-3
"No princípio era o Verbo, e o Verbo estava com Deus, e o Verbo era Deus.
Ele estava no princípio com Deus. Todas as coisas foram feitas por intermédio dele, e sem ele nada do que foi feito se fez."
Enquanto "o Verbo" é o elemento da fala ou da nomeação que o Deus Supremo usa na criação, "o Olho" é o elemento da visão. Ele é enviado por Atum para ir em busca de "Shu" e de "Tefnut", deuses subsidiários veículos da criação, do ar que separa a terra e o céu, e da ordem cósmica, respectivamente.
Os Textos do Caixão, Encanto 80 (Clark, *Myth and Symbol in Ancient Egypt*):
"(...) depois da aparição do meu Olho, que eu despachei enquanto ainda estava sozinho nas águas em um estado de inércia, antes de ter encontrado qualquer lugar para me levantar ou para me sentar (...)"
Na "ordem" da criação egípcia, que a Bíblia segue de perto, o Olho que tudo vê (que está no terceiro procedimento da criação) é seguido pela criação da luz. Como vimos, e veremos mais adiante, a Bíblia segue fielmente o assunto e aproxima a ordem da criação na cosmologia egípcia. Pouco antes da criação da luz, há uma referência pela primeira e única vez na história bíblica da visão de Deus e que aquilo que Ele vê é favorável.
Gênesis 1:12-14
"A terra, pois, produziu relva, ervas que davam semente segundo as suas espécies, e árvores que davam fruto que tinha em si a sua semente, segundo as suas espécies. E viu Deus que isso era bom. E foi a tarde e a manhã, o dia terceiro.
E disse Deus: "Haja luminares no firmamento do céu, para fazerem separação entre o dia e a noite; sejam eles para sinais e para estações, e para dias e anos."
Mais adiante, no tempo do Novo Reino egípcio, o "Olho" ganha um significado ainda mais profundo e torna-se um símbolo de realização e completa conscientização de uma forma mais elevada de existência além das meras armadilhas terrenas. Suas *rebus* (representações) aparecem em inúmeras inscrições egípcias.
Outra, mais enigmática, referência bíblica do poder do "Olho" aparece em **Zacarias 3:9.**

Geralmente, todos os elementos centrais estão presentes, mas as interpretações variam. O padrão prevalente, conforme apresentado em dinastias posteriores é, quase sempre, o seguinte:

1) O Ser Supremo existe e nada mais.
2) Águas primitivas cercam tudo.
3) Luz e espaço (Shu e Tefnut).
4) O céu e a terra são separados (Nut e Geb).
5) A luz cria a primeira aurora.
6) A terra emerge das águas.
7) A vegetação (flores, árvores, etc.) floresce da terra pura.
8) Criaturas surgem da lama e do lodo.
9) Gansos, pássaros e animais primitivos.
10) O homem é criado.[107]

Compare os conteúdos de Gênesis 1:1-31.

1) Deus existe e nada mais.
2) Céu e terra sem formas são cobertos por água e escuridão em fim.
3) Houve luz.
4) Terra e céu são separados.
5) Terra e mar são separados.
6) A vegetação aparece.

"Pois eis aqui a pedra que pus diante de Josué; sobre esta pedra única estão sete olhos. Eis que eu esculpirei a sua escultura, diz o Senhor dos exércitos, e tirarei a iniquidade desta terra em um só dia."

Essa é uma referência óbvia da exigência de que a pedra do cume do Segundo Templo deveria ter sete olhos para observar e cuidar de seu bem-estar — sendo sete um número de grande importância nas crenças egípcia e hebraica, ou seja, as sete formas de Osíris, os sete dias da criação, etc. (Clark. *Myth and Symbol in Ancient Egypt*).

É impossível evitar a realização de que existem paralelos egípcios diretos para todos os elementos essenciais da história bíblica da criação:

a) criação do céu;
b) criação do homem à imagem de Deus;
c) o sopro de vida para dentro das narinas do homem;
d) criação dos pássaros, peixes e animais para o benefício e prazer do homem.

Os textos egípcios continuam na disposição do profeta Ipu:

"Considere a humanidade como os rebanhos de Deus. Ele fez o céu para o prazer dos corações, ele repeliu a cobiça das águas, ele criou o respirar da vida para seus narizes; São eles Sua imagem, os produtos de Sua carne. Ele sobe aos céus para o prazer de seus corações, para eles Ele criou as plantas, animais, pássaros e peixes — tudo para seu prazer."

107. Morenz, *Egyptian Religion* [A Religião Egípcia]; Clark, *Myth and Symbol in Ancient Egypt* [Mitos e Símbolos no Antigo Egito].

7) O dia é separado da noite.
8) Pássaros, criaturas e animais são criados.
9) O homem é criado.

A versão bíblica circunda todos os elementos do ciclo egípcio e perpetua as anomalias e confusões que se tornam aparentes à luz da ciência e da cosmologia modernas.

Nas duas versões, há um conceito óbvio de terra e céu sendo ligados e, portanto, apresentam uma necessidade de serem separados. Podemos, naturalmente, afirmar que isso era uma compreensão profunda da ideia do *Big Bang* do século XX, em que tudo no Universo se iniciou a partir de uma concentração de matéria há cerca de 15 bilhões de anos. Em termos bíblicos e egípcios, a luz original é concebida como sendo independente do sol, e as estrelas e a escuridão como separadas da luz, ao passo que a escuridão nada mais é do que uma ausência de luz.[108]

Os antigos egípcios, porém, tinham uma compreensão mais profunda do Universo. O conceito errado de que o antigo deísmo egípcio estava centrado no Sol é totalmente dissipado pelo Texto da Pirâmide 449:

> Eu sei qual é seu nome, Eternidade é seu nome,
> "Eternidade, o mestre dos anos" é seu nome,
> exaltado por sobre os arcos do céu,
> trazendo o sol à vida todos os dias.[109]

Para os antigos egípcios, os movimentos essenciais das estrelas ao redor da Estrela Polar eram um mistério obsessivo, mais do que qualquer outra civilização contemporânea. Esse era o centro do movimento celestial e que lugar seria mais propício para o Grande Deus, o protetor da humanidade, residir do que exatamente sobre o eixo do Universo?*

---

108. A formação dos planetas em nosso sistema solar é hoje vista como tendo sido criada pela condensação de pó massivo e nuvens de gás que revolveram o sol. A teoria é reforçada pela predição e confirmação de que todos os planetas devem ter a mesma composição química que o sol. Por exemplo, as quantidades de oxigênio e hidrogênio, como moléculas livres, radical hidroxila (OH) ou de água (H_2O) nos planetas e no sol são semelhantes.
Pode parecer estranho pensar na existência de água no sol, mas ele é capaz de reter sua ligação molecular na condição de vapor superaquecido até cerca de 3.900°C, e a temperatura de manchas solares tem cerca de 3.300°C comparado a uma temperatura de superfície de 5.785°C. A NASA, em Houston, Texas, relatou recentemente que a sonda espacial Galileo, de Júpiter, mostra somente 10% do conteúdo de água esperado em sua atmosfera. Steve Connor, "Teorias Inquietantes da Sonda de Júpiter", *The Sunday Times*, 21 de janeiro de 1996.
109. R. O. Faulkner, *The Ancient Egyptian Pyramid Texts* [Os Antigos Textos Egípcios da Pirâmide] (Oxford: Clarendon Press, 1969).
* Nikolas Copernicus (1473-1543 d.C.), de forma correta, deduziu que os planetas circundam o Sol, mas por engano acreditava que o Sol era o centro do Universo.

Central ao antigo conceito da criação era a ideia de que a ordem deveria surgir a partir do caos. Esse esforço em busca da ordem era visto como a justificativa para o desenvolvimento de um Estado ordenado, bem como para a conquista de Estados vizinhos cujas casas precisavam ser colocadas em ordem, conforme o desejo dos deuses. Os antigos egípcios também afirmavam que no fim dos tempos o caos e a desordem voltariam a reinar. Estranho pensarmos que essas antigas mentes tenham, de alguma forma, formulado a Segunda Lei da Termodinâmica — "A entropia de um sistema fechado aumenta com o tempo"!* Mais adiante mostrarei que essa compreensão do processo de caos-ordem-caos foi imitada pelos Essênios de Qumran, que também contemplavam o caos reinando no fim dos tempos.

Estabelecer a ordem em nome dos deuses era um motivador terreno primordial, originado da mais antiga concepção de religião egípcia. A motivação, inevitavelmente, transformou-se em um desejo de um teísmo mais ordenado. No momento em que o Antigo Reino estava centrado em Memphis, por volta de 2600 a.C., o Deus Superior era venerado no nome de Ptah. Este subjuga todos os deuses de figuras míticas anteriores a um espírito supremo. O antigo Deus do Sol, Hórus, provedor de inteligência e autoridade reconhecida, e o Deus da Lua, Thoth, o deus da percepção e do aprendizado, são substituídos por um Deus de sabedoria e determinação.[110]

O tom agora é de ideias, e não de personalidades, como a força por trás da criação. Aqui, começamos a ver ideias védicas e até mesmo budistas sendo formuladas. O *karma* para os budistas é o "Ka" (um tipo de força vital transferida dos deuses para o homem) dos egípcios — o poder de se tornar divino e eterno.

Apesar de o Novo Testamento e o Corão terem sido escritos em uma data muito anterior à Torá, ainda assim podemos encontrar influências egípcias que "pularam" o Antigo Testamento. Um exemplo é a crença cristã de que Deus está presente em três formas como uma "Trindade" — o Pai, o Filho e o Espírito Santo. Implícita no antigo desenvolvimento da crença egípcia estava essa ideia de que o Deus Supremo podia Se manifestar de três maneiras. O agrupamento de deuses em uma "trindade" não era evidente em outras religiões, como, por exemplo, na Síria. Assim, as deusas da

---

* A entropia é a medida de uma desordem no sistema. Quanto maior a entropia, maior a desordem. Em outras palavras, um sistema fechado, como o Universo pode ser considerado, tem a tendência de entrar no caos com o passar do tempo.

110. Os elementos da nova doutrina estão preservados para nós nos textos escritos na época do faraó Shabako, por volta de 700 a.C.

Síria, ao serem adotadas na teologia egípcia, foram combinadas na forma de uma "trindade" de Kadesh, Astarte e Anath.[111]

Inicialmente, esses agrupamentos eram, ao que tudo indica, designados para aumentar o poder da unidade, mas que, posteriormente, desenvolveram um padrão definido de unidade espiritual. Isso pode ser visto nos Hinos Leyden a Amon, o qual apareceu depois do período Amarna (c. 1350 a.C.), e que foi, quase certamente, uma consequência das ideias monoteístas desse período.

> Todos os deuses são três: Amon, Re e Ptah (...) "Oculto" é Seu nome como Amon, Ele é Re em sua face e Seu corpo é Ptah.[112]

Também existiam agrupamentos de deuses como — Ptah, um deus nacional; Osíris, o deus da força dos mortos; e Sokaris, um deus local de Memphis — em uma "trindade" que também era vista como uma "unidade".

Nos Textos dos Caixões, encontramos uma expressão vibrante da "Trindade":

> Eu sou a "vida", o senhor dos anos, vivo por todo o infinito, um senhor da eternidade, Eu sou aquele que Atum, o mais idoso, trouxe à vida por meio de seu poder quando trouxe Shu e Tefnut para Heliópolis, quando ele era Um, quando ele se tornou Três.[113]

Morte e Pós-Vida

Oculto por trás dessa "competição dos deuses", temos um cavalo sombrio. Datado de no mínimo 3000 a.C., ele é Osíris. Sua aparição está mais formalizada nos Textos das Pirâmides, escritos entre 2400 e 2200 a.C.[114] Uma figura de fertilidade, renascimento, vida e morte, sua populari-

---

111. Trindades de deuses eram formadas por agrupamentos de três deuses egípcios, geralmente nas figuras de pai, mãe e filho, formando uma família divina, adorados em uma base fixa. A prática surgiu durante o período do Novo Reino dos faraós Amenhotep. Exemplos foram a combinação de Amun, Mut e Khons em Tebas; Ptah, Sekhmet e Nefertum em Memphis; Horus, Hathor e o jovem Horus em Edfu; Khnum, Satet e Anuket em Yeb (Elefantine). Uma tríade venerada em base nacional foi a de Osíris (adorado localmente em Abydos), Ísis (venerada localmente em Philae) e Horus (adorado localmente em Edfu).
112. James B. Pritchard (ed.), *Ancient Near Eastern Texts Relating to the Old Testament* [Textos Antigos do Oriente Próximo Relacionados ao Antigo Testamento], 2ª edição. (Princeton: Princeton University Press, 1955).
113. Adriaan de Buck, *The Egyptian Coffin Texts* [Os Textos Egípcios do Caixão] (Chicago: University of Chicago Press, 1935).
114. Faulkner, *The Ancient Egyptian Pyramid Texts* [Os Antigos Textos Egípcios da Pirâmide].

dade declina e flui com o passar dos anos, às vezes, rivalizando-se com Re, o Deus do Sol dos faraós.

Os mitos circundando Osíris são muitos e bastante variados, mas, com base nos Textos dos Caixões e fontes como Plutarco (veja Glossário), o tema geral é que Osíris, por fim, é incapacitado por seu rival, e irmão, Seth. Vale a pena analisarmos essa história com um pouco mais de cuidado, pelo fato de estar relacionada a uma série de questões que serão discutidas adiante.

Um personagem real sedento por sangue é Seth; não contente em matar Osíris, ele esquarteja seu irmão em vários pedaços e espalha as partes por todo o Egito para deixar claro a dimensão de sua ira. Ísis (a esposa-irmã de Osíris), auxiliada por sua irmã Nephthys, junta todos os pedaços do irmão, mas não consegue achar seu pênis. Sem recuar, ela ainda consegue engravidar utilizando as partes reconstruídas de Osíris e dá à luz, em segredo, seu filho Hórus. Quando Hórus se torna um adulto, vai em busca do torturador de seu pai e, no decorrer de uma luta feroz, arranca os testículos de Seth — uma doce vingança! —, apesar de isso lhe custar o olho esquerdo — não tão doce! — que é arrancado por Seth. O Deus Superior determina que a hostilidade deve ser encerrada, e Hórus é eleito o regente sucessor de Osíris como o Rei Sol, ao passo que Seth é impugnado, tornando-se um condutor ou transportador de navios, talvez o controlador dos ventos ou anunciador da morte.

Enquanto isso, o pobre Osíris é enviado ao submundo e permanece em um estado de limbo. Ele é reanimado, porém, ao saber que Hórus derrotou o temido Seth. Osíris é ressuscitado, passando a ser o espírito de vida renovada e renascimento, Senhor dos Mortos, com uma alma que volta a estar livre.

Esse mito, de forma ampla, reflete o temor que os antigos egípcios tinham pela segurança da alma contra os recém-mortos. O momento vulnerável para os espíritos do mal atacarem a alma acontecia enquanto o cadáver esperava, em um estado de limbo, a chegada de Hórus para "libertar a alma". Para evitar qualquer imprevisto, sacerdotes conduziam uma vigília durante a noite para guardar o corpo mumificado.[115] O mito também se manifesta nas culturas modernas de diversas formas — o despertar, vigílias dos túmulos, a urgência do enterro, a necessidade de um cadáver intacto.

Na época de Ramsés II, por volta de 1200 a.C., que, de acordo com a tradição, acredita-se ser o faraó regente na época do Êxodo dos hebreus do Egito, Re e Osíris uniram-se e passaram a agir como um só deus. Em uma

---

115. No fim da Décima Oitava Dinastia, *c.* 1296 a.C., Osíris substitui Re como o juiz dos mortos. A contínua aderência a Osíris é confirmada por um *Osireion* (cenotáfio subterrâneo) construído em 1290 a.C. por Seti I, em Abydos.

joia de Osorkon II temos uma imagem da esposa e do filho de Osíris, Ísis e Hórus, ministrando e servindo as necessidades do Deus unificado (veja Placa 5).

Depois de 1000 a.C., Osíris ganha sua ascendência no panteão egípcio, e ainda está fortalecido quando os romanos chegam no Egito em 30 a.C.

O Monoteísmo Púbere

Acredito já ter dado provas suficientes que justificam a conclusão de que o monoteísmo era uma força em desenvolvimento no Egito, muito antiga em sua história. Há uma possibilidade, portanto, de que Moisés, como um príncipe egípcio, fosse um herdeiro dessa crença e possa ter trazido fortes influências egípcias para a religião dos hebreus e seus textos — talvez a ser refletida em alguns dos Manuscritos do Mar Morto e, como acredito já ter deixado claro, no Pergaminho de Cobre dos Essênios de Qumran.

Desde 2250 a.C., o monoteísmo púbere era uma crença central. Para os egípcios — *intelligentsia* e camponeses sem diferença — havia um único Criador e um só Deus supremo por trás de todos os outros deuses. Sim, seu conceito de Deus, diferente do nosso em uma compreensão, veneração e interpretação periféricas, era, contudo, basicamente o mesmo monoteísmo que conhecemos hoje.

Assim, uma intensa filosofia religiosa era construída contra um fundo de conhecimento e habilidade, artísticos, científicos e médicos muito superior ao existente em qualquer outra parte do mundo. Desenvolvimentos pioneiros em sistemas de escrita e numeração, mapeamentos astronômicos, operações cirúrgicas, o processamento de ferro e bronze, polimento de metais, a construção de vastos prédios, geometria e matemática complexas eram apenas alguns dos bons frutos dessas atividades intelectuais. Além disso, as forças propulsoras de todas essas disciplinas eram considerações e exigências religiosas.

Essas ideias de monoteísmo eram exclusivas dos egípcios. Nenhuma outra civilização do Oriente Médio, em qualquer parte do mundo na época, havia sequer pensado no monoteísmo — a crença em um só Deus, com a exclusão de todos os outros.

Com o passar das gerações, o Deus supremo assumiu muitas formas e era conhecido por diferentes nomes, mas a cada percepção mutante surgia uma interpretação mais profunda e mais sofisticada dos padrões morais e éticos exigidos pelo Criador. Ao redor do Deus Supremo, havia uma parafernália de outros deuses, competindo por atenção, atendendo necessidades locais e de classe e cuidando de diferentes aspectos do ciclo da vida. Os nomes desses deuses invariavelmente tinham um significado descritivo, mas há certas evidências de que alguns desses nomes descritivos escondiam um nome "tabu" que era único, e que nomes "tabu" continham um elemento de perigo se citados ao acaso.[116] O nome secreto do Deus do Sol Re é revelado somente uma vez, para a sua filha Ísis. Há também exemplos de textos secretos, somente a ser recitados por um sacerdote autorizado na câmara oculta de um templo de adoração egípcio.

> Esconda-o, oculte-o, não deixe que ninguém o leia.[117]

Essa reverência extrema pelo nome de Deus está refletida no Judaísmo e outras religiões até os dias de hoje e é enfatizada no Terceiro Mandamento hebraico ("Não tomarás o nome do Senhor vosso Deus em vão"). Na época dos templos judaicos, somente o sumo sacerdote tinha permissão de proferir o nome de Deus, e isso apenas em uma ocasião no ano, na parte mais secreta do santuário do templo — "O Sagrado dos Sagrados".

O Antigo Testamento fala desse lugar sagrado, no templo em Jerusalém construído por Salomão:

> Então falou Salomão: "O Senhor disse que habitaria na escuridão. Certamente te edifiquei uma casa para morada, assento para tua eterna habitação."
>
> Reis I, 8:12-13

O exemplo correspondente do Egito é igualmente semelhante. A câmara mais secreta no templo de adoração dos egípcios é estruturada de tal forma que fica tomada da mais profunda escuridão, e somente a luz mais fraca pode entrar na antecâmara.[118] Ninguém, exceto o sacerdote-chefe, tem permissão de entrar no santuário dos templos egípcios. Por exemplo, no Templo de Edfu:

> Nenhum homem poderá subir nele com exceção daquele que é "o grande sacerdote" e que deverá realizar o ritual divino.[119]

Outra característica que parece ter sido adotada em outro ritual de orações dos hebreus está relacionada à recitação de uma explicação isolada de um texto oratório depois de ter sido lido. Essa prática era evidente em trabalhos rituais realizados em Tebas e Edfu,[120] e parece semelhante à prática em Canaã, onde um assistente eclesiástico traduzia, e às vezes interpretava, os textos hebraicos sagrados em uma maneira coloquial do hebraico e do aramaico, na forma daquilo que é chamado de *Targums*.*

---

116. Morenz, *Egyptian Religion* [A Religião Egípcia].
117. "Papiro 3284", no Museu do Louvre, Paris.
118. Morenz, *Egyptian Religion* [A Religião Egípcia].
119. A. Moret, "Le Rituel du Culte Divin", *Journalier en Egypte* (Paris: Musée Guimet, 1902).
120. Morenz, *Egyptian Religion* [A Religião Egípcia].
   * Traduções orais da Bíblia dadas durante leituras públicas, explicando e adicionando detalhes éticos legais.

O novo Reino e a Religião

Depois de as tribos hyksos — conquistadores do nordeste — serem expulsos do país, o comando egípcio foi restabelecido em 1520 a.C. Uma normalidade relativa seguiu-se até que, por volta de 1350 a.C., algo muito extraordinário aconteceu na sociedade egípcia. Houve um "soluço" na continuidade religiosa, quando todo o panteão de deuses foi varrido por um dos faraós Amenhotep. Depois desse breve episódio, uma veneração tradicional de diversas divindades modificada é reinstalada na época de Tutankhamon (*c.* 1320 a.C.) (e continuou sua influência até 300 a.C. e, por meio de uma forma adaptada, além da conquista do Egito pelos romanos).

No entanto, no século XII a.C., os sacerdotes de Karnak haviam se tornado tão poderosos que podiam controlar de forma dominante um terço do país; cerca de 80 mil pessoas eram diretamente empregadas por eles e sua riqueza era grandiosa.

Naturalmente, os faraós passaram a sentir-se mais preocupados em apossar-se do ouro e tesouros dos sacerdotes do que defender o país. Todo o *ethos* que motivara um desenvolvido império egípcio e a construção de maravilhas arquitetônicas foi perdido. Antes desse período, a imposição da ordem sobre os estrangeiros fora do Egito era uma obrigação dos deuses de impor a ordem sobre o caos — exatamente como os deuses fizeram nas histórias da criação. A construção de estruturas monumentais foi um presente para os deuses, expressando a lealdade do faraó, bem como os pagamentos materiais e financeiros para os templos e os sacerdotes. Agora, as coisas tinham mudado. Os sacerdotes tinham conquistado tanto poder, bens e terras que o processo em si havia se tornado uma ameaça real para a autoridade do faraó.

Além desse fator debilitante, nos séculos X e IX a.C., o senso de identidade nacional e os deuses nacionais haviam começado a diminuir e as divindades locais estavam ganhando poder. O ritual e a prática da religião e da vida social egípcia tornaram-se tão envolvidos com a magia e a mitologia, e o uso corporal de amuletos de proteção e encantos tão onerosos que seus seguidores estavam sobrecarregados mental e fisicamente. Nada menos do que 275 principais categorias de amuletos, alguns que deviam ser usados de forma permanente, outros para situações emergenciais, foram identificados.[121] O ar estava tomado de "hi ti ti bi ti" — o equivalente ao feitiço de magia cabalístico que chegou até nós na forma do "abracadabra".

Ficou praticamente impossível realizar qualquer tarefa rotineira sem alguma forma de encanto ritualista ou fórmula mágica, o que ajudou a con-

---

121. Geraldine Pinch, *Magic in Ancient Egypt* [A Magia no Antigo Egito] (London: British Museum Press, 1994).

tribuir para com o intelectual progressivo e o declínio militar do império. A degeneração debilitante causada por uma corrupção moral, espiritual e religiosa não demorou muito a tornar-se fatal. Quando o corpo físico fica preocupado demais com suas próprias debilitações internas, bactérias e vírus externos logo começam a detectar um alvo fácil.

O Egito perdeu o controle de seus Estados vassalos até o norte, por fim deixando Canaã, seu vizinho imediato. Invasores da Núbia ao sul e da Pérsia a leste conquistaram partes do Egito por volta de 700 e 525 a.C. respectivamente; e, em 332 a.C., Alexandre o Grande completou a queda do período faraônico.

É, no entanto, o soluço na vida religiosa e social que ocorreu entre 1349 e 1332 a.C. que irá agora se tornar o foco de nossa atenção — o período mais intrigante da vida religiosa no Egito.

Muitas vezes citado como o período "herege", ele estava muito longe de ser realmente isso. "Herege" apenas no sentido de transformar a religião tradicional, pois foi durante esse breve momento que o monoteísmo atingiu sua forma mais pura no Egito.

CAPÍTULO VI

A Continuação da Família Amenhotep

A construção filosófica para o período do "monoteísmo mais puro" no Egito inicia-se com o fundador da família egípcia que finalmente expulsou os hyksos em 1538 a.C. Essa foi a família que, mais que qualquer outra, desenvolveu e fez frutificar os elementos fundamentais do monoteísmo.

O faraó Ahmose foi o "braço forte" que eliminou os hyksos e restabeleceu o governo egípcio na terra. Quando seu sucessor, Amenhotep I, morreu em c. 1496 a.C., ele foi seguido por uma sucessão de três faraós com os nomes de Tutmoses, e uma rainha — Hatshepsut. Tutmoses III fora levado ao trono quando ainda criança, e sua tia Hatshepsut sedenta por poder, com maestria conquistou o controle dos reinos superior e inferior do Egito, regendo de Tebas por quase 15 anos. Quando, em 1455 a.C., o jovem "faraó na espera" assumiu o trono, suas energias restringidas puderam ser liberadas em atividades militares. Ele deu início a uma série de conquistas por toda a Canaã, indo para o norte até a Mesopotâmia e Anatólia (atual Turquia), que estabeleceu as fundações para o futuro domínio do Egito dessas regiões para o século seguinte.

O primeiro beneficiário das explorações de Tutmoses III foi seu sucessor, Amenhotep II, um homem de imensa estatura física, que deu continuidade às campanhas militares e estendeu o império do Egito além da região sul, indo muito mais longe do que qualquer outro governante anterior.

Ao tentar visualizar as ações e compreender as motivações dos faraós Amenhotep, tentei seguir seus possíveis processos de pensamentos. O raciocínio dos antigos egípcios não acontecia na cabeça, mas em seu coração. O tipo de cena e diálogo, baseado naquilo que é conhecido a respeito de personagens envolvidos, poderia chegar a algo mais ou menos assim:

Uma brisa suave sussurra por entre o aconchego de barracas pintadas de branco como uma gigantesca garçota agitada. Ao longo do imenso deserto à noite, permeiam luzes pontuadas de fogueiras que tremeluzem e iluminam barracas brilhantes de dentro dos lampiões de óleo.

No centro do acampamento, há uma enorme barraca com uma flâmula branca. Dentro dela, um homem robusto, com quatro cúbitos de altura e unguento perfumado brilhando por seu físico bronzeado, reclina-se sobre uma poltrona. Entre seus pés cobertos por sandálias douradas um pequeno garoto, quase uma réplica miniatura com suas características e vestes, contempla seu avô com indagação. O homem mais velho veste o turbante Nemes com dobras — o sinal de realeza —, preso por um Uraeus central, com Abas* drapejadas sobre seu peito e cobrindo seu torso desnudo e uma saia escocesa curta presa com adornos.

"Hoje, meu pequeno, partimos em direção ao sul, além do que foram meus antepassados, muito além da primeira catarata de nossa amada Mãe, o Nilo. Amanhã o levarei a um lugar secreto próximo a Ilha de Yeb, e exploraremos a terra até o oeste.

Ouça bem minhas palavras, filho do meu filho. Nosso Império cresceu como nunca antes, não porque os pequenos deuses lutaram conosco, mas porque Aten está do nosso lado. Porque é somente para Ele que rezo. Há tempos penso nisso, que se existe apenas um único Grande Deus, como acreditamos, e os outros são subservientes a Ele e quase sempre interferem em Sua vontade, por que precisamos deles de qualquer forma?

"Oh, meu poderoso faraó, se isso é verdade, por que não destróis os outros deuses?"

"Uma grande pergunta de fato, meu filho do destino. Mas o tempo não é agora. Os sacerdotes estão fortes demais. O povo não está preparado. Osíris e Re e Seth, Ísis e Nephthys, e Hórus, Hathor, Shu e Tefnut, Geb e Nut... estão em seus corações aflitos e línguas que não deixam de falar."

---

* O turbante *Nemes* era um pedaço de tecido preso contra a testa e amarrado em um rabo na parte de trás, com duas tranças ou Abas penduradas nos dois lados do rosto. O *Uraeus* era uma decoração em forma de insígnia usada no centro da testa.

O faraó egípcio Tutmoses IV e o "futuro faraó" que estão falando aqui são membros dessa família íntima e unida da Décima Oitava Dinastia (veja Placa 8). O desenvolvimento moral evolucionário desse clã é fundamental para as ligações que serão feitas entre o Egito e o nosso mundo real.

O sucessor de Tutmoses IV, Amenhotep III, chegou ao trono em 1387 a.C. e governou por 38 anos. A partir de suas ações durante esse período, podemos perfeitamente deduzir que tínhamos muito mais um pensador do que um guerreiro no trono. Os avanços que são feitos estão mais baseados no aspecto espiritual do que no campo de batalha e na construção ou na destruição, que é mais importante para o novo faraó.

Desde o início do Novo Reino, durante toda a Décima Oitava Dinastia, que se estendeu de 1539 a 1296 a.C., vemos uma mudança na posição do faraó de ser deus — ou Hórus encarnado — para o faraó ser um filho humano de Deus. Assim, na época de Tutmoses III (1476-1422 a.C.), uma relação de pai e filho entre Deus e o faraó já começa a ser desenvolvida,[122] e Tutmoses responsabiliza-se por suas campanhas "no comando do pai divino — Amon-Ra".

Essa mudança importante é enfatizada em um florescimento de literatura e ciência, e na arquitetura de prédios. Na Quarta Dinastia, gigantescos monumentos, exemplificados pela Grande Pirâmide em Giza, foram construídos em homenagem ao faraó e para abrigar seus restos mortais. Mas, durante a Décima Oitava Dinastia, foram substituídos por grandiosos templos de adoração em honra ao pai divino, ao passo que as tumbas reais eram mais modestas.

Para Ramsés III (c. 1190 a.C.), seu templo principal, em Medinet Habu, no Vale dos Reis em frente a Luxor, é construído em homenagem ao deus Khonsu: "(...) de arenito fino, sílex vermelho e granito preto. Eu revesti suas ombreiras e portas com ouro, com figuras cravadas de *electrum** como o horizonte do céu."[123]

Combinadas com o poder crescente do sacerdócio de Karnak vemos movimentações para fazer os deuses mais aproximáveis das pessoas co-

---

122. Peter A. Clayton, *Chronicles of the Pharaohs* [Crônicas dos Faraós] (London: Thames & Hudson, 1998); Siegfried Morenz, *Egyptian Religion* [A Religião Egípcia] (Ithica, N.Y.: Cornell University Press, 1973); R. T. Rundle Clark, *Myth and Symbol in Ancient Egypt* [Mitos e Símbolos no Antigo Egito] (London: Thames & Hudson, 1978).

* O *electrum* derivou de minérios naturais que continham aproximadamente 80% de ouro e 20% de prata. Tinha uma aparência âmbar pálida.

123. John Romer, *Romer's Egypt: A New Light on the Civilization of Ancient Egypt* [O Egito de Romer: uma Nova Luz na Civilização do Antigo Egito] (London: Joseph, 1982).

muns. Sacerdotes desempenham o papel de mediadores em nome do povo. Indivíduos são encorajados a fazer súplicas no templo, conforme pode ser visto a partir de inscrições em estátuas erguidas no reinado de Amenhotep III no Templo de Tebas, e no Pylon X no Templo de Karnak. As explorações de seu pai, Amenhotep II, ao conquistar a maior parte da Núbia (Etiópia) ao sul, também levou-os à construção de templos em honra ao nome de Amenhotep III naquela região.

O cenário está preparado para a chegada do mais revolucionário faraó de todos — Amenhotep IV. Ele herda os traços de uma filosofia de batalha estratégica habilidosa e as trapaças do palácio da família de Amenhotep e Tutmoses, junto ao manto de radicalismo intelectual, exibido por seu bisavô, cultivado por seu avô e incentivado por seu pai.

Somente quando chegamos no período em que Amenhotep IV assume o trono, em 1349 a.C., uma série de "esclarecimentos emergentes" atinge seu ápice.

É um período dourado de literatura, arte e projetos. Novos materiais, na forma de vidro brilhante, bronze reluzente e cerâmica com vidros coloridos, abrem horizontes criativos mais amplos para os artesãos. Desenvolvimentos em tintas permitem o deslanchar da moda para novas e extremamente coloridas direções, encorajando desenhos sensuais em vestidos femininos equipados com ouro e joias em pedras.

Canaã estava ainda firmemente sob o domínio egípcio, bem como o "império" do norte, embora tribos de larápios estivessem sempre tentando conquistar terras para eles próprios nos pontos mais enfraquecidos. Regentes vassalos ou seus emissários vinham em bandos o tempo todo, trazendo tributos ao faraó; foram esses tributos fluindo para dentro dos cofres em desenvolvimento do Egito que ajudaram a tornar esse o país mais rico no Oriente Médio, e, provavelmente, no mundo.

No fronte militar, o Egito tinha "aumentado" suas forças com os últimos avanços nos artigos tecnológicos para lutas — a carruagem puxada por cavalos —, suplementados pelo arco e flecha composto, a lança e a pesada espada de bronze. O olho vigilante de um exército bem disciplinado, violentamente leal aos seus regentes, pouco podia fazer para manter a ordem social. Membros das famílias dos comandantes militares geralmente se casavam com as filhas das famílias faraônicas, fortificando um "eixo" de poder que servia de base para a vida ordenada do país.

Tão bem estruturada era a cadeia de comando vista nos exércitos, serviço social e governadores regionais de administradores individuais, que quem quer que fosse agraciado com as sandálias de ouro do faraó, automaticamente herdava uma autoridade ditatorial que era quase inquestionável. Esse "mecanismo de poder sucessivo" ajuda a explicar por que Amenhotep IV teve tanta facilidade de implementar suas ideias inovadoras na religião e na filosofia. O faraó, como "pai e mãe de toda a humanidade, sem espreita",[124] tinha a sanção saudada de seus sacerdotes bem como do punho de bronze de seu exército para apoiar suas vontades.

A Revolução Religiosa

Assim como as mudanças marcantes nos pensamentos culturais, artísticos e filosóficos, há uma revolução constante nas ideias religiosas. Em termos práticos, isso pode ser visto no relacionamento alterado do faraó com Deus. Do faraó considerado um deus e, depois, o "filho do Pai", ele agora se torna *útil* a Deus: ainda divinamente inspirado, porém, e com um relacionamento contratual especial.

Heliópolis (próxima ao atual Cairo) — o centro do pensamento teológico — foi amplamente instrumental na reinvenção de antigas ideias do faraó como um deus, e em sua substituição pela ideia de um Deus Supremo que não morava na Terra. Os sacerdotes traziam as novas mensagens para o povo e começaram a reescrever os textos tradicionais para refletir a mudança.

O conceito mutante do "destino", que agora começa a carregar a força de uma predestinação, é importante nessa jornada filosófica em direção a uma religião esclarecida. Esse conceito de destino foi dolorosamente lento em seu desenvolvimento, chegando a levar cerca de 2 mil anos. Antes disso, *c.* 2500 a.C., nas instruções de Ptah-hotep, um sábio do Antigo Reino, vemos a ideia de acontecimentos ordenados iniciando-se:

Ele não pode fugir daquele que o predeterminou.[125]
As forças do destino foram vistas nos Sete Hathors.[126]

No início da Décima Oitava Dinastia, encontramos o rebelde Ahmose El-Kab sendo citado nesses termos:

Seu destino fez sua morte aproximar-se.[127]

Então, quase com uma força explosiva, o conceito de determinação fica esclarecido no período Amarna (1346-1332 a.C.). Aten (às vezes citado como Aton), o deus do faraó reformador Amenhotep IV, é referido como:

---

124. N. de G. Davies, *The Tomb of Rekh-mi-Re at Thebes* [A Tumba de Rekh-mi-Re em Tebas] (New York: Museu Metropolitano de Arte, Egyptian Expedition Publications, 1943).
125. James B. Pritchard, *Ancient Near Eastern Texts Relating to the Old Testament* [Textos Antigos do Oriente Próximo Relacionados ao Antigo Testamento], 2ª edição (Princeton: Princeton University Press, 1955).
126. A deusa egípcia Hathor assumia várias formas bovinas, incluindo uma de maternidade na forma de uma vaca bebê. Em seu aspecto vingativo de "Sete Hathors", ela representava aquilo que era determinado pelo destino.
127. Morenz, *Egyptian Religion* [A Religião Egípcia].

O Destino que dá a vida.[128]

Em outras palavras, agora há uma chance de escapar da predestinação, por meio da beneficência de Deus. Temos de ir 150 anos além do período Amarna, quando as novas ideias se tornam sólidas, ao tempo de Ramsés III para ter uma visão mais clara do que era entendido com o termo "destino" durante o período Amarna. Aqui, nos Hinos Leyden a Amon, encontramos Amon dizendo:

Ele dá àquele que ama mais do que lhe está destinado.[129]

Ou, em uma inscrição no Templo de Ramsés III em Karnak, encontramos Amon dizendo ao rei:

Teu inimigo é destruído em seu tempo (...)[130]

Fica agora claro que "destino" é visto como um "tempo de vida" predeterminado mas, de forma significativa, o amor de Deus cultivado pela oração e pela justiça pode, se não evitar a morte, prolongar a vida e melhorar sua qualidade. Aqui, portanto, temos o modelo de uma filosofia religiosa revisada.

Algumas das ideias egípcias mais antigas a respeito do "destino", ainda assim, conseguiram chegar até o Antigo Testamento, conforme podemos ver no Livro de Eclesiastes. Provavelmente, escrito por volta do século III a.C., ele aconselha acerca do comportamento e da ética social, baseado na suposição de que toda a existência humana é preordenada, e que o homem deve aceitar que haverá sofrimento e injustiça na vida. Enquanto essas ideias são reconhecíveis e aceitas na crença budista, e podem ter conquistado seu caminho até lá vindas do Egito, elas foram anátemas para alguns pensadores rabínicos depois do Segundo Templo que tentaram suprimir o livro.

Entretanto, por causa da atribuição dos Eclesiastes do "Kohelet" — o filho do rei Davi, isto é, o rei Salomão, permaneceu como parte das escrituras sagradas, e é lido em sinagogas durante a Festa dos Tabernáculos.

Todas essas evoluções filosóficas religiosas, que estiveram borbulhando por centenas de anos, culminaram no período Amarna e criaram as precondições necessárias para o surgimento de uma "Nova Religião".

---

128. Ibid.
129. Pritchard, *Ancient Near Eastern Texts Relating to the Old Testament* [Textos Antigos do Oriente Próximo Relacionados ao Antigo Testamento].
130. Morenz, *Egyptian Religion* [A Religião Egípcia].

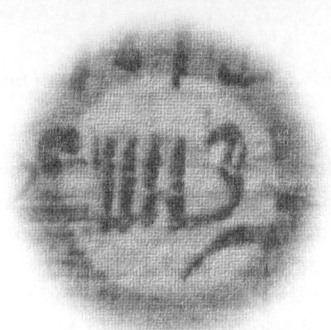

CAPÍTULO VII

Abraão — Pai de Três Religiões, Fundador de Nenhuma

O palco está agora pronto para a entrada de um personagem vigoroso, cujo encontro com o faraó ecoará por toda a eternidade. No entanto, antes de apresentá-lo, devo analisar um encontro anterior entre um famoso hebreu e outro, mais antigo, faraó pertencente à linhagem dos Amenhotep, porque é ele quem estabelece a linha de continuidade que une as antigas tribos hebraicas e os faraós egípcios. Ele é também a primeira das três mais importantes peças no encontro dos hebreus e egípcios que teve acesso a consideráveis quantidades de riqueza. Era aqui que eu esperava encontrar uma pista com relação ao paradeiro dos tesouros do Pergaminho de Cobre.

Essas três peças-chave — Abraão, José e Moisés — tinham um denominador bíblico comum que os diferenciavam de outros hebreus no Egito. De acordo com a Bíblia, todos eles conheceram faraós.

Abraão foi o primeiro dos patriarcas hebreus a entrar no Egito e ir embora com riquezas substanciais daquele país. Sua história começa quando ele e seu pai, Terah, viajam de Ur na Caldeia até Haran, no norte da Mesopotâmia. Eles cruzam o rio Eufrates, e Abraão assume o estilo de um "hebreu", uma pessoa do outro lado do rio.

Pouco se sabe a respeito da ocupação de Terah (embora ele seja referido como um fabricante de estátuas por algumas fontes),[131] mas Abraão,

---

131. Israel Eldad e Moshe Aumann, *Jerusalem Chronicles — News of the Past, Vol. 1* [Crônicas de Jerusalém — Novas do Passado, Vol. 1] (Jerusalém: Fundação Reubeni, 1954).

seguindo seus passos, é um "errante", um seminômade com muito gado e ovelhas. Seu estilo de vida é ditado pelas exigências do rebanho que necessita de constantes viagens por entre as terras cultivadas e as estepes, seguindo rotas capazes de sustentar os animais com o alimento de que precisam. O estilo de vida de Abraão contrasta com o dos beduínos midianitas, cujas principais propriedades são seus teimosos, porém adaptáveis, camelos e que são verdadeiramente nômades.

Guiado por um comando divino, Abraão migrou mais uma vez, em direção a Canaã — uma terra mais tarde conhecida como Israel, Judeia, Palestina e, finalmente, o atual Estado de Israel.

Quando a fome tomou conta do país, Abraão e sua família foram forçados a ir para o sul do Egito, em busca de comida para eles próprios e para seus animais. Aqui, Abraão conhece um dos faraós. Mas qual deles? Havia ainda uma pergunta mais importante que eu precisava responder — será que Abraão, como pessoa, chegou a existir?

As mais antigas referências a Abraão são encontradas em Gênesis 11:26 e, de acordo com a maioria das autoridades históricas,[132] foram escritas mais de mil anos depois de seu tempo, apesar de alguns dos textos poderem ter sido compilados somente algumas centenas de anos após sua possível existência.[133]

A partir do que podemos aprender com a Torá, Abraão era, sem dúvida, um homem de considerável riqueza, em termos de animais domésticos e bens, e de influência e poder, de acordo com o tamanho do clã de sua família. Seus ancestrais também, provavelmente, viveram algum tempo em um ambiente de civilização na Mesopotâmia.

Por volta de 1800 a.C., regiões na Mesopotâmia foram invadidas por tribos semitas (às vezes citadas como amorreus), centradas em um lugar

---

132. Paul Goodman, *History of the Jews* [História dos Judeus] (London: Escritório do Rabino Chefe, 1941).
133. A data mais provável do término da Torá — os primeiros cinco livros da Bíblia (Gênesis, Êxodo, Levítico, Números e Deuteronômio), substancialmente na forma em que conhecemos hoje, vem de uma referência bíblica em Neemias 8:1-10. Fala de uma leitura pública da Torá em Jerusalém, conduzida por Esdras o Escriba, que se acredita ter acontecido em 444 a.C. Uma preponderância de estudiosos modernos, reforçada pelas datas dos Manuscritos do Mar Morto, acredita que essa data marca o término da escritura da Torá. Inevitavelmente, a "velha" história é decorada por uma coloração rosada da observação do passado e a mensagem de que os escritores da época desejavam transmitir.
O historiador John van Seters propõe uma visão extremista de que os textos não foram completados até o século V d.C.; mas sob a luz do pensamento moderno, essa ideia é praticamente descartada. John van Seters, *Abraham in History and Tradition* [Abraão na História e na Tradição] (New Haven: Yale University Press, 1975).

chamado Mari no norte da Mesopotâmia e não muito distante de Haran, de onde, conforme registrado em Gênesis 12:4, Abraão viajou até Canaã (veja figura 1: Mapa Relacional do Antigo Oriente Médio).

Muitos dos parentes de Abraão têm nomes que ecoam os de cidades na região, e muitos dos nomes patriarcais correspondem a nomes tribais de amorreus mencionados nos textos encontrados em Mari (atual Tel Hariri), próximo ao Eufrates. Esses textos foram decifrados a partir das milhares de tábuas de argila escavadas da área nos últimos 70 anos, e incluem referências a uma tribo de gatunos de Banu-yamina (benjamitas).[134]

Outros textos, conhecidos como os *Nuzu* e encontrados próximos ao rio Tigre na Mesopotâmia, dão-nos uma visão gráfica da vida contemporânea em uma cidade em Mitanni cerca de 300 anos mais tarde (por volta de 1500 a.C.). Formada por uma classe regente de Indo-Aryans, a principal população era composta por hurrians — um povo não semita citado na Bíblia como os "horitas". Algumas de suas práticas legais e sociais apresentam semelhanças a referências patriarcais e injunções na Torá:

a) a adoção de um herdeiro de um casal sem filhos;
b) a reversão, no caso anterior, do direito de herança de um filho nascido posteriormente;
c) a provisão por uma esposa estéril de uma concubina para seu marido;
d) uma lei contra a expulsão de tal concubina e seus filhos;
e) a adoção de um genro quando não existissem filhos em uma família;
f) possessão dos deuses familiares, constituídos títulos de herança.[135]

Parece razoável concluirmos, portanto, que lembranças da vida e da sociedade mesopotâmica foram "incutidas" na história pessoal de Abraão quando ela foi escrita no século V a.C. G. W. Anderson, ex-professor de Estudos Hebraicos e do Antigo Testamento na Universidade de Edimburgo, diz o seguinte:

> É, portanto, evidente que as narrativas patriarcais não apenas refletem condições, práticas e crenças em Israel no período dos Juízes e da monarquia, mas preservaram com fervor as tradições de uma era muito mais antiga.[136]

Restam, portanto, poucas dúvidas de que a "pessoa" de Abraão existiu, e que as descrições bíblicas de seu personagem estão essencialmente

---

134. James B. Pritchard (ed.), *Ancient Near Eastern Texts Relating to the Old Testament* [Textos Antigos do Oriente Próximo Relacionados ao Antigo Testamento], 2ª edição (Princeton: Princeton University Press, 1955).
135. Ibid.
136. George W. Anderson, *The History and Religion of Israel* [A História e a Religião de Israel] (Oxford: Oxford University Press, 1996).

corretas. O Abraão bíblico que finalmente chega ao Egito personifica todas as características e experiências de seus predecessores.

Como é, no entanto, que Abraão, um seminômade, pôde ser aceito pelo Judaísmo, Cristianismo e pelo Islã como o Pai Fundador de suas fés? Um homem cuja aparente inteligência e percepção lhe permitiram criar uma nova filosofia radical, possivelmente única, e fundar uma "religião monoteísta" que transformaria toda a ideia mundial a respeito da religião?

A simples resposta é: "Não acredito que ele tenha feito isso".

Para entendermos por que outros escribas encontraram tal inspiração na história de Abraão, parece razoável concluirmos que havia uma certa verdade nos principais elementos, conforme foram transmitidos de geração a geração pela palavra oral, e conforme descritos no Antigo Testamento.

Entretanto, Abraão não é visto como um líder "messiânico" que publicamente pregava um novo credo. Também parece pouco provável que o monoteísmo tenha sido uma ideia original de Abraão.

Na tentativa de ajudar a encontrar a resposta para essa pergunta, busquei apoio em um dos pensadores mais articulados e perceptivos do século XX, e suas ideias em relação a Abraão e ao estilo de vida que ele levava.

A Ascensão do Homem

Em seu livro *The Ascent of Man*, e na série do canal de TV BBC de mesmo título, o dr. J. Bronowski traçou a evolução do homem do raiar da civilização, junto àquilo que o poeta W. B. Yeats chamou de os "monumentos de intelecto que não envelhecem", na década de 1970.[137]

Por volta de 10 mil anos atrás, o homem, que travara batalhas durante a Era do Gelo e percorrera diferentes caminhos por um milhão de anos, encontrou, finalmente, condições favoráveis para que se tornasse possível estabelecer em um lugar e conseguir sobreviver. Ele se viu, assim, diante de uma decisão crucial: deixar ou não de ser um nômade e tornar-se um aldeão. Conforme colocado pelo dr. Bronowski:

> Temos um registro antropológico da luta da consciência de um povo que toma essa decisão: o registro é a Bíblia, o Antigo Testamento. Acredito que a civilização vive hoje dessa decisão.[138]

---

137. Jacob Bronowski, *The Ascent of Man* [A Ascensão do Homem] (Boston: Little Brown, 1974). O dr. Jacob Bronowski era um companheiro honorário da Faculdade de Jesus, Cambridge, e diretor do Conselho de Biologia de Assuntos Humanos no Instituto Salk de Estudos Biológicos, San Diego, Califórnia. Sua série de televisão foi exibida pela primeira vez no início da década de 1970.

138. Ibid.

Ele ainda diz:

> Há algumas tribos nômades que ainda caminham por essas vastas jornadas transformadoras de um solo arado a outro: os bakhtiari na Pérsia, por exemplo. E você tem na verdade que viajar com eles para entender que a civilização não tem como crescer enquanto se movimenta.

A conclusão do dr. Bronowski é que tudo na vida nômade é imemoriável.

Ele destaca um paralelo importante entre a vida dos bakhtiari, que, como outros nômades, veem-se como uma família particular, os filhos de um único pai fundador — exatamente como os judeus se referiam a eles próprios como os filhos de Israel, de Jacó. Assim como os filhos de Israel, os rebanhos são todos importantes no momento de ditar o modo de estilo de vida e jornadas da tribo. A história que os bakhtiari relacionam ao seu pai fundador fala de um pastor lendário, Bakhtyar, cujas origens aparecem inúmeras vezes na história bíblica dos Patriarcas — Abraão, seu filho Isaque e seu filho Jacó.

As mulheres dos bakhtiari assavam pães — da mesma maneira bíblica dos bolos não fermentados sobre pedras quentes, que hoje conhecemos como *matzoh*. Suas simples tecnologias para a produção de iogurte, tecelagem ou reparos em geral são tarefas comuns e fáceis de serem transportadas e adaptadas apenas para uso imediato em suas viagens — e que indicam sua não permanência. Qualquer coisa de natureza mais substancial é comprada por meio de permuta ou comércio. Não há capacidade para inovações ou para o desenvolvimento de novas ideias.

Conforme dito pelo dr. Bronowski: "Os únicos hábitos que sobreviveram foram os antigos costumes. A única ambição do filho é a de ser como seu pai (...) Nada é memorável. Nômades não possuem memoriais, nem mesmo de seus mortos. (Onde está Bakhtyar, onde foi Jacó enterrado?)"[139]

Embora os patriarcas sejam tradicionalmente associados aos diversos lugares de descanso — Abraão a Hebrom, 30 quilômetros ao sul de Jerusalém, Isaque a Beersheba, no norte de Israel, e Jacó a Bethel, cerca de 15 quilômetros ao norte de Jerusalém — não há nenhuma certeza arqueológica dessas localizações.

Não é nada surpreendente, portanto, que a Caldeia, de onde a tribo de Abraão começou suas jornadas, estivesse na região que foi influenciada pela cultura e mitologia de onde é hoje o Irã (e foi anteriormente a Pérsia) — a terra dos antigos bakhtiari. Seria possível que alguém que levava uma vida seminômade fosse o fundador de três grandes religiões? As ideias do dr. Bronowski mitigam, de forma veemente, contra essa possibilidade.

---

139. Ibid.

O progresso humano é, em geral, um processo de empenho metódico bastante lento, com cada avanço erguendo-se sobre anteriores compreensões e aos poucos caminhando de volta às fronteiras do conhecimento. Ocasionalmente, um retrocesso de aceleração acontece quando gênios como Arquimedes, Leonardo da Vinci ou Einstein dão um passo gigantesco através de sua imaginação; mas até mesmo eles precisam estar imersos quase que a ponto de uma abstração obsessiva em seu trabalho, e motivados pelo estímulo de colegas com uma mente parecida. Conforme explanado pelo professor Hans Eysenck, o guru do QI: "Einstein não teria prosperado em um iglu; ou Mozart, em um vilarejo de nativos sul-africanos; ou Shakespeare, em uma palhoça de índios!"[140]

O mesmo pode ser dito, eu acredito, do progresso religioso. Todos os "gênios" religiosos, em um período formativo de suas vidas, viram-se em um ambiente intelectualmente estimulante operando nas, ou próximo às, fronteiras da experiência do homem.

Outra "essência" de um fundador religioso é a necessidade de estar afastado dos contemporâneos e de aproveitar-se da oportunidade de evoluir, por meio de reflexão e talvez de uma inspiração divina, a estrutura de sua própria filosofia religiosa inovadora.

Parece não haver referências a um tempo quando Abraão se isolou de seu clã e das responsabilidades terrenas.

É óbvio também que para o fundador de qualquer religião existe a necessidade de transmitir ideias e inspirar outras pessoas a segui-lo e acreditar nele. No Antigo Testamento, Abraão não demonstra possuir as características de alguém que prega para um público amplo ou até mesmo seleto. Uma pessoa não tem como fundar uma religião, a menos que vá e pregue seu novo evangelho.

Na verdade, vemos que, no momento das escritas de Isaías, Abraão é reposicionado para o papel de um amigo, e não de um fundador escolhido. Em Isaías 41:8, lemos:

> Mas tu, ó Israel, servo Meu,
> Tu Jacó, a quem escolhi,
> Descendência de Abraão Meu amigo.

Contudo, ao encontrar ídolos e santuários "fixos" de muitos deuses em suas residências provisórias nos centros populacionais, a simples incapacidade de levá-los nas viagens de suas caravanas pode ter conduzido a mente de Abraão à contemplação de um deus mais facilmente "transportável". Ao admirar no céu as maravilhosas estrelas na noite dos desertos, talvez o embrião de inspiração veio até ele.

---

140. Hans Eysenck, *Test Your IQ* [Avalie o seu QI] (London: Thorsons, 1994).

Minha conclusão geral é que, apesar de Abraão poder ter sido o iniciador ou progenitor do Judaísmo, ele mostra poucas, ou quase nenhuma, características de um fundador ou arquiteto capaz de elaborar o projeto de suas crenças básicas.

Então, de onde a profundidade do monoteísmo que aparentemente uniu os hebreus veio, se não de Abraão? Se Abraão é um candidato improvável para ser o fundador da religião dos israelitas, então quem seria essa pessoa?

A resposta mais plausível à primeira pergunta é que Abraão, ou seu neto Jacó, obteve grande parte de sua sofisticação religiosa de algum outro lugar — e que esse outro lugar foi o Egito.

Datas dos Patriarcas

Não podemos determinar qual faraó Abraão, ou depois dele José, conheceu sem uma avaliação razoavelmente precisa das datas de suas existências. As cronologias dos faraós são em sua maioria aceitas por todos,[141] mas as dos Patriarcas diferem de uma fonte a outra, e fontes religiosas, em particular, costumam relacioná-las à Idade Média do Bronze (2100-1600 a.C.).

As datas da vida de Abraão que podem ser colhidas na Bíblia também não são tão exatas. Algumas partes do Antigo Testamento associam Abraão ao período babilônico de 1900 a.C.; outras, ao período Hurrian de 1500 a.C.; e ainda outras, ao período Amarna de 1400 a.C.

O período bíblico de 400 anos que cobre os prováveis tempos historicamente aceitos dos patriarcas — Abraão até seu neto Jacó — indica que a linhagem entre o primeiro e o último patriarca, apesar de haver uma origem tribal direta, foi "estendida por descendentes imediatos além de apenas Abraão, Isaque e Jacó. É também útil explicarmos as grandes longevidades de cada um dos patriarcas mostradas no Antigo Testamento.

Ao analisarmos o momento no passado em que o controle dos egípcios de Canaã começou a afrouxar-se o suficiente para permitir que os hebreus tivessem a chance de conquistar a terra, é possível termos uma ideia de quando Abraão entrou no Egito pela primeira vez.

---

141. David Rohl, em seu livro *A Test of Time* [Uma Prova do Tempo] (London: Century, 1995), postula, com uma certa eficácia, extremas divergências nas datas convencionalmente aceitas das dinastias egípcias do segundo milênio a.C. em diante. Ele sugere que algumas dessas datas estão em até 200 ou 300 anos fora de sua fase, mas sua teoria é pouco apoiada por outros historiadores, e sua data de *c.* 1450 a.C. para o Êxodo não é concebível.

Os egípcios, depois de expulsar os chefes dos hyksos, conquistaram Canaã e mantiveram uma presença forte ali de 1550 a 1200 a.C. Muitas das campanhas militares das Décima Oitava e Décima Nona Dinastias que foram realizadas contra os mitannis do norte da Mesopotâmia e da Síria, e mais tarde contra os hititas na Anatólia, levaram os egípcios até Canaã. Há registros bem narrados, por exemplo, da iniciativa de Tutmoses III até Meggido em 1482 a.c. Um arquivo de placas de argila descoberto em El-Amarna, local da capital do Egito na época de Amenhotep IV, refere-se às trocas entre regentes egípcios e reis vassalos em Canaã. Cidades locais fortificadas como Lachish, Gezer, Meggido e Hazor foram incumbidas de proteger interesses egípcios em Canaã. Essas trocas foram escritas na primeira metade do século XIV a.C. em akkadian — a *língua franca* do Oriente Médio naquele período.

Nos séculos XIII e XII a.C., o Egito ainda tinha uma forte presença militar em Canaã, mas, por volta de 1170-1150 a.c., os egípcios já não estavam mais lá e tinham deixado um vácuo no poder que em pouco tempo seria preenchido pelos filisteus e israelitas. Esse vácuo nos dá as prováveis datas mais antigas de quando os israelitas entraram em Canaã. Antes dessa época, o controle egípcio do país ainda era forte demais para permitir qualquer infiltração substancial por parte de estrangeiros.

No entanto, quase não existem evidências arqueológicas entre 1250-950 a.C. para indicar que os israelitas tivessem chegado em Canaã. A única prova tangível foi encontrada na *stela* do "Hino de Vitória" em Tebas, apresentada pelo rei egípcio Merneptah, que diz:

Israel é deixado às ruínas, mas sua semente não.[142]

A *stela* coloca a data em c. 1210 a.C., entretanto, a referência a Israel é escrita no sentido de "Israel" como um povo, e não como uma terra. A interpretação é, portanto, de que os israelitas sofreram uma derrota militar mas que eles ainda não estavam em "Israel".

A data da partida dos egípcios de Canaã indica que a data do Êxodo dos israelitas do Egito não pode ter permitido que tivessem chegado em Canaã até por volta de 1170-1150 a.C. Paul Goodman[143] menciona o Êxodo como tendo acontecido em 1220 a.C., tanto a *Enciclopédia da Bíblia*[144] como G. W. Anderson[145] o datam de 1250 a.C. Em termos de

---

142. Irving M. Zeitlin, *Ancient Judaism* [Judaísmo Antigo] (Cambridge: Polity Press, 1984).
143. Goodman, *History of the Jews* [História dos Judeus].
144. David Alexander e Pat Alexander (eds.), *The Lion Encyclopedia of the Bible* (Berkhamsted: Lion Publishing, 1978).
145. Anderson, *The History of Religion in Israel* [A História da Religião em Israel].

consistência com a Bíblia, a data de 1220 a.C. de Paul Goodman parece ser mais convincente. Se considerarmos que a Bíblia está correta ao dizer que os israelitas vagaram pelo deserto por 40 anos, eles teriam chegado em Canaã por volta de 1180-1170 a.C., exatamente na época em que a presença egípcia estava no fim.

Um Passeio de Cooke do Tempo do Oriente Médio*

Podemos agora começar a analisar a data da chegada dos israelitas em Canaã até a vinda de Abraão no Egito.

De acordo com o Antigo Testamento:

• Abraão tem 100 anos quando Isaque nasce.

• Abraão passa 100 anos em Canaã.

• Abraão morre com 175 anos.

• Isaque, seu filho, morre com 180 anos.

• Jacó, filho de Isaque, morre com 147 anos.

O problema das idades dos personagens bíblicos apresenta uma dificuldade considerável para os estudiosos e crentes ortodoxos. O exemplo extremo é o de Matusalém, cuja idade dada é de 969 anos! — a pessoa mencionada na Bíblia que mais viveu.[146]

---

* A transmissão no rádio da "Carta da América" de Alistair Cooke na Grã-Bretanha geralmente tem várias diferenças antes de voltar ao ponto original!

146. Obviamente essas longevidades são suspeitas e, em termos contemporâneos, impossíveis. *The New Guinness Book of Records* (Stamford, Conn.: Guiness Media, 1995) mostra-nos a idade mais antiga autenticada de um ser humano com 120 anos e 237 dias, para Shigechiyo Izumi, que viveu na Ilha de Tokunoshima, Japão. Nascido em 29 de junho de 1865, ele morreu em 1986 e atribuiu sua longevidade a Deus, Buda e ao Sol. Jeanne Louise Calment, de Arles, na França, considerada nascida no dia 21 de fevereiro de 1875, morreu no dia 4 de agosto de 1997 com 122 anos e 164 dias. A própria Bíblia, no Salmo 90:10, diz que:
A duração da nossa vida é de 70 anos; e se alguns, pela sua robustez, chegam a 80 anos, a medida deles é canseira e enfado;
pois passa rapidamente, e nós voamos.

Seria possível que um ano muito mais curto estivesse sendo usado. Isso parece pouco provável, porém. O ciclo de corpos celestes facilmente observáveis oferecia um "relógio" natural para as civilizações antigas.[147]

A mais interessante, e mais plausível, explicação que posso agora propor está relacionada aos números inteiros, os próprios números. Parece que os cronistas da história de Abraão inventaram as idades dos patriarcas como uma forma de indicar a linha de continuidade entre eles e por causa dos significados dos próprios números. Se analisarmos as idades de Abraão, Isaque e Jacó, vemos que a Bíblia nos mostra suas idades como 175, 180 e 147 anos, respectivamente, cada uma das quais tendo uma relação matemática precisa e sendo somas de números quadrados.

Abraão: $175 = 2^2 + 3^2 + 4^2 + 5^2 + 11^2$
Isaque: $180 = 6^2 + 12^2$
Jacó: $147 = 3^2 + 5^2 + 7^2 + 8^2$

---

147. No ano 2100 a.C. os sumerianos usavam um ano de 360 dias, baseado no calendário solar de 12 meses. Os antigos egípcios também usavam um calendário solar e, mais tarde, adicionaram um "pequeno mês" de cinco dias — cada um dos quais celebrava os nascimentos de Osíris, Horus, Seth, Ísis e Nephthys. Por volta de 2773 a.C., e possivelmente no início de 4228 a.c., eles passaram a aceitar o surgimento helicoidal de Sirius como tendo ocorrido na mesma época da inundação anual do Nilo e a conjunção do sol, dando-lhes assim um intervalo regular de 365 pores e nasceres do sol, que eles aceitavam como a duração de seu ano. Veja Alexander Hellemans e Bryan Bunch, *The Timetables of Science* [As Tabelas de Horários da Ciência] (New York: Simon & Schuster, 1988).

Astrônomos helenos adicionaram o quarto dia que faltava no calendário egípcio com um ano bissexto a cada quatro anos. Essa adição só foi totalmente aceita pelo mundo civilizado quando Júlio César a tornou parte obrigatória do calendário romano em 46 a.C., e para corrigir seus cálculos aquele ano teve que durar 445 dias — o ano mais longo já registrado! A "proposta" final foi feita pelo papa Gregório XIII em 1582, que decretou a queda do ano bissexto em anos que terminassem em dois zeros (veja o Glossário para mais informações a respeito dos calendários).

Outra explicação para os anos bíblicos anômalos é que os narradores do Antigo Testamento precisavam fazer encaixar as idades dos personagens bíblicos em uma escala de tempo que permitisse que pudessem contar o passado, geração a geração, até uma ideia preconcebida da data da criação em 3760 a.C.

Essa data preconcebida é, por si só, uma fonte de dificuldade para fundamentalistas bíblicos. O *Big Bang*, a teoria científica atualmente aceita dos primórdios do Universo, aconteceu há cerca de 15 bilhões de anos. As primeiras formas de vida na terra são datadas de até 3,5 bilhões de anos — 1 bilhão de anos após a terra ser formada. Formas de vida animal começaram a surgir sobre a terra vindas dos mares por volta de 450 milhões de anos atrás, e a espécie humana começou a se desenvolver a partir de seus ancestrais chimpanzés há cerca de 8 milhões de anos, começando a andar na forma ereta há aproximadamente 4 milhões de anos, e começou a produzir ferramentas de pedra há cerca de 2,4 milhões de anos.

Os narradores parecem ter um fascínio comum pelos números quadrados, bem como os egípcios. A relação matemática desses três números é tão exata para ser considerada apenas acidental. Na verdade, todos os principais personagens antigos do Antigo Testamento têm idades que estão em conformidade com relações de números quadrados cujas sequências são provavelmente de importância.[148]

Em outras investigações matemáticas, também descobri que dois dos mais importantes personagens no Antigo Testamento, José e Moisés, também receberam idades matemáticas muito especiais.

José (filho de Jacó): $110 = 2^2 + 3^2 + 4^2 + 9^2$

A idade bíblica de José, de 110 anos, não é apenas matematicamente consistente com os esquemas de números quadrados, mas também tem um significado relevante em termos mitológicos egípcios.* Trata-se da exata figura mencionada no Texto do Caixão 228 (Feitiço 170), como sendo permitido a uma pessoa que está completando o aprendizado mágico.

Nós sabemos que uma geração para os egípcios em tempos bíblicos tinha cerca de 30 anos, e qualquer pessoa que vivesse mais de 100 anos era considerada excepcional. Na Décima Segunda Dinastia (2000 a.C.), escribas egípcios registraram:

---

148. A começar pelo primeiro homem na Bíblia, Adão, temos:

Adão:	$930 = 5^2 + 6^2 + 16^2 + 17^2 + 18^2$
Seth (filho de Adão):	$912 = 5^2 + 6^2 + 9^2 + 15^2 + 16^2 + 17^2$
Enosh (filho de Seth):	$905 = 6^2 + 16^2 + 17^2 + 18^2$
Kenan (filho de Enosh):	$910 = 2^2 + 6^2 + 10^2 + 15^2 + 16^2 + 17^2$
Mahalalel (filho de Kenan):	$895 = 2^2 + 11^2 + 15^2 + 16^2 + 17^2$
Jared (filho de Mahalalel):	$962 = 2^2 + 14^2 + 15^2 + 16^2 + 17^2$
Enoch (filho de Jared):	$365 = 10^2 + 11^2 + 12^2$
Methuselah (filho de Enoch):	$969 = 10^2 + 16^2 + 17^2 + 18^2$
Lamech (filho de Methuselah):	$777 = 8^2 + 10^2 + 17^2 + 18^2$
Noé (filho de Lamech):	$950 = 9^2 + 16^2 + 17^2 + 18^2$
Terah (pai de Abraão):	$205 = 3^2 + 14^2$

O físico/matemático e consultor de sistemas de computadores Roger Smolski destaca que Joseph-Louis Legrange, no século XVIII, mostrou que todos os números inteiros positivos podem ser escritos como a soma de, no máximo, quatro números inteiros (exceto com alguns números abaixo de 20 se 1^2 for desconsiderado). Ele observa que a idade de Adão pode ser reduzida para $23^2 + 20^2 + 1^2$; a de Seth para $16^2 + 16^2 + 20^2$; Kenan para $30^2 + 3^2 + 1^2$; Mahalalel para $23^2 + 14^2 + 11^2 + 7^2$; Jared para $29^2 + 11^2$; Abraão para $10^2 + 5^2 + 5^2 + 5^2$. Portanto, se existir qualquer relevância na escolha das idades bíblicas, ela está na sequência dos números quadrados.

* Josué [o indicado de Moisés para ser o líder dos israelitas após sua própria morte] faleceu com a mesma idade de José: $110 = 2^2+3^2+4^2+9^2$

A pessoa que aprender este feitiço** completará 110 anos de vida, sendo que os últimos dez serão vividos livres de fraquezas e impurezas, sem transgressão ou mentiras, e irá finalmente consumir refeições ao lado daquele deus auxiliador [Osíris], todos os dias.[149]

O tempo de vida de Moisés é registrado como sendo de 120 anos. Mais uma vez, este é outro número matemático preciso, mas, por causa de sua importância, o número recebe duas propriedades muito especiais:

Moisés: $\quad 120 = 5!$
onde $\quad 5! = 1 \times 2 \times 3 \times 4 \times 5$ ou
$\quad\quad\quad 120 = 2^2 + 4^2 + 10^2$

Quaisquer dúvidas a respeito da capacidade dos egípcios de lidar com números quadrados são rapidamente esclarecidas por um exame das precisões de medidas calculadas na construção das pirâmides há mais de 5.000 anos, ou da compreensão dos egípcios do *pi*, que eles calcularam com um grau muito maior de exatidão do que qualquer outra civilização contemporânea.[150]

A conclusão inevitável é que as idades dos antigos personagens bíblicos e os tempos de vida citados em anos (ao menos até Josué) são artificialmente exagerados e não podem ser usados como uma base precisa de extrapolações cronológicas.

** O feitiço citado é do Texto do Caixão 228.
149. Herman Kees, *Gottinger Totenbuchstudien* (Berlim: Akademie-Verlag, 1954).
150. Os autores dos antigos textos bíblicos eram fascinados pelos números quadrados. Ao olharmos para sua utilização da matemática e da geometria, podemos ter uma ideia interessante de suas mentes. Podemos também notar, a partir do conhecimento por eles exibido e pela referência a outras fontes, o tempo válido mínimo entre os acontecimentos registrados e suas transcrições.

A proporção da circunferência de um círculo para seu diâmetro foi mostrada pela primeira vez com o uso do termo "pi" por William Jones, um escritor inglês, em 1706.

Pi = Circunferência / Diâmetro

Essa equação foi mostrada por Lindemann, em 1882, como sendo incapaz de ser solucionada como uma equação polinomial com coeficientes inteiros. Em outras palavras, a divisão dá-lhe um número infinito de dígitos depois do ponto decimal. O recorde mundial da memorização do "pi" é atribuído a Hideaki Tomoyori, do Japão, que em 17 horas de recitação em março de 1987, obteve 40 mil pontos decimais!

O Antigo Testamento, ao descrever a construção do Primeiro Templo em Jerusalém, refere-se a uma tigela com uma circunferência três vezes o tamanho de seu diâmetro:

De Volta ao Curso

Depois de minha suave digressão, posso agora voltar ao problema de quando Abraão pode ter visitado o Egito e o farei com uma abordagem inversa, por meio de um movimento "semeado"!

Ao presumirmos que os hebreus tenham chegado em Canaã por volta de 1180 a.C., eles teriam sido conduzidos para fora do Egito por volta de 1220 a.C. A Bíblia nos dá o tempo de estada dos hebreus no Egito como sendo de 440 anos, o que significa que Jacó e as 12 tribos chegaram no Egito em 1660 a.C. No entanto, essa foi a época dos hyksos, de caos e tumulto, o que é inconsistente com as boas condições descritas para o tempo de vida de José e um período pouco provável para que as tribos hebraicas tivessem vindo à procura de comida, sustento e abrigo. Além disso, como já vimos, nos antigos tratados da Bíblia havia uma tendência de que os autores exagerassem os números do decorrer dos anos.

Algumas autoridades falam do período de estada dos hebreus, desde Jacó até o Êxodo, como tendo sido de cerca de 300 anos, mas não há evidências históricas para isso. Existe na verdade uma falta impressionante de qualquer referência às tribos hebraicas ou aos escravos como um fator significante na consciência dos egípcios nesse período, principalmente na visão da afirmação bíblica de que totalizavam um número grande demais: 600 mil no tempo do Êxodo. Quanto mais longo presumimos que tenha sido o período de estada, mais estranho aceitarmos que não existiam registros egípcios acerca da existência ou atividades dos hebreus.

Não é estranho, portanto, supormos, conforme uma série de autoridades o fazem, que a moradia temporária dos hebreus no Egito pudesse ter sido um período relativamente curto — talvez 130 a 160 anos desde o tempo da mudança de Jacó para o Egito e o Êxodo.

I Reis 7:13-14, 23
"O rei Salomão mandou trazer de Tiro a Hirão. Era ele filho de uma viúva, da tribo de Naftali, e fora seu pai um homem de Tiro, que trabalhava em bronze; ele era cheio de sabedoria, de entendimento e de ciência para fazer toda sorte de obras de bronze. Este veio ter com o rei Salomão, e executou todas as suas obras. Fez também o mar de fundição; era redondo e media dez côvados de uma borda a outra, cinco côvados de altura e trinta de circunferência.
Essa é a clara afirmação de que os autores conheciam o "pi" igual a 3.
Os babilônios foram, de alguma forma, levados a calcular "pi" igual a 2,518. Os egípcios, porém, foram muito mais precisos com seu valor de 256/81 = 3,1605. O grego Arquimedes chegou a 22/7, que dá um total de 3,1428. Os chineses chegaram mais próximos do valor em 500 d.C., com sua proporção de 355/113, que resulta em 3,14159. Os antigos indianos usavam a raiz quadrada de 10, e chegaram próximo de 3,16."

Isso nos revelaria a data da chegada de Jacó no Egito, ocorrida entre 1350-1380 a.C.

Essa é também a data preferida para a "Descida até Egito" de Jacó dada pelo professor G. W. Anderson. Ele cria um caso bastante sólido para a mudança no Egito ter acontecido na primeira metade do século XIV, ou seja, 1350 a.C., "possivelmente durante o reinado do herege Ikhanaton".[151] Ele deduz referências a Hammurabi*, relacionadas ao Amraphel bíblico como sendo normalmente rejeitadas e também faz uma análise do Êxodo para confirmar esta data. A "Morada Temporária no Egito" dos hebreus não foi, ele defende, de 400 anos citados em Gênesis 15:13, ou de 430 anos de Êxodo 12:40, mas, na realidade, de cerca de 140 a 150 anos. Para o professor Anderson, os textos Mari e Nuzi da Mesopotâmia (veja anteriormente) nos dão um pano de fundo para o antigo tempo de caminhada dos hebreus 300 anos antes da descida, e isso explica a imprecisão de sua descrição — lembrando que os textos não foram escritos até provavelmente 200 ou 300 anos antes dos acontecimentos da descida.

Se agora extrapolamos nos tempos de Jacó a Abraão para completar nosso "movimento semeado", vemos que em termos reais e bíblicos um período de 150 anos não é algo estranho para o tempo de vida de três gerações sucessivas de vida longa. Entretanto, como vimos, as idades bíblicas nessa parte da Bíblia são problemáticas; é possível que o período do tempo real decorrido esteja aproximadamente correto, mas que as idades dos patriarcas individuais listadas não estejam, por terem sido estendidas no tempo passado com a intenção de atingir as lembranças ancestrais dos ascendentes de Abraão em Ur, talvez cerca de 200 anos antes de sua chegada ao Egito.

Tudo isso coloca a data da chegada de Abraão ao Egito como tendo sido por volta de 1500 a.C. Eu considero ter agora estabelecido um esquema de prováveis datas, consistente a um período aproximado de 30 anos daqueles mostrados por muitos egiptólogos confiáveis de hoje em dia e escritores do assunto (veja Tabela 3 no Capítulo 5 — Cronologia dos Faraós Egípcios e Prováveis Esquema de Datas dos Patriarcas Hebreus).

Eu consegui, agora, estabelecer o nome do faraó que Abraão conheceu. Não tenho dúvidas de que você já sabe de quem estou falando.

---

151. Anderson, *The History and Religion of Israel* [A História e a Religião de Israel].

* Um rei da Babilônia, que governou de 1728 a 1686 a.C.

CAPÍTULO VIII

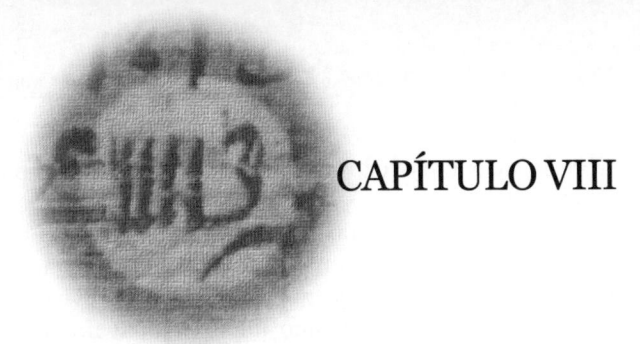

Abraão no Palácio do Faraó

Então, quem estava reinando no Egito quando Abraão chegou com Sara? O primeiro "sabor" de confronto que ele teve da cultura mais altamente desenvolvida em seu mundo contemporâneo provavelmente aconteceu por volta de 1520-1510 a.C., e o faraó que ele conheceu foi, eu acredito, Amenhotep I.

O ano é 1520 a.C. e os tempos não são nada fáceis. A seca devastou os tradicionais campos pastoris ao sul. A Bíblia registra que Abraão e seus seguidores entraram no Egito e, por ele temer que a beleza impressionante da esposa Sarai* pudesse ser uma ameaça a sua vida, Abraão finge que ela é sua irmã. Sua beleza, contudo, chama a atenção do faraó e ele a recebe em seu palácio.

Com base nisso, a história bíblica em Gênesis 12 e 13 é curiosa, e parece mostrar Abraão, no mínimo, explorando a delicadeza de Sarai — principalmente quando sabemos que Abraão deixa o Egito bem recompensado pelo galanteio do faraó com Sarai: "rico em gado, prata e ouro", e com uma criada chamada Hagar. É possível dar a Abraão o benefício da dúvida ao pensarmos que talvez esse tenha sido o único momento em que ele, aparentemente, "explora" Sara — mas isso não é verdade. Em Gênesis 20,

---

* A esposa de Abraão chama-se Sarai até deixarem o Egito, quando seu nome é trocado por Sara depois que Deus realiza uma Aliança com Abraão (Gênesis 17:15).

Abraão, mais uma vez, finge que Sara é sua irmã e parece vendê-la ao rei Abimelech.[152]

No entanto, quando coloco minha versão do resultado do encontro entre Abraão e o faraó, outra, mais plausível, razão para Abraão deixar o Egito carregando uma riqueza fica clara — absolvendo por completo Abraão e dá a Sara papel vital como uma personagem catalisadora na união de duas figuras poderosas da história.

Abraão Conhece o Faraó

Sarai é levada ao palácio real em Tebas a pedido de Amenhotep I membro de uma família de faraós do período do Novo Reino que, como mostrei, defendia posições um tanto diversas dos principais cultos de múltiplas divindades que geralmente prevaleciam. Nós já temos uma ideia a respeito do distinto monoteísmo que Amenhotep I pode ter sustentado e já analisamos seus sucessores familiares para vermos como cada um deles se aproximava cada vez mais de uma nova religião, que, finalmente, rendeu frutos durante o reinado de Amenhotep IV.

O encontro entre o faraó e Sarai, registrado na Bíblia, levanta uma possibilidade interessante. Não é inconcebível, para utilizarmos o trocadi-

---

152. **Gênesis 20:1-2, 14-16**
"Partiu Abraão dali para a terra do Negebe, e habitou entre   Cades e Sur; e peregrinou em Gerar. E havendo Abraão dito de Sara, sua mulher: 'É minha irmã'. Enviou Abimeleque, rei de Gerar, e tomou a Sara (...)
Então tomou Abimeleque ovelhas e bois, e servos e servas, e os deu a Abraão; e lhe restituiu Sara, sua mulher; e disse-lhe Abimeleque: 'Eis que a minha terra está diante de ti; habita onde bem te parecer'. E a Sara disse: 'Eis que tenho dado a teu irmão mil moedas de prata; isso te seja por véu dos olhos a todos os que estão contigo; e perante todos estás reabilitada'".
Outras falhas no caráter de Abraão são indicadas por diversos comentaristas, que sugerem que quando sua fé em Deus foi testada, ao ver se ele entregaria seu filho Isaque (seu bem mais precioso) a Deus, ele "falhou no teste". Falhou, porque agiu de modo cego na fé, sem questionar. Veja S. H. Bergman, *Faith and Reason* [Fé e Razão] (Israel: Universidade Hebraica, 1975); Jacqueline Tabick, *Sermon on "The Binding of Isaac"* [Sermão da "Entrega de Isaque"] (Londres: Sinagoga do Oeste de Londres, 1995).
Apesar de tudo, Abraão, em outra ocasião, demonstra uma lealdade física destemida a sua família ao vir ajudar seu sobrinho Lot quando ele está em dificuldades (Gênesis 14). Muito forte, ele é de alguma forma um "aventureiro mercante", que vive de sua inteligência, pronto a adaptar-se a novas situações e sair vencedor. É corajoso e determinado em face do perigo, não hesitando em vir para ajudar seus irmãos. Ele comanda uma força considerável de seguidores e proporciona bons recursos para sua família e servos leais.

lho, que Sarai tivera um filho de Amenhotep I e que os genes semitas entraram na linhagem da família Amenhotep. Certamente, existem registros do descendente de Amenhotep, Amenhotep IV, sendo ridicularizado por sua "aparência estrangeira", lábios grossos e características semitas (veja Placa 6).

Por intermédio de Sarai, Abraão conhece Amenhotep. Só podemos imaginar que esse é o resultado da união de duas massas críticas de intelectos representadas por Amenhotep I e Abraão. Que explosão nuclear de ideias deve ter resultado! Por um lado, Amenhotep I: um subproduto intelectual de 3.000 anos de iniciativas humanas prolíficas, destilado no tempo de duração de uma vida. Uma lei sobre ele mesmo, impossível de ser desafiada por outros mortais, cercada de luxo e com todas as armadilhas de poder. De outro lado, um aventureiro mercante perspicaz, cuja herança de viajantes ancestrais lhe deu uma percepção de algo mais abrangente do que a ideia de veneração de um só deus. Um chefe tribal de grande riqueza, e ainda assim, vivendo próximo às forças da natureza.

Possivelmente, a primeira impressão de Abraão foi de espanto e temor. Aqui estava um regente cujo poder sobre seus súditos era, em termos contemporâneos, quase inimaginável. O simples ato de tocar em um de seus instrumentos reais podia significar a morte sumária de milhares de pessoas. E, ainda assim, com a passagem de tempo, uma familiaridade temporária, baseada em uma curiosidade arrogante por parte de Amenhotep I, e um devaneio temeroso por parte de Abraão surgiram. E foi assim que um respeito e um reconhecimento lento e mútuo de cada um deles, apesar de diferentes interesses estarem envolvidos, começaram a se formar em direção à concretização religiosa.

Cada um deles tinha muito a oferecer ao outro. O jovem Abraão trouxe histórias de Gilgamesh da Mesopotâmia, da busca do rei Uruk pela vida eterna, de antigas inundações e sacerdotes nus levando ofertas a Inanna — deusa da fertilidade, uma cabra mágica. Para ele, Deus era uma realidade de simples natureza ordenada, que estava sempre com ele no deserto quando olhava para as estrelas ou em direção ao sol. Para Amenhotep havia um sonho de eliminar a multidão de complexos deuses que não parava de avançar e o palavreado ritual em uma nova moralidade, que esse semita viajante poderia consolidar para ele com seu jeito simples e direto de falar e pensar.[153]

Assim Abraão, sua família e seus servos deixaram o Egito carregados com presentes preciosos e muitos animais oferecidos por Amenhotep I, porque ele e o faraó haviam se tornado amigos e não necessariamente pelo fato de Sarai ter dormido com Amenhotep. Abraão também levou algo muito

---

153. Irving M. Zeitlin, *Ancient Judaism* [Judaísmo Antigo] (Cambridge: Polity Press, 1984); Abba Eban, *Heritage, Civilization and the Jews* [Herança, Civilização e os Judeus] (New York: Summit Books, 1984).

mais valioso do que objetos materiais — uma nova intensidade de compreensão em Deus, uma oração de súplica e um padrão de comportamento ritual para com o Todo-Poderoso. Ele deixou para trás um faraó inspirado, ainda mais disposto a colocar em prática o objetivo de purificar as crenças do país — se não durante o tempo de sua vida, a seus filhos.

O Entardecer do Egito

Comentaristas religiosos tradicionais, conforme indicado anteriormente, são reticentes a ponto do negativismo quando têm de admitir qualquer coisa de valor teológico vindo do Egito — ainda mais quando se trata de uma conceitualização e crença em um deus. Ao analisar a escrita do Antigo Testamento, a associação foi minimizada — em conformidade com o axioma inicial no Capítulo 4: de que inovações foram na realidade resultado de desenvolvimentos originais dentro da fé.

Há muitos escritores, como, por exemplo, Ernst Sellin[154] e Sigmund Freud[155] — todos de origem alemã, e escrevendo na primeira metade do século XX —, que observaram os muitos paralelos entre o Judaísmo e as ideologias egípcias. Esses autores costumam defender a ideia (como eu) de que encontros históricos anteriores são muito mais significativos para o desenvolvimento do Judaísmo do que é geralmente aceito.

Na minha opinião, o equilíbrio está, de forma convincente, contra a ideia convencional. Se o peso das evidências for colocado na "balança da verdade", fica claro que quando o "prato" da balança com mais de 1.500 anos de conhecimento fundamental da civilização mais avançada do mundo, concentrada na inteligência de Amenhotep I, estiver equilibrado contra o "prato" de um aventureiro mercador viajante, só pode haver um resultado. Como o dr. Bronowski nos lembra: "Tudo na vida nômade é imemorial (...) Não existe capacidade para inovações, para desenvolver um novo mecanismo, uma nova ideia — nem mesmo uma nova canção".[156] Que Abraão levou do Egito um monoteísmo definido é, de fato, indicado pela ordem da história de Abraão no Antigo Testamento. De forma significativa, a estada dele no Egito é contada como ocorrida no início do primeiro capítulo (em Gênesis 12) que descreve sua vida — quando ele ainda era relativamente jovem e, portanto, ainda mais impressionável. O único encontro anterior que teve com Deus acontece quando ele recebe instruções para deixar sua terra natal. É somente depois da partida de Abraão do Egito e de seu encontro com

---

154. Ernst Sellin, *Mose and Seine Bedeutung für die Israelitisch-Jüdische Religionsgeschichte* (Leipzig: A. Deichertsche Verlagsbuchhandlung, 1922).

155 Sigmund Freud, *Moses and Monotheism* [Moisés e o Monoteísmo] (Londres: The Hogarth Press, 1951).

156. Jacob Bronowski, *The Ascent of Man* [A Ascensão do Homem] (Boston: Little Brown, 1974).

Amenhotep I que temos relatos mais detalhados de um envolvimento bipartidário com Deus, a promessa de uma terra natal, uma aliança definida com Deus e a possibilidade de um futuro retorno de seus descendentes para o Egito. Na primeira vez que Abraão se encontra com Deus (Gênesis 18:2, 6), Deus aparece na forma de três homens — a típica formulação tríade de Deus existente no Egito naquela época (veja Glossário — Tríade).

Também de relevância considerável nesses encontros pós-faraó é a história de Abraão e Melquisedeque*, o rei de Salém. Em Gênesis 14, vemos Abraão demonstrando coragem como chefe guerreiro e lealdade para com a família. Seu sobrinho Lot foi capturado por um grupo de cinco reis guerrilheiros comandados por Quedorlaomer, que derrubou quatro reis chefiados pelos reis de Sodoma e Gomorra. Abraão recruta ajuda de tribos amistosas de Manre, os amorreus, e seus irmãos Escol e Aner. Com 318 de seus seguidores eles perseguem o inimigo até Hobá, próximo a Damasco, matam Quedorlaomer e conseguem resgatar Lot, sua família, seus bens e os outros presos.

O rei de Sodoma fica tão satisfeito que vai ao encontro dos guerreiros para recebê-los e, com Melquisedeque, saúda Abraão. Essa última passagem é especialmente intrigante. Nessa época, grande parte de Canaã estava sob o controle do Egito. Salém, que é identificada com Jerusalém, teria sido um centro administrativo importante e seu regente, "Melquisedeque" (cujo nome indica uma combinação do rei e do sumo sacerdote), não teria sido indicado caso ele não tivesse sido partidário das crenças pessoais de Amenhotep. Essa conclusão é ainda confirmada pela saudação que Melquisedeque faz a Abraão:

> Ora, Melquisedeque, rei de Salém, trouxe pão e vinho; pois era sacerdote do *Deus Altíssimo*. Ele o abençoou, dizendo, "Bendito seja Abrão pelo *Deus Altíssimo*, Criador do céu e da terra. E bendito seja o *Deus Altíssimo*, que entregou os teus inimigos nas tuas mãos". E [Abrão] deu-lhe o dízimo de tudo.

> Então o rei de Sodoma disse a Abrão, "Dá-me as pessoas, e os bens toma-os para ti". Mas Abrão respondeu ao rei de Sodoma, "Levanto minha mão ao Senhor, o Deus Altíssimo, Criador do céu e da terra: jurando que não tomarei coisa alguma de tudo que é teu, nem um fio, nem uma correia de sapato, para que não digas, 'Eu enriqueci a Abrão'. Salvo tão somente o que os mancebos comeram, e a parte que toca os homens — Aner, Escol e Manre — que foram comigo; que estes tomem sua parte."

> Gênesis 14:18-24 (grifos meus)

---

* N. E.: Sugerimos a leitura de *Melquisedeque ou a Tradição Primordial*, de Jean Tourniac, Madras Editora.

Não importa como as palavras hebraicas *El Elyon* ("Deus Altíssimo") são traduzidas, tanto Abraão quanto Melquisedeque usam exatamente a mesma frase quando se referem a Deus. Para estudiosos religiosos, a dualidade de expressão usada por um "hebraico bíblico" tão importante e um rei aparentemente pagão tem sido difícil de ser digerida. Inúmeras explicações foram propostas, mas todas elas deixam uma influência oculta de impossibilidade. Se a base religiosa dos dois personagens-chave nesse cenário for, de acordo com minha avaliação, a mesma, então, a pergunta é facilmente respondida.

A fraseologia de Abraão e Melquisedeque é, na verdade, típica daquela usada no Egito para a Divindade Suprema. Além disso, Abraão prontamente abre mão de 10% de seu espólio (um dízimo) — um costume comum no Egito —, uma forma de reconhecimento de sua obrigação para com o rei-sacerdote.* A única conclusão lógica é que, como se referiam ao mesmo Deus, ambos acreditavam no mesmo Deus. Obviamente, Melquisedeque, um rei vassalo nomeado pelo Egito, tivera ciência do relacionamento de Abraão com o faraó que o considerava leal ao Egito.

Análises do Antigo Testamento confirmam que os patriarcas não conheciam Deus pelo nome ou características que foram posteriormente reveladas a Moisés.[157]

Portanto, Abraão, ou Abrão como ele nesse estágio é citado no Antigo Testamento (assim como Sara, Abraão é referido no Antigo Testamento como Abrão, antes de Deus fazer a Aliança com ele e seus descendentes),[158] viajou do Egito com sua família, servos, criados e animais, voltando

---

* Um costume em uso no Egito muito tempo antes de o Primeiro Templo em Jerusalém ser construído.

157. Zeitlin, *Ancient Judaism* [Judaísmo Antigo].

158. Após deixar o Egito, a Bíblia relata que, durante a maior parte de sua vida, Abraão não tinha um herdeiro do sexo masculino. Sua esposa Sara questionou a própria posição permitindo que sua criada Hagar desse à luz o primeiro filho de Abraão, Isamel. A confiança de Sara no Todo-Poderoso é recompensada pelo nascimento milagroso de um filho, Isaque, quando ela tem 90 anos de idade. A própria fé de Abraão em um Deus onipotente é colocada à prova final quando Deus exige dele o sacrifício de seu amado filho Isaque. A história tem todos os elementos de um verdadeiro drama — amor, angústia, decepção, um nascimento milagroso, suspense, um ato supremo de fé em um Deus Todo-Poderoso por meio de um sacrifício com a tensão aumentada de um adiamento de última hora.

Apesar de uma tremenda luta interna, a fé de Abraão é forte o suficiente para que ele, aparentemente, esteja preparado para cumprir a exigência de Deus e matar seu próprio filho. No último minuto, quando a mão de Abraão está levantada para esfaquear seu filho até a morte, Deus intervém e manda Abraão parar, feliz pela fé segura do homem, e um cordeiro é substituído como forma de sacrifício.

Essa história, e sua demonstração de "um ato supremo de fé", é a base da magia que provocou a evolução não somente da religião judaica, mas do Cristianismo

para a terra de Canaã — a terra designada para ele em uma visão de Deus. Ele entrou no Egito com uma vela oscilante do monoteísmo e chegou naquele deserto frio durante a noite com uma tocha brilhante, iluminada por um faraó cheio de inspiração.

Depois da história do encontro de Abraão com Amenhotep I, vemos, posteriormente, que deixa o Egito com muito ouro e prata, mas para onde foi todo esse tesouro não temos como saber. Certamente não foi parar nas mãos do neto Jacó, visto que ele foi um homem praticamente sem recursos e teve de trabalhar como um escravo para seu tio durante 14 anos para ganhar o sustento de sua vida.

Não existe uma possível ligação com os tesouros do Pergaminho de Cobre. A pista, pelo que sabemos da história de Abraão, não é reveladora o suficiente.

No entanto, há ainda outros dois candidatos bíblicos, que tinham muito mais riquezas à sua disposição do que Abraão — José e Moisés —, e a vida desses dois personagens sempre esteve intimamente ligada ao Egito. José é o seguinte em minha lista de investigação, embora eu vá, primeiro, apresentar o faraó que, acredito, teve uma influência importante em todas as futuras ligações entre os hebreus e os egípcios.

— ao ver Abraão como o ancestral espiritual de Cristo — e do Islã — ao ver Ismael como a semente das nações árabes com Ibraim (Abraão) como o verdadeiro ancestral da fé dos muçulmanos.

CAPÍTULO IX

O Faraó Akhenaton —
O Rei que Descobriu Deus

Ao mesmo tempo que o poder, a riqueza e as terras dos sacerdotes de Amun ficavam ainda maiores durante a Décima Oitava Dinastia, aumentava também o desafio à autoridade faraônica. A escolha de Amenhotep III de uma estrangeira para ser sua segunda esposa, a princesa Gilukhepa de Mitanni, não foi uma forma garantida de ganhar a aprovação de seu povo. Quando Amenhotep IV assumiu o poder em 1349 a.C., sua resposta à ameaça foi tanto dramática quanto drástica. Enquanto ainda no controle do exército e do serviço civil, a herança de Amenhotep de um "monoteísmo secreto" seria agora sua ferramenta para neutralizar o poder dos sacerdotes cultos. A tocha que Amenhotep I acendera, 175 anos antes, agora reluzia com uma chama intensa, que brilharia ao longo de toda a história.

O novo faraó começou sistematicamente a destruir os cultos e substituir os deuses de Tebas por um deus conhecido como "Aton"*, simbolizado por um disco solar. Foi Amenhotep IV o iconoclasta, o destruidor de ídolos[159] (veja Figura 5).

---

* N.E.: Leia mais sobre o assunto em *Moisés e Akhenaton – A História Secreta do Egito no Tempo do Êxodo,* de Ahmed Osman, Madras Editora.
159. Cyril Aldred, *Akhenaton King of Egypt* [Akhenaton Rei do Egito] (London: Thames & Hudson, 1988); e Cyril Aldred, *Akhenaton and Nefertiti* [Akhenaton e Nefertiti] (Nova York: Museu do Brooklyn, 1973); Francis Fèvre, *Akhenaton et Néfertiti* (Paris: Edições Hazan, 1998).

Tenha ele concebido a ideia de substituir todos os outros deuses por um único deus, sem quaisquer imagens a ele associadas, é difícil ser determinado. Talvez ele tenha feito isso, mas percebeu que as mentes de seus súditos não seriam capazes de se adaptar à completa perda de seus ídolos nativos, bem como aceitar um único deus espiritual que não precisava de referências mentais de uma representação visual.

Fica claro, a partir de inscrições que temos de El-Amarna, que Amenhotep IV imaginava um deus "inimaginável". Na representação de Deus como o sol, ele não contemplava o disco solar de "Aton" como uma imagem ou um ídolo que podia ser adorado por si só. O desenho de dedos estendidos como os raios do sol era indicativo de que ele era meramente um guia de um Ser Supremo ainda maior que poderia ser admirado em toda a parte.

Figura 5: Akhenaton e sua esposa Nefertiti trazendo ofertas a "Aton". A rainha parece ter posição social igual a de adoração ao rei. A partir de uma inscrição encontrada na entrada da Tumba de Apy, em El-Amarna.

Amenhotep também não se via como "Aton", como era comum entre os faraós anteriores em relação a seus deuses. "Você é meu coração", diz o rei. "Não há outra pessoa que o conheça, com exceção de seu filho, Neferkhepure Waenre,* pois o deixou ciente de seus planos e de sua força."[160]

Aos poucos, dando continuidade ao processo de seu pai, Amenhotep IV colocou discípulos da nova religião em posições-chave no exército, na administração e em quaisquer outros lugares onde o patronato real existia. Ele, com audácia, estendeu a adoração para toda a população, sendo que, anteriormente, somente os sacerdotes tinham acesso particular aos principais deuses. Essa liberdade não comum de veneração, a falta constante de uma bagagem ritual e mitológica e a promessa de igualdade para todos os homens, possível de ser obtida por meio do Rei dos Céus e do Rei da Terra, tornaram a nova religião extremamente atrativa às pessoas comuns. Templos a Aton foram construídos em todas as partes do Egito, bem como métodos de persuasão e exemplo que passaram a ser usados com o intuito de afastar adoradores dos deuses dos antigos cultos.

Para os sacerdotes de Tebas e Memphis, eles não apenas enxergavam coisas "escritas nos muros", podiam, literalmente, ver as "escritas sendo arrancadas dos muros" quando administradores de Amenhotep começaram a quebrar as estátuas de seus deuses por toda a parte. Os sacerdotes lutaram contra suas ações, resistindo como podiam e não totalmente sem sucesso. Crenças e tradições antigas sustentadas por milhares de anos não tinham como ser erradicadas da noite para o dia.

Amenhotep decidiu mudar sua capital do norte de Tebas para um lugar coberto de verde e construir um templo suntuoso em homenagem a Aton. O local por ele escolhido foi chamado de "Akhetaton" — "o Horizonte de Aton", em uma região às margens do rio Nilo, agora conhecido como El-Amarna. Ao mesmo tempo o faraó incorporou em seu nome o título "Akhenaton" — "aquele que serve em nome de Aton", desassociando seu nome de Amun, o deus preeminente de Tebas, e punindo quaisquer ligações com as divindades tradicionais.

A mudança para Akhetaton não foi algo apenas simbólico, ela eliminava a base de poder do governo egípcio e do comando militar de um costume em que três principais deuses — Amun, Mut e Khons — eram adorados, com suas associações poderosas de sacerdócios e seguidores. De Akhetaton, sua nova "Cidade Santa", o faraó começou a retirar as imagens dos outros deuses em todo o Egito (conforme evidenciado por

---

* Neferkhepure Waenre era o nome de trono de Amenhotep IV.
160. James Henry Breasted, *Ancient Records of Egypt* [Registros Antigos do Egito] (New York: Russell & Russell, 1906).

meio de pesquisas arqueológicas), forçando um completo desprendimento de uma adoração de múltiplas divindades.

Ao destruir com vigor todas as menções anteriores de uma pluralidade de deuses, Akhenaton reverteu muitas das principais características das religiões passadas e instituiu seus próprios e novos ensinamentos:

1. Somente um deus Pode ser Adorado

A veneração de Amon-Ra e de todos os deuses comuns estava proibida. Akhenaton começou a retirar as inscrições de deuses e a fechar seus templos.

> Oh, Vós que sois o único Deus!
> Não há outro Deus além de Vós.[161]

2. Imagens Esculpidas Foram Banidas

> O verdadeiro Deus, disse o Rei, não possui forma;
> e ele defendeu essa opinião por toda sua vida.[162]

Nenhuma representação pessoal de Aton jamais chegou a ser encontrada do período Amarna.

3. O Culto de Reverência à Morte e a Ideia da Imortalidade Foram Abandonados por Completo

Nenhuma cultura jamais chegou a ter tamanha obsessão pela morte e provisões para a imortalidade do que a dos egípcios. Akhenaton proibiu inscrições ou hinos em tumbas e não fez nenhuma menção à imortalidade.

> Osíris [o deus da morte] é totalmente ignorado. Ele não é mencionado em nenhum registro de Ikhnaton [Akhenaton] ou em qualquer uma das tumbas de Amarna.[163]

Nas tumbas de El-Amarna não existem gravuras que mostram os mortos ou as figuras comuns de Osíris para a proteção dos mortos. As cenas são de figuras delicadas dominadas por ilustrações de Akhenaton, que é a "ligação" humana da salvação de "Aton".

4. O Sacrifício Ritual de Animais não Era Praticado

Akhenaton considerava pecaminoso derramar sangue ou tirar a vida dada por Aton.

---

161. James Henry Breasted, *A History of Egypt from the Earliest Times to the Persian Conquest* [Uma História do Egito dos Tempos mais Antigos até a Conquista Persa] (London: Hodder & Stoughton, 1906.)
162. Arthur Weigall, *The Life and Times of Akhenaton* [A Vida e os Tempos de Akhenaton] London: Thornton Butterworth Days, 1923).
163. James Henry Breasted, *The Dawn of Conscience* [O Despertar da Consciência] (London: Prentice Hall, 1976).

Nenhuma forma de sacrifício era oferecida em seu templo; somente os frutos da terra eram colocados sobre seu altar.[164]

5. Universalidade de adoração

Akhenaton abriu o direito da adoração religiosa da Divindade Suprema às pessoas comuns em vez de torná-la um privilégio de poucos. Ele pregava o evangelho de igualdade e irmandade universal.[165]

Escavações arqueológicas dos restos do gigantesco Templo de "Aton" em El-Amarna mostram que as dependências de seus pátios eram bem colocadas com altares ao ar livre para adorações de cidadãos comuns, em um contraste marcante às câmaras secretas e fechadas dos cultos de outros templos egípcios. Quadros da vida diária de Akhenaton estão preservados em toda sua beleza nas paredes reconstruídas de um templo a Akhenaton em Tebas, no Museu Luxor. Ali, banhados com um raio de luz do sol, vemos os sacerdotes de Aton e o faraó em atos de adoração no templo, enquanto nos arredores da cidade os cidadãos iniciam suas atividades diárias — a coleta de grãos dos depósitos, trabalho com metais, madeira, fermentação, fornada de pães e limpeza.

6. Enterros sem Bens Pessoais

Nenhuma manifestação de vida diária voltada para o acúmulo de riquezas, como, por exemplo, estátuas de servos ou posses cheias de ostentação, são evidentes nas tumbas em El-Amarna. Paredes passam a ficar desprovidas de esculturas, com exceção de orações e desenhos de Aton sendo adorado ou de representações da família real.[166]

7. Magia e Mitos Confinados à Arca

Akhenaton lançou todas essas fórmulas ao fogo. Seres, espectros, espíritos, monstros, semideuses e o próprio Osíris, com toda sua corte, foram arrastados para o fogo e reduzidos a cinzas.[167]

---

164. Donald A. Mackenzie, *Egyptian Myth and Legend* [Mito e Lenda Egípcios] (London: The Gresham Publishing Co., 1913).
165. Ibid.
166. N de G. Davies, *The Rock Tombs of El Amarna [I-VI]* [As Tumbas de Pedra de El-Amarna [I-VI]] (Londres: Fundo de Exploração Egípcio, 1905).
167. Weigall, *The Life and Times of Akhenaton* [A Vida e os Tempos de Akhenaton].

8. Monogamia

A monogamia foi demonstrada pelo exemplo de sua própria vida. Akhenaton permaneceu fiel e apaixonado pela esposa Nefertiti durante sua vida. Ela lhe deu seis filhas; e, apesar da pressão de conceber um filho, ele continuou leal a ela. Parece que Akhenaton não teve amante.*

Interpretações dos Atos de Akhenaton

O relacionamento entre Deus e o regente, como pudemos ver, fora submetido a mudanças sutis que, em termos matemáticos, classificaríamos como "diferenciais", com o passar dos milênios, culminando na filosofia de Akhenaton. Hoje vemos o sentimento "do faraó que é útil a [Deus], e útil a Ele",[168] e inscrito em uma pedra memorial no Templo a Ptah, em Karnak:

> Ele tem realizado grandes vitórias de minha majestade por sobre [aqueles dos] outros reis que vieram antes dele. Minha majestade ordenou que seu altar fosse abastecido com tudo que existisse de bom.[169]

O faraó, em vez de ser uma representação contemporânea ou um ser encarnado, agora expressa alegria e gratidão a Deus e oferece sacrifícios em sua homenagem, e não como forma de conciliação.

Eu acredito que nesse ponto da história existiu uma verdadeira mudança sobre o mais antigo tipo de "culto" religioso, em que práticas rituais e feitiços mágicos são realizados para obter aquilo que se deseja, e que, se não dão resultados, veem-se diante de tristezas e até mesmo ameaças.[170] A necessidade de sacrifícios, como uma forma de conciliação, também pode ser vista enfraquecendo. Ao voltarmos no tempo, vemos que os antecedentes dessa mudança essencial nas atitudes podem ser claramente detectados.

Nas *Instruções* dos sacrifícios e veneração na Décima Dinastia, o rei Merikare (*c.* 2000 a.C.) recebe a seguinte informação:

> Mais aceitável a Deus é a virtude daquele que é puro de coração do que a do boi [do sacrifício] que causa iniquidade.[171]

---

* Há evidências de que Akhenaton teve uma segunda esposa diplomática, Kiya, mas ela parece não representar importância alguma em sua família ou vida religiosa.
168. M. Samuel, *Texts From the Time of Akhenaton* [Textos da Época de Akhenaton] (Bruxelas: Biblioteca Aegyptiaca, 1938).
169. James Henry Breasted, *Ancient Records of Egypt II* [Registros Antigos do Egito II] (New York: Russell & Russell, 1906).
170. Siegfried Morenz, *Egyptian Religion* [Religião Egípcia] (Ithica, N.Y.: Cornell University Press, 1994).
171. A. Volten, *Zwei Altagyptische Politische Shriften* (Copenhague, 1945).

Vemos que essa doutrina religiosa fundamental ecoou no Antigo Testamento em Oséias 6:6:

Pois misericórdia quero, e não sacrifícios; e o conhecimento de Deus mais do que os holocaustos.

A força do propósito de Akhenaton em resistir ao sacrifício ritual de animais, contra um costume da sociedade cultural relativamente primitiva e violenta, marca-o como um dos maiores humanitários da história. A sociedade hebraica levou ainda mais 1.400 anos — e mesmo assim somente por meio de *force majeure*, com a destruição do Segundo Templo em 70 d.C. — para abandonar o sacrifício animal. Mesmo seguindo os padrões atuais, vemos que Akhenaton estava 3.300 anos à frente de seu tempo, visto que os sacrifícios de animais continuam a existir em certas partes do mundo.

Contudo, Akhenaton é quase sempre rotulado de "herege" e não é visto como um adorador do sol, especialmente por escritores religiosos tanto judeus como cristãos. Essa é uma interpretação muito malfeita de suas crenças espirituais tão profundas. "Aton" é, na verdade, representado de forma figurativa pelo sol, com mãos estendidas distribuindo poder de vida e bondade ao mundo. Mas as orações e os textos de Akhenaton, dos quais temos inúmeros exemplos, deixam claro que o Deus no qual ele acreditava não era o sol, mas uma Força Suprema incognoscível que tinha poder sobre tudo no Universo.[172]

Alguns estudiosos modernos, descritos de forma eloquente por Cyril Aldred, que escreveu o clássico *Akhenaton King of Egypt* (Akhenaton Rei do Egito), tentaram e, podemos notar por diversas fontes, tiveram sucesso em submergir a reputação de Akhenaton em um oceano de assassinatos. Seu pacifismo e internacionalismo foram atacados; suas características, ridicularizadas; suas inovações sociais e políticas negadas; e até mesmo a relação com suas filhas, postulada como incestuosa. Sempre que escritores religiosos mencionam Akhenaton, algo geralmente muito raro, ele é sempre rotulado como "herege", com todos os reflexos que essa palavra é capaz de implicar.

Antigos egiptólogos defenderam, porém, uma ideia diferente. W. M. Flinders Petrie, um dos mais importantes arqueólogos do século XIX, foi bastante poético em sua visão de Akhenaton como filósofo, moralista,

---

172. De certo modo, sua escolha do sol como um representante do poder infinito foi mais adequada do que qualquer outra que ele poderia ter concebido, e ele estava 5 bilhões de anos correto. Hoje sabemos que, sem o sol, a terra e todos os planetas em nosso sistema solar não existiriam — mas em cerca de 5 bilhões de anos, o próprio sol morrerá e com ele todos os nossos planetas. "Tempestade do Sol", *Equinox*, Canal 4, 25 de agosto de 1998.

reformador religioso, inovador e idealista. Suas ideias foram especialmente influentes no trabalho de James Henry Breasted, professor de Egiptologia e História Oriental na Universidade de Chicago. Breasted era um homem fascinante em seu trabalho particular e foi descrito como a "ponte americana entre o mundo antigo da sabedoria interna e o mundo moderno das escavações"[173] (veja o Glossário para mais informações a respeito do professor Breasted). Ao realizar um estudo detalhado dos hinos e poemas compostos a Aton, provavelmente sendo parte deles do próprio Akhenaton, Breasted escreveu:

> (...) ali morreu com ele um grande espírito jamais visto no mundo todo — uma alma corajosa que com determinação enfrentou o momento da tradição imemorial e, por isso, deixando de fazer parte da longa linhagem de faraós convencionais e sem vida, e foi capaz de disseminar ideias muito além e acima da capacidade para que seu tempo pudesse compreender (...) [174]

Akhenaton deu o passo revolucionário que outros regentes imaginaram e possivelmente contemplaram, mas que não ousaram arriscar. Para citarmos Cyril Aldred, mantenedor de Arqueologia no Museu Real Escocês em Edimburgo:

> Em suma, sua [de Akhenaton] doutrina rejeitava o conceito universal de idolatria. Ele pregava que as imagens esculpidas nas quais os deuses egípcios se revelavam haviam sido inventadas pelos homens e criadas pela habilidade de artesãos. Ele proclamava um novo Deus, único, misterioso, cujas formas não podiam ser conhecidas e que não eram possíveis de ser reproduzidas por mãos humanas.[175]

O que Akhenaton tentou fazer foi algo inacreditavelmente corajoso. Ele quis fazer retroceder, em um período de apenas 17 anos, a maré de milhares de anos de história e, em seu objetivo de mexer nos costumes da sociedade egípcia após sua morte, ele fracassou. Alguns historiadores ainda defendem que a religião de Akhenaton foi causadora de pequenas consequências na história geral, por se tratar de algo "efêmero". Julgarmos o impacto de sua sobrevivência somente no Egito seria o mesmo que ignorar por completo sua importância. Em sua forma mais pura, tudo pode ter desaparecido muito rapidamente nos costumes naturais do Egito, mas suas principais ideias, enfatizadas pela sabedoria progressiva de dinastias passa-

---

173. "Na Manhã do Homem", *The Times Literary Supplement*, 29 de novembro de 1947.
174. Breasted, *A History of Egypt from the Earliest Times to the Persian Conquest* [Uma História do Egito dos Tempos mais Antigos até a Conquista Persa].
175. Aldred, *Akhenaton King of Egypt* [Akhenaton Rei do Egito].

das, sobreviveram e foram muito mais efêmeras para os judeus ou, posteriormente, para o restante das principais religiões do mundo.

Conforme citado por N. de G. Davies, um dos mais importantes arqueólogos da cidade capital de Akhenaton:

> É impressionante que Akhenaton não tenha sido capaz apenas de obter o monoteísmo, mas colocar em prática a adoração em um nível que não exigia um símbolo mais próximo ou qualquer outra personificação externa além do misterioso e intangível sol nos céus, que para os antigos estava longe de ser, como o é para nós, obviamente um corpo material, explicado, analisado e determinado.[176]

Eu acredito que o legado de Akhenaton do monoteísmo teve uma influência muito mais profunda sobre os hebreus do que fora previamente imaginada e admitida.

Ligações com o Judaísmo

É importante observamos que os dogmas fundamentais do Judaísmo são idênticos aos do akhenatismo, a saber:

a) adoração de um só deus;

b) proibição de imagens esculpidas e rejeição de toda forma de idolatria;

c) abandono da veneração da morte e ideias de possível ressurreição física;

d) enterros sem o acompanhamento de bens materiais ou ornamentos de proteção;

e) abandono de sacrifícios (holocaustos);

f) universalidade de adoração — não privilégio de apenas alguns poucos;

g) monogamia;

h) rejeição de magia, feitiçaria e encantos;[177]

i) adoração centralizada em um templo.

Todos esses princípios, com exceção da letra (i), foram também denúncias completas de práticas religiosas egípcias tradicionais, com ênfase na total imiscibilidade da nova religião de Akhenaton com a antiga.

---

176. N. de G. Davies, *The Rock Tombs of El Amarna — Part I* [As Tumbas de Pedra de El-Amarna — Parte I] (Londres: Fundo de Exploração do Egito, 1903).

177. Uma série de dogmas foi, posteriormente, "enfraquecida" a um grau maior ou menor, por meio das influências de práticas egípcias tradicionais e locais.

As nove principais características do monoteísmo de Akhenaton, listadas anteriormente, seguem com atenção os preceitos fundamentais da fé judaica como é praticada nos dias de hoje.[178]

A antiga religião israelita abandonou por completo ideias de imortalidade, e a existência após a morte jamais foi mencionada. O Pentateuco não faz menção de qualquer tipo de mundo isolado ou pós-vida e não tem uma terminologia para tal estado.[179] A ideia de uma "vida futura" foi um conceito originado muito tempo depois, introduzido por profetas como Isaías, Daniel e Ezequiel. Foi provavelmente desenvolvido como uma exigência de envolver o julgamento de Deus e para explicar como os pecadores nesta vida receberiam suas penalidades justas em uma próxima vida, e por que a recompensa das pessoas fervorosas nem sempre é recebida nesta vida. Quando essa "ideia" foi reaceita, ela também permitiu a chegada de ideias de um pós-vida egípcio anterior e posterior a Akhenaton.

Quando Akhenaton acabou com a adoração dos mortos, o culto de Osíris, encantamentos e provisões fúnebres para os mortos, a implicação foi a de que não poderia existir um pós-vida corpóreo. Havia, contudo, o conceito de uma alma imortal remível, que teria continuidade no caso de a pessoa falecida ter levado uma vida suficientemente pura.

Com o passar dos séculos, a principal forma do Judaísmo em sua nova terra natal deixou de estar apoiada por essas crenças originais e, após a destruição do Primeiro Templo, as convicções enfraquecidas dos sacerdotes aceleraram seu naufrágio. As antigas ideias egípcias acerca da morte, estranhas no período de Akhenaton, aos poucos voltaram a surgir — amuletos, magias contra o mal, superstições e a Cabala.

O uso de amuletos e peças decorativas para espantar o mau-olhado pode seguramente estar ligado pelo menos com o século XVII a.C., quando o exemplo mais antigo de gravação religiosa em metal no reino israelita foi criado. Em 1980, durante a escavação de um cemitério da Era do Ferro em Ketef Hinnom, nos arredores de Jerusalém, duas placas de prata pequenas, medindo 27,5 milímetros por 11,5 milímetros, foram encontradas ao redor dos pescoços de duas crianças, que podemos ter quase certeza absoluta de terem sido usadas como amuletos de proteção para a jornada sombria à sua frente.[180] Os amuletos trazem o texto bíblico mais antigo conhecido e estão agora no Museu de Israel, em Jerusalém. Sua inscrição diz:

---

178. Adoração em um templo não foi possível desde a destruição do Segundo Templo em Jerusalém em 70 d.C., e não existe previsão de um novo templo ser construído no antigo local, por hoje estar ocupado pela Cúpula de Pedra Muçulmana.
179. Crença no mundo futuro tornou-se proeminente no Judaísmo pós-bíblico. O inferno era citado como "Gehonnim", depois do vale de Hinnom, no sudoeste de Jerusalém, um lugar de sacrifício dos pagãos.
180. Kathleen M. Kenyon, *The Bible and Recent Archaeology* [A Bíblia e a Arqueologia Atual] (London: British Museum Publications, 1987); Amnon Ben-Tor, *The Archaeology of Ancient Israel* [A Arqueologia da Antiga Israel] (Tel-Aviv: The Open University Israel, 1992).

Que o Senhor te abençoe, e te proteja:
Que o Senhor faça sua face brilhar sobre ti, e que tenha misericórdia de ti:
Que o Senhor erga seu semblante em tua direção, e te dê paz.

As palavras são também vistas no Livro dos Números, 6:24-26, registrando a Bênção Eclesiástica usada até os dias de hoje pelos rabinos e sacerdotes da mesma forma e, originalmente, criada no templo pelo sumo sacerdote enquanto ele levantava as duas mãos para o céu com os dedos em uma posição especial.*

A alusão a um sol que ilumina a face do adorador é central durante a bênção, e nos faz lembrar do tema usado por Akhenaton. Possivelmente ele também era visto orando e realizando a mesma bênção. Os três temas por meio dos quais o Deus de Akhenaton se comunicava com suas criaturas estão intimamente relacionados, em número e sentido, com a Bênção Eclesiástica dos hebreus. Eles eram dispostos da seguinte maneira:

- os Raios (*setut*) que nos dão saúde e que dão força a tudo que é criado;
- a Beleza (*neferu*) da luz proporcionando o poder de ver e desfrutar a vida;
- o Amor (*merut*) do calor que nos dá qualidades benéficas de bem-estar.[181]

As repercussões da "nova filosofia" de Akhenaton não iriam apenas atingir temporariamente os hebreus contemporâneos que passaram a ter contato com ela. Os efeitos foram progressivos.

Muitos dos ensinamentos e ideias de Akhenaton podem ser identificados no Antigo Testamento e nas crenças e práticas judaicas e, não com a mesma intensidade, nas religiões cristã, muçulmana e outras do mundo. Há uma ligação de linhagem cronológica que une as três grandes religiões mundiais. As duas famosas "religiões filhas" do Judaísmo acreditam nos pontos básicos do Antigo Testamento. O Antigo Testamento também influenciou o Novo Testamento e o Corão, e, por sua vez, o Corão também foi influenciado pelo Novo Testamento.

Mostrei até aqui como Abraão e sua família tiveram seu primeiro contato com os faraós Amenhotep, mas que não havia pistas com relação aos tesouros do Pergaminho de Cobre. O próximo candidato a ser considerado é José, um personagem muito mais promissor pelo fato de ter acumulado vasta riqueza e poder no Egito.

---

* O quinto e quarto dedos juntos, separados do terceiro e do segundo dedos (também juntos) e separados do polegar, uma posição desde então copiada por Mr. Spock na série *Star Trek* (Jornada nas Estrelas)!

181. N. de G. Davies, *The Rock Tombs — Part I* [As Tumbas de Pedra — Parte I].

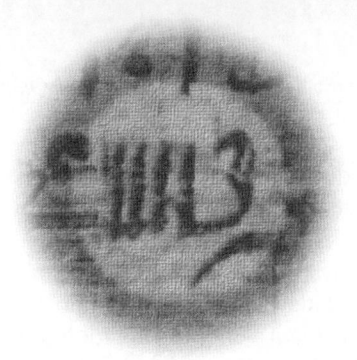

CAPÍTULO X

José — O Profeta do Destino

Quando deixamos Abraão e seu séquito, ele estava viajando para o norte deixando o Egito em direção a Canaã. Inicialmente, montou acampamento entre Betel e Hai, em breve se mudando para a planície de Manre, próximo à atual Hebrom.

Antes de Abraão morrer, seu filho Isaque casou-se com Rebeca, que lhe deu filhos gêmeos — Esaú e Jacó. Quando chegou o momento da morte de Isaque ele foi enganado e acabaram convencendo-o de dar sua bênção a Jacó, e não para seu filho primogênito. Naturalmente Esaú não ficou satisfeito e ameaçou matar seu irmão, que fugiu para Haran na Mesopotâmia (atual Síria). Lá, Jacó trabalhou muito e casou-se com duas filhas de Labão, seu tio, Léia e Raquel. Jacó teve 12 filhos, incluindo José, e uma filha.

Quanto mais Jacó prosperava, mais os filhos de Labão sentiam inveja dele. Ao sentir a presença do perigo, Jacó decidiu fugir com sua família para Canaã. Nesse momento da história, vemos uma passagem interessante em Gênesis, ilustrando quão frágil era o domínio do monoteísmo do patriarca, e como foi fraca sua atitude, mesmo junto de sua própria família, com relação à posse de ídolos.

> Então Labão [depois de tê-lo alcançado] disse a Jacó (...) "(...) mas o Deus de teu pai falou-me ontem à noite (...) E agora que quiseste ir embora, porquanto tinhas saudades da casa de teu pai, mas por que furtaste os meus deuses?"(...) Ora Raquel havia tomado os ídolos e os havia metido na albarda do camelo, e se assentara em cima deles.
>
> Gênesis 31:26, 29-30, 34

Apesar de em cada uma das histórias bíblicas dos descendentes de Abraão — Isaque e Jacó — haver uma renovação da aliança de Deus, nenhum dos patriarcas demonstra qualquer tipo de fervor missionário com relação aos outros, ou até mesmo para com sua própria família. Jacó passou 20 anos na propriedade de Labão, mas não fora capaz de converter esse homem que continuava a venerar seus ídolos. Mesmo dentro da própria família de Jacó, Raquel venera seus ídolos e leva os deuses de Labão quando chega o momento de sua partida.

A conclusão só pode ser que a forma de monoteísmo que os patriarcas seguiam ainda não conseguira florescer a partir da coaceitação de idolatria, e que influências de antigos cultos, bem como de cidades vizinhas, ainda estavam bastante arraigadas. Vemos também que o monoteísmo e uma rejeição de ídolos se espalharam entre as tribos semitas.

Essa atitude começa a mudar no fim do tempo de Jacó, como podemos ver em Gênesis 35:2 e 4:

> Então disse Jacó a sua família, e a todos os que com ele estavam, "Lançai fora os deuses estranhos que há no meio de vós, e purificai-vos e mudai as vossas vestes."(...) Entregaram, pois, a Jacó todos os deuses estranhos que tinham nas mãos, e as arrecadas que pendiam de suas orelhas, e Jacó os escondeu debaixo do carvalho* que está junto a Siquém.

Depois de muitas aventuras, incluindo o acordo de paz com seu irmão Esaú e o fato de ter perdido Raquel que deu à luz seu décimo segundo filho, Benjamin, Jacó, por fim, volta para ter com seu pai Isaque em Manre no Vale de Hebrom, pouco antes da morte de Isaque.

De todos os filhos de Jacó, José é seu favorito. Os outros irmãos sentem ciúmes desse "sonhador" que prevê que um dia todos eles vão lhe prestar honras. A oportunidade de uma retaliação surge quando José é enviado para o local onde os irmãos cuidam de seus rebanhos, em Dothan. Reuben, o mais velho, convence os outros a não matar José, mas jogá-lo em um poço e deixá-lo no deserto. Felizmente para José, uma companhia de midianitas mercantes cruza seu caminho até o Egito e, como sugestão de Judá, os irmãos vendem José para os mercadores por 20 moedas de prata. Reuben, sem saber da venda, acha o "casaco de muitas cores", feito especialmente para ele, manchado de sangue, que José havia ganhado de seu pai e se convence de que o homem está morto.

Quando Jacó vê o casaco manchado de sangue, que os irmãos haviam preparado, ele também acredita que José fora morto por um animal selvagem e "então Jacó rasgou as suas vestes, e pôs sacos sobre os seus lombos e lamentou seu filho por muitos dias" (Gênesis 37:34).

---

* Um tipo de árvore de onde a terebentina é tirada.

Enquanto isso, José está a caminho de realizar seu "sonho" e é revendido a Potifar, capitão da guarda do faraó egípcio. José prospera naquela propriedade e ganha a confiança de Potifar. A história da tentativa de José de seduzir a esposa de Potifar, contada em Gênesis 39:7-20, inicialmente segue a famosa história egípcia dos "Dois Irmãos".[182] José resiste todas as investidas, mas "Nem o Céu é capaz de tal ira, como a do amor que se transforma em ódio. Nem o Inferno contém a fúria de uma mulher desprezada".[183] Ela o denuncia a seu marido que manda prender José imediatamente.

Mesmo na prisão, o espírito de liderança de José faz com que ganhe a confiança do chefe da prisão; ele é nomeado seu conselheiro e responsável por todos os demais prisioneiros, dois dos quais são o mordomo-chefe e o padeiro-chefe do faraó. Ambos tiveram sonhos que José foi capaz de interpretar com exatidão, afirmando que o primeiro deles seria readmitido em sua antiga função no Palácio, enquanto o outro seria enforcado.

Dois anos se passaram. José ainda está na prisão; enquanto ainda está no palácio, o faraó, que é um filósofo e um visionário, passa a ter vívidos e estranhos sonhos. Nenhum de seus sábios conselheiros ou mágicos são capazes de explicar os sonhos — de sete vacas gordas sendo devoradas por sete vacas magras, ou sete espigas de milho saudáveis sendo engolidas por sete espigas descarnadas. Ao lembrar-se de José, o mordomo-chefe relata ao faraó como um hebreu solucionou seu próprio sonho misterioso. E então José é convocado para se apresentar diante do faraó.

José e o Faraó

Antes deste capítulo, apresentei uma boa quantidade de provas que indicam que as possíveis datas de José e a descida de Jacó e dos hebreus até o Egito aconteceram em *c.* 1350 a.C. — o período no qual o faraó Amenhotep IV (Akhenaton) está no trono — e que foi esse faraó que, acredito, José conheceu. Há outras evidências desse fato escritas por Manetho,[184] e as associações do nome de José à capital de Akhenaton, que sustentam essa ideia (veja adiante).

---

182. O antigo "Conto dos Dois Irmãos" egípcio é baseado em uma trama semelhante de tentativa de sedução e falsas acusações subsequentes. R. T. Rundle Clark, *Myth and Symbol in Ancient Egypt* [Mitos e Símbolos no Antigo Egito] (London: Thames & Hudson, 1978).
183. William Congreve, *The Mourning Bride* [A Noiva em Luto], III, vii (London: Oxford University Press, 1928).
184. Manetho foi um historiador sacerdotal egípcio do século III a.C., que se acredita ter citado Akhenaton e José em suas escritas — veja Capítulo 13.

O primeiro encontro de José com o faraó Akhenaton é dado em Gênesis 41:14-44. Apesar de o faraó que José conhece não ter seu nome revelado, visualizo a cena como descrevo a seguir:

De banho tomado, barbeado e com roupas limpas, José, um belo jovem de cabelos negros com 30 anos de idade, é levado até a sala do trono do faraó Akhenaton. Ele é escoltado por dois guardas e acompanhado de um intérprete. O reluzente piso de mármore branco do novo palácio ecoa conforme seus passos o fazem se aproximar do trono. Fazem com que ele se curve em reverência diante do faraó e dos cortesãos que o cercam.

"Ficaste sabendo a respeito de meus sonhos?", pergunta o faraó, usando a entonação forte de sua linguagem hierática, dirigindo-se ao intérprete.

Para sua surpresa, José, que passara dois anos na prisão convivendo com os aspectos altos e baixos do idioma, responde em um perfeito dialeto: "Soube de vossos sonhos, ó faraó".

"Então o que tens a dizer acerca de seu significado, meu jovem e inteligente hebreu?", diz o faraó, dessa vez olhando diretamente para os olhos de José.

"Não eu! Deus cuidará do bem-estar do faraó", responde José. "Em pouco tempo vivereis sete anos de grande abundância em todas as terras do Egito. Depois desse tempo, virão sete anos de fome, e toda a abundância na terra do Egito será esquecida. A terra será tomada pela fome. Como o faraó teve o mesmo sonho por duas vezes, isso significa que a questão já foi determinada por Deus, e que Deus muito em breve a executará."

O faraó levanta-se do trono, com as palmas das mãos voltadas para ele. "É como se tivesses tirado um grande peso de minha cabeça. Tuas palavras parecem verdadeiras, e tu falas do Deus que eu reconheço. O que Deus pede que seja feito?"

"De acordo com sua vontade, fazei com que o faraó encontre um homem de discernimento e sabedoria e coloque-o responsável pela terra do Egito. E que o faraó tome medidas para nomear inspetores dessa terra, e organizar a terra do Egito durante os sete anos de abundância. Que todo alimento desses anos fartos que estão chegando sejam colhidos, e que os grãos sejam cuidados de acordo com a autoridade do faraó como comida a ser armazenada nas cidades. Que esse alimento seja uma reserva para

a terra durante os sete anos de fome que assolarão a terra do Egito, para que, assim, a terra não pereça com a falta de recursos."

O faraó ficou tão maravilhado com a astúcia e prontidão de José que o nomeou seu vizir, encarregando-o da administração de todo o Egito, com uma autoridade somente abaixo da sua.

José, o favorito de seu pai, teria se sentado aos pés de Jacó e por 17 anos aprendera as ideias que seu ancestral Abraão defendera a respeito do Egito e passara a Isaque, e essas ideias teriam sido imediatamente reconhecidas nas crenças de Akhenaton.

É durante esse período, que provavelmente durou 14 anos, quando José era o vizir, que ele se tornou totalmente versado nas palavras do Deus que Akhenaton venerava e, assim, entregou-se aos rituais e tradições por trás de seu processo evolutivo. Ele passou a usar o nome de "Zaphenath-paneah" (Deus fala, Ele vive) e o faraó lhe deu Asenath para ser sua esposa, a filha de Potifer, um sacerdote de On (próxima ao atual Cairo). Asenath deu-lhe dois filhos, Manasseh e Efraim.[185]

José era agora rico e, de acordo com a Bíblia, a segunda pessoa mais poderosa na Terra. A sequência de acontecimentos em sua interpretação dos sonhos do faraó seguiu o que dissera, e quando o segundo período de sete anos anunciou um estado de escassez que se espalhou além do Egito, sua sabedoria e posição foram confirmadas.

Podemos imaginar que José foi recompensado com uma posição de imenso poder e, como parte de sua função de economizador das produções do país, viajou inúmeras vezes por toda a Terra. A representação mais provável de sua imagem, se é que algo possa ter sobrevivido até os dias de hoje, pode ser vista na parede leste da Tumba de Huya nas colinas do norte de El-Amarna. Ali, o rei, Akhenaton, é visto caminhando com sua mãe, Tiyi, no interior das paredes do Grande Templo. Eles formam parte de uma procissão grandiosa de cortesãos, servos, carregadores, ajudantes civis e militares, que mostra Huya, o superintendente do Tesouro e das propriedades da rainha Nefertiti, logo adiante — a posição de maior importância, à frente do próprio rei. Mas o líder de toda a procissão é um misterioso oficial sem nome.

---

185. A possibilidade de José ter "recebido" uma esposa dessa fonte pró-monoteística encaixa-se perfeitamente bem com nossa compreensão histórica das condições no Templo de On em Heliópolis na época. Conforme N. de G. Davies observa em um estudo das *Tumbas Menores e Limites Stelae de El-Amarna*: "(...) é exatamente em Heliópolis que a jurisdição do rei que adorava o Sol [Akhenaton] seria a mais facilmente aceita". N. de G. Davies, *The Rock Tombs of El Amarna — Part V, Smaller Tombs and Boundary Stelae* [As Tumbas de Pedra de El-Amarna — Parte V, Tumbas Menores e Limites *Stelae*] (Londres: Fundo de Exploração do Egito, 1908).

Essa figura está vestida com roupas egípcias, mas tem uma faixa ao redor da cabeça raspada e uma atadura curiosamente dobrada em uma das pernas. Essa perneira parece ser uma decoração e não um artigo de vestuário, e não é conhecido de nenhum outro cenário egípcio antigo, mas pode muito bem não ser nada mais que apenas uma atadura. Embora ele esteja parcialmente vestido com roupas egípcias convencionais, esses estranhos acessórios mostram que é um estrangeiro, e não um cidadão nascido no Egito.[186] Há uma descrição muito importante de José, que dá ainda mais crédito à teoria de que essa figura com a bandagem é de fato ele. Em Salmos 105, vemos a seguinte passagem:

> Enviou adiante deles um varão,
> José foi vendido como escravo.
> Feriram-lhe os pés com grilhões,
> Puseram seu pescoço em uma coleira de ferro.

Se minhas teorias do tempo e lugar estiverem corretas, então essa representação gráfica na parede da Tumba de Huya é o José da Bíblia — cujo semblante nunca chegou a ser identificado. Quando analisarmos a passagem do Êxodo dos hebreus do Egito, no Capítulo 13, há uma outra evidência, relacionada a *stela* do Merneptah, que reforça a possibilidade de que a figura em questão é de fato uma herança dos hebreus.

Há uma pessoa histórica alternativa na corte do faraó que pode ser identificada como José, que pode ser capaz de dar um nome egípcio a nosso amigo acorrentado — Panehesy.

Em termos religiosos, Panehesy aparecia em segundo lugar somente depois do sumo sacerdote do templo — Meryra I. Os títulos de Panehesy eram extensos:

> Segundo Sumo Sacerdote, Chefe Servidor de Aton no Templo, Chefe Servidor, Superintendente do Depósito de Provisões, Superintendente dos Bois, Chanceler do Rei do Norte, Grande favorito do bom Rei.[187]

Como as obrigações de Meryra I ficavam principalmente restritas ao templo, Panehesy teria sido o administrador secular mais poderoso no reino, ou seja, o "vizir" do Egito. O nome de Panehesy também tem uma ligação direta com José, que a Bíblia registra como tendo sido renomeado

---

186. N. de G. Davies, *The Rock Tombs of El Amarna — Part III, The Tombs of Huya and Ahmes* [As Tumbas de Pedra de El-Amarna — Parte III, As Tumbas de Huya e Ahmes] (Londres: Fundo de Exploração do Egito, 1905).
187. N. de G. Davies, *The Rock Tombs of El Amarna — Part II, The Tombs of Panehesy and Meryra II* [As Tumbas de Pedra de El-Amarna — Parte II, As Tumbas de Panehesy e Meryra II] (London: Fundo de Exploração do Egito, 1905).

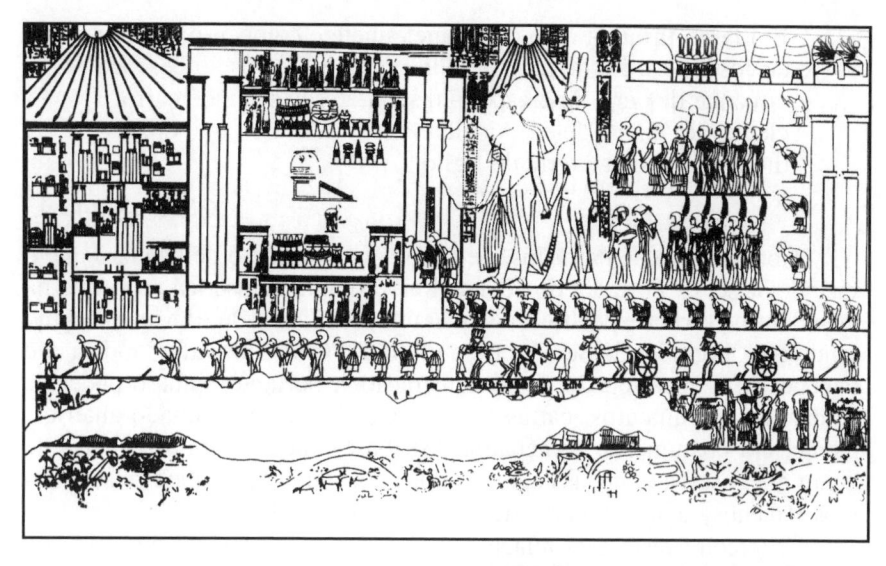

Figura 6: A suposta figura de José, esculpida na parede leste da Tumba de Huya, nas colinas do norte em El-Amarna.

pelo faraó como Zaphenath-paneah (Gênesis 41:45). A última sílaba da primeira parte de seu nome, "...nat", pode muito bem se referir a sua função de "vizir", visto que o vizir em Akhenaton é uma pessoa que aparece sempre citada como "Nakht"![188]

Os títulos de Panehesy de superintendente do Depósito de Provisões e dos Bois é exatamente o que esperaríamos ser um título para José em sua função de supervisionar o controle dos artigos necessários para o período de sete anos de fome. Há outras pistas. Mais uma vez com dados apresentados na Bíblia:

---

188. Donald B. Redford, *Akhenaton the Heretic King* [Akhenaton o Rei Herege] (Princeton: Princeton University Press, 1984).

E o faraó tirou da mão o seu anel-sinete e colocou-o na mão de José; vestiu-o de traje de linho fino, e lhe pôs ao pescoço um colar de ouro. Ademais fê-lo subir ao seu segundo carro, e clamavam diante dele, "Ajoelhai-vos!" Assim o faraó o constituiu sobre toda a terra do Egito.

Gênesis 41:42-43

Com o gesto de dar a José seu anel-sinete, o faraó deixa claro que o vizir devia ser o "Portador do Selo do Rei". Nenhuma inscrição em Amarna menciona de forma específica qualquer um dos oficiais de Akhenaton como sendo seu "Portador de Selo", mas o título de "Chefe Servidor" indica que Panehesy era encarregado da administração e, portanto, tinha o poder de cuidar dos documentos, cartas e selos. Conforme mencionado anteriormente, era costume de Akhenaton distribuir colares de ouro àqueles de quem ele gostava e, por isso, temos duas boas indicações para relacionarmos Panehesy a José a partir desses versículos bíblicos.[189]

A terceira pista está relacionada à palavra geralmente traduzida do hebraico como "Ajoelhai-vos". Acredita-se que se trate de uma saudação egípcia ou assíria, mas o verdadeiro significado desse comando na passagem é desconhecido. Eu acredito que sua origem e significado podem ser encontrados na "Versão Reduzida do Hino a Aton", que aparece inscrita nas paredes das tumbas de Apy, Any, Mahu, Tutu e Meryra — todos oficiais no Palácio Real de Akhenaton. Uma frase, repetida diversas vezes, é traduzida por De G. Davies da seguinte forma:

Tudo que fizeste salta diante de ti...[190]

Essa frase inicial é resumida no hieróglifo que aparece no inglês como *ary-ek*. Que frase mais adequada para clamar quando José cavalga cidade adentro em uma procissão de honra?

---

189. A pista subsidiária da abundância de colares de ouro e da ligação de José com o tempo de Akhenaton vem de *Targum Onkelos to Genesis* (New York: Ktav Publishing House, 1982) — um comentário interpretativo do Pentateuco. Em sua cobertura do Gênesis 49:24, temos:
"E sua profecia foi cumprida pois ele observou a lei em segredo e colocou sua confiança no poder Divino, então o ouro foi colocado sobre seus braços, e ele tomou posse de um reino e ficou mais forte."
Esse *Targum* parece ter sido tirado do Livro dos Jubileus. Na versão etíope deste Livro, o faraó, ao falar a respeito de José, diz: "(...) coloquem uma corrente de ouro ao redor de seu pescoço, e proclamem-se diante dele dizendo: 'El wa abrir' (...) E ele colocou um anel em sua mão (...)", Veja Maren Niehoff, A Figura de José em Targum, *Journal of Jewish Studies*, 1987-88; E. J. Goodrich, O Livro dos Jubileus (Ohio: Oberlin, 1888).

190. N. de G. Davies, *The Rock Tombs — Part V* [As Tumbas de Pedra — Parte V].

Uma Saciação — e depois a Fome

A fome e/ou as inundações eram constantes ameaças cíclicas da prosperidade do Egito. Se a inundação anual do Nilo Azul e do rio Atbara que traziam águas do platô etíope, que normalmente começavam no mês de julho e se estendiam até o início de setembro, não causava o agitar das águas, a seca acontecia como resultado.

Sabemos com certeza, a partir das inscrições, que uma sucessão desastrosa de níveis baixos no Nilo atingiu o país durante o século XII a.C. A economia nacional entrou em declínio, evidenciado pela alta nos preços dos grãos.[191]

Em Canaã, no início dos anos de fome, os tempos eram difíceis também e Jacó decidiu enviar seus filhos para comprar milho no Egito. José fica sabendo da presença dos irmãos, que são então levados diante dele. Os irmãos, que o haviam vendido como escravo, não o reconhecem. Com imensa dificuldade de conter as lágrimas, José pergunta-lhes a respeito de seu pai. Por fim, José revela-se aos seus irmãos, dá-lhes a comida e outros itens de que necessitam e roga para que tragam Jacó para o Egito por haver ainda mais cinco anos de fome por vir. Jacó, abalado quando descobre que José ainda está vivo, reúne família e bens e viaja pelo caminho de Beersheba até o Egito.

É nessa parte do Antigo Testamento que Jacó é, pela primeira vez, citado pelo nome alternativo de "Israel". Nenhuma razão específica é dada para a mudança, mas ela não é inconsistente com a teoria de que é no Egito que seu destino é cumprido.

Jacó e sua família, de acordo com a Bíblia, estabelecem-se em Gosén, e prosperam sob os cuidados de seu filho José. A maioria das autoridades afirma que Gosén ficava em algum lugar na região Delta no norte do Egito. Essa área, relativamente inabitada, era a terra tradicional para migrantes que montavam acampamento temporário no Egito.

Mas, acredito que o lugar inicial do assentamento dos hebreus tenha sido mais ao sul, apesar de não ficar muito distante da região Delta. O local que tenho em mente não ficava muito longe de Akhetaton, onde Amenhotep IV fundou sua capital. Uma razão para acreditar nisso é que, pouco antes do reinado de Akhenaton, a capital era Tebas; e logo após seu reinado, que durou apenas cerca de 17 anos,[192] a capital voltou a ser Tebas. Se

---

191. John Romer, *Romer's Egypt: A New Light on the Civilization of Ancient Egypt* [O Egito de Romer: uma Nova Luz sobre a Civilização do Antigo Egito] (London: Joseph, 1982).
192. Cyril Aldred, *Akhenaton King of Egypt* [Akhenaton Rei do Egito] (London: Thames & Hudson, 1988).

Figura 7: Akhenaton com sua família entregando colares de ouro aos membros de seu fiel grupo. Encontrado em uma inscrição em uma tumba descoberta em El-Amarna.

José era o vizir de Amenhotep IV e, porquanto, tinha o poder de decidir onde sua família poderia ficar melhor instalada, certamente escolheria uma localização o mais próximo possível da nova capital, com bom solo perto de fontes de água. Acredito que o local escolhido para o assentamento dos hebreus, hoje na região conhecida como Faiyum, ficava a cerca de 125 milhas (200 quilômetros) de Akhetaton, sendo que a distância de Tebas seria de cerca de 250 milhas (500 quilômetros).

Provas confirmatórias podem ser encontradas ao voarmos pela região. Do ar parece existir uma depressão na direção ocidental com aproximadamente 25 quilômetros a oeste do Nilo, estendendo-se a mais de 4.500 quilômetros quadrados, que formavam o lago Moeris nos tempos antigos. Em direção à extremidade noroeste dessa área, temos o atual lago Qarun. O tributário que alimenta esse lago deixa o rio principal em Assiut, logo ao sul de Amarna (antiga Akhetaton) e é chamado... Bahr Yusuf — "O Rio de José".

Se nos colocarmos no lugar de José, lembrando que ele recebera *carte blanche* do faraó para assentar sua família onde quer que desejasse, ele teria procurado abrigá-la em uma localização não muito distante de Akhetaton, atual Amarna, se possível em um lugar no qual pudesse chegar de barco, onde, tradicionalmente, estrangeiros não pudessem causar problemas demais; uma região que fosse ideal para a agricultura e pudesse manter seus gados, e se ele fosse capaz de enxergar isso, o que José certamente podia, um lugar que abrigasse um grande número dos descendentes de Jacó.

O que seria mais conveniente do que José colocar a família próxima de um lago que estivesse ligado por um rio que os levasse do Nilo a uma distância de apenas algumas milhas de Akhetaton? Uma área rica em vinhedos e árvores frutíferas — "um dos lugares mais agradáveis no Egito".[193] Bastante consistente com as instruções que o faraó dá a José:

> A terra do Egito está diante de ti: no melhor da terra faze habitar teu pai e teus irmãos; habitem na terra de Gósen. E se sabes que entre eles há homens capazes, põe-nos sobre os pastores do meu gado.
>
> Gênesis 47:6

De acordo com o Antigo Testamento, os hebreus totalizavam 600 mil quando deixaram o Egito — uma quantidade enorme em termos populacionais antigos (e em vista dos originais 70 que compunham a família de Jacó). A população total do Egito é estimada em 870 mil em 3000 a.C. e somente 2,6 milhões em 1250 a.C. Mesmo considerando-se um certo exagero, devemos esperar encontrar traços de um grande assentamento na região de Faiyum.

Há evidências de que após a destruição do Primeiro Templo em 586 a.C. os israelitas foram dispersados e alguns deles se estabeleceram em Faiyum, no Egito. Mas esse assentamento acontece em uma data muito posterior ao tempo de José.[194] Provas arqueológicas mostram que na época do Novo Reino (século XIII a.C.) a densidade populacional na região de Faiyum era maior do que a do vale do Nilo, dando uma proporcionalidade ao número bíblico do Êxodo.

No entanto, o número total de 600 mil deve ser considerado com ceticismo em vista das estimativas conhecidas da população total do Egito na época.

---

193. W. H. Murnane, *The Penguin Guide to Ancient Egypt* [O Guia Penguin do Antigo Egito] (Harmondsworth: Penguin Books, 1983).
194. A memória do nome *Faiyum* permaneceu na cultura hebraica e aparece de diversas formas. Moses Maimonides — um dos maiores filósofos judeus, por exemplo, ao escrever o *Iggeret Teman* (Carta aos Judeus no Iêmen) ou *Petah-Tikvah* (Abertura de Esperança), em 1172 d.C., estava respondendo a uma carta de súplica do rabino Jacob al-Faiyum do Iêmen. Moses Maimonides, *The Guide for the Perplexed*, tradução de M. Friedlander (New York: Dover Publications, 1956).

Outras evidências de que a "Gósen" da Bíblia talvez não tenha sido o lugar inicial onde Jacó e sua família foram instalados podem ser encontradas nos monumentos que haviam sido feitos em homenagem a Ramsés II, tradicionalmente considerado o faraó que colocou os hebreus diante dos mais severos rigores de trabalho escravo e que presidia na época do Êxodo. Na antiga Hermópolis (hoje chamada de Ashmunein) na região de Faiyum, duas colossais figuras marcadas de Ramsés II são encontradas diante de um templo em ruínas. Os hebreus já assentados na região de Faiyum podem ter sido colocados para trabalhar nesse projeto, antes de serem removidos mais para o norte para a cidade de Gósen na região Delta.

Jacó é Recepcionado por Akhenaton

Em Gênesis 47:7, José leva Jacó para conhecer o faraó e, por diversos motivos, eles compartilham de um respeito, empatia e amizade mútuos. Esse respeito que Jacó recebe é honrado em sua morte no Egito, quando é tratado como celebridade nacional.

Em seu livro *Spoken Choice*, Amy Blank, a autora americana, cita um poema que de maneira tocante capta a atmosfera naquela noite em que Jacó se encontrou com Akhenaton:

> Coloco-me diante de vós, faraó, e contudo volto
> Ao passado, na contagem de meus dias,
> Exposta à frente de meu rosto vejo minha vida,
> Vejo as colinas famintas, os lábios empoeirados dos poços,
> As longas jornadas; e por sobre isso tudo,
> Mesmo da primeira à última das gerações atravessada,
> O Deus que abençoou o meu caminho...

> A luz do luar quase esvaída
> Sobre o rio,
> As estrelas espalhadas ao longe —
> Jacó, o pai, esperado no futuro:
> "Minha esperança está longe de ser alcançada."
> Um silenciar profundo se instala
> Sobre os dois velhos homens que compreenderam
> A terra e o céu separados de cada um deles.[195]

---

195. Amy K. Blank, *The Spoken Choice* [A Escolha Falada] (Cincinnati, Ohio: Hebrew Union College Press, 1959).

Fertilização de Ideias Cruzadas

Para resumir, temos José, o administrador de maior confiança do faraó, a segunda pessoa mais poderosa na Terra. Ele está casado com uma mulher da escolha do faraó — a filha de um sacerdote. Ele quase certamente mantém uma relação social com o faraó, torna-se um amigo íntimo e tem a oportunidade de assimilar as ideias religiosas do faraó. Podemos imaginar José, Jacó e Akhenaton conversando noite adentro a respeito da teoria e prática de sua "nova" religião. Exatamente como Abraão em seu tempo, Jacó teria enfatizado a natureza mais simples e mais pura de sua crença em um Deus, a não necessidade de imagens esculpidas, etc. O monoteísmo que os hebreus por fim herdaram do Egito é forjado na fornalha desses diálogos e, com entusiasmo, alinhado aos conceitos e às crenças de Akhenaton.

Os paralelos nos costumes e nas práticas de veneração podem ser observados em muitos exemplos das últimas formulações dos hebreus. Orientação acerca do comportamento e da ética estava em um nível relativamente menor de desenvolvimento, mas sem dúvida existia, e teria sido especialmente influenciada pelos conceitos do *Maat*, como era compreendido pelos egípcios.[196] A essência do antigo *Maat* egípcio — um esquema de como se com-

---

196. O conceito egípcio do "Maat" iniciou-se com o significado de retidão em termos geométricos, mas depois passou a indicar a ordem do caos em termos da criação — sinceridade no comportamento, um comportamento humano correto contínuo, uma obrigação transmitida pelos deuses para o rei e então para seu povo, que aos poucos incluiu o pensamento espiritual de justiça. Um paralelo semelhante existe no hebraico no qual a palavra para retidão é *iasar*, que também assume o significado de comportamento ético.
Mais tarde o "Maat" evoluiu transformando-se em um guia de justiça e um sistema legal, com juízes usando o sinal do "Maat" quando se sentavam para julgar. Aqui temos as sementes das leis divinas que mais tarde seriam desenvolvidas em instruções detalhadas e leis permanentes do povo hebraico de Canaã.
Para aqueles que não estavam de acordo com o "Maat" havia, porém, a possibilidade de perdão de Deus ou o recurso da magia. Vemos isso nas lições de Merikare, um faraó do século XXI a.C., e nas seguintes frases:
Embora o servo estivesse disposto a fazer o mal,
Ainda assim o Senhor mostra-se disposto a ser misericordioso...
Puna-me não por meus muitos desacatos,
Eu sou daqueles que conhecem a si mesmo.
Sou um homem insensato.
Adolf Erman, *Denksteine aus der Thebanischen Graberstadt* (Berlim: Koàniglich Preussische Akademie der Wissenschaften, 1911).
Esse sentido moral já aparece bastante desenvolvido nas escritas do sábio Petosiris de Hermópolis, que viveu no século IV a.C.:

portar e pensar na vida — não foi de início vista como uma forma de lei divina, mas como maneira de agir de acordo com os desejos esperados dos deuses criadores. Mais tarde, no entanto, vemos indicações de que o *Maat* era encarado como instruções recebidas de Deus:[197] no período menfita, conforme instruções de Ptah; e, posteriormente, ainda nos Textos do Caixão em que podemos ler:

> Eu não comando homens que fazem o mal
> Foram seus corações que violaram minhas palavras.[198]

Quanto Jacó e José fizeram para reforçar a determinação de Akhenaton para impor o monoteísmo não é possível de ser avaliado, mas sabemos com certeza que na última parte do reinado do faraó suas atitudes foram mais severas. Os templos de todas as antigas divindades foram fechados por ordem do comando real, seus sacerdócios dispensados e suas propriedades dominadas e distribuídas para servir como sedes locais atenistas. Todas as figuras e nomes de Amun, junto a divindades associadas, foram arrancados das paredes dos templos e em todos os outros lugares onde podiam ser encontrados — para eliminar a existência dos deuses mais antigos.[199]

Ninguém alcança o oeste da salvação a menos que seu coração seja justo seguindo o "Maat". Ali nenhuma distinção é feita entre as pessoas inferiores e superiores: somente alguém é considerado perfeito quando os equilíbrios e os dois pesos erguem-se diante do Senhor da eternidade. Ninguém está livre do reconhecimento. Thoth como um babuíno segura [a balança], para pesar cada homem de acordo com o que ele fez na terra.
Eberhard Otto, *Die Biographischen Inschriften der Agyptischen Spatzeit* (Leiden: E. J. Brill, 1954).
Aqui vemos as sementes da confissão e da absolvição dos pecados. Mais tarde transformadas no Dia da Reparação Hebraica e na doutrina cristã do Pecado Original e da redenção por um salvador.

197. Reflexões da instrução de inspiração da palavra divina surgiu na forma de solecismos de sabedoria; as ideias de "manter-se reticente", guardar a verdade em seu interior, falar de justiça e fazer a justiça. Sendo assim, o "Maat", personificado como a figura de uma deusa com touca de penas, tornou-se a base do sistema legal egípcio. Juízes vestiam um colar com o sinal do "Maat" quando se sentavam para julgar. G. Moller, *Zeitschrift für Agyptische Sprache und Altertumskunde* (Leipzig, 1920).

198. James B. Pritchard (ed.), *Ancient Near Eastern Texts Relating to the Old Testament* [Textos do Antigo Oriente Próximo Relacionados ao Antigo Testamento], 2ª edição (Princeton: Princeton University Press, 1955).

199. William W. Hallo e William Kelly Simpson, *The Ancient Near East: A History* [O Antigo Oriente Próximo: uma História] (New York: Harcourt Brace Jovanovich, 1971).

Mortes e Catástrofe na Família

Antes da morte de Jacó, ele escolheu dar preferência aos filhos de José nascidos no Egito e abençoou Efraim e Manasseh, conferindo-lhes a tocha de Abraão e Isaque. Jacó fala com José nas palavras do Corão:

> Surah XII, José (Jusuf) Revelado em Meca
> 6: Assim o teu Senhor irá preferir-te e te ensinará a interpretação dos acontecimentos, e aperfeiçoará Sua graça sobre ti e sobre a família de Jacó, como a aperfeiçoou sobre teus antepassados, Abraão e Isaque; Olha! Teu Senhor é Conhecedor, Sábio...

Quando morre, Jacó recebe todas as honras nacionais. Seu corpo é embalsamado da maneira egípcia tradicional por um período de 40 dias, e os egípcios o velam por 70 dias. Isso só poderia ter acontecido com alguém muito íntimo do faraó.

O último pedido de Jacó fora que ele fosse enterrado na caverna de Machpelah, próximo a Manre, Canaã — prontamente atendido pelo faraó. Tamanha era a importância conferida a Jacó que seu cortejo fúnebre foi acompanhado durante todo o percurso de volta a Goren ha-Atad, além do rio Jordão, pela nobreza anciã egípcia.

> Subiu, pois, José para sepultar a seu pai; e com ele subiram todos os servos do Faraó, os anciãos da sua casa, e todos os anciãos da terra do Egito.
>
> Gênesis 50:7

José e seus irmãos voltaram para o Egito depois de enterrar Jacó. Em pouco tempo, tudo começou a dar errado — Akhenaton faleceu.

A morte repentina de Akhenaton em 1332 a.C. deu aos sacerdotes e oficiais desempossados das facções de Amun a oportunidade de reconquistar o poder e dar início a sua vingança. O Egito começou a retroceder em direção ao politeísmo e à idolatria.

Logo depois da morte de Akhenaton, o misterioso Semenkhkare, que acreditavam ser o irmão mais jovem de Akhenaton, tenta assumir o trono. Ele é rapidamente assassinado, e os sacerdotes de Amun proclamam Tutankhamon o novo faraó. A resistência dos oficiais estabelecidos de Akhenaton ao antigo politeísmo não será imediatamente eliminada, mas os presságios não são nada bons.

Apesar de a maior parte do Egito voltar a venerar os deuses criados pelos homens — chefiados por Amun, Mut e Khunsu —, Tutankhamon parece ter persistido em sua crença de um só deus. Seria uma grande surpresa se ele não fosse um monoteísta. Criado em Akhetaton — a Cidade Santa —, sempre estivera imerso no atonismo desde seu nascimento e tomou para ser sua esposa desde criança uma filha de Akhenaton,

Ankhesenpaten, que deve ter ajudado a reforçar sua doutrinação de infância.

Ao herdar o trono com apenas 11 anos de idade, Tutankhamon foi levado de volta a Tebas pelo poderoso Ay, que por muitos anos efetivamente governou o Egito como seu vizir. Quando Tutankhamon chegou no final de sua adolescência, ele e sua esposa atenista podem muito bem ter começado a agitar-se para provocar a volta do monoteísmo.

Que provas tenho para confirmar essa teoria?

Além de sua formação familiar no monoteísmo, a cadeira do trono de Tutankhamon serve de evidência de sua contínua união ao disco de "Aton", que está desenhado sobre sua superfície (veja Placa 8). Há fortes evidências de que ele foi assassinado pelo ambicioso Ay quando completou 21 anos. Depois de forçar Ankhesenpaten a se casar com ele para ganhar o direito ao trono, Ay teria percebido como ela se sentia a respeito da volta à prática do monoteísmo. Portanto, acredita-se que ele também tenha providenciado sua morte.

Nas paredes das construções em Tebas e Luxor, esperaríamos encontrar muitas inscrições registrando o reinado de Tutankhamon — principalmente no Templo de Luxor, onde uma colunata de procissão iniciada por Amenhotep III foi finalizada no reinado de Tutankhamon. Esses desenhos praticamente não existem. Mesmo em Abydos, onde uma lista geral de reis está esculpida no Templo de Seti I, o nome de Tutankhamon está faltando, bem como o de Akhenaton.

Alguém teve muito trabalho por todo o Egito para obliterar a memória de Tutankhamon. Ironicamente, 3 mil anos mais tarde, seu nome, dentre todos os faraós, é provavelmente o mais conhecido no mundo.

Ay, o antigo chanceler de Akhenaton, logo conseguiria tomar o trono para si e completar a destruição de Akhenaton e a erradicação do nome do faraó de todas as partes do Egito. Os poucos exemplos que podem ser encontrados nos dias de hoje estão na Grande *Stela* de Geber es Silsila, na parte superior do Egito, e no décimo portão em Karnak, onde tentativas de apagar todos os vestígios do faraó "monoteísta" são ainda evidentes.

E o que Aconteceu com José?

De acordo com Philo, o filósofo alexandrino do século I, José continuou em posição de autoridade depois da morte de Akhenaton. Entretanto, o Antigo Testamento relata um fim diferente:

> Entrementes se levantou sobre o Egito um novo rei, que não conhecera a José. Disse ele ao seu povo: "Eis que o povo de Israel é mais numeroso e mais forte do que nós." (...) Portanto puseram sobre eles feitores, para os afligirem com suas cargas. Assim os israelitas edificaram para o Faraó cidades armazéns, Pitom e Ramsés.
>
> Êxodo 1:8-9, 11

Por que José, um gênio comprovadamente bem-sucedido no cuidado das questões do Egito, perderia posição tão rapidamente? A resposta está em sua associação com a agora demovida religião e o faraó. Se nenhuma mudança drástica no direcionamento das crenças dos costumes reais tivesse acontecido, ele teria sido, sem dúvida, considerado bastante útil dentro da máquina estatal. Ou, como o filho de um herói nacional, certamente teria preservado sua posição social.

Esse episódio é por si só uma prova a mais de que José conheceu Akhenaton. Nenhum outro faraó nesse período perdeu as graças de forma tão rápida depois de sua morte, e nenhum outro vizir foi destruído com tamanha impiedade por aquilo que teria sido considerado o mesmo estigma.

Enquanto isso, os membros da família hebraica de Jacó, adeptos da religião então proibida de "Aton", são fáceis bodes expiatórios para ser capturados e transformados em escravos. Pelos próximos 150 anos, eles trabalharão e sofrerão sob a direção de sucessivos faraós, enquanto em segredo mantêm, e são mantidos por, sua crença em um só Deus Onipotente que irá um dia manifestar-Se e salvá-los.

Para muitos historiadores e escritores religiosos, a morte de Akhenaton foi o fim de um capítulo na história e que nada além disso aconteceu. Foi, e continua sendo, conveniente quebrar e esquecer-se desse faraó "herege". Acredito que isso esteja muito além da verdade. Os sacerdotes de Akhenaton não morreram com ele. Seus escritos e trabalhos não se tornaram obsoletos da noite para o dia. Suas ideias sobreviveram.

A morte de Akhenaton provou ser um desastre na vida de seus sacerdotes e de José, mas eles ao menos tinham uma advertência de que o sacerdócio de Tebas poderia tentar reconquistar o poder e os recursos capazes de tornar possível sua fuga... e de enterrar parte dos tesouros do Grande Templo e o cofre que não poderiam carregar em suas jornadas.

Existe qualquer indicação de que tesouros foram enterrados, como eu afirmo, além da lógica da situação? Teria sido, sem dúvida, surpreendente se existissem quaisquer pistas, principalmente na literatura judaica. Chaim Rabin, professor associado de Linguagem Hebraica na Universidade Hebraica em Jerusalém, é um especialista no estudo das fontes de onde os Manuscritos do Mar Morto foram originados e suas constantes influências em outras religiões, como o Islamismo. Em uma palestra no Instituto de Estudos Judaicos em Manchester,[200] ele chamou nossa atenção para o *Yemenite Midrashim* (Comentários Bíblicos), que lembram a presença de Haman no palácio real do faraó, no Egito, e um trabalho veneziano do século XVI d.C., de Alkaabez,[201] que diz que Haman encontrou um dos tesou-

---

200. Chaim Rabin, *Qumran Studies, Script Judaica II* (Oxford: Oxford University Press, 1957).
201. Solomon ben Moses Alkabez, *Menor ha-Levi* (Veneza, 1585).

ros enterrados por José. Curiosamente, José é ameaçado de que se, "a luz de seu Senhor" for espalhada, o mundo voltará a ser dominado pelo caos.

Analisadas em conjunto as declarações fortalecidas das datas, influências, nomes de lugares associados, acontecimentos e evidências circunstanciais, a noção de que José e Jacó tiveram um encontro direto com Akhenaton torna-se algo muito claro e devastador.

Temos agora um cenário que descreve como José adquiriu tantas riquezas e quase certamente como ele e/ou os sacerdotes de Aton também sabiam onde os incríveis tesouros do Grande Templo e do cofre de Akhetaton foram enterrados. Os lugares em que procurar grande parte dos tesouros do Pergaminho de Cobre ficaram mais evidentes — uma ligação pode ser determinada entre o conhecimento de seu paradeiro e os Essênios de Qumran.

CAPÍTULO XI

A Longa Viagem ao Sul

Depois da morte de Akhenaton, acredito que a maioria de seus sacerdotes tenha fugido, temendo a vingança da velha guarda dos sacerdotes de Tebas, que pretendiam, em breve, recuperar o poder com a ajuda dos sucessores de Akhenaton.

Camuflado pela escuridão, um grupo desses sacerdotes atonistas, carregados em abundância com tesouros do Templo — ouro, joias, lazulita, malaquita, especiarias finas, tecidos —, tudo que puderam carregar, fugiu no calar da noite. Felizmente, a nova religião minimalista não precisa de muita parafernália. Um pequeno símbolo de "Aton", os registros do *Amduat* (compêndio de textos)* de Akhenaton, simples vasilhames de libação, utensílios de ofertas, incenso e candelabros para iluminar e imitar o brilho do sol. As coisas mais preciosas que os sacerdotes levaram de Akhetaton estavam em suas cabeças.

Para onde ir? A oeste, vê-se um deserto aberto; a leste, o Mar Vermelho e tribos hostis; no extremo norte, as difíceis terras Delta — nenhum amigo e nenhuma possibilidade de fuga além do Mar Mediterrâneo. Alguns dos sacerdotes, acredito, foram para o norte em direção a On, próxima ao atual Cairo. Os outros foram para o sul, arriscando-se pelos perigos de viajar a distância do Egito até a possível segurança de solidários sacerdotes de quem sabiam residir na região de Ab, em uma parte remota do sul do Egito — até uma ilha (a ilha de Yeb, ou ilha de Elefantine) que até hoje tem as ruínas dos monumentos erguidos a Amenhotep III, pai de Akhenaton. Alguns dos hebreus próximos de José viajaram com eles, contribuindo para com sua caminhada pelo deserto que durará mais de 40 dias e cruzará 500 quilômetros de território.

---

* Curiosamente, os artigos de dentro da Arca da Aliança são posteriormente citados como *Aduoot* (propiciatório) em Êxodo 40:20.

Quanto tempo os sacerdotes de Aton e seus seguidores hebreus permaneceram na região da ilha de Elefantine não sabemos ao certo. Há evidências de que um grupo remanescente de "hebreus" viveu no assentamento até meados do século IV a.C.[202]

Essa estranha comunidade pseudojudaica que sobreviveu em Elefantine sempre foi um mistério para os historiadores. A maioria deles admite não saber de onde ela veio. Seus habitantes são de diversas formas descritos como militaristas, sacerdotes, ou ambos, mas sua presença jamais chegou a ser explicada de maneira satisfatória.

Sabemos muita coisa a respeito da comunidade a partir de inúmeros papiros encontrados nas vizinhanças.[203] Seus costumes religiosos e sociais eram bastante diferentes dos que conhecemos dos judeus em Canaã. A comunidade não celebrava os festivais judeus comuns ou, ao que tudo indica, o Êxodo dos hebreus do Egito.

Há evidências arqueológicas de que a colônia existia antes de 800 a.C. Com base nos documentos em papiros, vemos que a comunidade era coletivamente afluente e seus membros construíram um gigantesco templo para adoração. Presume-se que quando o templo foi destruído (por volta de 400 a.C.), a Comunidade passou a viver sob uma ameaça mortal porque não há provas de sua existência depois de 410 a.C. A história simplesmente não faz ideia do que aconteceu com os membros da comunidade.

Aton Oculto

Com a volta do politeísmo para o Egito depois da morte de Akhenaton, é inconcebível acreditarmos que as ideias do monoteísmo simplesmente desapareceram, deixando a mente de todos. Além das provas circunstanciais do símbolo de "Aton" que continuava a aparecer em inscrições por todo o Egito (e, por exemplo, na cadeira do trono de Tutankhamon; [veja

---

202. Trabalho arqueológico, em sua maior parte realizado por equipes alemãs e francesas, mostra que uma comunidade pseudo-hebraica existiu na ilha de Elefantine até pouco depois de 400 a.C. A existência anômala da comunidade é discutida mais adiante no Capítulo 19. "Elefantine", *Encyclopedia Judaica* (Jerusalem: Keter Publishing House, 1992).
203. Dezenas de papiros, escritos em aramaico, foram descobertos na ilha de Elefantine na virada do século XIX e nos dão detalhes do estilo de vida da comunidade pseudo-hebraica que viveu e praticou ali sua fé. A. E. Cowley, *Aramaic Papyri of the Fifth Century BC* [Papiros em Aramaico do Século V d.C.] (Oxford: Clarendon, 1923).

Placa 8]), ideias são universalmente reconhecidas como as coisas mais difíceis de serem eliminadas.[204]

Os sacerdotes que fugiram para o norte até On também mantiveram as ideias de Akhenaton vivas onde estavam.

A cidade de On foi o local do primeiro templo conhecido do sol, dedicado a Ra-Horakhty, c. 2600 a.C. No tempo de Akhenaton (1349-1332 a.C.), todos os outros principais deuses do Egito haviam sido incluídos no deus Ra, indicado pela adição de Ra em outros títulos. O conceito de Akhenaton do monoteísmo acabou com todas essas figuras antropomórficas anteriores de um deus universal e as substituiu por uma representação abstrata, na forma de um disco do sol. Um templo a Aton fora construído em On, e os sacerdotes naquele lugar ficaram conhecidos como um grupo solidário e receptivo desse novo conceito de um só Deus Supremo.[205]

A comunidade pseudojudaica em Elefantine pode ser a indicação mais sólida de que uma forma de monoteísmo sobreviveu no Egito. Há provas consideráveis, como veremos mais adiante, de que a comunidade não foi o resultado de um Judaísmo reimportado da Terra Santa. Ela seguiu uma forma exclusiva de Judaísmo e, originalmente, parecia não ter um conhecimento religioso pós-Êxodo.

Na rapidez dos acontecimentos que tomaram conta de José e dos sacerdotes de Aton em Akhetaton, eles só poderiam ter muito pouco tempo para enterrar todos os artigos preciosos que faziam parte do templo e do cofre: do templo, por meio das doações tradicionais dos "dízimos" — um décimo dos ganhos de uma pessoa —, e do cofre, pelos bens que eram passados de um faraó a outro, com constantes presentes e impostos coletados

---

204. Existe o princípio geral (reconhecido, por exemplo, por Platão e Leibnitz) de que, embora todo esforço possa ser feito para retirar todas as lembranças físicas de um sistema ou conceito, uma ideia — principalmente uma poderosa e plausível — é a coisa mais difícil de ser eliminada. Quando o terror ameaça uma nova ideia válida, esta costuma procurar um ambiente de segurança, simpatia e segredo. A segurança seria encontrada na distância remota da ilha de Yeb (a ilha de Elefantine); a simpatia seria encontrada em On (atual Heliópolis, próxima ao Cairo), o centro tradicional de adoração do sol e o lugar do primeiro templo a Aton; o segredo sempre seria um provérbio para os descendentes dos sacerdotes de Aton.

205. Por quanto tempo a simpatia e a lealdade para com o monoteísmo continuaram em On após a morte de Akhenaton é difícil determinarmos. Principalmente pelo fato de que, se é que ela de fato foi continuada, teria acontecido em segredo. Há, porém, algumas pistas a serem analisadas a partir de nosso conhecimento de que quando Jeremias fugiu para o Egito, por volta de 580 a.C., e Onias IV, por volta de 175 a.C., o lugar onde buscaram refúgio foi em On. Onias construiu um Templo em Leontópolis, ao norte de On, em um lugar hoje conhecido como Tell el-Yehudiyeh.

por todo o Egito e dos tributos recebidos dos estrangeiros. Alguns dos tesouros mais portáteis devem ter desaparecido misteriosamente; o volume, pesado demais para ser removido com facilidade, deve ter sido enterrado.

O conhecimento do paradeiro desse tesouro teria sido levado com os sacerdotes de Aton que, de acordo com minhas ideias, fugiram para o norte em direção a On, ou para o sul até a ilha de Yeb, em uma terra também conhecida como "Cush".

CAPÍTULO XII

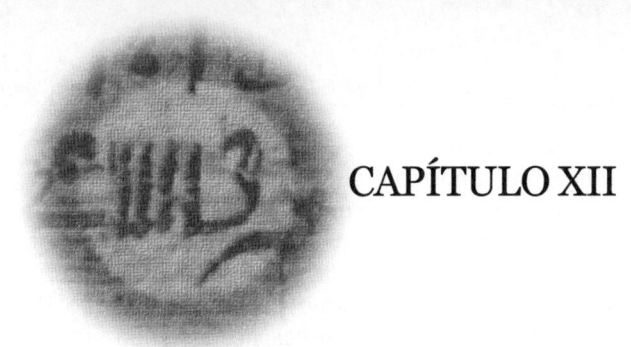

Moisés — O Príncipe do Egito

O cenário agora muda. Transportamo-nos 150 anos à frente do tempo de Akhenaton e José para a época do faraó Ramsés II. Os hebreus há muito tempo foram escravizados pelos egípcios, trabalhando duro nos campos e construindo estruturas monumentais para os sucessivos faraós. A poeira das pedreiras e a areia do deserto já fazem parte de sua existência diária, bem como os costumes e superstições dos egípcios que já impregnaram suas almas. Sua libertação está, porém, finalmente se aproximando com o nascimento de Moisés.

Sabemos que Moisés foi criado no palácio do faraó, provavelmente, Ramsés II. Sua personalidade forte e comportamento sincero possibilitaram-lhe ganhar alguns novos amigos na corte, e seus inimigos começaram a formar intrigas pelas suas costas a fim de encontrarem uma forma de se livrar dele. Seu nome em si é possivelmente uma pista de seu radicalismo. Há uma ligação com a família Tutmoses dos faraós, e sabemos que essa família quase que certamente foi unida por meio do casamento com as já conhecidas filosofias da família Amenhotep, que culminaram nas ideias de Akhenaton.[206]

Também sabemos que após a morte de Akhenaton, apesar de ter havido uma volta do politeísmo, aconteceu, ainda assim, uma mudança

---

206. A palavra *Moses* (Moisés) significava "dado à luz a", e era geralmente associada a um nome prefixo relacionado a um deus. Mas não era incomum ser usado como uma forma abreviada de nome separadamente. J. W. Griffiths, "A Derivação Egípcia do Nome de Moisés", *Journal of Near Eastern Studies* (Chicago: University of Chicago Press, 1953).

fundamental no estilo de veneração e na reaproximação de antigos deuses. O conhecimento do chamado "faraó herege", de quem Moisés, como um príncipe real, poderia ser um descendente direto, teria estado disponível para ele — principalmente por termos provas por parte de Manetho (um sumo sacerdote de Heliópolis durante o século III a.C.) de que Moisés recebeu grande parte da educação inicial dos sacerdotes em Heliópolis.[207] Se Moisés fosse solidário com essas ideias, ele teria sido visto como um radical no palácio real e não com bons olhos.

A tradição histórica encaixa-se perfeitamente bem com minha teoria de que Moisés aprendeu, muito cedo em sua vida, uma filosofia de religião que floresceu em Heliópolis durante o tempo de uma revolução religiosa no Egito e que permaneceu oculta ali por muitos séculos depois.

Tanto Josephus como o Antigo Testamento defendem que Moisés, mais tarde em sua vida, passou algum tempo na região de "Cush" na extremidade sul do Egito. De acordo com Josephus, ele foi enviado para lá com a conivência dos cortesãos do faraó que desejavam se livrar dos "dissidentes". Sua solução foi enviar Moisés para lutar contra os etíopes — o povo de "Cush" — em uma região remota da fronteira sul do Egito. Outro ângulo da história está registrado no Antigo Testamento e no *Midrash*, que relatam que Moisés encontrou uma esposa em "Cush".

É nessa terra distante de "Cush" que, acredito, Moisés conseguiu mais do que apenas uma esposa. Ele encontrou outro posto avançado do monoteísmo, na ilha de Yeb (Elefantine) para onde alguns dos sacerdotes de Aton tinham originalmente fugido depois da morte de Akhenaton. A moça com quem ele se casou poderia ser de fato a filha de um sacerdote daquela colônia — especialmente em vista de todas as dificuldades que o Antigo Testamento tem para dar nome a seu sogro, e a discrepância das afirmações da Bíblia de que ele era um sacerdote midianita que cuidava de ovelhas, conforme apresentei no Capítulo 4.

Há, portanto, duas localizações definidas de onde Moisés pode ter aprendido a respeito do monoteísmo de Akhenaton: com os sacerdotes de On e com os que viviam na ilha de Yeb. Ele também pode ter ido sabendo, por meio de uma dessas ou de outras fontes, a respeito dos tesouros que ainda continuavam escondidos em Akhetaton.

É neste período de isolamento do Egito que Moisés tem sua visão bíblica e encontra-se com Deus em um arbusto em chamas. A expressão em Êxodo 3:6 relatando esse evento justifica um exame mais detalhado:

> Disse mais, "Eu sou o Deus de teu pai, o Deus de Abraão, o Deus de Isaque, o Deus de Jacó..."

---

207. Alfred Sendrey, *Music in Ancient Israel* [A Música na Antiga Israel] (Nova York: Biblioteca Filosófica, 1969).

Essa parece ser uma declaração inequívoca de que Deus é o Deus do pai de Moisés, assim como dos patriarcas. Se Moisés era um príncipe real do Egito, como sustento, o "pai" referido pode muito bem ser representado por Akhenaton ou por um membro de sua linhagem. Nós sabemos que Akhenaton não poderia ter sido seu pai imediato, mas que, como "príncipe do Egito", Moisés tinha parentescos faraônicos.

A análise do acadêmico Philip Hyatt da frase "Deus de teu pai" conclui que o uso da palavra hebraica "Javé" para Deus significa que "Iavé" pode originalmente ter sido uma divindade patrona de um dos ancestrais de Moisés — embora não necessariamente de seu pai, avô ou até mesmo de uma relação remota por parte de seu pai. Que o ancestral em questão pudesse ter sido da parte de sua mãe na família é visto por Hyatt como sendo mais provável, visto que o nome da mãe de Moisés era "Joquebede", um nome teofórico* que usa o primeiro elemento de "Javé".[208] Seria possível que esse fosse o mesmo Deus de Akhenaton?

Ao que tudo indica, parece haver pouca ligação entre o nome "Javé" e o que Akhenaton usa para se referir ao seu deus — "Aton", com exceção do fato de que ambos têm duas sílabas. No entanto, uma série de estudiosos sugeriu que um nome que Akhenaton também pode ter usado para falar com seu Deus é transcrito como "Jati",[209] o que não fica a um milhão de milhas de distância do nome hebraico "Javé".

Apenas temos de analisar os trabalhos de E. A.Wallis Budge, mantenedor de Antiguidades Assírias e Egípcias no Museu Britânico, que viveu de 1857 a 1934, ou do arqueólogo americano James Breasted para ver o grande número de palavras hebraicas adotadas da antiga língua egípcia.[210] Irving Zeitlin, professor de Sociologia na Universidade de Toronto, concorda com Hyatt: "a tese de Hyatt se autorrecomenda por causa do forte apoio que recebe dos textos", ele diz.[211]

As implicações dessa tese também estão de acordo com a possibilidade, lembradas no Capítulo 8, de que Moisés pode ter sido um descendente de

---

* Que combina o nome de um deus e de um humano.
208. Philip Hyatt, "Iavé como o Deus de meu Pai", *Vetus Testamentum* 5 (Leiden: E. J. Brill, 1955).
209. Donald B. Redford, *Akhenaton the Heretic King* [Akhenaton o Rei Herege] (Princeton: Princeton University Press, 1984).
210. *Sir* Ernest Alfred Wallis Budge, *The Mummy: A Handbook of Egyptian Funerary Archaeology* [A Múmia: um Guia da Arqueologia Funerária Egípcia] (London: Constable, 1989); James Henry Breasted, *Ancient Records of Egypt* [Registros Antigos do Egito] (New York: Russell & Russell, 1906).
211. Irving M. Zeitlin, *Ancient Judaism* [Judaísmo Antigo] (Cambridge: Polity Press, 1984).

Sara, por seu encontro com Amenhotep I, e, portanto, que Moisés teve uma ligação de linhagem direta com os patriarcas.

Aos poucos, Moisés aprende a respeito da crença de seu ancestral de um só deus e decide romper o jugo de idolatria que o cerca.

Os *Arbeitwerke**

Agora, totalmente imerso nessa nova filosofia de monoteísmo, Moisés, para sua surpresa, descobre que os escravos hebreus em sua terra, que mantiveram a fé em Deus durante todos os anos de escravidão, compartilham de suas crenças. O que seria então mais natural do que Moisés, um dissidente na corte, adotar os hebreus como seu povo eleito? Uma enorme massa coesa de humanidade, um exército potencial, uma possível futura nação.

Neste ponto, podemos esclarecer uma anomalia que perturbou Sigmund Freud. Ele, você se lembrará (no Capítulo 4), postulava que Moisés era um contemporâneo de Akhenaton e que o havia, de fato, conhecido.[212] Essa teoria não está de acordo com a época do Êxodo, de cerca de 1200 a.C., ou uma data historicamente relativa. Ao datarmos Moisés de cerca de 1375 a.C., em vez da data hoje, geralmente, aceita de aproximadamente 1200 a.C., Freud propõe uma charada. Por que um egípcio de berço de ouro escolheria adotar um povo de "imigrantes culturalmente inferiores"? Principalmente por haver na época um famoso desprezo egípcio por estrangeiros. Freud cita esse enigma como a principal razão por que historiadores costumam rejeitar a ideia de Moisés como um egípcio.

A resposta do mistério de Freud está no fato de ele, erroneamente, equacionar Moisés a Akhenaton, em vez de a Ramsés II. Se, como eu proponho, os hebreus já estivessem sob a influência de uma forma concreta da religião monoteísta de Amenhotep I, por meio de Abraão, e uma versão refinada pelo contato direto de José e Jacó com Akhenaton, sua atração a Moisés torna-se muito mais provável. Temos aqui um grupo de pessoas que já havia absorvido muitas das ideias que Moisés embebera de seus ancestrais Tutmoses e Amenhotep.

O Nome de um "Hebreu"

Acho bastante útil nesta altura analisarmos a possível derivação da palavra "hebreu", pelo fato de ela nos oferecer algumas pistas a respeito de como Moisés teria encarado o que seriam grupos diversificados de

---

* Trabalhadores estrangeiros aceitos em um país para assumir tarefas que a população local não quer, ou é incapaz de realizar.

212. Sigmund Freud, *Moses and Monotheism* [Moisés e o Monoteísmo] (London: The Hogarth Press, 1951).

arbeitwerkes que viveram no Egito. Não há absolutamente registros na literatura egípcia ou em trabalhos esculpidos referindo-se ao nome "hebraico". Se existir uma menção, refere-se a uma classe de escravos ou estrangeiros.

Há inúmeras teorias, muitas delas com bases linguísticas, a respeito de como a palavra "hebreu" surgiu. Uma delas diz que ela vem do nome *Habiru*, derivado do termo sumério para grupos de semitas invasores vindos da Mesopotâmia do oeste, por volta de 2150 a.C. Desse período em diante, uma série de diferentes variações de *Habiru* — alguns mercenários, alguns comerciantes, outros de tribos seminômades — foi identificada.

Nas placas de Tel-El-Amarna, descobertas no Egito em 1887, há pedidos de dependências egípcias em Canaã e na Síria, clamando por reforços militares para ajudar na expulsão dos invasores que são chamados de *Habiru*. O uso desse termo, a partir de outras referências, parece estar relacionado a grupos de guerrilheiros que ameaçavam partes do Oriente Próximo durante o Segundo Milênio. Se ele, de fato, referia-se aos hebreus, ficaria claro que havia mais de um grupo deles (ou seja, além dos hebreus bíblicos), e que eles tinham deixado o Egito até no máximo 1350 a.C.

Parece evidente que os hebreus do Egito não eram o mesmo agrupamento dos *Habiru*, que continuaram a perambular por Canaã e ao redor dela enquanto os hebreus ainda estavam escravizados.

Outra possibilidade vem do uso da palavra *Aperu*, que aparece com frequência em monumentos no Egito e se refere a grupos que serviam como trabalhadores ou mercenários. Essa pode muito bem ser a explicação certa.

No entanto, uma teoria, que não parece ter sido considerada anteriormente, é a possível derivação da palavra egípcia *Khepru*. Não podemos esquecer das tentativas de soletrarmos no inglês certas palavras desconhecidas por parte de pessoas há milhares de anos que, na melhor das hipóteses, chegam a aproximações quase exatas, mas que podem muito bem causar certa suspeita. Um exemplo importante é o da transcrição do inglês do nome dos faraós Amenhotep, que, é geralmente lido como *Amenophis*.

Sabemos que o "Deus Altíssimo", no antigo Egito, passou por uma série de transformações desde sua compreensão inicial nas Águas Primitivas, e uma dessas manifestações aconteceu na forma de "Khnum", o deus carneiro de Elefantine, que dispunha a humanidade sobre o torno de um oleiro. Crescendo junto a todas essas transformações estava o conceito da "alma", da divindade em uma forma em que um mero humano não tinha como começar a entender. O sol, por exemplo, era a "alma" do "Deus Supremo". Essa "alma" era chamada de *Khepru*, e na luz do desenvolvimento do monoteísmo através dos descendentes patriarcais no Egito, não é inconcebível que Moisés tenha olhado para seu povo recém-descoberto como manifestação santa coletiva do propósito de Deus, e se referido a eles como os *Khepru* — "Hebreus" — relacionando-os ao nome de Deus. A ideia de que "Deus deu Seu nome ao seu povo" é um conceito conhecido na literatura hebraica.

No tocante e emocionante encontro do "arbusto em chamas que não foi consumido", Moisés é instruído por Deus a ir até o faraó e buscar a libertação dos hebreus da escravidão. Ele fica sabendo que Deus irá apoiá-lo nessa luta e conduzirá o povo até Canaã, uma terra de leite e mel.

Moisés protesta dizendo não ser eloquente o suficiente para a tarefa, e por isso Arão, seu "irmão" bíblico, é recrutado para ser seu porta-voz.

A desculpa que Moisés usa para dizer que precisa de um porta-voz para conversar com o faraó prepara o terreno para a solução de outro problema na história bíblica. Como explicar por que Moisés não podia falar com facilidade com os hebreus? Ele não encontrara dificuldade para falar com o faraó, mas, educado como egípcio da alta casta, sua língua seria bastante diferente até mesmo da usada pelos egípcios comuns, imagine então o idioma dos hebreus. Os escritores bíblicos não tinham como afirmar que ele tivesse usado um intérprete quando conversava com os faraós, como a história deve ter sido contada a eles. Sua explicação, de que ele gaguejava e precisava de alguém para falar com mais clareza em seu nome, supera a razão de Moisés não poder falar diretamente com os hebreus — ele não falava aquele idioma.

Tomado pela excitação dos recentes encontros nas fronteiras distantes do sul do Egito, Moisés volta ao palácio real, convencido da necessidade de obter a libertação da escravidão de seu povo recém-descoberto.

CAPÍTULO XIII

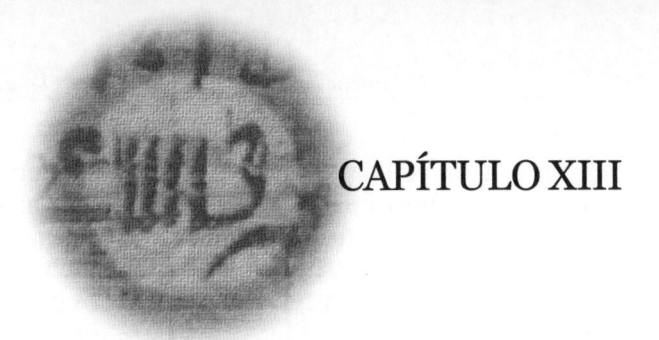

O Êxodo — Moisés Faz Sua Lista de Schindler[213]

Moisés e Arão vão juntos falar com o faraó, que não reconhece seu Deus ou seu pedido de libertação dos hebreus (nossos escritores bíblicos não conseguem compreender a confusão da necessidade de Moisés ter ou não um intérprete quando vai conversar com o faraó; o texto hebraico se refere a eles no singular). De maneira perversa, a Bíblia registra que o faraó fica ressentido do pedido insolente e obriga os hebreus a trabalhar com mais dificuldade, aumentando seu sofrimento com insultos, chegando ao ponto de impedir que eles tenham acesso à palha de que precisam para construir suas moradias. Naturalmente, os escravos hebreus ficam ainda mais insatisfeitos com Moisés que, nesse momento, começa a duvidar do apoio de Deus.

Entretanto, Deus reafirma sua promessa e Moisés vai novamente falar com o faraó e, dessa vez, tenta usar um pouco de magia. Isso também não é o suficiente para impressionar o faraó e, por isso, Deus envia uma sucessão de dez desastres sobre o Egito — transforma rios em sangue,

---

213. Oscar Schindler foi um homem de negócios alemão que, durante a Segunda Guerra Mundial, subornou os nazistas para conseguir permissão de empregar mais de 1.000 judeus em suas fábricas polonesas, conseguindo dessa maneira salvá-los. Sua vida foi exibida no filme de Steven Spielberg de 1993, *A Lista de Schindler*, baseado em um romance de Thomas Keneally (London: Sceptre, 1994).

pragas de sapos, piolhos, moscas, morte do gado, furúnculos e sarnas nos homens e nos animais, chuva de granizo e fogo, gafanhotos e escuridão. Com cada uma das catástrofes, o faraó promete libertar os escravos hebreus, mas, em seguida, volta atrás com sua palavra. A última praga é a morte de todos os primogênitos egípcios, enquanto os dos hebreus são "poupados". Finalmente, o faraó cede.

Tradicionalmente, Ramsés II é visto como o faraó da opressão, reinando quando os hebreus fugiram do Egito. Eu penso que, apesar de o cenário de onde os hebreus iriam emergir ter sido quase certamente estabelecido por Ramsés II, ele não foi o faraó que estava no poder durante o Êxodo dos hebreus. Eu acredito que o Êxodo aconteceu pouco *depois* da morte de Ramsés II em 1215 a.C. Seu governo era seguro demais para que tivesse permitido uma fuga em massa de escravos.

Que tipo de homem era Ramsés II? Ele foi, com certeza, um construtor prolífico e deixou mais monumentos por todo o Egito do que qualquer outro faraó da Décima Nona Dinastia. As evidências de seu trabalho podem ainda ser encontradas a uma pequena distância de Medinet-el-Fayuim, onde existem mais de 4 quilômetros quadrados de antigas ruínas, conhecidas como Crocodilópolis-Arsinoe. Ali, um Templo do Reino Intermediário foi restaurado e expandido por Ramsés II. Na região oriental Delta adjacente de Gósen, a Bíblia registra que os escravos hebreus foram colocados para trabalhar no programa de construções do faraó em Ramsés e em Pithom.

Essa "localização" de trabalhadores é bastante consistente com nossa compreensão da imobilidade de trabalho no antigo Egito. Um movimento populacional muito pequeno aconteceu na sociedade egípcia; assim como também a presença dos hebreus, como "estrangeiros", não era tolerada nas áreas tradicionais de construção. Os aldeões operários de Deir el-Medineh próxima a Tebas, por exemplo, permaneceram por séculos desempenhando as necessidades dos vales dos reis e das rainhas. Trabalhos manuais habilidosos eram passados de geração em geração incluindo embalsamadores, envernizadores de caixões, carpinteiros, curtidores de couro, fabricantes de tijolos, pedreiros, fundidores e produtores de joias — sendo que este último era composto invariavelmente por trabalhadores anões. Tudo isso aliado a uma equipe de "coveiros" preparados para atender todas as exigências fúnebres e das tumbas dos mortos.

Sabemos que Ramsés foi um rei guerreiro a partir dos inúmeros registros gravados nas paredes externas do templo de Luxor, que registra sua derrota aos hititas em Kadesh. Também sabemos, com base nos trabalhos de relevo na parede do grande templo de Amun-Re em Karnak, que ele foi um rei pragmático, capaz de demonstrar piedade para com seus inimigos vencidos. Essa inscrição mostra detalhes de um complicado tratado de paz que foi feito com os hititas — uma ação sábia, visto que os hititas estavam longe de ser eliminados do cenário por meio de apenas uma vitória egípcia. Ele morreu em *c.* 1215 a.C., e seu corpo mumificado foi descoberto em

1881, em um esconderijo de faraós do Novo Reino enterrados em Deir el-Bahir na extremidade oposta de Luxor.[214]

Por fim, depois de muitas ameaças, o faraó no poder, de acordo com a Bíblia, faz um acordo diante das exigências de Moisés que diz: "deixe meu povo ir". Algumas sugestões a respeito de por que o faraó finalmente liberta os israelitas foram propostas, além da explicação bíblica das dez pragas que assolaram o Egito. Essas sugestões incluem o aumento ameaçador do número de hebreus no Egito, e como uma forma de recompensa pragmática pelo trabalho que haviam desempenhado para finalizar o programa de construções do faraó.

No entanto, se Moisés era um príncipe do Egito, ele teria direito a muitas riquezas, e isso nos oferece outra possibilidade intrigante: *Moisés fez uma lista de Schindler e comprou a liberdade dos escravos*. Esse tipo de troca era prática comum na época e a única maneira de fazer com que produtos de valor como os escravos pudessem ganhar sua liberdade. As Canções de Libertação (Êxodo 15:16) que Moisés e os Filhos de Israel cantavam enquanto deixavam o Egito conferem probidade a essa teoria:

> *Sobre eles caíram medo e pavor;*
> *Pela grandeza do teu braço emudeceram como uma pedra;*
> *Até que o teu povo passasse, ó Senhor*
> *Até que passasse este povo que adquiriste.*[215]

A palavra "adquiriste" é, na realidade, uma tradução alternativa da palavra "compraste" em versões autorizadas da Bíblia. A mesma alusão aos hebreus sendo "comprados" por Deus na época do Êxodo ocorre no Salmo 74 do Antigo Testamento e, novamente, em Jeremias 31:11:

---

214. A múmia de Ramsés II mostra que ele era um homem alto e distinto, de porte esbelto. Geralmente, muito pouco é mostrado a respeito das personalidades dos faraós em textos encontrados. Os registros são invariavelmente de encontros com deuses ou exageros de sucessos e campanhas militares. Podemos imaginar, porém, que Ramsés II era alguém com quem podiam negociar e que, sob pressão, seria capaz de ser razoável.

O programa de construção ambicioso de Ramsés II provavelmente levou-o a fazer exigências cada vez maiores de seus trabalhadores braçais, mas parece pouco provável que o trabalho imposto aos hebreus ficasse em local distante demais da área de seu assentamento em Fayium. Essas considerações, porém, não descartam a possibilidade de que equipes de escravos hebreus foram arrastadas até Memphis, que não ficava muito longe, até mesmo da região de Tebas.

215. W. Gunther Plaut (ed.), *The Torah — A Modern Commentary* [A Torá — um Comentário Atual] (Nova York: União das Congregações Hebraicas Americanas, 1981).

> Pois o Senhor resgatou a Jacó [o povo de Israel],
> E *o adquiriu* da mão do que era mais forte do que ele.

Em Deuteronômio 28, temos uma pista ainda mais óbvia de que Moisés pagou pela liberdade dos hebreus, visto que ele os provoca no deserto com a penalidade que os espera no caso de não seguirem as leis de Deus:

> E o Senhor te fará voltar ao Egito (...) Ali vos poreis a venda como escravos e escravas aos vossos inimigos, mas não haverá quem vos compre.
>
> Deuteronômio 28:68

Portanto, Moisés, um rico príncipe do Egito e hábil tático militar, conduz seu povo recém-descoberto, seus sacerdotes e associados egípcios, protegidos por soldados de sua tropa leal, para fora do Egito. Êxodo 13:18 relata da seguinte forma, proporcionando infinitas confusões para os tradutores modernos que se veem diante de todos os tipos de explicações convolutas, tentando entender por que os hebreus estavam "armados":

> E os filhos de Israel subiram armados da terra do Egito.[216]

A resposta simples é que eles *estavam* "armados", muito provavelmente com lanças, e que teriam levado carruagens de guerra.

Quando o faraó saiu em perseguição determinada atrás dos hebreus que haviam partido (Êxodo 14) com 600 carruagens, pode ser nesse instante que tenha compreendido a enormidade de tesouros que Moisés havia levado — ou que apenas tivesse mudado de ideia pela décima primeira vez. Qualquer que tenha sido o motivo, ele e suas forças encontraram forte resistência e tiveram um fim desastroso na região pantanosa dos Lagos Implacáveis ao norte do golfo de Suez, em algum lugar entre a atual Suez e a Ismália.

Êxodo 13 relata que aproximadamente 600 mil filhos de Israel deixaram a região de Ramsés, na lateral delta norte do Nilo, depois de passar 430 anos no Egito. Esses dois números, como já mencionei, são extremamente suspeitos.

Quando os israelitas deixaram o Egito, vemos (Êxodo 3:21-22 e 12:36) que levaram grandes quantias de saques e riquezas. Da mesma forma, essa ação, bem como os registros da Bíblia de que eles estavam armados, parece ser uma ocorrência bastante estranha por vermos os escravos partindo com tanta pressa a ponto de não terem sequer tempo de terminar de assar seus pães.

---

216. Ibid.

E eu darei graça a este povo aos olhos dos egípcios. E acontecerá que, quando sairdes, não saireis vazios [sem nada]; porque cada mulher pedirá a sua vizinhança, e a sua hóspeda, joias de prata e joias de ouro, bem como vestidos, os quais poreis sobre vossos filhos e sobre vossas filhas; assim despojareis os egípcios.

Êxodo 3:21-22

Essas passagens, repetidas mais uma vez em Êxodo 12:36, apresentam um verdadeiro enigma para os tradicionalistas religiosos. Como uma nação de escravos poderia fugir com tamanha riqueza? Por que os egípcios simplesmente deixaram que parte de seus pertences fosse levada? Estariam os hebreus roubando bens de sua nação anfitriã?

Algumas das ideias propostas para explicar esse comportamento um tanto estranho com relação a uma comunidade escravizada são bastante conhecidas. Uma ideia proposta pela dra. Nina Collins, do Departamento de Teologia e Estudos Religiosos, da Universidade de Leeds, é que o espólio deveria apenas ser emprestado e teria de ser devolvido depois de um festival de três dias no deserto.[217] A passagem bíblica a respeito de um festival aparece em um parágrafo não relacionado à tomada de bens preciosos dos egípcios. Será que os egípcios eram tão inocentes assim? Isso também deixa implícito que os israelitas perpetraram uma decepção e, de caso pensado, roubaram os artigos.

Até mesmo comentaristas de diferentes traduções do Antigo Testamento apresentam discrepâncias. Na versão Sonchino,[218] editada pelo chefe rabino do Império Britânico, dr. Joseph Herman Hertz (que faleceu em 1946), a frase traduzida "porque cada mulher pedirá a sua vizinhança" é rotulada como estando totalmente errada, causando assim dúvidas. Essa é uma frase que, quase de maneira idêntica, aparece na última tradução de Plaut da Torá.[219]

A explicação preferida dos comentaristas na versão Sonchino é a de que os egípcios demonstraram sua humanidade e os presentearam com bens de valor quando chegou o momento da partida dos escravos, desejando-lhes sorte na futura jornada. Eles, provavelmente, também colocaram rosas em seus cabelos!

Essa ideia de que os recipientes de ouro e prata e joias foram dados com uma sanção formal dos egípcios não parece ser verdadeira. Parece

---

217. Nina Collins, "Perspectivas", *The Jewish Chronicle*, 30 de dezembro de 1994.
218. J. H. Hertz (ed.), *The Pentateuch and Haftorahs* [O Pentateuco e Haftorahs] (London: Sonchino Press, 1969).
219. Plaut, *The Torah — A Modern Commentary* [A Torá — um Comentário Atual].

ser a única explicação agradável que encobre a acusação de roubo. Ela é colocada em dúvida pelo registro no Talmude de um pedido posterior formal de indenização proposta pelos egípcios antes de Alexandre o Grande. Outro aspecto curioso dessa história é que dizem que os artigos de valor seriam mais tarde usados na decoração e enriquecimento do Santuário — o lugar consagrado de adoração divina. Dificilmente um lugar adequado para abrigar joias e bens domésticos.

No entanto, se minhas teorias estiverem corretas, há uma única explicação para isso tudo. A riqueza do grupo no Êxodo em parte pertencia a Moisés, como príncipe do Egito, e outro quinhão vinha dos sacerdotes atonistas que o acompanhavam e que ainda mantinham parte do tesouro do Grande Templo em Akhetaton — à qual pode muito bem ter sido descrita no Pergaminho de Cobre.

Essa explicação justifica o fato de os israelitas terem "saqueado, tomado emprestado ou roubado" dos egípcios. Ela também explica por que os recipientes de ouro e prata e as joias — sem dúvida um tesouro e tanto — foram "dados como presente" aos israelitas por um grupo particular de egípcios, mas não formalmente sancionado por suas autoridades.

Ela também responde à pergunta de como uma comunidade de pobres escravos hebreus seria capaz de oferecer os equipamentos para o Tabernáculo, e a grande quantidade de ouro necessária para o Bezerro Dourado, que alguns deles por um tempo veneraram. Durante o tempo em que ficou no Monte Sagrado recebendo os Dez Mandamentos, como a Bíblia descreve, Moisés teria confiado os tesouros a Arão, seu sacerdote-chefe — que, ao que tudo indica, ajudou na fabricação do Bezerro Dourado.

Os tesouros que os hebreus levaram quando deixaram o Egito não foram roubados dos egípcios. Eles foram dados a Moisés pelos sacerdotes atonistas e, somados a sua própria riqueza principesca, foram parcialmente usados para comprar a liberdade dos escravos hebreus e decorar o "Tabernáculo" — uma tenda móvel que servia como o santuário da Arca Sagrada, onde as escritas sagradas ou leis inscritas ficavam guardadas.

Depois de conseguirem fugir, os filhos de Israel continuaram a vagar nos desertos de Sinai por 40 anos bíblicos em direção a leste do Egito. Esse período de "purificação" parece indicar que uma geração inteira se evaporou, fazendo com que ninguém que deixou o Egito, com exceção de Josué e Caleb, sobrevivesse para chegar à Terra Prometida, nem mesmo Moisés.

Os Dez Mandamentos

Logo no início de sua caminhada, os hebreus fizeram uma Aliança eterna com Deus. A aquisição da Aliança foi o momento mais importante da história dos judeus. Tradicionalmente, o Monte Sinai, na parte sul da península de Sinai, é visto como o local do recebimento dos Dez Mandamentos e da Aliança (alguns historiadores acreditam que esse lugar seja

Jebel Helal, ao norte de Sinai, ou em uma montanha a leste do golfo de Aqaba).

Moisés passou 40 dias bíblicos na Montanha do Senhor, recebendo de Deus os Dez Mandamentos escritos em duas tábuas de pedra, junto aos detalhes para a construção da Arca que contém as palavras sagradas, um Tabernáculo que guarda a Arca, além de orações e sacrifícios.

Impacientes com a demora, algumas das pessoas que esperavam por ele convenceram Arão a construir um Bezerro Dourado para que pudessem adorar. Quando Moisés desceu da montanha, ficou furioso. Ele quebrou as duas tábuas, destruiu o ídolo e ordenou que 3 mil ofensores fossem mortos com espadas.

O desenho do "Bezerro Dourado" que Arão construiu para os filhos de Israel, ao redor do qual eles dançavam enquanto esperavam Moisés descer do Monte Sinai (Êxodo 32), foi certamente baseado no ídolo de Tebas, Hathor, deusa da maternidade, do ouro, da orgia, da música e da dança. Moisés passou mais 40 dias na montanha para conseguir um segundo conjunto de tábuas inscritas com os Dez Mandamentos. Depois disso, ele desceu da montanha:

> Quando, pois, Arão e todos os filhos de Israel olharam para Moisés, eis que a pele do seu rosto resplandecia, pelo que tiveram medo de aproximar-se dele.
>
> Êxodo 34:30

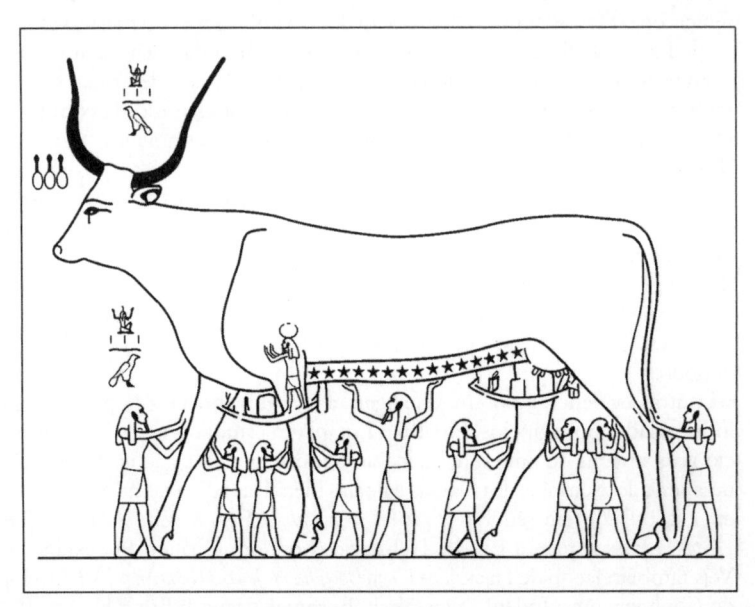

Figura 8: Modelo egípcio do "Bezerro Dourado". Vaca divina desenhada no painel traseiro da parte externa do santuário encontrado na tumba de Tutankhamon, Luxor.

A palavra hebraica traduzida como "raios de luz" pode também significar "chifre de abundância". A correspondência entre essa descrição e os "raios de luz" irradiando vida e generosidade da visão do Deus de Akhenaton não pode ser ignorada.

Qual era o idioma dos trabalhos que Moisés trouxe do Monte Sinai? É comum presumirmos que se trate do hebraico na forma que o temos hoje em dia. Mas isso não pode estar certo — o hebraico ainda não tinha sido inventado.[220]

Na época do recebimento dos Mandamentos em Sinai, portanto, nenhuma outra forma de escrita, além da cuneiforme mesopotâmica ou dos hieróglifos egípcios, estaria disponível para ser usada pelos hebreus. É, pois, inevitável que as tábuas trazidas por Moisés do Monte Sinai tivessem sido escritas com hieróglifos egípcios, e que ao estabelecer as fundações da "Torá", Moisés tivesse escrito em papiros usando a hierática egípcia.*

Foi somente depois de os israelitas terem se estabelecido em Canaã que eles desenvolveram um alfabeto paleo-hebraico, provavelmente baseado na escrita dos fenícios — na época, os fenícios viviam ao longo da costa da parte norte de Canaã (assim como no alfabeto egípcio, derivado do "Ugarit", o paleo-hebraico tinha 19 letras, mas ele só se transformou em uma forma de escrita hebraica linear independente na metade do século IX a.C.).

---

220. As letras hebraicas, da mais antiga inscrição disponível (datada de *c*.700 a.C.) encontrada no canal de Siloam em Jerusalém, mostra uma semelhança clara da escrita fenícia de 200 anos antes. A "Inscrição de Siloam", escrita no mesmo estilo visto na pedra de Moabite do mesmo período [que hoje pode ser vista no Museu do Louvre em Paris), foi originalmente adquirida pelo Museu de Constantinopla. A inscrição foi escrita na parede lateral do canal e foi identificada com um canal mencionado no Segundo Livro dos Reis no Antigo Testamento:
II Reis 20:20
Ora, o restante dos atos de Ezequias, e todo o seu poder, e como fez a piscina e o aqueduto, e como fez vir a água para a cidade, porventura não estão escritos no livro das crônicas dos reis de Judá?
Durante os séculos VI e V a.C., o hebraico já havia caído de uso sendo substituído pelo aramaico. Nos séculos III e II a.C., ele parece não ter mais que 20 letras, conforme pode ser visto em ossuários palestinos (caixões de ossos) daquele período.
Há outras evidências, porém, que ligam a escrita hebraica a origens cananaitas, influenciadas por egípcios. Jonathan Lotan, um estudioso anglo-israelense, relaciona as origens do antigo hebraico ao idioma egípcio e não ao Ugarit. Ele cita uma série de exemplos de palavras egípcias hieráticas adotadas no antigo cananaita em *c*. 1500 a.C., em seu livro *From A to Aleph: 3 Steps to Writing Hebrew* [De A a *Aleph*: 3 Passos para a Escrita Hebraica] (London: Qualum Publishing, 1996). Veja também Jacob de Haas, *The Encyclopeadia of Jewish Knowledge* [A Enciclopédia do Conhecimento Judeu] (New York: Berhman's Jewish Book House, 1946).

* Forma de escrita egípcia de hieróglifos, transcritas da direita para a esquerda.

c. 1200 a.C.
OS DEZ MANDAMENTOS
Esculpidos em pedra em hieróglifos egípcios como parte dos 613 Mandamentos

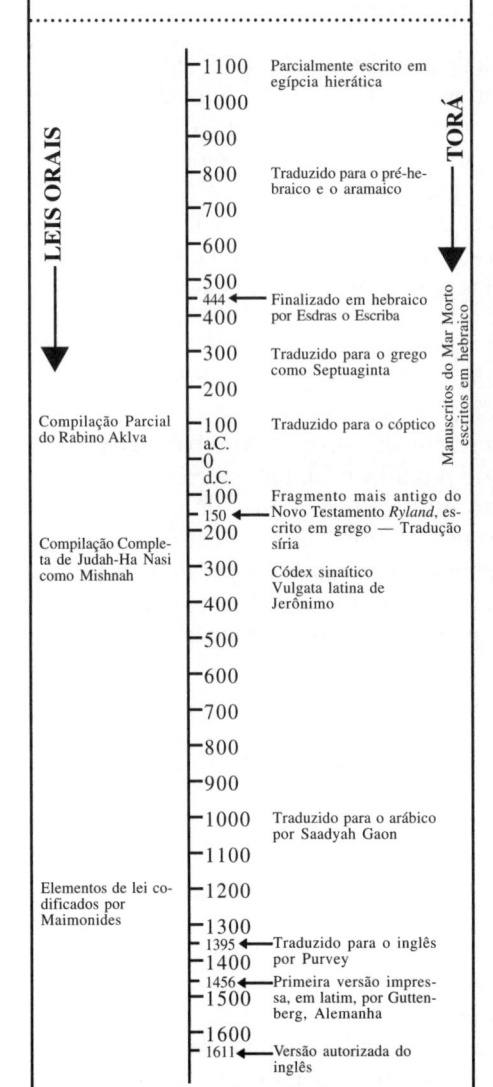

LEIS ORAIS ↓	-1100	Parcialmente escrito em egípcia hierática	**TORÁ** ↓
	-1000		
	-900		
	-800	Traduzido para o pré-hebraico e o aramaico	
	-700		
	-600		
	-500		
	444 ←	Finalizado em hebraico por Esdras o Escriba	
	-400		
	-300	Traduzido para o grego como Septuaginta	Manuscritos do Mar Morto escritos em hebraico
	-200		
Compilação Parcial do Rabino Aklva	-100 a.C.	Traduzido para o cóptico	
	0 d.C.		
	-100	Fragmento mais antigo do Novo Testamento *Ryland*, escrito em grego — Tradução síria	
	150 ←		
	-200		
Compilação Completa de Judah-Ha Nasi como Mishnah	-300	Códex sinaítico Vulgata latina de Jerônimo	
	-400		
	-500		
	-600		
	-700		
	-800		
	-900		
	-1000	Traduzido para o arábico por Saadyah Gaon	
	-1100		
Elementos de lei codificados por Maimonides	-1200		
	-1300		
	1395 ←	Traduzido para o inglês por Purvey	
	-1400		
	1456 ←	Primeira versão impressa, em latim, por Guttenberg, Alemanha	
	-1500		
	-1600		
	1611 ←	Versão autorizada do inglês	

Ostracon hierático do ocidente de Tebas

Hieróglifos egípcios

Fragmento do papiro do século VIII a.C. da carta hebraica encontrada em Wadi Murrabba"at

Fragmento do Manuscrito do Mar Morto

Parte do *Codex Sinaiticus* do século IV d.C. Cópia do manuscrito contendo todo o Novo Testamento e partes do Antigo Testamento de Septuagint, uma tradução original da Torá em grego por 70 escribas trabalhando em Alexandria, Egito, no século III a.C.

Fragmento Ryland, mostrando parte do Capítulo 18 do Evangelho de acordo com São João.

Pergaminho de Jonas e a Baleia do século XV, com letras hebraicas quase idênticas à atual escrita hebraica.

Figura 9: Linha do Tempo da Bíblia

A Arca da Aliança

O Tabernáculo e a Arca, que serviam para guardar os Dez Mandamentos, são descritos em detalhes no Antigo Testamento, em Êxodo 25:10-40; 26:1-36; 27:1-19; 36:8-38; e em Êxodo 37.

> Fez também Bezaleel a arca de madeira de acácia, o seu comprimento era de dois côvados e meio, a sua largura de um côvado e meio, e a sua altura de um côvado e meio. Cobriu-a de ouro puro por dentro e por fora; fez-lhe uma moldura de ouro ao redor; e fundiu-lhe quatro argolas de ouro nos seus quatro cantos, duas argolas em um lado e duas no outro. Também fez varais de madeira de acácia, e os cobriu de ouro; e meteu os varais pelas argolas aos lados da arca, para se levar a arca.
>
> Fez também um propiciatório de ouro puro; o seu comprimento era de dois côvados e meio, e a sua largura de um côvado e meio. Fez também dois querubins de ouro, de ouro batido os fez nas duas extremidades do propiciatório; um querubim em uma extremidade, e o outro querubim na outra; de uma só peça com o propiciatório fez os querubins nas duas extremidades dele. E os querubins estendiam as suas asas por cima do propiciatório, cobrindo-o com as asas, tendo as faces voltadas um para o outro; para o propiciatório estavam voltadas as faces dos querubins.
>
> Êxodo 37:1-9

A descrição em Êxodo 25 é muito parecida com a do Capítulo 37, mas ela é específica quando diz que os varais não são removíveis. Algumas traduções se referem ao revestimento como o "propiciatório". A palavra para "querubim" não pode ser traduzida diretamente, mas em *Aggadic* (tradição oral judaica) imagina-se que eles tenham o corpo de um animal e o rosto de um humano, parecido com a esfinge egípcia (com o rosto de um humano e o corpo de um leão), ao passo que, em Ezequiel 1:5-14, eles são criaturas com asas, com pés de bezerro, com o corpo e o rosto de um homem, ou de um leão, boi ou águia.

A questão do por que a Arca, um veículo supremo de santidade hebraica, deveria estar decorada com imagens egípcias causa perplexidade e jamais chegou a ser respondida de maneira satisfatória. No entanto, com base nas comparações aqui discutidas, uma explicação plausível para sua existência vem à tona.

A misteriosa figura de uma criatura com o corpo de um falcão com asas abertas e o rosto de um humano é vista sobre a parte superior de um caixão, hoje no Museu Britânico. Esculpido sobre a cártula, ou placa com o nome, do caixão, está o nome "Amenophis regente de Tebas", que governou de 1557 a 1530 a.C.

Um desenho semelhante pode ser encontrado no Baú Canópico de Akhenaton, e muitos dos tesouros de Tutankhamon mostram a mesma figura de seres com asas abertas em uma posição de proteção — o painel interior do terceiro santuário, a cabeça de um sarcófago, o caixão de ouro mais secreto. A Placa 9 mostra um bom exemplo.

Quando comparado a um "baú portátil" encontrado na tumba de Tutankhamon, o sucessor seguinte de Akhenaton,[221] vemos no Antigo Testamento descrições da Arca com semelhanças impressionantes. O baú de Tutankhamon mede 83 centímetros de comprimento, 60,5 centímetros de largura, 63,5 centímetros de altura, com uma proporção de comprimento e altura de quase exatos 1,33:1, ao passo que a Arca, também retangular em sua forma, mede 1,275 metro de comprimento por 76,5 centímetros de largura por 76, 5 centímetros de altura, com uma proporção de comprimento e altura de 1,66:1.[222]

Apesar de existir desenhos desses baús portáteis em tumbas de oficiais superiores, como Mereruka e Ankhmahor, em Saqqra, datados de c. 2300 a.C., o baú de Tutankhamon (veja Placa 9) é o único que foi encontrado.

O baú de Tutankhamon é uma peça magnífica e prática, esculpido com detalhes de ornamentação e fino acabamento. A tampa, ou cobertura, e o corpo do baú são feitos de ébano com painéis internos revestidos de cedro vermelho. As junções são de encaixe e entalhes perfeitos, suas saliências presas com linguetas, ou presas com peças de encaixe. Cada painel tem uma borda de faixas alternadas de marfim e entalhes de ébano polido. Calçadeiras de bronze sólido sustentam o peso do baú em suas qua-

---

221. Imediatamente após Akhenaton, o faraó transitório Semenkhkare governou por um curto período de meses.
222. Ao converter medidas bíblicas de comprimento para unidades métricas, o padrão egípcio foi adotado na maioria das descrições neste livro.
As mais comumente medições de comprimento bíblicas usadas estão normalmente relacionadas ao *akkadian* ou cúbito ugarítico de 44,5 centímetros (17,4 polegadas), embora um "Cúbito Real" de 53 centímetros também estivesse em uso em Israel. O cúbito real e o *akkadian* podem ter vindo a ser usados para posteriores referências na Bíblia, mas em referências mais antigas no Antigo Testamento eu acredito que o cúbito egípcio de 51 centímetros seja mais apropriado nos dando uma ideia de dimensão mais precisa. Quase todas as conversões geralmente citadas de medidas de cúbitos das partes mais antigas da Bíblia são, portanto, provavelmente imprecisas. Podemos ter certeza da exatidão do cúbito egípcio de 51 centímetros do tamanho da caixa de madeira do santuário, desenhada para guardar a roda do cúbito de metal e hoje vista na coleção de Tutankhamon do Museu do Cairo. Há outro exemplo no Museu de Liverpool.

tro pernas curvadas. Em cima da cobertura, há uma enorme maçaneta dourada que, com outra maçaneta parecida sobre a face superior da extremidade, forma um ponto fixo onde é "amarrada" para selar a tampa. Cada uma das maçanetas tem uma cártula de inserção de Tutankhamon sobre o hieróglifo onde é possível cobrir com ouro.

Por causa de seu provável uso como um baú de tesouros, não podia ser facilmente carregado por meio de simples passadeiras, e está equipado com quatro varais que podem deslizar embaixo do baú por meio de duas argolas de bronze. Colarinhos nas extremidades dos varais evitam que eles pendam para a frente. Quando o baú era colocado sobre o chão, os varais podiam ser puxados para trás até que os varais opostos se encontravam e desapareciam. Os varais, portanto, não eram removidos, e não podiam ser retirados, quando o baú não estava sendo usado. Compare Êxodo 25:14-15:

> (...) meterás os varais nas argolas, aos lados da arca, para se levar por eles a arca. Os varais permanecerão nas argolas da arca, não serão tirados dela.

Quando o baú portátil de Tutankhamon é verbalmente descrito, restam poucas dúvidas de que ele é muito parecido com a descrição bíblica da Arca.

O Tabernáculo

O "Tabernáculo", ou tenda na qual a Arca ficava guardada, é descrito no Antigo Testamento feito de cortinas de linho puro nas cores azul, roxo e vermelho, decoradas com querubins. As cortinas ficam presas por laços de lã azul e presilhas douradas. O teto do Tabernáculo era feito com pelos de cabra com um revestimento de pele de carneiro escura, com cobertura de pele de golfinhos acima. As laterais do Tabernáculo incluíam tábuas de madeira de acácia presas por um conjunto de rejuntes com encaixes de prata. Nas paredes laterais, havia barras centrais presas em argolas de ouro sobre tábuas revestidas com ouro. Dentro do Tabernáculo, havia uma parte separada por uma cortina isolando o local sagrado e o Sagrado dos Sagrados, onde a Arca da Aliança era colocada.

No interior do Tabernáculo, também era colocada uma mesa revestida de ouro com recipientes para ofertas e libação, um candelabro dourado com seis ramificações e uma posição central (em um total de sete luzes), e um altar para sacrifícios decorado com chifres e revestido de cobre. O altar e a mesa podiam ser carregados por varais semelhantes em sua construção e desenho aos usados para transportar a Arca.

O costume de fazer oferendas de sacrifícios animais, libações, incenso, pães e bolos, em momentos especiais, apresenta analogias a antigas práticas nos templos egípcios de adoração. Por exemplo, nos Textos da Pirâmide e outras inscrições, vemos:

Vosso pão de adoração está (em) seu tempo devido...
O pão e o bolo do sacrifício em seu tempo...[223]

O Tabernáculo precisava ter o tamanho suficiente para abrigar todos os seus conteúdos especificados e ainda assim ser portátil em sua estrutura. Ele media aproximadamente 15,3 metros x 5,1 metros x 5,1 metros de altura (30 cúbitos x 10 cúbitos x 10 cúbitos — medidas baseadas em tamanhos de tábuas [sendo placas "perpendiculares"] e um cúbito de 51cm). Descrições bíblicas do Tabernáculo mostram que o método de unir as placas de madeira que formavam as paredes da tenda com uso de barras, as cortinas e o revestimento de tecido e peles, era muito parecido com o de estruturas de tendas portáteis usadas no Egito naquele tempo. Elas podem ter sido inspiradas nos "pavilhões de vida" usados para embalsamar os mortos. Eram barracas leves feitas de material simples e outros artigos que podiam ser suspensos com facilidade e transportados ou destruídos após seu uso.

A descrição das copas no candelabro (Êxodo 37) nos faz lembrar especificamente do "Cálice Lotiforme" encontrado na tumba de Tutankhamon, hoje parte da coleção do Museu do Cairo, e visto em uma placa de cerâmica de posse da Faculdade de Eton, Inglaterra. Em sua forma de lótus branco, esse tipo de copa era usado para beber; mas na forma de lírio azul, era usado para fins ritualísticos.

Esse cálice era esculpido a partir de um único bloco de alabastro, ou calcita, como uma única flor de lótus branco ornado com pigmentos azuis. Ele é caracterizado por 16 a 20 pétalas de formato oval e quatro sépalas também ovais. Compare com a descrição bíblica:

> Em um braço havia três copos a modo de flores de amêndoa, com cálice e corola [uma flor de folhas ou sépalas formando o casco externo do botão] e pétalas, em um ramo (...) Seus cálices e os seus braços formavam uma só peça com a haste, o todo era uma obra batida de ouro puro.
>
> Êxodo 37:19, 22

O desenho do candelabro dourado de sete ramificações (*Menorah*) tem muitos protótipos pré-Êxodo. Uma das representações mais evidentes dele pode ser vista em uma tigela de pedra betuminosa de Susa, Elam (Antiga Babilônia), hoje no Museu do Louvre em Paris. Datada de 2300 a.C., ela mostra querubins protegendo várias árvores de sete ramos, idênticas, que têm um desenho muito parecido com a descrição do candelabro do Tabernáculo.

Há muitas outras comparações correlativas que podem ser feitas em outras passagens descritivas das decorações do Tabernáculo e dos

---

223. K. von Sethe, *Die altagyptishen Pyramidentexte, neu herausgegeben und erlautert* (Leipzig, 1908—).

costumes eclesiásticos que deviam ser usados. Praticamente todos os itens relacionados ao Tabernáculo, como estão descritos na Bíblia, podem ser identificados como assustadoramente semelhantes aos itens de posse de Tutankhamon, o sucessor de Akhenaton.

Com base na semelhança de formas, construções, princípios de operação e ornamentos, é difícil não concluirmos que o "Tabernáculo" e a "Arca da Aliança" foram, no mínimo, baseados em desenhos e motivos egípcios — que são evidentes no Templo de Akhetaton. As incríveis semelhanças da Arca indicam que era certamente de origem egípcia e, assim como os demais tesouros levados do Egito pelos hebreus, foi provavelmente dada a Moisés pelos sacerdotes sobreviventes de Akhetaton.

Sacrifício

Preciso mencionar algo aqui a respeito dos relatos bíblicos de sacrifícios animais que, ao que tudo indica, faziam parte do Tabernáculo e mais tarde dos rituais do Templo, por serem eles inconsistentes com minhas alegações anteriores de que Akhenaton abominava o desnecessário derramamento de sangue e a prática das ofertas de "holocaustos" (queimas) (veja Capítulo 9).

As preparações necessárias para os sacrifícios, conforme descritas no Antigo Testamento, são muito parecidas com as imolações pagãs no antigo Egito. Por exemplo, qualquer animal sacrificado ao deus egípcio Amun tinha de passar por um processo de limpeza meticulosa, sem qualquer mancha física além de ter todos os seus pelos retirados.

Em muitos aspectos, os filhos de Israel permaneceram fiéis às crenças fundamentais defendidas por Akhenaton, mas há determinadas práticas rituais e supersticiosas, das quais o sacrifício animal é a mais pertinente, que parecem ter resultado de uma "reversão" que os ligava ao comportamento dos pagãos.

Eu não afirmo ter uma resposta final acerca do porquê esse tipo específico de "reversão" relacionada ao sacrifício aconteceu, tenha sido durante o tempo em que os israelitas caminhavam pelo deserto de Sinai ou, depois disso, quando os templos foram construídos em Jerusalém. Parte da resposta, eu acredito, está no fato de que entre aqueles que Moisés conduziu para fora do Egito havia uma série de seguidores de Akhenaton e Ay, que ainda praticavam os antigos rituais do Egito. Arão, o irmão bíblico de Moisés, nomeado sumo sacerdote responsável pelos assuntos do Tabernáculo, estava entre esses "seguidores". Rituais de sacrifício são descritos no Antigo Testamento como sendo a responsabilidade de Arão e seus filhos, e foi Arão quem mais tarde permitiu que alguns dos israelitas dançassem nus ao redor de um ídolo — o Bezerro Dourado.

Esse não foi o único incidente de grande discórdia no acampamento. Diferentes facções lutaram pelo controle do sacerdócio e desafiaram a autoridade de Moisés durante o período que passaram no deserto, às vezes com consequências fatais.

Para onde quer que os israelitas fossem, os tesouros que tinham levado do Egito eram protegidos pela tribo de maior confiança dos levis e dos kohathites[224] — um grupo que, com o tempo, seria punido por desafiar a autoridade de Moisés perdendo sua posição exclusiva de mantenedores da Arca da Aliança.

Estou aqui postulando que as razões dessas disputas são explicadas pelo fato de os escravos hebreus, relativamente pobres conduzidos para fora do Egito por Moisés, estarem acompanhados de uma classe rica de egípcios, principalmente composta de sacerdotes — um cenário mais que certo para o surgimento de rivalidades entre os grupos, invejas e até mesmo violência. Todas essas emanações não demoraram muito tempo a aparecer depois do Êxodo.

O Antigo Testamento confere ainda mais créditos a minha alegação de que havia sacerdotes egípcios entre os seguidores de Moisés. Em Êxodo 12, vemos que os hebreus que deixaram o Egito estavam acompanhados de uma "multidão misturada"; em Números 16, há menção de duas facções rivais de sacerdotes. Uma dessas facções foi conduzida por líderes com nomes no estilo egípcio — Corá, Datan, Abirão e On, filho de Pelete (sendo "On" o nome antigo da cidade egípcia de Heliópolis).

O Fator DNA

Há sólidas e fascinantes provas científicas, 3 mil anos após o evento, que enfatizam a homogeneidade dos povos hebreus, mas que também revela uma facção sacerdotal geneticamente isolada com padrões de DNA muito distintos.

Uma edição de janeiro de 1997 da revista *Nature* apresentou um artigo a respeito dos "cromossomos Y dos sacerdotes judeus".[225] O cromossomo Y é herdado do pai e não é combinado. Por causa disso, as equipes de pesquisa do Instituto Technion-Israel de Tecnologia, da Universidade de Toronto, da Universidade de Londres, e da Universidade do Arizona, que escreveram o artigo, decidiram estudar o código genético dos

---

224. Os kohathites eram os filhos de Levi, que era filho de Jacó. Os outros filhos de Jacó formaram as tribos de Gershon e Merari.
225. K. Skorecki, S. Selig, S. Blazer, R. Bradman, N. Bradman, P. J. Waburton, M. Ismajlowicz e M. F. Hammer, "Cromossomos Y dos Sacerdotes Judeus", *Nature*, vol. 385, 2 de janeiro de 1997.

judeus do sexo masculino cujo desígnio ao sacerdócio, pelas descendências paternais estritas, foi continuado por milhares de anos até os dias de hoje.[226] Os sobrenomes dos descendentes sacerdotais são geralmente derivações de "Cohanim". Os pesquisadores concluíram que existem diferenças claras na frequência de haploides* de cromossomos Y entre uma linhagem não interrompida de "sacerdotes" judeus e seus parentes leigos. De maneira surpreendente, a diferença é notável nas populações descendentes tanto dos ashkenazi (Europa Central) como dos sephardi (norte-africanos, espanhóis, Oriente Médio), apesar das enormes separações geográficas dessas comunidades originais.

O estudo mostrou que há uma "preponderância relativa do haploide YAP-DYS19B em ambas as populações judaicas, indicando que esse pode ter sido o haploide modal fundador do sacerdócio judaico". Acredita-se que a presença ou ausência do cromossomo YAP representa um acontecimento evolucionário único, datado de aproximadamente 29 mil e 340 mil anos atrás. A importância dessa última declaração é que a *descendência do sacerdócio deve ter preexistido, há muitos milhares de anos, eventos em tempos bíblicos.*

Em outras palavras, o grupo eclesiástico que foi "escolhido" por Moisés para formar a linhagem de sumo sacerdotes e principais guardiões dos rituais sagrados *já* era geneticamente diferente da população de hebreus e deve ter vindo, ou originado, de fora das principais tribos hebraicas.

Uma possível consequência da evidência do fator genético é que Arão e sua família, que foram incumbidos de desempenhar a função de sumos sacerdotes, possuíam um agrupamento diferente de DNA do restante dos hebreus. Como o irmão de Moisés, nos termos do Antigo Testamento, a ideia de que Moisés era um egípcio se torna ainda mais convincente. Outra possibilidade é que Corá, conforme sugerido anteriormente (veja p. 181), era um dos líderes dos sacerdotes egípcios que saíram com Moisés, e que sua família deu início à linhagem dos sumo sacerdotes. Essa é uma teoria bastante sedutora em vista da semelhança do som de seu nome e o de "Cohanim" ou "Cohan".

Provas dos Manuscritos do Mar Morto

Há mais evidências de que os possíveis ensinamentos secretos trazidos do Egito pelos sacerdotes inspirados em Aton sejam anteriores aos de Moisés. Os próprios Manuscritos do Mar Morto, em especial os encontra-

---

226. Nos últimos 3 mil anos era comum que os judeus do sexo masculino, que se consideravam de linha sacerdotal, casassem-se e tivessem filhos somente com mulheres judias também de linhagem sacerdotal.

* Haploides são grupos moleculares que caracterizam tipos de cromossomos.

dos na Caverna 4 em Qumran, oferecem-nos provas bastante contundentes. Entre os Manuscritos fragmentários vemos dois trabalhos conhecidos como "O Testamento de Amram" e "O Testamento de Qahat".[227] O nome "Qahat" é traduzido por Eisenman e Wise como "Kohath".[228] Esses dois trabalhos registram que textos sagrados, escritos muito antes do tempo de Moisés, foram redigidos pela linhagem sacerdotal.

Vale a pena analisarmos parte de "O Testamento de Amram", que foi traduzido por Geza Vermes do aramaico:

> Cópia do livro (texto) das palavras da visão de Amram, filho de Kehat, filho de Levi, tudo [que] ele explicou a seus filhos e impôs a eles no dia da [sua] morte, em seu centésimo trigésimo sétimo ano, que foi o ano de sua morte, [em] o centésimo quinquagésimo segundo ano do exílio de Israel no Egito (...) para chamar Uzziel, seu irmão mais jovem, e ele [casou] com Miriam, [sua] filha, e disse [a ela], "Você tem 30 anos de idade". E ele ofereceu um banquete que durou sete dias. E ele comeu e bebeu e festejou durante o banquete. Então, quando os dias do banquete foram concluídos, mandou chamar a Arão, seu filho, e ele tinha... anos de idade.[229]

O texto diz que Amram, apontado pela Bíblia como o pai de Moisés (e Arão e Miriam) morreu com a idade de 137 anos, e é, na verdade, o "pai espiritual" de Moisés. Contudo, recebemos aqui um número bastante preciso, que não se trata de um de nossos "números mágicos" invocados pela conveniência matemática (veja Capítulo 7). O nome do local "Amram" ficou intimamente associado à região da cidade santa de Akhetaton, após sua destruição por volta de 1300 a.C. Acredito que tenha havido uma "mistura" de nomes, e que o Amram sendo ali referido podia muito bem ser o próprio Akhenaton, assim como seus textos, que certamente fazem uma referência a Akhetaton.

Akhenaton morreu em c. 1332 a.C., com aproximadamente 30 anos de idade, e por isso sua morte alegórica*, cerca de 107 anos depois, teria significado que ele viveu até 1225 a.C. — muito próximo às datas que proponho (e que muitos estudiosos preferem) para o tempo de Arão e Moisés.

---

227. Geza Vermes, *The Complete Dead Sea Scrolls in English* [Todos os Manuscritos do Mar Morto em Inglês] (New York: The Penguin Press, 1997).
228. Robert Eisenman e Michael Wise, *The Dead Sea Scrolls Uncovered* [Os Manuscritos do Mar Morto Revelados] (New York: Penguin Books, 1993).
229. Vermes, *The Complete Dead Sea Scrolls in English* [Todos os Manuscritos do Mar Morto em Inglês]. Letras entre [ ] significam prováveis reconstruções; entre ( ), marcações inseridas para sentido do texto.

* Isto é, a data visualizada pelos autores do "Testamento de Amram" para a morte de Amram caso ele tivesse vivido 137 anos.

A implicação é a de que os textos citados foram transmitidos por uma parte da linhagem sacerdotal, que pode ter se juntado a eles, mas que foram iniciados no tempo de Akhenaton.

Por acaso, o Testamento de Amram fala de um banquete de sete dias. De que forma podemos explicar escravos pobres festejando com tamanha extravagância — a menos que, naturalmente, eles tivessem muito dinheiro e ligações reais!

Manetho, Meyer e Moisés

Já mencionei Manetho, um renomado estudioso e sacerdote egípcio do século III a.C., várias vezes. Mas é neste ponto que as evidências de Manetho lançam todo seu peso para sustentar minhas teorias.

Manetho nasceu no norte da região Delta e viveu e trabalhou em Alexandria durante o tempo dos regentes gregos. Ele nos deixou dois principais tesouros que tiveram um impacto vital sobre a compreensão do antigo Egito. O primeiro foi a mais antiga, quase completa, cronologia dos faraós, que é crucial para o estabelecimento das datas e identidades de regentes dinásticos egípcios. Sua segunda maior contribuição foi a história do Egito, da qual seus detalhes em duas versões do "Êxodo" são de grande interesse em nossa pesquisa para as ligações entre Akhenaton, Moisés e os Essênios de Qumran.

Infelizmente, apesar de considerarmos os 2.300 anos que passaram desde seu tempo como algo surpreendente, nenhuma das escritas de Manetho sobreviveu em sua forma original. O que nós, de fato, temos são variantes de seus textos registrados por outros historiadores alexandrinos, como, por exemplo, Chaeremon e Apion, e colaborações de outros escritores não egípcios, como Hecataeus, Diodorus e o nosso velho amigo Josephus — o historiador judeu-romano do século I d.C. Josephus registrou detalhes do Êxodo e seus relatos são considerados derivações do trabalho de Manetho.

Manetho escreveu a maior parte dos trabalhos a pedido de Ptolemy II Philadelphus, um dos novos regentes gregos do Egito e, por isso, eles têm certa tendência. Extrair a verdade das evidências de Manetho é, portanto, um trabalho não muito simples; ele estava escrevendo para agradar as sensibilidades dos gregos além de tentar projetar o Egito histórico como uma civilização digna da qual os gregos podem se orgulhar de manter. Há também a consideração de que testemunhas posteriores mantiveram suas próprias "agendas ocultas" na reestruturação dos textos de Manetho. Muitos estudiosos tentaram revelar "a verdade" em seus escritos, e especialistas modernos creditam a Eduard Meyer, um estudioso alemão, o mérito de ter chegado mais perto do alvo.[230]

---

230. Lucia Raspe, "Manetho no Êxodo: Uma Reavaliação", *Jewish Studies Quarterly*, vol. 5, nº 2 (Tübingen: J.C.B. Mohr, 1998).

Manetho escreveu a respeito de duas expulsões do Egito. A primeira foi a dos "pastores-estrangeiros" hyksos no século XVI a.C.; e a segunda, de estrangeiros e leprosos na época de Moisés. Ele, na verdade, dá-nos a mais antiga e, provavelmente, a mais evidente referência não bíblica confirmando um Êxodo dos hebreus sob a liderança de Moisés. Meyer conclui que as duas versões do Êxodo citadas na obra de Josephus, e alusões aos "solomitas" (construtores do Templo do Rei Salomão) e um destino de "Jerusalém" estão mais aproximados do último "Êxodo".

É nos nomes pessoais citados por Manetho, em associação ao último Êxodo, que encontramos pistas quanto à ligação entre os hebreus e Akhenaton. Pistas que mostram que eles mantiveram a memória de Aton em seu meio.

No último "Êxodo", Manetho refere-se a "Osarsiph" como líder de um povo que só pode ser os hebreus. Conforme Lucia Raspe, da Universidade Freie, Berlim, indica,[231] o nome "há muito tempo suspeita-se ser uma pseudotradução de José", e os textos associam José a serviço do monoteísmo do disco de Aton de Akhetaton e de Heliópolis.

Dois outros nomes surgem em relação a José e ao Êxodo — Amenophis e Ramsés. Amenophis foi identificado como Amenhotpe, filho de Hapu, que serviu como escriba real do pai de Akhenaton, Amenhotep III (1387-1349 a.C.) e que foi intimamente associado a Akhenaton. O Ramsés do período do Êxodo é identificado como Ramsés III. Imediatamente anterior ao reinado de Ramsés III aconteceu um período bem documentado de 13 anos de "caos e reviravoltas" durante o reinado de Setnakhte. Essa situação anárquica é relacionada a uma luta pelo poder que se passou na corte durante o que, eu acredito, tenha sido o período quando "Aton" voltou a ser admirado, promovido por poderosos apoiadores, incluindo Moisés. Havia uma atmosfera de ressurgimento do atonismo no ar.

O predecessor de Setnakhte, Merneptah, também pode ter tido um encontro com os israelitas. No Capítulo 7, citei a *stela* de Merneptah como a primeira menção autenticada dos israelitas a partir de uma fonte egípcia. É em relação a essa criticamente importante *stela* que encontramos outra indicação pictórica de como os egípcios identificavam os hebreus.

A Figura 10 mostra as passagens hieroglíficas inscritas na parte frontal da *stela*. Ao lermos da parte superior da *stela* para baixo, ficamos sabendo a respeito de três batalhas contra lugares em Canaã e um encontro final com um povo:

Ashkelon foi derrotado
Gezer foi capturado
Yano-am não mais existe
Israel é destruída, mas sua semente não

---

231. Ibid.

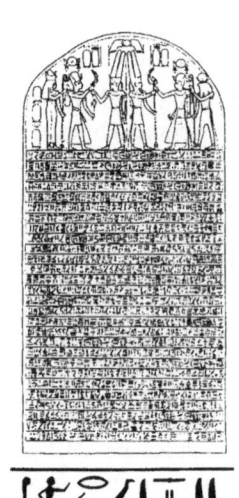

Figura 10: Gravura da *stela* de Merneptah, com o nome de Israel em hieróglifos como *Y-sa-ra-el* no meio da penúltima linha embaixo. (Depois P. Kyle McCarter, Jr. *Ancient Inscriptions*, Sociedade Arqueológica Bíblica, 1996, Washington DC)

A batalha final, que é a primeira menção atestada de Israel na história, é contra um povo que ainda não aparece estabelecido em um local. A interpretação dessa sequência de batalhas é geralmente vista como dando a indicação de que os israelitas ainda não estavam vivendo em Canaã, ou podem, inclusive, nem ter chegado lá.

Merneptah é morto em algum lugar próximo ao Mar Vermelho, *c.* 1210 a.C., e essa morte inesperada de um faraó enquanto ainda no poder, vai bem ao encontro da história bíblica do faraó que perseguiu os israelitas e teve um fim fatal. O que, porém, é mais intrigante é a conexão que o historiador Frank Yurco faz entre a *stela* de Merneptah e um relevo esculpido na parede de um templo em Karnak. Como uma das mais importantes arqueólogas no mundo, Kathleen Kenyon afirma em seu livro, *The Bible and Recent Archaeology*, publicado em 1987, que Frank Yurco, um egiptólogo americano, defende de modo convincente que o relevo de Karnak, anteriormente relacionado a Ramsés II, na verdade, vem da época de Merneptah. O relevo, visto na Figura 11, apresenta a mesma sequência de batalhas como estão descritas na *stela* de Merneptah, onde a figura de baixo mostra as vítimas sendo pisoteadas sob a água por carruagens do faraó.

Se a interpretação de Frank Yurco estiver correta, e eu acredito que as sequências correspondentes de batalhas demonstram sua validade, a cena final sobre o relevo de Karnak é um desenho dos israelitas, ou hebreus. Os toucados das cenas das batalhas dos canaanitas identificam as pessoas sendo atacadas como asiáticas, mas quando analisamos a cena da batalha com os israelitas, seus toucados aparecem em uma forma raramente vista — cabeças raspadas com faixas duplas ao redor da parte superior da cabeça. Isso é exatamente o mesmo tipo de chapéu visto na figura que conduz a procissão no Grande Templo de Akhetaton, ilustrada no Capítulo 10, que eu continuo acreditando se tratar da figura bíblica do hebreu José. O toucado usado para identificar os hebreus no relevo de Karnak é o mesmo utilizado para identificar José, o vizir hebreu no Grande Templo do faraó Akhenaton!

No fim desse período de "caos e reviravoltas", o trono era ocupado por Setnakhte, e seu nome revela uma predileção pelo monoteísmo de Akhenaton. O elemento *nakhte* de seu nome o identifica com o título *Nakhte*, ou vizir — como José era chamado na época de Akhenaton. Além disso, seu nome de trono de "Userkaura Meryamun" o identifica com "Meryra" — o sumo sacerdote na corte de Akhenaton. Que melhor momento Moisés teria para se aproveitar dos 13 anos de desestabilização e de um rei favoravelmente disposto a buscar a libertação de seu povo adotivo?

A versão de Chaeremon do "Êxodo" de Manetho cita Moisés como um líder do povo afligido que ele conduz para fora do Egito. O nome egípcio que ele dá a Moisés é "Tisithen" e, como uma série de estudiosos conclui, quase que certamente preserva o nome de "Aton" em sua etimologia, reafirmando a associação que eu fiz entre Moisés e o atonismo.

Para resumir a análise dos trabalhos de Manetho, ele registra o seguinte:

Figura 11: Desenho do relevo em Karnak, atribuído a Merneptah, mostrando uma série de batalhas, confirmando descrições na s*tela* de Merneptah. Observe as cabeças raspadas com faixas duplas no cenário de baixo que podem indicar que esses são hebreus. (Depois de K. Kenyon, *The Bible and Recent Archaeology*, Publicações do Museu Britânico)

- José como um contemporâneo de Akhenaton;
- Setnakhte como o provável faraó na época do "Êxodo";
- Moisés como libertador dos hebreus do Egito em algum momento entre 1206 e 1189 a.C.;
- O nome de Moisés testemunhando a aliança com o monoteísmo de Akhenaton.

Acredito que Setnakhte foi o faraó do "Êxodo" e que, no fim desse período de "caos e reviravoltas" (por volta de 1200 a.C.), sob seu governo benigno, Moisés, um príncipe do Egito, aproveitou-se da oportunidade de conquistar a libertação dos hebreus e conduzi-los para fora do Egito até a Terra Prometida.[232]

---

232. A ideia convencional de que Ramsés II era o faraó do Êxodo está, eu acredito, errada. No entanto, ele pode muito bem ter sido o faraó da "opressão", que levou os escravos hebreus à exaustão fazendo-os executar seu programa de construções.

De Volta ao Tesouro do Pergaminho de Cobre

Do ponto de vista de nossa "caça ao tesouro", o que é importante ser tirado da história do Êxodo é que os israelitas levaram do Egito tesouros, alguns dos quais faziam parte do templo. Havia também egípcios e sacerdotes egípcios entre eles, alguns vindos de On, um lugar famoso por ser o centro tradicional das religiões associadas ao sol, onde o primeiro templo a Aton foi construído e um local provavelmente solidário da nova religião de Akhenaton. Esses sacerdotes que os acompanhavam podem muito bem ter trazido também o *conhecimento de onde alguns dos tesouros do Grande Templo de Akhenaton e do Cofre estavam enterrados*. Eles também tinham acesso ao cobre. Como eu sei disso?

O Antigo Testamento nos dá diversas pistas. Em Números 21:4-9, por exemplo, há uma passagem curiosa que está bastante fora de contexto. Os filhos de Israel estão cansados de vaguear pelo deserto, com pouco alimento e água, e começam a se queixar a Moisés. Ainda pior, eles são repentinamente surpreendidos por uma praga de cobras venenosas, que picam e matam muitos deles. Os israelitas imploram para que Moisés interceda junto a Deus em seu nome para que os proteja. Então, o que Moisés faz? Ele pega um pouco de *cobre* e o bate na forma de uma serpente. Qualquer pessoa que olha para a "cobra de cobre" é instantaneamente curada das picadas das cobras venenosas.[233]

Há uma possibilidade de que esse cobre tenha sido obtido nas minas de Timna, na parte nordeste de Sinai, mas isso deixaria implícito que os filhos de Israel foram obrigados a permanecer por um longo período naquela região para adquirir as habilidades exigidas para a mineração, fundição, purificação e fabricação do produto — o que parece pouco provável. Tribos midianitas, que viviam a leste do golfo de Aqaba, são conhecidas por terem um santuário em Timna, onde veneravam uma pequena cobra de cobre que media 12 centímetros de comprimento.[234] É bem provável que essa seja a cobra citada no Antigo Testamento, visto que Moisés instruiu os filhos de Israel para aniquilar praticamente todos os midianitas e, assim, tomaram posse de várias coisas que lhes pertenciam, entre as quais podia muito bem estar essa cobra.

No entanto, o estranho incidente de Moisés construindo uma cobra de cobre e outros exemplos do metal sendo usado no Tabernáculo para formas e revestimentos antes de qualquer encontro com os midianitas respondem essa pergunta. O cobre, em sua forma de material bruto, estava disponível ao povo do Êxodo e deve ter sido levado com eles quando deixou o Egito.

---

233. Na versão autorizada da Bíblia, o cajado usado por Moisés é chamado de "uma serpente de latão". Conforme mencionado anteriormente no Capítulo 3, o latão não era conhecido até o tempo dos romanos. Na versão hebraica do Antigo Testamento a frase é traduzida como "uma serpente de cobre".

234. John W. Rogerson, *Atlas of the Bible* [Atlas da Bíblia] (New York: Facts on File Publications, 1991).

CAPÍTULO XIV

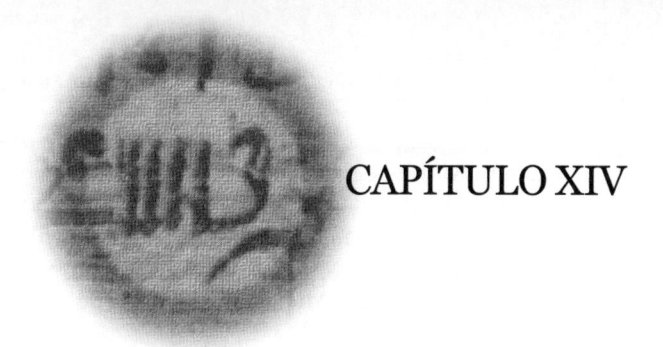

Em Direção a Qumran

Uma rápida viagem pela história, cobrindo um período de mil anos do tempo dos israelitas chegando em Sinai vindos do Egito, preenche a lacuna entre Moisés e o povo atormentado dos Essênios de Qumran, que habitaram um canto remoto próximo ao Mar Morto em Israel por volta da época de Cristo.[235] A Figura 12 traz os momentos históricos, em que podemos fazer uma avaliação de como a comunidade monástica de Qumran pode estar relacionada aos sacerdotes de Akhenaton. Uma descrição completa é dada na nota.

---

235. Quando Moisés morreu, Josué herdou a tarefa de liderar os hebreus na conquista e colonização de Canaã — a Terra Prometida. As áreas central e norte conquistadas foram divididas entre as tribos descendentes de José e Jacó, mas eles continuaram a se defender de ataques dos filisteus, midianitas e amorreus.

Logo depois, houve um período dos "Juízes", que guiaram o caminho da nova "federação tribal" até *c.* 1050 a.C., quando Saul foi nomeado o primeiro rei e os rituais iniciais de uma dinastia foram estabelecidos. Ele foi seguido pelo rei Davi e por seu filho, o rei Salomão, sendo que este último acabou responsável por diversas reformas sociais e administrativas, além da construção do Primeiro Templo em Jerusalém. Após a morte do rei Salomão, o reino de Israel foi dividido no reino do norte, governado por Jeroboam, e o reino do sul, governado por Rehoboam, filho de Salomão. É nesse período que uma data certa de 945-924 a.C. pode ser estabelecida para a incursão do faraó egípcio Shosenq I no território judeu. Inscrições no Templo de Amum, em Tebas, listam as cidades que ele sitiou em Judá até o sul, e evidências arqueológicas mostram que ele chegou em Megiddo no norte de Israel. Ele é citado no Antigo Testamento como "Shishak rei do Egito" (I Reis 14:25 e II Crônicas 12:1-9).

Diversos reis hebreus continuaram a governar, apesar de terem de enfrentar muitas derrotas militares, nos reinos do norte e do sul durante o período dos Profetas Elijah e Elisha (de 870 a 790 a.C.). Batalhas continuaram com aramaeans

Quando Moisés deixou o Egito para conduzir os filhos de Israel em direção à Terra Prometida, acredito que ele tenha levado alguns dos sacerdotes de Akhenaton junto com um grupo mesclado da nobreza egípcia, soldados e auxiliares em geral. Eles, por sua vez, tornaram-se os guardiões naturais dos tesouros sagrados, da Arca da Aliança... e de muitos segredos.

(sírios), moabitas e egípcios até que, em 722 a.C., os assírios conquistaram o reino do norte e dispersaram as dez tribos em seus territórios mais para o norte. O reino do sul, hoje conhecido como Judá, passou a ser regido pelo domínio dos assírios até por volta de 640 a.C., quando o poder assírio entrou em declínio e os babilônios tornaram-se a força na região. Nabucodonosor II invadiu o país e, em 586 a.C., destruiu o Templo em Jerusalém, levando toda a população como escrava para a Babilônia.

O controle de Judá da Babilônia não durou muito tempo e, em 539 a.C., o rei Cyrus II da Pérsia conquistou a Babilônia. De acordo com o escriba bíblico Esdras (Esdras 2:64), 42.360 judeus foram então encorajados a voltar para Israel, que agora fazia parte do império persa. Os persas portavam-se de uma forma muito mais benigna com relação aos israelitas e foram por isso capazes de iniciar a reconstrução do Templo em Jerusalém, dentro de uma Judá muito mais contraída.

Muitos hebreus, porém, ficaram na Babilônia e, em termos bíblicos, eles, por fim, tornaram-se a força literária dominante. A Torá babilônica — no sentido mais amplo da Torá como a Lei escrita e oral — divergia em muitos aspectos da Torá palestina, mas foi ela que, posteriormente, estabeleceu-se como o conjunto de obrigações religiosas aceito. O Templo foi finalmente reconstruído em 516 a.C., e quando condições mais naturais voltaram a imperar no sul, por volta de 450 a.C., tanto Esdras como Neemias voltaram para Judá vindos da Babilônia. Seu objetivo era o de apoiar uma observância enfraquecida da lei judaica e de garantir Jerusalém como o centro religioso do país.

Alexandre o Grande, rei da Macedônia, conquistou as terras ao redor de Jerusalém em 332 a.C. e em 198 a.C. o controle do país foi estabelecido sob a parte síria do império seleucid (contrária aos gregos ptolomeicos, que governavam a partir do Egito). Tentativas de Antiochus IV Epiphanes de helenizar seu império herdado e forçar os súditos a venerar deuses gregos foram a gota d'água para os judeus de Judá, e eles rebelaram-se sob Judá o Macabeu em 167 a.C. Conforme o império heleno começava a cambalear, um Estado judeu livre foi finalmente restabelecido em 143 a.C. e uma linhagem de regentes judeus "Hasmonaeans" deu início à reocupação dos territórios — Idumea no sul; Samaria e Galileia ao norte; e a Terra de Tubius ao leste.

A regência hasmonaean durou até 63 a.C., quando a invasão romana da Terra Santa e de Pompeia estabeleceu o local como um protetorado. Houve um breve período de interrupção por invasores partos que colocaram o Antigonus hasmonaean no trono em 40 a.C. Roma reagiu em 37 a.C. nomeando Herodes o Grande, um edomita de família idumeana, como rei dos judeus. Depois de três anos de luta, ele conquistou o título, restaurou o Templo em sua glória antiga e governou o país até 4 a.C. e o nascimento de Jesus.

Um grupo desses sacerdotes, que deixou o Egito com Moisés, era conhecido como os levitas. Eles foram consagrados por Moisés para servir no Tabernáculo e, por fim, vieram a fazer parte dos sacerdotes eleitos do Primeiro Templo (construído por Salomão em Jerusalém, por volta de 950 a.C.).[236]

Os Sacerdotes Levitas

Qual era, na verdade, o papel desempenhado pelos guardas sacerdotais levitas entre o tempo de Josué, o "Conquistador" de Canaã, e o fim do reinado de Salomão, na época do Primeiro Templo, não sabemos ao certo. A Torá propõe diferentes respostas para diversos períodos.

No início, os levitas recebem seus cargos eclesiásticos — os guardiões do Tabernáculo (Números 1:50) e, em Êxodo 32:26-29, como os filhos de Levi, eles são claramente sacerdotes guerreiros preparados para usar a espada para extirpar a idolatria entre os filhos de Israel.

Outras partes da Bíblia lhes conferem diferentes funções. Deuteronômio 33:8-10 dá aos levitas o papel de mantenedores do Thummim e do Urim,* professores da lei, queimadores de incenso e organizadores de sacrifícios sobre o altar. Nas tradições mais antigas, eles são conhecidos como "guardas do Palácio". Os levitas, comparados aos sacerdotes na Bíblia, recebem uma consideração especial ao longo de toda a Torá. Parece que os levitas descenderam de Arão, o irmão bíblico de Moisés, e eram responsáveis por realizar as funções eclesiásticas, ao passo que os outros levitas ficavam encarregados de realizar outras tarefas no santuário (Números 18).

Durante a regência do rei Davi, os sacerdotes levitas do norte sediados em Shiloh (que afirmavam ser descendentes de Moisés) foram favorecidos, mas sofreram muito sob o comando de Salomão e ainda mais sob Jeroboam, dando-lhes todas as possíveis razões para se isolar da comunidade.

Apenas para completar esse cenário, em 132 a.C., 62 anos após o Templo ter sido saqueado pelos romanos, Bar-Kochba comandou outra revolta judaica. Esse episódio terminou em tragédia, e causou a expulsão dos judeus de Jerusalém. Somente no século IV d.C. foi que eles puderam oficialmente retornar. Quando o fizeram, os judeus reinstalados eram cada vez mais marginalizados pela crescente força cristã de Roma e a integração de influências e da filosofia grega em sua cultura — um efeito ao qual o Judaísmo não estava imune.

236. A continuidade dos levitas é difícil de ser seguida na Bíblia, mas fica claro que alguns deles foram "separados da comunidade". Em Números 16:9, temos: "o Deus de Israel vos separou da congregação de Israel". Eles, assim, mantiveram uma forma diferente de Judaísmo dos costumes principais da época e, acredito, capazes de preservar algumas das escrituras sagradas em segredo do restante do povo.

* Isto é, os reveladores da vontade de Deus por meio do lançar de dados.

Na época dos juízes e dos reis de Israel, a injunção de que os sacerdotes só podiam vir de linhagens levitas parece ter variado: Samuel, um efraimita, desempenhava a função de sacerdote quando o santuário foi inicialmente estabelecido em Shiloh (I Samuel 1 e 2), e no tempo do rei Davi os sacerdotes ganharam o direito de Zadok e de Aimeleque (II Samuel 8:15-18).

Ezequiel 40:46 é ainda mais específico em afirmar que a posição de sumo sacerdote devia ser reservada para os zadoquitas, descendentes dos filhos de Levi, e parece que eles dominaram a função por vários milhares de anos desde o tempo de Salomão.

Presságios de Desastres

O período anterior à invasão do norte pelos assírios é uma das profecias e punições do povo judaico por desviar do caminho de Deus, pela linhagem dos profetas de Amos, Hosea, Micah e Isaías durante o período entre 800 e 700 a.C. Conforme nos aproximamos do tempo da queda do Primeiro Templo, a profecia torna-se mais estridente e mais carregada de maldições.[237]

Também vemos, antes do período da invasão seguinte do norte pelos babilônios, que há um movimento de dentro de um grupo de sacerdotes para "voltar as origens", retomando os ensinamentos de Moisés nos desertos do Sinai. Um "novo" Testamento[238] é repentinamente descoberto no tempo do rei Josias, que governou de 637 a 608 a.C., e essa é a primeira evidência marcante que temos da existência de textos secretos sendo mantidos pelos sacerdotes que não estavam disponíveis para a população em geral, ou até mesmo para a monarquia.

---

237. **Isaías 1:11, 13**
"De que me serve a mim a multidão de vossos sacrifícios?" diz o Senhor.
"Estou farto dos holocaustos de carneiros, e da gordura de animais cevados; e não me agrado do sangue de novilhos, nem de cordeiros, nem de bodes (...)".
Não continueis a trazer ofertas vãs; o incenso é para mim abominação. As luas novas, os sábados e a convocação de assembleias (...) não posso suportar a iniquidade e o ajuntamento solene."
Miquéias 3:9, 11-12
"Ouvi agora isto, vós chefes da casa de Jacó, e vós governantes da casa de Israel, que abominais a justiça e perverteis tudo o que é direito (...). Os seus chefes dão as sentenças por peitas, e os seus sacerdotes ensinam por interesse, e os seus profetas adivinham por dinheiro; e ainda se encostam ao Senhor, dizendo: Não está o Senhor no meio de nós? Nenhum mal nos sobrevirá. Portanto, por causa de vós, Sião será lavrada como um campo, e Jerusalém se tornará em montões de pedras, e o monte desta casa em lugares altos de um bosque."
238. Acredita-se agora que os novos textos descobertos na época do rei Josias formaram a base do Livro de Deuteronômio.

Em Direção a Qumran

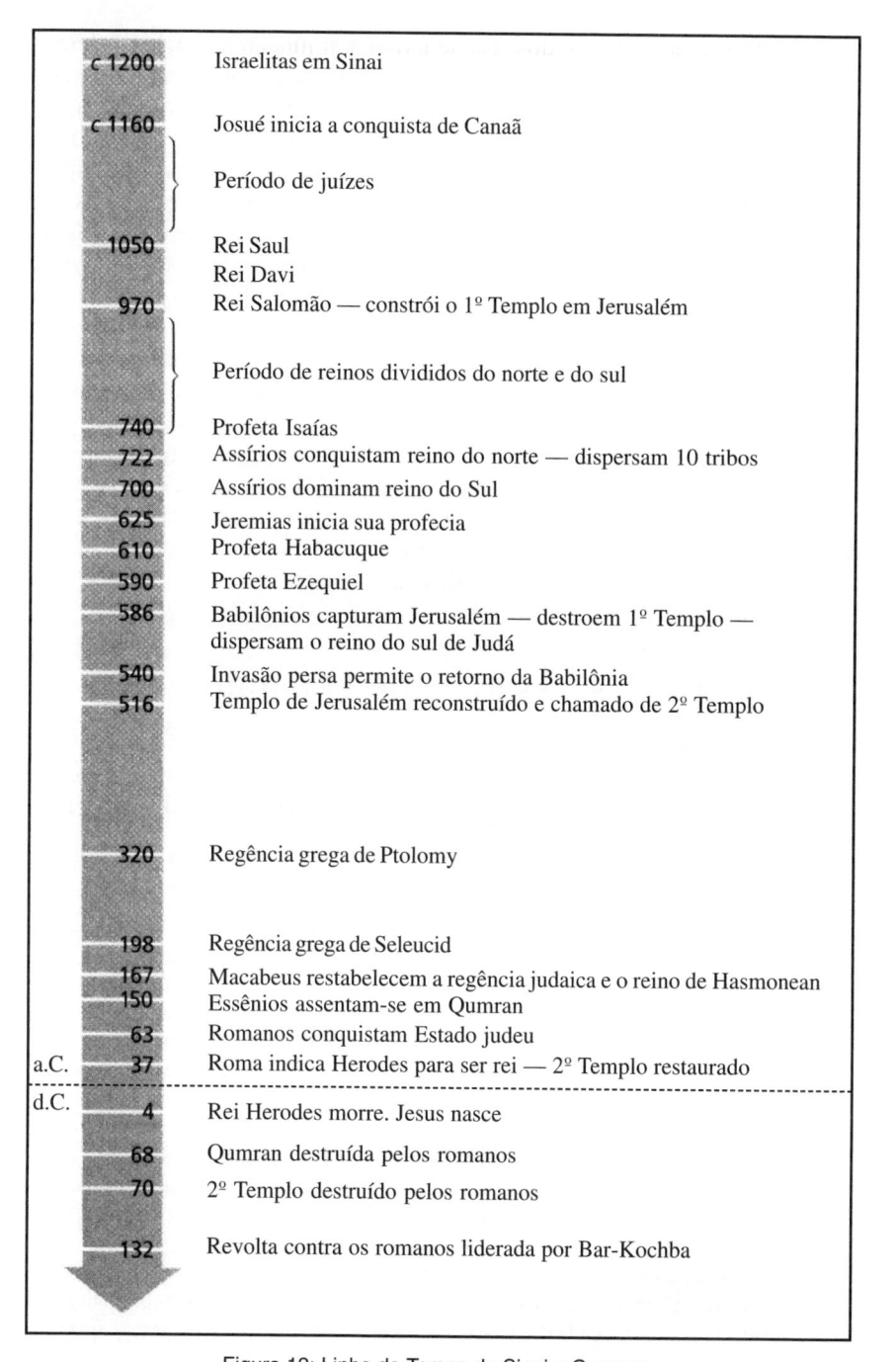

c 1200	Israelitas em Sinai
c 1160	Josué inicia a conquista de Canaã
	Período de juízes
1050	Rei Saul
	Rei Davi
970	Rei Salomão — constrói o 1º Templo em Jerusalém
	Período de reinos divididos do norte e do sul
740	Profeta Isaías
722	Assírios conquistam reino do norte — dispersam 10 tribos
700	Assírios dominam reino do Sul
625	Jeremias inicia sua profecia
610	Profeta Habacuque
590	Profeta Ezequiel
586	Babilônios capturam Jerusalém — destroem 1º Templo — dispersam o reino do sul de Judá
540	Invasão persa permite o retorno da Babilônia
516	Templo de Jerusalém reconstruído e chamado de 2º Templo
320	Regência grega de Ptolomy
198	Regência grega de Seleucid
167	Macabeus restabelecem a regência judaica e o reino de Hasmonean
150	Essênios assentam-se em Qumran
63	Romanos conquistam Estado judeu
a.C. 37	Roma indica Herodes para ser rei — 2º Templo restaurado
d.C. 4	Rei Herodes morre. Jesus nasce
68	Qumran destruída pelos romanos
70	2º Templo destruído pelos romanos
132	Revolta contra os romanos liderada por Bar-Kochba

Figura 12: Linha do Tempo do Sinai a Qumran.

Depois que os babilônios (caldeus) tomaram conta de Jerusalém e após a destruição do Templo em 586 a.C., a maioria dos israelitas foi levada como prisioneira para a Babilônia. Os presos eram compostos principalmente por pessoas da classe alta e de setores intelectuais da comunidade (essa é uma das razões que explicam por que a versão dos babilônios apresentada no Talmude acabou dominando o modo de pensar dos judeus em vez da judia, ou versão daquela do sul.)[239] A linha de ideias dos profetas posteriores ao Primeiro Templo, iniciada por Ezequiel, Jeremias, Zephaniah, Nahum e Habacuque, agora pendia para outro lado. Junto à condenação das práticas pagãs vêm as previsões de retribuição divina dos inimigos de Israel e o fortalecimento de que os humildes e sua religião sobreviverão.

São esses os temas adotados, ou talvez iniciados, pelo movimento dos essênios. Eles são exemplificados por meio dos ensinamentos do profeta Habacuque ("O justo deve seguir sua fé")[240] que os historiadores acreditam ter profetizado por volta de 610 a.C. Essas doutrinas tiveram um significado profundo para os Essênios de Qumran e receberam grande importância em seus registros em um dos Manuscritos do Mar Morto — um comentário *Midrash* (veja Glossário) nos primeiros dois capítulos do livro do Antigo Testamento.

Surgimento dos Essênios de Qumran

Esse "aparte da comunidade" começou a se transformar em um grupo religioso isolado que eu acredito ter sido os antigos essênios; uma facção ultrarreligiosa dessa seita por fim se desenvolveu para se tornar os Essênios de Qumran do Mar Morto.

---

239. As classes intelectuais e superiores que retornaram da Babilônia estavam mais dispostas a adotar a língua e a escrita de seus conquistadores aramaicos, e esse idioma substituiu o hebraico como a língua principal do povo até cerca de 200 a.C. Há claras evidências de que o *Haftorah* babilônico, ou textos sagrados, desenvolvidos pelos judeus que viviam no lugar hoje conhecido como Iraque, era bastante diferente do Eretz de Israel ou da versão palestina. Por exemplo, no *Haggadah* (o livro de orações usado no Festival da Páscoa), a versão do Eretz de Israel faz cinco perguntas a respeito do comportamento durante o banquete da lembrança. No *Haggadah* atual, somente quatro perguntas são feitas. Há também diferenças marcantes na forma do *Kaddish*, a tradicional oração das pessoas enlutadas, e em outras orações padrão usadas nas celebrações judaicas modernas.

Das orações em uso atualmente, fica claro que a escola babilônica de sábios hebraicos sobressaía diante de seus rivais Eretz de Israel, cuja influência foi finalmente oprimida com a chegada das Cruzadas e a destruição de seus lugares de aprendizado.

240. Habacuque 2:4.

Passamos a entender o caminho dos guardiões eclesiásticos da Aliança antes da destruição do Primeiro Templo em Jerusalém em *c.* 586 a.C. É nesse período que a linhagem da herança sacerdotal se viu diante de grandes perigos. A Arca da Aliança sagrada e os tesouros do santuário estavam ameaçados e, apesar de alguns dos artigos já terem provavelmente sido levados para a Babilônia, como a maior parte das tribos de judeus (conforme declarado no Antigo Testamento), o restante dos tesouros pode ter sido escondido às pressas nas vizinhanças de Jerusalém. Alguns dos guardiões sacerdotais podem ter conseguido manter-se em Judá, outros podem muito bem ter sido levados para a Babilônia e para a região de Damasco. Quando o rei persa Ciro II invadiu o Império Babilônico em *c.* 540 a.C., deu permissão aos judeus para voltar a sua terra natal. Nem todos aceitaram sua oferta, mas, dentre os que o fizeram, os guardiões sacerdotais teriam todos os motivos para estar entre eles. Sua primeira tarefa seria a de começar a reconstrução do Templo.

Acredito que foi nesse momento da história que, sob a influência de profetas como Ezequiel e Habacuque, os guardiões eclesiásticos levitas ficaram ainda mais isolados do controle central das atividades do Templo e começaram a reformular suas filosofias religiosas.

A situação é lindamente resumida por Richard Friedman em seu brilhante livro *Who Wrote the Bible?*[241] [Quem Escreveu a Bíblia?] Os sacerdotes de Arão dominavam a região sul, em Judá, mas são confrontados com a chegada de refugiados do reino derrotado do norte. Eles trazem em seu grupo sacerdotes rivais que têm ancestrais ligados a Moisés e textos bíblicos que denigrem Arão. Os desentendimentos dos sacerdotes, iniciados nos desertos de Sinai, continuam latentes. Os sacerdotes de Arão vindos do sul vencem a luta inicial e começam a reescrever alguns dos textos sagrados para reinstalar Arão e seus descendentes como a verdadeira linhagem eclesiástica que deveria ser a detentora exclusiva para celebrar os ritos do Templo.

Há uma compreensão convencional de que os Essênios de Qumran "surgiram" por volta de 200 a.C., mas alguns estudiosos aceitam hoje que suas influências e escritas estão baseadas em experiências muito mais antigas. Um desses estudiosos é o famoso e respeitado Ben-Zion Wacholder, um professor parcialmente cego da Faculdade da União Hebraica, Cincinnati. No Congresso dos "Manuscritos do Mar Morto — Cinquenta Anos após sua Descoberta", em Jerusalém, em julho de 1997, ele criou uma confusão generalizada ao se levantar e anunciar que acreditava que Ezequiel havia sido "o primeiro Essênio de Qumran". Em seu comunicado, o professor Wacholder chamou a atenção para aquilo que definia como linhagens

---

241. Richard Elliot Friedman, *Who Wrote the Bible?* [Quem Escreveu a Bíblia?] (San Francisco: HarperSanFrancisco, 1997).

enigmáticas nos Manuscritos do Mar Morto de "Ezequiel", uma das quais se refere aos "malvados de Memphis que irei destruir". Sem dúvida bastante enigmático! Por que Deus estaria interessado em se vingar do povo no Egito?

Se minhas alegações estiverem certas, os guardiões eclesiásticos do norte começaram a consolidar-se como uma seita muito diferente na Babilônia e, ao voltar do exílio por volta de 540 a.C., aceleraram esse processo em reação àquilo que chamaram de a anarquia dos recém-usurpados sacerdotes do Templo de Arão.

Sob o domínio dos persas, a população era tratada com respeito. A vida religiosa em Judá continuou relativamente ininterrupta enquanto o aramaico se tornou o idioma predominante, em oposição ao paleo-hebraico. No entanto, algo aconteceu logo depois do fim do século IV, que assustou os sacerdotes guardiões levitas e os fez buscar refúgio. Foi a possibilidade de mais uma vez ser governado pelo Egito "pagão";[242] e no século II a.C. um líder surgiu, um professor de Justiça, que concretizaria suas crenças.

Os guardiões sacerdotais saíram à procura de um lugar para se refugiar. Assim como seus antigos predecessores, buscaram um lugar isolado que ficasse próximo a alguma nascente de água, que permitisse realizar os ritos de purificação que faziam parte de suas práticas. A escolha era limitada. Havia, contudo, um complexo esburacado de cavernas às margens do Mar Morto que seria ideal para seus propósitos pelos próximos 250 anos — Qumran.

Apesar de o Mar Morto ser salgado demais para lhes oferecer água potável, escolheram um local em que havia uma fonte, a cerca de 4 quilômetros ao sul de Khirbet Qumran. Ali, eles veneraram seu Deus, escreveram seus textos, estudaram e morreram.

Um Ponto de Vista Atual/Segunda Opinião

Discuti a teoria básica relacionando a "nova religião" de Akhenaton à dos Essênios de Qumran com o professor George Brooke, codiretor do Centro Manchester-Sheffield de Pesquisas dos Manuscritos do Mar Morto e uma autoridade renomada no assunto.* Ele, recentemente, foi nomeado editor de uma nova série de livros intitulados *The Dead Sea Scrolls* (publicado por Routledge) e organizou uma exposição do Pergaminho de Cobre no Museu de Manchester, de outubro de 1997 a janeiro de 1998.

---

242. Os novos invasores da Macedônia, liderados por Alexandre o Grande, conquistaram o país por volta de 330 a.C. e instigaram o governo dos ptolomeus no Egito em 323 a.C.

* George Brooke é um professor Rylands de Crítica Exegese Bíblica na Universidade de Manchester.

O professor Brooke defende a ideia geral de que influências egípcias poderiam perfeitamente ter penetrado a filosofia dos Essênios de Qumran e diz que o "Egito teria sido um lugar em que uma associação judaica se sentiria confortável e seu ambiente religioso estaria de acordo com tradições monoteísticas". No entanto, ele propõe outro caminho por onde essas influências poderiam ter seguido.

A teoria alternativa que ele sugere é a de que o conhecimento que os Essênios de Qumran podiam ter adquirido a respeito do monoteísmo de Akhenaton, e da religião egípcia de maneira geral, pode muito bem ter sido assimilado em uma data bastante posterior, ou seja, no século VI a.C., possivelmente por meio das associações que Ezequiel e Jeremias tinham com o Egito.

Na posição de excomungados da vida e dos privilégios no Templo após a destruição do Primeiro Templo, o grupo de sacerdotes que mais tarde seriam os essênios, desiludidos pelo fracasso de Deus de proteger seu local mais sagrado, podem muito bem ter saído em busca de uma forma alternativa de Judaísmo, na qual poderiam recorrer em seu relativo isolamento, uma forma que pudesse diferenciá-los do grupo principal da religião judaica.

Havia, sem dúvida, um contato íntimo entre o Judaísmo da Judeia e os assentamentos dos judeus que estavam espalhados pelo Egito depois da destruição do Primeiro Templo (a maioria das dispersões foi para a Babilônia e para partes do Império babilônico a leste de Jerusalém. Mas vários milhares de judeus presos foram levados para a região delta ao norte do Nilo no Egito).

O professor Brooke diz que se minha teoria de que um grupo partidário do monoteísmo de Akhenaton sobreviveu com alguns sacerdotes em Israel estiver correta, o que teria sido mais natural do que eles, como um grupo proibido de pensadores eclesiásticos de judeus pôde descobrir uma compreensão solidária com outro grupo proscrito de egípcios com crenças monoteísticas semelhantes? Sabe-se que um contato entre os judeus dispersos no Egito e os outros que permaneceram em Israel após a destruição do Primeiro Templo aconteceu depois de 550 a.C. Poderia ter ocorrido, portanto, uma troca de informações, levando as ideias do akhenatismo e alguns de seus segredos para essa seita judaica. O professor Brooke observa que:

> No início, o movimento dos essênios era predominantemente eclesiástico e há evidências de um pluralismo sacerdotal nos três séculos antes da queda do Templo em 70 d.C. O sacerdócio judeu no Egito foi obviamente revitalizado no tempo de Onias IV por sua mudança para Heliópolis no segundo quarto

do século II a.C.,[243] exatamente na mesma época em que o movimento dos essênios estava sendo estabelecido na Judeia.[244]

Apesar de a minha opinião continuar a ser de que os essênios (e, posteriormente, os Essênios de Qumran) adquiriram conhecimento do akhenatismo por meio de uma ligação direta com o período de Akhenaton, e não pela ligação posterior e indireta defendida pelo professor Brooke, o resultado final não altera a essência das influências egípcias que propus. Entretanto, causa um impacto em como os Essênios de Qumran adquiriram o conhecimento contido no Pergaminho de Cobre.

Também discuti algumas de minhas teorias com Jozef Milik (veja Placa 10), o homem que conduziu e organizou a equipe das traduções originais dos Manuscritos do Mar Morto trabalhando nos fragmentos dos Manuscritos no Museu Rockefeller no leste de Jerusalém. Nascido no vilarejo de Serwczyn, Polônia, há 81 anos, ele foi educado na Universidade de Lublin e veio para Jerusalém do Instituto Oriental Bíblico de Roma como um sacerdote católico no fim de 1952. Ele era o membro mais antigo da equipe de pesquisa dos Pergaminhos de Qumran, a primeira pessoa a produzir uma tradução oficial do Pergaminho de Cobre, e dedicou sua vida toda ao estudo de antigos textos do Oriente Médio. Quando o conheci no outono de 1998 em sua casa em Paris, foi com certo grau de surpresa que conversei com ele a respeito de minhas teorias e ideias. Embora sua visão já estivesse bastante debilitada, sua mente estava muito afiada e, em diversos momentos, ele me corrigiu quando eu citava um nome ou não tinha certeza acerca de uma referência ou outra.

Ao lhe perguntar se ainda considerava o Pergaminho de Cobre uma fraude, respondeu sem hesitação: "Não, não, não... isso está totalmente fora de cogitação... ele foi encontrado sob metros e metros de terra... foi encontrado com pequenos fragmentos de manuscritos da biblioteca". No entanto, ele ainda considera que o conteúdo do pergaminho "não corresponde à realidade" — por estar baseado em uma lenda — e ainda citou listas semelhantes de tesouros encontradas no Egito. Por que o documento foi escrito "era um problema".

---

243. Onias III, o sumo sacerdote no Templo de Jerusalém sob a regência do período seleucid grego, resistiu à helenização comandada pelas perseguições religiosas de Antiochus Epiphanes. Seu irmão aproveitou-se dos desacordos e substituiu-o e, com o título de Onias IV, tornou-se sumo sacerdote. Ele fugiu para Heliópolis, no Egito, c. 172 a.C., quando Menelaus conseguiu comprar a posição de sumo sacerdote por meio de suborno. Ali, Onias IV construiu um Templo em Leontópolis, próximo à cidade egípcia de On. Alguns anos mais tarde, ele voltou a Jerusalém.

244. Professor George Brooke, comunicação pessoal com o autor, 9 de julho de 1997.

Jozef Milik concordava que o sistema numérico no Pergaminho de Cobre podia ter vindo do Egito e datar da época de Akhenaton, mas achava pouco provável que pudesse estabelecer uma ligação de Qumran a Akhenaton dizendo que isso seria o mesmo que aceitar a afirmação dos maçons de que eles podem traçar suas origens à época de Salomão. Quando passamos a discutir a respeito das traduções do Pergaminho de Cobre com mais detalhes, ele não achou fácil aceitar minhas explicações para as ligações que propus. Entretanto, ele estava longe de simplesmente ignorar o que eu tinha para dizer, sempre pedindo provas e ideias que sustentassem minhas teorias e demonstrando-se surpreso com o fato de que algumas evidências pareciam convincentes, apesar de ainda bastante confusas. Ele concordou que parecia haver muita correspondência entre o Egito e a nação judaica, mas disse que o *Therapeutae* poderia ser uma possível ligação entre o Egito e os essênios.[245]

(Atualmente, o monsenhor Milik está trabalhando na decifração de uma inscrição bilíngue encontrada em um templo do século II a.C. no sul da Síria. A inscrição descreve quatro deuses que eram ali adorados — Ben Shammen, Ísis, uma deusa local Shiyiah e o Anjo de Deus — Malach el Aha.)

Os Herdeiros de Akhenaton

Se minhas suposições — de que os Essênios de Qumran foram os herdeiros dos guardiões sacerdotais da Aliança e podem estar ligados aos sacerdotes de Akhenaton — estiverem corretas, poderíamos então esperar encontrar muitas "impressões digitais" em suas atividades e escritas com que pudéssemos diferenciá-los da população judaica em geral.

Essas impressões digitais incluiriam:

- uma versão ou um conceito diferente dos ensinamentos geralmente aceitos da Torá e uma relação mais íntima com a religião de Akhenaton;
- um sentido de tutela e missão divina;
- ênfase no sol — brilho — luz;
- extrema nitidez ritualista;
- influências egípcias mais marcantes.

Também poderíamos esperar encontrar algumas lembranças da cidade santa original de Akhenaton. A destruição catastrófica do Templo teria

---

245. De acordo com Philo, o *Therapeutae* era uma comunidade judaica de estudiosos do século I d.C., que vivia na parte baixa do Egito. Eles pareciam compartilhar muitas das características dos essênios da Judeia, e algumas de suas canções antífonas na Páscoa podem ser tiradas dos Pergaminhos encontrados em Qumran.

inevitavelmente deixado uma cicatriz profunda em seu subconsciente. Talvez, em um nível de mais extremismo, também poderia ter restado um conhecimento do paradeiro dos tesouros enterrados em Akhetaton, ou dos tesouros que Moisés e os sacerdotes levaram do Egito.

Seria bastante surpreendente se nenhuma dessas características listadas fosse encontrada entre os essênios — especialmente o que diz respeito às influências egípcias —, depois de um período tão longo de imersão em uma cultura estrangeira e um Judaísmo refinado que tivesse passado por um processo de "purificação" diante de tantas influências alheias. Nós certamente não esperaríamos ver mais influências egípcias dentro de uma seita fechada do que aquilo que estava óbvio no corpo comum do Judaísmo. *Mas na verdade esperamos isso.* Na realidade, vemos os essênios demonstrando muitas das características dos sacerdotes que fugiram do Egito, modificadas pelo tempo exatamente da forma que poderíamos esperar que acontecesse.

Não há apenas "impressões digitais" da ligação entre Akhenaton e os Essênios de Qumran, existem também provas mais concretas!

Antes de analisarmos as "impressões digitais religiosas", descobri algumas ligações visuais e desenhos intrigantes com o Egito e a cidade de Akhetaton, que são bastante impressionantes.

Orientações em Qumran

As seguintes coincidências bastante estranhas nos dão ligações visuais entre os Essênios de Qumran e Akhenaton. Essas ligações são tão estranhas que não posso acreditar que sejam apenas meros acidentes do acaso. Eu acredito que elas constituem um arsenal de evidências que, por si só, explica a conexão entre os Essênios de Qumran e o faraó Akhenaton. Antes de ler o parágrafo seguinte, vá à seção de placas das ilustrações e veja com detalhes a Placa 10 (inferior) — as colinas acima do assentamento de Qumran. O que você consegue ver?

Quando observei essas imagens pela primeira vez, achei que estivesse sonhando. A foto foi impressa em um livro chamado *The Dead Sea Scrolls Uncovered*, de Robert Eisenman e Michael Wise, publicado pela primeira vez em 1992. Parece que ninguém antes disso observou o que espero que você tenha notado. Entre as formas do Monte Rushmore nas montanhas logo acima de Qumran parece haver rostos. Para mim, essas faces alongadas lembram de forma impressionante os antigos egípcios. Se é isso que são, o que elas estão fazendo voltadas para as ruínas de um assentamento judeu no Mar Morto? Há somente três explicações razoáveis. Elas foram esculpidas, possivelmente por membros da comunidade dos essênios; são o resultado da ação do tempo e não passam de formas acidentais; ou são o trabalho da mão de Deus. Ao examinarmos mais de perto, acredito que os rostos são o resultado da ação do tempo, mas, sem dúvida alguma, sua existência é algo bastante intrigante!

A nova Jerusalém

A história da "orientação" agora volta para o congresso que aconteceu em Jerusalém, em julho de 1997, para celebrarmos o quinquagésimo ano da descoberta do primeiro dos Manuscritos do Mar Morto. Cerca de 300 representantes, que incluíam especialistas de todas as partes do mundo, reuniram-se no maravilhoso cenário das dependências do Museu de Israel onde o Santuário do Livro está localizado, para participar de um *freudenfest* acadêmico com um intercâmbio de ideias magnífico.

Uma das palestras apresentadas no congresso foi ministrada por Joerg Frey, um acadêmico de Tübingen, Alemanha.[246] Sua especialização profissional foi o famoso texto da "Nova Jerusalém", que engloba seis escritos dos Manuscritos do Mar Morto. Textos principalmente em aramaico são considerados por muitos estudiosos relacionados à descrição de uma cidade idealizada que pode existir em um período escatológico no final dos tempos; e são identificados com as escritas visionárias de Ezequiel 40-48 (e Revelações 21).

No entanto, há sérios problemas com essa identificação. Os textos (que na verdade não mencionam a palavra "Jerusalém") descrevem uma cidade muito maior do que a de Ezequiel e não podem ser facilmente relacionados a um plano de Jerusalém em qualquer tempo em sua história. Conforme declarado por *Herr* Frey, o plano da "Nova Jerusalém" nos Manuscritos do Mar Morto é difícil de ser entendido e não deixa claro a fonte de onde o povo que escreveu esses documentos particulares dos Essênios de Qumran tirou suas ideias. Uma pista não demorou a surgir.

Meus ouvidos endireitaram-se quando um representante na audiência comentou durante o tempo reservado para as perguntas que um grupo de pesquisadores, incluindo Shlomo Margalit, Georg Klostermann e Ulrich Luz, havia estudado os textos da "Nova Jerusalém" na década de 1980.[247] Eles haviam comparado as descrições do plano da cidade nos textos com verdadeiras cidades no antigo Oriente Próximo e chegaram, como "melhor correspondência", à cidade de... Akhetaton! A mesma Akhetaton que era a cidade santa do faraó Akhenaton no Nilo, localizada na parte superior do Egito, hoje conhecida como El-Amarna.

---

246. As afiliações de Herr Joerg Frey são tão longas que quando ele termina de enumerá-las você praticamente já esqueceu o nome dele! Ele vem do Institut für Antikes Judentum und Hellenistische Religionsgeschichte, em Tübingen, Alemanha.

247. Shlomo Margalit, "Aelia Capitolina", *Judaica* n° 45, (São Paulo: Capital Sefarad Editorial e Propaganda, Marz, 1989). Em conversas posteriores e correspondências entre o autor e Shlomo Margalit (no início de 2002), que mora em Jerusalém, ele confirmou que seus estudos já foram capazes de convencê-lo de que o famoso Pergaminho da Nova Jerusalém estava provavelmente descrevendo uma estrutura de templo correspondente ao da cidade de Akhenaton em Amarna.

Se essa afirmação estivesse certa, que evidências mais óbvias poderia haver de que os Essênios de Qumran conheciam o plano de uma cidade que existiu 1.100 anos antes de seu tempo? Uma cidade que havia sido desolada logo depois da morte de Akhenaton em 1332 a.c., reassentada em tempos romano-ptolomaicos e desde então abandonada e esquecida.

Decidi assim analisar traduções do original dos textos da "Nova Jerusalém" e fazer minhas próprias comparações.

O Texto 5Q15 dos escritos da "Nova Jerusalém", encontrado na Caverna 5 em Qumran, diz o seguinte:

> [por volta de] = 357 cúbitos de cada lado. Uma passagem cerca o quarteirão de casas, uma galeria de ruas, três juncos = 21 cúbitos (largura). [Ele] então [mostrou-me as di] mensões de [todos] os quar [teirões de casas. Entre cada quarteirão há uma rua], seis juncos = 42 cúbitos de largura. E a largura das avenidas vindo de leste a oeste; duas delas têm dez juncos = 70 cúbitos de largura. E a terceira, a da [esquerda] (isto é, ao norte) do templo, mede 18 juncos = 126 cúbitos de largura. E a largu[ra das ruas] vindo do sul [ao norte: d]uas [delas] têm nove juncos e quatro cúbitos = 67 cúbitos, cada rua. [E a] rua do meio [passando pelo meio] da cidade, sua [largura mede] 13 juncos e um cúbito = 92 cúbitos. E todas [as ruas da cidade] são pavimentadas com pedra branca... mármore e jaspe.[248]

Os textos do Manuscrito do Mar Morto imaginam a cidade cobrindo uma área de 25-28 quilômetros quadrados, uma área semelhante à da cida-

---

248. Geza Vermes, *The Complete Dead Sea Scrolls in English* [Todos os Manuscritos do Mar Morto em Inglês] (New York: Penguin Press, 1997). Na tradução de Vermes aqui, letras entre [ ] indicam prováveis reconstruções, e as que aparecem entre ( ) são necessárias para a fluência do texto.
Apesar de parecer terem existido duas versões de um cúbito em uso na Judeia na época dos Essênios de Qumran, um de 44,6 centímetros e outro de 52,1 centímetros, para fins de comparação, preferi usar o cúbito com medida de 51 centímetros. Essa última unidade é o comprimento certamente usado no Egito na época de Akhenaton. Nicholas Reeves, *The Complete Tutankhamun* [Tutankhamon Completo] (London: Thames & Hudson, 1990). Uma inscrição encontrada dentro do canal de Siloam em Jerusalém, construído por Ezequias, rei de Judá de 720 a 692 a.C., mostra-nos o comprimento do túnel como sendo de 1.200 cúbitos. O túnel mede 533 metros e isso nos dá um cúbito de 44,4 centímetros. M. Powell ("Pesos e Medidas", *The Anchor Bible Dictionary*, 1992), nos dá uma melhor estimativa média do cúbito de 50 centímetros de +/- 10%. *Veja também* James Henry Breasted, *Ancient Records of Egypt — Vol. II* [Registros Antigos do Egito — Vol. II] (New York: Russell & Russell, 1906).

de de Akhetaton, conforme revelado por meio das escavações.[249] O estilo e a fórmula das medidas apresentadas são também bastante semelhantes aos usados na época da existência da cidade, exemplificados na inscrição em uma fronteira *stela, stela "S"*, encontrada em El-Amarna, que descreve as dimensões do local de Akhetaton.[250]

Escavações em El-Amarna de *sir* Flinders Petrie,[251] professor Geoffey Martin[252] e, mais recentemente, Barry Kemp, da Sociedade de Exploração do Egito, mostram que Akhetaton tinha três ruas principais que iam de leste a oeste, e três ruas que cruzavam de norte a sul, quase exatamente iguais à cidade descrita nos textos do Manuscrito do Mar Morto. As ruas eram extremamente largas para uma cidade antiga, tendo entre 30 metros e 47 metros de largura, o que mais uma vez corresponde às medidas nos textos da "Nova Jerusalém", assim como as distâncias entre os quarteirões de casas.

As descrições das ruas "pavimentadas com pedra branca... mármore e jaspe" são ainda mais marcantes. Akhetaton era a "linda cidade de brilho branco" do Egito. Construída sobre terra virgem em uma vasta planície arenosa que formava um anfiteatro natural cercado por montanhas às margens do Nilo, investimentos não foram poupados em sua construção. Estradas, pavimentos e construções foram feitos com os melhores materiais disponíveis. Um exemplo incrível do trabalho aplicado na cidade pode ser visto nos calçamentos pintados que decoravam o palácio principal de Akhetaton, reconstruído no Museu do Cairo. Uma peça brilhante e bonita, mostrando um cenário pantanoso azul, verde, amarelo e vermelho de um pássaro semelhante a um pato, pode ser vista no Museu Metropolitano em Nova York.

Sendo assim, a cidade devia ficar ainda mais branca com a luz do sol refletindo sobre ela, com suas estradas e prédios feitos de pedra calcária, que tinham o aspecto de um alabastro.[253]

O "texto de Jerusalém" ainda descreve as dimensões de uma enorme construção e diversas casas na cidade. Uma comparação dos relatórios arqueológicos do Grande Templo em Akhetaton indica que essa é a construção que os textos estão descrevendo.

Um estudo geral recente do Pergaminho da Nova Jerusalém, de Michael Chyutin, também conclui que o plano da cidade de Akhetaton parecia

---

249. N. de G. Davies, *The Rock Tombs of El Amarna — Part II* [As Tumbas de Pedra de El-Amarna — Parte II] (Londres: Fundo de Exploração do Egito, 1905).
250. Breasted, *Ancient Records of Egypt — Vol. II* [Registros Antigos do Egito — Vol. II].
251. W. M. Petrie, *Tell el-Amarna* (London: Luzac & Co., 1894).
252. Cyril Aldred, *Akhenaton King of Egypt* [Akhenaton Rei do Egito] (London: Thames & Hudson, 1991).
253. Ibid.

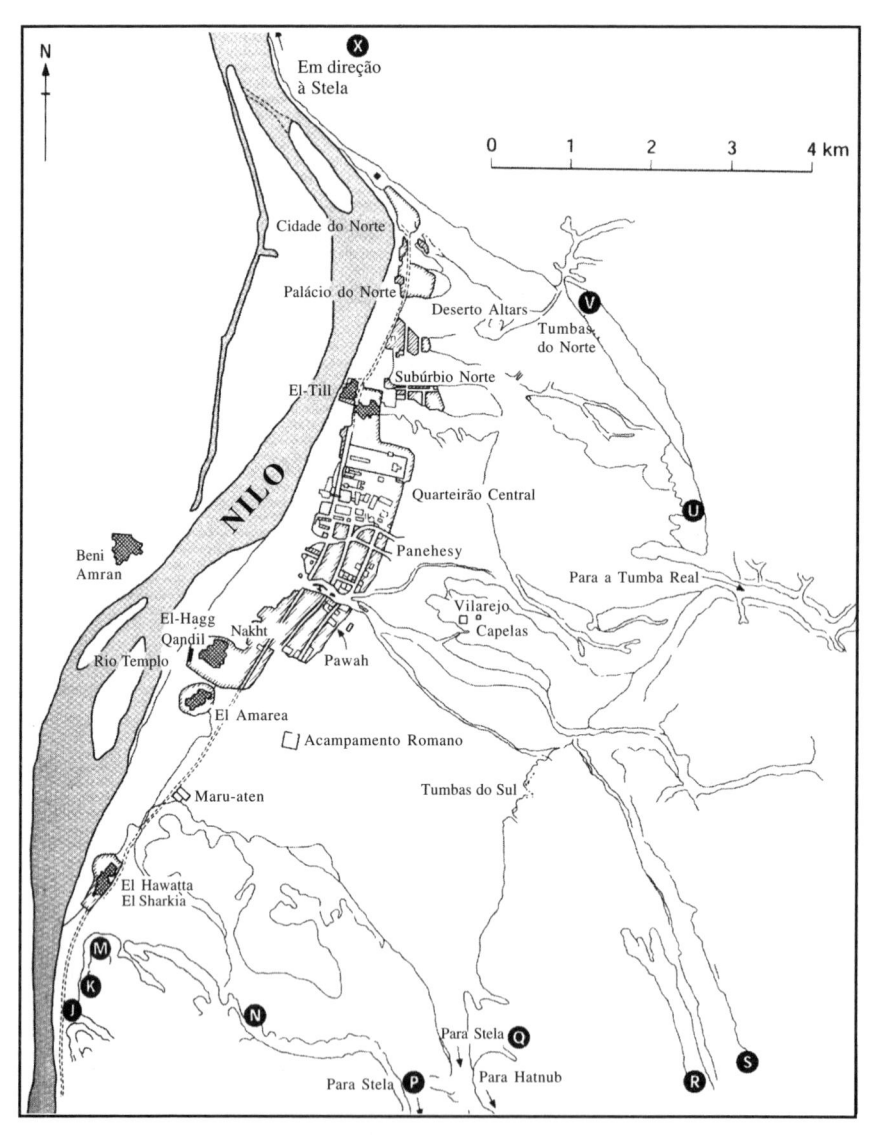

Figura 13: Local de Akhetaton mostrando o
plano do desenho das ruas e construções.

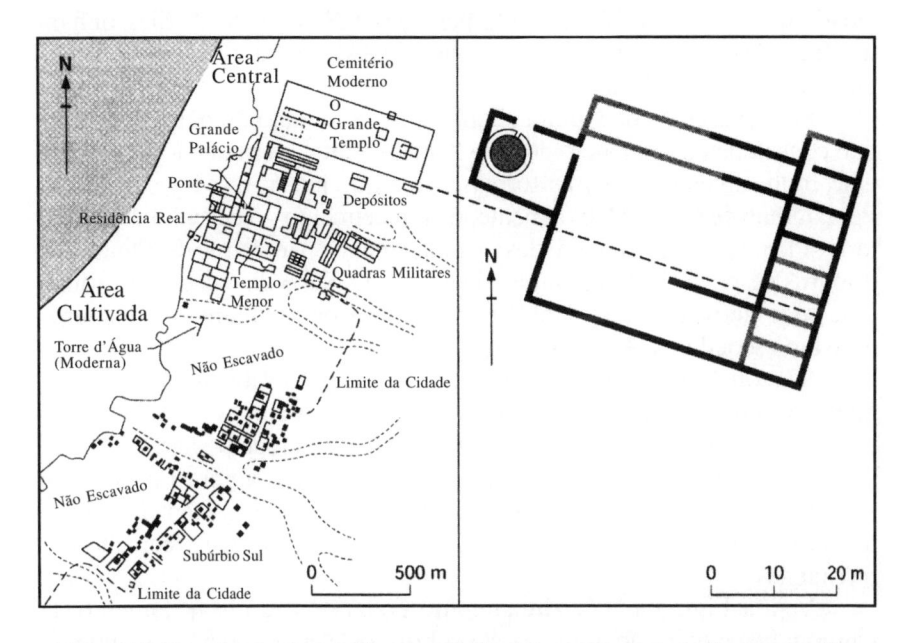

Figura 14: Desenho do Grande Templo em Akhetaton sobre o plano das construções dos Essênios em Qumran mostrando a orientação paralela.

formar um modelo da visão idealizada dos Essênios de Qumran de sua Cidade Santa.[254] No entanto, o autor só pode especular a respeito dos motivos para a associação: "Por que o autor do pergaminho descreve uma cidade planejada no estilo egípcio arcaico, em vez de descrever uma cidade grega ou um *castrum* romano?"

Os trabalhos de Shlomo Margalit e seus colegas, de Michael Chyutin, e minhas pesquisas particulares são capazes de deixar poucas dúvidas de que os Essênios de Qumran tinham em sua posse trabalhos passados a eles dos antigos guardiões de sua literatura, que deve ter sido composta em um tempo presente da memória de 1300 a.C. (a data em que se imagina que a

---

254. Michael Chyutin, "O Pergaminho da Nova Jerusalém de Qumran — uma Reconstrução Geral", *Journal for the Study of the Pseudepigrapha*, Suplemento 25 (Sheffield: Sheffield Academic Press, 1997). O Pergaminho da Nova Jerusalém descreve uma Cidade Santa idealizada contemplada pelos Essênios de Qumran. O Pergaminho era obviamente de grande importância para a comunidade, visto que exemplos de seu conteúdo foram encontrados nas cavernas 1, 2, 4, 5 e 11 em Qumran. Ele descreve muitas características da cidade de modo semelhante às do Pergaminho do Templo (veja Capítulo 1), apesar de haver diferenças significativas nas dimensões e no desenho.

cidade de Akhetaton foi destruída pelo faraó Haremhab).²⁵⁵ Eles tinham detalhes exatos da disposição geográfica de Akhetaton, que não são vistos em nenhuma outra fonte.

Se os Essênios de Qumran conheciam o desenho do que eu acredito que consideravam o modelo de uma "cidade santa", será que teriam usado esse conhecimento de outras formas? Será que havia uma ligação com o Pergaminho de Cobre? Obviamente, o conhecimento do desenho da cidade teria sido de grande uso para eles visualizarem os paradeiros de alguns dos tesouros descritos no Pergaminho de Cobre. O plano da cidade era, afinal, uma rede de referências para a descrição de onde alguns dos tesouros estavam escondidos. Mas isso não é tudo.

Se, como eu suponho, os Essênios de Qumran sabiam a direção e a planta de sua "cidade santa", será que não teriam usado esse conhecimento quando decidiram construir seu próprio "assentamento sagrado"? Não seria nada inacreditável se isso não tivesse causado algum impacto em suas construções. As correspondências iniciais dos lugares eram as seguintes — uma região plana, próxima a uma nascente de água, cercada por montanhas.

Veja a Figura 14. O alinhamento geográfico do assentamento de Qumran fica na direção noroeste. Se cobrirmos o contorno reconstruído do Grande Templo em Akhetaton sobre o desenho do assentamento no local de Qumran, vemos que as muralhas de ambas as construções têm *exatamente* o mesmo alinhamento geográfico. As principais paredes das duas construções são paralelas. Isso é algo muito estranho. A correspondência é tão precisa que não podemos estar lidando apenas com uma hipótese. Quase tão impressionante é a forma como os construtores de Qumran chegaram a essa precisão no alinhamento sobre uma distância tão ampla, mesmo que essa fosse de fato a intenção deles. Se para isso foi utilizado qualquer sistema solar, estelar ou de comparação, deixaremos como tema de um estudo posterior.

Como mostrei, números, tamanhos e alinhamentos semelhantes eram uma preocupação importante e uma habilidade das antigas civilizações, principalmente para os egípcios; mas como os essênios conseguiram alcançar uma exatidão tão precisa nesse exemplo ainda é um mistério.

A orientação para os egípcios era algo muito importante. As construções não eram simplesmente dispostas de maneira aleatória. Eram posicionadas com extrema precisão em relação a outras construções e corpos celestes naturais. As dimensões e os ângulos da construção em si também

---

255. Ian Shaw e Paul Nicholson, *Dicionário do Museu Britânico do Antigo Egito* (Londres: Publicado para os Fiduciários do Museu Britânico pelo British Museum Press, *c.* 1995).

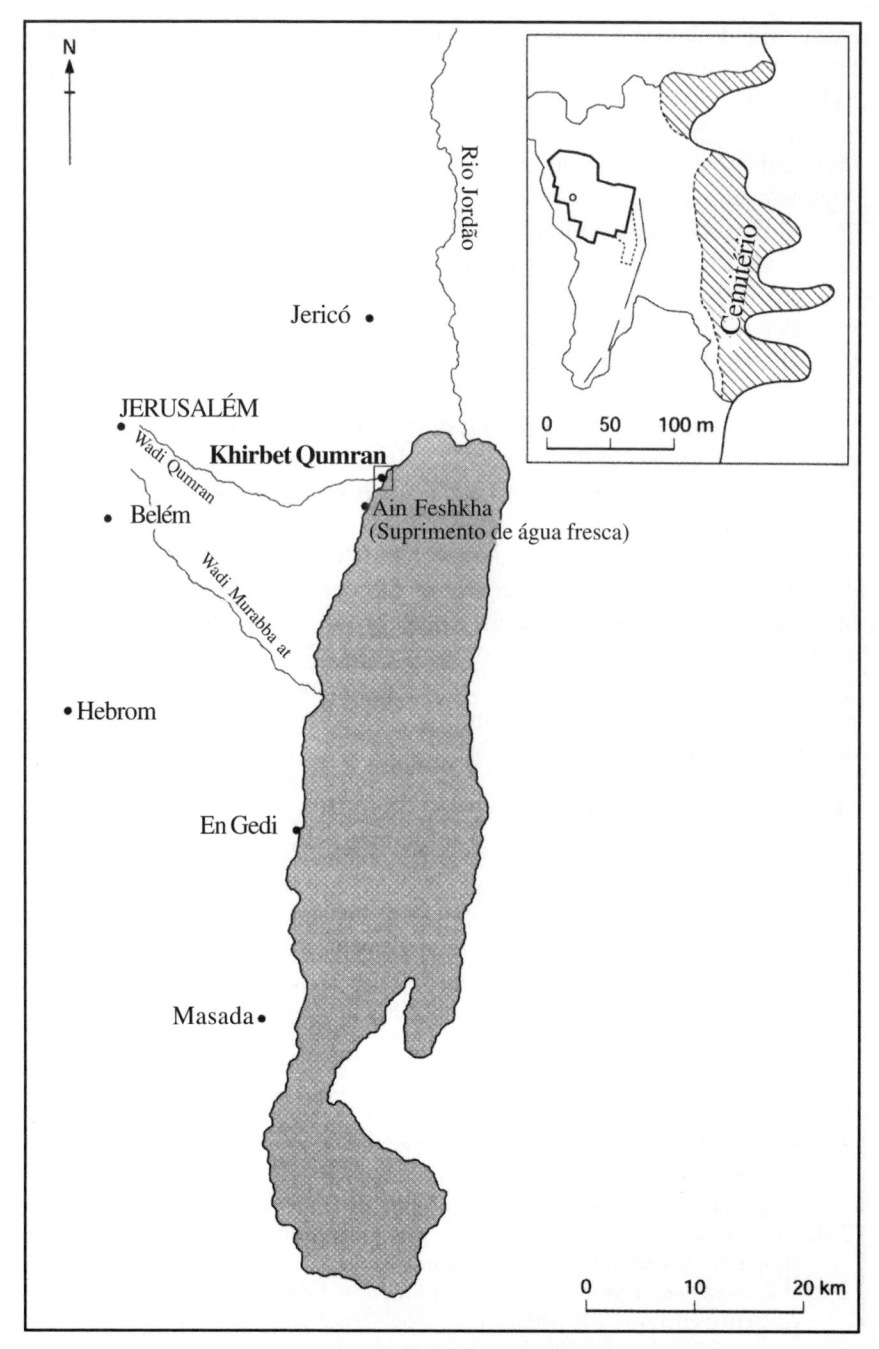

Figura 15: Mapa mostrando a localização de Qumran, e uma visão ampliada (acima) dos restos do local e do cemitério.

eram cuidadosamente programados. Por essas razões, quando uma casualidade de ângulos, dimensões ou alinhamentos é descoberta, tem um significado muito importante. O alinhamento de uma abertura ou de uma fossa em uma construção para que o sol ou a luz estelar pudesse iluminar determinada posição em certo momento é algo repetido em muitos cenários. Alguns exemplos serão o suficiente para ilustrar isso.

O livro de Mark Vidler, *The Star Mirror*, mostra que os construtores da Grande Pirâmide em Giza foram capazes de medir ângulos estelares a uma precisão de "um minuto de arco", e usaram alinhamentos triangulares isósceles de pirâmides sobre o platô de Giza para espelhar configurações triangulares isósceles de estrelas, para destacar datas especiais no calendário.[256]

Outro exemplo relaciona o Grande Templo construído por Ramsés II em Abu Simbel, ao sul do Egito. Ele foi deliberadamente edificado de tal forma que duas vezes ao ano, no dia 22 de fevereiro (a data de seu aniversário) e no dia 22 de outubro (a data de sua coroação), o sol brilha diretamente sobre o santuário sagrado, iluminando o trono do faraó.[257]

A "estátua que canta" é nosso último exemplo. Duas enormes estátuas do pai de Akhenaton, Amenhotep III, podem ainda ser vistas em frente ao Vale dos Reis, na lateral oeste de Tebas. Quando Strabo, o escritor grego do século I a.C., visitou o local, registrou que toda manhã, quando os primeiros raios do sol atingiam uma das estátuas, a estátua liberava uma nota musical audível, o que ele não conseguiu explicar a contento.[258]

O Cemitério de Qumran

Em maio de 1998, o dr. Timothy Lim, diretor sócio do Centro de Estudos das Origens Cristãs na Universidade de Edimburgo, organizou uma conferência internacional a respeito dos "Manuscritos do Mar Morto em seu Contexto Histórico". A conferência aconteceu no grandioso prédio arquitetural da Faculdade de Teologia, ao lado do antigo Átrio da Assembleia de Edimburgo (onde o novo parlamento escocês sediará seus encontros iniciais).[259]

---

256. Mark Vidler, *The Star Mirror* [O Espelho da Estrela] (London: Thorsons, 1998).
257. *Sun Rays Fall Perpendicularly on Abu Simbel* [Os Raios do Sol Caem em Sentido Perpendicular sobre Abu Simbel], *release* de imprensa nº 225, 5.8.98 (Londres: Departamento de Turismo do Estado do Egito, 1998).
258. Mary Barnett, *Gods and Myths of Ancient Egypt* [Deuses e Mitos do Antigo Egito] (London: Brockhampton Press, 1996).
259. O Parlamento da Assembleia Geral, *The Mound*, Edimburgo, é a localização dos primeiros encontros do parlamento escocês, com uma sessão de abertura oficial no dia 1º de julho de 1999. Em algum momento na segunda metade de 2001, o Parlamento mudou-se para um prédio novo, projetado pelo espanhol Enric Miralles, localizado próximo ao Palácio Holyrood em Edimburgo.

O grande cemitério principal em Qumran está voltado para o leste e fica a cerca de 50 metros do local do assentamento, entre a cidade e o Mar Morto. Aproximadamente, 1.100 túmulos foram até agora identificados. Eles estão dispostos em perfeitas fileiras, contrastando com a costumeira desordem de cemitérios da antiga Palestina. Os túmulos são simplesmente trincheiras escavadas marcadas por uma pequena pilha de pedras soltas. Para avaliar suas datas, cerca de 55 sepulturas foram escavadas; e a partir da escolha aleatória da escavação, temos uma comprovação estatística de que todos os corpos no cemitério principal são de pessoas do sexo masculino. Ossos de mulheres e crianças foram encontrados em cemitérios secundários. Todos os restos humanos foram enterrados nus, sem decorações e sem nenhum bem mundano, com exceção de alguns poucos exemplos de frascos de tinta e uma picareta. Os corpos foram todos enterrados com as costas para baixo, com suas cabeças viradas cuidadosamente em seus túmulos para ficarem voltadas para o sul.[260]

Assim como o professor Sanders, ninguém na plateia tinha uma explicação para essa peculiaridade. Jerusalém, a direção natural para onde deveriam olhar, ficava, afinal, na direção oeste. Absorto com as respostas da discussão, literalmente tive de morder os lábios para me impedir de expor minha explicação particular: "Sul era a direção da cidade santa dos Essênios de Qumran de Akhetaton!"

Ligações com Akhetaton

Como pudemos ver a partir do Pergaminho da "Nova Jerusalém", os Essênios de Qumran não apenas sabiam onde ficava Akhetaton, uma cidade destruída mil anos antes de seu tempo e há muito eliminada da memória egípcia, como também tinham um conhecimento detalhado de seu plano de disposição.

A forma dos enterros — nus e sem quaisquer apetrechos mundanos — praticada pelos Essênios de Qumran é bastante consistente com o estilo simples introduzido por Akhenaton, que acabou com todos os costumes de "móveis para o pós-vida" e cultos fúnebres associados às tumbas antes e depois de seu reinado. Akhenaton, bem como os Essênios de Qumran, não acreditava em uma ressurreição física do corpo, mas em um ressurgimento espiritual em um mundo futuro: os Essênios de Qumran acreditavam que seriam recebidos para viver na "companhia de anjos" após a morte.[261]

---

260. Roland de Vaux, *Archaeology and the Dead Sea Scrolls* [A Arqueologia e os Manuscritos do Mar Morto] (Oxford: Oxford University Press, 1959).
261. J. Van de Ploeg, *The Excavations of Qumran* [As Escavações de Qumran] (London: Longmans, Green & Co., 1958).

O asceticismo dos essênios associado ao seu enterro apresentava um contraste marcante em relação ao comportamento e à atitude conhecidos da população judaica na Judeia e em qualquer outro lugar, o que mostrava terem "voltado no tempo" assumindo uma forma de reverência a um tipo de culto pelos mortos. Para eles, a morte nada mais era do que uma morada provisória na escuridão do submundo, e era comum para isso providenciarem:

- alimento para a jornada;
- água borrifada sobre o túmulo para proporcionar frescor;
- armas para os homens e ornamentos para as mulheres, para que pudessem ajudá-los no pós-vida;
- lápides com nomes;
- amuletos de proteção.

Nenhuma dessas práticas ou crenças era empregada pelos Essênios de Qumran. Todas elas, porém, podem ser identificadas com práticas e crenças egípcias pré e pós-Akhenaton.

A crença dos Essênios de Qumran apresentava um contraste marcante com a dos fariseus de uma ressurreição do corpo,[262] uma crença prevalente entre a população geral depois da destruição do Segundo Templo em 70 d.C., e predominante no Judaísmo ortodoxo até os dias de hoje (curiosamente, a Reforma e outros movimentos progressistas do Judaísmo voltaram, nos últimos cem anos, a praticar as doutrinas originais dos Essênios de Qumran. Eles, progressivamente, reduziram sua aceitação da ressurreição física e agora praticam a crença em uma alma espiritual eterna depois da morte).

O que dizer então do Pergaminho de Cobre — a penúltima "impressão digital" esperada — e dos tesouros do Primeiro Templo (ou talvez de um Templo ainda mais antigo)? Se tivesse existido um reconhecimento pouco avançado de que o Templo estava correndo perigo, as chances de esconder todos os objetos sagrados teriam sido reduzidas. Considerando a escala de tempo que tiveram de alerta antes do acontecimento, de profetas como Jeremias, tudo indica que os "guardiões sacerdotais" tiveram tempo para esconder alguns dos tesouros do Templo e de ter escrito onde eles haviam sido escondidos — talvez adicionando essas localizações em uma lista de tesouros que eles já conheciam de outro Templo — antes do evento cataclísmico que abalou a história dos judeus e pôs fim ao reino do sul.*

---

262. Os fariseus formavam o principal grupo de oposição religioso e político dos sacerdotes do Templo no período do Segundo Templo. Eles pregavam uma forma mais ampla do Judaísmo, relacionada não somente às letras dos textos escritos, mas também à Lei Oral.

* A destruição cometida pelos babilônios do Primeiro Templo em Jerusalém em 586 a.C.

Muitos dos Manuscritos de posse dos Essênios de Qumran eram documentos secretos, desconhecidos de todo o mundo externo. Assim como suas atitudes com relação à morte e aos cortejos fúnebres, muitos dos Manuscritos da comunidade de Qumran falam de crenças e atividades que eram inconsistentes com a normativa do Judaísmo da época. Essas inconsistências não foram explicadas de forma satisfatória; na verdade, pouquíssimas tentativas foram feitas para explicá-las. Traçar seu significado fundamental com o tempo de Akhenaton explica a maior parte das anomalias, bem como oferece a solução do enigma do Pergaminho de Cobre.

A busca dessas respostas, nas letras esculpidas de um mapa do tesouro, codificado na forma de um Pergaminho de Cobre, está prestes a iniciar sua surpreendente fase final.

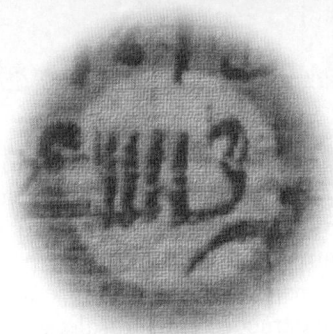

CAPÍTULO XV

Os Tesouros Perdidos de Akhenaton

Prepare-se para o excitante clímax de uma extraordinária caça ao tesouro — um desenredar que irá, de forma irrefutável, reafirmar a alegação de que os Essênios de Qumran foram os executores diretos de Akhenaton, com tudo o que isso implica acerca da influência indubitável que eles tiveram sobre o Cristianismo e o Islã.

Na análise original do Pergaminho de Cobre de John Allegro, ele identificou quatro possíveis localizações dos tesouros perdidos listados pelos Essênios de Qumran. A saber, nas vizinhanças:

- do Mar Morto;
- de Jericó;
- de Jerusalém;
- do Monte Gerizim.*

Depósitos bastante específicos do tesouro são detalhados por John Allegro dentro das ruínas do mosteiro dos Essênios de Qumran em Khirbet Qumran; próximo a Ain Farah; na fortaleza Antonia em Haram; no Arco Wilson em Haram; nas tumbas no Vale Kidron; no Monte das Oliveiras, no Monte Gerizim e em Jerusalém.[263]

Muitas das localizações mencionadas parecem referir-se a Jerusalém, ou às suas vizinhanças mais próximas. Por sabermos que não seria

---

* Veja Figura 1, o mapa relacional do antigo Oriente Médio.
263. John Marco Allegro, *The Treasure of the Copper Scroll* [O Tesouro do Pergaminho de Cobre] (London: Routledge & Kegan Paul, 1960).

nada inteligente sairmos por aí escavando no local do Templo — por medo de atrair uma chuva de balas de metralhadoras, visto que uma permissão oficial é algo muito difícil de ser obtido — por uma questão de sensibilidade religiosa, irei me concentrar em localizações que possam ser exploradas e escavadas. As mesmas considerações aplicam-se ao que hoje são regiões amplamente cheias de construções em Jerusalém. Embora muitos lugares da cidade sejam difíceis de ser escavados, por um período de mais de 40 anos, em nenhuma das localizações sugeridas foram encontrados quaisquer tesouros.

A partir das suposições que fiz e das conclusões tiradas em capítulos anteriores deste livro, temos pistas suficientes para identificar possíveis locais adicionais em que partes dos tesouros mencionados no Pergaminho de Cobre podem ser encontradas. Um estudo minucioso desses locais ajudará qualquer pessoa que esteja determinada o suficiente para aventurar-se com o uso`de pás, detectores de metais e as autorizações necessárias.

Os locais estão nos limites de proximidades adjacentes ou em lugares de fácil acesso em direção a:

- El-Amarna — antiga Akhetaton — ao norte do Egito;
- Faiyum, Hawara e as regiões Delta do norte do Egito;
- Ilha de Elefantine no sul do Egito e Heliópolis, próxima ao Cairo;
- Lago Tana, na Etiópia;
- O Primeiro Templo em Jerusalém;
- As Cavernas de Qumran no Mar Morto;
- Monte Gerizim ao norte de Israel.

Você poderá achar útil olhar novamente a Figura 1, o mapa relacional da região, conforme falo a respeito dos locais de forma individual.

El-Amarna

Com a repentina morte de Akhenaton, em uma meia-idade relativamente jovem, o governo do reino caiu nas mãos de Tutankhamon, seu irmão (e marido de sua filha), que ainda era uma criança, seguido de um breve interlúdio pelo enigmático Smenkhkare. Nenhum desses dois faraós teve a força política de resistir às maquinações dos sacerdotes de Tebas, que podem ter dado início aos movimentos contra as bases de poder de Akhenaton assim que ficaram sabendo de sua morte iminente.

O tempo disponível para desaparecer com os tesouros do Grande Templo, do Palácio e do Cofre de Akhenaton pode, portanto, não ter sido tão longo assim. Os simples pesos e volumes envolvidos poderiam ser o equivalente a várias toneladas de metais preciosos e peças de grande valor. O serviço não seria confiado a trabalhadores comuns — a menos que fossem mortos logo em seguida —, portanto o tinha de ser realizado pelas cúpulas de sacerdotes. Também seria inevitável que, com tamanho volume, o tesouro não podia ser escondido em um só local, mas ser espalhado por vários lugares para aumentar as chances de parte dele permanecer intacta.

Quanto maior o peso dos tesouros a serem escondidos, menor a possibilidade de uma grande distância ser preferida. As áreas mais prováveis, portanto, são as vizinhanças imediatas do Grande Templo.

Ao vasculharmos meio quilômetro ao norte e ao sul do complexo do Templo antes dos subúrbios das cidades norte e sul serem atingidos, há dois terrenos não escavados. São esses possíveis lugares onde os tesouros podem ter sido enterrados, porém relativamente improváveis em vista da proximidade dos vilarejos dos trabalhadores e do perigo de olhos espiões.

No entanto, se formos na direção sul do atual vilarejo de El-Till e seguirmos a trilha ao lado da margem da terra cultivada, estaremos caminhando ao longo do que teria sido a rua principal de Akhetaton. Onde o principal centro administrativo da cidade teria existido é hoje marcado por dois portões de tijolos — tudo o que resta de uma ponte que ligava a "Casa do Rei", a leste, ao Palácio Oficial, a oeste. Esse enorme complexo de construções jamais chegou a ser totalmente escavado e contém diversas características inexplicáveis. Ali, sob a proteção da noite, muitos dos tesouros do palácio e da residência do rei poderiam ter sido escondidos.

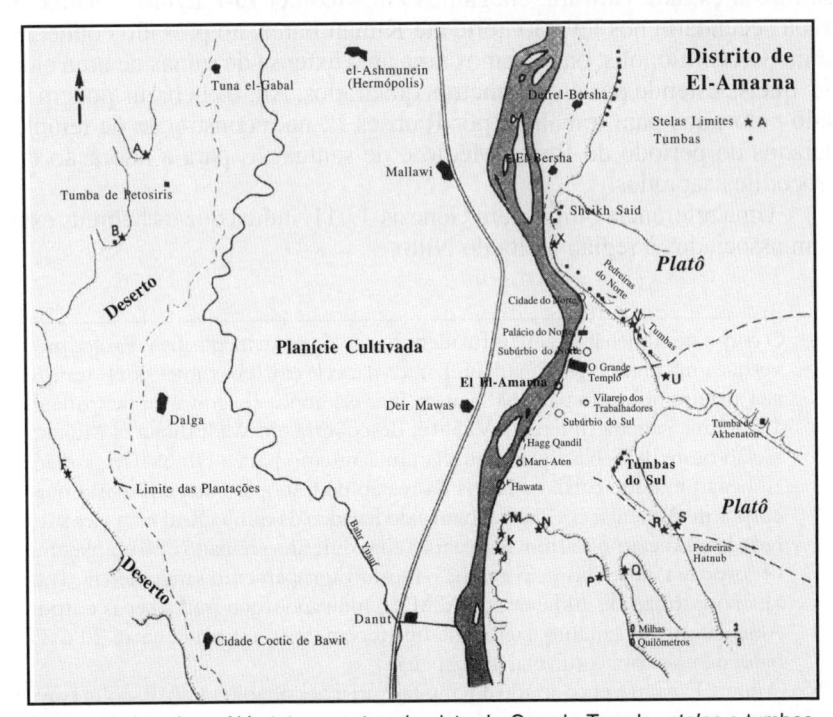

Figura 16: Local em Akhetaton mostrando vista do Grande Templo, *stelas* e tumbas.

Um dos mais promissores locais para os tesouros do Templo fica nas vizinhanças da Tumba de Akhenaton e no grupo de tumbas particulares ao sul. Já preparada para ele durante seu tempo de vida, teria sido um lugar bastante natural a ser considerado pelos sacerdotes.[264] O local fica a uma distância segura e isolada a 12 quilômetros a leste de Amarna, ao longo do "Wadi Real" (hoje, inacessível a veículos motorizados).

As tumbas particulares, muitas com entradas bloqueadas por montes de terra, estão voltadas para o Hagg Qandil e as comuns não têm acesso público. Esse, porém, é um possível local onde parte do tesouro do Templo de Akhenaton pode ser encontrada.

Faiyum e a Região Delta

Outra localização possível em que parte do tesouro de Akhenaton pode ter sido enterrada fica a certa distância de Amarna, em um local onde a família de José estava assentada. É a região Faiyum, ao lado da saída do Bahr (rio) Jusuf, no lago Qarun.

Durante a vida de José, o lago Moeris, como era então conhecido, teria sido muito mais extenso, e procurei uma área que pudesse ter havido muitas construções e templos em ruínas — labirintos escondidos. Ao pegarmos a estrada Hawara, chegamos em Medinet El-Faiyum.[265] Uma estrada secundária nos leva ao norte até Kiman Fares, no passado conhecida como Crocodilópolis, onde vemos uma área extensa de ruínas de uma cidade, que se estende por 4 quilômetros quadrados. Ali, os hebreus podem ter sido colocados para trabalhar, por Ramsés II, na reconstrução de templos datados do período do Reino Médio e de santuários para a adoração dos crocodilos sagrados.

Uma referência bíblica, em Gênesis 47:11, indica que os hebreus estavam associados à região Delta do Nilo:

---

264. O corpo de Akhenaton jamais foi identificado de maneira positiva. Parece provável que uma tumba (WV25) foi preparada para ele em Tebas antes de ele transferir seu assento no trono para Akhetaton, mas ela nunca chegou a ser ocupada. Em 1907, uma câmara funeral, KV55, foi descoberta em Wadi Biban el-Muluk, na região oeste de Tebas, que continha um santuário para a rainha Tiyi, a mãe de Akhenaton, e um caixão e jarros da região de Canopo. Parece possível que os corpos de Akhenaton e Tiyi tenham sido levados da tumba Real para eles preparada em Akhetaton e removidos para Tebas durante o reinado de Tutankhamon. O corpo era de um homem e tinha o mesmo agrupamento sanguíneo de Tutankhamon, irmão de Akhenaton (A2MN), indicando que podia ser o corpo de Akhenaton. No entanto, sua idade quando morreu, estimada entre 20 e 25, é baixa demais para confirmar as suspeitas.

265. O nome Faiyum é encontrado em muitas variações de soletração. Escolhi Faiyum como a variante preferencial neste livro, exceto nos casos em que o nome aparece escrito de acordo com sua grafia em outras referências.

José, pois, estabeleceu a seus pais e seus irmãos, dando-lhes possessão na terra do Egito, no melhor da terra, na terra de Ramsés, como o faraó ordenara.

Sugeri (no Capítulo 10) que a região de Faiyum, e não a região Delta, foi onde os hebreus montaram seu acampamento pela primeira vez. No entanto, as referências bíblicas a Ramsés e a Pithom (antes Avaris e Tanis) indicam que os hebreus também foram colocados para trabalhar por Ramsés na construção de seus depósitos nesses locais. Portanto, é possível que esses lugares de armazenamento pudessem ter sido onde Moisés reuniu parte de seu povo para o Êxodo e, ao mesmo tempo, escondeu as peças do tesouro que não poderiam ser levadas do Egito.

Elefantine e Heliópolis

Depois que os sacerdotes de Akhenaton fugiram da destruição de Akhetaton, deduzi que alguns deles se estabeleceram na ilha de Elefantine e em Heliópolis; portanto, essas duas regiões merecem receber uma reavaliação e escavações.

Evidências arqueológicas mostram, conforme pudemos observar, que existiu uma comunidade militarista pseudojudaica em Elefantine, nas fronteiras extremas ao sul do Egito, pelo menos no início do século VII a.C.[266] A antiga data relativamente "correta" mostra que eles não eram "Dissidentes" (Diásporas) da queda do Primeiro Templo em 586 a.C., mas tinham vindo de outro lugar que não Israel. Uma justificativa para essa afirmação merece discussão mais detalhada, o que apresentarei mais adiante no Capítulo 19.

Lago Tana

Quando a comunidade em Elefantine de repente desapareceu em 410 a.C., não é impossível que os sobreviventes tenham viajado para o território etíope e, por fim, estabelecido-se às margens do lago Tana na região norte do país. Assim como a comunidade judaica de Elefantine, a comunidade do lago Tana, hoje conhecida como os falashas, tinha, e ainda tem, costumes e práticas incomuns, refletindo um povo que não participara do judaísmo principal de Canaã. Assim como os essênios, eles não festejavam o *Purim** ou as celebrações relacionadas à Dedicação do Templo.

É possível que os ancestrais dos falashas tenham levado para a Etiópia alguns tesouros que ainda possuíam, mas sua localização não estaria e não poderia ter sido registrada no Pergaminho de Cobre dos essênios.

---

266. Bezalel Porten, *Archives from Elephantine: The Life of an Ancient Jewish Military Colony* [Arquivos de Elefantine: a Vida de uma Antiga Colônia Militar Judaica] (Los Angeles: University of California Press, 1968).

* Um festival que celebra os eventos descritos no Livro de Ester do Antigo Testamento.

O Primeiro Templo em Jerusalém

A ameaça iminente da destruição do Primeiro Templo pelos babilônios nos anos anteriores a 586 a.C. deve ter causado uma tremenda ansiedade na população. Como guardiões dos incunábulos e dos tesouros sagrados que vieram do Egito, os sacerdotes do Templo teriam certamente se aproveitado da oportunidade para esconder muitos dos objetos sagrados e de grande valor em lugares distantes ou próximos a Jerusalém.

Quando o punho de ferro de Nabucodonosor finalmente chegou em Jerusalém, aqueles tesouros que não haviam sido salvos foram levados pelos babilônios como espólios de guerra e perdidos com o tempo.

Mesmo que não tenha sido possível escavar por completo o local onde se acredita que o Templo existiu, pois a Cúpula de Pedra e o Templo Muçulmano de Al Ahxsa hoje ocupam uma grande área do Monte Sagrado, é pouco provável que qualquer relíquia sagrada ou tesouro descrito no Pergaminho de Cobre fossem encontrados ali.

As Cavernas em Qumran

Muitos tesouros textuais já saíram das montanhas de Qumran desde a descoberta acidental do primeiro dos Manuscritos do Mar Morto, em 1947. Pode haver outros tesouros "textuais" a serem descobertos, mas a área foi explorada tão intensamente que as chances de grandes quantidades de tesouro serem encontradas ficam bastante remotas.

Decifrando o Código do Pergaminho de Cobre

Nessa fase de minhas pesquisas, fui à procura da fonte original — o próprio Pergaminho de Cobre — para reconsiderar a mistura dos egípcios e dos antigos hebreus neles apresentados. Cheguei à intrigante possibilidade de que o Pergaminho de Cobre se refere tanto a localizações israelenses quanto egípcias. Depois de isolar as regiões em que os tesouros de Akhenaton poderiam ser encontrados, comecei a prestar mais atenção a lugares mais específicos, com a ajuda do Pergaminho de Cobre.

Ao voltar ao pergaminho, eu precisava responder uma série de perguntas antes de dar continuidade ao trabalho:

- Será que o pergaminho apresenta algum tipo de código que, uma vez solucionado, irá nos levar aos tesouros que descreve?
- Será que os Essênios de Qumran tinham o hábito de escrever em códigos?
- Se sim, existem outros Manuscritos do Mar Morto escritos em códigos?

A resposta a todas essas perguntas acabou sendo a mesma: "Sim".

Ao se referir a sua própria comunidade, os Essênios de Qumran frequentemente usavam códigos ocultos, escrita de reflexo e mensagens secretas em seus textos.

Ao analisar diversos exemplos dos Manuscritos do Mar Morto, ficou bastante óbvio que os Essênios de Qumran, na verdade, mantinham uma apreciação muito grande por códigos, e sua predileção me ofereceu visão mais específica das mentes cheias de manias desse povo que vivia como eremita. Ainda mais importante, eles, de maneira não ambígua, mostraram aos escribas que tinham conhecimento dos símbolos egípcios em uso entre 1500 e 1200 a.C., período que certamente permeou o reinado do Faraó Akhenaton.

Um exemplo é o pergaminho 4Q186 (que fala dos horóscopos), que inclui letras gregas, hebraicas de formato quadrado e paleo-hebraicas codificadas na forma de escrita de reflexo.

Outro Pergaminho, conhecido como as "Premonições dos Filhos da Aurora", foi encontrado na Caverna 4 em Qumran. Esse pergaminho é diferente dos demais. Ele começa em hebraico, com uma menção do *Maskil* ("Professor"), e depois passa a usar símbolos ocultos aparentemente arbitrários, além de apresentar também um caractere vazio totalmente desconhecido do alfabeto hebraico!

Robert Eisenman e Michael Wise[267] decifraram o texto dos Pergaminhos das "Premonições" ao comparar o que lhes parecia ser "23 símbolos mais ou menos arbitrários" com letras equivalentes no hebraico. Quando examinei com mais atenção esses símbolos ocultos aparentemente aleatórios, ficou claro que eles são de origem basicamente egípcia. Muitos dos símbolos são baseados em escritas hieroglíficas ou hieráticas — uma forma cursiva de hieróglifos usada pelos sacerdotes egípcios. Por exemplo, o símbolo usado para o *aleph* hebraico é parte do som *meni* feito na pronúncia do sinal hieroglífico de "𐂅" girado em 90 graus. O símbolo da letra hebraica *shin* é o hieróglifo egípcio de uma "parede". O símbolo abaixo — a letra hebraica *zahde* — é o sinal egípcio de *ankh* usado para "vida".

Por que os Essênios de Qumran ainda estariam usando uma forma antiga de escrita egípcia, intimamente relacionada às escritas que Moisés deve ter usado no registro dos textos do Antigo Testamento? A resposta só pode ser que a antiga escrita egípcia ainda era muito importante para eles, e parte de sua herança.[268]

Um esboço dos tipos de idioma e escrita, em uso no Oriente Médio desde os tempos mais antigos até o período em que os Manuscritos do Mar

---

267. Robert Eisenman e Michael Wise, *The Dead Sea Scrolls Uncovered* [Os Manuscritos do Mar Morto Revelados] (New York: Penguin Press, 1993).
268. Por que o documento das "Admonições" deveria ser escrito em forma codificada não se sabe ao certo. Ele por si só parece um tanto inócuo, mas faz menção de "maneiras de como ter uma vida longa" e "as coisas ocultas do testemunho" que podem ser compreendidas ao examinarmos o passado. Talvez haja no texto uma mensagem codificada.

Tabela 4: Formas de Escrita e Língua no Antigo Oriente Médio

EGITO

Hieróglifos	Símbolos com gravuras a partir da Segunda Dinastia (3000 a.C.)
Hierático	Forma de escrita cursiva de hieróglifos, especialmente usada por sacerdotes a partir da Décima Primeira Dinastia (2500 a.C.)
Demótico (Nativa)	Forma hierática social e de negócios de 900 a.C. a 300 d.C.
Grego	De 330 a.C. em diante[269]
Cóptico	Linguagem egípcia escrita em letras gregas a partir de 200 a.C.

MESOPOTÂMIA

Cuneiforme	Símbolos com gravuras anteriores a 1800 a.C.
Akkadian	Língua semita, também em uso internacional a partir de 1500 a.C.
Aramaico, Antigo	Semita do norte antes de 1100 a.C.

CANAÃ

Ugarit	1500 a.C.
Proto-Canaanita (Semita Ocidental)	1400 a.C.
Fenícia (forma de Proto-Canaanita)	1100 a.C.
Paleo-hebraico	c. 800 a.C.
Aramaico, Intermediário	c. 600 a.C. idioma semita Aramaico Ocidental (idioma do Talmude Palestino) Aramaico Oriental (idioma [com siríaco] do Talmude Babilônico)
Aramaico, Internacional	Uso disseminado no, e além do, Oriente Médio a partir do século VI a.C. (idioma dos papiros de Elefantine e partes do Antigo Testamento)
Hebraico (Forma Quadrada)	c. 200 a.C.
Grego	após 200 a.C.
Latim	após 67 a.C.

---

269. O Antigo Testamento foi traduzido para o grego a partir das versões em hebraico (mantidas pelos judeus estabelecidos em Alexandria), em c. 320 a.C. O Novo Testamento foi copiado pelos antigos cristãos em Alexandria, c. 150-200 d.C. Eles adicionaram seis sinais do egípcio popular para sons não disponíveis no grego.

Placa 1

Vista de Qumran, olhando em direção ao Mar Morto.

Vista aérea das ruínas de Qumran.

Placa 2

Henri de Contenson, líder da equipe arqueológica que encontrou o Pergaminho de Cobre em uma caverna com vista para Qumran em 1952.

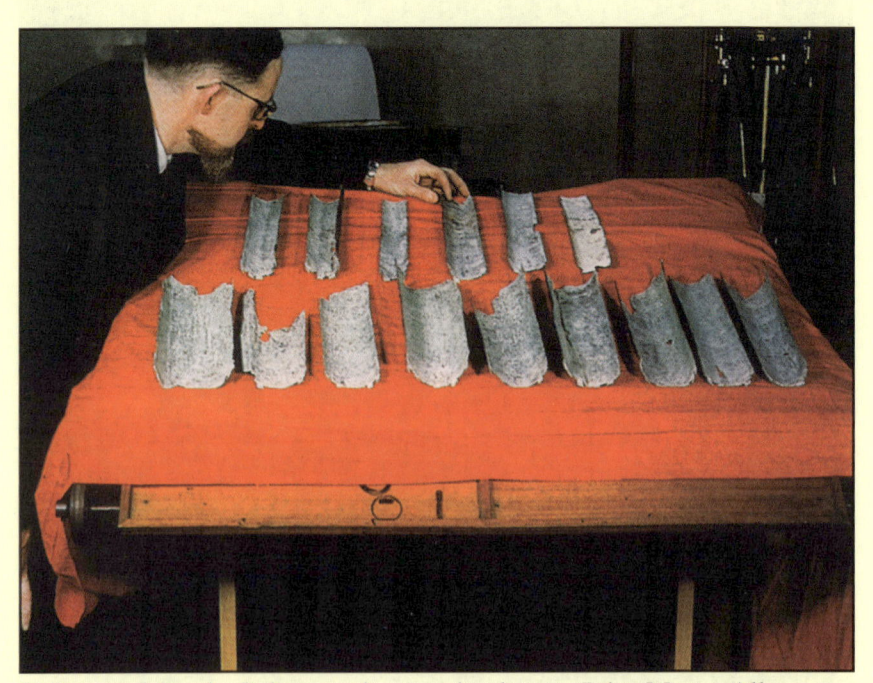

O Pergaminho de Cobre sendo examinado por John Marco Allegro na Faculdade de Tecnologia de Manchester, pouco depois da abertura do pergaminho em 1955, mostrando seções 1-15.

Placa 3

O Pergaminho de Cobre, restaurado pela *Electricité de France*, Paris, como estava em sua forma esculpida original.

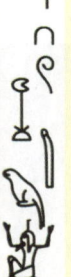

|	1
∩	10
᧐	100
⌇	1000
𓃻	10.000
𓆐	100.000
𓁨	1.000.000 (geralmente com o significado de "mais do que posso contar")

Parte do Papiro Matemático de Rhind, descoberto em Tebas e datado de *c.*1550 a.C., mostrando um sistema numérico semelhante ao usado no Pergaminho de Cobre. **Acima, à direita,** um exemplo do antigo sistema numérico egípcio, mostrando que os símbolos de 1 a 10 são idênticos aos usados na Coluna 6 (à direita) e em todas as outras partes do Pergaminho de Cobre.

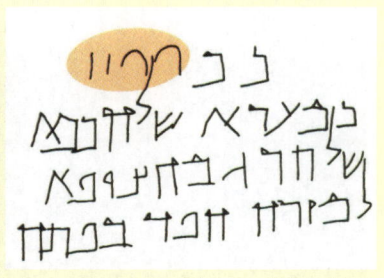

Placa 4

Figuras de pênis circuncidados encontradas nas inscrições do Antigo Egito.

Detalhe de uma inscrição na parede leste da Tumba de Nefer-Seshem-Ptah em Saqqara.

Sacerdote circuncidando um garoto, mostrado em um relevo da tumba mastaba de Ankhmahor, em Saqqara, datado da Sexta Dinastia c.2300 a.C.

Meato datado de c.1300 a.C. encontrado em El-Amarna.

Placa 5

A mitologia de Osíris, mostrando Osíris servido por sua esposa Ísis e seu filho Horus. De uma jóia feita para o faraó Osorkon II, *c.*860 a.C. Hoje, no Museu do Louvre.

Placa 6

Exemplos de estátuas mostrando as características faciais de Amenhotep IV e da rainha Nefertiti.

Estátua colossal de Akhenaton, hoje no Museu do Cairo.

Estátua colossal de Akhenaton do Templo em Karnak, hoje no Museu do Cairo.

Akhenaton beija sua filha. Hoje no Museu do Cairo.

Placa 7

Nefertiti, esposa de Akhenaton, usando uma peruca encaracolada e uma diadema com *uraeus*, beijando sua filha mais velha, Meritaten. De um bloco de pedra calcária encontrado em Hermópolis e hoje no Museu do Brooklyn.

Busto de Nefertiti de pedra calcária pintada. Acredita-se ter sido criado por Thothmes em Akhetaton. Hoje no Museu de Berlim.

Placa 8

Amenhotep II.

Abaixo, a cadeira do trono de Tutankhamon mostrando ele e sua esposa Ankhesenpaten com o disco do Aton. Hoje no Museu Egípcio, Cairo.

Placa 9

Acima, o único exemplo conhecido de um antigo baú portátil egípcio. Medindo 83cm de comprimento, 60.5cm de largura e 63.5cm de altura. Foi encontrado no chão da ante-câmera da tumba de Tutankhamon, descoberta em 1922 no Vale dos Reis, Luxor, Egito. Hoje sob posse do Departamento de Antiguidades, Cairo.

Acima, à direita, cálice Lotiforme dos 'Desejos', medindo 18cm de altura, esculpido em um único bloco de alabastro. A flor de lótus tem 16 pétalas ovóides e quatro sépalas ovóides, com apoios de lírios azuis independentes.

Abaixo, à direita, candelabro triplo de óleo de lótus, 27cm de altura, esculpido em um único bloco de calcita (alabastro).

Exemplos de "asas de proteção" usadas em projetos egípcios, encontradas, por exemplo, no baú de Canopo de Akhenaton e na tumba de Tutankhamon.

Placa 10

Jozef Milik, líder da equipe de tradução na *École Biblique*, Jerusalém. Ele foi a primeira pessoa a publicar uma tradução, em francês, em 1959, do Pergaminho de Cobre.

Vista das colinas logo abaixo de Qumran. Do livro *The Dead Sea Scrolls Uncovered* de Robert Eisenman e Michael Wise, de 1992.

Placa 11

A figura Shawabty de Meryra, sumo sacerdote de Aton. Hoje no Museu Metropolitano de Arte, Nova York.

Abaixo, jarro de tesouro encontrado nos restos de uma construção no "Depósito da Praça de Ouro" em El-Amarna logo depois de ser aberto.

Placa 12

Placa 13

Acima, locais arqueológicos no distrito de enterros de Saqqara, com a pirâmide de degraus de Djoser (*c.*2650 a.C.) na parte mais à frente.

Página oposta, local do Grande Templo em El-Amarna, antiga Akhenaton. Mostrando o perímetro desenhado do templo e as áreas dos pátios.

Abaixo, o Templo do Sol em Abu Gurab, Egito, construído pelo rei Nyuserra (2445-2421 a.C.) No centro do altar, há uma enorme placa de alabastro cercada por quatro mesas de oferendas.

Placa 14

À esquerda, dois anéis sinetes de ouro de Hagg Quandil, El-Amarna, hoje no Museu da Cidade de Liverpool, Inglaterra. Um deles mostra "Bes", o protetor da família, entre dois símbolos de "vida *ankh*"; o outro mostra um leão dançando com um tamborim.

Abaixo e na página seguinte, jóias de Hagg Quandil, El-Amarna, hoje no Museu Real da Escócia.

a) Anel sinete de ouro cortado com o nome Nefertiti.

b) Brinco de pressão de ouro decorado com detalhes em ziguezague e ornamentos em espiral.

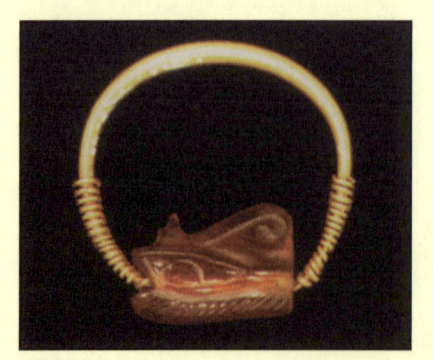

c) Anel de dedo em ouro com chanfradura no formato de um *wadjet* olho protetor.

d) Anel de dedo em ouro com chanfradura rotativa no formato de um sapo.

Placa 15

e) Brinco de pressão de ouro na forma de um medalhão com ornamentos em relevo com formato de margarida.

f) Cequim de ouro na forma de uma margarida.

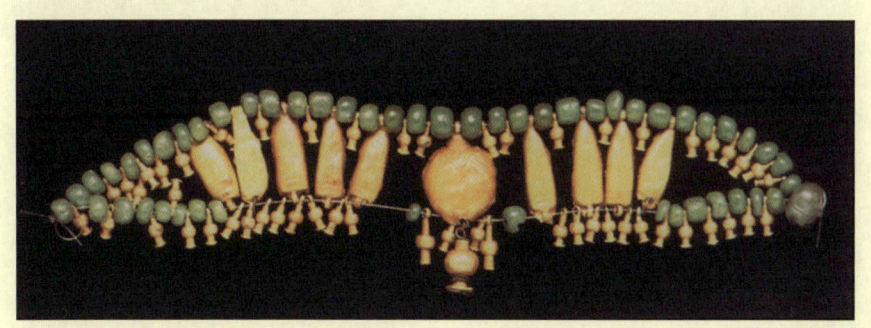

g) Colar ou gargantilha composto de um disco convexo de ouro e uma decoração em divisas abaixo, com nove pingentes com formato de cascas presas em cima e embaixo, 53 contas de romã de ouro e uma conta de ouro grande presa por um fio de cobre.

h) Conta ou prendedor de ouro.

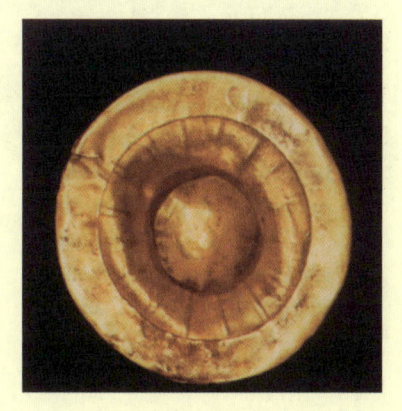

i) Brinco de pressão de ouro.

Placa 16

Vista da ilha de Elefantine, no sul do Egito.

Morto foram escritos, será de grande ajuda para podermos avaliar os tipos de escrita disponíveis para os Essênios de Qumran.

Esses exemplos do uso de códigos pelos Essênios de Qumran me deixaram bastante confiante de que a intercalação de letras gregas maiúsculas no Pergaminho de Cobre, que não têm um significado imediatamente claro, indicava que esse pergaminho se encaixa na categoria de possuidor de um significado oculto. Eu já suspeitava do sistema numérico usado nele, por não estar de acordo com o formato hebraico em uso na época de sua gravação, por volta do tempo de Jesus, mas ele é correspondente a datas muito mais antigas. As dimensões de peso do tesouro (veja Capítulo 2) são também exageros óbvios se comparados com os pesos hebraicos. Seria, portanto, ingênuo de nossa parte acreditar que as localizações e os números relacionados, conforme aparecem descritos no Pergaminho de Cobre, têm um valor exato.

Visto que influências da língua grega na Judeia não apareceram até depois de 250 a.C., é seguro concluirmos que o Pergaminho de Cobre não foi esculpido até depois dessa data. Sua escrita tosca, porém eficaz, indica que foi uma cópia de um documento mais antigo feito às pressas. Ele é escrito em uma forma do hebraico diferente da usada em qualquer dos outros Manuscritos do Mar Morto, com formas de palavras até então desconhecidas e diversos erros cometidos por quem fez as cópias. Acredito que parte do pergaminho foi copiada de um documento original escrito em uma forma hierática egípcia.

As Traduções do 3Q15 — O Pergaminho de Cobre

As três ou até mesmo quatro formas de estilos textuais no Pergaminho de Cobre têm causado infinitas controvérsias quanto ao estabelecimento de um verdadeiro significado e sintaxe. Mas, se o 3Q15 for considerado uma tradução inicial de uma lista que fora adicionada e corrigida e, em seguida, copiada novamente, muitas das dificuldades linguísticas começam a desaparecer.

Acredito que a primeira tradução e/ou cópia provavelmente aconteceu entre 700 e 600 a.C. ou até antes disso, e que a segunda cópia ocorreu entre 40 e 60 d.C. Quando a primeira tradução foi feita, o escriba utilizou o antigo idioma paleo-hebraico. Com a segunda cópia, correções foram incorporadas para refletir a interpretação pré-mishnaica (veja Glossário), mas a maior parte das expressões hebraicas antigas da Bíblia foi mantida, assim como os sistemas numéricos e de peso. Ao analisarmos o documento hierático original e comparando-o com o antigo hebraico e miscelânea pré-mishnaica hebraica, encontramos símbolos e sistemas de numeração que podem ser datados de muito tempo antes de 1200 a.C.

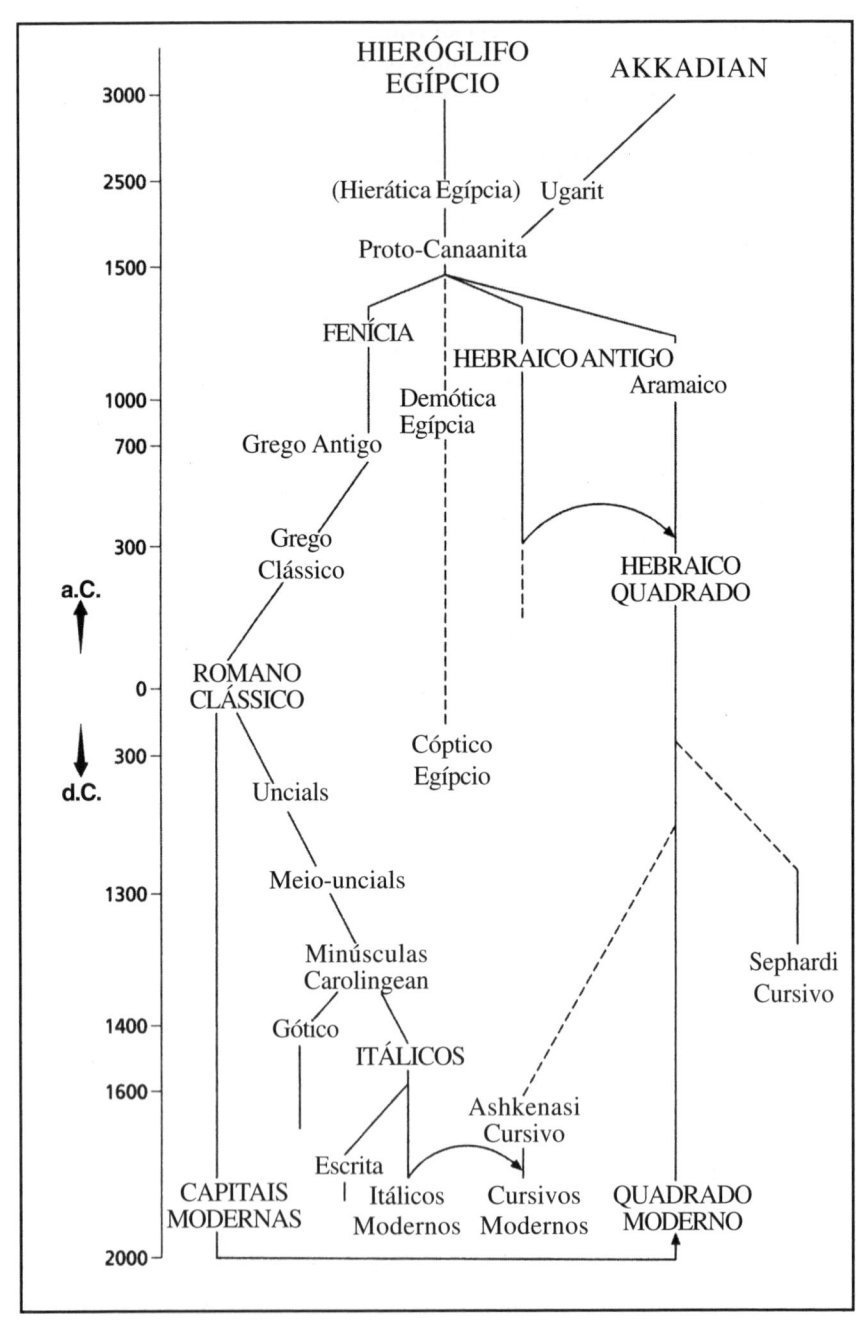

Figura 17: Esquema mostrando o desenvolvimento das formas de escrita.

Ocasionalmente, o escriba ou revisor não conseguiu resistir ao uso do que para ele deve ter sido um método antiquado de numeração; por exemplo, ele mudou a unidade *khaff* relacionada aos pesos para indicar que ela se tratava de um *khaff* duplo, ou KK.

O sistema numérico no pergaminho não é equivalente ao do século I d.C. da Judeia. Ele é baseado em um único caractere para cada unidade individual com intervalos de dez, com o menor número à esquerda. Ele usa os mesmos símbolos e multiplicações do sistema de dez usado no Egito durante e antes do tempo de Akhenaton. Esse sistema é idêntico ao encontrado no Papiro Matemático de Rhind, hoje no Museu Britânico, datado de *c.* 1550 a.C.[270] (veja Placa 3). Obviamente, o Pergaminho de Cobre tem uma fidelidade relacionada a tempos egípcios muito mais antigos.

Não há ainda uma tradução definitiva do pergaminho dos números grandes existentes e, por isso, utilizei quatro das principais versões mais comumente aceitas pela maioria dos estudiosos como sendo de reconhecimento potencial, adicionando a elas minhas interpretações particulares nas quais discordo de todas as suas variantes. As quatro traduções que usei são de John Allegro, Garcia Martinez, Geza Vermes e Al Wolters.[271] Entretanto, estou disposto a tentar descrever as principais razões de minhas escolhas, conforme analisamos as partes relevantes do texto.

Cada uma das descrições das 64 localizações dos tesouros listadas no Pergaminho de Cobre está apresentada no texto por meio de um padrão semelhante:

a) uma descrição específica do esconderijo;
b) uma descrição secundária do esconderijo;
c) uma instrução para cavar ou mensurar;
d) a distância de uma posição por números de cúbitos;
e) uma descrição do tesouro;
f) letras gregas (depois de sete das localizações).

Uma tradução da Coluna 1 do texto do Pergaminho de Cobre é típica do estilo e conteúdo.

---

270. Ian Shaw e Paul Nicholson, *Dicionário do Museu Britânico do Antigo Egito* (Londres: Publicado para os Fiduciários do Museu Britânico pelo British Museum Press, *c.* 1995); R.J. Gillings, *Mathematics in the Time of the Pharaohs* [A Matemática no Tempo dos Faraós] (Cambridge, Mass.: Harvard University Press, 1972).

271. Allegro, *The Treasure of the Copper Scroll* [O Tesouro do Pergaminho de Cobre]; Florentino Garcia Martinez, *The Dead Sea Scrolls Translated* [Os Manuscritos do Mar Morto Traduzidos] (Leiden: E. J. Brill, 1994); Geza Vermes, *The Complete Dead Sea Scrolls in English* [Todos os Manuscritos do Mar Morto em Inglês] (New York: Penguin Press, 1997); Albert Wolters, *The Copper Scroll: Overview, Text and Translation* [O Pergaminho de Cobre: Visão Geral, Texto e Tradução] (Sheffield: Sheffield Academic Press, 1996).

> *a ruína que fica no vale, passa sob*
> *os degraus que levam para o Leste*
> *quarenta cúbitos (...) um baú de dinheiro e seu total*
> *o peso de dezessete talentos.* ΚεΝ
> *No monumento do sepulcro, no terceiro curso:*
> *cem lingotes de ouro. Na grande cisterna do pátio*
> *peristilo, em um buraco no chão coberto de sedimento,*
> *em frente à abertura superior: novecentos talentos.*
> *Na montanha de Kochlit, recipientes de dízimo do senhor*
> *dos povos e vestes sagradas; total dos dízimos e do tesouro;*
> *um sétimo do*
> *segundo dízimo sujo. Sua abertura fica às margens do canal*
> *Norte,*
> *seis cúbitos na direção da caverna das unções,* ΧΑΓ
> *Na cisterna Manos emplastrada, descendo à esquerda,*
> *a uma altura de três cúbitos de baixo para cima: prata, quarenta*
> *...talentos...*

As ligações que fiz dos tempos dos Essênios de Qumran até Ezequiel e Habacuque, os levitas, os sacerdotes de On presentes no Êxodo e a Akhenaton significam que qualquer interpretação deve presumir um forte "Efeito Egípcio" nos significados secretos do texto. Os valores numéricos possivelmente são também de origem egípcia, e não canaanita.

Uma tradução completa, na versão apresentada por John Allegro, de todas as 12 colunas do Pergaminho de Cobre, junto ao antigo texto hebraico, é mostrada no Apêndice.

O Esconderijo Final

Comecemos pelo fim, conforme recomendado por Lewis Carroll. O final da última coluna do Pergaminho de Cobre, Coluna 12, refere-se a um túnel em Sechab, ao norte de Kochlit. É ali, nesse último local mencionado, que, somos informados, está escondida a chave dos Pergaminhos de Cobre:*

> No túnel que fica em Sechab, *ao Norte de Kochlit*, que se estende na direção norte e tem sepulturas em sua entrada: uma cópia desse texto e sua explicação e suas medidas e o inventário de tudo... item por item.
>
> (Itálico meu)

---

* Manuscritos porque a Coluna 12 indica que uma segunda cópia do pergaminho será encontrada ao norte de Kochlit.

Obviamente, isso confirma que os conteúdos do Pergaminho de Cobre não podem ser considerados como apresentando um valor nominal. Há um código e uma chave capazes de decifrar essa codificação.

Então, onde fica Kochlit? O que esses códigos significam? Onde está essa chave?

Em sua tradução do Pergaminho de Cobre, John Allegro e uma das primeiras equipes editoriais que trabalharam nos Manuscritos do Mar Morto são bastante cuidadosos (e com razão) ao dar nome aos lugares relacionados a palavras que são essencialmente um agrupamento de consoantes. Pela natureza da escrita hebraica da época e conforme ainda aparece nos Manuscritos da Torá, as vogais não eram incluídas. Geralmente, há poucas ambiguidades com relação à pronúncia e significado de uma palavra, mas nas palavras menos comuns como, por exemplo, os nomes de pessoas e de lugares, temos inúmeras possibilidades de alternativas.

A tradução de Geza Vermes de "Kochlit" é também apresentada na primeira, segunda, quarta e décima segunda colunas do pergaminho,[272] mas, curiosamente, John Allegro aqui traduz "Kochlit" não como sendo o lugar de um nome, mas como

... e armazenou a produção do Sétimo Ano...

A "produção do Sétimo Ano", se essa for uma interpretação correta, é um termo incomum. Há somente uma referência na Bíblia que cita esse tipo de estratégia futura. Será que estariam se referindo ao local onde José armazenou os excessos do último e do penúltimo período de milho dos sete anos de fartura para seu faraó, Akhenaton?

Será que as letras gregas que aparecem na Coluna 1, que também mostram a palavra "Kochlit", têm uma importância?

As Estranhas Letras Gregas

Ninguém até hoje foi capaz de proporcionar uma explicação satisfatória do significado das letras gregas no pergaminho, indicando que elas são, de fato, algum tipo de mensagem codificada, apesar de muitas teorias terem sido propostas. Elas, em sua maior parte, parecem descrever:

a) nomes de lugares;
b) tipos de tesouros;
c) quantidades de tesouros;
d) nomes de pessoas;
e) distâncias de localizações;
f) marcas de escrita;
g) divisões de seções.

---

272. Vermes, *The Complete Dead Sea Scrolls in English* [Todos os Manuscritos do Mar Morto em Inglês].

Uma das traduções autorizadas mais recentes do Pergaminho de Cobre, *The Copper Scroll, Overview, Text and Translation*, de Al Wolters e publicada em 1996, refere-se às letras gregas da seguinte maneira:

> Embora diversas teorias tenham sido propostas para explicar as letras gregas, elas ainda são um enigma. É possível que cada uma delas seja a letra inicial do nome de um profeta grego.

Ao estudar as letras gregas e depois de considerar minha teoria de que Moisés, ou os sacerdotes de Akhenaton que vieram do Egito com ele, trouxe um "mapa escrito" dos tesouros que ficaram escondidos no Egito, a solução para o enigma do Pergaminho de Cobre de repente surgiu diante de meus olhos. Uma solução que não parecia inconsistente com a sugestão de Al Wolters.

Minha excitação com a descoberta, conforme as letras pareciam se encaixar, fez com que eu sentisse um arrepio na nuca. A resposta está parcialmente na ordem das localizações descritas e nas letras gregas codificadas que foram adicionadas em algumas das colunas do texto que há muito tempo causa dúvida e mistério aos tradutores. Elas agora começavam a apresentar um significado.

Posteriores esconderijos de objetos preciosos levados do Egito e mais tarde escondidos em Canaã foram adicionados aos textos originais que estavam sendo copiados.

Todas as marcas de códigos gregos visíveis aparecem nas primeiras quatro colunas do Pergaminho de Cobre.

As letras estão intercaladas nas colunas da seguinte maneira:

K ε N # X A Γ # H N # Θ ε # Δ I # T P # Σ K

As dez primeiras letras soletram (A)KHENATE!*

Eu percebi que havia desvendado um dos mistérios mais enigmáticos dos Pergaminhos de Cobre — um que tem confundido estudiosos há décadas.

A reação de Jozef Milik à minha explicação foi de puro espanto. Ele foi a primeira pessoa a publicar uma tradução oficial do Pergaminho de Cobre e é um especialista em linguísticas antigas do Oriente Médio. Apesar de concordar que as letras podiam estar relacionadas a Akhenaton, ele ficou confuso ao pensar em "como os essênios poderiam conhecer o faraó ou sua cidade".[273]

---

* As letras gregas X G e Q têm transcrições para o inglês de kh, g e th, respectivamente.

273. Jozef Milik. Entrevista do autor. Gravação em fita. Paris, França, 8 de novembro de 1998.

Além da afirmação de Jozef Milik de que as dez primeiras letras gregas no Pergaminho de Cobre podiam se referir a Akhenaton ou Akhetaton, eu agora precisava descobrir se existiam quaisquer referências na literatura clássica que pudessem usar letras gregas para soletrar esses nomes.

Por morar em Londres, tive bastante sorte por poder consultar uma das mais reconhecidas autoridades dos idiomas egípcios e do antigo Oriente Médio, o professor John Tait, da Faculdade Universidade de Londres. Ele foi muito gentil em me indicar uma série de fontes nas quais poderia encontrar uma resposta.[274]

O *Dictionnaire des Noms Geographiques* de Gauthier traz os sons hieróglifos de Akhenaton como: Ahk (sobre) t n — Åton, e o *Dizionario dei Nomi Geografici e Topografici dell' Egitto Greco-Romano* de Calderini, o nome equivalente mais próximo em grego é ÅKAN ΘION.

O fato de que não conseguia encontrar uma exata tradução grega do nome Akhenaton ou Akhetaton foi, conforme indicado pelo professor Tait, nada surpreendente, visto que o mundo grego não teria como saber de um lugar que tinha há muito tempo desaparecido.[275] Além disso, ele diz, não haveria letras gregas disponíveis com sons semelhantes nas antigas palavras egípcias hieroglíficas ou hieráticas.

As letras gregas mais próximas que poderiam ter sido usadas para representar pronúncias do nome do faraó Akhenaton, ou sua versão mais antiga de Amenhotep, que os antigos gregos conheciam, era Amenophoris ou Amenophis. Se eles conhecessem o nome mais antigo do faraó, como os

---

274. Henri Gauthier, *Dictionnaire des Noms Géographiques Contenus dans les Textes Hiéroglyphiques* (Paris: La Société Royale de Geographie d'Egypte, 1925); Aristide Calderini, *Dizionario dei Nomi Geografici e Topografici dell' Egitto Greco-Romano* (Cisalpino-Goliardica, 1935-1980); Alan H. Gardiner, *Ancient Egyptian Onomastica* [Antiga Onomástica Egípcia] (Oxford: Oxford University Press, 1947); Erich Lüddeckens, *Demotisches Namenbuch*, Aufrage der Akademie der Wissenschaften und der Literatur in Mainz (Wisebaden: Reichert, 1980-); Wolfgan Helck e Eberhard Orto, *Lexikon der Agyptologie* (Wiesbaden: O. Harrassowitz, 1975-); John Baines e Jaromir Malek, *Atlas do Antigo Egito* (New York: Facts on File, 1985). *Tübinger Atlas des Vorderen Orients* (Universidade de Tübinger, Wiesbaden: Reichert, 1977-).

275. Isso foi confirmado pelo dr. A. R. David, leitor em Egiptologia no Museu de Manchester (em correspondência com o autor, 18 de janeiro de 1999), que afirmou que:
"Não existe um equivalente grego de Akhenaton. Seu nome anterior, antes de ele mudá-lo para mostrar sua aliança com Aton, era Amenhotep IV. A versão grega de Amenhotep era Amenophis. Além disso, não existe um equivalente grego da cidade, Akhetaton,. Não tenho conhecimento da existência de referências tanto de Akhenaton como de Akhetaton na literatura grega, porque o rei e a cidade foram apagados da história até que o local de Tell el-Amarna (Akhetaton) foi redescoberto em tempos recentes."

Essênios de Qumran, também poderiam ter chegado com as seguintes letras gregas:

$$ÅKεNXAΓHNΘε$$

O significado das letras gregas restantes será discutido a seguir, em seu contexto no livro. A razão dada para a existência das letras gregas somente na parte mais antiga do Pergaminho de Cobre é, eu acredito, o fato de as colunas mais antigas estarem relacionadas a localizações no Egito e o pergaminho, sendo uma forma de lista, foi adicionado posteriormente, com locais referindo-se a Canaã.

A Produção do Sétimo Ano

O significado do termo "Kochlit" como produção do sétimo ano, conforme citado na Coluna 1, hoje se torna bastante claro. É quase certamente um dos depósitos (provavelmente o principal), ao lado do Grande Templo de Akhenaton, onde José teria armazenado os grãos durante os sete anos de fartura em preparação para os sete anos de fome. Que lugar mais conveniente para esconder todos os tesouros do faraó que em sua capital Akhetaton, atual Amarna?

No andar superior do museu em Luxor há diversas estátuas de Akhenaton, e uma reconstrução inebriante de uma parede de um Templo de Akhenaton em Tebas. Desenhado sobre os *talattat* (blocos) da parede, vemos cenas de uma vida agitada nos arredores de Aton e, em uma delas, um depósito lotado de potes, caixas, lingotes de metal e artigos preciosos. Esse é o tipo de depósito de onde nossa busca pode, de fato, ser iniciada.

Se a referência na última coluna, Coluna 12, de fato se refere ao depósito em Amarna como o local de partida de onde um resumo e uma explicação, item a item, serão encontrados (e se minha teoria estiver correta), eu esperaria encontrar letras gregas no final dessa passagem também, para indicar que era essa uma localização egípcia. Mas elas não existem. No entanto, isso é compreensível, visto que há um pedaço de texto faltando exatamente onde esperaríamos encontrar as letras gregas de codificação, com espaço suficiente para acomodar duas letras gregas. O que elas poderiam significar, voltarei a tentar explicar mais adiante.

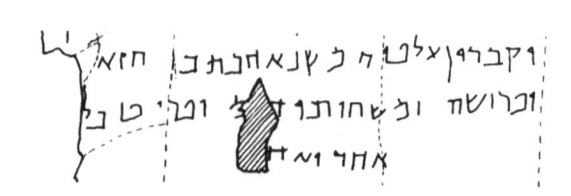

Figura 18: Ilustração do texto da última coluna do Pergaminho de Cobre.

Minha teoria é ainda endossada por uma referência a um lugar, na Coluna 4, que John Allegro lê como "o Vale de Achor", e Garcia Martinez lê como "o vale de Akon"; eu leio como o "vale de Aton".* Daqui em diante, as peças do quebra-cabeças começam a se encaixar, cada uma delas reforçando as demais.

A descrição no final da última coluna, portanto, refere-se ao Egito, e nós começamos pelos depósitos logo ao sul do Grande Templo.

(...) No túnel que fica em Sechab, ao norte do Depósito, e estende-se na direção norte e tem túmulos em sua entrada: uma cópia desse texto e sua explicação e suas medidas e o inventário de tudo [espaço em branco] item a item [parte faltando].

Coluna 12

O Pergaminho de Cobre está dizendo: siga na direção norte dos produtos armazenados do sétimo ano e encontrará uma tumba ou tumbas.

Caminhando quase exatamente na direção norte dos depósitos, conforme instruídos, de fato chegamos diante de uma fileira de tumbas ao longo das margens do platô tomado pelas pedreiras logo ao sul da atual Sheikh Said. Ali, o platô faz paralelo com a curva do rio Nilo e desce exatamente 30 metros pelo rio. Que caminho seria mais conveniente para transportar um tesouro volumoso do que pelo rio que esteja bastante próximo do Grande Templo?

A tumba, que tem um túnel que se abre na direção norte, tem a chave do Pergaminho de Cobre enterrada na boca do túnel.

A cadeia de montanhas na qual essas tumbas do norte estão localizadas está voltada para diversas direções, seguindo o contorno das colinas. As tumbas de Meryra, Huya e Meryra II (ou Kheshi como ele era chamado) estão praticamente voltadas para o sul, e a abertura de seus túneis dão vista para o norte. Todas essas três pessoas eram oficiais importantes no Palácio Real de Akhenaton, e suas tumbas são possíveis candidatas para futuras escavações que merecem atenção.

Até onde se sabe, Meryra era o único sumo sacerdote de Aten. Seus outros títulos incluíam: "Portador do Leque na lateral direita do Rei", "Chanceler Real", "Único Companheiro", "Príncipe do Passado" e "Amigo do Rei". Ele foi também um príncipe hereditário e sua tumba reflete a importância que tinha, com inúmeras cenas decoradas da vida local. A cerca de 60 metros de sua tumba no topo da colina há uma mina profunda enterrada, voltada para o norte. Essa localização é uma das mais prováveis candidatas da posse da chave do Pergaminho de Cobre.

Uma referência na tradução de *at Sechab* como a localização do túnel é outra pista importante. Analisada mais de perto, a palavra hebraica

---

* Um escrita alternativa de Aten.

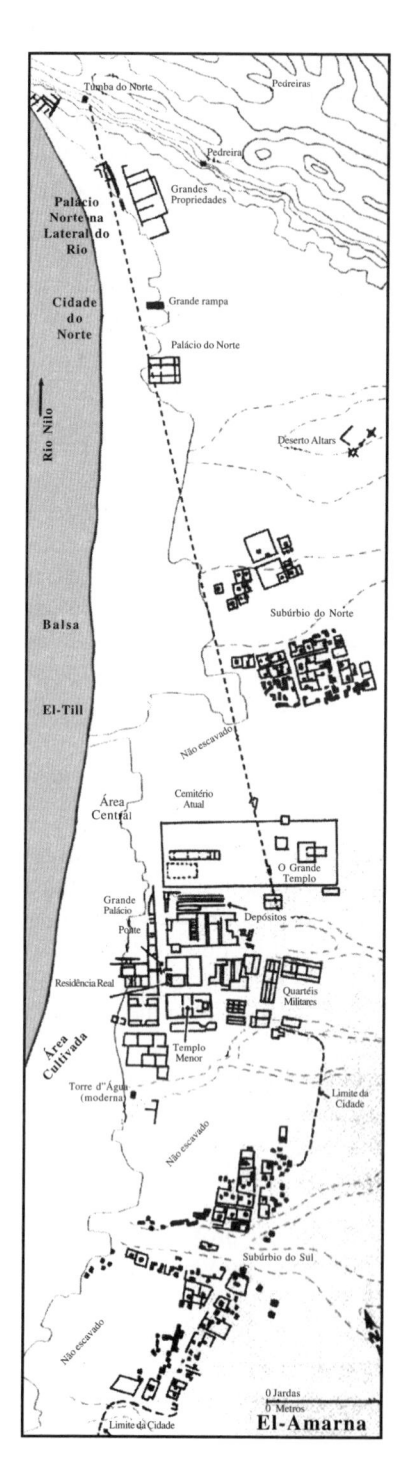

Figura 19: Plano dos locais arqueológicos em Akhetaton, hoje conhecida como El-Amarna.

pode facilmente ser traduzida como *Sechra*. Há um nome que se encaixa nessa pronúncia que é "Seeaakara" — o misterioso rei que sucedeu imediatamente Akhenaton e que imaginamos ter reinado como corregente pouco antes da morte dele. Seeaakara, como rei, é mostrado oferecendo uma recompensa a Meryra II, seu escriba e superintendente, em uma gravura incompleta sobre a parede da tumba do escriba.[276]

A tumba de Meryra II, ou, se puder ser localizada, a do misterioso Seeaakara (Semenkhkare), também merece uma futura investigação detalhada.

De Volta ao Início do Texto

Coluna 1

Voltando à Coluna 1, a linha que fala da *ruína que fica no vale* nos coloca, de acordo com John Allegro, no vale da produção do sétimo ano, em busca de estruturas construídas antes do tempo de Akhenaton, ou que estivesse nessa época em ruínas. Há *degraus que nos conduzem a leste*. Os mais prováveis candidatos são o Deserto Altars, não muito longe do Palácio Norte de Akhenaton. Suas paredes eram reforçadas com pesadas paredes de tijolos sustentadas, de acordo com a tradução de John Allegro que descreve o local como "semelhante a uma fortaleza". Os altares, a capela e a estrutura do pavilhão estavam em ruínas ou foram desmantelados na época de Akhenaton. O Altar do Norte pode ser acessado por uma rampa que nos leva para o leste. Quarenta cúbitos (ou 20,4 metros) ao longo dessa rampa e abaixo dela, deve haver *um baú de dinheiro com seu conteúdo pesando 17 Talentos*.

A seção seguinte refere-se ao *monumento do sepulcro*, onde *há 100 barras leves de ouro*. Só existe outra referência a lingotes de ouro, que aparece na Coluna 2 "egípcia". Ela fala da *casa carpetada de Yeshu(?)*. Considero isso como falando das dependências da cidade de Akhenaton. John Allegro, ao contrário, lê essa frase como *a Antiga Casa de Tributos*. Em um dos grupos de tumbas ao norte, há uma sepultura de "Huya", comissário da rainha Tiyi, mãe de Akhenaton. A capela decorada em homenagem a Huya mostra uma cena de Akhenaton no décimo segundo ano de seu reinado, sendo conduzido sobre uma cadeira suspensa junto de sua esposa, a rainha Nefertiti, até o Átrio de Tributos Estrangeiros. Abaixo e ao lado da cena, vemos desenhos de emissários visitantes prestando sua admiração ao faraó. A "Casa de Tributos" era quase que certamente o Átrio de Tributos de Akhenaton.

---

276. N. de G. Davies, *The Rock Tombs of El Amarna — Part II* [As Tumbas de Pedra de El-Amarna — Parte II] (Londres: Fundo de Exploração do Egito, 1905).

O Átrio de Tributos era uma enorme área com um altar que formava parte das dependências fechadas do Grande Templo na lateral nordeste da construção. É bastante possível que o piso fosse carpetado, para o conforto dos dignitários que deviam estar o tempo todo prostrando-se aos pés do faraó. *Na cavidade... na terceira plataforma 65 lingotes de ouro.* Sob a plataforma elevada, três níveis abaixo, essas riquezas em barras de ouro devem ter sido escondidas.

Tarde demais! Alguém chegou lá antes!

"Pote de Ouro Puro"

Em 1926, uma equipe que realizava uma escavação na antiga cidade de Akhetaton iniciara uma temporada de seis anos de trabalho sob a direção de seus chefes, o dr. H. Frankfort e J. D. S. Pendlebury.

A escavação chegou até a Pedreira Ocidental Central de Tell El-Amarna e ao que parecia ser o banheiro externo de uma enorme propriedade. Em um pequeno pátio a leste, o Sr. Pendlebury estava supervisionando um trabalhador beduíno no que parecia prometer ser um esforço válido de trabalho. Eles já haviam encontrado uma pequena estátua de pedra calcária de um macaco tocando uma harpa e um pedaço de cerâmica azul furada decorada com espirais e uma cártula* de Nefertiti. Cavando cerca de mais 30 centímetros, o trabalhador encontrou um enorme jarro amarelo-claro e marrom de argila. Ele tinha aproximadamente 24 centímetros de altura e 15 centímetros de diâmetro. Quando ele forçou para tirar a tampa, descobriu uma barra de ouro, seguida de mais 22.

Ao final da escavação, a equipe também havia encontrado dois lingotes de prata, fragmentos de prata, anéis, brincos e placas de prata.

O dr. Frankfort acreditava que os fragmentos de prata foram compressados e os anéis amassados e quebrados, estando assim preparados para ser fundidos, da mesma forma que os lingotes de prata e de ouro haviam sido produzidos. Frankfort e Pendlebury acreditavam que a descoberta fazia parte do espólio de um ladrão e chegaram, inclusive, a sugerir que o saqueador, ou saqueadores, havia atacado o Átrio de Tributos Estrangeiros, pelo fato de o local estar a menos de 2 quilômetros de distância.

A área que eles estavam escavando é hoje conhecida como o "Pote de Ouro Puro". O que o dr. Frankfort e sua equipe haviam encontrado era um tesouro de 23 barras de ouro de vários pesos entre 34,62 gramas e 286,53 gramas, e pesando 3.375,36 gramas no total.[277]

---

* Um desenho retangular com gravuras e cantos arredondados, dentro do qual, geralmente na forma hieroglífica, apareciam registrados os títulos de uma pessoa.

277. H. Frankfort e J. D. S. Pendlebury, *The City of Akhenaton — Part II* [A Cidade de Akhenaton — Parte II] (Oxford: Oxford University Press, 1933).

Antes de prosseguirmos e avaliarmos essa descoberta, precisamos reavaliar a questão de o que o texto do Pergaminho de Cobre realmente quer dizer quando se refere a um "Talento".

O PROBLEMA DE PESOS E A "LIGAÇÃO DO KHAFF DE OURO"

As dificuldades para determinar o que de fato significava a unidade de peso que vemos escrita nos textos do Pergaminho de Cobre como "KK", e, às vezes, com um único "K", têm causado dúvidas aos tradutores. A unidade é geralmente traduzida e considerada um "Talento".

O termo "de peso" está representado no texto como dois *khaffs* hebraicos, para os quais não existe uma exata pronúncia no inglês, mas que uma aproximação seria "kh kh". Essas letras que indicam o peso sempre foram traduzidas como "Talento" canaanita ou bíblico — uma unidade com peso variando entre 30 e 150 quilos. Para o Pergaminho de Cobre, 35 quilos (equivalentes ao peso de 3 mil siclos) são geralmente considerados como uma base. Ao usar até mesmo a mais baixa dessas unidades, valores financeiros astronômicos e pesos exagerados são calculados para as quantidades totais de metais preciosos mencionados no Pergaminho de Cobre. Alguns tradutores, por essa razão e de forma bastante arbitrária, reduziram a equivalência do termo para a unidade de peso canaanita seguinte[278] (para mais detalhes desse assunto, veja Capítulo 2).

Baseado em meu ponto de vista, que afirma que os textos se referem a localizações egípcias, considerei mais lógico usar agora unidades de peso egípcias contemporâneas locais. Além disso, contando com minha experiência na área de metalurgia, sabia (como qualquer pessoa que tenha trabalhado em um escritório de análises) que as unidades de "quilogramas" não são utilizadas na pesagem de metais preciosos.

A unidade de peso egípcia comum era, até 1795 a.C., o *Deben* — equivalente a 93,3 gramas. Depois desse período, ela foi substituída pelo *Kite* de 9-10 gramas — que era exclusivamente usada para pesar ouro e prata.[279]

Nossos dignos senhores, o dr. Frankfort e o Sr. Pendlebury, e sua equipe de escavadores em Tell el-Amarna também desenterraram uma série de pequenas figuras decorativas que classificaram como pesos. Todos eles têm aproximadamente 20 gramas, mas somente um deles parece ser um peso padrão. É feito basicamente de chumbo, assim como um cuboide comum e está marcado com duas linhas verticais paralelas "II". Ele foi encontrado em uma das casas mais suntuosas dentre as maiores propriedades. Essas duas marcas são idênticas ao tipo de marcas únicas encontradas no Pergaminho de Cobre para indicar uma unidade de peso.

---

278. Allegro, *The Treasure of the Copper Scroll* [O Tesouro do Pergaminho de Cobre].
279. Shaw e Nicholson, *Dicionário do Museu Britânico do Antigo Egito* (http://touregypt.net/suntempl.htm).

O peso desse cuboide de chumbo é de 20,4 gramas. As duas linhas paralelas sobre ele indicam que tinha uma equivalência de dois *Kites* e devem representar que a unidade padrão de peso — um "KK" — é mostrada pelos dois *khaffs* no Pergaminho de Cobre.

O Pergaminho de Cobre apenas menciona lingotes de ouro puro duas vezes; em ambos os casos, cada uma das referências está nas duas primeiras colunas, que eu deduzi estarem relacionadas à cidade de Akhetaton. O número total de barras de ouro listado, das duas localizações, é 165. Presumindo-se que as barras de ouro foram originalmente moldadas de forma padrão e idêntica, com tamanhos para produzir barras de ouro o mais próximo possível do padrão de uma unidade de peso "KK", o peso total das 165 barras de ouro seria:

165 x 20,4g = 3.366g

Esse total é praticamente idêntico ao peso de ouro (3.375 gramas) encontrado no "Pote de Ouro Puro" em Amarna. A correlação é tão próxima da verdade (0,28% ou 99,72% de chances de exatidão) que, se considerarmos a dificuldade de despejar com eficácia o ouro líquido em moldes de padrão original para chegar à marca de nível, o grau de certeza de que eram as mesmas barras de ouro que o Pergaminho de Cobre cita é praticamente de 100%.

Obviamente, conforme indicado pelo dr. Frankfort, o ladrão derretera as 165 barras leves de ouro para produzir 23 lingotes, de tamanhos e pesos variados, utilizando seus moldes brutos de areia.

Se isso estiver certo, nós esperaríamos que alguns dos lingotes pesassem um múltiplo da unidade de peso "KK" de 20,4 gramas, basicamente seguindo equivalências estatísticas, principalmente nos lingotes maiores. É isso que realmente acontece, e o maior dos novos lingotes tem quase exatamente 14 vezes a unidade de peso "KK" (os 23 lingotes de ouro do "Pote de Ouro Puro" estão no Museu do Cairo, e muitos dos objetos e joias de prata se encontram em exibição no Museu Britânico, Londres).

Portanto, nosso ladrão encontrara os tesouros escondidos no *monumento do sepulcro* e do *Átrio de Tributos Estrangeiros* e descobrira também uma casa nas vizinhanças para moldar seu saque. Ele também estava bastante ocupado derretendo a prata, com aproximadamente 40 KK, e outras joias, ao que tudo indica do tesouro da subida da escada da Coluna 1 usada para refúgio onde havia 40 Talentos de prata.

Essa descoberta de que as barras de ouro mencionadas no Pergaminho de Cobre pesavam provavelmente o mesmo que o tesouro de barras de ouro encontrado em El-Amarna por volta de 1920 é praticamente uma prova certa de que cheguei a uma interpretação correta do Pergaminho de Cobre. Ainda mais importante, ela proporciona um desfecho para o final da corrente que se estende pelos séculos que unem os sacerdotes de Akhetaton aos Essênios de Qumran — uma ligação de 24 quilates de ouro!

Existem quaisquer outras "descobertas" na região de Akhetaton que sustentam essa conclusão? Quando chegamos na Coluna 6 do Pergaminho de Cobre, descobrimos que existe sim outra "ligação de ouro"; e apesar de não ser bastante clara quanto o exemplo anterior, ela ainda é muito convincente.

Minha conclusão é ainda reforçada por um impressionante desenho característico do jarro no qual os tesouros do "Pote de Ouro Puro" foram encontrados. Todos os jarros nos quais os Manuscritos do Mar Morto dos Essênios de Qumran estavam eram estranhamente grandes. Eles são exclusivos da comunidade dos essênios que os devem ter fabricado, e que não são vistos em nenhum outro lugar na Judeia ou na antiga Israel. Eles têm um exterior colorido de branco matizado com uma tampa acocorada curvada. Variam em seu formato externo, com um diâmetro e altura máximos, mas praticamente todos têm uma tampa com diâmetro de 15 centímetros — exatamente o mesmo do jarro do "Pote de Ouro Puro" encontrado em Amarna (veja Placa 11). Há também uma semelhança marcante no desenho da base, no tamanho e no formato da tampa.[280]

Não precisamos nos preocupar com o fato de parte do tesouro ter sido encontrada. Ainda existem quantidades volumosas não localizadas!

Voltando ao texto da Coluna 1, estamos, provavelmente, ainda no centro da cidade e a descrição seguinte é de um prédio com um pátio peristilo (ou seja, cercado por colunas) com uma grande cisterna e um piso coberto por sedimentos. Presumindo que essa construção seja o Grande Templo, sua parte externa tinha uma colunata que devia abrigar a Grande Cisterna, fornecendo água à área do templo e aos oito tanques de banho que ficavam atrás dele. *Em frente à abertura superior: 900 Talentos.*

Ainda próximo ao Depósito do Sétimo Ano somos instruídos a olhar para alguma parte do *Lugar das Pias*: ali, ao fundo do conduto que fornece água, seis cúbitos abaixo da lateral da pia norte, encontraremos vestimentas e

---

280. Roland de Vaux, *Archaeology and the Dead Sea Scrolls* [A Arqueologia e os Manuscritos do Mar Morto] (Oxford: Oxford University Press, 1959); Frankfort e Pendlebury, *The City of Akhenaton — Part II* [A Cidade de Akhenaton — Parte II].
Vários desenhos de jarros encontrados em Qumran e próximo a Ain Feshkha estão ilustrados no livro de Vaux. Eles apresentam uma incrível semelhança, em desenho, tamanho e cor, às cerâmicas encontradas na região de Amarna no Egito, datados da Décima Oitava Dinastia e do período de Akhenaton. Exemplos especiais dessa correlação podem ser vistos no Museu Petrie de Arqueologia Egípcia na Universidade Faculdade de Londres — em particular no Catálogo nº UC 19153, um jarro de armazenamento do fim da Décima Oitava Dinastia encontrado em Tell el Yahudiyeh, ao norte de Heliópolis.

dízimos* de tesouro. A tradução de Garcia Martinez pode ser explicada pela proximidade dessa parte da construção de uma área de preparação.[281] Essas preparações também exigiriam grandes quantidades de água limpa. Parece, portanto, que a 9 metros dessa pia mais ao norte, no, ou próximo ao, conduto de suprimento, os tesouros foram escondidos.

Finalmente, na Coluna 1, há uma frase que Garcia Martinez (e Al Wolters) traduz como: *na cisterna emplastrada de Manos*. Ele foi, talvez, influenciado aqui pelas letras gregas espalhadas no texto e acaba usando um nome grego — o que não parece ser de grande utilidade! Manos é um personagem lendário, retratado no filme *Manos the Hands of Fate,* que se encontra com Torgo — um tipo de monstro com enormes joelhos que tem dificuldades para caminhar.[282] De alguma forma, acho que os tradutores estavam seguindo a pista errada aqui!

John Allegro traduziu a crítica frase como *Escada de Refúgio*, e Geza Vermes a coloca como *No buraco do refúgio à prova de água*; essas frases provavelmente fazem alusão ao templo e possivelmente se referem à seção do pórtico protegido por telas da construção, conhecido como "O Guarda-Sol".[283] Mas como sabemos, o ladrão do dr. Frankfort já havia limpado esse local.

Coluna 2

No início da Coluna 2, lemos que existem 42 Talentos (KK), *no tanque cheio que está embaixo dos degraus*. John Allegro e Al Wolters discordam de Garcia Martinez e traduzem a frase como *tanque cheio como na mina de sal* (...) Seja como for, os degraus podem muito bem ser aqueles desenhados nas paredes da Tumba de Panehesy e mostrados na Placa 18 de N. de G. Davies das *Tumbas de Pedra de El Amarna — Parte II*. Eles são os degraus acima do Grande Altar do Templo, que ficava no centro de um pátio aberto e era acessado por um lance de 17 degraus.

O espaço na área do altar e abaixo dos degraus era usado para o armazenamento de ofertas e, se estas eram de carne, eram preservadas com o uso do sal. N. de G. Davies, porém, fala desse uso como estando somente "esculpido nas laterais" do altar. Se essa ideia estiver certa, o

---

* Tributo ou doação religiosa referente à décima parte do rendimento de uma pessoa.

281. N. de G. Davies, *The Rock Tombs of El Amarna — Part II* [As Tumbas de Pedra de El-Amarna — Parte II].

282. Manos, as Mãos do Destino (http://www.cs.colostate.edu/catlin).

283. N. de G. Davies, *The Rock Tombs of El Amarna — Part II* [As Tumbas de Pedra de El-Amarna — Parte II]; N. de G. Davies, *The Rock Tombs of El Amarna — Part V* [As Tumbas de Pedra de El-Amarna — Parte V] (Londres: Fundo de Exploração do Egito, 1908).

espaço embaixo dos degraus poderia muito bem oferecer acomodação a um tanque de armazenamento de água para abastecer as duas bacias, ou pias, que ficavam ao lado do altar. A tradução de Geza Vermes de *na cisterna da esplanada* então parece fazer muito mais sentido.

Os degraus que levam até o altar estão ilustrados na Figura 6 — a inscrição na tumba egípcia mostrando a suposta figura de José.

A Coluna 2 continua, de acordo com Garcia Martinez: *no porão que fica no pátio de Matia*. Duas letras gregas no nome "Matia" se sobrepõem e parecem ter sido traduzidas como um *tav* — a letra hebraica para "t". Separadas, as letras seriam traduzidas como *raysh* e *vahv*, as letras hebraicas para "r" e "v", respectivamente. Isso então nos dá uma tradução muito diferente para o nome do pátio — "Marvyre". Há um nome que é surpreendentemente parecido com esse som: "Meryre" ou "Meryra" — que era o sumo sacerdote de Aton. Seu nome foi identificado a partir de inscrições em tumbas no agrupamento das Tumbas do Norte em Amarna, descritas anteriormente. Se essa tradução estiver correta, havia uma *cisterna no porão ou na parte inferior de sua casa* em Akhetaton e escondida nela estavam 70 Talentos de prata.

A casa de Meryra em Akhetaton localizava-se próximo ao Cofre. Ela ficava na esquina de um imenso pátio murado. Escavações mais profundas da casa, em busca do porão, poderiam explicar a quantia de 70 Talentos (KK) em objetos de valor. Anexo à propriedade, ao lado dos estábulos, havia um Jardim Oriental com um pequeno grupo de árvores, e para abastecer essas árvores havia dois tanques de água cercados por paredes com degraus que conduziam até suas laterais bastante inclinadas. O tanque no meio desse pequeno bosque de árvores poderia também ter sido usado como esconderijo para os 70 Talentos (KK) de prata, submersos em seu fundo.

Seria também de grande valia analisar mais de perto o tanque que ficava a cerca de 7,65 metros à frente do Portão Oriental da casa de Meryra, em busca de vasos e 10 Talentos (KK) em objetos de valor.

John Allegro, porém, traduz essa seção na Coluna 2 de forma bastante distinta, como:

> Na passagem subterrânea que fica no Palácio Real, um barril
> de madeira(?) e dentro dele a medida de uma bacia de objetos
> não referentes ao dízimo e 70 Talentos de prata.

Considero a existência de duas possibilidades plausíveis dessa específica quantia de tesouro, como esta, se as traduções de John Allegro estiverem corretas (com as quais nem sempre concordo), e as séries seguintes de descrições, todas relacionadas ao tesouro que ainda está escondido dentro do Grande Templo em Akhetaton. A tradução de John Allegro, de *objetos não referentes ao dízimo*, também indicam a hipótese de um local dentro do espaço de um templo. Os 70 Talentos de prata, na versão de John

Allegro, estavam, portanto, escondidos em uma passagem subterrânea da Corte do Templo.

As partes da frente e de trás do Grande Templo, exibidas em um desenho de corte transversal modificado na parede oeste da Tumba de Panehesy, mostram claramente atividades em passagens subterrâneas, abaixo da linha do Templo. No entanto, essas passagens subterrâneas só parecem emergir na parte superior da metade traseira do templo, no Pátio do Santuário Interno, próximo do local onde o rei se senta ao lado do altar.[284] Ali, sem dúvida alguma, havia a necessidade de um abastecimento de água e outras providências para o armazenamento no Santuário que, por si só, eram difíceis de ser alcançadas e ficavam guardadas com segurança.

Os três locais seguintes da Coluna 2 são dos 10 Talentos de metal em uma cisterna com 19 cúbitos (9,7 metros) *em frente ao Portal Oriental* do Templo (Garcia Martinez diz 15 cúbitos ou 7,65 metros); 600 jarras de prata na cisterna sob a parede oriental do templo próximo ao que era a Grande Entrada; e 22 Talentos de tesouro enterrados em um buraco com 2 metros de profundidade, no canto norte do tanque na parte oriental do templo. Trabalhos arqueológicos mostraram que o Grande Templo poderia ter somente um portão, e que ele ficava na lateral leste. Eu vejo isso como mais uma confirmação de que estamos no templo certo. As descrições do Pergaminho de Cobre dos três locais são, portanto, quase que totalmente evidentes, apesar de terem existido dois portões a leste — um externo e outro interno. O Portão Oriental interno abria-se diante do Santuário Maior, onde havia duas bacias logo em frente ao portão que, certamente, precisaria de um abastecimento de água. Acredito que seria prudente reescavar a área em um intervalo entre 7,65 e 9,7 metros depois da entrada dos dois portões.

Coluna 3

Ainda no Grande Templo em Amarna, a Coluna 3 aponta 609 vasos de ouro e prata, incluindo bacias usadas em sacrifícios, pias para uso de água e recipientes de libação a 9 cúbitos (4,6 metros) sob o canto sul do pátio, e 40 Talentos de prata a 16 cúbitos (8,16 metros) embaixo do canto leste do pátio. Infelizmente, o Pergaminho de Cobre está danificado demais nesse ponto para dizer a que pátio do palácio do templo está se referindo. Seria, portanto, sensato escavar as profundidades recomendadas nos cantos sul e leste de todos os oito pátios e átrios no interior do templo!

Ainda na Coluna 3, temos uma frase muito interessante: *No túnel que fica no Milcham, ao norte: vasos de coleta do dízimo e minhas vestes.*

John Allegro traduz Milcham como certa *estrutura funerária. Minhas vestes*, que são em algum outro lugar chamadas de trajes, parecem

---

284. Ibid.

indicar, com certeza, que o escritor do Pergaminho de Cobre original era um sacerdote e, provavelmente, o sumo sacerdote. Essa dedução combina com a descrição dos dízimos e dos locais relacionados ao templo que separamos. Ela pode ainda nos ajudar a desvendar as últimas seis letras gregas no texto que ainda não fui capaz de decifrar:

ΔΙ # ΤΡ # ΣΚ

O Enigma das Letras Gregas Restantes

Σ Κ são as últimas letras gregas que aparecem nas primeiras quatro colunas relacionadas ao Egito. Talvez essas duas letras também sejam as que estão faltando do finalzinho do documento, que eu esperaria ter sido colocadas em nome do sumo sacerdote. Σ Κ teriam sido então a abreviação grega mais adequada a ser usada pelo copiador de Qumran para o nome tradicional do sumo sacerdote do Templo judaico... Zadok. *Zedek*, de onde a palavra Zadok foi derivada, também significava sacerdote no antigo idioma egípcio.*

O que temos também é um título intimamente associado aos Essênios de Qumran. A ligação entre "Zadok" e a comunidade de Qumran foi estabelecida muito antes da descoberta dos Manuscritos do Mar Morto, nos fragmentos de Genizah** encontrados no Cairo em 1896, confirmando a afinidade entre as duas fontes.[285] Esses fragmentos do Genizah foram por diversas vezes referidos como "Os Fragmentos Zadoquitas"[286] ou os textos de "Cairo-Damasco" e, geralmente, aceita-se que os Essênios de Qumran formavam uma "seita eclesiástica zadoquita".[287] Em seus próprios escritos, a comunidade refere-se a eles mesmos como os "Filhos de Zadok"[288] e alguns intérpretes relacionaram seu líder — "O Professor da Justiça" — ao "Sumo Sacerdote Zadoquita"[289] com um papel sequencial para os "Filhos de Zadok" como guardiões da Arca e dos Mandamentos, voltando, no mínimo, ao tempo de Arão. A Coluna 7 começa assim: *O Sacerdote cava por 9 cúbitos* (...)

---

* A letra grega *sigma* (S) tem som de "sz".
** Uma caixa de documentos, veja Capítulo 16 para mais informações.
285. Paul Fenton, *Genizah Fragments* [Fragmentos do Genizah], Unidade de Pesquisa Taylor-Schechter do Genizah (Cambridge: Universidade de Cambridge, 1981-82); http://www.cam.ac.uk/Libraries/Taylor-Schechter.
286. R. H. Charles, *Apocrypha and Pseudepigrapha of the Old Testament II* (London: Clarendon Press, 1913).
287. J. Pouilly, *La Regle de la Communaute de Qumran: Son Evolution Litteraire* (Paris: Gabalda Press, 1913).
288. H. H. Rowley, "O Professor dos Justos e os Manuscritos do Mar Morto", *Bulletin of the John Rylands Library* 40, 1957.
289. Shaw e Nicholson, *Dicionário do Museu Britânico do Antigo Egito*.

As quatro letras gregas que ainda existem, e que podem não estar completas, também são um mistério:

ΔI # TP

Para tentar solucionar o problema, eu, mais uma vez, comecei pelo fim — usando as pistas que utilizara para trabalhar em busca da resposta. Com base no argumento de que o documento original do qual o Pergaminho de Cobre foi copiado foi escrito pelo sumo sacerdote de Akhenaton, e a partir daqueles textos de onde cheguei à conclusão de que algumas das localizações descritas ficavam no Grande Templo de Akhetaton, senti que as quatro letras restantes não decifradas podiam muito bem ser uma referência mais generalizada do local do Grande Templo.

Voltando ao texto original, somente o Δ **T P** são claros e não ambíguos. A segunda letra, considerada a letra grega maiúscula *Iota*, nada mais é do que uma pequenina linha vertical "flutuando". Ela podia facilmente ter sido parte de uma letra grega maiúscula *Lambda*. As quatro letras teriam então a pronúncia da palavra: *DELTRE*.

Se, no entanto, os escribas dos Essênios de Qumran quisessem usar uma palavra grega para "Templo", há poucas mais adequadas do que o templo grego mais famoso que estariam dentro de seu alcance — *DELPHI*. Para os gregos antigos, esse era o centro do mundo e chegou a ser por um tempo o local de um oráculo da deusa Gaea, posteriormente substituído pelo de Apollo e Dionísio.

Se a quarta letra fosse um *Phi* grego, essa explicação teria sido muito mais convincente. Por isso, possivelmente, as quatro letras apenas referem-se à região DELTA.

Voltando à Coluna 3, a localização dos *vasos para coleta do dízimo e minhas vestes* fica na entrada de uma estrutura funerária, abaixo de seu canto oeste. O pergaminho ainda descreve uma tumba ao nordeste da estrutura onde há 13 Talentos de objetos de valor enterrados a 1,5 metro abaixo do cadáver.

Parece que estamos de volta às Tumbas do Norte. Os 13 Talentos são descritos por John Allegro como estando *na tumba que fica na estrutura funerária, na mina, ao norte*. Se o escriba original é o sumo sacerdote Meryra, falando de suas vestes, devemos estar em sua tumba em busca de uma mina. A tradução de John Allegro parece estar correta, visto que diretamente além da tumba de Meryra, a aproximadamente 61 metros ao norte, há, de fato, uma mina profunda enterrada no pico da cadeia de montanhas. Embora essa mina tenha sido saqueada, poderia ser de grande importância escavar um pouco sob a fossa, bem abaixo de onde um cadáver teria sido colocado.

Os *vasos e as vestes* estão, portanto, localizados no canto oeste da entrada da tumba de Meryra.

Coluna 4

Infelizmente, uma série de palavras está faltando na primeira parte da Coluna 4, e só podemos interpolar a descrição textual de onde *14 Talentos* estão escondidos. Somos direcionados para:

*A ampla (grande) cisterna no (...)
no pilar do norte (...)*

Parece que estamos de volta à cidade agora, ou próximo dela, visto que a passagem seguinte se refere a 55 Talentos de prata em um canal feito pelo homem. Só podemos especular que o Grande Templo e o Grande Palácio precisavam de uma Grande Cisterna para lhes fornecer água. Se esse é o caso, então existem 14 Talentos no buraco de um pilar próximo à Grande Cisterna do Palácio ou Templo em Amarna. Os 55 Talentos de prata estão a 20,9 metros acima do canal a partir da Grande Cisterna.

Indo para fora da cidade, há *dois jarros cheios de prata, entre duas construções* [possivelmente fábricas de óleo] *no vale de Aton*. Eles estão enterrados na metade do caminho entre as duas fábricas de óleo a uma profundidade de 1,53 metro.

Ainda próximo às fábricas de óleo, mas dessa vez locais usados para a fabricação de vinho, e no *túnel de terra* [ou poço] *abaixo dele há 200 Talentos de prata*. Talvez esse seja o túnel que corria de leste a oeste sob a parte da frente do Grande Templo, ou pode ter sido usado para ligar os depósitos ao Templo.

Para o parágrafo final da Coluna 4, parece que estamos em um vale diferente:

No canal da barragem [monte de enterro?] do Vale de Secaca, em 1 cúbito abaixo há doze Talentos de prata

Coluna 5

A Coluna 5 também fala de Secaca, e é algo tentador associarmos essa tradução à referência do Antigo Testamento em que a terra de Canaã está sendo entregue às tribos de Israel, e Judá deverá ficar no controle da terra:

No deserto, Bete-Arabá, Midim e Secaca, e Nibsã, e a cidade do Sal, e En-Gedi; seis cidades e as suas aldeias.

Josué 15:61-62

Há evidências arqueológicas de que Khirbet Qumran foi ocupada no período israelita no início do século V a.C.,[290] e que Secaca pode ter sido o

---

290. De Vaux, *Archaeology and the Dead Sea Scrolls* [A Arqueologia e os Manuscritos do Mar Morto].

nome antigo de Qumran (o lugar era aparentemente deserto entre 600 a.C. e no tempo da chegada dos Essênios de Qumran, *c.* 200 a.C.). Infelizmente, o exato paradeiro da antiga Secaca é desconhecido e em sua busca pela cidade, John Allegro, assim como muitos outros, foi incapaz de encontrá-la.

Entretanto, apesar de existir uma referência próxima traduzida para a *vala de Salomão*, não estou convencido de que já tenhamos deixado o Egito. John Allegro, na verdade, explica sua tradução do *reservatório de Salomão* (ou vala), que aparece em conjunção com a palavra "Secaca", como uma descrição técnica do formato e da função desse tipo de reservatório. Se ainda estivermos no Egito, "Secaca" poderia facilmente ficar ao norte de Akhetaton, em "Secaca", ou Saqqara.

Saqqara era o cemitério principal de Memphis, datado de 3000 a.C. e abriga locais de enterro da Primeira a Sexta Dinastias, e enormes tumbas em forma de minas da Vigésima Sexta Dinastia. Ele é dominado pela gigantesca pirâmide de degraus do rei Djoser da Terceira Dinastia, datada de 2700 a.C. Grande parte da área ainda não foi escavada. Trabalhos realizados no local, escavando em meio às camadas de escombros romanos e das pedreiras, mostram as ruínas de capelas e câmaras fúnebres da Décima Oitava Dinastia, indicando que enterros aconteciam ali na época de Akhenaton.

Uma referência no Pergaminho de Cobre a *montes de enterro* (ao contrário de tumbas) talvez seja irrelevante. A parte mais antiga do cemitério fica ao norte e é densamente carregada por tijolos de barro Mastaba ou montes de enterro. A Placa 13 mostra o distrito fúnebre em Saqqara.

Coluna 6

A Coluna 6 leva-nos de volta ao Templo, *na câmara interior da plataforma do Portão Duplo, voltado para o leste* (...) Essa informação não causa nenhuma ambiguidade. Só havia um Portão Duplo voltado para o leste no Grande Templo de Akhetaton e as portas massivas internas eram compostas por duas torres sólidas de cornija com batentes protegendo-as a partir da face interna. Para citarmos N. de G. Davies:

> A Passagem (para o Pátio Externo) era fechada por dois portões de duas folhas. O interno sendo alto e pesado, um portão semelhante, porém menor, estava colocado no interior de seus batentes, contraindo a passagem.[291]

A localização de nossos tesouros é, portanto: "Na entrada norte (torre), enterrado a 3 cúbitos (1,5 metro), há uma jarra que guarda um pergaminho e, embaixo dela, 42 Talentos (KK)."

Parafraseando a parte seguinte do texto, temos: *enterrado a 9 cúbitos (4,6 metros) sob a câmara interna da torre de vigília que está voltada*

---

291. N. de G. Davies, *The Rock Tombs of El Amarna — Part II* [As Tumbas de Pedra de El-Amarna — Parte II].

para o leste, havia 21 Talentos (KK). A segurança do Grande Templo obviamente era de grande importância e, além de muros e portões de proteção duplos, guardas armados estavam o tempo todo de plantão. A "torre de vigia" é mostrada em várias inscrições do Grande Templo como uma estrutura fechada, "formada por um pórtico de colunas, oito alinhadas e duas abaixo, separadas pela entrada (a leste), e com torres e mastros que se elevavam a uma grande altura no centro".[292]

Você se lembrará que após a descoberta do "Pote de Ouro" indicada na Coluna 1, mencionei a existência de outra "ligação de ouro" convincente entre os Essênios de Qumran e Akhetaton. A parte seguinte da Coluna 6 nos leva até esta ligação: *Na Tumba (?) da rainha, na lateral ocidental*, na versão de John Allegro.

Essa fraseologia deve ser vista como uma referência ao local de enterro da rainha Tiyi ou da rainha Nefertiti, respectivamente mãe de Akhenaton ou sua esposa.[293]

Garcia Martinez considera a palavra-chave como sendo a *residência* dela em vez de sua *tumba*, e John Allegro não fica totalmente satisfeito com sua própria tradução de *tumba* visto que ele relaciona a palavra aqui com o significado de *habitação*. No entanto, não há provas de que Nefertiti (ou Tiyi) tivesse seu próprio palácio, com exceção daquele que ela compartilhava com Akhenaton na região central de Akhetaton — a menos que o Palácio do Norte fosse seu local preferido de residência, a cerca de 3,2 quilômetros ao norte.

Uma escavação mais profunda, descendo a 6,1 metros (12 cúbitos) na seção ocidental da Tumba de Nefertiti, localizada no Wadi Real, poderia nos levar ao encontro de 27 Talentos (KK) enterrados ali.

As tumbas reais seriam, naturalmente, os lugares mais vulneráveis escolhidos por ladrões de sepulturas, e acredito que isso tenha sido exatamente o que aconteceu com os 27 KK. Acredito que essa referência na Coluna 6 seja mais uma vez a itens que já foram encontrados; os artigos estão hoje em Edimburgo, Escócia, e em Liverpool, Inglaterra!

Em 1882, ladrões de túmulos locais encontraram uma série de artigos de joias de ouro próximos ou na tumba de Nefertiti. Aldeões de Hagg Quandil, próximo a El-Amarna, posteriormente venderam essas peças ao reverendo

---

292. Ibid.
293. Não existem candidatas a rainha óbvias que tiveram uma tumba construída para elas associadas ao Primeiro ou ao Segundo Templos em Jerusalém, e, certamente, nenhuma dentre os Essênios de Qumran. As únicas remotamente possíveis rainhas de Israel que poderiam ser candidatas são Bathsheba — a esposa do rei Davi (que mandou matar Uriah o Hitita para poder se casar com ela); Jezebel — a esposa adoradora do Baal, esposa do rei Ahab *c.* 840 a.C.; e sua filha Athaliah, que regeu por seu próprio direito e que também foi uma defensora do Baal.

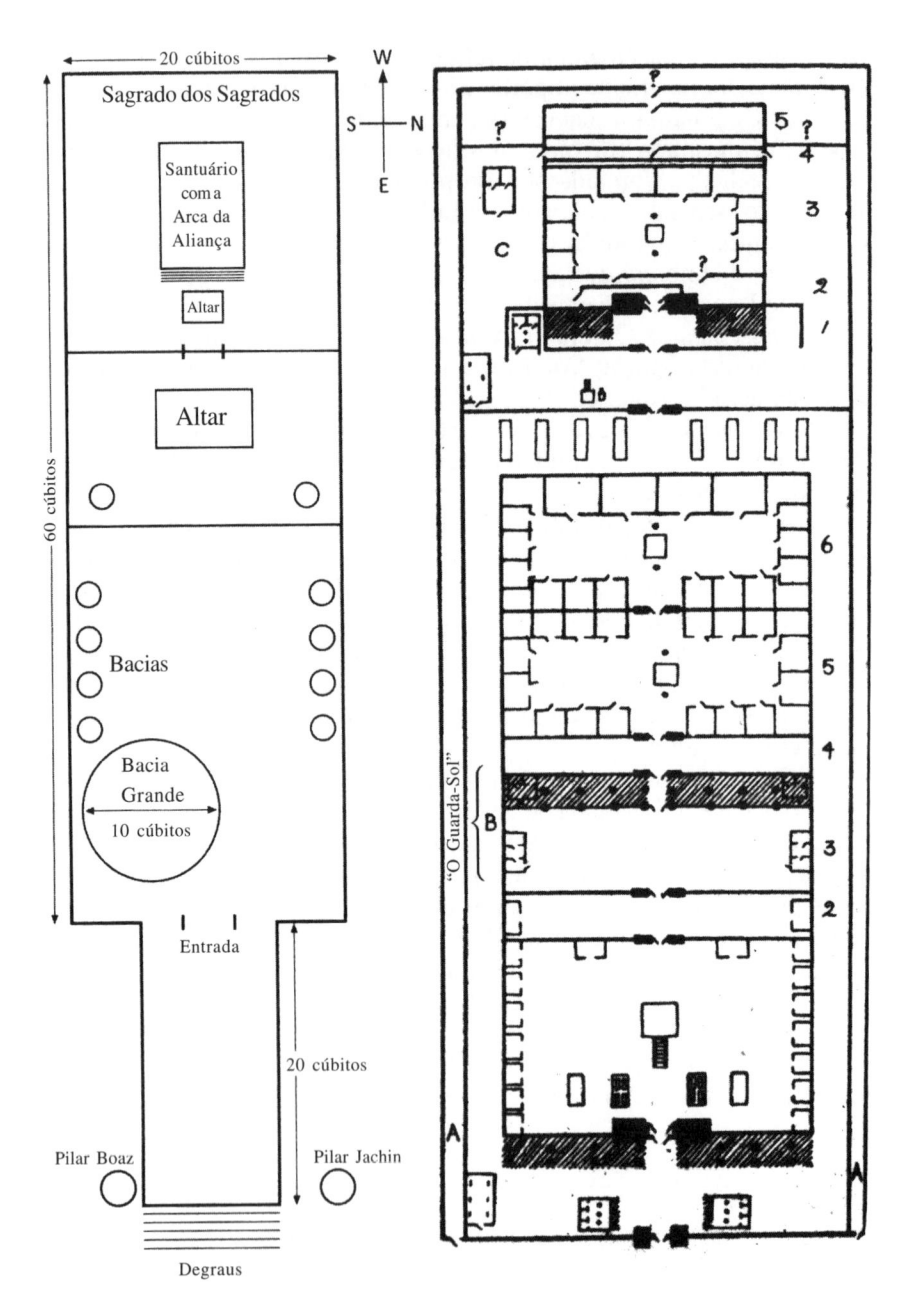

Escala 20mm = 10 cúbitos (5,1m)

Figura 20: Esquema do Templo de Salomão e do Grande Templo em Akhetaton.

W. J. Loftie, um colecionador de relíquias egípcias. Ele, por sua vez, vendeu o tesouro a W. Talbot Ready, em Londres. Loftie manteve dois anéis, que mais tarde vieram a pertencer ao autor *sir* H. Rider Haggard e, finalmente, ao Museu da Cidade de Liverpool, onde podem ser encontradas hoje. O comerciante londrino vendeu o restante das joias para o Museu Real da Escócia, Edimburgo, onde poderia ter permanecido sem ser reconhecido até os dias atuais, se não fosse pela astúcia do professor A. M. Blackman. Ao reexaminar a descoberta em 1917, ele concluiu que parte do tesouro pertencia à Décima Oitava Dinastia, em especial um pesado anel sinete de ouro gravado com a cártula de Nefertiti, um anel com uma pedra preciosa com o formato de um sapo gravado "Senhora Mut do Céu" e dois brincos de pressão incrustados na forma de uma flor. A joia de Hagg Quandil é mostrada nas Placas 14 e 15.

Considerando-se essa informação, minha suspeita era de que, se os itens da Décima Oitava Dinastia foram separados daqueles não pertencentes a essa dinastia na coleção de Edimburgo, e os dois anéis que nosso senhor reverendo guardou em sua coleção foram juntados a eles, o peso total seria de 183,6 ou 550,8 gramas — estando esses pesos especificados no Pergaminho de Cobre de acordo com os três principais tradutores, quando usando meu valor egípcio de 20,4 gramas para o termo KK. John Allegro lê a referência ao peso do tesouro na Coluna 6 do pergaminho como 9 KK, enquanto Garcia Martinez e Geza Vermes (com quem concordei nessa ocasião por razões técnicas) traduzem-na como 27 KK.

Quando somamos os pesos de todos os itens de ouro da Décima Oitava Dinastia e os colares de pedras preciosas ou de ouro que vieram da descoberta original de Hagg Qandil, os pesos totais chegam ao surpreendente valor aproximado de 560 gramas — quase exatamente o peso especificado no Pergaminho de Cobre.[294]

Coluna 7

Finalmente, na Coluna 6 e no início da Coluna 7, somos levados por John Allegro ao: *canal da barragem (?) que fica na Ponte do sumo sacerdote* (...).

A casa de Meryra já foi mencionada. Ela ficava, ao que tudo indica, ao lado do Cofre, e na posição de sumo sacerdote, ela chefiava uma vista panorâmica do Nilo e teria uma passagem de acesso particular até o Grande Templo. Seus imensos jardins orientais eram regados por um enorme tanque d'água, abastecido pelo rio. Um número indecifrável de Talentos (KK) está possivelmente enterrado a 4,6 metros abaixo, pelo portão da barragem que alimenta os dois grandes tanques cercados por muros.

---

294. Geoffrey Thorndike Martin, *The Royal Tomb at El-Amarna — The Objects* [A Tumba Real em El-Amarna: os Objetos] (Londres: Sociedade de Exploração do Egito, 1974).

A injunção seguinte, no início da Coluna 7, é: *Sacerdote, cave por 9 cúbitos: 22 Talentos no canal de Qi* (...). Grande parte do pergaminho está faltando aqui e qualquer interpretação é pura especulação. Se a injunção se refere à localização anterior, pode então haver objetos de valor em qualquer lugar ao longo da extensão dos canais que abastecem os tanques do jardim de Meryra.

O reservatório do norte ou cisterna desse jardim a leste da residência de Meryra tem 400 Talentos (KK) em algum lugar em uma área de 10,2 metros de seu perímetro.

Ao que tudo indica, ainda no jardim de Meryra, havia *uma câmara interna que fica ao lado da sala de banho da Casa de Verão, enterrada a 6 cúbitos: seis jarras de prata*. Um dos prédios nessa área do jardim está descrito nas *Tumbas de Pedra de El-Amarna — Parte I* como sendo "de segurança máxima". Ele foi construído para ser impenetrável — uma estrutura bastante incomum para ser encontrada em um jardim. A partir de sua descrição, entrar nesse prédio devia ser o mesmo que caminhar pelo Labirinto no Palácio Real de Hampton.

> O único acesso se dá pela entrada tripla em frente, e aquele que passava por ela era logo confrontado por outra muito parecida. Depois de passar por essa, o visitante chegava em uma praça aberta com 13 portas quase idênticas onde tinha de escolher, e somente as três (duas?) menos promissoras delas lhe garantiam ganhar acesso às salas mais internas, 21 ao todo. Além disso, cada uma delas somente conduzia até um de três corredores escuros, flanqueados por um lado com salas (...). [295]

A câmara mais secreta dessa construção deve ter abrigado uma grande quantidade de prata enterrada a 3 metros abaixo de seu piso.

A instrução seguinte nos manda olhar *no espaço vazio sob o canto oriental da ampla plataforma, enterrada a 7 cúbitos: 22 Talentos*.

Havia dois grandes tanques d'água murados abastecendo o jardim e cada um deles tinha uma pequena área delimitada do lado oposto de seus degraus que indicam uso diferente. Essas áreas cercadas parecem ter abrigado uma mesa ou uma plataforma usada para preparações de coisas que eram lançadas água adentro. Só existe uma mesa a leste, que deve ser a que é citada no pergaminho. Enterrados a 3,6 metros embaixo dela poderia haver 22 KK.

Presumindo-se que os tanques de água eram abastecidos em série, havia uma tubulação de saída, ou canal, de um tanque de escoamento, e a 1,5 metro atrás dessa saída estavam enterrados 80 KK de ouro ou, de acordo com Garcia Martinez, 60 KK de prata e 2 KK de ouro.

---

295. N. de G. Davies, *The Rock Tombs of El Amarna — Part I* [As Tumbas de Pedra de El-Amarna — Parte I] (Londres: Fundo de Exploração do Egito, 1903).

Coluna 8

Não muito distante do Grande Templo e do Palácio Real, talvez até conectado a eles, podíamos encontrar o Cofre. Em uma estrada de ligação até o palácio saindo pelo leste do Cofre deve ter existido uma câmara ou um cano de esgoto que se estendia até o prédio exatamente por sua entrada. Ali, enterrado ao lado desse "cano de esgoto", havia jarros de coleta do dízimo e Manuscritos, além de, possivelmente, prata.

Um pouco mais distante dali, chegamos em um *vale Externo* em busca de um *Círculo na Pedra*, ou uma pedra de formato circular. Moldadas de forma deliberada, antigas pedras circulares não são algo comum no Egito. A pedra descrita deve ter sido imediatamente reconhecida como única.

A mais notável delas que vem à mente é uma enorme placa monolítica circular de alabastro, cujos restos podem ser encontrados em Abu Gurab, na margem oeste do Nilo, entre Giza e Saqqara (veja Placa 13). No centro das ruínas, há um disco circular massivo cercado por quatro mesas *hetep* (de oferta). A placa era usada como um altar no Templo do Sol do rei Nyussera da Quinta Dinastia, que viveu de 2445 a 2412 a.C.:[296] 17 cúbitos (8,7 metros) abaixo da placa poderia haver 17 KK de prata e ouro.

Para dentro de Israel?

John Allegro leva-nos agora até Israel e o desfiladeiro de Kidron, mas Garcia Martinez afirma que ainda estamos: *No monte de enterro que fica na entrada de uma passagem estreita da olaria*. As pistas de John Allegro não provam ser de grande valia. Ao usarmos a segunda tradução, *monte de enterro* na maioria das vezes significa tumbas mais antigas ou mais modestas. Se imaginarmos que ainda estamos olhando para as áreas onde os corpos eram enterrados em Akhetaton, as Tumbas do Norte menores tornam-se possíveis candidatas a ser investigadas. Ao lado da série de tumbas que percorrem a lateral da montanha ao norte da cidade, há algumas sem datas específicas no interior das montanhas.

Por uma abertura na lateral das montanhas e uma ravina central, há uma trilha que nos leva até as colinas na direção de uma tumba que N. de G. Davies classifica como nº 6.[297] À direita desse caminho, há um cemitério e quatro locais de enterro mais antigos espalhados ao longo dessa parte da lateral da montanha. Em frente a essas sepulturas, vemos traços de uma pequena colônia de uma comunidade. Há evidências de que nessa comu-

---

296. Shaw e Nicholson, *Dicionário do Museu Britânico do Antigo Egito*.
297. N. de G. Davies, *The Rock Tombs of El Amarna — Part II* [As Tumbas de Pedra de El-Amarna — Parte II].

nidade, que vivia ao lado de uma passagem estreita que os levava até a lateral das colinas, havia uma olaria ativa que utilizava materiais de argila local. Esse lugar também foi identificado como estando em uso no fim dos tempos romanos pelo professor W. Petrie.[298] O monte de enterro mais próximo da rua da *passagem da olaria* é o local mais provável para que alguém *cave por 3 cúbitos: 4 Talentos*.

As descrições seguintes da Coluna 8 são particularmente intratáveis e vagas. Estamos agora no *Shave* — uma área plana ou cultivada que possivelmente fica a *sudoeste* das montanhas do norte. Em um *porão ou passagem* subterrânea voltada para o norte, há *67 Talentos*. Próximo dali, na parte irrigada dessa área cultivada, existe um *limite*, e há *70 Talentos enterrados a 11 cúbitos*.

A primeira direção poderia estar se referindo a um conjunto de altares isolados que estão no sudoeste das colinas do norte de Akhetaton na planície aberta. Um riacho seco corre das montanhas nessa direção, indicando que havia água disponível para a irrigação do local. A escavação do altar e das construções da capela mostra que eram usados no tempo de Akhenaton e fragmentos de folhas de ouro foram encontrados próximo ao altar norte.[299] A aproximadamente 600 metros das colinas do norte, próximo ao percurso do riacho, há uma plataforma de tijolos que pode muito bem ser o *limite* da segunda direção. Enterrados a 5,6 metros abaixo, ou ao lado de um canal de irrigação próximo a plataforma, estão 70 KK de metais preciosos.

Coluna 9

A Coluna 9 é de novo especialmente obtusa. John Allegro leva-nos de volta ao Primeiro Templo em Jerusalém. Ali, ele indica diversos prováveis locais dos tesouros. Apesar de já ter sugerido que acredito que parte dos tesouros do Pergaminho de Cobre tenha vindo do Primeiro Templo, a possibilidade de que outro tanto também tenha vindo do Segundo Templo não pode ser totalmente descartada. Infelizmente, ambos os locais, que deviam ocupar lugares bastante próximos, são inacessíveis para escavações por razões religiosas ou por não terem até agora dado indicações de que algo pudesse ser encontrado.

No entanto, presumindo-se que estamos de volta ao Grande Templo de Akhetaton, Garcia Martinez oferece-nos algumas pistas novas quando diz que um *pombal* é mencionado no início do parágrafo. A primeira palavra hebraica diz *bsovak*, e é bastante provável que seu significado seja um *pombal*. Sabemos que pombos faziam parte das cerimônias do Templo,

---

298. W. M. F. Petrie, *Tell el-Amarna* (London: Luzac & Co., 1894).
299. Frankfort e Pendlebury, *The City of Akhenaton — Part II* [A Cidade de Akhenaton — Parte II].

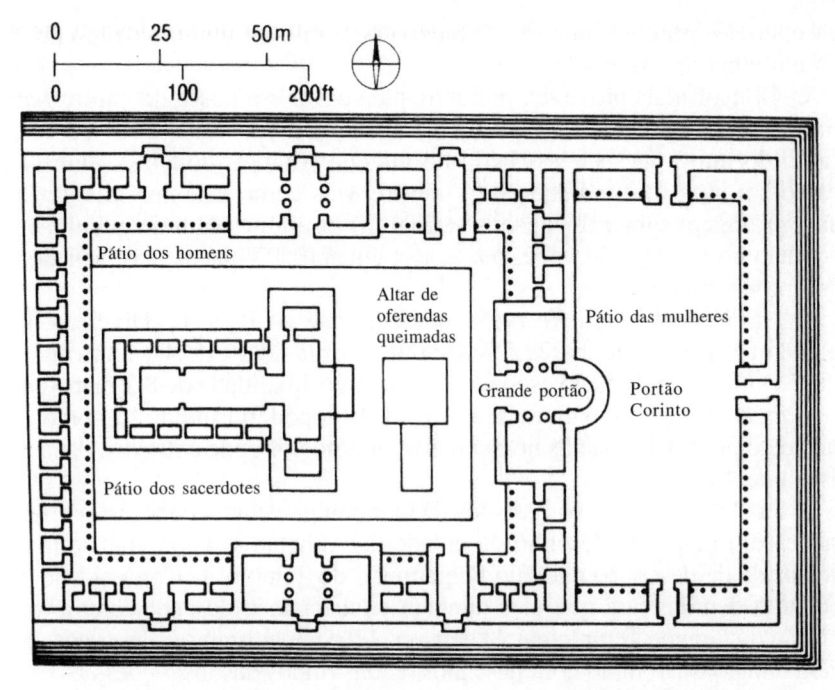

Figura 21: Plano do Segundo Templo em Jerusalém, datado de 515 a.C. Ele foi completamente restaurado por Herodes o Grande, em 20 a.C.

portanto, faz sentido presumirmos que eram vistos pela vizinhança. Entretanto, um bom lugar para um pombal seria na parte superior de uma construção próxima ao pátio do altar. A instrução para cavar por 1 metro *sob 7 placas* iria parecer, portanto, algo um tanto incongruente.

Acredito que a solução desse mistério está na forma representacional de muitos antigos desenhos egípcios, nos quais o artista combina imagens externas em sua perspectiva.

Os desenhos na parede leste da tumba de Huya, em El-Amarna, mostram o que parece ser atividades pastorais na base do templo, mas a única cena que contém uma área delimitada definida tem pombos voando dentro e ao redor dela. Nas seções mais baixas do desenho, todas as figuras estão inclinadas, indicando que trabalham em níveis subterrâneos de um porão do templo. A posição do desenho da estrutura do pombal parece demonstrar um artifício do artista que queria representá-lo como estando abaixo e do lado de fora do templo. Uma possível conclusão é que o local principal de armazenagem dos pombos ficava em uma passagem subterrânea do templo, mas que alguns deles eram mantidos na parte superior do Pátio do Grande Altar. Na verdade, uma linha reta liga o desenho dos pombos na parte de baixo do templo ao símbolo de um pombo em cima do prédio.[300]

O lugar mais provável, portanto, para cavar em busca de *quatro barras* de metais preciosos estaria a aproximadamente 6,6 metros de cada canto do muro que cerca o Pátio do Grande Altar, ao longo da linha da parede, a uma profundidade de 1 metro. Mas como estamos falando de uma passagem subterrânea, seria sensato irmos muito além do que o nível do chão do templo. Se você, por acaso, encontrar 7 placas, terá achado o que procuramos!

Na *Segunda Área Fechada*, que equivale ao Pátio de Diversão, no porão que fica a leste, há 22,5 KK a uma profundidade de 4,1 metros.

Outros 22 KK estão escondidos a uma profundidade de 8,2 metros *na passagem dos Buracos* que estão ao sul. Isso poderia indicar o porão ao sul sob o prédio das bacias no Santuário Interno por onde entrava o cano de escoamento.

Já observei como os Essênios de Qumran pareciam conhecer as orientações e o mapa do desenho da cidade de Akhetaton. Uma análise mais detalhada da descrição dada no Pergaminho do Templo da Comunidade de Qumran demonstrará que eles também conheciam o desenho interno e a função do Grande Templo em Akhetaton. Ao compararmos as descrições no Pergaminho do Templo com desenhos reconstruídos das inscrições nos muros em El-Amarna, podemos concluir que o Grande Templo tinha um "prédio de lavagem" ao sudeste do Santuário, onde resíduos dos sacrifícios eram eliminados lançando-os pelo canal que descia por uma vala para dentro de buracos profundos no solo longe do templo.[301] Compare essas informações com as seções das Colunas 31 e 32 do Pergaminho do Templo:

> Erguerás uma construção quadrangular para as bacias, a sudeste, todas as suas laterais terão 21 cúbitos, a 50 cúbitos de distância do altar (...)
>
> Farás um canal ao redor das bacias com a construção.
> O canal corre do [prédio das bacias] até a vala, desce e desaparece no meio da terra (...)

Na vala ou *funil* em si ficavam escondidas oferendas de prata. O "funil" pode também ser traduzido como *bekova* ou capacete, indicando uma localização na parte de cima da vala de escoamento. A saída para esse canal devia conduzir até uma bacia de drenagem e, a leste dela, a uma profundidade de cerca de 3,6 metros, estavam enterrados 9 KK de metais.

---

300. N. de G. Davies, *The Rock Tombs of El Amarna — Part III* [As Tumbas de Pedra de El-Amarna — Parte III] (Londres: Fundo de Exploração do Egito, 1905).
301. N. de G. Davies, *The Rock Tombs of El Amarna — Part II* [As Tumbas de Pedra de El-Amarna — Parte II].

Mais *Oferendas Consagradas* eram para ser encontradas *no sepulcro que está ao norte, na boca do desfiladeiro do Local dos Salmos*. Parece agora que estamos de volta ao pé das montanhas ao norte de Akhetaton, em busca de outro monumento fúnebre. A passagem estreita parece ser a mesma "passagem da olaria" que vemos na Coluna 8. Uma referência a *um Local dos Salmos, na saída do vale*, indica que estamos em um nível mais baixo, próximo à água. Isso, portanto, pode ser na área da comunidade que vivia ao lado da entrada dessa passagem, possivelmente nos arredores do mesmo monte de enterro indicado na Coluna 8.

Quatro opções nos são apresentadas para a última pista na Coluna 9. As palavras-chave de Garcia Martinez são *pombal e Nabata*, ao passo que John Allegro nos oferece *canal e Sennaah*. Ambos concordam que o local é uma fortaleza ou um forte.

Seria possível falarmos do castelo ou do forte de Aton? Ele estava localizado a cerca de 500 metros ao sul do Grande Templo de Akhetaton. O canal do segundo piso ou pombal dessa construção é, naturalmente, longo o suficiente e as chances de encontrarmos os 9 KK armazenados ali praticamente nulas... mas estariam eles em algum lugar próximo dali?

Coluna 10

A Coluna 10 apresenta seus problemas particulares. A partir das seis últimas linhas, até as poucas e últimas linhas da Coluna 12, as instruções passam quase que certamente a indicar localizações em Canaã/Israel. Há referências indicativas da tumba de Absalom, do canal de Siloam de Jerusalém, da tumba de Zadok, Jericó e do Monte Gerizim.

Se considerarmos, porém, que as primeiras linhas da Coluna 10 ainda se referem ao Egito, estaremos, inicialmente, procurando uma cisterna ou uma estrutura de irrigação ao lado de um *grande córrego* e uma *Ravina das Profundidades*.

A tradução do hebraico de *nahal hagadol* como o *grande riacho* ou o *grande rio* foi estudada em detalhes por muitos pesquisadores, entre eles B. Pixner, J. Lefkovits, Jozef Milik, F. Cross e Stephen Goranson.[302] Para citarmos Lefkovits, "é um mistério sabermos a que rio ou riacho o 'Grande Rio' se refere". Com nossa perspectiva egípcia, o Grande Rio pode seguramente ser o Nilo — um termo geralmente usado por antigos egípcios para descrevê-lo.

É compreensível imaginarmos que a *Ravina das Profundidades* deve ter sido o que hoje é um riacho muito grande (e durante a maior parte do ano) e seco, que corre ao sul a partir das montanhas do norte por uma

---

302. S. Goranson, "Outras Reflexões a Respeito do Pergaminho de Cobre", Simpósio Internacional do Pergaminho de Cobre, Instituto de Ciência e Tecnologia da Universidade de Manchester, 8-11 de setembro de 1996.

ravina profunda na metade do caminho entre a linha das Tumbas do Norte em Akhetaton, ao longo do Nilo. Nos tempos antigos, essa ravina era coberta por chuvas torrenciais ocasionais que caíam pelas laterais das montanhas de pedra calcária. Em algum lugar ao longo da linha desse *riacho seco* estão escondidos os restos de um antigo moinho d'água de irrigação; enterrados *em seu pé* estão 12 KK de tesouros.

Tanto Garcia Martinez quanto John Allegro concordam que a frase-chave na seção seguinte da Coluna 10 é *Beth Keren(m)* — a *Casa do Vinhedo*. Ao lado de seu reservatório de água, estão escondidos 62 KK de prata. As ladeiras mais baixas das Colinas do Norte de Amarna mantiveram a camada superficial do solo, ao longo dos anos, contra a contínua ação do tempo e da denudação. É somente nas áreas bem irrigadas e cultivadas mais próximas do Nilo e do grande riacho, que por algum tempo deve ter proporcionado água limpa, que boas plantações eram mantidas.

Aqui, o subúrbio da "Cidade do Norte" de Akhetaton aninha-se entre a curva do rio e as primeiras ladeiras irregulares das Montanhas do norte. Nos desfiladeiros menos acentuados ao pé das montanhas, oliveiras poderiam ter sido mantidas e vinhas cultivadas na planície à sua frente. Talvez a plataforma de tijolos, localizada ao longo do percurso do riacho nessa região dos vinhedos, fosse a estrutura que sustentava a placa de pedra pesada que media *2 cúbitos*, do outro lado necessária para extrair os óleos preciosos das olivas. Em um dos grandes barris de armazenamento dessa área agrícola, 300 KK de ouro e cerca de 20 vasos de libação foram escondidos.

Para dentro de Canaã?

O texto do Pergaminho de Cobre parece agora transportar-se de maneira irrevogável para dentro de Canaã, com uma referência ao "memorial de Absalom". Seria natural esperarmos encontrar algum (ao menos um código) sinal que comprovasse isso. Cuidadoso como era nosso escriba (ou escribas) ele jamais colocou uma letra totalmente fora de alinhamento — exceto nesse item em que um *khaff* hebraico aparece ao lado da Coluna — o mesmo som do início da palavra hebraica usada para Canaã. Esse é, provavelmente, o sinal do escriba que indica que agora estamos em Canaã. Os tesouros que estamos procurando são, portanto, objetos escondidos na época da destruição do Primeiro Templo em 586 a.C.

Há três possíveis candidatos para o Monumento de Absalom. Um deles é uma estrutura construída no século I a.C., no vale de Kidron, para o rei Alexander Jannaeus — um descendente da Casa de Absalom. O segundo é a tumba de Absalom, o terceiro filho do rei Davi; e o último é o local de descanso de um líder patriota rebelde chamado Absalom, que lutou contra os romanos no início da revolta judaica. Os nossos dois últimos candidatos morreram em batalha e não há monumentos conhecidos construídos para eles depois que faleceram.

O primeiro local é a tumba mais ao norte das sepulturas helenísticas a leste do vale de Kidron, que está associada a uma coluna de mármore que Josephus menciona como sendo a "duas *stades*" de distância de Jerusalém. Somos instruídos pelo Pergaminho de Cobre para *cavar na lateral oeste por 12 cúbitos (6,2 metros)*. Há, de fato, uma abertura na lateral ocidental do monumento. A abertura leva-nos até uma cisterna subterrânea que fica quase exatamente a 6,2 metros de profundidade, dando crédito a esse local como o mencionado no pergaminho para encontrar 80 KK de tesouro. Nenhum sinal dele foi até agora descoberto nesse local.

Sem o *Khaff* extra, a linha seguinte começa então com *bivot* ou *Nos canais* do sistema de água em Siloam. A palavra Siloam vem do hebraico "Shiloah" ou "Tanque". Por volta de 700 a.C., o audacioso rei Hezekiah, de Judá, tinha um túnel que passava por baixo de Jerusalém para canalizar as águas da Fonte Gihon, no caso de um cerco. No centro do canal, há uma inscrição em hebraico comemorando o término da construção. Esse é um dos registros mais antigos conhecidos da escrita hebraica (veja Capítulo 14) e pode hoje ser visto no Museu de Istambul. Sob a *saída de água* do tanque de armazenamento estavam escondidos 17 KK, e nos quatro cantos internos de sustentação do tanque, *vasos de coleta do dízimo e moedas cunhadas*, de acordo com John Allegro.[303]

Coluna 11

O item seguinte, na Coluna 11, identifica um local de dízimos: *sob o canto do pórtico sul na tumba de Zadok, sob o pilar do átrio coberto: vasos de ofertas de resina e de sena*, de acordo com Geza Vermes.

---

303. A versão de Allegro de " (...) vasos de coleta do dízimo e moedas com figuras" é problemática. Sua tradução certamente excluiria o Egito do século XIV a.C. como uma localização e, provavelmente, o Primeiro Templo em Jerusalém também, porque as moedas mais antigas conhecidas são datadas do século VII a.C. na Anatólia (Turquia) e eram na realidade unidades de ouro ou prata parecidas com uma gota. O uso de moedas com desenhos chegou até as regiões mediterrâneas centrais, mas elas não conquistaram espaço no Egito até que influências gregas chegaram por volta de 320 a.C. Por esta razão, as traduções de Albert Wolters ("... vasos de coleta de tributos") ou a de Geza Vermes ("... ouro e vasos de oferendas") são preferíveis.

De maneira geral, John Allegro usa o termo "dízimo" enquanto outros tradutores usam "oferendas" ou "tributos". A prática de contribuições em forma de dízimo para o Templo não era desconhecida no Egito. Exemplos óbvios são vistos na forma de mel, carne e vinho, destinados a ser entregues como dízimos a Aton em Akhetaton. Em oferendas de dízimos de vinho, a frase usada é "na bacia de...", frequentemente copiada no Pergaminho de Cobre, Veja J. D. S. Pendlebury, *The City of Akhenaton — Part III* [A Cidade de Akhenaton — Parte III] (Londres: Sociedade de Exploração do Egito, 1951).

Zadok era o sumo sacerdote na época do rei Salomão e do rei Davi, c. 1000 a.C. O paradeiro de sua tumba é desconhecido. No entanto, se o uso do nome "Zadok" for meramente genérico, temos então duas outras possibilidades.

Conforme discutido anteriormente, "Zadok" é também o nome usado para o título do sumo sacerdote no Egito. Se, portanto, estivermos de volta ao Egito, em Akhetaton, a tumba do sumo sacerdote seria a de Meryra, localizada nas Montanhas do Norte de El-Amarna. A tumba de Meryra é no geral uma das sepulturas mais substanciais e artísticas de todas, com exceção dos túmulos reais. Obviamente, a tumba tem uma entrada sul, e John Allegro nos manda olhar *abaixo do canto do Pórtico sul, na tumba de Zadok, sob a plataforma do exedra [vestíbulo]*. O pórtico ou entrada frontal da tumba nos leva até um vestíbulo espaçoso, que tinha duas grandes colunas esculpidas (havia provavelmente quatro delas originalmente). *Abaixo da coluna do exedra*, somos informados de que serão encontrados *vasos de coleta do dízimo*. Não apenas o *exedra* tem colunas, conforme descrito, mas uma delas está voltada na direção do canto sul da sala. A descrição encaixa-se com tamanha precisão, que a Tumba de Meryra se torna candidata principal para uma nova escavação. Ela é a única sepultura em Amarna que contém um vestíbulo, e seu jardim frontal possui uma característica única, algo raramente visto em qualquer outra parte do Egito.

Nossa segunda possibilidade — que a Tumba de Zadok é a do sumo sacerdote da época de Salomão e Davi — levou John Allegro a considerar a arcada de colunata dupla da lateral oriental do Templo. No entanto, as restrições religiosas que impedem que tumbas no interior dos muros da cidade sejam escavadas, forçaram a busca a parar do lado de fora na lateral oriental do vale de Kidron, onde uma orientação precisa se torna muito tênue, levando-os a desistir do trabalho.

A proposição seguinte: *do lado oposto do jardim de Zadok, sob a enorme placa que cobre a saída de água* também apresenta dificuldades intransponíveis na identificação do jardim do sumo sacerdote próximo a Jerusalém. Nem mesmo a contenção descritiva adicional, de que o jardim é cortado pelo *penhasco voltado para o oeste*, ajuda muito na busca.

Entretanto, olhe e contemple, quando voltamos para o Egito, vemos que a tumba de Meryra de fato tem um jardim murado do lado de fora de sua entrada, que é cortado pelos penhascos. Uma tumba com um jardim frontal é por si só algo único. Por causa da orientação nessa curva da lateral da montanha, o jardim fica, grosso modo, voltado para o oeste. Como N. de G. Davies diz:

> A incisão da ladeira de pedras, com o intuito de ganhar a elevação para a fachada, acabou formando um pátio nivelado com mais de 20 pés de largura em frente à tumba, e o local ficou ainda mais marcante ao deixar uma parede de pedra na

lateral externa, com uma abertura ampla no centro para a entrada. O pátio tem, portanto, a aparência do jardim murado de uma casa moderna de frente dupla.[304]

O local exato das oferendas consagradas, em relação ao jardim de Zadok, não é facilmente determinado a partir da tradução. Acima da tumba, uma incisão na fachada de pedras foi iniciada e abandonada, talvez pelo fato de se tratar de uma tarefa tão ambiciosa (...) *na concessão na ponta da pedra* pode haver uma referência do limite superior da pedra saliente nessa área demarcada para a tumba de Meryra. E assim, mais uma vez: *sob a grande placa que cobre a saída de água* ou *sob a grande pedra de fundamentação que fica em seu fundo* parece referir-se diretamente ao jardim e ao canal de escoamento de água que deve ter servido para abastecê-lo. Uma investigação mais detalhada do jardim da tumba de Meryra, que mede 30 metros x 10 metros (as mesmas proporções do Grande Templo), seria algo bastante apropriado.

A versão de John Allegro do item seguinte indica 40 KK *no túmulo que está sob as pedras do pavimento*. Se isso significa sob as pedras do calçamento do jardim, ou abaixo do túmulo de Meryra, ou em outra sepultura que está embaixo do jardim, não se sabe ao certo. Todas as três possibilidades merecem ser investigadas.

A passagem seguinte parece dizer: *No túmulo dos filhos de Ha'amata de Jericó(?)... há vasos de murta(?) ali, e do dízimo de pinho(?) [resina].*[305] A tradução de "Jericó" de Garcia Martinez também não é muito clara: o hebraico nos faz pensar na palavra *orho* ou em outra relacionada a *luna*. John Allegro traduz como: *das pessoas comuns*; Geza Vermes não sabe ao certo mas arrisca dizendo que se trata dos *Filhos de...(?) os Yerahite*. Minha interpretação particular é a seguinte:

A área de Akhetaton recebe seu nome atual de El-Amarna de um clã nômade árabe, "Beni Amran", que se estabeleceu em uma região que se espalha em ambas as laterais do rio Nilo (será apenas uma estranha coincidência que o nome bíblico do pai de Moisés seja Amram?!).

---

304. N. de G. Davies, *The Rock Tombs of El Amarna — Part I* [As Tumbas de Pedra de El-Amarna — Parte I].
305. Referências a resinas e óleos no Pergaminho de Cobre indicam que seu uso era feito na forma de oferendas, ao passo que em tempos bíblicos unguentos eram passados sobre os corpos de um regente ou para consagrar vasos sagrados. Essa diferença no uso pode estar relacionada a rituais no Grande Templo em Akhetaton e não no Templo em Jerusalém. Há diversos exemplos em gravuras de unguentos sendo oferecidos por Akhenaton — na "Cena do Jubileu", no Museu Fitzwilliam em Cambridge, Inglaterra, e em uma placa de alabastro escavada em Tel el-Amarna, hoje no Museu do Cairo. Veja Cyril Aldred, *Akhenaton and Nefertiti* [Akhenaton e Nerfetiti] (Nova York: Museu do Brooklyn, 1973).

Um nome tradicional para alguém dos vilarejos da tribo de Amran era Hawata.[306] Se esse nome tradicional é uma cópia de um passado distante e obscuro de um povoado de "Ha'awata" e um dos oficiais chamava-se "orho" são apenas conjecturas. A localização de Hawata é hoje marcada por uma inscrição de fronteiras, conhecida como *Stela J*, nas montanhas ao sul de El-Amarna, bem alto na lateral norte de uma ravina. Escavações de tumbas na região da atual Hawata, em especial próximas a *Stela J*, podem nos levar aos *vasos para coleta do dízimo* que estamos procurando.

AS FRONTEIRAS DE AKHETATON

O nome "Akhenaton" queria dizer "Horizonte de Aton", e as fronteiras completas da cidade eram delineadas por enormes placas monolíticas, ou *stelae*, esculpidas nas faces dos penhascos. Esse procedimento era algo exclusivo de Akhetaton e não é visto em nenhum outro lugar no Egito. As 14 fronteiras *stelae* formavam o que era, para Akhenaton, o local sagrado onde os propósitos de seu Deus podiam ser executados. Dentro da fronteira estava o solo sagrado, do lado de fora não.

A afiliação de Akhenaton da área demarcada pelas *stelae* era reiterada pelas próprias *stelae* e outros monumentos, em que ele deixa claro que nenhum outro lugar na terra era tão espiritualmente importante. Se ele, ou qualquer membro de sua família, morresse do lado de fora dos limites sagrados, era para Akhetaton que seus corpos deveriam retornar.

As 14 *stelae*, algumas delas com até 8 metros de altura, foram esculpidas nas laterais dos penhascos. As ladeiras formavam uma fronteira natural a leste e a oeste do distrito de Akhetaton e as *stelae* marcavam o "Horizonte de Aton" dentro de seus limites norte e sul. Ao todo, a área envolvida era de 14,4 quilômetros x 25,5 quilômetros. Inscrições sobre as *stelae* geralmente estão relacionadas à adoração de Aton:

> (...) o dele é o meu testemunho, para sempre, e essa é minha testemunha eterna, essa fronteira (...) Construí Akhetaton para meu pai como uma morada para (...) eu a demarquei.

Dentro dessa área "especial", atividades religiosas que não eram aceitas do lado de fora podiam ser realizadas.

Enquanto falamos a respeito das *stelae*, podemos considerar também um *chok* judaico — um ritual que não possui instruções definidas na Bíblia (outro é a proibição do uso de lã e linho ao mesmo tempo). Essa tradição

---

306. Logo após 1892, o Departamento de Antiguidades Egípcias revelou um pavimento pintado no vilarejo de Hawata e levou-o para o Museu do Cairo. Veja N. de G. Davies, *The Rock Tombs of El Amarna — Part I* [As Tumbas de Pedra de El-Amarna — Parte I].

em particular está relacionada à possibilidade de criar um "limite sagrado", local para tudo aquilo que normalmente é proibido no sábado e que pode ser realizado com segurança — como, por exemplo, carregar uma chave ou um guarda-chuva, ou empurrar uma cadeira de rodas. Os limites dessa *eruv*, ou área, podem ser definidos por meio de características geográficas, às vezes suplementadas por demarcações criadas pelo homem.

Não existe uma explicação coerente que explique por que uma *eruv* pode ser criada. À luz de minhas teorias e conhecimento do desenho da cidade de Akhetaton, temos uma possível ideia relacionada às *stelae*.

Acredito que esse costume de limites demarcando uma área sagrada, centrado no Grande Templo, é o modelo da ideia judaica moderna de uma *eruv* centralizada em uma sinagoga. Elas existem em Toronto, Phoenix, Memphis, Los Angeles, Boston, Chicago, Providence, Miami, Washington DC, Joannesburgo, Melbourne, Gibraltar, Antuérpia, Estrasburgo e outras cidades ao redor do mundo, e uma delas foi sancionada para o noroeste de Londres.

O Monte Gerizim e os Destinos Finais

Entramos agora na última volta de nossa jornada, na segunda metade da Coluna 11. Aqui, conforme indicado por John Allegro, há uma estranha letra grega maiúscula *gamma*, um "Γ", depois da primeira palavra do item seguinte, que ele conclui ser uma marca errada. No entanto, pode muito bem não estar errada e, ao contrário, marcar o início da última série de descrições de locais na região do Monte Gerizim, que é claramente identificado nas passagens finais do Pergaminho de Cobre. Estamos em Israel, próximos da atual Nablus, que fica em um vale entre o Monte Gerizim e o Monte Ebal a cerca de 56 quilômetros ao norte de Jerusalém.

Foi aqui, quando entraram pela primeira vez em Canaã em *c.* 1200 a.C., que os filhos de Israel se reuniram para uma bênção de todos aqueles que seguiam as leis que Moisés lhes trouxera de Deus. Que lugar mais adequado para os guardas designados dessas leis esconder parte dos tesouros que levaram do Egito? Esse era um local de enorme importância espiritual para o povo hebreu.

Do século IV ao II a.C., o Monte Gerizim foi o local tradicional de veneração dos samaritanos, que ergueram um templo rival ao que existia em Jerusalém. Um altar foi originalmente erguido em Gerizim, próximo a Shechem (atual Nablus), no início do período do Segundo Templo (538— 515 a.C.), e o templo rival foi construído por Sanballat, o líder dos samaritanos, no século IV a.C. O santuário samaritano foi destruído pelo sacerdote-rei John Hyrcanus no início do século II, e a tradição diz que um tesouro foi escondido nas redondezas. Esse ainda é um lugar de encontro dos poucos samaritanos no mundo nos dias de hoje, que celebram a Páscoa sobre a montanha com uma vigília à meia-noite e o sacrifício de um cordeiro.

São tantas as semelhanças entre os samaritanos e os Essênios de Qumran que podemos postular uma ligação solidária entre as duas seitas. Os samaritanos (ou *shamerin* como eram originalmente conhecidos), que também se intitulavam os "defensores da Lei", rejeitavam os costumes convencionais do Templo e tinham muitas crenças paralelas às dos Essênios de Qumran. Nos Manuscritos do Mar Morto que se referem ao Livro de Josué,[307] os Essênios de Qumran relacionam a implementação da lei em Deuteronômio 27:5-8 que ordenava a construção de um altar de pedras não talhadas sobre o Monte Ebal, e a inscrição de uma cópia da Torá de Moisés sobre ele. Uma cerimônia (Deuteronômio 27:11-13) é descrita na qual o povo se prepara dos dois lados do vale de Shechem, com metade deles voltada para o Monte Gerizim e a outra metade para o Monte Ebal. A cerimônia envolve a leitura de bênçãos e maldições para as tribos reunidas. A validação de um local sagrado, além de Shilo ou Jerusalém, parece ser anterior a essa lei deuteronômica de que deveria haver somente dois lugares sagrados.

O Monte Gerizim é citado na Coluna 12 como um lugar onde um baú com 60 Talentos de prata será encontrado. As pistas são limitadas: *abaixo da escada do túnel [mina] superior*.

A área sobre o Monte Gerizim considerada sagrada pelos samaritanos era fechada por um muro e estendia-se por todo o pico da montanha. Adoradores subiam até lá vindos da parte ocidental da cidade, percorrendo uma escada ampla com aproximadamente 10 metros de largura. A linha da parede do templo é bem definida e cerca de 120 metros ainda permanecem no local. Escavações até os dias de hoje revelaram o núcleo de uma colônia antiga datada do século IV a.C., mas com poucos detalhes acerca do templo. Em algum lugar dessa imensa área no topo da montanha, há tesouros — talvez, próximo ao topo da escada larga, encontre-se o início de um túnel que passava por baixo do templo.

Os quatro itens anteriores de localização, prefixados pelo *gamma* grego, podem também estar relacionados à área ao redor do Monte Gerizim.

No primeiro exemplo, estamos em busca da casa de *Esdatain* ou uma casa de *dois tanques*. Duas das construções no assentamento no Monte Gerizim correspondem às indicações por terem *uma cisterna na entrada na direção da bacia de água menor, e os dízimos de aloés e pinho*

---

307. Eugene Ulrich, "4QJosué e o Primeiro Altar de Josué na Terra Prometida", em G. J. Brooke e F. G. Martinez (eds.), *New Qumran Texts and Studies* [Textos e Estudos da Nova Qumran] (Leiden: E. J. Brill, 1994).

branco podem, em determinado momento, ter estado entre os restos de moedas, cerâmica, basalto e vasos de metal encontrados ali.[308]

Muito próximo da entrada oeste da sala do sepulcro, há uma plataforma para o fogão de cima (...) 900 Talentos de prata. Seria esse o forno usado para os sacrifícios dos samaritanos encontrado em uma construção do complexo na parte norte da cidade? Se a resposta for positiva, 900 KK de prata e uma considerável quantia de ouro estão nesse local.

Coluna 12

Outros 60 KK deverão ser encontrados na entrada oeste de um monumento fúnebre sob uma *pedra negra* ou *pedra de bloqueio*. Não muito distante, *sob o peitoril* da câmara da tumba ou *em sua lateral abaixo do solado da câmara fúnebre*, há 42 KK.

Ainda no final da Coluna: *na boca da Fonte em Beth-Sham: vasos de prata e vasos de ouro para a coleta dos dízimos; no total de 600 Talentos.* John Allegro traduz *Beth-Sham* como "o Templo" e podemos considerar que esta frase significa a "Casa de Shom-erim", o nome original dos samaritanos.

Para uma montanha que alcança uma altura de 895 metros, inevitavelmente deveria existir uma fonte de água próxima ao topo para o início de um córrego que desce em direção ao vale. Na fonte original desse córrego, os tesouros deverão ser encontrados.

A penúltima localização do Pergaminho de Cobre é dada por Garcia Martinez como: *no grande canal da câmara fúnebre até Beth-Hakuk*. Essa última palavra poderia facilmente ser lida no texto como "Habukah" e, dessa maneira, fazendo muito mais sentido. Habacuque era um profeta do Antigo Testamento, que se acredita ter vivido na época do cerco dos caldeus de Nineveh, por volta de 612 a.C. Ele foi especialmente importante para os Essênios de Qumran.

O documento "Habacuque" do Manuscrito do Mar Morto é um *Pesher*, ou comentário com interpretações de profecias, às vezes oferecendo explicações de significados ocultos do profeta Habacuque. O *Pesher* tem dois temas: a ameaça do "Kittim" — estrangeiros que virão para ameaçar a Judeia; e o "Sacerdote do Mal" (de Jerusalém) que ameaça o "Sacerdote dos Justos". Já houve diversas tentativas para a identificação desses personagens. Uma possibilidade é a de que eles eram, respectivamente, o sumo sacerdote dos samaritanos na época da destruição do Templo em Gerizim pelo "Sacerdote do Mal", o rei Hyrcarnus. Outra possibilidade é a de que o "Sacerdote dos Justos" era Sanballat, o líder dos samaritanos que construiu o templo em Gerizim.

---

308. Ephraim Stern, "Gerizim", *The New Encyclopedia of Archaeological Excavation in the Holy Land* [A Nova Enciclopédia de Escavações Arqueológicas na Terra Santa] (New York: Simon & Schuster, 1993).

Infelizmente, os paradeiros das tumbas desses dois antagonistas da "Justiça" são desconhecidos, bem como o local do sepultamento do profeta Habacuque. Tudo que pode ser concluído é que em algum lugar na região do Monte Gerizim, ou na tumba de Habacuque, há uma câmara fúnebre que guarda 72 KK e 20 *Minahs* de tesouro.

Conforme previsões de Alice, depois de começarmos pelo fim do Pergaminho de Cobre, finalmente terminamos pouco antes do final.

Então, quais são as chances de encontrarmos alguns dos tesouros escondidos do Pergaminho de Cobre ainda não descobertos? Depois de quase 3.500 anos, para a maior parte do tesouro restante, vemos que elas são mínimas. Os lugares mais propensos a serem vasculhados podem muito bem ser os que se encontram no Egito, visto que as localizações em Israel são menos definidas e, como dissemos anteriormente, não é permitido escavar locais fúnebres ou muitos dos lugares sagrados que poderiam nos proporcionar novas pistas.

As escavações que precisam ser realizadas para encontrarmos os tesouros restantes terão de ser feitas por arqueólogos profissionais. Ações nesse sentido não serão uma questão simples, especialmente por causa da atual situação política no Oriente Médio, e eu não recomendo a ninguém que vá com baldes e pás organizando uma excursão turística transitória! Tudo o que ainda existe para ser encontrado, automaticamente, se tornará propriedade do país de onde foi escavado. Parte dos objetos já pode ter sido perdida por ações de ladrões de sepulturas. Alguns lugares não serão fáceis de ser escavados, por estarem localizados nos limites de locais sagrados tanto dos judeus como dos muçulmanos, como, por exemplo, o Monte do Templo em Jerusalém. Finalmente, parte do tesouro pode ainda estar perdida entre coleções particulares não reconhecidas.

Contudo, calculo que uma enorme quantidade de tesouro está ainda esperando para ser escavada. Além do valor monetário, itens que incluem vestes ritualísticas, unguentos e Manuscritos poderiam ser de grande valia para o conhecimento da sociedade que os produziu.

Uma indicação do conteúdo e do peso do tesouro ainda a ser recuperado é apresentada a seguir:

Tabela 5: Indicação do tesouro que ainda não foi descoberto

Tipo de tesouro ainda não descoberto	Peso de acordo com uma interpretação
Ouro	38,74 kg
Vasos de ouro	1 lote
Vasos de prata	3 lotes
Metais preciosos	42,68 kg
Vasos de coleta de dízimo	6 lotes
Vestes ritualísticas	2 lotes
Jarros/potes de prata	16,92 kg
Ofertas sagradas	3 lotes
Unguentos/óleos	1 lote
Manuscritos	3

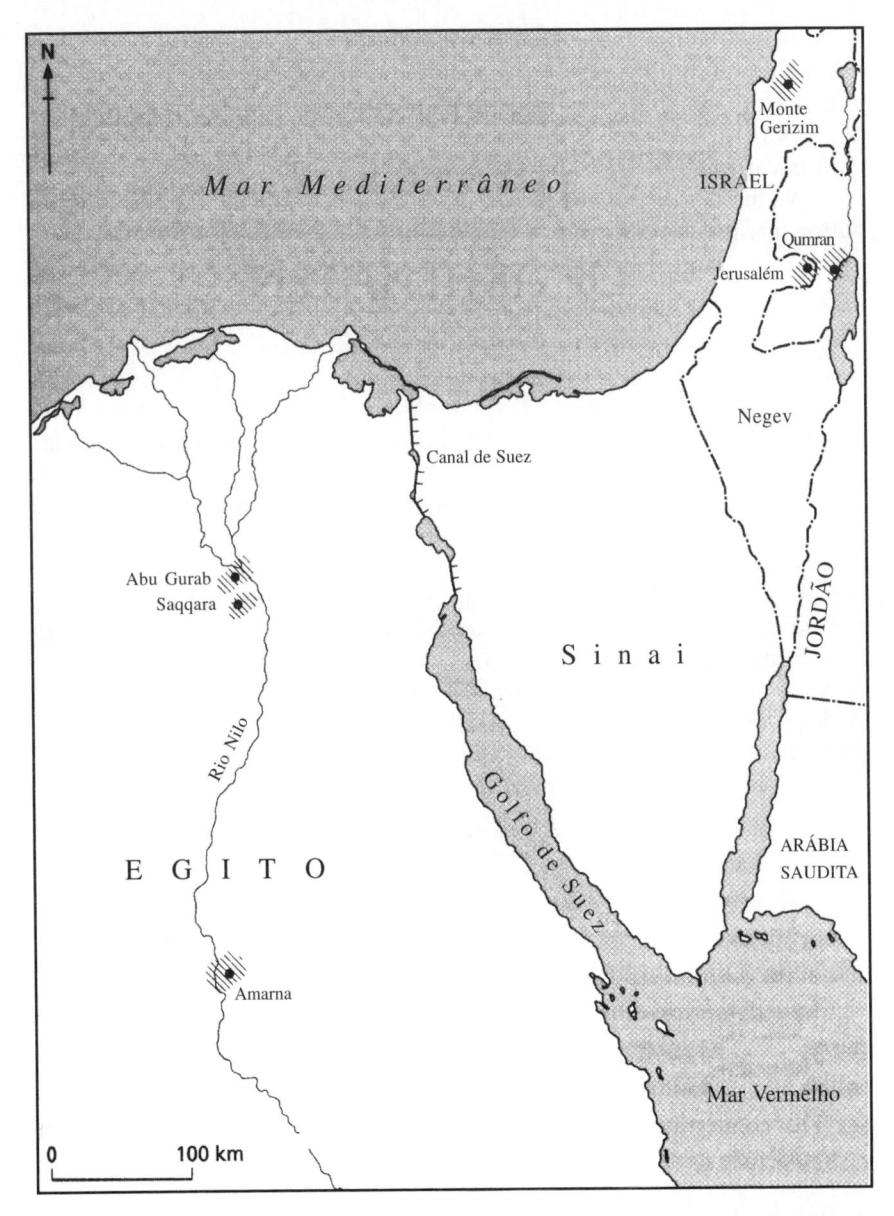

Figura 22: Possíveis locais onde, de acordo com o Pergaminho de Cobre, tesouros ainda poderão ser encontrados

É difícil estimarmos o valor material dos metais preciosos e das joias que ainda não foram descobertos; mas, pelos valores atuais, lembrando que grande parte dos materiais não é especificada, uma estimativa conservadora revelaria algo entre $ 5 milhões e $ 10 milhões. Valores reais poderiam multiplicar esses números em até dez vezes.

Na região de Elefantine e ao redor do lago Tana, na Etiópia, existem outros possíveis locais para futuras pesquisas!

Alguns dos tesouros do Pergaminho de Cobre já foram, eu acredito, identificados. As prováveis localizações de muitos dos tesouros restantes também já foram detalhadas.

Por mais surpreendentes que sejam essas descobertas, a história está longe de chegar a um fim. Há implicações muito mais importantes e profundas a serem compreendidas como consequência dessas descobertas. O Pergaminho de Cobre mostra agora uma ligação da religião dos Essênios de Qumran à de Akhenaton e ao Egito. Essa ligação foi sugerida por Sigmund Freud, em seu livro *Moses and Monotheism* [Moisés e o Monoteísmo], e indicada por Jeffrey Katzenburg em seu filme *The Prince of Egypt* [O Príncipe do Egito]. As demais evidências "convincentes" que reuni nos capítulos finais deste livro confirmam, acredito, essa ligação.

CAPÍTULO XVI

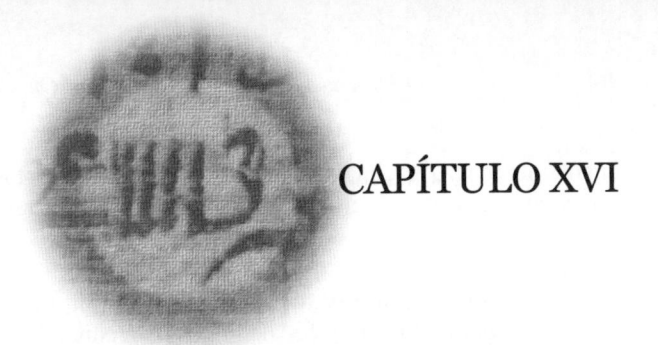

O Legado de Akhenaton

Inque brevi spatio mutantur saecla animantum
Et quasi cursores vitai lampada tradunt.

E em um curto espaço as tribos das coisas vivas são alteradas,
E como corredores seguram a tocha da vida.

Lucrécio, De Rerum Natura, II, linha 77[309]

Acredito ter sido capaz de deixar claro que os antigos patriarcas (Abraão, Isaque e Jacó), José e Moisés foram todos muito influenciados pela religião e cultura do antigo Egito — principalmente pela família Amenhotep e pelo faraó Akhenaton.

A confirmação do Pergaminho de Cobre da ligação entre uma seita em Qumran, que guardava os segredos do pergaminho herdado mais de 1.300 anos antes, e Akhenaton deixa-nos com poucas dúvidas quanto à existência de uma associação entre as duas comunidades. A ligação estendeu-se também às crenças religiosas que, por sua vez, influenciaram os princípios formativos das três grandes religiões monoteístas do mundo.

As ligações entre Akhenaton e os Essênios de Qumran são numerosas demais para serem apenas meras coincidências, e há muito mais a descobrir!

Quando Akhenaton morreu, observaram-se tentativas por parte de outros egípcios para eliminar todos os traços de suas inscrições e de seus

---

309. Titus Lucretius Carus, 99-55 a.C. De *The Concise Oxford Dictionary of Quotations* [O Conciso Dicionário de Oxford de Citações] (London: Oxford University Press, 1967).

ensinamentos. A "tocha da luz" monoteística que os seguidores de Akhenaton acenderam iria, finalmente, ser bifurcada — carregada pelos herdeiros eclesiásticos de Akhenaton, no Egito, e por Moisés e os hebreus, nos desertos do Sinai.

A revolução religiosa de Akhenaton deixou uma marca indelével no desenvolvimento do antigo Judaísmo, e os registros desses anos de formação no passado foram preservados para nós nos Manuscritos do Mar Morto.

Na posição de autores e guardiões descendentes dos textos sagrados, não seria, portanto, surpreendente encontrarmos características das crenças de Akhenaton e outras influências egípcias entre os essênios, mesmo depois de um período tão longo de imersão em uma cultura estrangeira em um Judaísmo refinado, que havia se purificado de tantas outras influências estrangeiras. Se minhas presunções estiverem corretas, será possível detectarmos uma influência egípcia ainda maior dentro da seita fechada do que os traços mais fortes apresentados nos preceitos comuns do Judaísmo. E é isso o que realmente acontece.

Na verdade, os Essênios de Qumran apresentavam muitas das crenças características dos sacerdotes atenistas que vieram do Egito — modificadas com o passar do tempo, mas ainda em uma forma bastante reconhecível. Seu forte sentido de missão herdada, costumes misteriosos e exclusividade, podem todos ser completamente explicados em termos de sua ligação sagrada com os sacerdotes de Akhenaton.

Assim como as influências trazidas do período de Akhenaton, há também "associações marcantes" de efeitos egípcios ainda mais generalizados, adquiridos a partir do espectro do paganismo egípcio e da prática social.

Três principais assuntos ainda precisam ser discutidos. Já apresentei as evidências mais convincentes que unem Akhenaton aos Essênios de Qumran, principalmente por meio das alegações reveladoras do Pergaminho de Cobre, e irei agora me aprofundar ainda mais na essência dos Manuscritos do Mar Morto para ver que outras provas podem ser encontradas neles. Analisarei em seguida, de forma mais abrangente, quantas dessas "associações marcantes" do Egito foram assimiladas pela mente consciente e inconsciente do mundo ocidental e por suas religiões. Finalmente, há dois extremos ainda não interligados que se relacionam às misteriosas comunidades pseudojudaicas de soldados sacerdotais em Elefantine, no sul do Egito, e aos judeus falashas do lago Tana na Etiópia, que precisam ser juntados.

Essas duas últimas localizações são, como já sugeri, possíveis lugares onde tesouros residuais do Pergaminho de Cobre podem ainda ser encontrados.

Provas Adicionais dos Manuscritos do Mar Morto

Os conteúdos e o formato dos Manuscritos do Mar Morto, comentários de escritores contemporâneos e as descobertas de arqueólogos nas ruínas de Qumran oferecem-nos uma série de linhas de raciocínio com as quais podemos tecer um tapete gigantesco, mostrando as vidas e o pensamento desse povo que vivia como eremita. No tempo de Jesus, eles totalizam 4 mil por toda a Judeia, com cerca de 200 deles residindo e trabalhando na região de Qumran.

Eles falavam em termos de acontecimentos apocalípticos e de uma filosofia escatológica dos últimos dias. Seu "Pergaminho de Guerra" fala da batalha final na qual dois Messias — um real, um sacerdotal — triunfarão. Seu modo de vida era conduzido com base na preparação para esse grande acontecimento. Eles eram os "justos" cuja missão era a de preservar e proteger a verdadeira fé.

Escavações em Qumran mostraram que existiu ali uma colônia entre os séculos VIII e VI a.C., pouco antes do exílio babilônico. Esse lugar foi destruído durante a queda do reino do sul. Muitos séculos mais tarde, por volta de 150 a.C., a colônia foi reassentada pela comunidade dos essênios e permaneceu ocupada até que um terrível terremoto em 31 a.C. destruiu grande parte de suas construções, fazendo com que os habitantes deixassem Qumran por um breve período.[310]

Ninguém parece saber ao certo para onde eles foram no período entre 31 e 4 a.C., quando voltaram. Uma sugestão é a de que os Essênios de Qumran viajaram para Damasco durante o prévio exílio babilônico, o que parece ser uma explicação muito mais plausível do que de fato aconteceu.

As evidências arqueológicas mostram que retornaram a Qumran em uma data peculiarmente coincidente. A comunidade que influenciaria de forma tão contundente os ensinamentos de Jesus voltou para seu lar em 4 a.C., o ano hoje aceito pela maioria dos estudiosos como sendo o do nascimento de Jesus. Os escritores que tentam apurar ligações íntimas entre os Essênios de Qumran e Jesus chegam, inclusive, a postular que eles foram visitar Jesus em Belém no caminho de volta para casa, mas não há provas para essa afirmação. O local da comunidade foi por fim destruído em 68 d.C. pelos romanos.

---

310. Roland de Vaux, *Archaeology and the Dead Sea Scrolls* [A Arqueologia e os Manuscritos do Mar Morto] (London: Oxford University Press, 1959).

Regras e Estilo de Vida da Comunidade

Uma passagem de Josephus nos dá uma ideia do dia a dia dos Essênios de Qumran:

> Antes de o sol nascer não proferem palavra alguma acerca das questões mundanas, mas oferecem a ele algumas orações, que foram a eles transmitidas por seus antepassados, como se o convidassem a despontar no horizonte. Eles são então dispensados por seus superiores para desempenhar as diversas tarefas nas quais são distintamente proficientes e onde se esforçam no trabalho até a quinta hora, quando novamente se reúnem em um local e, após cobrirem seus quadris com tecidos de linho, banham seus corpos com água fria. Depois dessa purificação, reúnem-se em uma sala particular onde nenhum daqueles que ainda não foram iniciados tem permissão para entrar; agora purificados, caminham para o refeitório, como se fossem para um santuário sagrado. Depois de tomarem seus assentos em silêncio, o padeiro serve-lhes os pães em ordem, e o cozinheiro coloca diante de cada um dos pratos um só alimento. Antes da carne, o sacerdote faz uma oração de agradecimento; assim, no início e no fim eles prestam suas homenagens a Deus pela benevolência do criador da vida. Em seguida, ao lado de seus trajes, como vestes sagradas, eles mais uma vez voltam aos seus trabalhos até o anoitecer. Ao voltarem jantam da mesma maneira.
>
> *A Guerra Judaica II*

Algumas das principais características dos essênios mostravam que eles não reconheciam a prática do Templo em Jerusalém, compartilhavam de todos os seus bens (um tema mostrado no Novo Testamento, Atos 2:44) e não aprovavam a prática de sacrifícios. Enfatizavam as orações, os estudos, o enobrecimento do espírito e a pureza de seus rituais, bem como a limpeza por meio da purificação nos banhos. Mantinham uma estrutura hierárquica de disciplina, tinham um calendário diferente do usado pela população geral dos judeus e, portanto, celebravam seus festivais em épocas diferentes do restante da população.[311]

---

311. Inúmeros *ostraca* (cacos de potes) e relíquias foram escavados do local de Qumran e todos eles costumam confirmar o estilo de vida e os rituais monásticos da comunidade dos essênios descritos em seus Pergaminhos, e por escritores contemporâneos como Philo, Pliny e Josephus. Uma recente descoberta deveras fascinante foi feita em fevereiro de 1996, por uma equipe de 18 americanos em

Nosso conhecimento das exigências de comportamento dos membros da comunidade lança uma luz intrigante por trás de sua filosofia e de suas crenças. Grande parte dessas ideias vem do Manuscrito do Mar Morto que fala das Regras da Comunidade. Foi possível identificarmos na parte final do Documento de Damasco e é ainda reforçado por outra versão da Coleção Genizah Egípcia.[312] Essa peça fala de uma convocação disciplinar do Conselho dos Essênios que é emitida pelo "sacerdote que comanda muitos". Seu papel pode ser compreendido (a partir de análises dos dois documentos) como sendo o chefe da comunidade, o árbitro final da lei, o conhecedor de todos os "segredos" e o sacerdote ancião. Ele é citado diversas vezes como o "Mebaqqer" ou "Hamerverkah" — "O Merverkyah". Há quanto tempo esse título existia não se sabe ao certo, mas seu som apresenta uma semelhança impressionante com o da posição do nome do sumo sacerdote do Grande Templo a Aton, em Akhetaton. Seu nome pode ser encontrado esculpido em sua tumba em Amarna e aparece transcrito como "Mervyre". O Conselho são os "filhos de Levi", a descendência sacerdotal de Israel da qual o sumo sacerdote era escolhido.

Tomado pela curiosidade em descobrir por que os documentos encontrados no Egito deveriam validar os Manuscritos achados próximos ao Mar Morto, o passo seguinte na jornada me levou até Cambridge, uma cortesia de duas senhoras escocesas presbiterianas um tanto excêntricas — a Sra. Agnes Lewis e a Sra. Margaret Gibson.

---

busca de tesouros usando uma escavadora! Eles literalmente se viram diante de dois cacos do século I d.C. em uma parede do cemitério da Comunidade de Qumran. Apesar de esse método de "escavação" ser considerado deplorável, a importância da descoberta é considerável pelo fato de proporcionar a primeira evidência tangível não constante em Manuscritos do Mar Morto de que o povo em Qumran via-se como uma *Yahad* — uma "Comunidade".

O pedaço maior, escrito em hebraico, é parte de um documento de "Ação de Dom Natural" que descreve as propriedades — uma casa e seus arredores em Jericó, um escravo, frutos valiosos — que um indivíduo tinha a intenção de doar para a comunidade quando se juntava a ela. Há também uma descrição do processo de entrada na comunidade envolvendo a entrega de dinheiro e bens materiais como uma exigência para sua participação. As frases da Ação são muito parecidas com as usadas em um papiro do século V a.C. encontrado em Elefantine no Egito.

E. Eshel, "As *Ostracas* Recém-Descobertas de Qumran", Simpósio Internacional do Pergaminho de Cobre, Centro Manchester-Sheffield de Pesquisa dos Manuscritos do Mar Morto, 8-11 de setembro de 1996.

312. Paul Fenton, *Genizah Fragments* [Fragmentos do Genizah], Unidade de Pesquisas Taylor-Schechter do Genizah (Cambridge: Universidade de Cambridge, 1981-82);

http://www.cam.ac.uk/Libraries/Taylor-Schechter. Geza Vermas, *The Complete Dead Sea Scrolls in English* — 1QS, 4Q265 [Todos os Manuscritos do Mar Morto em Inglês — 1QS, 4Q265] (London: Allen Lane, 1997).

Os Fragmentos de Genizah

Era costume nos tempos vitorianos (e antes dele no século XVIII) ver membros da alta classe britânica fazer o "Grande Passeio" de famosos pontos turísticos estrangeiros e outros lugares históricos. Nossas duas inveteradas senhoras, porém, eram muito mais que simples turistas acidentais, além de muito entendidas a respeito da história do Oriente Médio. Suas viagens levaram-nas para lugares não tão conhecidos, vasculhando os mistérios das terras bíblicas. Uma dessas missões levou-as até uma parte obscura de Fostat, Antigo Cairo, para o interior turvo de uma sinagoga de mil anos de idade chamada "Ben Ezra". Bem no alto de uma parede de uma área nos fundos da construção, elas descobriram um "Genizah" — um lugar seguro usado para guardar documentos. Ali, encontraram uma caixa de papiros, véus e papéis de importância imensurável e com o significado comparado ao dos Manuscritos do Mar Morto. Elas levaram alguns desses fragmentos de volta para a Inglaterra e, em maio de 1896, Agnes Lewis levou-os para serem examinados pelo dr. Solomon Schechter, revisor de Literatura Talmúdica na Universidade de Cambridge (que mais tarde se tornou presidente do Seminário Teológico Judeu da América).

A empolgação do dr. Schechter ao examinar os documentos é algo bastante compreensível. Ao notar as possíveis ramificações da descoberta, ele convocou o apoio moral e financeiro do dr. Charles Taylor, mestre da Faculdade St. John, Cambridge. Juntos, eles viajaram até a sinagoga no Cairo e receberam permissão para trazer todos os fragmentos restantes de volta para a Inglaterra.[313]

Por que essa descoberta foi algo tão importante, principalmente em relação ao Pergaminho de Damasco? A coleção tem um enorme arquivo de documentos religiosos e seculares, tendo sua maior parte sido escrita entre os séculos X e XII d.C.; alguns deles datados de 600 d.C. e outros posteriores ao século XIX. Eles ilustram a experiência religiosa dos judeus desses períodos e referem-se aos tempos bíblicos. Há letras e manuscritos escritos à mão por alguns dos estudiosos hebreus mais influentes da Idade Média, incluindo Moisés Maimonides e Jehudah Halevi; documentos zadoquitas; antigas liturgias; poesias; músicas; e cartas da Palestina, Babilônia e Espanha.[314]

Alguns dos documentos em papiros mais antigos são páginas do Livro do Antigo Testamento dos Reis e dos Salmos. Eles estão escritos em grego, e são cópias da versão da Bíblia de Áquila do século II.

---

313. Em 1898, 140 mil fragmentos do "Genizah" foram doados à Biblioteca da Universidade de Cambridge para compor a Coleção Taylor-Schechter; eles hoje constituem 75% dos fragmentos de Genizah que sabemos existir no mundo todo.
314. Fragmentos escritos em papel são de depois do século XI, outros em véu (couro) são datados do período entre os séculos VIII e XI, ao passo que exemplos em papiro são do período entre os séculos VI e VIII.

Entre muitos textos hebraicos, está uma cópia do século X d.C. da *Sabedoria de Ben Sira*, que é datado do século II a.C. Ele contém um silogismo ou raciocínio poético e provérbios que comprovam uma vida de moderação. Os textos foram traduzidos para o grego por um neto de Ben Sira em 132 a.C. e incorporados nos textos apócrifos como Eclesiásticos. O texto hebraico dessa obra foi anteriormente considerado perdido e, portanto, não chegou a ser incluído na Bíblia hebraica. A autenticidade da cópia do Genizah foi posteriormente confirmada por sua semelhança com outras descobertas entre Manuscritos escavados de Masada, em Israel. Embora sejam basicamente os mesmos, há diferenças no texto do Genizah quando comparado ao grego, do qual nosso atual Eclesiásticos apócrifo é traduzido.

Os fragmentos de orações e comentários judaicos provam, conforme dito pelo diretor da Unidade de Pesquisas do Genizah em Cambridge, Dr. Stefan Reif (hoje professor de Estudos Hebraicos Medievais na Universidade de Cambridge): "que houve no mínimo uma presença judaica ativa intermitente em Israel, desde os tempos bíblicos ao longo dos primeiros séculos até o tempo das Cruzadas no século XIII d.C."

O que considero ainda mais importante, para minha linha de investigação, foi uma referência, entre os fragmentos de Genizah, da misteriosa irmandade zadoquita de escribas que hoje conhecemos como os Essênios de Qumran, cerca de 40 anos antes da descoberta dos Manuscritos do Mar Morto.

O Genizah continha duas cópias do famoso Documento de Damasco, semelhantes aos encontrados entre os Manuscritos do Mar Morto. Como esse documento, que era obviamente um texto partidário peculiar dos Essênios de Qumran, poderia ter aparecido em uma sinagoga no Cairo 2 mil anos depois de imaginarem a hipótese de ele ter sido composto provou ser, podemos imaginar, um total mistério. A explicação convencional é a de que uma versão foi descoberta nas cavernas de Qumran por volta de 800 d.C. e de alguma forma foi levada até o Egito.

Essa ideia está baseada nos conteúdos de uma carta siríaca enviada por Timotheus I, Patriarca de Seleucia (726-819 d.C.), a Sergius Metropolitan de Elam (que morreu *c*. 805 d.C.).[315] A carta refere-se à descoberta, por um árabe, de outros Manuscritos dos hebreus em uma casa de pedra próxima a Jericó.[316] De acordo com o conteúdo da carta, judeus de Jerusalém

---

315. Elam fica no leste da Babilônia, no atual Estado de Khuzistan. Sua capital era Susa, provavelmente a Shushan do Livro de Ester.
316. O. Eissfedt, "Theologische Literaturzeitung", n° 10, 1949, traduzido por G. R. Driver, *The Hebrew Scrolls from the Neighbourhood of Jericho and the Dead Sea* [Os Pergaminhos Hebraicos da Vizinhança de Jericó e do Mar Morto] (Oxford: Oxford University Press, 1951).

vieram para estudar os documentos e descobriram que eram velhos livros do Antigo Testamento, junto a mais de 200 salmos. Não existe uma referência conhecida na literatura judaica que comprove a descoberta que seja, considerando-se a aparente empolgação entre aqueles que deixaram Jerusalém quando ficaram sabendo dela e de sua óbvia importância, tão surpreendente.

A suposição de que, de alguma forma, o Documento de Damasco do Genizah do Cairo era uma cópia posterior da versão do Manuscrito do Mar Morto do Pergaminho de Damasco, que, por acaso, também estava escondido nas cavernas próximas ao Mar Morto, e este último documento (ou uma cópia dele) finalmente foi parar no Cairo por volta do século VIII, parece um tanto irreal. Em especial porque o episódio de Timotheus não faz menção do Documento de Damasco, o que teria sido uma das descobertas mais significantes, e que as datas dos Documentos de Damasco do Genizah (há duas diferentes versões da composição original) são dos séculos X e XII, respectivamente.

A partir do conteúdo das versões dos Manuscritos do Mar Morto e das do Genizah do Cairo (que de forma coletiva são normalmente chamados de Manuscritos CD [Cairo-Damasco]), fica claro que o Documento de Damasco original pode ter sido escrito logo depois da destruição do Primeiro Templo, com base em suas referências a Damasco e ao rei Nabucodonosor. Mas há também "exortações" sobre como obedecer as leis de Deus que parecem datar de tempos muito mais antigos.

Como os Documentos de Damasco encontrados no século VIII foram parar no Cairo é somente uma questão de conjecturas; não fui convencido pela explicação convencional.

Um possível cenário que supera essas dificuldades diz mais ou menos o seguinte: os Manuscritos de Damasco e dos Salmos encontrados nas montanhas próximas a Jericó no século VIII d.C. foram originalmente escritos pelos Essênios de Qumran e depois perdidos. Sabemos que os Essênios de Qumran escreveram cópias do documento de Damasco e conheciam mais salmos do que os 150 canônicos. Os Manuscritos de Damasco encontrados no Cairo foram copiados de modelos muito mais antigos do texto escrito pouco depois da destruição do Primeiro Templo em Jerusalém, que foram parar em Heliópolis (Cairo) por meio da interação dos sacerdotes atenistas que permaneceram em Heliópolis com o antigo grupo dos guardiões sacerdotais em Judá, de quem os Essênios de Qumran descenderam.

Sabemos que Heliópolis foi o primeiro local onde um templo atenista foi erguido e que é possível que tenha sido mantido como um centro de adoração monoteísta secreto.

Os Messiânicos "Soldados da Luz"

Castigados e tendo de fugir do deserto para o templo e do templo para o deserto por causa das tempestades de areia da época, os "Essênios Sacerdotais" viram seu local sagrado de adoração ser profanado por Nabucodonosor em 586 a.C. Depois de voltarem do exílio na Babilônia, eles haviam preservado as crenças e o modo de vida, conseguindo, por fim, encontrar refúgio nas margens proibidas do Mar Morto.

Agora, próximos da virada do milênio, os sucessores testemunharam a restauração de seu Templo sagrado por Herodes — somente para ver outros não pertencentes à linhagem dos zadoquitas de sumos sacerdotes usurpar de sua função, e uma água romana dourada empoleirada sobre seu telhado.

Sendo assim, o Segundo Templo para os essênios era um lugar de intensa contradição. O local sagrado, peça central de sua herança, estava ocupado por forças estrangeiras e governado pelos caprichos de Herodes, um lacaio de Roma. Seu tamanho e formato não agradavam seus gostos e, ainda pior, de aproximadamente 31 a.C. em diante, dois cordeiros eram sacrificados todos os dias pelos sacerdotes do Templo para o "bem-estar" do imperador romano e do Império romano — um anátema para muitos grupos judeus e em especial para os Essênios de Qumran. É natural pensarmos que eles consideraram o terremoto de 31 a.C., que espalhou a destruição pela região do Deserto da Judeia (e de sua própria colônia), como sendo um presságio de que estavam certos, e que sua crença em um apocalipse iminente estava justificada.

Fica bastante claro, portanto, ao lermos os Manuscritos do Mar Morto, que os Essênios de Qumran se consideravam um grupo messiânico de elite, que haviam escapado das disputas do Templo e do sacerdócio, e que buscaram refúgio no deserto a fim de defender sua religiosidade. Isaías de forma hábil descreve sua função:

> Eis a voz que clama: Preparai no deserto o caminho do Senhor, endireitai no ermo uma estrada para o nosso Deus.
>
> Isaías 40:3

A necessidade de "escapar" para alguns dos essênios fazia parte de sua busca por uma reafirmação da Aliança divina oferecida a Moisés no Monte Sinai — uma busca pela pureza e essência da Torá e dos ensinamentos hebraicos. Eles viam-se como os guardiões ancestrais da "luz da verdade".

O Manuscrito do Mar Morto de Qumran, conhecido como o "Manual de Disciplina" (As Regras da Comunidade), determina a necessidade de um período de estudo de dez anos, após o qual, com a idade de 20 anos, os alunos têm de passar por um teste de aptidão pública para confirmar sua compreensão da lei e de sua própria integridade.³¹⁷ Um ano de "provação" vinha logo em seguida, após o qual os alunos eram mais uma vez examinados. Se passasse nesse teste, comprometia-se a mais um ano de provação antes de receber a chance de uma proposta de votação para ganhar sua participação final na Irmandade. Se fosse aceito, o aluno era obrigado a fazer um juramento de lealdade. A idade mínima para ocupar a posição na Irmandade era de 25 anos, e o "quarto grau de santidade" (citado por Josephus) não podia ser alcançado antes de completar 30 anos (é interessante notar a semelhança no uso dos termos "Irmandade", "grau" e "mestre" aos utilizados no movimento maçônico, no qual membros se chamam uns aos outros de irmãos e usam títulos bíblicos).³¹⁸ O líder espiritual dos essênios era conhecido como o "professor justo" — um título identificado com Moisés em sua bênção final aos filhos de Israel (Deuteronômio 33). Sucessivos "professores justos" tinham a função de transmitir para a comunidade a verdadeira interpretação da Torá enquanto esperavam pela vinda de um profeta como Moisés e de "dois Messias".

Essa espera era acompanhada de uma imersão nas escrituras sagradas e por um modo de vida ascético. A cada ano, um total cumulativo de 120 noites devia ser passado em oração e estudo. Bens pessoais e qualquer forma de renda deviam ser entregues à comunidade; por sua vez, esta cuidava de todas as suas necessidades individuais. Viver e comer eram atividades conjuntas, e suas roupas eram simples e puramente funcionais (há muitas semelhanças neste modo de vida "altruísta" com os atuais "Ashrams" da América, os "Kibbutz" da atual Israel e nos mosteiros cristãos).

---

317. Seria possível que essa cerimônia fosse uma precursora do *Barmitzvah*, na qual um menino judeu, com 13 anos de idade, faz um compromisso público de sua fé e lê partes da Torá em frente a uma congregação da sinagoga?
318. As três ordens inferiores do movimento maçônico são conhecidas como graus do trabalho — dos quais existem cerca de 300 mil membros somente na Grã-Bretanha, onde o movimento atual foi fundado por volta de 1600 d.C. Somente alguns membros escolhidos são "convidados" por um Conselho Supremo para elevar-se ao Terceiro Grau. Depois disso, há o Quarto Grau, "Mestre de Segredos", e o Quinto Grau, "Mestre Perfeito". O progresso desse ponto em diante é marcado por diversos outros graus, muitos com títulos bíblicos — o Décimo Terceiro Grau do "Arco Real (de Enoch)", o Décimo Sexto Grau do "Príncipe de Jerusalém", o Vigésimo Quarto Grau do "Príncipe do Tabernáculo", o Vigésimo Oitavo Grau do "Cavaleiro do Sol", e até o Trigésimo Segundo Grau, "Príncipe Sublime do Segredo Real", e o mais elevado de todos, o Trigésimo Terceiro Grau, "Grande Inspetor-Geral". Stephen King, *The Brotherhood* [A Irmandade] (London: Granada Publishing Ltd., 1984).

Existia uma forte estrutura hierárquica dentro da comunidade. No topo, estava o "professor justo". Sacerdotes, auxiliados por levitas, ditavam a doutrina do grupo. Todos os membros podiam votar em uma assembleia em outras questões não doutrinais, enquanto a administração diária ficava nas mãos de um triunvirato de sacerdotes e 12 auxiliares. Todos tinham uma "ordem de picadas" em relação ao seu nível de aprendizado e santidade, conforme determinado pelos companheiros.

Ao longo de todos os Manuscritos que descrevem os sentimentos e atividades dos essênios, há uma personificação conectiva de temas e motivos repetidos, que conferem a esses trabalhos um sentido de propósito coletivo: "Filhos da Luz" lutando contra os "Filhos da Escuridão", presságios messiânicos, batalhas contra o mal, os frutos da justiça.

Os temas fundamentais dos Manuscritos falam de pessoas que são:

• Justas — Zaddikim
• Piedosas — Hassidim
• Santas — Kedushim
• Humildes — Anavim
• Favorecidas pelo Espírito de Deus — Roucha Hakedushim
• Fiéis — Emunim

Os três primeiros desses temas são fortemente identificados entre os judeus; os últimos três possuem reflexos cristãos.

É nos profetas transicionais/pós-Primeiro Templo que os essênios buscam sua inspiração. Eles sentiam-se intimamente associados aos "Filhos de Zadok" — os sacerdotes escolhidos do Templo —, usando o termo "Zaddikim" como tendo um significado alternativo de os "justos" para descrever seu povo. Eles são a convenção santa que possui a verdadeira tocha de luz transmitida por Moisés.

Há contínuas referências ao longo dos manuscritos com relação ao papel representado pelos sacerdotes do Templo, e fica claro que os essênios consideravam-se os guardiões da Aliança — parte da linhagem direta de sacerdotes que cuidavam dos santuários sagrados. Isso pode ser visto nos Manuscritos que falam do testamento dos sacerdotes Levi, de Arão e de Kohath. Essas são as "sementes dos Justos" — Zaddikim — que os essênios sempre defendem como seu direito de primogenitura.

> (...) e Deus dos deuses por toda a eternidade. E ele brilhará como uma Luz sobre vós e Ele vos revelará Seu grande nome, e compreendereis, que Ele é o Eterno Deus e Senhor de toda a criação, e soberano sobre todas as coisas, governando-as de acordo com sua vontade (...) Assim ireis defender meu nome, junto à alegria por Levi e à felicidade por Jacó, regozijando por Isaque e abençoando por Abraão, da mesma for-

ma que guardastes e defendestes a herança. Meus filhos, vossos pais vos deixaram em testamento Verdade, Justiça, Sinceridade, Integridade, Pureza, Santidade e o Sacerdócio.

"Testamento de Kohath", Fragmento 1, Coluna 1[319]

Mesmo depois de 1.500 anos, ainda vemos um estilo egípcio de fraseologia, e a contínua alusão à luz reitera a importância do sol e da luz na teologia de Akhenaton.

Misticismo e Cabala

Em alguns dos Manuscritos do Mar Morto, há um misticismo visionário que lembra a "Cabala" (veja Glossário), enquanto citações de misticismo e alusões à magia não são excluídas.

Práticas de adivinhação, magia, astrologia, feitiços e o uso de amuletos mágicos ainda não eram incomuns entre os povos judeus na época de Cristo, mas eram vistos com desdém pelos instrutores rabínicos.* Sendo assim, é ainda mais surpreendente notarmos nos Manuscritos 4Q318, 4Q560 e 4Q561 que os essênios — um grupo fervoroso, devoto e temente a Deus — podem ter seguido, ou pelo menos documentado, esses tipos de crenças ritualistas.[320]

Os documentos fragmentários são difíceis de ser compreendidos em detalhes, mas o catalogado como 4Q560 é um amuleto que os previne contra espíritos do mal. Ele parece ser uma forma de encantamento que invoca um espírito para proteger um grupo contra demônios masculinos e femininos que podem envenená-lo ou invadir suas vidas. Os ecos do Egito não são difíceis de ser identificados. O uso de amuletos no antigo Egito era, conforme discutido anteriormente, muito comum para os vivos e para os mortos. Por exemplo, no Capítulo 156 do *Livro dos Mortos* ou no Capítulo 151 do Papiro de Ani, encontramos encantamentos de amuletos por "duas almas-corações", invocadas para trazer espíritos para proteger o corpo e afastar demônios que podem ter a intenção de destruí-lo.

A crença em espíritos do mal e no misticismo era uma parte necessária do conceito dualístico do universo dos Essênios de Qumran. Para eles,

---

319. Robert Eisenman e Michael Wise, *The Dead Sea Scrolls Uncovered* [Os Manuscritos do Mar Morto Revelados] (New York: Penguin Books, 1993).

* Até hoje algumas mulheres judias ortodoxas usam um amuleto durante o parto para afastar espíritos do mal (veja Capítulo 9).

320. Os Essênios de Qumran teriam obras entre suas posses cujos conteúdos eram contrários a suas próprias crenças. Os Manuscritos do Mar Morto pareciam constituir uma biblioteca de arquivos de materiais de referência, além de ser o local usado pelos essênios para registrar seus próprios trabalhos.

existiam dois espíritos criados por Deus: o bem e o mal. Essas forças rivalizam-se para influenciar o homem em seu comportamento. Tudo que era do bem vinha do domínio da luz. Tudo que era do mal vinha do domínio da escuridão (essa ideia foi transmitida na filosofia persa "zoroástrica" da divindade suprema — Ahura Mazda —, mas nessa filosofia é ele, e não o homem, que deve escolher entre o bem e o mal).

O Livro de Hagu

Tanto o ensinamento talmúdico como a Torá delatam o estudo de "segredos ocultos" místicos como algo perigoso. A filosofia dos Essênios de Qumran rejeitava a magia, mas, de maneira positiva, exigiam o estudo desses "segredos ocultos" místicos. Muitos desses misticismos semelhantes aos estudos cabalísticos podem ser ligados à época das tradições egípcias e à ideia de que o faraó e os sacerdotes escolhidos compreendiam esses segredos ocultos.

Esse conhecimento oculto deve ter sido transmitido por meio das palavras ou de textos secretos; mas será que existiam textos secretos escondidos até mesmo dos membros comuns dos Essênios de Qumran?

A pergunta leva-nos ao mistério do Livro de Hagu (ou Hagi). O livro é mencionado no Pergaminho de Damasco e no Manual de Disciplina (1QS) como fundamental; a compreensão dele era obrigatória para todos aqueles que desejassem agir como juiz da congregação. Até agora, ninguém foi capaz de identificar o que o Livro é ou de onde ele veio. Alguns estudiosos, como Yigael Yadin,[321] consideram-no o Pergaminho do Templo ou outro Pergaminho, até agora não encontrado.

De qualquer forma, parece ser um Livro de Lei Divina datado da época de Moisés e Josué — conhecido dos Essênios de Qumran, mas não pela comunidade judaica geral de Canaã ou Israel.

A maioria dos Manuscritos do Mar Morto foi, conforme mencionado anteriormente, escrita em uma forma de grafia quadrada aramaica, paleo-hebraica (em uma forma de escrita mais antiga) ou em grego. Há, porém, alguns exemplos na forma de Nota A dos nabateus,* e dez manuscritos redigidos em "Críptico A", "Críptico B" e "Críptico C". Eles foram parcialmente decifrados, mas são feitas referências no documento de Damasco e em outros Manuscritos do Mar Morto acerca de um misterioso texto *Midrash Sefer Moshe* (MSM). Sabe-se que esse texto foi escrito em "Críptico A" e de modo pessoal pelo *Maskil*, ou líder, da comunidade —

---

[321]. Yigael Yadin, *The Message of the Scrolls* [A Mensagem dos Pergaminhos] (London: Weidenfeld & Nicolson, 1957).

* Os nabateus eram tribos árabes que ocuparam Edom (parte da atual Jordânia) no século VI a.C., estabelecendo sua capital em Rekem (Petra).

"somente para esses olhos". Esse documento (catalogado como 4Q249) que, infelizmente, ainda não foi encontrado, poderia muito bem ser a chave do "conhecimento" secreto da comunidade e parece ser a fonte básica das regras e da autoridade desse povo.[322]

Não tenho uma visão firme quanto à verdadeira forma assumida pelo Livro de Hagu. Ele era, sem dúvida alguma, de tremenda importância aos olhos dos Essênios de Qumran. As referências a ele demonstram que essa linhagem de pessoas devotas, semelhantes aos sacerdotes, possuíam obras religiosas exclusivas, que devem ter sido adquiridas de um conhecimento judaico tradicional externo e que ficaram sob seus cuidados por muitos séculos. Os votos que os novos participantes da Ordem tinham obrigação de assumir (confirmados por Josephus) eram demorados e principalmente voltados para a devoção a Deus, observando-se as regras da comunidade e mantendo comportamento e ideias de justiça. No entanto, os Essênios de Qumran indubitavelmente tinham segredos escondidos porque um desses votos dizia: "para salvaguardar os livros secretos".

O Calendário dos Essênios de Qumran

Enquanto procuro outros antecedentes egípcios entre os Manuscritos do Mar Morto, um dos mais impressionantes que encontrei está relacionado ao calendário usado pelos Essênios de Qumran. Conforme mencionado no Capítulo 1, ele é baseado no sistema solar, contando com o movimento do sol, e que lhes dava um ano com 364 dias. Cada um dos 12 meses tinha 30 dias e um dos quatro dias extras era acrescentado no final de um período de três meses. A base do calendário solar dos Essênios de Qumran é mostrada com detalhes em seu Livro dos Jubileus, o Livro de Enoch e nos textos calendricais (4Q320-30). O calendário solar foi fisicamente confirmado pelo padre Roland de Vaux em 1954, com a descoberta de uma pedra em forma de um "relógio de sol" nas ruínas de Qumran.

O "relógio de sol" era quase certamente usado pelos essênios para possibilitar a medição "física" dos dias e dos intervalos em um calendário solar.[323] Não apenas havia detalhes explícitos do calendário solar nos Ma-

---

322. Stephen Pfann, "O Arquivo de Pergaminhos Escritos nas Obras Codificadas de Qumran", *The Dead Sea Scrolls — Fifty Years After Their Discovery: Proceedings of the Jerusalem Congress July 20-25, 1997* [Os Manuscritos do Mar Morto — Cinquenta Anos após sua Descoberta: Procedimentos do Congresso de Jerusalém, 20 a 25 de julho de 1997] (Jerusalém: Sociedade de Exploração de Israel em colaboração com o Santuário do Livro, Museu de Israel, 2000).
323. Adolfo Rotiman, *A Day at Qumran — The Dead Sea Sect and Its Scrolls* [Um Dia em Qumran — A Seita do Mar Morto e seus Manuscritos] (Jerusalém: Museu de Israel, 1997).

nuscritos do Mar Morto como também era uma exigência obrigatória que ele fosse seguido. Aqueles que não seguiam o calendário (solar) original eram duramente castigados nos documentos de Damasco.

O ponto intrigante é que o calendário dos essênios era muito diferente do judaico talmúdico, que era, e ainda é, baseado em movimentos lunares, totalizando um ano de 354 dias.*

Para os antigos egípcios seu ano era, como o dos Essênios de Qumran, baseado no sol — composto de 12 meses de 30 dias com cinco dias intercalados a mais. Esses dias adicionais estavam relacionados aos festivais pelos nascimentos de Osíris, Hórus, Seth, Ísis e Nephthys.[324]

A pergunta que me fiz foi: por que os Essênios de Qumran somente adicionaram quatro dias extras em vez de seguir os cinco dias do calendário egípcio convencional? Acredito que uma provável resposta é que quando Akhenaton tornou-se o faraó, esses cinco deuses tradicionais eram *persona non grata* e ele precisava de outros festivais para igualar-se aos dias intercalados. Havia muitos outros festivais egípcios tradicionais que ele poderia ter escolhido, sendo os mais importantes deles o Festival do Ano-Novo, o Festival de Sokar, o Festival do Nascimento do Sol e o Festival do Torno do Oleiro. A escolha, porém, ficava severamente limitada, já que a maioria dos maiores e menores festivais oferecia honras aos deuses pagãos. O resultado mais provável, portanto, foi que Akhenaton tenha optado por três festivais tradicionais relacionados aos "cultivos" da inundação, primavera e colheita do Nilo, suplementados pelo Festival do Ano-Novo.

Isso explicaria por que os Essênios de Qumran adicionaram somente quatro dias intercalados em seu calendário solar — um procedimento que estava de acordo com suas afiliações declaradas de ordem e conformidade com "as leis naturais", sem deixar de seguir "os festivais da nação". Os quatro festivais celebrados pelos Essênios de Qumran eram a Páscoa (*Pesach*), a Festa das Semanas (*Shavuot, Pentecost*), o Dia da Reparação (*Yom Kippur*) e a Festa dos Tabernáculos (*Sukkot*) — todos equivalentes aos festivais celebrados pela comunidade judaica normativa, mas comemorados em datas diferentes.[325]

---

* Esse sistema foi modificado por volta de 400 d.C. com a adição de sete meses lunares extras a cada 19 anos para harmonizar o ciclo com as estações — veja o Glossário para mais informações acerca dos Calendário.
324. *Sir* Ernest Alfred Wallis Budge, *The Mummy: A Handbook of Egyptian Funerary Archaeology* [A Múmia: um Guia de Arqueologia Funerária Egípcia] (London: Constable, 1989).
325. O Ano-Novo (Rosh Hashanah) e o Chanukah (que celebram a rededicação do Segundo Templo *c.* 164 a.C.) foram festivais desenvolvidos após a destruição do Primeiro Templo. Outros festivais são mencionados no Pergaminho do Templo, mas não se sabe ao certo se esse Pergaminho é partidário.

O quinto festival judaico, o *Purim*, tradicionalmente datado do período persa do século V a.C. da história judaica, era celebrado pela comunidade em geral, mas teria sido considerado supérfluo às necessidades calendricais dos Essênios de Qumran. Isso poderia explicar por que os Manuscritos do Mar Morto — que contêm duas quase completas versões de Isaías e passagens de cada um dos livros do Antigo Testamento, bem como os apócrifos, obras pseudopigráficas e sectárias — nada apresentam do Livro de Ester, que tem o *Purim* como seu Festival relacionado.[326]

O ciclo de vida de qualquer comunidade é seriamente controlado pelo calendário que segue. A capacidade da comunidade de Qumran de manter sua própria versão do calendário israelita é uma indicação de sua extrema independência do Judaísmo principal — eles tinham o mesmo calendário com base solar usado por Akhenaton e os antigos egípcios.

Festivais e Jubileus

Outra diferença calêndrica da principal forma do Judaísmo, mantida pelos habitantes de Qumran, está relacionada aos Festivais ou "Jubileus". Esses importantes anos de celebração eclesiástica estão documentados em um Manuscrito do Mar Morto conhecido como "Concordâncias Celestes" (4Q319A).

Usando como seu guia a história da criação de Gênesis 1:4, a comunidade procurava sinais no céu:

> E Deus disse, "Que haja luzes no firmamento do céu para separar o dia da noite: e que sejam elas usadas para mostrar sinais, estações, dias e anos."

---

326. A primeira carta dos "Trabalhos Avaliados como Corretos" (4Q394-398), conforme foram interpretados por Eisenman e Wise (*The Dead Sea Scrolls Uncovered*), dá-nos uma exposição detalhada do calendário dos essênios e menciona a Páscoa, o Festival das Semanas, o Dia da Reparação e o Festival das Tendas (Tabernáculos), mas não o Purim.

Apesar de convencionalmente associado ao período persa do século V a.C., vemos que o Purim está baseado em um mito assírio muito mais antigo, datado de, no mínimo, o século VII a.C. A dra. Stephanie Dalley, companheira nas Pesquisas Shikito de Assiriologia no Instituto Oriental, Universidade de Oxford, em uma palestra intitulada "Ester e o Purim: os Costumes Assírios", dada no dia 24 de fevereiro de 1999, relaciona de modo convincente a história de Ester e o Mordecai com os deuses assírios Ishtar e Marduk, e o nome "Purim" com o termo akkadian para o cálculo dos destinos, entre outros membros. Essa atribuição com uma fonte mesopotâmica em vez de uma persa para o Festival do Purim explica ainda mais a relutância essencial dos Essênios de Qumran de incorporar o festival "estrangeiro" em seu calendário.

Pelo fato de seu calendário ser solar e não lunar, os anos em que o sol e a lua apareciam alinhados no início de um ano eram sinais de fortes presságios dignos de celebração. Para os Essênios de Qumran, isso acontecia nos anos um e quatro de rotações a cada seis anos. Não há menção nos Manuscritos de um primeiro Jubileu, mas, segundo aparece listado comemorado depois de um período de 48 anos. O período do primeiro Jubileu deve, portanto, ter sido em um número menor de anos; contudo, um período significantemente longo para justificar a celebração e para ser divisível por seis. Ele poderia ter acontecido depois de 30, 36 ou, talvez, 42 anos. Jubileus menores caíram, então, no quarto ano de um período de seis anos, e no final do ciclo ou no início do sétimo ano.

Esse sistema de Jubileus era algo único dos Essênios de Qumran e não fazia parte da prática normal judaica. O "Livro dos Jubileus", que descreve essas normas, é considerado pseudopigráfico, isto é, de escritas anônimas não canônicas, que se acredita pertencer ao período de 200 a.C. a 200 d.C. Mas o sistema não era desconhecido no Egito mil anos antes.

Vemos agora que essa frase fica cada vez mais repetitiva, mas a evidência é, mais uma vez, bastante convincente.

Os festivais *Sed* ou "Jubileu", celebrados no antigo Egito, eram uma tradição comum que pode ser relacionada ao período anterior a Akhenaton, e eram considerados de importância fundamental para os faraós da Décima Oitava Dinastia.

O principal Jubileu era celebrado no trigésimo ano do reinado de um faraó; um segundo Jubileu era comemorado no trigésimo quarto ano; e um terceiro Jubileu no trigésimo sétimo ano. Esses cerimoniais estão bem documentados, como, por exemplo, os que aconteceram no reinado de Amenhotep III, o pai de Akhenaton.[327] Eles exigiam um planejamento e preparações de longa duração, construção de estátuas, projetos de grandes prédios e o desenho de novas vestes e indumentárias. O evento em si tomava a forma de procissões reais, uma nova decretação da entronização do faraó, banquetes e festas por toda a nação.

Para Akhenaton, "festejador de Jubileus"[328] que reinou somente o suficiente para comemorar Jubileus menores, eles eram ocasiões oportunas para que suas habilidades de talentos múltiplos na literatura, desenho e arquitetura fossem explorados. Sob suas instruções, o escultor chefe de Akhenaton criou novas formas de "expressionismo" até então desconhecidas na arte dos egípcios. Retratos e estátuas surgiram exibindo características alongadas no estilo Modigliani. As figuras deixaram de ser

---

327. Cyril Aldred, *Akhenaton King of Egypt* [Akhenaton Rei do Egito] (London: Thames & Hudson, 1988).
328. James Henry Breasted, *Ancient Records of Egypt — vol. II* [Registros Antigos do Egito — Vol. II] (New York: Russell & Russell, 1906).

representadas na forma arredondada, buscando o realismo, mas passaram a ser criações aduncas com características definidas e cabeças maiores. Podemos imaginar que a inspiração das novas perspectivas de Akhenaton possam estar relacionadas a sua adoração por Aten e vieram até ele depois de observar as longas sombras produzidas por objetos sólidos iluminados por um sol oblíquo.

Não importa de que maneira olhemos para a celebração dos Jubileus da forma como são descritos pelos Essênios de Qumran na época de Cristo, eles têm uma semelhança impressionante com as práticas mais que conhecidas no Egito de 1.500 anos antes.

Há outras similaridades entre a cultura e a filosofia dos essênios e a do Egito, por exemplo, vistas na forma que os Essênios de Qumran enxergavam as forças da "luz" e da "escuridão".

O Manuscrito do Pai Bíblico de Moisés

O Manuscrito do Mar Morto das "Últimas Palavras de Amram" — o pai bíblico de Moisés — descreve duas forças lutando pela possessão do espírito de seu cadáver. Ambos os seres exibem as características répteis de um áspide e de uma víbora, sendo que o ser da "escuridão" é conhecido como "Belial" e o da "luz" possui três nomes. Eles "vigiam" o cadáver, mas o conhecimento interior salvará Amram do "Rei do Mal".

Muitas interpretações foram sugeridas a respeito das origens dessa passagem, mas uma possibilidade que não parece ter sido examinada é a de seus paralelos com o mito egípcio de Osíris. Todos os elementos estão presentes. Hórus, o redentor, "vigia" Osíris em seu estado de morte suspensa para protegê-lo do deus da escuridão, Seth, enquanto as portas da serpente são guardadas pelos deuses. A serpente era, nos tempos antigos, um emblema de perversidade moral e, portanto, temida pelos egípcios, e eles há muito tempo acreditavam em um "limbo cheio de cobras".[329] A combinação de deuses em três era, conforme visto anteriormente (Capítulo 5), uma característica comum da doutrina egípcia, e um corpo no limbo era para ser ressuscitado por "três entidades" — a alma (*ba*), inteligência (*xu*) e gênio (*ka*).[330]

Se esse pergaminho estiver se referindo ao pai bíblico de Moisés, como o nome indica, isso certamente significa que ele não era hebreu.

---

329. *Sir* Ernest Alfred Wallis Budge, *The Book of the Dead* [O Livro dos Mortos] (Avenel, N.J.: Gramercy Books, 1995); R. T. Rundle Clark, *Myth and Symbol in Ancient Egypt* [Mitos e Símbolos do Antigo Egito] (London: Thames & Hudson, 1978).

330. Budge, *The Mummy: A Handbook of Egyptian Funerary Archaeology* [A Múmia: um Guia de Arqueologia Funerária Egípcia].

Além do Benefício da Dúvida

São tantas as passagens convencionalmente inexplicáveis dos Manuscritos do Mar Morto e dos padrões de vida de seus autores, os Essênios de Qumran, que, por meio de comparações com antigos costumes egípcios — em especial os do período de Akhenaton —, torna-se irresistível ligarmos os dois povos.

Acredito ser bastante razoável dizermos que a ideia de que o Judaísmo surgiu a partir do Akhenatismo tem muitas justificativas, e isso somente com base nas provas já apresentadas. As bases filosóficas profundas da religião monoteística, evidentes até mesmo na época de Moisés, muito possivelmente não vieram de um grupo de patriarcas nômades. Já vimos como a religião egípcia passara a adotar de forma inexorável um consenso a respeito da existência de um único Deus supremo. O desenvolvimento dessa convicção, acelerada pelos faraós Amenhotep, culminou na ruptura total de Akhenaton com a veneração e idolatria de divindades múltiplas.

Os essênios foram os filhos dos sacerdotes de Akhenaton, da mesma forma que o Cristianismo e o Islã são os filhos do Judaísmo — os guardiões da tocha da luz eterna de Deus.

Se Moisés conseguiu seu aprofundamento na compreensão monoteística do Egito, a pergunta óbvia é — há qualquer outra evidência ou reconhecimento, de dentro da Bíblia ou de quaisquer outras fontes relacionadas, de que os Mandamentos e Leis bíblicos, além das antigas "Leis de Noé", sejam anteriores a Moisés?

Se eu estiver certo, a resposta é sim. Se essas provas existem, elas seriam provas incontestáveis de minhas alegações.

A resposta imediata é um sonoro "Não" — ao menos até onde a Torá convencional e a Bíblia são capazes de admitir. Entretanto, como já mencionei, as religiões costumam ser seletivas nas memórias e distanciam-se de seus antigos antecedentes! Essa aparente falta de confirmação de uma estrutura de Leis mais antiga é, portanto, algo natural que aconteça. Ensinamentos talmúdicos posteriores, porém, costumam falar em termos de Leis de Noé e Leis Mosaicas, como se admitissem com o coração partido: "Bem, se existem leis anteriores a Moisés, elas eram básicas e bastante subdesenvolvidas".

As "Leis de Noé" anteriores a Moisés, deduzidas a partir de Gênesis 9:4-7, etc., são mostradas um total de sete e proíbem:

- idolatria
- blasfêmia
- assassinato
- adultério
- roubo
- comer carne de um animal vivo

A sétima proibição exige o estabelecimento de cortes e de justiça. Não é uma menção específica do cumprimento dos sábados santos ou outros preceitos.

Quando, porém, olhamos para as fontes hebraicas e aramaicas mais antigas conhecidas da Bíblia — os Manuscritos do Mar Morto — e, principalmente, aquelas não relacionadas a descrições específicas da Comunidade de Qumran, mas sim a referências anteriores ao Êxodo, vemos um reconhecimento óbvio e nada ambíguo de que os Mandamentos de Moisés eram verdadeiros e praticados *antes* do tempo de Moisés. Essa conclusão não está apenas limitada à minha própria interpretação; essa é a visão de eminentes estudiosos como o professor Ben-Zion Wacholder da Faculdade da União Hebraica em Cincinnati, Dwight D. Swanson e Philip R. Davies,[331] tendo este último publicado em um programa de Estudos Judaicos patrocinado pela Universidade Brown na América.

Essas referências anteriores ao Êxodo podem ser encontradas no "Pergaminho dos Jubileus" dos Essênios de Qumran, no "Documento de Damasco" e no "Pergaminho do Templo". "Dois desses Manuscritos representam a lei como sendo totalmente conhecida antes de Sinai."[332]

Muitas derivações das "leis" podem ser vistas em escritas do Egito anteriores a Sinai. Conforme expressado por Raymonde de Gans em sua obra *Toutankhamon*,[333] referindo-se ao período após 1422 a.C. e aos conceitos morais que são:

> *curieusement formulée en termes négatifs à la manière des Dix Commandements de Moise. Souvent très long et très détaillé, ce plaidoyer nous fournit des indications précises sur le Code Moral de l'Egypte antique.*

curiosamente formulados em termos negativos no estilo dos Dez Mandamentos de Moisés. Geralmente bastante longa e cheia de detalhes, essa súplica nos dá uma indicação precisa do Código de Moral do antigo Egito.

---

331. B. Z. Wacholder, *The Dawn of Qumran* [O Despertar de Qumran] (Cincinnati: Faculdade da União Hebraica, 1983); Dwight D. Swanson, "Uma Aliança Exatamente Igual à de Jacó — A Aliança de 11QT29 e a Nova Aliança de Jeremias", *New Qumran Texts and Studies* [Novos Textos e Estudos de Qumran] (Leiden: E. J. Brill, 1994); Philip R. Davies, *Behind the Essenes — History and Ideology in the Dead Sea Scrolls* [Por trás dos Essênios — História e Ideologia nos Manuscritos do Mar Morto] (Atlanta, Ga: Scholars Press, 1987).

332. P. R. Davies, *Behind the Essenes — History and Ideology in the Dead Sea Scrolls* [Por Trás dos Essênios — História e Ideologia nos Manuscritos do Mar Morto].

333. Raymonde de Gans, *Toutankhamon* [Paris: Editions de L'Erable, 1968).

"Jubileus"

Os Manuscritos dos Jubileus dos Essênios de Qumran registram que a lei do Sinai era conhecida, e seguida, pelos patriarcas.

> E Ele nos disse: Adotarei em Meu nome um povo entre meus povos. E eles seguirão o sábado e Eu os consagrarei como Meu povo e os abençoarei. Esse será Meu povo e Eu serei vosso Deus. E escolhi os descendentes de Jacó dentre todos os que vi. E confirmei este como sendo Meu povo como o primogênito e o consagrei a Mim para todo o sempre. No sétimo dia os ensinarei para que observem o sábado acima de tudo (...) E esse é o testemunho da Primeira Lei.
>
> Jubileus, Fragmento 1

No Fragmento 7, Terah está falando com seu filho Abraão:

> Meu filho, observe Seus preceitos, Seus decretos e Seus julgamentos; não Idolatre ídolos ou efígies esculpidas em gesso. E não coma o sangue de nenhum animal, gado ou de qualquer pássaro que voe pelos ares.

Outros mandamentos nos Jubileus incluem a proibição de: aceitar um suborno, praticar o mal, abominações, e o ato de denegrir o Sagrado dos Sagrados.

O Documento de Damasco

O Documento de Damasco é de maneira independente confirmado pela versão do Genizah encontrada na Sinagoga do Cairo,[334] e muitas de suas passagens podem ser vistas na Torá. Restam poucas dúvidas quanto a sua validade em nossas investigações ou quanto à autenticidade dos demais textos. Todos os três Manuscritos confirmam as Leis Mosaicas como totalmente conhecidas antes de Sinai.[335] Fica também claro que esses documentos não foram originados com os Essênios de Qumran, mas que são cópias de textos muito mais antigos.

As Colunas 2 e 3 do Documento de Damasco dizem o seguinte:

> pelo fato de seguirem sua própria vontade e não cumprirem os mandamentos de seu criador, até que Sua ira foi despertada contra eles. Por causa dela, os filhos de Noé perderam-se, assim como suas famílias; por meio dela, foram extirpados.

---

334. Fenton, *Genizah Fragments* [Fragmentos do Genizah].
335. P. R. Davies, *Behind the Essenes — History and Ideology in the Dead Sea Scrolls* [Por trás dos Essênios — História e Ideologia nos Manuscritos do Mar Morto].

Abraão não os seguiu, e foi considerado um amigo por ter obedecido os mandamentos de Deus e por não escolher seguir aquilo que seria de sua própria vontade.

E ele transmitiu [os Mandamentos] a Isaque e Jacó, e eles seguiram [-nos] e foram considerados Amigos de Deus e parceiros da aliança para todo o sempre. Os filhos de Jacó perderam-se por causa deles e foram castigados de acordo com seu erro. E seus filhos no Egito caminharam guiados pela teimosia de seu coração ao aceitar conselhos contra os Mandamentos de Deus e por caminharem de acordo com sua própria vontade.

As Colunas 5 e 6 dizem:

Visto que nos tempos antigos surgiram Moisés e Arão, *pela mão do Príncipe das Luzes*, e Belial,* com seu astuto e perspicaz Jannes** e seu irmão durante a primeira libertação de Israel (...) (Itálico meu)

E na era de devastação da terra surgiram aqueles que moveram as fronteiras e fizeram Israel se perder.

E a terra ficou desolada, pelo que passaram a falar de rebelião contra os preceitos de Deus pela mão de Moisés e também dos ungidos.

A frase "pela mão do Príncipe das Luzes" como a força por trás de Moisés e Arão é, eu acredito, uma referência mais profunda ao faraó Akhenaton, para quem raios de luz na forma de uma mão com dedos esticados eram um símbolo de sua crença em Deus (apesar de ser mais provável que isso seja uma referência a "Meryra", o sumo sacerdote de Akhenaton, que também era um príncipe hereditário). A Figura 5 mostra Akhenaton adorando Aton no Grande Templo de Akhetaton.

O Pergaminho do Templo

Ainda no tema de que os Mandamentos Mosaicos são anteriores a Sinai, o saldo das opiniões de autoridades é de que o "Pergaminho do Templo" não era um documento interno da Comunidade de Qumran, mas derivado de tempos muito mais antigos. As declarações feitas no próprio Pergaminho do Templo, de que os mandamentos e a Aliança que

---

* Uma pessoa do mal. Satanás no Novo Testamento.
** Um mago egípcio que, na Bíblia, confrontou-se com Moisés.

os israelitas receberam ordens de seguir são anteriores a Sinai, são muito intrigantes, principalmente quando comparadas ao Livro de Jeremias do Antigo Testamento. Jeremias 31:31-33 fala de uma nova Aliança entre o Senhor e Israel:

> Eis que os dias vêm, diz o Senhor, em que farei um pacto novo com a casa de Israel, e com a casa de Judá: não conforme o pacto que fiz com seus pais no dia em que os tomei pela mão, para os tirar da terra do Egito, esse meu pacto que eles invalidaram, apesar de eu os haver desposado, diz o Senhor: mas este é o pacto que farei com a casa de Israel depois daqueles dias, diz o Senhor, Porei a minha lei no seu interior e a escreverei no seu coração; e eu serei o seu Deus, e eles serão o meu povo.

O tema é mais uma vez mencionado no Novo Testamento, em Hebreus 8, e é geralmente visto na teologia cristã como o ponto crucial de um "novo começo".

Entretanto, no Pergaminho do Templo, a aliança para o novo Templo não é a feita com aqueles que conduziram os hebreus para fora do Egito, mas com os patriarcas originais de Levítico:[336]

> Assim como a aliança que fiz com Jacó em Betel (...)

O Pergaminho do Templo contradiz Jeremias e defende que não há uma nova Aliança. Ele, porém, deixa claro o significado de Jeremias de uma "nova Aliança" como se referindo a uma nova compreensão interna da antiga Aliança.[337]

O Templo

Curiosamente, a citação anterior do Pergaminho do Templo dos essênios, "a aliança do novo Templo...", sugere a possibilidade da existência de um Templo mais antigo — um anterior ao Primeiro Templo de Salomão.

Esse aparente conhecimento de um Templo mais antigo torna a atitude da comunidade de Qumran para com o Templo em Jerusalém muito mais fácil de ser compreendida. Já foi observado que os Essênios de Qumran não estavam totalmente satisfeitos com o projeto, procedimentos e geometria do Segundo Templo. Seu descontentamento deve ter sido também direcionado para o Primeiro Templo que, apesar de não tão elaborado, era em suas dimensões essencialmente o mesmo.

---

336. Swanson, "Uma Aliança Exatamente Igual à de Jacó — A Aliança de 11QT29 e a Nova Aliança de Jeremias".
337. De acordo com um relatório no *Jewish Chronicle* de 22 de janeiro de 1999, o Vaticano hoje reconhece a validade da Aliança judaica com Deus.

Os essênios consideravam os sacerdotes corruptos, os rituais dos festivais inadequados e o tamanho da construção pequeno demais, com o número errado de pátios. Eles queriam que o local tivesse três pátios, em vez de somente dois. Medições detalhadas do Primeiro Templo são dadas em I Reis 6 e 7, II Crônicas 3 e 4, e são citadas em I Crônicas 28 como sendo dadas a Salomão por seu pai Davi. A descrição em Ezequiel 40-47 parece divergir das mais antigas descrições bíblicas e ser mais uma "visão" de um templo hipotético do que um lugar real. A maioria dos estudiosos, na verdade, vê a descrição de Ezequiel como uma visão idílica parcialmente lembrada de como o Templo Sagrado deveria ser construído. Sem entrarmos nas complexidades dessa descrição, há uma característica que deixa os estudiosos convencidos de que Ezequiel estava fantasiando.

> Saindo o homem para o oriente, tendo na mão um cordel de medir, mediu mil cúbitos, e me fez passar pelas águas, águas que me davam pelos tornozelos. De novo mediu mil, e me fez passar pelas águas, águas que me davam pelos joelhos. Outra vez mediu mil, e me fez passar pelas águas, águas que me davam pelos lombos. Ainda mediu mais mil, e era um rio, que eu não podia atravessar; pois as águas tinham crescido, águas para nelas nadar, um rio pelo qual não se podia passar a vau.
>
> Ezequiel 47:3-5

O guia de Ezequiel está dizendo a ele que o Templo tem 510 metros (considerando que um cúbito é igual a 51 centímetros) a partir de um rio muito largo. Mais adiante, no Capítulo do Antigo Testamento, Ezequiel deixa bastante claro que esse rio muito largo fica a oeste do Templo e que havia árvores dos dois lados do rio. A descrição dada por Ezequiel não tem relação alguma com toda a geometria do monte do Templo em Jerusalém. No entanto, olhe mais uma vez para os mapas que mostram a posição do Grande Templo de Akhenaton nas Figuras 14 e 19. Naturalmente, os rios mudam seus cursos depois de milhares de anos, mas estudos geológicos mostram que nesse exemplo o rio dificilmente teria modificando o curso com o passar dos anos. Hoje, há muito poucos sinais visíveis do Grande Templo de Akhenaton, porém sabemos, a partir de trabalhos arqueológicos, exatamente onde ele ficava e, mesmo hoje em dia, vemos árvores nos dois lados do Nilo, que é particularmente largo nesse local. Se você caminhasse 500 metros do Grande Templo, ficaria com água até seus tornozelos nas águas do rio Nilo!

Há muitas outras características da visão de Ezequiel que nos fazem lembrar do Grande Templo em Akhetaton e suas adjacências. Há também algumas que são bastante confusas e que não parecem estar relacionadas ao Grande Templo. Para analisá-las em detalhes, precisaríamos de um livro só para isso, mas sua descrição da proximidade de um grande rio do Templo e sua distância exata poderiam muito bem indicar que era do Templo de Akhenaton que eles estavam falando.

De acordo com I Reis e II Crônicas, o Primeiro Templo em Jerusalém era, sem dúvida, uma edição aumentada do Tabernáculo do deserto, e media 60 cúbitos (30,6 metros) de comprimento, 20 cúbitos (10,2 metros) de largura e 30 cúbitos (15,3 metros) de altura (essas medidas estão baseadas no valor egípcio de um cúbito como sendo de 51 centímetros; no entanto, é possível que na data da construção do Primeiro Templo, c. 940 a.C., o "Cúbito Real" de 53,3 centímetros estivesse sendo usado). O santuário interno tinha 20 x 20 x 20 cúbitos.

Ao redor e ao lado do Templo havia depósitos, aposentos de sacerdotes, prédios de serviços e o Palácio de Salomão, em um complexo estrutural semelhante àquele visto em Akhetaton.

Diferenças notáveis das descrições do Tabernáculo são a inclusão, por Salomão, de um grande altar de bronze, dez bacias (em vez de apenas uma) no pátio externo — além de uma bem grande para os sacerdotes —, dez candelabros de sete ramos em vez de somente um, e dois enormes querubins com asas de 20 cúbitos de comprimento formando uma sombra de proteção sobre a Arca no santuário interno, que ficava tomada pela escuridão.

Projetos semelhantes de templos construídos no mesmo período foram encontrados em Canaã e na Síria, mas é interessante traçarmos uma comparação com o Grande Templo muito mais antigo em Amarna. Apesar de o Templo de Salomão parecer ter sido consideravelmente menor, há algumas similaridades impressionantes. O Grande Templo era, orientado na posição norte-oeste-sul-leste, enquanto o Templo de Salomão era, provavelmente, orientado de leste a oeste, e o tamanho de seu projeto geral em uma proporção quase exata — 1:3. A exigência paralela de uma escuridão absoluta no santuário interno dos templos egípcios já foi observada no Capítulo 5.

Um mistério, porém, é que o "Pergaminho do Templo" encontrado em Qumran oferece muitos detalhes das formas de sacrifício animal ser realizadas no Templo, e que essa prática continuou no Templo em Jerusalém durante todo o período dos Essênios de Qumran. As exigências legislativas dos sacrifícios são repetidas em partes do Livro do Êxodo, Levítico e Deuteronômio, e todos esses livros eram de grande importância para os Essênios de Qumran. No entanto, sugeri anteriormente que, não só os Essênios de Qumran, mas também Akhenaton, além de não praticarem o sacrifício holocausto, eram totalmente contra ele.

Para os Essênios de Qumran, suas regras exigiam que a comunidade passasse "sem a carne de holocaustos [ofertas carbonizadas] e a gordura dos sacrifícios". Uma "fragrância doce" devia ser enviada a Deus, e orações deviam ser "uma fragrância aceitável de justiça".[338] Nenhuma

---

338. Geza Vermes, *The Complete Dead Sea Scrolls in English* — 1QS, 4QS265 [Todos os Manuscritos do Mar Morto em Inglês — 1QS — 4QS265] (London: Allen Lane, 1997).

evidência de santuários, rituais de sacrifícios ou restos dessas atividades chegou a ser encontrada em Qumran.

A visão ainda propõe que o Pergaminho do Templo não é uma composição de Qumran; eu prefiro concordar com essa ideia em relação às passagens descritivas que falam dos sacrifícios, que estão obviamente enraizadas em um cenário canaanita pós-exílio. Uma possível explicação é a de que apesar de um grupo dos conflitantes descendentes de sacerdotes do templo que influenciaram a escrita do Antigo Testamento aceitar o sacrifício de animais (e a adoração do deus Astorath em conjunto à de Deus), o outro grupo de sacerdotes do templo abominava sua prática. Ao voltarmos ao incidente do "Carneiro Dourado" no Sinai, os praticantes muito possivelmente possuíam origens da linhagem eclesiástica de Arão, ao contrário daqueles que tinham ancestrais ligados a Moisés. As passagens nos textos sagrados que defendem o sacrifício holocausto poderiam, portanto, ter sido promovidas pelos escritores que apoiavam essa visão.

Enquadrando o Círculo

Podemos postular, a partir de nossa nova compreensão de sua herança, que com seu desencantamento do Segundo Templo tanto do ponto de vista religioso como estrutural, e sua separação do Judaísmo normativo, os Essênios de Qumran sentiam-se cada vez mais marginalizados. Sua única esperança de uma volta do monoteísmo autêntico — atenismo — estava no retorno de seu "Messias de Santidade". Quando o Documento de Damasco dos Manuscritos do Mar Morto e a coleção Genizah citam Moisés e as "mãos do Messias ungido de santidade" como os promotores dos Mandamentos, eles estão quase certamente se referindo a Moisés e a outro legislador — Akhenaton? — que tinha a posição de um Messias Real. O messias sacerdotal nesse contexto pode somente ser Meryra, o sumo sacerdote de Akhetaton, que também era um príncipe hereditário.

Como resultado da conclusão anterior, fica evidente que muitas outras das declarações controversas e das atitudes expressadas nos Manuscritos do Mar Morto, que não foram fáceis de explicar anteriormente, agora possuem explicações bastante plausíveis.

Por exemplo, deve ter havido uma razão para a perspectiva "catastrófica messiânica" da comunidade. Ela poderia estar relacionada à destruição do Primeiro Templo em Jerusalém em 586 a.C. No entanto, apesar de os Essênios de Qumran respeitarem o conceito do Templo, não aprovavam o do Primeiro (ou do Segundo) Templo e aguardavam uma iminente era messiânica quando tudo seria acertado. Por que ficariam entristecidos com a destruição de um Templo que eles detestavam? Outra explicação mais provável pode ser proposta: a morte de seu rei e a perda do Templo em Akhetaton, como o centro de seu mundo religioso, deixaram uma lembrança permanente de como seu mundo deveria ter sido e que somente sonhos do futuro poderiam lhes oferecer a purgação da restauração.

Na posição de defensores da aliança original, os Essênios de Qumran estavam convencidos de que eram os únicos verdadeiros israelitas e que todos os outros judeus estavam no caminho errado. Seu fervor messiânico antevia dois Messias vindo para salvá-los: um real e outro sacerdotal, com ligações araônicas — isto é, um salvador dos tempos do Egito.

Os textos do Manuscrito do Mar Morto, escritos no século III a.C. e que falam de um rei como o "Filho de Deus", são, conforme declarado por Lawrence Schiffman, professor de Estudos Hebraicos e Judaicos na Universidade de Nova York: "a afirmação de uma noção já existente, e não uma referência a Jesus."[339] Essa noção está totalmente de acordo com o conceito do rei ou faraó, sendo o humano nomeado representante de Deus na terra, e de seu sumo sacerdote como o segundo dos Messias que eles esperavam.

As imagens de um Messias que "(...) irá estender suas mãos aos pães", descritas na Regra Messiânica dos Manuscritos do Mar Morto são, sem dúvida, rememorativas das mãos de Aton estendidas em direção aos pães da oferta. A convicção da comunidade de um futuro que estava decretado confirma sua crença observável na predestinação, em direta contradição da filosofia judaica na época e nos dias de hoje. Não é preciso dizer que a crença na predestinação era a constituição atual da religião de Akhenaton.

De repente, várias outras coisas parecem fazer sentido. Muitas referências no Novo Testamento não somente mencionam a chegada do Messias, mas afirmam que o Messias representava uma parte ativa no Antigo Testamento. O professor A. Hanson, da Universidade Hull, que escreveu *Jesus Christ in the Old Testament* [Jesus Cristo no Antigo Testamento] na década de 1960, é ainda mais consistente ao dizer: "Paulo (e João) o tempo todo nos deixam perplexos quando, aparentemente, falam da atividade de Cristo presente no Antigo Testamento."[340] Talvez eles estejam apenas refletindo uma tradição mais antiga de que um Messias já tivesse estado na Terra.

---

339. Lawrence H. Schiffman, "Os Pergaminhos Judaicos e a História do Judaísmo", *The Dead Sea Scrolls — Fifty Years After Their Discovery: Proceedings of the Jerusalem Congress July 20-25, 1997* [Os Manuscritos do Mar Morto — Cinquenta Anos após sua Descoberta: Procedimentos do Congresso de Jerusalém, 20 a 25 de julho de 1997] (Jerusalém: Sociedade de Exploração de Israel em colaboração com o Santuário do Livro, Museu de Israel, 2000).

340. Anthony Tyrrell Hanson, *Jesus Cristo no Antigo Testamento*, SPCK, 1965.

Poligamia, o Ganso e a Gansa

As regras aplicadas aos Essênios de Qumran com relação ao casamento são mostradas no Documento de Damasco. Elas proíbem que um homem tenha duas esposas e rejeitam com veemência a poligamia. A prática é condenada pelo Documento como uma forma de fornicação inaceitável (o rei Davi, c. 1000 a.C., é exonerado ao que tudo indica por não ter tido acesso às leis, que ficaram escondidas na Arca da Aliança).

O casamento entre tio e sobrinha não é proibido pela Lei Mosaica e parece ter sido bastante aceitável na sociedade normativa, mas o casamento entre tia e sobrinho é proibido. Aquilo que era permitido para o ganso era proibido para a gansa. O Documento de Damasco, porém, defende que a Lei se aplica igualmente aos homens e às mulheres, e que ambas as formas de união são proibidas.[341]

O Pergaminho do Templo dos essênios também confirma essa sanção e deixa claro que, apesar do casamento após uma separação ou a morte de uma primeira esposa ser aceitável, a poligamia não é.

A atitude dos egípcios, em especial dos faraós anteriores e posteriores a Akhenaton, parece ser muito semelhante à dos reis de Canaã. Eles eram polígamos e podiam ter inúmeras esposas, para seu prazer sexual e para procriar a linhagem da dinastia.

Akhenaton parece ter uma postura diferente — copiada pelos Essênios de Qumran. Até onde se sabe, ele só teve uma esposa para dar à luz os filhos durante toda a vida, e não há menção de outra relação sexual nas crônicas egípcias (apesar de aparecer nas Cartas de Tell-Amarna uma esposa "diplomática"). As evidências circunstanciais de que ele praticava e pregava a monogamia podem ser discernidas a partir do fato de que apesar de sua esposa Nefertiti ter lhe dado seis filhas (havia possivelmente uma sétima), ele não "fez" um Henry VIII e livrou-se dela para conseguir um filho. Assim como também não teve outras esposas — apesar da pressão inevitável de garantir a continuidade da linhagem da dinastia por meio de um filho.

Uma Segunda Torá?

É entre as escritas dos essênios a respeito do casamento que podemos encontrar mais fortes evidências da extrema antiguidade dos textos desses "Guardiões da Arca da Aliança". Estamos de volta à enigmática declaração no Documento de Damasco de que o rei Davi, ao que tudo indica, não estava ciente das "leis ocultas" relacionadas ao casamento e a outras injunções divinas. Como seria possível que a população em geral,

---

341. Essa injunção pode muito bem ser uma prova de que Tutankhamon foi um príncipe de linhagem real, mas não irmão de sangue de Akhenaton.

muitos dos sacerdotes e o rei de seu povo não conhecessem uma quantidade tão extensa de escrituras divinas?

Avaliações de carbono e comparações paleográficas datam as escritas dos mais antigos Manuscritos do Mar Morto de 300, possivelmente 350, a.C. Os textos de Damasco, que aparentemente existiam na época mas não estavam disponíveis ao rei Davi, fazem a ligação dessas datas até o tempo de Davi, e à época de Josué antes da entrada dos hebreus em Canaã, *c.* 1200 a.C., conforme a passagem a seguir revela:

> E a respeito do príncipe está escrito: ele não deve multiplicar suas esposas. Todavia, Davi não lera o livro selado da lei que estava na arca, porque ele não fora aberto em Israel desde o dia da morte de Eleazar e de Jehoshua, e Josué e os anciãos que veneravam Ashtaroth que esconderam a cópia até a entrada de Zadok em sua posição oficial.
>
> Documento de Damasco, Coluna 5

A Torá confirma os textos de Damasco em relação ao fato de Davi ter "tomado mais concubinas e esposas" (II Samuel 5) e também costuma ratificar a implicação de que os conteúdos da Arca eram, naquela época, de uso particular de um grupo seleto de sacerdotes e não disponíveis para Davi. II Samuel 6 descreve como a Arca do Senhor foi levada até Baalim, mas que Davi ficou inicialmente com medo de chegar perto dela ou de levá-la para dentro da tenda que lhe havia preparado na cidade de Davi. A Arca foi deixada sob os cuidados de Obede-Edom até que Davi mudou de ideia.

As referências a Baalim, que indicam uma associação à veneração idólatra de Baal, e a Ashtaroth, um deus favorecido da facção de Amenhotep, também sustentam a alegação de que Davi ainda não havia visto ou tido contato com os conteúdos da Arca e que permitira um certo grau de precipitação no meio de seu povo.

Mesmo com a Arca da Aliança em sua posse, não fica claro que Davi tivesse um conhecimento, de fato, de todas as leis. Escrituras bíblicas posteriores também confirmam a asserção dos Essênios de Qumran de que os sacerdotes mantinham pelo menos parte da Torá escondida de seu povo. Isso pode ser deduzido com clareza a partir do Segundo Livro dos Reis, e de um acontecimento que, por si só, foi capaz de provocar mudanças profundas na forma em que o Judaísmo era praticado.

> No ano décimo oitavo do rei Josias, o rei mandou o escrivão Safã, filho de Azalias, filho de Mesulão, à casa do Senhor, dizendo-lhe, "Sobe a Hilquias o sumo sacerdote, para que faça a soma do dinheiro que se tem trazido para a casa do Senhor, o qual os guardas da entrada têm recebido do povo (...). " (...) E então disse o sumo sacerdote Hilquias ao escrivão Safã, "Achei

o livro da lei na casa do Senhor". E Hilquias entregou o livro a Safã, e ele o leu.

II Reis 22:3-4, 8

O que, por Deus, estava acontecendo aqui? Isso significa que um dos Cinco Livros de Moisés, aparentemente dados a ele no Monte Sinai, ficou perdido por, no mínimo, 400 anos? Você pode muito bem perguntar, mas é exatamente isso o que a Bíblia está dizendo. Isso significa que alguém, ou algumas pessoas, não tinha acesso a uma diferente, e às vezes contraditória, versão das leis e dos mandamentos, que podiam ser de até 1200 a.C., mas que também traziam novas ideias desenvolvidas por volta de 600 a.C.

Outra suposição: esse Livro foi totalmente criado por volta de 600 a.C. e não existiu antes disso. Pelo fato de esse "recém-descoberto livro" estar escrito em um estilo usado no século VII, a maioria dos estudiosos acredita que ele foi um produto dessa época, desenvolvido pelos autores para transferir seu programa contemporâneo particular de ideias e sua autoridade recebida, fazendo de conta que aquela era uma obra de Moisés.

O pergaminho que Safã leu e levou até o rei era, provavelmente, de maneira geral, o que conhecemos hoje como o Livro de Deuteronômio. Quando o rei Josias, que estava no 18º ano de seu reinado em 621 a.C., leu o pergaminho, imediatamente percebeu a importância do conteúdo, decretou que sacrifícios deveriam ser, a partir de então, somente realizados em Jerusalém, e logo encerrou todas as formas de imolação em Israel. De acordo com II Reis, ele destruiu todos os outros santuários e altares localizados em lugares altos, em Beth-El, Ahaz, Carmel e nas montanhas ao redor de Jerusalém, e mandou matar todos os sacerdotes associados à prática (parece que ele deixou o Monte Gerizim intacto).

Essa medida tinha a intenção de controlar os sacrifícios que, até aquele momento, eram feitos como forma de abuso ritual local e de práticas pagãs — adoração de Baal, Astarte e, possivelmente, até de sacrifícios de crianças a Moloch, pelos reis mais antigos nos tempos de tribulação (todos os sacrifícios dentro do Judaísmo foram finalmente encerrados com a destruição do Segundo Templo em 70 d.C.).[342]

---

342. Em outro lugar, os sacrifícios de animais continuaram e até hoje são realizados em certas partes do mundo entre comunidades religiosas particulares. Sabe-se, inclusive, que os incas praticavam sacrifícios com crianças até 500 anos atrás. Um pequeno grupo de samaritanos ainda se reúne na Páscoa no Monte Gerizim, em Israel, para sacrificar um cordeiro e realizar uma vigília à meia-noite. Alguns *Kali*, denominados Templos Hindus, que existem, por exemplo, no Nepal e em Madras, ainda realizam matanças ritualísticas, como uma espécie de oferenda pecuniária, de galinhas e cabras, que são assim transformadas em sagradas e em seguida levadas para casa por fiéis locais para ser comidas.

Podemos datar a descoberta do Pergaminho de Deuteronômio pelo rei Josias como precisamente em 621 a.C., a partir de escavações em Megiddo, onde o rei foi assassinado pelo faraó egípcio Nechoh em 608 a.C.

A conclusão deve ser que um grupo de sacerdotes, que eu acredito que só possam ter sido os predecessores dos Essênios de Qumran, tinham ciência de que Davi estava errado em 1000 a.C., e que sua "Segunda Torá" continha detalhes adicionais e, às vezes, contraditórios, do Pentateuco que era datado de muito tempo antes de 1000 a.C.

Não há espaço suficiente neste livro para que possamos considerar todas as semelhanças detalhadas que existem entre as escrituras e as orações de Akhenaton e as dos Essênios de Qumran (e também nos textos hebraicos, cristãos e muçulmanos). Basta citarmos a generalidade de temas presentes em todas as variedades de textos, que falam de reverência à luz, verdade, paz, predestinação, lavagem ritual e de avisos contra as forças da escuridão, mentira, insinceridade, de serpentes e víboras.

Um exemplo específico ilustra o tom dessas similaridades. Os Manuscritos do Mar Morto registram "orações diárias" que os Essênios de Qumran seguiam todas as manhãs e as noites, como também o faziam os sacerdotes de Akhenaton.

Oração mais longa encontrada na tumba de Panehesy em El-Amarna, Egito[343]

Nossos respeitos a Ti!
Tu que despertas no céu e brilhas
na manhã no horizonte do céu,
trazendo a paz, o Senhor da Paz.

Toda a humanidade vive por Ti,
toda a terra reúne-se para Te ver nascer;
suas mãos saúdam Teu despertar.

Orações diárias dos essênios, encontradas na Caverna 4 em Qumran[344]

E ao nascer do sol...
no mais alto dos céus,
eles abençoarão.

Eles dirão: Abençoado seja
o Deus de (Israel). Hoje Ele
renova no quarto [portão da
luz...] para nós o governo
[...] [...] dor [...] o calor do
[sol] quando ele cruza
[... com a força] de Sua poderosa
mão [a paz esteja convosco].[345]

---

343. N. de G. Davies, *The Rock Tombs of El Amarna — Part II* [As Tumbas de Pedra de El-Amarna — Parte II] (Londres: Fundo de Exploração do Egito, 1905).

344. Florentino Garcia Martinez, *The Dead Sea Scrolls Translated* [Os Manuscritos do Mar Morto Traduzidos] (Leiden: E. J. Brill, 1994).

345. Palavras em [ ] indicam texto parcialmente preservado. Palavras em ( ) são interpolações.

Vemos em 4QFlorilegium, um dos Manuscritos do Mar Morto da Caverna 4 discutido pelo professor George Brooke em sua extensa obra a respeito da "Exegese em Qumran",[346] outra referência à luz, nos Fragmentos 6-7:

> Eles farão com que suas leis resplandeçam diante de Jacó e suas leis diante de Israel.

As Ligações de Akhenaton com os Essênios de Qumran

É possível agora resumirmos os elementos essenciais e exclusivos que ligam os Essênios de Qumran aos sacerdotes de Akhenaton. Vemos que os Essênios de Qumran:

- acreditavam que os mandamentos de Deus eram anteriores a Sinai;
- não reconheciam as Leis Orais Judaicas e tinham sua própria versão das Leis;
- rejeitavam os sacerdotes rituais do Templo convencional;
- rejeitavam qualquer forma de necromancia;
- rejeitavam a poligamia;
- rejeitavam, ao menos temporariamente, sacrifícios ritualísticos de animais ;
- veneravam a luz, intitulando-se de os "Filhos da Luz";
- seguiam um calendário solar e reconheciam os "Jubileus" relativos aos movimentos do sol;
- somente reconheciam quatro dias de festivais;
- acreditavam no destino predeterminado;
- queriam que o Templo tivesse o mesmo desenho do Templo em Akhetaton;
- incluíram referências a Akhenaton e Aton em seus textos;
- chamavam seu líder por um nome semelhante ao do sumo sacerdote de Aton, ou seja, "Merkabah" para "Meryra";

---

346. George J. Brooke, "Exegese em Qumran — 4QFlorilegium em seu Contexto Judaico", *Journal for the Study of the Old Testament*, Suplemento Série 29 (Sheffield: Departamento de Estudos Bíblicos, Universidade de Sheffield, 1985).

- usavam inúmeras frases egípcias e formas literais, principalmente aquelas relacionadas ao tempo de Akhenaton;

- possuíam uma descrição detalhada da localização dos tesouros de Akhetaton, gravados em um Pergaminho de Cobre.

Todos esses elementos, com exceção do penúltimo, eram bastante contrários às práticas e crenças da principal forma do Judaísmo que cercavam os essênios.

Analisados *en masse*, fica claro que os Essênios de Qumran tinham consciência e compartilhavam de uma série de práticas e rituais religiosos característicos, muitos em contravenção fundamental com a principal forma do Judaísmo, que só podem ser explicados como tendo sido derivados das práticas e crenças do período do Akhenaton egípcio.

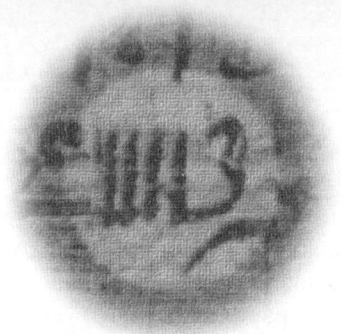

CAPÍTULO XVII

Ligações Físicas, Materiais e Tecnológicas entre Qumran e Akhetaton

Historiadores e arqueólogos observaram muitas diferenças nos diversos aspectos técnicos da produção dos Manuscritos entre os procedimentos usados pelos Essênios de Qumran e as técnicas comuns da sociedade judaica, bem como no desenho de estruturas e outros objetos usados em Qumran. Essas diferenças ainda não tiveram quaisquer explicações satisfatórias. Possivelmente, todas essas anomalias "mecânicas" podem, no entanto, ser explicadas pelas ligações que estabeleci entre os Essênios de Qumran e o Egito de Akhenaton.

Mídia Escrita

A maioria dos Manuscritos do Mar Morto foi escrita sobre peças de couro ou peles de animais, com exceção de alguns fragmentos escritos em papiros ou pedaços de cerâmica e, claro, um gravado no cobre. O papiro não era usado na Terra Santa até por volta de 190 a.C. Antes desse tempo, as escritas eram feitas em cacos de louça (pedaços de cerâmica quebrados); podemos presumir que existia o uso de couro, mas nenhum exemplo de Israel é conhecido antes da descoberta dos Manuscritos do Mar Morto. Exemplos de fora de Israel do uso do couro datam de 2000 a.C. no Egito.[347]

---

347. Ian Shaw e Paul Nicholson, *Dicionário do Museu Britânico do Antigo Egito* (Londres: Publicado para os Fiduciários do Museu Britânico pelo British Museum Press, *c.* 1995).

Linhas Conduzidas

Uma característica intrigante observada em alguns dos Manuscritos do Mar Morto (em especial no Comentário do Livro de Habacuque) é o uso de linhas verticais conduzidas para dividir colunas e espaços horizontais. É algo extremamente raro nos papiros (ou couro) vermos divisões horizontais como essa, visto que as linhas de fibra são o suficiente para conduzir as escritas em linhas retas. Papiros hebraicos ou aramaicos nesse formato são praticamente desconhecidos antes de 68 a.C.[348] Há, porém, exemplos de papiros egípcios divididos tanto na vertical como na horizontal, como podemos ver na coleção do Museu Britânico do *Livro dos Mortos*.*

O Mistério da Tinta Vermelha

Outra ligação pode ser feita a partir da estranha existência de passagens aparentemente aleatórias e palavras escritas com tinta vermelha em três dos Manuscritos do Mar Morto. Ainda mais surpreendentes são os exemplos no pergaminho 4QNúmeros, mostrados na contribuição de Eugene Ulrich e Frank Moore Cross da obra *Discoveries in the Judaean Desert VII, Qumran Cave 4* [Descobertas no Deserto da Judeia VII, Qumran Caverna 4].[349] Entretanto, a importância desse fenômeno ainda não foi determinada.[350] A prática não era conhecida em Israel ou em qualquer outro país, com exceção do Egito.[351] Coincidentemente, a fonte principal do pigmento vermelho no Egito ficava na região de Elefantine e podemos deduzir a existência de uma ligação entre a comunidade judaica em Ab, que usava a tinta vermelha do local, e um antigo uso desse material pela comunidade dos essênios em Qumran.

---

348. G. R. Driver, *The Hebrew Scrolls from the Neighbourhood of Jericho and the Dead Sea* [Os Pergaminhos Hebraicos das Vizinhanças de Jericó e do Mar Morto] (Oxford: Oxford University Press, 1951).

* N.E.: Saiba mais em *O Livro dos Mortos do Antigo Egito*, dr. Ramses Seliem, Madras Editora.

349. Eugene Ulrich e Frank Moore Cross, *Discoveries in the Judaean Desert, Vol. VII — Qumran Cave 4* [Descobertas no Deserto da Judeia, Vol. VII — Qumran Caverna 4] (London: Clarendon Press, 1994).

350. Joseph A. Fitzmyer, *Responses to 101 Questions on the Dead Sea Scrolls* [Resposta a 101 Perguntas dos Manuscritos do Mar Morto] (New York: Paulist Press, 1992).

351. Alfred Lucas, *Ancient Egyptian Materials and Industries* [Materiais e Indústrias do Egito Antigo] (London: Edward Arnold, 1948); George Posener, "Sur l'Emploi de l'Encre Rouge dans les Manuscripts Egyptiens", *Journal of Egyptian Archaeology 37* (London: Fundo de Exploração do Egito, 1951).

Análises usando raios-X florescentes com dispersão de energia (do inglês, XRF) mostraram que todas as tintas usadas nas escrituras dos Manuscritos do Mar Morto de Qumran tinham base de pigmentação carbônica — tanto em fuligens como em ferrugens, com traços de cobre, chumbo e bromo[352] — não incomuns do período e da localização da atividade da escrita. O surpreendente, porém, *é* o uso da tinta vermelha para enfatizar seções de alguns dos Manuscritos — prática desconhecida na Judeia na época, ou antes dela. Análises de XRF mostraram que a tinta vermelha contém mercúrio na forma de seu composto de sulfureto (HgS), que é derivado de uma ocorrência natural de um mineral conhecido como cinabre. Essa descoberta causou uma surpresa generalizada, visto que o cinabre não é encontrado em Israel.

Por que os Essênios de Qumran se dariam ao trabalho e aos gastos de importar o pigmento vermelho ou de querer usá-lo?

A resposta agora já é conhecida. A tinta vermelha era unicamente usada no antigo Egito para a escrita de textos e prática comum na época de Akhenaton. Há bons exemplos de palhetas usadas nas escrituras desse período no Museu de Liverpool e na coleção de Tutankhamon no Museu do Cairo. Esses exemplos mostram o uso de duas palhetas individuais com tinta preta e vermelha, e muitos documentos egípcios religiosos, datados no mínimo do século XV a.C., mostram a tinta vermelha sendo usada para destacar partes do texto.

Tecidos

Na primavera de 1949, Lankester Harding e o padre Roland de Vaux coletaram amostras de tecidos do chão da Caverna 1 em Qumran, que foram datados por meio dos testes de carbono 14 em 1950, pelo dr. W. F. Libby na Universidade de Chicago, como pertencentes entre 167 a.C. e 237 d.C. Amostras foram posteriormente enviadas à Inglaterra para análise.[353]

Quando a primeira caixa de amostras foi aberta, no HM Norfolk Flax Establishment, exalou um cheiro "parecido com o de uma antiga tumba egípcia". Boa parte do material foi identificada como sendo de linho de

---

352. Yoram Nir-El e Magen Broshi do Museu Centro de Israel de Pesquisa Nuclear Soreq, Jerusalém, "O Estudo da Tinta Usada em Qumran", *The Sea Scrolls — Fifty Years After Their Discovery: Proceedings of the Jerusalem Congress, 20-25 July 1997* [Os Manuscritos do Mar Morto — Cinquenta Anos após sua Descoberta: Procedimentos do Congresso de Jerusalém, 20 a 25 de julho de 1997] (Jerusalém: Sociedade de Exploração de Israel em colaboração com o Santuário do Livro, Museu de Israel, 2000).
353. D. Barthélemy e J. T. Milik, *Discoveries in the Judaean Desert, Vol. I* [Descobertas no Deserto da Judeia, Vol. I] (London: Clarendon Press, 1955).

excelente qualidade de cor natural ou com linhas tingidas de azul, que havia sido usado como invólucros de Manuscritos ou coberturas de jarros para alguns dos Manuscritos do Mar Morto. *Não existem exemplos conhecidos* de invólucros semelhantes da Judeia do período, ou anteriores a ele, e uma exata avaliação das datas do material é, portanto, um problema complicado de ser solucionado. No entanto, pelo fato de o material ser totalmente de linho e não conter lã, há um indicador de sua data. Para citarmos Dominique Barthélemy e Jozef Milik:

> As linhas índigo sugerem o uso do azul do linho de boa qualidade do antigo Egito, onde até o período Cóptico [395-641 d.C.], existiu um forte preconceito religioso contra o uso da lã. Talvez por causa do tradicionalismo da fé judaica que afirmava a continuação da antiga prática egípcia que se estendeu até os últimos séculos a.C. e até por mais algum tempo.[354]

Assim como no antigo Egito, a história de Qumran foi transformada com o surgimento natural da fibra e de alguns tecidos e franjas. Barry Kemp, um importante arqueólogo da Universidade de Cambridge, tem realizado escavações no local de Akhetaton há muitos anos e, em seu estudo da indústria têxtil local, observou que era normal costurar franjas nas partes de baixo das bainhas de tecidos de linho.[355]

Contudo, outro fator crucial chamou minha atenção nas análises que fiz dos invólucros de tecidos de linho encontrados com alguns dos jarros dos Manuscritos do Mar Morto: eles traziam um desenho bordado de quadrados concêntricos, que, para os investigadores originais, parecia lembrar "a planta do alicerce de algumas construções religiosas". O desenho bordado é formado por seis retângulos concêntricos e "apresenta um problema bastante curioso, visto que os fios azuis entrançados na verdade passam pelos cantos ao mesmo tempo que são distorcidos". Obviamente, um esforço muito grande e uma habilidade técnica foram empregados a fim de alcançar o desenho esperado.

Comparações com uma descrição do "templo idealizado" no Pergaminho do Templo mostram que a "planta do alicerce" apresenta uma semelhança impressionante com a desse templo "hipotético" descrito no pergaminho. Já cheguei a sugerir que há evidências de que o Pergaminho do Templo contém uma descrição da cidade de Akhetaton, e outras comparações desse templo "hipotético" mostram que ele, por sua vez, tem correspondências surpreendentes com o Grande Templo de Akhenaton.

---

354. Ibid.
355. Barry Kemp, "Indústria Têxtil de Amarna", *Journal of Egyptian Archaeology*, nº 11 (London: Sociedade de Exploração do Egito, 1997); Rosalind Hill, *Egyptian Textiles* [Tecidos Egípcios] (Aylesbury: Shire-Egyptology, 1990).

Então, o que podemos deduzir a partir dessas investigações? Parece que as habilidades e tecnologias necessárias para produzir os materiais trançados associados aos Manuscritos do Mar Morto, encontrados na Caverna 1 em Qumran, não podem ter sido adquiridas de outros artesãos locais. Todas as indicações são de que os tecelões de Qumran usavam técnicas parecidas às usadas no antigo Egito – técnicas existentes na época de Akhenaton, cerca de mil anos antes – e que há muitas semelhanças no tipo de tecelagem dos essênios com as produzidas em Akhetaton.

O material usado pelos Essênios de Qumran para cobrir seus textos sagrados proporciona forte ligação com Akhenaton; o desenho por eles bordado sobre o material também nos oferece relação com esse templo idealizado do Pergaminho do Templo e o verdadeiro templo em Akhetaton.

O intenso preconceito dos sacerdotes egípcios contra a mistura de lã e linho, ao que tudo indica, ajuda-nos a explicar outro *chok* (coisa proibida) atual, que até hoje não foi propriamente definido. A lei ortodoxa judaica proíbe a mistura ou uso de lã e linho juntos. Há também uma injunção bíblica com relação ao uso de véus de oração, por exemplo, em Números 15:37-41:

> Disse mais o Senhor a Moisés: "Fala aos filhos de Israel, e dize-lhes que façam para si franjas nas bordas das suas vestes, pelas suas gerações; e que ponham nas franjas das bordas um cordão azul (...)"

Podemos, assim, deduzir que o tipo de tecelagem usado em Akhetaton foi um precursor dos atuais xales de oração usados em sinagogas por fiéis, e que o "azul bíblico" é o mesmo que o preservado nos fragmentos de linho encontrados em Qumran.

Hidromecânica e Purificação

Quando a obsessão da seita dos essênios pela lavagem ritual é analisada, a grande proximidade de água da cidade de Qumran, a ilha de Elefantine e o lago Tana na Etiópia não podem ser ignorados. O costume da limpeza ritual por meio da água, como parte da prática religiosa, e a necessidade de um abastecimento de água de fácil acesso podem muito bem ser relacionados desses locais até os tanques sagrados dos templos egípcios e, mais uma vez, de forma ainda mais específica ao Grande Templo em Akhetaton.

Como resultado das primeiras escavações de Roland de Vaux em Qumran no início da década de 1950, ele chegou à conclusão de que grande número de "cisternas" no interior das construções havia sido instalado como uma forma de armazenar água, e que, possivelmente, somente duas delas eram usadas para a lavagem ritual. Isso apesar do fato de Josephus, o Documento de Damasco e o "Manual de Disciplina" (hoje geralmente conhecido como as "Regras da Comunidade") falarem da necessidade de constantes purificações por meio da água.

Estudiosos modernos hoje consideram quase todas as "cisternas" como sendo uma *Mikvah* — banheira especialmente projetada para a lavagem ritual. Ronny Reich, da Universidade Haifa e autoridade de Antiguidades de Israel, contou um total de dez *Mikvaot* com degraus em Qumran.[356] Elas não são diferentes de outras escavadas em Jerusalém e de todas as outras partes de Israel, com exceção de uma — que tem sua área de degraus dividida em partições que fazem dela uma banheira de quatro partes. O verdadeiro motivo para que os Essênios de Qumran precisassem de tantas construções de "banheiras rituais" não se sabe ao certo.

Com base no que descobri a respeito das orientações das construções em Qumran, e como estão intimamente alinhadas com as do Grande Templo em Akhetaton, não seja, talvez, uma surpresa descobrirmos que havia também dez "pias" ou banheiras rituais dentro da área do Grande Templo. Oito dessas "pias" ficavam no Segundo Santuário e as outras duas no pátio do Grande Altar.

> Ao fundo do templo são vistas oito pias retangulares ou tanques de banho e todos os materiais de uma oferta cerimonial, um rito observado talvez antes de entrar no segundo santuário (...) Próximo ao altar há quatro edificações, duas das quais parecem ser pias, divididas em quatro bacias cada, correspondendo àquelas do templo menor.[357]

A semelhança no número das banheiras rituais em Qumran com as de Akhetaton e a construção "única" de banheiras de quatro partes nos dois lugares não podem ser apenas uma coincidência.

O uso ritual de água e da purificação é, assim, imitado pelos essênios, João Batista e Jesus no batismo espiritual, pelos judeus na purificação espiritual e ritual na *Mikvah* ou local de lavagem e pelos muçulmanos em sua lavagem ritual tripla antes das orações.

Ainda sobre o assunto da purificação, Josephus, ao falar a respeito dos hábitos da lavagem purificadora dos habitantes de Qumran, cita:

> " (...) [eles] envolvem seu manto sobre suas cabeças a fim de não ofender os raios da divindade (...)".

---

356. Ronny Reich, *O Miqwa'ot (Banhos de Imersão) de Qumran, The Sea Scrolls — Fifty Years After Their Discovery: Proceedings of the Jerusalem Congress, 20-25 July 1997* [Os Manuscritos do Mar Morto — Cinquenta Anos após sua Descoberta: Procedimentos do Congresso de Jerusalém, 20 a 25 de julho de 1997] (Jersualém: Sociedade de Exploração de Israel em colaboração com o Santuário do Livro, Museu de Israel, 2000).
357. N. de G. Davies, *The Rock Tombs of El Amarna — Part II* [As Tumbas de Pedra de El-Amarna — Parte II] (London: Fundo de Exploração do Egito, 1905).

Tabela 6: Resumo das concordâncias mecânicas e tecnológicas entre Qumran e Akhetaton.

	Uso em Qumran 150 a.C. — 68 d.C.	Uso em Akhetaton no Egito c. 1350 a.C.	Uso em outras partes da Judeia ou Israel antes de 68 d.C.
SISTEMA DE MEDIÇÃO E UNIDADES			
Calendário	Solar	Solar	Lunar
Numeração	Decimal/repetitivo	Decimal/repetitivo	Com base no alfabeto
Peso	Khaff	Kite	Talento
MATERIAIS E TÉCNICAS DE ESCRITA			
Peles de couro	Usadas	Usadas	Sem exemplos
Papiros	Usadas	Usadas	Raros
Tinta vermelha	Uso seletivo	Uso seletivo	Desconhecida
Manuscritos conduzidos	Comuns	Comuns	Raros
Gravação em cobre	Uso seletivo	Uso seletivo	Desconhecida
Rebites em cobre	Uso seletivo	Uso seletivo	Desconhecidos
Tabelas escritas	Usadas	Usadas	Desconhecidas
TÉCNICAS DE DESENHOS			
Jarros no estilo de Qumran	Usados	Desenhos similares	Desconhecidos
Coberturas têxteis em jarros	De linho	De linho	Desconhecidas
Bacias de quatro partes	Usadas	Usadas	Desconhecidas

(Novamente, não podemos deixar de notar a alusão a Deus como sendo representado pelas mãos do sol.)

Os Essênios de Qumran tinham o hábito de carregar uma picareta ou qualquer ferramenta parecida com uma enxada, que usavam para arrumar os lugares após fazerem suas necessidades físicas. Mais uma vez, não foi preciso olhar muito longe para encontrar uma explicação para essa prática incomum — exclusiva dos Essênios de Qumran na Judeia. Foi durante a Décima Oitava Dinastia no Egito que as *shabti* (pequenas estatuetas) são vistas pela primeira vez carregando picaretas![358]

Por que os Essênios de Qumran, uma comunidade relativamente pobre e isolada se daria ao trabalho e aos gastos de importar materiais e aplicar essas técnicas quando outras alternativas locais estavam disponíveis? Onde conseguiram adquirir o conhecimento necessário para utilizar esses materiais e técnicas relativamente desconhecidas? Desconhecidas não somente em sua terra natal, mas também no resto do Oriente Médio, com exceção do Egito.

---

358. *Sir* Ernest Alfred Wallis Budge, *The Mummy: A Handbook of Egyptian Funerary Archaeology* [A Múmia: um Guia de Arqueologia Funerária Egípcia] (London: Constable, 1989).

A única conclusão lógica a que podemos chegar a partir de evidências é que os Essênios de Qumran de forma deliberada escolheram usar materiais e técnicas egípcios porque eles possuíam certa afinidade com o Egito, e com um período datado de mil anos antes de seu tempo.

Eles teriam ido ao extremo de assumir gastos exorbitantes aliados à inconveniência de importar os materiais e aprender as tecnologias de fontes egípcias contemporâneas ou (e eu acredito que essa seja uma explicação muito mais plausível) tinham os materiais e o conhecimento técnico já de sua posse — transmitidos por seus predecessores egípcios que deixaram o Egito com Moisés.

Não somente os ancestrais dos essênios trouxeram até seu conhecimento esses materiais e essas técnicas, como também herdaram do Egito o sistema de crenças que permeou toda a cultura hebraica em uma forma totalmente diluída.

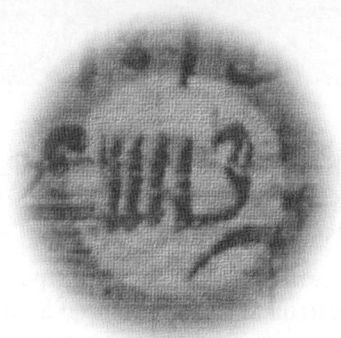

CAPÍTULO XVIII

Egito, Israel e Além — As Comunidades Sobrepostas

Acredito ter sido capaz de mostrar que muitas características do monoteísmo de Akhenaton, mais tarde, tornaram-se um aspecto exclusivo para os Essênios de Qumran, quando comparadas às práticas da comunidade israelita que os cercava. No entanto, muitas outras associações fundamentais de crenças e tradições egípcias em geral eram, e ainda são, praticadas pela principal forma de Judaísmo. Ao analisarmos essas "associações" passadas, vemos que os essênios, sem dúvida alguma, formavam um grupo participante da orquestra do Cristianismo e, por extensão, do Islã.

Além da "Cortina de Bambu"

Apesar de a principal forma do Judaísmo ter sempre reconhecido uma relação ancestral com o Egito faraônico, seus membros jamais aceitaram qualquer derivação religiosa fundamental ou quaisquer fatores culturais, sociais ou doutrinais. Possíveis discussões de prováveis derivações dessas formas ao Egito são eliminadas por uma "Cortina de Bambu", que raramente faz menção ao Egito anterior ao Êxodo. Contudo, a herança e importância religiosa do Egito são de modo claro expressas em Isaías 19. Somos informados (nos versículos 18-25) como o espírito de Deus, depois de descer sobre os egípcios, fê-los tremer e eles voltaram a seus ídolos. Mais tarde, quando cinco cidades* falam a língua de Canaã e uma coluna

---

* Curiosamente, a versão padrão revisada da Bíblia tem uma dessas cidades chamada de "a Cidade do Sol" (Isaías 19:18).

se ergue na fronteira (provavelmente se referindo à ilha de Elefantine, veja Capítulo 19), Isaías prevê que os egípcios iniciarão o processo de volta a Deus. Por fim, quando Israel, a Assíria e o Egito estão em paz:

> Naquele dia Israel será o terceiro com os egípcios e os assírios, uma bênção no meio da terra: porquanto o Senhor dos exércitos os tem abençoado dizendo, "Bem aventurado seja o Egito, meu povo, e a Assíria, obra de minhas mãos, e Israel, minha herança."[359]
>
> Isaías 19:24-25

A Bíblia, nas palavras de Isaías, está dizendo que os cristãos, judeus e muçulmanos são igualmente aceitáveis aos olhos de Deus e, por inferência, os povos de todas as religiões e nações em todas as partes do mundo (veja Glossário no item "Movimentos Contemporâneos").

Não há espaço aqui para analisarmos todas as analogias das características do Egito absorvidas pelo Judaísmo, e assim sucessivamente pelo Cristianismo e pelo Islã. Algumas delas já chegaram a ser discutidas de maneira breve, e outros escritores tratam esses assuntos com muito mais detalhes — como *sir* Ernest Wallis Budge,[360] dr. H. Brugsch,[361] Robert Eisenman e Michael Wise,[362] Theodor Gaster,[363] Irving Zeitlin[364] e Siegfried Morenz.[365]

Esses e outros há muito tempo reconheceram que existem extensas associações entre as religiões faraônicas egípcias e as raízes das religiões ocidentais. Essas ligações foram reconhecidas por historiadores e acadêmicos, mas somente de forma limitada por escritores religiosos da atualidade.

---

359. Atualmente, o Egito é em sua maior parte muçulmano, com pequenas minorias das principais formas de cristãos — especialmente cópticos. A população de Israel é 90% judaica, com minorias muçulmanas e cristãs. A área antes ocupada pela Assíria é hoje predominantemente muçulmana, com cristãos e um pequeno número de judeus.
360. *Sir* Ernest Alfred Wallis Budge, *Egyptian Religion* [Religião Egípcia] (Avenel, N.J.: Gramercy Books, 1996).
361. H. Brugsch, *Religion und Mythologie* (Leipzig: J. C. Hinrichs, *c.* 1885).
362. Robert Eisenman e Michael Wise, *The Dead Sea Scrolls Uncovered* [Os Manuscritos do Mar Morto Revelados] (New York: Penguin Books, 1993).
363. Theodor H. Gaster, *The Dead Sea Scriptures* [As Escrituras do Mar Morto] (Garden City, New York: Doubleday, 1976).
364. Irving M. Zeitlin, *Ancient Judaism* [Judaísmo Antigo] (Cambridge: Polity Press, 1984).
365. Siegfried Morenz, *Egyptian Religion* [Religião Egípcia] (Ithica, New York: Cornell University Press, 1994).

Sir Ernest Wallis Budge (mantenedor de Antiguidades Egípcias e Assírias no Museu Britânico no fim do século XIX e início do século XX), um dos historiadores mais respeitados de seus dias, não tinha dúvidas a respeito dos conceitos que os antigos egípcios tinham de seu Deus.

> Um estudo dos textos das antigas religiões egípcias convencerá o leitor de que os egípcios acreditavam em Um Deus, que era claro como o sol, imortal, invisível, eterno, onisciente, todo-poderoso e inescrutável.[366]

Um de seus contemporâneos, dr. H. Brugsch, coletou epítetos de textos egípcios históricos, que o fizeram chegar à seguinte conclusão:

> (...) as ideias e crenças dos egípcios com relação a Deus eram idênticas às dos hebreus e dos maometanos em períodos posteriores.[367]

A ideia de que as escritas dos antigos egípcios não passavam de coleções de histórias isoladas e que seus escribas não costumavam conferi-las em uma forma padrão geral de escrituras é incorreta.

Com exceção dos Textos da Pirâmide e do Caixão, que foram reunidos e, em seu conteúdo, formam uma figura integrada de vida ritual, há o período "Amduat" do Novo Reino ou "Livro Daquele que Está no Outro Mundo". Essas são tentativas de juntar não somente ideias da ressurreição real, mas também as estruturas básicas por trás da ressurreição e o calendário que controla o padrão de vida cíclico. Versões podem ser vistas em muitas tumbas de reis do Novo Reino, incluindo a de Tutmoses III, e elas formam uma fase do desenvolvimento progressivo em direção à simplicidade da religião de Akhenaton. Diferente da tumba de Tutankhamon do período pós-Akhenaton, que ostentava todas as formas de decoração e inúmeros santuários e representações dos deuses que cuidavam do sarcófago* do rei morto, a tumba de Tutmoses III está livre de guarnições e desprovida de cuidados rituais. Conforme John Romer nos fala em sua série de TV do canal BBC:

> Os "livros" religiosos da teologia do Novo Reino, do qual o Amduat nada mais é do que um exemplo, eram uma codificação e unificação dessas crenças antigas, criadas pelos sacerdotes pressionados pelas investigações sérias de uma nova era.[368]

---

366. Budge, *Egyptian Religion* [Religião Egípcia].
367. Brugsch, *Religon und Mythologie*.
  * Caixão de pedra.
368. John Romer, *Romer's Egypt* [O Egito de Romer], série do canal de TV BBC, 1982.
    Em parceria com o livro, *Romer's Egypt: A New Light on the Civilization of Ancient Egypt* [O Egito de Romer: uma Nova Ideia da Civilização do Antigo Egito] (London: Joseph, 1982), também de John Romer.

Havia, portanto, amplos precedentes para a produção de uma obra codificada, envolvendo as crenças religiosas da época.

Um exemplo específico que liga os textos bíblicos a um grupo de escritos egípcios (curiosamente, datados de forma precisa do tempo de Akhenaton) pode ser visto nas similaridades entre o Salmo 104 do Antigo Testamento e o Grande Hino a Aton encontrado na tumba de Ay em El-Amarna.

Salmo 104[369]	**Grande Hino a Aton**[370]
Bendize, ó minha alma, ao Senhor! Senhor, meu Deus, tu és magnificentíssimo;...	Uma adoração de Aton... Senhor de todos... Senhor do céu, Senhor da terra...
Estás vestido de honra e de majestade	És esplêndido, poderoso, radiante, Soberano em toda terra.
Tu que te cobres de luz como de um manto	Teus raios abraçam as terras à extensão de tudo que criaste.
... Que lançaste os fundamentos da terra...	... Tu que lançaste os fundamentos da terra
... Fazes crescer ervas para os animais, e a verdura para uso do homem:	... Animais de todos os tipos descansam em seus pastos: árvores e ervas também crescem:
... Ó Senhor, quão multiformes são as tuas obras! Todas elas as fizeste com Sabedoria.	... Quão multiformes são as coisas que criaste!
... Ali andam os navios:	... Os navios, também, sobem e descem os rios;
... Tu lho dás, e eles o recolhem:	... A terra depende de Ti, porque foste Tu que a criaste;
Abres a Tua mão, e eles se fartam de bens.	Quando decidiste, dá-lhes a vida,
Escondes o teu rosto, e ficam perturbados; Se lhes tiras a respiração, morrem, e voltam para o seu pó. Envias o teu fôlego, e são criados...	Quando te acalmastes, morrem. Tu que definiste a duração dos dias; A vida vem de Ti...

A explicação convencional da correspondência do Salmo 104 com o Grande Hino de Akhenaton é vista como derivada da generalidade de hinos egípcios que, de alguma forma, devem ter se infiltrado na consciência hebraica — em muitos exemplos, em todas as suas sequências e palavras!

---

369. Da *Bíblia em Inglês Autorizada da Igreja da Inglaterra*, 1870.
370. Hieróglifos egípcios, *c.* 1330 a.C. Traduzido pelo professor J. H. Breasted, *Ancient Records of Egypt, Vol. II* [Antigos Registros do Egito, Vol. II] (New York: Russell & Russell, 1906).

Essa vaga explicação esquiva não é de forma alguma capaz de explicar como uma obra literária única, gravada em hieróglifos nas paredes de uma remota tumba em Akhetaton, em um lugar perdido até mesmo para a história egípcia, em um espaço de tempo de 30 a 40 anos da destruição da Cidade Santa de Akhenaton, poderia ter sido transmitida aos israelitas.

Jan Assmann, professor de Egiptologia na Universidade de Heidelberg, Alemanha, revisou a obra de Sigmund Freud, *Moses and Monotheism* [Moisés e o Monoteísmo] (veja notas 446 e 447 no capítulo 20) e chegou à conclusão de que não somente Freud estava correto ao relacionar muitos dos ensinamentos de Akhenaton aos dos hebreus, mas que o Salmo 104 era um caso especial de sincronismo. Ele vê o Grande Hino de Akhenaton como "não apenas variação de um tema, mas uma mudança fundamental que toca os conceitos egípcios centrais de realeza, propriedade e ação política". Na terceira estrofe, que fala sobre "a noite", o professor Assmann, bem como o professor Erik Hornung, da Universidade de Basel, vê a negação do mundo subterrâneo, o reino de Osíris e dos mortos, como: "talvez o mais revolucionário de todos. Não existe um só texto egípcio, fora de Amarna, que descreva a noite como a ausência divina", garante o professor Assmann.

Em outras palavras, as congruências do Grande Hino com o Salmo 104 não se devem a uma vaga assimilação de ideias da generalidade de orações egípcias, mas incorpora, sim, conceitos que não eram vistos nas escritas egípcias antes de Akhenaton ou depois de seu período chamado de herege. Para os hebreus seguirem essas crenças únicas, necessitariam ter acesso a uma fonte de textos secretos, para os quais nenhum mecanismo de transferência é conhecido pelos estudiosos convencionais, ao que somos forçados a uma única conclusão lógica — eles tiveram uma presença histórica em Amarna.

Provavelmente, ainda mais surpreendentes são as descobertas de Messod e Roger Sabbah, descritas em seu livro *Les Secrets de l'Exode* (veja nota 474 no Capítulo 20), onde relacionam específicas letras e palavras hieroglíficas no Grande Hino a letras derivadas do hebraico que aparecem nas exatas mesmas sequências do Salmo 104 e apresentam o sentido filológico.

Os salmos, como um conjunto de obras, cobrem um amplo período da história bíblica, e muitos deles apresentam reflexos distintivos do antigo estilo, conteúdo e sentimento egípcios. Eles causaram um efeito profundo na crença religiosa ocidental e, portanto, têm um significado considerável percebido em sua narrativa.

Os Salmos Musicais

Os 150 salmos no Antigo Testamento formam um arquivo único de literatura, comparáveis aos sonetos de Shakespeare em sua belíssima qualidade literária e de imagens com um aprofundamento intelectual sem igual.

Nessa obra clássica da música judaica, o professor A. Z. Idelsohn, da Faculdade de União Hebraica na América, chama-os de: " (...) a fonte de onde milhões de almas tiram sua inspiração e por meio da qual expressam sua devoção há mais de dois mil anos".[371] A razão de seu poder é expressa por muitos padres da Igreja, como Athanasius, bispo de Alexandria, que viveu de 295 a 373 d.C. Ele disse a respeito dos salmos: "Eles falam de toda a vida humana, expressam todas as emoções da alma, todos os impulsos do coração."[372]

Os Salmos foram escritos em algum tempo entre 800 e 200 a.C., mas alguns deles estão associados a períodos bastante anteriores a isso.[373] Seu conteúdo e sua fraseologia são vistos em muitas outras partes da Bíblia. Eram usados em Israel na forma de canções e cânticos a serem realizados no Templo em Jerusalém, enquanto procissões entravam no Templo durante cerimônias de sacrifício, coroações ou de oferendas.

Apesar de as letras desses cantos de procissões estarem bem documentadas, a partir de outras descrições e narrações, e por muitas delas serem introduzidas como "canções" ou como orações dedicadas "ao Músico Chefe", é certo que uma melodia acompanhava as palavras. Como era essa música não se sabe ao certo, embora se acredite que as melodias conhecidas atualmente sejam como os sons preservados nos cânticos tradicionais das cerimônias judaicas iemenitas. No entanto, provas circunstanciais e análises de ritmos indicam que a "melodia" era derivada da antiga música dos templos egípcios, datadas de períodos posteriores ao da Décima Oitava Dinastia.

O professor Idelsohn refere-se à música dos templos egípcios como tendo "uma certa dignidade e santidade", com os sacerdotes resistindo a todas as tentativas de mudar as melodias sagradas. Ele concluiu, assim como Alfred Sendrey em seu trabalho da Música na Antiga Israel,[374] que a antiga música egípcia e a instrumentação foram as influências básicas da música da antiga Israel, com algumas influências da Assíria, e praticamente nenhuma da Fenícia — o vizinho mais próximo de Israel. Com relação à música dos Salmos, Idelsohn diz: " (...) a partir da composição da orquestra do Primeiro Templo, vemos que Israel aceitou alguns dos arranjos da orquestra religiosa usada no Egito na época de seu ápice cultural".[375]

---

371. A. Z. Idelsohn, *Jewish Music* [Música Judaica] (New York: Schoken Books, 1929).
372. Ibid.
373. Professor Brooke diz que o Salmo 89 é "provavelmente datado do século X a.C." George J. Brooke, "Exegese em Qumran — 4QFlorilegium em seu Contexto Judaico", *Journal for the Study of the Old Testament*, Suplemento Série 29 (Sheffield: Departamento de Estudos Bíblicos, Universidade de Sheffield, 1985).
374. Alfred Sendrey, *Music in Ancient Israel* [A Música na Antiga Israel] (New York: Biblioteca Filosófica, 1969).
375. Idelsohn, *Jewish Music* [Música Judaica].

Muitos dos instrumentos "orquestrais" usados no Templo judaico, como a trombeta de prata (*chatzotzera*),* as liras de dez e doze cordas (*kinnor* e *nevel*), a flauta (*uggav*) e os címbalos (*metziltayim*), eram réplicas de instrumentos egípcios. Além disso, pequenos sinos (*paamonim*) eram presos às saias do sumo sacerdote, conforme descrito em Êxodo 28:35:

> (...) para que se ouça o sonido ao entrar ele no lugar santo diante do Senhor e ao sair, para que ele não morra.

Esse costume nos faz lembrar o uso egípcio dos *Sistrum* (sinetas) que, de acordo com o historiador grego Plutarco (46-120 d.C.), eram usados para chamar a atenção dos fiéis para as funções sagradas em seu santuário e afastar o espírito do mal. Outros instrumentos particularmente associados à veneração nos templos egípcios incluíam badalos, címbalos e sinos.

As semelhanças entre os instrumentos usados no Templo em Jerusalém e os dos egípcios são evidenciadas por inúmeras descobertas arqueológicas e esculturais. A forma mais antiga de *kinnor*, por exemplo, está ilustrada em um vaso datado de *c.* 1025 a.C., encontrado na cidade de Meggido em Israel, que possui uma semelhança impressionante com uma lira ilustrada na parede de uma tumba em Tebas, datada de *c.* 1420 a.C.[376]

Temas dos Salmos

A proximidade de ideias entre os livros da Sabedoria do Egito** e a Bíblia — que é particularmente notada no Livro dos Provérbios — é também mencionada em certas partes dos salmos. A grandeza dos salmos, porém, tem muito mais semelhança com as orações a Aton da Décima Oitava Dinastia e a outras orações que podemos encontrar em textos de tumbas mais antigas. Os temas de luz e sombra, louvor a Deus, amor pela justiça, ódio pela maldade e julgamento permeiam os salmos e podem ser facilmente identificados com os temas apresentados em orações mais antigas utilizadas em procissões de cerimônias nos templos egípcios.

Quase metade dos salmos é atribuída ao rei Davi; de maneira significativa, o único deles atribuído a Moisés — Salmo 90 — está, como deveríamos esperar, recheado de referências à luz e aos efeitos do sol.

---

* O Arco Triunfal de Tito em Roma mostra tesouros sendo levados, que inclui trombetas de prata do Segundo Templo.

376. Sendrey, *Music in Ancient Israel* [A Música na Antiga Israel].

** Coleções de instruções e discursos datados de *c.* 2250 a.C. ao século XI a.C. As "Instruções de Any" e do filho de Amenemipet de Kanakht, compostas durante o período do Novo Reino (1550-1069 a.C.), apresentam grande semelhança com os textos da sabedoria bíblica como por exemplo os Provérbios.

Porque mil anos aos Teus olhos
São como o dia de ontem que passou,
E como uma vigília da noite.
Tu os levas como por uma torrente; são como um sono;
De manhã são como a erva que cresce.
De manhã cresce e floresce, à tarde corta-se e seca.
Pois somos consumidos pela tua ira,
E pelo teu furor somos conturbados.
Diante de ti puseste as nossas iniquidades,
À luz do teu rosto os nossos pecados ocultos.

Salmo 90:4-8

O próprio rei Davi, de acordo com a tradição, ia para as batalhas com um escudo gravado com as palavras do Salmo 67: "Deus se compadeça de nós e nos abençoe, e faça resplandecer o seu rosto sobre nós."

Esse tema de luz e da influência do sol é visto no decorrer de toda a Bíblia: ele, com vivacidade, permeia todas as escritas dos Essênios de Qumran, aparece em diversas orações em todas as três religiões monoteísticas e persevera até os dias de hoje na celebração judaica da "Bênção do Sol". Ela acontece a cada 28 anos — a último tendo sido em 1981 e a próxima esperada para 2009.

As origens do monoteísmo no Egito são derivadas dos sacerdotes de "On" que veneravam o sol em Heliópolis, culminando na total emancipação da crença com Akhenaton. Seu louvor nos Hinos a Aton, o sol como o Criador, pode facilmente ser comparado ao dos salmos de louvor a Deus do Antigo Testamento, em termos da intensidade de sentimento e devoção. Mas não era o antigo deus do sol de Heliópolis que Akhenaton estava adorando. Ele fora capaz de estabelecer a ruptura religiosa e científica de chegar à conclusão de que o sol apenas representava o poder de um Deus abstrato e supremo.

A Caverna 11 em Qumran nos trouxe o famoso "Pergaminho dos Salmos", traduzido por James A. Sanders, professor do Antigo Testamento no Seminário da União Teológica, Nova York, entre 1965 e 1967.[377]

---

377. James A. Sanders, "O Pergaminho dos Salmos de Qumran Caverna 11 (11QPsa)", *Discoveries in the Judaean Desert* [Descobertas no Deserto da Judeia], Vol. IV (London: Clarendon Press, 1965); James A. Sanders, *The Dead Sea Psalms Scroll* [O Pergaminho dos Salmos do Mar Morto] (Ithica, N.Y.: Cornell University Press, 1967).
Apesar de o Pergaminho dos Salmos ser incompleto, ele apresenta 41 salmos do acervo bíblico e oito salmos que não estão na Bíblia, dos quais cinco são conhecidos de outras fontes gregas e sírias, e três totalmente novos. Um exemplo dessas obras evocativas e belas é o "Hino ao Criador" (letras em [ ] são reconstruções):
O Senhor é santo e sagrado, o Supremo por várias gerações.

O "Pergaminho dos Salmos" mistura detalhes dos salmos, supostamente compostos pelo rei Davi, em um cenário do calendário solar não convencional de 364 dias dos Essênios de Qumran, tornando difícil reconciliar as supostas datas de sua composição original. A menos que o calendário solar estivesse sendo usado na época do rei Davi, em 1000 a.C., para o que não temos evidência bíblica, somos forçados a voltar no tempo quando um calendário solar poderia ter sido usado e seríamos levados de forma inexorável para um período em que os hebreus ainda estavam no Egito.

Moralidade Social

Exemplos de convenções sociais dos egípcios incorporadas na moralidade religiosa do Judaísmo, Cristianismo e do Islã hoje não são facilmente detectados. Há alguns, porém, que podem ser identificados.

Homossexualidade

No Judaísmo ortodoxo, a homossexualidade é vista como um pecado. Isso segue a injunção na Bíblia que rotula a prática como "uma abominação" sob os olhos de Deus. Movimentos "progressistas" atuais, como, por exemplo, os programas da Reforma e o Liberal na Inglaterra, e do Conservativo na América, são mais tolerantes, mas, geralmente, não vistos sancionando quaisquer formas de reconhecimento da homossexualidade no ambiente de uma sinagoga.

Nos aspectos quase sempre dominantes das antigas culturas que ajudaram a moldar as atitudes sociais judaicas, havia pouca objeção quanto à homossexualidade. Ela era totalmente aceita no antigo mundo grego de Péricles e Platão, que chegavam inclusive a encorajar relações entre garotos e homens mais velhos. Uma cultura adjacente que condenava o homossexualismo, e que o fizera por um bom tempo antes do Êxodo, era

---

Os Reis erguem-se diante Dele, e Dele recebemos abundância das águas.
A bondade e a verdade estão presentes em Sua face; a verdade e o julgamento e a justiça são os pedestais de Seu trono. Ele separa a luz da obscuridade; Ele define a aurora com a força de Seu coração. Quando todos os Seus anjos contemplam Suas obras, eles cantam, por Ele ter-lhes revelado algo novo. Ele coroa as montanhas com frutos, com boa comida para todos os seres vivos.
Abençoado seja o Mestre da terra com Seu poder, que estabelece o mundo com Sua sabedoria. Por intermédio de Sua compreensão Ele criou o céu, e nos deu o [vento] de Suas mo[radas]. Ele criou os [relâmpagos das chu]vas, e a névoa no fim [da terra].
Veja também Geza Vermes, *The Complete Dead Sea Scrolls in English* [Todos os Manuscritos do Mar Morto em Inglês] (New York: The Penguin Press, 1997).

o Egito.³⁷⁸ Não seria nada surpreendente presumirmos que essa fosse uma possível fonte de onde teria surgido a antipatia judaica.

As Escrituras da "Sabedoria" Egípcia e Histórias Arquétipas

Muitas das influências helenísticas que permeiam o Novo Testamento estão bem documentadas. Algumas das influências egípcias são também uma consequência da tradução original da Torá — por ter sido vertido para o grego por uma equipe de 70 escribas que trabalhavam em Alexandria, no Egito, no século III a.C. Esse *Septuagint* é o "evangelho" do Antigo Testamento referido por todas as três grandes religiões monoteísticas.

Apesar de histórias da literatura egípcia serem relativamente fáceis de identificar nas primeiras passagens do Antigo Testamento, tornam-se menos óbvias ao nos aprofundarmos no Livro. Isso fez com que alguns historiadores duvidassem da importância do Egito e passassem a procurar outras fontes. Acredito que as correspondências mais obscuras sempre existiram, mas não foram reconhecidas pelos pesquisadores mais antigos, e que sua falta de descobertas desencorajou outros a procurar de maneira mais cuidadosa por várias décadas. Um desses pesquisadores foi Siegfried Morenz, um diretor do Instituto de Egiptologia em Leipzig, que concluiu:

> Infelizmente, o grau perceptível dessa influência [do Egito no Antigo Testamento] tem uma proporção indireta à importância dos fatos.³⁷⁹

Ele chega inclusive a postular que essa "influência" possa ter ocorrido ao inverso — o Antigo Testamento sobre a literatura religiosa egípcia! Mesmo depois de enumerar infinitas citações de correspondências sócio-religiosas egípcias, ele ainda não parecia acreditar em suas próprias evidências.

Outros, incluindo eu, não concordam com esse ponto de vista.

A influência das "escrituras da Sabedoria" do Egito pode ainda ser vista com uma presença muito distante no Antigo Testamento; por exemplo, nas famosas "Narrativas da Sucessão" nos Livros de Samuel e I e II

---

378. James B. Pritchard, *Ancient Near Eastern Texts Relating to the Old Testament* [Textos do Antigo Oriente Próximo Relacionados ao Antigo Testamento], 2ª edição (Princeton: Princeton University Press, 1955).
379. Morenz, *Egyptian Religion* [Religião Egípcia].

Reis, em que o autor (possivelmente um contemporâneo do rei Davi) faz grande uso do estilo e das ideias egípcias.

Conforme proposto por R. N. Whybray em seu livro acerca das Narrativas da Sucessão: "Se o autor das Narrativas da Sucessão conhecia a literatura egípcia da Décima Segunda Dinastia [ou não]... que essa literatura estava entre seus modelos, podemos considerar como de extrema probabilidade."[380]

Não são apenas os padrões filosóficos e religiosos que foram importados para o Antigo Testamento, mas também histórias, expressões e frases locais. Uma série de exemplos desse tipo de "cópia de histórias" já foi citada — a história dos Dois Irmãos (veja Capítulo 10) e a tradição dos sete anos de escassez seguidos por sete anos de fartura, vistas em uma forma modificada nos textos bíblicos, são apenas duas delas.

Influências Egípcias no Novo Testamento

Há também exemplos em que influências egípcias "pulam" o Antigo Testamento para chegar ao Novo. Encontramos algo assim no Evangelho de São Lucas 16:19-31. Essa é a Parábola do Homem Rico e Lázaro, na qual este, um pobre coitado mendigo, é deixado apodrecendo do lado de fora do portão de um homem muito rico. Ambos morrem, mas o mendigo é levado pelos anjos até o seio de Abraão, ao passo que o rico vai para o inferno. O homem rico vê Abraão a distância e clama por misericórdia e pede para que permita que Lázaro lhe traga água. Abraão diz-lhe que o abismo entre eles é grande demais. Novamente, o homem rico chama por Abraão e pede a ele se pode ao menos enviar Lázaro até sua casa para avisar seus cinco irmãos do tormento que os espera se seguirem o mesmo comportamento que ele teve na terra.

Abraão responde em alta voz:

> "Se não ouvem a Moisés e aos profetas, tampouco acreditarão, ainda que ressuscite alguém dentre os mortos."

> Lucas 16:31

Quando essa parábola é comparada à antiga "história de Setna", que foi escrita em egípcio popular, vemos incríveis semelhanças. Aqui, o herói fica sabendo que no reino dos mortos um homem rico e pecador perde todas as ostentações e joias em sua tumba para alguém pobre, porém justo.

---

380. R. N. Whybray, *The Succession Narrative: A Study of II Samuel 9-20 e I Kings 1 and 2* [A Narrativa da Sucessão: um Estudo de II Samuel 9-20 e I Reis 1 e 2] (London: SCM Press, 1968).

Este é confortado ao lado de Osíris, ao passo que o homem rico é removido para os terrores do inferno.[381]

A ideia por trás da parábola de Jesus do homem rico e de Lázaro é mostrada como sido transmitida pela literatura judaica a partir de origens egípcias,[382] assim como a aclamação das antigas comunidades cristãs de que "Deus é Um".[383]

O ditado não canônico atribuído a Jesus: "Nada é enterrado que não vá ser levantado",[384] é visto gravado sobre as faixas de uma múmia de um peixe *Oxyrynchus*, consagrado às deusas Hathor, Ísis e Mut, do qual há um exemplo no Museu Britânico.

O sentimento de montes de "brasas de fogo" sobre a cabeça de seu inimigo, que aparece na Epístola de Paulo o Apóstolo aos romanos (Romanos 12:20), é bastante rememorativo dos ritos egípcios reverenciais. Quando São Paulo fala do poder absoluto do Criador a fim de conferir honra e desonra, ele está parafraseando ideias da "Instrução de Amenemope" datada do século VIII a.C. no Egito:[385]

> *Porque o homem é um barro, e Deus seu moldador.*
> *Ele desmancha e reconstrói todos os dias.*
> *Ele cria mil homens pobres conforme sua vontade,*
> *Ele cria mil homens para serem seus supervisores.*

Compare essa passagem à citação do Novo Testamento:

> Ou não tem o oleiro poder sobre o barro, para da mesma massa fazer um vaso para uso honroso e outro para uso desonroso?

Romanos 9:20

Tomada pela filosofia judaica, essa ideia delineia com firmeza a ligação entre o Criador e a criação.

O julgamento da "segunda morte" dos que já morreram, na Revelação de São João o Divino (20:14), pode ser associado de maneira direta ao conceito egípcio da "segunda mortalidade" no Texto do Caixão — um "Encanto para não morrer uma segunda vez no reino dos que [já] morreram",

---

381. F. Griffith, *Stories of the High Priests of Memphis* [Histórias dos Sumos Sacerdotes de Memphis] (Oxford: Clarendon Press, 1900).
382. Gressmann, *Vom Reichen Mann und Armen Lazarus*, Abhandlungen der (Kgl.) (Leipzig: Preussischen Akademie der Wissenschaften, 1918).
383. O. Weinreich, *Neue Urkunden zur Sarapis-Religion* (Tübingen: Universidade de Tübingen, 1919).
384. H. Puech, *Revue de l'Histoire des Religions,* 147 (Paris: Presses Universitaires de France, 1955).
385. Siegfried Morenz, Amenemope, *Zeitschrift für Agyptische Sprache und Altertumskunde* (Leipzig, 1953).

e no Papiro de Ani, Capítulo 44.³⁸⁶ Assim como também a "coroa da justiça" de II Timóteo 4:8 e a Primeira Epístola de Pedro 5:4 podem ser associadas à "coroa da vida" da teologia egípcia.³⁸⁷

O conceito da trindade, já discutido no Capítulo 5, que entrou na tradição grega depois de cerca de um século antes de Cristo, era bastante conhecido no Egito muitos anos antes. Na teologia egípcia, três deuses eram geralmente combinados em um e chamados no singular. Conforme Siegfried Morenz nos fala:

> Dessa forma a força espiritual da religião egípcia mostra uma ligação direta com a teologia cristã (...) As inúmeras associações entre o Egito e as escrituras judaico-cristãs e a teologia da trindade já podem ser traçadas com um certo grau de plausibilidade.³⁸⁸

Aspectos de Estilo

Além desses exemplos de influência egípcia no Judaísmo, é possível observarmos muitos efeitos conceituais e estilísticos no Antigo e no Novo Testamentos.

Reunindo esses exemplos, podemos listá-los da seguinte maneira:

- O estilo das "crônicas" da literatura do palácio egípcio influenciou os relatos de Davi e de Salomão na Bíblia;
- A lista de apelos de Isaías ao Príncipe da Paz foi derivada das cinco formas titulares usadas para se referir ao rei egípcio;³⁸⁹
- A literatura da Sabedoria, que Siegfried Morenz chama de "um presente do Egito"³⁹⁰ pode ser vista em muitas partes da Bíblia, em especial no Livro dos Provérbios;
- As "Instruções de Amenemope" e o Livro bíblico dos Provérbios apresentam semelhanças incríveis;
- O Livro dos Salmos lembra de muitas orações dos templos egípcios. Um exemplo específico está no Salmo 104;

---

386. R. O. Faulkner, *The Ancient Egyptian Book of the Dead* [O Angito Livro Egípcio dos Mortos] (London: British Museum Press, 1985).
387. Philippe Derchain, *Chronique d'Egypte*, 30 (Paris: Le Caire, Imprint de l'Institut français d'archéologie orientale, 1955).
388. Morenz, *Egyptian Religion* [Religião Egípcia].
389. W. Baumgartner, *A. Bertholet* (Tübingen: Universidade de Tübingen, 1950).
390. Morens, *Egyptian Religion* [Religião Egípcia].

- Instrumentos musicais usados no Primeiro e no Segundo Templos para acompanhar os Salmos eram similares, se não os mesmos, aos utilizados nas cerimônias dos templos egípcios;
- Listagens egípcias de conhecimento formavam a base dos provérbios do rei Salomão;[391]
- Os ensinamentos de Koheleth de Salomão no Eclesiastes, exemplificados pela injunção do tipo "Horácio-Williams", *carpe diem* — "aproveite o dia" —,* que podem ser vistos nas "Canções dos Tocadores de Harpa", há muito tempo influenciaram o pensamento egípcio;[392]

  Outro exemplo é a ideia presente nas "Canções dos Tocadores de Harpa" do período do Reino Médio do Egito (e conforme comprovações do historiador grego Heródoto) de que era costume caminhar ao redor de um caixão em um banquete, que guardava os restos mortais de uma pessoa, dizendo: "olhe para cá, e beba e alegre-se; porque quando morrer, assim o será";[393]
- O conceito de "não mude nenhuma das palavras, e nada adicione a elas, e não coloque nenhuma palavra no lugar de outra", que aparece no final das "Instruções de Ptah-hotep", é visto também em Deuteronômio, e na Revelação de São João o Divino no finalzinho do Novo Testamento;[394]

---

391. S. Herrmann, *II Samuel vii; I Reis iii* (Leipzig: Wissenschaftliche Zeitschrift der Universitat Leipzig, 1953-54).
   * Um ditado do poeta romano Horácio (65-8 a.C.), popularizado por Robin Williams no filme Sociedade dos Poetas Mortos.
392. P. Humbert, *Recherches sur les Sources Egyptiennes de la Litterature Sapientale d'Israel* (Neuchâtel: Secretariat de l'Université, 1929).
393. G. Rawlinson, *Histórias de Heródoto, II* (London: J. M. Dent, Ltd., 1858 [1964]). Compare com Eclesiastes 8:15:
    comer, beber e alegrar-se; porque isso o acompanhará no seu trabalho nos dias da sua vida que Deus lhe dá debaixo do sol.
    Coincidentemente, muitos dos provérbios da sabedoria de Salomão em Eclesiastes estão intercalados com a frase "debaixo do sol" — bastante fora de contexto.
    Tanto Isaías como São Paulo (em I Coríntios 15:32) adotam o conceito: "Comamos e bebamos, porque amanhã morreremos." Veja também Isaías 22:13.
394. Deuteronômio 4:2 — "Não acrescentareis à palavra que vos mando, nem diminuireis dela, para que guardeis os mandamentos do Senhor vosso Deus, que eu vos mando." Revelação 22:18-19 — "Eu testifico a todo aquele que ouvir as palavras da profecia deste livro: Se alguém lhes acrescentar alguma coisa, Deus lhe acrescentará as pragas que estão escritas neste livro; e se alguém tirar qualquer coisa das palavras do livro desta profecia, Deus lhe tirará a sua parte da árvore da vida, e da cidade santa, que estão descritas neste livro."

- As apelações a Deus. Por exemplo, na mais antiga tradução conhecida do Antigo Testamento, o *Septuagint*, vemos em Deuteronômio 9:26: "Senhor, Senhor, rei dos deuses...". Essa é uma fraseologia desconhecida na literatura israelita, mas era uma invocação comum do sumo sacerdote no antigo Egito;
- Conforme dito anteriormente, a trindade de deuses egípcios e sua precedência na teologia cristã já foram comentadas;
- Bem mais de 40 palavras egípcias podem ser identificadas como tendo sido adotadas na tradução original de textos da Bíblia.[395]

Poderíamos citar outros tantos exemplos, e tenho certeza de que os leitores descobrirão muitos por conta própria, por acidente ou não.

O Elemento Final

Analise as evidências aqui apresentadas. Pese tudo e veja a que conclusão você chega. Acredito que as provas que apresentei são decisivas e surpreendentes.

A íntima semelhança entre o Salmo 104 e um hino datado da época de Akhenaton (e muito possivelmente composto por ele) já foi observada antes, mas a ligação jamais chegou a ser explicada. Como seria possível que um salmo, supostamente escrito depois de 800 a.C., fosse tão parecido a uma obra escrita em hieróglifos no mínimo 500 anos antes, encontrada em um lugar não frequentado pelos egípcios e inacessível para os escribas hebreus a centenas de quilômetros de distância — a menos que o conhecimento do Hino de Akhenaton tivesse vindo para o Egito com o Êxodo? A proporção da influência da "literatura da sabedoria", demais, e dos provérbios que podem ser associados à antiga filosofia egípcia é tão extensa que não podemos deixar de propor a seguinte pergunta: "Não teria sido a famosa sabedoria de Salomão a verdadeira sabedoria concentrada do Egito?"

Inevitavelmente, encontraremos pessoas incapazes, ou não ousadas o suficiente, de aceitar as conclusões que são apresentadas pelo fato de conterem muitos desafios às crenças tradicionais. Mas analise por alguns instantes alguns de seus "mas e se...". "E se eu estiver certo?" "E se as origens do monoteísmo realmente são encontradas no tempo de Akhenaton? Esse conhecimento altera crenças religiosas fundamentais? Na verdade não. Ele, sim, muda a perspectiva de como alguns costumes e práticas foram de maneira errada incorporados em atitudes modernas. O papel mal interpretado das mulheres e a necessidade de sacrifícios animais são exemplos óbvios. Também nos oferece a oportunidade de olharmos para os textos

---

395. Morenz, *Egyptian Religion* [religião Egípcia].

e orações em um contexto egípcio e, em muitos exemplos, descobrir passagens emotivas e comoventes que são ainda relevantes nos dias de hoje.

Permita-me fazer uma analogia. A frase contemporânea "Pode o etíope mudar a sua pele, ou o leopardo as suas malhas?" é citada no *Dicionário Oxford de Citações* como sido tirada de Jeremias 13:23. Uma frase parecida, proveniente de uma data muito anterior a Jeremias (que fugiu para o Egito em *c.* 600 a.C.), aparece em um papiro egípcio no Museu Britânico conhecido como "As Instruções de Ankhsheshonq". Nele lemos: "Não existe um dente que apodreça e permaneça em seu lugar. Não existe um nubiano [o termo antigo para etíope] que deixe sua pele".[396] Tudo bem, então as origens da frase podem ser muito mais antigas do que as aceitas pela maioria das pessoas, e pode ter vindo do Egito e não de Israel, mas a essência do ditado e sua validade permanecem inalteradas.

---

396. Miriam Lichtheim, *Ancient Egyptian Literature, Vol. III* [Antiga Literatura Egípcia, Vol. III] (Berkeley: University of California Press, 1980).

CAPÍTULO XIX

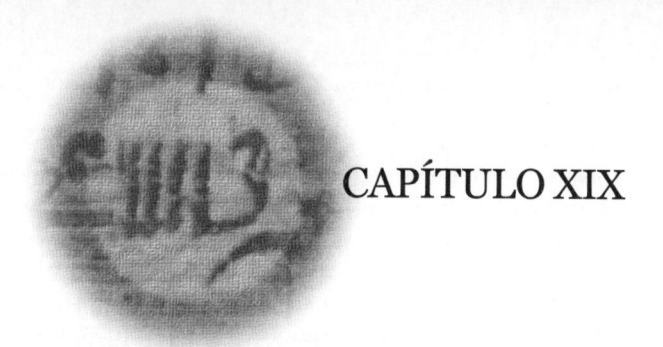

Pistas Finais do Pergaminho de Cobre — A Ilha de Elefantine e os Falashas da Etiópia

As localizações indicadas por minhas novas interpretações do Pergaminho de Cobre, dos tesouros escondidos nele descritos, levaram-nos a conhecer descrições de uma série de lugares desconhecidos (veja Capítulo 15). Em alguns casos, essas descrições estão nas mesmas regiões indicadas por antigas traduções, mas quase sempre são locais que até agora não foram sequer considerados, e muito menos escavados. Cerca de quatro quintos das localizações que identifico são diferentes das apresentadas em interpretações convencionais.

Não acredito que o Pergaminho de Cobre se refira a locais fora de Israel ou ao norte do Egito; mas ao traçarmos as "pegadas" deixadas pelos sacerdotes atenistas que não saíram do Egito com Moisés, é bastante possível que outros tesouros do Grande Templo de Akhenaton possam ainda vir a ser descobertos.

Uma dessas prováveis localizações fica no antigo templo em On, atual Heliópolis. Duas outras são a ilha de Elefantine no sul do Egito e próximo ao lago Tana, no norte da Etiópia.

A ligação estabelecida entre Akhenaton e o Judaísmo, reforçada pela decodificação do Pergaminho de Cobre, é instrumental na explicação de dois mistérios muito antigos — o porquê das colônias no estilo judaico existentes na ilha de Elefantine e no lago Tana. Ambas as comunidades nesses dois lugares praticavam formas de Judaísmo bastante diferentes do modo mais comum existente. A comunidade judaica em Elefantine, por exemplo, não sabia nada a respeito do Êxodo — nada surpreendente, se minhas teorias estiverem corretas, já que não participaram dele. Eles também não seguiam a lei judaica, mas tinham ideias baseadas na experiência egípcia. Da mesma forma, os judeus etíopes não tinham conhecimento algum das Leis Orais do Judaísmo e seguiam diferentes práticas religiosas.

A presença desses dois enclaves residuais "pseudojudaicos" é ponto desconexo da história. Jamais fora apresentada uma explicação satisfatória de comum acordo de como esses assentamentos foram iniciados. A sequência de acontecimentos e as evidências circunstanciais (anteriormente relacionadas) que ligam os sacerdotes de Akhenaton à ilha de Elefantine nos oferecem, eu acredito, uma explicação convincente, que é verificada pela natureza incomum do Judaísmo praticado pelos habitantes da colônia.

A Ilha de Elefantine na Antiga Terra de Ab

A antiga ilha de "Yeb", conhecida pelos gregos como a "ilha de Elefantine", envolve uma faixa de terra que mede 2 quilômetros por 500 metros em seu lugar mais largo (veja Placa 16). A localização fica geralmente no itinerário de turistas que querem visitar o melhor exemplo de um antigo Nilômetro. Mais parecida com um lance de degraus, a estrutura foi reconstruída durante o período romano e ainda mostra as marcas de nível que eram usadas para monitorar a altura das inundações do Nilo. Há, porém, outras curiosidades, escondidas, que a maioria dos turistas não vê nem fica sabendo.

Escavações na ilha revelaram uma presença egípcia datada da época da Primeira Dinastia, c. 3000 a.C., no tempo do faraó Naqada II. No centro da ilha, existia um Templo de Tutmoses III e, ao norte, um Templo de Amenhotep III, o pai de Akhenaton. Esses dois templos foram totalmente destruídos nos conflitos civis que aconteceram não muito tempo depois de sua construção. Há também evidências de que uma comunidade pseudo-judaica muito antiga viveu na ilha.

Essa comunidade pseudojudaica na ilha de Elefantine, próxima a atual Aswan, de repente desapareceu por volta de 400 a.C. De onde eles vieram? Como desapareceram? Por quanto tempo existiram?

Historiadores e comentaristas que escreveram a respeito dos membros da comunidade, e que tentaram responder a essas perguntas, dividem-se em três grupos distintos:

- aqueles que dizem que eles são resultado de "dispersões" dos judeus de Israel;

- aqueles que dizem que eles eram mercenários ou tropas de Israel que vieram para ajudar a defender as fronteiras do sul do Egito pouco depois de 730 a.C.;
- aqueles que dizem que ninguém sabe de onde eles vieram.

Essas visões são de maneira patente mutuamente exclusivas e, portanto, não podem estar totalmente corretas.

Então, qual é a explicação para a existência dessa estranha povoação anacrônica? Analisei primeiro a ideia de que esse povoado resultou da "dispersão" dos judeus de Israel.

Explicações da Dispersão

O biógrafo cartofílico oficial de Winston Churchill, *sir* Martin Gilbert, relaciona a colônia às Dispersões de 722 e 586 a.C. — os períodos das conquistas assíria e babilônica dos reinos do norte e do sul de Israel. Entretanto, para conseguir traçar esse ponto, ele precisa colocar Elefantine 550 quilômetros mais ao norte de onde a ilha de fato está!

Sir Martin ilustra a explicação em seu *Atlas of Jewish History* [Atlas da História Judaica], publicado pela primeira vez em 1969,[397] em que um mapa das "Primeiras Dispersões" de 722 e 586 a.C. mostra a posição da colônia "judaica" em Elefantine como sendo a cerca de 300 quilômetros ao sul de Alexandria. As posições reais da ilha de Elefantine e Syene ficam a aproximadamente 850 quilômetros ao sul de Alexandria![398]

Essa explicação de como esse estranho povoado pseudojudaico surgiu, reconhecidamente aceito pela maioria dos observadores religiosos e, por inércia, por muitos historiadores, simplesmente não pode estar correta.

Considere a história das raízes de Israel que nos leva até essa estranha situação, em que dizem que um assentamento "judaico" surgiu do nada em uma das partes mais remotas do antigo Egito.

De acordo com o Antigo Testamento, quando o rei Salomão morreu em *c.* 928 a.C., seu filho Rehoboam e um de seus oficiais, Jeroboam — "os garotos champanhe" —, não se entendiam muito bem e lutaram para ganhar o controle do reino. No fim eles decidiram dividir o reino, para que Jeroboam e dez das tribos de Israel pudessem controlar aquilo que se transformou no reino do norte, com sua capital em Shechem; ao passo que Rehoboam, comandando as tribos de Judá e de Benjamin, estabeleceu o reino do sul, com sua capital em Jerusalém. Apesar de não podermos ter certeza da verdade sobre o famoso período do Reino Unido* da história de

---

397. Marin Gilbert, *Atlas da História Judaica* (London: J. M. Dent Ltd., 1993).
398. Por acaso, Caesarea é vista ao norte das montanhas Taurus, enquanto deveria estar na costa de Israel entre Tel-Aviv e Haifa!

* Do tempo do rei Saul ao rei Salomão.

Israel, conforme retratada no Antigo Testamento, quando tratamos do período do Reino Dividido, de cerca de 850 a.C. em diante, evidências arqueológicas e externas sustentam as histórias bíblicas.

Sérios problemas não estavam muito longe de atingir os reinos divididos. Em 722 a.C., o reino do norte foi conquistado pelos assírios, que forçaram a maior parte da população judaica a seguir em direção ao norte para outras partes de seu império — o início da mitologia que cercava as dez tribos perdidas de Israel fora decretado. Ao mesmo tempo, o reino do sul fora dominado pela Assíria, mas, apesar de Jerusalém ter sido sitiada em 701 a.C., eles conseguiram se defender contra a total subjugação.

O poder dos assírios começou a diminuir ao mesmo tempo que a sombra obscura dos babilônios surgiu no horizonte. Suas forças, sob o comando de Nabucodonosor II, tomaram conta de Jerusalém e destruíram o Primeiro Templo em 586 a.C. Mais uma vez, a maior parte da população judaica foi expulsa, dessa vez para o norte em direção a lugares imortalizados na canção *By the Rivers of Babylon* [Pelos Rios da Babilônia].

O problema com os cenários de *sir* Martin é que nessas duas "dispersões" praticamente todos os judeus foram forçados a fugir para o norte. Mesmo que alguns deles tivessem ido para o sul, a conquista assíria do Egito, em seu ápice, jamais se estendeu além de Tebas, a cerca de 200 quilômetros ao norte de Elefantine, e os babilônios nem sequer chegaram a invadir o Egito.[399]

Esses judeus que podem ter fugido para o Egito certamente ficaram na tradicional região Delta do Norte, logo além da fronteira egípcia. No Antigo Testamento, Jeremias 43:7 e 44:1 confirma essa possibilidade com suas referências a colonizadores relutantes em Tahpanhes, Migdol e Noph (Memphis) — todos no sul do Egito; mas ele também fala de Pathros na parte superior do Egito ao sul de Tebas.

Explicações Militares

A teoria da guarnição militar é discutida em detalhes por Bezalel Porten em seus *Archives from Elefantine* [Arquivos de Elefantine].[400] A partir de todas as evidências históricas, se existisse um estabelecimento militar judeu composto de tropas de Israel, precisaria ter chegado no mínimo antes de 700 a.C. O único cenário razoável dessa possibilidade seria se tudo tivesse

---

399. John Rogerson, *Atlas da Bíblia* (London: Andromeda Oxford Ltd., 1985).

400. Bezalel Porten, *Arquivos de Elefantine* (Berkeley: University of California Press, 1968). Porten, antes professor associado de Hebraico e da Bíblia na Universidade da Califórnia, sugere que a "Colônia de Elefantine" se originou dos mercenários judeus trazidos para defender as fronteiras do sul do Egito por volta de 650 a.C. Ele tem de admitir, porém, que essa proposta apresenta muitas dificuldades, conforme indicado no texto.

acontecido durante a metade do século VII a.C., quando Israel tentou aniquilar as forças assírias aliando-se ao Egito. Por que eles desejariam enviar soldados para a parte mais remota do Egito, com o único intuito de defender as fronteiras daquele país, é difícil de ser justificado de forma lógica. Soldados judeus, ou até mesmo mercenários, não teriam sido uma boa opção para a defesa do país de outro povo de qualquer maneira — eles teriam se sentido relutantes em lutar no *Sabbath* a menos que fossem atacados antes. Elefantine também não ficava no limite sul da força militar efetiva do Egito.

A ideia de que havia uma guarnição militar na região é confirmada por Heródoto, o historiador grego do século IV, mas a guarnição a que ele se referia parece ter estado próxima a Syene, atual Aswan, e era guarnecida por soldados aramaicos.

Não há evidências arqueológicas de qualquer ligação militar com a comunidade pseudojudaica, bem como pouquíssimas menções dessa atividade em suas escrituras.

Os que Nada Sabem

Outros historiadores, como Reuven Yaron, palestrante da Lei de Roma na Universidade Hebraica, em Jerusalém, e G. W. Anderson, professor de Estudos Hebraicos e do Antigo Testamento na Universidade de Edimburgo, são muito mais cuidadosos em suas opiniões e admitem que os judeus de Elefantine são um mistério histórico. O professor Anderson afirma: "Essa povoação [Elefantine] é datada de antes de 525 a.C., mas, infelizmente, não sabemos exatamente quando ou como foi fundada."[401]

Essa visão é endossada por Reuven Yaron: "Não sabemos de onde os primeiros colonizadores que falavam aramaico vieram para o Egito e para Elefantine."[402]

A Comunidade de Elefantine

Uma profunda análise da natureza do "Judaísmo" praticado na ilha de Elefantine mostra que ela originalmente não apresentava quase nenhuma semelhança com o Judaísmo na Terra Santa em qualquer período antes de 525 a.C.: os "judeus" da ilha de Elefantine não podem de forma alguma ter vindo da Terra Santa.

---

401. G. W. Anderson, *The History and Religion of Israel* [A História e a Religião de Israel] (Oxford: Oxford University Press, 1966).
402. Reuven Yaron, *Introduction to the Law of the Aramaic Papyri* [Introdução às Leis dos Papiros Aramaicos] (London: Clarendon Press, 1961).

Depois dos babilônios, os persas passaram a deter o poder no Oriente Médio, e em 525 a.C. suas tropas já haviam conquistado todo o Egito e alcançado a ilha de Elefantine. Quando chegaram, eles encontraram uma colônia de sacerdotes que seguiam uma forma muito incomum do Judaísmo. Suas práticas religiosas parecem ter sido compostas por uma mistura de Judaísmo com a veneração de Javé e da deusa egípcia Astarte.[403] Eles não seguiam e não conheciam as Leis Orais, tampouco pareciam comemorar a Páscoa — o grande festival do Êxodo dos hebreus do Egito.

Como sabemos disso tudo? Grande parte de nossa compreensão da colonização de Elefantine vem do papiro em aramaico descoberto na virada do século XIX. Datado do século V a.C., esses documentos podem agora ser encontrados nos museus do Brooklyn, Turim, Paris e Berlim. A maior parte desses incríveis textos está no Museu Staatliche em Berlim e no Museu do Brooklyn de Nova York, e eles são compostos por 30 documentos quase completos e fragmentos adicionais escritos pela colonização sacerdotal judaica em Elefantine. São em sua maior parte cartas e documentos legais relacionados a ações de justiça, contratos de casamentos e leis de propriedade — havia também, obviamente, advogados no local já naqueles dias, visto que temos um dos mais antigos exemplos conhecidos de um documento de transferência de posse, datado de cerca de 470 a.C., e um contrato de arrendamento de 515 a.C.![404]

O papiro de Elefantine oferece-nos um quadro multicolorido das atividades da comunidade, mas também nos deixa diante de inúmeros problemas sem respostas.

- Por que um grupo de hebreus devotos teria colonizado, ou recolonizado, um lugar tão obscuro?
- Por que sua forma de Judaísmo difere da prática principal conhecida, a ponto de parecerem não aceitar ou ter conhecimento das leis orais, não celebrar a Páscoa, não seguir as exigências de Deuteronômio e não conhecer o Pentateuco?
- Por que os moradores da ilha de Elefantine ainda reverenciariam Astarte, e outras divindades, em suas crenças monoteísticas?
- Por que eles praticavam a escravidão?
- Por que seguiam os precedentes egípcios legais, fiscais e sociais — alguns datados de 1700 a.C.?

---

403. Astarte era originalmente a deusa babilônica Anathbethal, adotada no panteão egípcio como a filha do deus Ra, por volta do tempo do faraó Amenhotep II. Ela era a protetora dos cavalos e das carruagens e tornou-se uma preferida particular de Amenhotep III.

404. Yaron, *Introduction to the Law of the Aramaic Papyri* [Introdução às Leis dos Papiros Aramaicos].

- Por que os membros da comunidade não entendiam o hebraico?
- De onde a comunidade adquiriu sua riqueza?

A comunidade falava e escrevia principalmente em aramaico, com o uso ocasional da escrita popular egípcia. O antigo aramaico era a *língua franca* do Oriente Médio no primeiro milênio a.C., até os tempos cristãos, e era usado em Israel desde o século VIII a.C. junto com o hebraico (após a volta dos "judeus intelectuais" do exílio da Babilônia, o aramaico dominou a língua falada do dia a dia, até a época da revolta dos hasmoneans quando o hebraico voltou a ser falado). Eric Peet observa, em sua obra *Egypt and the Old Testament* [O Egito e o Antigo Testamento],[405] o paradoxo de que nenhum colonizador vindo de Israel antes de 525 a.C. teria escrito em hebraico antigo, já que a comunidade de Elefantine escrevia e se comunicava em aramaico.

Eles praticamente não usavam nomes aramaicos e tinham quase em sua maioria antes de 586 a.C. nomes pagãos não hebraicos. Eles organizavam-se em *degels*, ou agrupamentos sociais, em linhas semelhantes às usadas em Qumran.

Assim como seus ancestrais, que chegaram no Egito como pastores, eles também cuidavam de rebanhos. Muitos deles eram financeiramente membros da classe mais alta, bem providos e donos de propriedades, capazes de ter quantias em ouro, prata e o cedro libanês da mais alta qualidade para decorar o templo. Os trabalhos em seu templo incluíam oferendas de refeições e incenso, mas parece não terem existido ofertas de holocaustos.[406]

Seu templo em si é um mistério, já que sua própria existência é bastante irregular. Na compreensão convencional, ele simplesmente não deveria estar onde estava. A comunidade construíra, a grande custo, seu próprio e magnífico templo de adoração[407] — algo muito incomum para alguém de fora de Jerusalém em qualquer época, e certamente após o rei Josias (*c.* 640 - 609 a.C.) ter proibido a construção de um templo em qualquer lugar que não Jerusalém. O templo é datado de no mínimo século VII a.C.,[408] impedindo qualquer possibilidade de que a comunidade sacerdotal militarista em Elefantine tivesse derivado da dispersão babilônica.

Infelizmente, apesar de intensos trabalhos arqueológicos das equipes de alemães e franceses, que ainda estão sendo realizados, a exata localiza-

---

405. T. Eric Peet, *Egypt and the Old Testament* [O Egito e o Antigo Testamento] (Liverpool: The University Press of Liverpool, 1922).
406. A. Vincent, *La Religion des Judeo-Arameens d'Elephantine* (Paris: P. Geuthner, 1937).
407. A. E. Cowley, *Aramaic Papyri of the Fifth Century BC* [Papiros Aramaicos do Século V a.C.] (Oxford: Clarendon, 1923).
408. "Elefantine", *Enciclopédia Judaica* (Jerusalem: Keter Publishing House, 1992). Veja também Peet, *Egypt and the Old Testament* [O Egito e o Antigo Testamento].

ção do templo, em algum lugar na região judaica da ilha, ainda não foi descoberta. Sabe-se, a partir de descrições no papiro de Elefantine, que o templo era uma construção substancial com pilares de pedra, e que tinha cinco portões de entrada com portas curvadas de bronze. Seu tamanho e posição podem, grosso modo, ser deduzidos a partir das descrições de prédios adjacentes, e ele media 60 por 20 cúbitos (aproximadamente 30 por 10 metros). Bezalel Porten relaciona a proporcionalidade do templo com a do Primeiro Templo em Jerusalém (construído em *c.* 950 a.C.).[409] Ele presume que sua posição aparente ficava na direção de Jerusalém. Grande parte de suas deduções não passa de conjecturas, mas em minha análise particular da orientação do templo, acredito que a posição mais provável era, na verdade, norte-oeste-sul-leste, semelhante à do Grande Templo em Akhetaton.[410]

A ideia de que o Templo de Elefantine era inspirado no Templo de Salomão pode, afinal, ter sido exatamente ao inverso! O Templo de Elefantine pode muito bem ter sido baseado nos desenhos egípcios, visto que suas dimensões apresentam as mesmas proporções do Templo em Akhetaton — 3:1, comprimento por largura. No entanto, para qualquer comunidade judaica que tenha surgido em Canaã, após o Êxodo, ter construído um templo fora dos limites da "Terra Santa" depois que o Primeiro Templo já havia sido edificado (de acordo com as instruções únicas e específicas de Deus) teria sido algo inimaginável.

Foi somente quando rivalidades surgiram, muito tempo depois na história de Israel, que alguém contemplaria a ideia de erguer um templo em qualquer outro lugar que não em Jerusalém. A implicação inevitável é que o Templo em Elefantine deve ter sido erguido antes do Templo de Salomão de *c.* 950 a.C., e que a comunidade original religiosa militarista de Elefantine deve ter se estabelecido, no mínimo, antes de 950 a.C.

Michael Chyutin, em seu estudo do Pergaminho da Nova Jerusalém de Qumran, publicado em 1997, confirma minhas suspeitas quando conclui que a cidade construída pela comunidade pseudo-hebraica na ilha de Elefantine é uma cópia da planta da cidade de Akhetaton. As ruas têm nomes parecidos, e as estruturas dos prédios possuem características especiais semelhantes às de Akhetaton. Apesar de haver similaridades no desenho em Elefantine com outras cidades de planta ortogonal do antigo Egito, as características essenciais são unicamente comparáveis a Akhetaton.[411]

---

409. Porten, *Arquivos de Elefantine*.
410. Ibid. Porten indica a posição relativa do Templo em relação a várias casas adjacentes. Se o Templo estava alinhado na posição norte-oeste-sul-leste, a casa de Jezaniah ben Uriah e Mibtahiah estaria ao noroeste do Templo, conforme indicado nos papiros em aramaico.
411. Michael Chyutin, "O Pergaminho da Nova Jerusalém de Qumran — uma Reconstrução Geral", *Journal for the Study of the Pseudepigrapha*, Suplemento 25 (Sheffield: Sheffield Academic Press, 1997).

Os habitantes da comunidade seguiam os costumes legais, fiscais e sociais egípcios — fundamentalmente diferentes dos hábitos de Israel — e sua religião era bastante distinta da forma principal do Judaísmo. Eles tinham um conceito de um "Maat" personificado e os princípios de comportamento religioso rememorativos dos ideais egípcios discutidos no Capítulo 5. Em questões legais, por exemplo, o contrato de matrimônio conferia posições iguais, e em alguns casos direitos superiores, à esposa; usavam frases egípcias; e era típico daquele existente no Egito no século XII a.C. As mulheres também tinham direitos iguais na dissolução. Essas liberdades eram bastante contrárias ao costume judeu. Nenhum contrato de matrimônio escrito chega a ser mencionado no Antigo Testamento, e a lei judaica dá poder de dissolução somente para o marido.

Há também exemplos, nos papiros de Elefantine, dos interesses disfarçados em dívidas de alto valor. Esse tipo de prática é estritamente contra a lei dos judeus.[412]

O estilo literário dos papiros legais e outros aramaicos é muito diferente do encontrado nos textos da Terra Santa, e muito mais antigos em sua origem do que o tempo em que foram escritos. Reuven Yaron não consegue encontrar explicação sensata dessa característica e prefere deixar a questão em aberto:

> É típico do estilo formulário egípcio, por muitos séculos antes dos papiros em aramaico, que obrigações de vendas sejam expressas em *ex latere venditoris* (do ponto de vista do vendedor).[413]

Em 407 a.C., a comunidade de Elefantine escreveu para o governador persa de Jerusalém, Bagoas, relatando que seu templo havia sido destruído três anos antes por agentes dos sacerdotes egípcios vizinhos de Khnum, durante a ausência do governador persa local. Sua carta dizia que o templo

---

412. Apesar da má interpretação atual de que os judeus costumam reagir com interesse punitivo em relação a pessoas que lhes devem dinheiro — um conceito errôneo perpetuado pelas farsas de Shylock no *Mercador de Veneza* — a falácia desse preconceito passou a ser de meu conhecimento quando estava no meio de um processo de compra de uma propriedade. O contrato de troca voltou da posse dos advogados do vendedor sem a cláusula usual de juros pagáveis no caso do meu não cumprimento do pagamento completo. Perguntei aos advogados se o vendedor havia cometido algum engano, visto que tal exclusão obviamente seria uma vantagem do comprador. Eles voltaram com a resposta de que o vendedor era um judeu ortodoxo e que não tinha permissão de cobrar juros por dinheiro devido. A lei judaica, assim como a islâmica, não apóia a cobrança de juros embora o Antigo Testamento seja ambivalente nesse assunto.
413. Yaron, *Introduction to the Law of the Aramaic Papyri* [Introdução às Leis dos Papiros Aramaicos].

havia sido " (...) construído nos dias dos reis do Egito, e quando Cymbyses [o rei persa Cyrus II, c. 525 a.C.] marchou para dentro do Egito, encontrou o templo já construído".⁴¹⁴ Ao mesmo tempo, eles também escreveram pedindo ajuda para reconstruir seu templo, aos filhos de Sanballat, governador da Samaria. Esse é outro enigma — porque Sanballat havia sido, de modo adamantino, contrário à construção de um templo em Jersusalém, e ainda mais no Egito, e seus filhos não teriam de forma alguma possibilidade de influenciar o sumo sacerdote em Jerusalém. A resposta é simplesmente que a comunidade de Elefantine não era composta pelos judeus "diásporas", e eles não tinham ideia do que se passava em Israel.

Outro texto narra a respeito do rei persa Darius II, em 419 a.C., concedendo à comunidade permissão para sediar uma festa do "Pão Ázimo" junto a instruções de como organizá-la. O Festival do Pão Ázimo é o Festival da "Páscoa" — quando o povo judeu se lembra de sua fuga milagrosa da escravidão no Egito. A clara implicação dessas cartas é que a comunidade em Elefantine não tinha antes o costume de comemorar, e não sabia *como* celebrar, o Êxodo do Egito, porque jamais havia deixado aquele país.

A. E. Cowley, responsável pela maior parte do trabalho de tradução dos papiros em aramaico, chegou a dizer que "O Pentateuco, tanto em seus aspectos históricos quanto legais, era desconhecido no século V para os judeus de Elefantine."⁴¹⁵

Um testemunho bíblico também valida a antiga existência da comunidade. O profeta Amós, que viveu de 783-743 a.C., muito tempo antes das dispersões assírias, diz:

> "Não sois vós para comigo como filhos dos etíopes, ó filhos de Israel? diz o Senhor (...)"⁴¹⁶

Amós 9:7

Há ainda outras duas pistas convincentes, que costumam indicar uma presença tribal "hebraica" em Elefantine muito antes de 750 a.C. e valem a pena ser analisadas. A famosa "Elefantine *Stela*", datada de *c.* 1186 a.C., no tempo do faraó Sethnakhte, fala de uma facção egípcia rebelde que subornou alguns "asiáticos" com prata, ouro e cobre para ajudá-la em seu complô contra o faraó no comando. Seriam esses "asiáticos" alguns dos habitantes da colônia em Elefantine? É possível também imaginarmos se, ao adotar o nome *nakht* em seu título, esse faraó em especial não estaria

---

414. Porten, *Arquivos de Elefantine*.
415. Cowley, *Aramaic Papyri of the Fifth Century B.C.* [Papiros Aramaicos do Século V a.C.].
416. A citação é da Nova Bíblia em Inglês. A terra de Cush começava no antigo Syene, na região de Yeb (ilha de Elefantine), e estendia-se até o sul na Núbia, atual Etiópia.

fazendo uso de uma aliança com José e sua forma de monoteísmo; o José que, como sugeri anteriormente, era vizir em Akhetaton e que carregava o título de *nakht*?

A segunda "pista documentária" está bem guardada no Museu do Brooklyn, Nova York. É um dos papiros de Elefantine que um certo Anani B. Azariah escreveu como uma forma de endosso de um "Documento de uma Casa". Ele tem dois carimbos, um deles é o escaravelho (anel desenhado) de Tutmoses III, faraó da Décima Oitava Dinastia, datado de cerca de 1.000 anos antes do tempo da escritura do papiro de Azariah.[417] Por que um membro da comunidade de Elefantine estaria fazendo uso de um carimbo da Décima Oitava Dinastia, a menos que ele tivesse alguma associação com os membros da família Amenhotep? Um carimbo que Akhenaton, como descendente familiar direto de Tutmoses III, podia muito bem ter em sua posse.

Apesar de mais tarde a comunidade de Elefantine aparentemente ter boas relações com seus primos distantes em Israel e ser correspondida, venerar Javé (o Deus dos hebreus) junto a Astarte e Ashambethel indica que sua versão não havia sido reimportada do Judaísmo mosaico, mas era uma versão transmutada da forma original do Judaísmo egípcio que fora corrompida pela proximidade com o paganismo.

Há, no entanto, algumas evidências que mitigam contra parte dessa teoria, sendo que uma delas pode ser encontrada no museu de Israel, um enorme complexo de construções disposto em 22 acres no coração de Jerusalém. Localizado na lateral de uma montanha, o Museu está construído de maneira imperial, proporcionando uma vista panorâmica do prédio do Knesset israelita (o Parlamento) à sua frente, à esquerda da Universidade Hebraica, e à direita, o Mosteiro da Cruz ou Mosteiro das Cruzadas, que fica no vale da Cruz. As construções do museu envolvem o Museu Bezalel de Belas Artes, o Santuário do Livro (que abriga muitos dos Manuscritos do Mar Morto), o Jardim de Arte da Rosa e o Museu Bíblico e Arqueológico. Neste último prédio, há inúmeros exemplos de objetos egípcios — pequenas ofertas votivas de um templo do período hyksos —, encontrados na margem ao norte de Haifa em Nahariya, e exemplos de cerâmica egípcia atribuídos ao início do terceiro milênio a.C., encontrados em Tell Eirani e Tell Arad.

Entretanto, há fortes evidências da influência egípcia, muito tempo depois do Êxodo, na forma de uma coleção de objetos usados em cultos que incluem manequins no estilo "Astarte" do período da destruição do Primeiro Templo. A deusa Astarte era, portanto, um adendo persistente à veneração de um deus pelos hebreus muito tempo depois de terem chegado à Terra Prometida.

---

417. Porten, *Arquivos de Elefantine*.

Outras ideias podem ainda ser analisadas quanto ao fato de manterem Astarte sendo venerada ao lembrarmos novamente do período do pai de Akhenaton, Amenhotep III. As conquistas da Síria pelo Egito resultaram na incorporação de certos deuses assírios no panteão dos egípcios. Um deles era "Ishtar", uma deusa da vida e da boa saúde. Ishtar é comparada à deusa Astarte, e o afeto de Amenhotep III por essa deusa poderia explicar a contínua afinidade da seita de Elefantine dessa divindade. Em seus últimos anos de doença, quando estava em seu 36º ano de reinado, Amenhotep III fez um pedido urgente a seu sogro, o príncipe Tusratta de Mitanni, para que lhe enviasse uma estátua de "Ishtar de Nineveh".[418]

Pode parecer dicotômico imaginarmos uma crença em um deus aliada ao costume contínuo de adorar antigos deuses. Isso não seria algo contrário à filosofia da mente egípcia da época. Para eles, tudo era visto como um processo ininterrupto de entidades que cuidavam de seu interior e quando uma possível mudança era contemplada, isso podia ser visto não como uma forma de invalidação, ou até mesmo de conflito, de antigas crenças. Mais parecido com o debater-se das pernas de uma galinha logo depois que suas cabeças despontam na casca, seria esperarmos demais que uma lavagem cerebral pudesse acontecer — de repente deixando de lado todo seu conhecimento, superstições e crenças anteriores.

Não seria nada inimaginável, portanto, que deusas como Astarte, uma das prediletas da facção de Amenhotep, conseguissem sobreviver em paralelo ao monoteísmo. Um certo grau de precipitação era inevitável, e há diversos exemplos posteriores ao Êxodo. A criação de um Carneiro Dourado para ser idolatrado, enquanto os hebreus esperavam no deserto pela volta de Moisés com os Dez Mandamentos do Monte Sinai, era um reflexo compreensível de um povo que, por milhares de anos, esteve em contato com essas práticas.

Um estudo detalhado da forma de adoração que era seguida em Elefantine foi feito por E. Maclaurin, em 1968, na Universidade de Sydney, Austrália. Ele concluiu:

> (...) que era de uma forma que não poderia ter existido em um grupo hebraico que estivera exposto às influências de Sinai e Canaã após a colonização.[419]

Em outras palavras, Maclaurin invalida qualquer possibilidade de a comunidade de Elefantine ter vindo de fora do Egito depois do Êxodo, sendo ainda mais remota a chance de ter derivado do tempo de Salomão e dos reis de Israel.

---

418. A. Knudtzon, *Deir El-Amarna — Tafeln* (Leipzig: 1915).
419. E. C. B. Maclaurin, "Data da Fundação da Colônia Judaica em Elefantine", *Journal of Near Eastern Studies*, Vol. 27 (Chicago: University of Chicago Press, 1968).

A Ilha de Elefantine e Akhetaton

As principais semelhanças entre a vida religiosa em Elefantine e em Akhetaton podem ser resumidas, lembrando sempre que para uma comunidade "desgarrada" de sacerdotes e seus seguidores ter sobrevivido por tanto tempo, às vezes isolada mas em épocas posteriores cercada por divindades egípcias conflitantes sendo adoradas, não pode ter sido algo fácil. Seu bem-estar e segurança originais seriam fortalecidos por soldados hebreus, mas uma aquiescência estratégica dos costumes locais pode ter se tornado uma necessidade, visto que a ilha em si ficara mais habitada e desenvolvida em um centro de adoração de um deus com cabeça de carneiro e enfeitado com plumas, Chnemu, que criara o homem do barro em um torno de oleiro.

- O templo da comunidade tinha a mesma proporção do Grande Templo em Akhetaton, e sua posição parecia ser a mesma.
- Não há indicações de sacrifícios holocaustos sendo realizados. Ofertas eram parecidas com as feitas em Akhetaton.
- Homens e mulheres tinham posições iguais no casamento.
- A monogamia parecia ser a regra.
- Sua fraseologia na escrita era similar à do texto contemporâneo em Akhenaton.
- Eles se comunicavam por meio do aramaico, a *língua franca* sucessiva no Egito à língua usada em Akhetaton.

A conclusão final deve ser que a comunidade sacerdotal pseudojudaica que existiu em Elefantine, na extremidade sul do Egito, exibia muitas atitudes religiosas dos antigos hebreus, mas também havia muitas diferenças da religião principal israelita para terem derivado suas crenças originais de uma fonte comum. Essa fonte, porém, não vinha de Israel depois do Êxodo, mas de um Egito monoteístico de Akhenaton.

Quando os sacerdotes banidos de Akhetaton fugiram em busca de um lugar seguro, eles fizeram aquilo que, em retrospecto, pode ser visto como uma escolha sensata — uma parte remota do Egito, relativamente desconhecida e inacessível para seus perseguidores. Essa era também uma escolha lógica — um lugar "desbravado" pelo grande avô de Akhenaton, Amenhotep II, no qual talvez pudessem encontrar um local isolado mais conhecido dele do que de qualquer outra pessoa que vivia no Egito naquela época.[420] Que melhor lugar para os sacerdotes de Akhetaton fugirem, acompanhados por um grupo de guarda-costas hebreus que José poderia ter

---

420. Sucessos militares de Amenhotep II expandiram o império egípcio como nunca antes, chegando ao sul do Sudão, além de qualquer outro faraó, muito além das fronteiras das Cataratas do Sul.

ajudado a alistar, para protegê-los durante sua jornada tão perigosa? Para uma terra que fazia fronteira com Cush, nas partes mais extremas do Império Egípcio, com as cataratas do Nilo proporcionando ainda uma proteção extra.

Se minhas suposições estiverem corretas, a seita sacerdotal de Akhetaton e seus guarda-costas hebreus chegaram à ilha de Elefantine por volta de 1330 a.C., ainda trazendo alguns dos tesouros do Grande Templo em Akhetaton. Esse foi um lugar onde as ideias da família Amenhotep podiam ainda ser sentidas. Por algum tempo, foi ali que o grupo de sacerdotes em fuga se escondeu até que a crise começou a desaparecer.

Foi dessa terra de Cush que Moisés, 150 anos depois, tomaria uma esposa e seria educado de acordo com as leis do sacerdócio de seu sogro — em um enclave do monoteísmo. Na época em que Moisés esteve "na terra do Kush", por volta de 1240 a.c., a interação com a comunidade de Elefantine teria reforçado suas ideias radicais já estabelecidas do monoteísmo. Quando deixou o Egito pela última vez, conduzindo os filhos de Israel rumo à Terra Prometida, Moisés talvez tenha levado alguns dos sacerdotes de Akhetaton e seus guarda-costas hebreus. Eles, por sua vez, tornaram-se os guardiões naturais dos tesouros sagrados, a Arca da Aliança... e de muitos segredos.

Moisés levou as crenças fundamentais do Judaísmo egípcio para o deserto e pôde, assim, aperfeiçoá-las e expandi-las durante os 40 anos de caminhada junto aos Dez Mandamentos, e os outros 603 Mandamentos que definiam como um judeu devia viver e portar-se. Esses aperfeiçoamentos não estiveram disponíveis para a comunidade de Elefantine até que restabeleceram contato com seus compatriotas ancestrais na Terra Santa durante o tempo das conquistas persas.

Naturalmente, deve existir um elemento de conjectura na sequência de eventos que sugiro, mas eles sem dúvida correspondem aos fatos conhecidos de maneira mais simples do que qualquer outra teoria. Eles também nos dão uma explicação de como os profetas Isaías e Amós sabiam — por intermédio de Moisés — da existência de um posto religioso no sul do Egito, principalmente por não existir contato entre esse posto e Israel até o século V a.C.

Essa teoria também explica com perfeição o estranho mistério do porquê da existência de uma colônia no estilo judaico em Elefantine: por que, quando os persas conquistaram o Egito e chegaram em Elefantine, por volta de 525 a.C., eles descobriram essa peculiar comunidade religiosa que adorava o mesmo deus invisível dos hebreus. Eles tinham seu próprio templo, mas seguiam uma forma bastante diferente do Judaísmo de Israel. Por que eram tão ricos e foram capazes de mobiliar seu templo com ouro, prata e materiais preciosos? Por que eles pareciam não celebrar a Páscoa ou conhecer as leis orais ou a Torá? Por que seus costumes legais, fiscais e sociais eram predominantemente egípcios — datados de pelo menos a época de Akhenaton — e por que se comunicavam em aramaico e não em hebraico?

A coisa mais fascinante com relação a esse povo perdido é que, quando o conhecimento de sua versão do Judaísmo monoteístico do século V a.C. chegou até nós por meio dos papiros em aramaico, ele divergia de seu objetivo final somente nos aspectos que poderíamos esperar no caso de eles não ter vivido os desenvolvimentos do período egípcio pós-Êxodo em suas crenças.

Embora a comunidade tenha eventualmente desaparecido da ilha de Elefantine, uma forma da presença judaica no Egito continuou a existir até o século XIII d.C., conforme demonstrado na coleção do "Genizah do Cairo", e até os dias de hoje.

Resta ainda a difícil pergunta: "O que aconteceu com os judeus de Elefantine depois do século V a.C.?" Não acreditamos que eles pudessem ter sido chacinados por seus inimigos, mas, depois de 410 a.C., não estavam mais no local. Teriam eles simplesmente desaparecido?

Com a volta do poder egípcio para a região depois do enfraquecimento da influência persa, talvez a comunidade tenha sido ameaçada pela população indígena. Os egípcios podem muito bem ter determinado colocar em prática sua vingança em um enclave estrangeiro que viam como aliado de seus antigos conquistadores — uma comunidade que, além de tudo, agora se correspondia com os primos estrangeiros em outra terra. Em um passado não muito distante, eles tinham buscado refúgio viajando para o sul. Seria possível que os pseudojudeus de Elefantine tivessem agora caminhado mais para o sul em busca de mais segurança? Eu acredito que a resposta seja sim, sem dúvida.

Ao sul da região de Aswan, além das fronteiras do Egito, está a maior parte da terra bíblica de "Cush" ou "Kush", também citada anteriormente como "Núbia". Ainda mais ao sul, temos "Meroe", atual região norte do Sudão, e a "Abissínia", atual Etiópia.

Se a partida da comunidade de Elefantine se deu por *force majeur*, ou como uma estratégia de retirada mais controlada, teríamos uma indicação da possibilidade de terem sido obrigados a esconder às pressas quaisquer tesouros de Akhetaton ainda em sua posse, que fossem grandes demais para levar com eles, ou pelo menos para que conseguissem levar tudo que tinham. Se escolheram esse lugar para deixar seus bens, novas e mais profundas escavações no local da região judaica na ilha de Elefantine ou em lugares previamente conhecidos de seus ancestrais — os sacerdotes de Akhetaton — deveriam ser realizadas. É certo que a área já foi extensivamente escavada, em especial por arqueólogos alemães, e até agora nada revelou dos tesouros descritos no Pergaminho de Cobre; no entanto, existe um lado positivo nessa história. Isso pode significar que o restante do tesouro dos sacerdotes de Akhetaton, se é que seus sucessores ainda estavam de posse dele, viajaram com os membros remanescentes da comunidade quando ela partiu para a Etiópia.

Cush e Além do Lago Tana

O pequeno grupo de viajantes que fez a longa jornada possivelmente usou a famosa rota seguindo o vale do rio na direção sul, paralela à catarata, chegando novamente ao rio em Konosso, de onde navegações rio acima eram relativamente desimpedidas até a segunda catarata em Wadi Halfa e além. Ou talvez utilizou a rota que cruzava o deserto a oeste. Por fim, provavelmente ainda carregando seu tesouro, teria viajado pela Núbia até o lago Tana, na atual Etiópia, onde seus descendentes — os falashas — permaneceram até o século XX, ainda praticando uma forma da religião hebraica. A ilha que eles colonizaram, antes conhecida como Debra Sehel, é hoje chamada de Tana Kirkos.[421]

Esse é o lugar onde alguns dos descendentes dos sacerdotes de Akhetaton se estabeleceram e esconderam seus tesouros restantes, onde descendentes tomaram esposas que faziam parte do povo de Cush e espalharam seus costumes religiosos e sua sabedoria entre a população indígena, mantendo-se ainda isolados como uma comunidade estrangeira "falasha".

Se essa comunidade residual era seguidora do akhenatismo que fugira pelo Nilo chegando na Etiópia, podemos esperar encontrar algum tipo de manifestação dos princípios monoteístas que existiram em Elefantine por um certo período, ou até mesmo que tenha sobrevivido até os dias de hoje, na região do lago Tana. Essas expectativas não são de forma alguma em vão.

A comunidade do Lago Tana tinha costumes e práticas semelhantes aos da comunidade pseudojudaica de Elefantine, refletindo um povo que não participava da principal forma de Judaísmo de Canaã. Eles também não possuíam nenhuma forma de conhecimento pós-mosaico, das Leis Orais ou o conhecimento dos festivais mais importantes. Assim como os essênios, eles não comemoravam o Purim nem realizavam as cerimônias relacionadas à dedicação ao Templo.

Até hoje existe um pequeno grupo de judeus "falasha" na Etiópia — um grupo resíduo dos muitos que agora migraram para a atual Israel. Vi-

---

421. A área do lago Tana sofreu poucas alterações nos últimos 2 mil anos e é possível visualizarmos o cenário que deve ter confrontado os cansados viajantes do Egito. O som das quedas d'água do Nilo Azul, onde as águas do lago Tana caem, enche o ar úmido com um rugido ensurdecedor, como o de mil leões de Judá, e uma tribo Amhara até hoje é vista remando suas frágeis canoas de junco de papiros para cruzar o lago, assim como o vem fazendo durante todo o último milênio. Ao norte do lago vemos a fortaleza com torres do castelo Gondar, com a imensa beleza azul do lago Tana aos seus pés. A ilha teria sido capaz de proporcionar abrigo aos refugiados de Elefantine, e uma segurança extra contra os saqueadores — um lugar para onde podiam levar sua crença divinamente inspirada em um Deus e adorá-lo em um estado purificador, lavados pelas águas límpidas e puras do lago.

viam originalmente ao norte do lago Tana, na região norte da Etiópia, próxima às montanhas Choke. É exatamente na mesma época que a comunidade de Elefantine não pôde mais ser identificada que a existência dos falashas na Etiópia se torna perceptível. Seria possível que os descendentes dos sacerdotes da cidade de Akhetaton, mais tarde conhecida como "Amarna", finalmente tivessem se estabelecido ali? Será apenas mais uma coincidência que a área próxima ao lago Tana seja ainda hoje conhecida pelo nome de "Amhara"? Eu acredito que não.

Estamos agora, porém, caminhando pelos aspectos religiosos e culturais de um povo que foi, acredito, duas vezes removido geograficamente de sua fonte original de inspiração em Akhetaton, no norte do Egito, e "corrompido" por séculos de influências de outras religiões e culturas. Se existem quaisquer associações que são exclusivas dos falashas, da comunidade de Elefantine e do akhenatismo, e diferentes da forma israelita normativa do Judaísmo, elas serão muito significativas e difíceis de ser explicadas, a não ser como confirmação de uma ancestralidade religiosa comum.

Como essa comunidade pseudojudaica chegou na Etiópia é, para a maioria dos historiadores, algo ainda cercado de mistério. Há três principais teorias que tentam explicar suas origens e sua chegada. Uma medida da confirmação dessas teorias pode ser compreendida por meio da avaliação de como o Judaísmo dos falashas difere do Judaísmo normativo, e se essas diferenças apresentavam associações com o pseudojudaísmo de Elefantine, com o akhenatismo e talvez, com a forma única de Judaísmo dos Essênios de Qumran e *seus* paralelos com o akhenatismo. As principais teorias sugerem que os falashas:

- estão relacionados aos judeus que viajaram do Iêmen ou do sul da Arábia;
- são descendentes do tempo do rei Davi, ou do rei Salomão, ou do rei Manasseh;
- estão relacionados aos judeus que viajaram pelo Nilo vindos do Egito.

Iêmen e Sul da Arábia

Evidências históricas nos oferecem uma certeza bastante razoável de que uma forma de Judaísmo foi suficientemente disseminada na Etiópia antes da chegada do Cristianismo no país no século IV d.C. Algumas fontes confiáveis[422] colocam essa presença ocorrida na chegada dos judeus do sul da Arábia pouco depois de 70 d.C. e estimam que os falashas estiveram ali cerca de 2 mil anos antes. Há, porém, uma diversidade de opiniões quanto à possibilidade de os falashas serem etíopes "convertidos" por judeus das dispersões, ou o resultado de uma assimilação.

---

422. Gilbert, *Atlas da História Judaica*; veja também "Elefantine", *Enciclopédia Judaica*.

O professor Clapham, da Universidade de Lancaster, Inglaterra, acredita ser extremamente duvidoso que os falashas "possam ser considerados descendentes de qualquer parte dos judeus da dispersão, ou até mesmo autênticos judeus conversos".[423]

As Teorias de Davi, Salomão e Manasseh

Algumas lendas falam de Salomão e do filho da rainha de Sheba, o príncipe Menelik, migrando para a Etiópia com um grupo de israelitas, incluindo sacerdotes e levitas, por volta de 900 a.C. Nessa mesma época, dizem que ele teria, de modo sorrateiro, pegado a Arca da Aliança e as Tábuas da Lei de Jerusalém e as levado para a então capital da Núbia (comparável à Etiópia), Aksum.

Para ter conseguido levar os objetos sagrados sem que ninguém notasse ou registrasse, o acontecimento parece um tanto fantasioso. Contudo, lendas desse tipo invariavelmente contêm um elemento, ou, no mínimo, uma semente de verdade e ela, em específico, oferece-nos uma sustentação adicional à ideia de que sacerdotes, levitas e hebreus estavam entre os ancestrais dos falashas.

Existem muitas outras lendas, incluindo uma de que membros das tribos de Dan, Naphtali, Gad e Asher deixaram Israel durante o espaço de tempo entre o filho de Salomão, Rehoboam, e Jeroboam e viajaram pelo Egito e em seguida para Cush.[424]

Graham Hancock, em seu livro *The Sign and the Seal*, sugere que os ancestrais dos falashas fugiram de Israel na época do "malvado" rei Manasseh, c. 650 a.C., levando a Arca da Aliança, e construíram um templo em Elefantine para abrigar a Arca. Ele propõe que, então, levaram a Arca quando fugiram novamente para a Etiópia por volta de 400 a.C. Entretanto, a hipótese é baseada na ideia de que os sacerdotes levitas levaram a Arca do Primeiro Templo em Jerusalém para evitar que continuasse "no mesmo lugar que o ídolo Asherah".[425] A hipótese fica bastante instável quando consideramos que Astarte parecia ser venerada junto a Javé no Templo de Elefantine.

Nos tempos modernos, o antigo líder da Etiópia, o imperador Haile Selassie, que se intitulava o "Leão de Judá", afirmava possuir descendência direta do rei Davi. Essa afirmação pareceria implicar que os judeus estiveram na Etiópia por pelo menos 3 mil anos!

---

423. Christopher Clapham, "A Falácia dos Falasha", *The Times Literary Supplement*, 10 de setembro de 1993.
424. Conferência da América do Norte do Judaísmo Etíope, 1996.
425. Graham Hancock, *The Sign and the Seal* (London: Mandarin, 1993).

As Teorias "Ao Longo do Nilo"

Relatórios mais concretos são oferecidos pelos historiadores gregos Heródoto, Eratosthenes e Strabo,* sendo que todos eles confirmam que, durante a ocupação persa do Egito, um número expressivo de pessoas, provavelmente mercenários aramaicos, da região do assentamento no estilo judaico em Elefantine, migrou para a Etiópia entre 594 e 589 a.C.[426] Quando a comunidade de Elefantine finalmente "desapareceu", por volta de 420 a.C., o que seria mais natural do que os sobreviventes terem seguido o caminho de seus predecessores (com quem eles poderiam inclusive ter mantido contato) até a Etiópia?

Essas lendas, junto de referências em Isaías 18:7 e Sofonias 3:10, costumam confirmar que a comunidade dos falashas surgira antes do período do exílio babilônico. Quaisquer possibilidades de os falashas fazerem parte das "dispersões" são refutadas pelos mesmos argumentos que anteriormente usei para as teorias das "dispersões" assírias e babilônicas em relação a Elefantine, porém ainda mais convincentes por causa da distância desses locais.

Portanto, aqui vemos uma comunidade na Etiópia, que suponho ter sido tirada da mais avançada sociedade no mundo e repentinamente transplantada para um ambiente relativamente não civilizado. Não seria nada inacreditável descobrirmos que, com sua base de conhecimento superior, eles tivessem causado um efeito profundo no desenvolvimento da sociedade etíope. Na verdade, seria natural esperarmos que tenha sido isso exatamente o que aconteceu.

Apesar de um grupo partidário de falashas e hebreus ter se mantido devoto e fiel a suas crenças ao longo dos séculos, sua influência no povoado vizinho de "Amhara" e sua cultura possibilitaram que dominassem todo o país. Sua língua com base na dos semitas, que é ainda falada por 50% dos etíopes, tornou-se o idioma principal do país.[427] Quando o Cristianismo finalmente chegou, no século IV, encontrou os ensinamentos no estilo hebraico tão fortemente arraigados na sociedade da Abissínia que se viu obrigado a adotar muitas práticas pseudojudaicas. Até mesmo nos dias de hoje, a Igreja etíope segue muitos costumes judaicos, incluindo a circuncisão, uma forma de *Sabbath* e leis de restrições alimentícias semelhantes às da Torá.

---

* Viveram *c.* 485-424 a.C., *c.* 276-194 a.C. e 60 a.C.-21d.C., respectivamente.
426. David Kessler, *The Falashas — A Short History of the Ethiopians Jews* [Os Falashas — uma Breve História dos Judeus Etíopes] (London: Frank Cass, 1996).
427. Lionel Bender, *The Non-semitic Languages of Ethiopia* [As Línguas não Semitas dos Etíopes] (Centro de Estudos Africanos, Michigan State University, 1976).

Há, porém, muitas diferenças na forma do Judaísmo praticada pelos etíopes daquela praticada pelos da linha principal na época do rei Davi (ou desde então), e há, na verdade, fortes ligações com o tipo de Judaísmo prevalente na região de Elefantine. Com exceção de um punhado de palavras, os falashas não falam o hebraico, mas sim os dialetos de seus vizinhos. Sua religião está baseada em uma observância essencialmente literal das injunções do Antigo Testamento. Eles nada sabem a respeito das escrituras hebraicas posteriores à Bíblia.

Seus sacerdotes liam escrituras redigidas no antigo idioma dos etíopes e ofereciam sacrifícios em seus festivais bíblicos. Assim como os Essênios de Qumran, eles não seguiam os festivais do Chanukah ou do Purim. Não tinham conhecimento algum do hebraico como idioma. Grupos de sacerdotes viviam em comunidades monásticas, observando cerimônias de purificação especialmente rigorosas. A lavagem e a imersão ritual eram parte essencial do regime dos falashas, bem como o sacrifício de animais. A vida em família era estritamente monogâmica, e a circuncisão era realizada em filhos do sexo masculino no oitavo dia após seu nascimento. Ainda mais importante, as esposas tinham direitos iguais aos dos maridos no casamento, exatamente como na comunidade de Elefantine.

A Bíblia seguida hoje pelos falashas foi traduzida não do hebraico, mas de uma versão do original *Septuagint* grego, composto por volta do século V d.C. Ele é escrito em um antiga forma clássica etíope Ge'ez, assim como uma série de manuscritos particulares dos falashas, como, por exemplo, seus "Preceitos do *Sabbath*" e o "Livro dos Anjos". São fortemente influenciados pelos Livros dos Jubileus e de Enoch — que ligam seus antecedentes de muito tempo antes do rei Davi — e que também eram de grande importância para os Essênios de Qumran.

Celebram um festival de novembro chamado *Seged*. Ele envolve uma "peregrinação" ou procissão na qual membros da comunidade carregam pedras até o topo de uma colina, como um ato de contrição, colocam-nas em um círculo ao redor dos sacerdotes e recitam orações. Três vezes durante o dia, mãos cheias de sementes são colocadas sobre as pedras para celebrar seus mortos e para que os pássaros possam comer. Ao voltar para sua "sinagoga", fazem orações sobre o pão e a cerveja.[428]

O festival parece ser único, embora um estudioso, Shoshana Ben-Dor, relacione o *Seged* ao Festival da Reparação realizado pelos Essênios de Qumran.[429] Há outra ligação com os Essênios de Qumran que, eu acredito, possa ser de grande importância. No cemitério em Qumran, em sua

---

428. Wolf Leslau, *Falasha Anthology* [Antologia dos Falashas] (New Haven: Yale University Press, 1951).
429. Shoshana Ben-Dor, *The Religious Background of Beta Israel: Saga of Aliyah* (Jerusalem: 1993).

extremidade ocidental, há um grupo de três tumbas que são diferentes dos outros tipos até agora escavados. Um dos corpos nessas tumbas foi encontrado como tendo sido enterrado (diferente das outras em Qumran) em um caixão de madeira. As tumbas estão marcadas por um "círculo de pedras".[430]

Tumba KV55

Isso me leva a outro mistério que vale a pena ser mencionado nesse ponto, relacionado ao corpo citado anteriormente que foi enterrado sob o "círculo de pedras".

O corpo de Akhenaton jamais foi identificado de maneira positiva, apesar de seu sarcófago de granito vermelho fragmentado ter sido encontrado em Amarna. Uma tumba real, esculpida nos penhascos orientais, fora preparada para ele e sua esposa Nefertiti em Akhetaton, mas se ela chegou a ser ocupada, seus corpos não foram encontrados ali. Não se preocupe. Não irei sugerir que o corpo encontrado no cemitério em Qumran era o de Akhenaton! Havia um corpo na tumba real em Amarna, mas ele chegou a ser identificado como de uma das seis filhas do rei, Meketaten que morreu com aproximadamente 12 anos de idade.

Em 1907, uma tumba foi descoberta no Vale dos Reis, próximo a Tebas, que até hoje causa infinitas controvérsias. A tumba, hoje conhecida como KV55, fora preparada para Tiyi, a mãe de Akhenaton, mas o caixão trazia a insígnia de Akhenaton. O corpo na tumba provou ser o de um homem, com idade de cerca de 25 anos — jovem demais para ser o de Akhenaton. O consenso geral é que esse corpo era o de um faraó transitório, Semenkhkare, irmão de Tutankhamon. Sem entrarmos nas complexidades dos argumentos, parece que alguém, provavelmente Tutankhamon, providenciou para que os corpos de seus parentes reais fossem levados de Akhetaton (El-Amarna) e enterrados novamente em uma tumba mais perto de sua capital.

Quando o corpo na sepultura KV55 foi descoberto, o braço esquerdo estava curvado com a mão sobre o peito e o braço direito estava esticado com a mão sobre a coxa.[431] Essas posições das mãos eram comuns para os cadáveres de mulheres, mas não para os homens. Cadáveres reais do sexo masculino que são encontrados *in situ*, invariavelmente, têm suas mãos cruzadas nos pulsos e posicionadas sobre os peitos. Proponho aqui a observação e não professo ter uma explicação, mas o esqueleto encontrado em

---

430. Roland de Vaux, *Archaeology and the Dead Sea Scrolls* [A Arqueologia e os Manuscritos do Mar Morto] (Oxford: Oxford University Press, 1959).
431. Joyce Tyldesley, *Nefertiti — Egypt's Sun Queen* [Nefertiti — A Rainha do Sol do Egito] (London: Viking, 1998).

Qumran sob o "círculo de pedras" "estava deitado de costas, sua cabeça para o sul, a mão esquerda sobre a pélvis e a direita sobre o peito".[432]

O que podemos concluir a partir dos comportamentos e das crenças dos falashas, à luz de minhas suposições a respeito de suas origens? Suas características religiosas são uma mistura peculiar de uma forma seletiva do Judaísmo, com palavras descritivas cristãs locais e costumes pseudoegípcios. Muitas de suas práticas religiosas são, no entanto, totalmente consistentes com o akhenatismo:

- monogamia;
- direitos iguais para as mulheres;
- lavagem e purificação excessiva;
- circuncisão;
- imersão ritual;
- extrema reverência ao *Sabbath*.

E com as práticas dos Essênios de Qumran:

- a não observação do Purim e do Chanukah[433]
- um único Festival *Seged* comparável ao Festival da Reparação dos Essênios de Qumran;
- seus textos referem-se à luta entre os anjos da luz e os da escuridão.

Sacrifícios de animais são a única exceção óbvia dos ensinamentos de Akhenaton e podemos imaginar que a má interpretação surgiu das instruções acerca dos sacrifícios recebidas em Elefantine de Jerusalém em relação aos sacrifícios da "Páscoa", ou de suas posteriores leituras do Antigo Testamento traduzido no século V d.C.

Até a chegada do Cristianismo na Abissínia no século IV, quaisquer livros que os falashas possuíam não se referiam a nada além do tempo de Moisés. Isso ajuda a explicar por que eles não celebravam os Festivais judaicos do Chanukah (a nova dedicação do Segundo Templo, c. 164 d.C.) ou do Purim (Ester salvando os judeus da perseguição durante o período persa, antes de 330 a.C.). Eles teriam facilmente reconhecido as partes mais antigas da Bíblia (o Pentateuco) como sendo parte da própria história de seu povo e muito naturalmente teriam adotado uma versão (traduzida em Ge'ez), como seu próprio modelo religioso. Eles têm mantido essa fé até os dias de hoje.

---

432. De Vaux, *Archaeology and the Dead Sea Scrolls* [A Arqueologia e os Manuscritos do Mar Morto].
433. Judeus do Iêmen do outro lado do Mar Vermelho celebravam o Purim e o Chanukah. Os falashas também pareciam não comemorar o Festival de Succot (Tabernáculos).

Seus próprios manuscritos, versões que sobreviveram até os nossos dias, são outra questão. Elas podem muito bem ter origem de uma era mais antiga, anterior a qualquer contato com os mundos externos do Cristianismo ou do Judaísmo canaanita. O "Livro dos Anjos" é de relevância especial nesse contexto. Ele descreve o destino da alma após a morte quando o Anjo da Luz e o Anjo da Morte lutam por sua posse — temas bastante rememorativos dos ensinamentos, exclusivos da experiência dos judeus, dos essênios, mas inteiramente egípcio em sua origem. Durante as orações, os sacerdotes falashas agitam uma escova de moscas ou um mangual (*nekhakha*), semelhante ao usado pelos faraós como um sinal de posição superior.

O Fator DNA

Essa, eu acredito, é uma das provas mais reveladoras que demonstra a "separação" da forma de Judaísmo dos falashas e o fato de terem originado de uma linhagem hereditária bastante diferente do restante da população judaica.

Os judeus etíopes fisicamente lembram seus compatriotas não judeus, e praticam uma forma não convencional do Judaísmo; mas, por intermédio das leis do retorno de Israel, eles são reconhecidos como judeus e têm o direito de receber a cidadania judaica. A guerra, a fome e a opressão na Etiópia estimularam Israel a preparar dois socorros aéreos em massa, em 1984 e 1991, para resgatar 50 mil judeus falashas da Etiópia e enviá-los para Israel, deixando somente 100 deles que não aceitaram voltar. O conto de fadas logo desabou, no entanto, visto que os novos imigrantes encontraram sérios problemas no atendimento de seu bem-estar social, tratamento e aceitação na sociedade judaica.

Em janeiro de 1996 o jornal diário hebraico *Ma'ariv* relatou que o sangue doado pelos falashas era rotineiramente, em segredo, destruído. Essa revelação exacerbou um clamor já existente de que os falashas etíopes não estavam sendo bem aceitos na integração da sociedade israelense. Nenhuma explicação oficial foi dada para essa ação, até que um relatório investigativo posterior observou que os falashas representavam mais de um terço dos 1.386 casos de HIV positivo identificados em Israel até 1997.[434] Em sua explicação aos etíopes para o não uso de suas doações de sangue, o presidente de Israel, Sr. Weitzman, fez o comentário enigmático, "Eles tiveram razões — razões básicas e pungentes".

---

434. Essa é de alguma forma uma desculpa pouco convincente, visto que técnicos da atualidade mostram como é relativamente simples determinar se um sangue carrega o vírus HIV, e todos os sangues destinados para uso em transfusões são rotineiramente selecionados para a detecção do HIV ou de outras contaminações.

Seria possível haver outras razões por trás da ação tomada, e que seria uma medida para se manter aquilo que é concebido com sangue de judeus e não judeus misturados. Também era comum ser coletado sangue de doadores não israelenses que era em seguida descartado, e o Estado se recusa a importar sangue de outros fornecedores, como a América. Uma explicação para a ação tomada contra as doações de sangue dos falashas poderia ser o fato de a diferença genética dos falashas, revelada por testes de DNA, fazer com que as autoridades tentassem impedir a circulação generalizada de seu sangue. A comissão do governo de Navon, organizada para o estudo do problema, recomendou uma política que identificava doadores de sangue não com base em origens étnicas, mas em uma série de perguntas relativas à residência em países onde o HIV era prevalente.

Evidências genéticas mostram, porém, que os falashas são diferentes dos judeus de Israel e de qualquer outra parte do mundo. Trabalhos em DNA, em Israel, indicam que todos os grupos de judeus espalhados pelo mundo estão geneticamente ligados, com exceção daqueles vindos do Iêmen — que mostram códigos genéticos semelhantes aos dos povos árabes — os samaritanos e os falashas da Etiópia.[435]

Tudo isso confere ainda mais crédito à conclusão anterior, de que os judeus etíopes não poderiam ter originado dos dispersos depois do Êxodo do Egito. Na verdade, eles poderiam perfeitamente ser os descendentes diretos dos sacerdotes de Akhenaton, dos antigos hebreus que não deixaram o Egito com Moisés, e que de alguma forma têm muito mais razões para afirmar serem os judeus originais do que qualquer outro grupo contemporâneo.

Se os falashas eram judeus migrantes da Terra Santa que vieram da época do rei Davi, ou do rei Salomão, do sul da Arábia, ou pela costa do vale do Nilo para a Etiópia, eles não teriam um DNA diferente, como também não teriam seguido todas as formas de Judaísmo não convencionais que praticavam. Eles teriam o hebraico como sua língua tradicional, observariam os festivais celebrados, conheceriam as Leis Orais e não teriam afiliações com os ideais de Akhenaton.

Se os falashas eram etíopes étnicos convertidos por migrantes da Terra Santa, as mesmas observações poderiam ser aplicadas, com exceção de que seu DNA seria diferente dos principais judeus.

As histórias das comunidades monoteísticas na ilha de Elefantine e no lago Tana são mais evidências de que as crenças judaicas fundamentais vieram do Egito e foram posteriormente aperfeiçoadas no que se transformou o puro Judaísmo. Essas comunidades não eram de judeus reintroduzidos, que voltaram para o Egito ou para a Etiópia em uma data posterior, mas

---

435. Steve Jones, *In the Blood — God, Genes and Destiny* [No Sangue — Deus, Genes e Destino] (London: HarperCollins, 1996).

descendentes de um povo residual deixado para trás no Êxodo. Eles não seguiam as crenças que Moisés só pode ter ensinado para os hebreus depois do Êxodo.

O profeta Oséias fala do descontentamento de Deus com os filhos de Israel, quando eles não seguem seus Mandamentos:

> "Como te deixaria, ó Efraim?
> Como te entregaria, ó Israel?
> Como te faria como Admá?
> Ou como Zeboim?
> Está comovido em mim o meu coração,
> As minhas compaixões a uma se acendem."
>
> Oséias 11:8

Efraim é o filho mais jovem de José.

> Mas eu sou o Senhor teu Deus
> Desde a terra do Egito.
> Eu ainda te farei habitar de novo em tendas
> Como nos dias da festa solene.
>
> Oséias 12:9

Oséias, portanto, confirma que a prole de José é seu povo "especial", e que o início da relação especial de Deus não começa, conforme referência em livros anteriores do Antigo Testamento, no tempo de Abraão, mas "desde a terra do Egito".

Há, de fato, uma referência à colônia judaica etíope, pelo profeta Amós no Antigo Testamento, que data o povoado antes dos tempos das dispersões. Amós viveu por volta de 783 a 743 a.C. e escreveu:

> "Não sois vós como filhos dos cushitas [etíopes] para comigo, ó filhos de Israel?" diz o Senhor. "Não fiz eu subir a Israel da terra do Egito e aos filisteus de Caftor, e aos sírios de Quir?"
>
> Amós 9:7

Cush (Etiópia) também aparece em uma série de salmos, incluindo os Salmos 68 e 87, ambos do período bíblico inicial: "Venham embaixadores do Egito; estenda a Etiópia ansiosamente as mãos para Deus." (Salmo 68:31, da versão autorizada da Bíblia.)

Esses dois salmos são atribuídos ao do período mais antigo anterior ao tempo do exílio, e o Salmo 68 é considerado um dos salmos mais antigos de que se tem conhecimento.

A linha de vida dos sacerdotes de Akhetaton, que permeia a história do Judaísmo até o Cristianismo e o Islã, explica tantos enigmas nos textos bíblicos e nos comportamentos religiosos que sua verdade essencial é difícil de ser deduzida. Muitos desses mistérios foram discutidos neste livro, outros ficam por conta do leitor e de outras pessoas para que sejam considerados e solucionados.

O lugar originalmente buscado pelos predecessores do povo falasha, dentre a miríade de enseadas que poderiam ter escolhido, não foi, eu acredito, uma opção aleatória. Eles assentaram-se às margens do lago Tana, em total isolamento, próximos a uma abundância de água. Água em grandes quantidades era uma exigência vital para suas frequentes imersões rituais — assim como o fora na ilha de Elefantine — assim como em Akhenaton às margens do Nilo — assim como nas margens do Mar Morto em Qumran, o lugar que, por obra do destino, deixara escondida por 2 mil anos uma das mais antigas e estranhas relíquias do nosso tempo — o Pergaminho de Cobre — a chave para desvendar tantos mistérios.

Um Seurat[436] de Pontos para Completar o Quadro

Em retrospectiva, pode-se dizer que os exemplos de correlação entre a experiência egípcia e as escrituras bíblicas foram cuidadosamente selecionados para encaixar-se à "proposição" de que o Egito e seus ideais religiosos e culturais surtiram um efeito mais profundo no Antigo e (de forma não tão marcante) no Novo Testamento do que em qualquer outro país ou cultura. Mais efeito do que comentaristas contemporâneos são capazes de admitir. A "proposição" é a de que tais ideais foram o resultado de um desenvolvimento e refinamento por milhares de anos na fornalha quente e branca da civilização egípcia, e que atingiu seu ápice no tempo da Décima Oitava Dinastia. Durante esse período, Akhenaton, talvez auxiliando Jacó e José, pegou as sabedorias essenciais das filosofias religiosas de seu país e destilou-as em uma crença definida em um só deus, com a exclusão de todos os outros. Um século e meio mais tarde, Moisés, imbuído da mesma crença, levou para fora do Egito não somente os filhos de Israel, mas também os ideais fundamentais do monoteísmo.

Esse é certamente o caso, como podemos ver, que a Bíblia tomou emprestado das mitologias das culturas suméria, mesopotâmica e outras orientais, mas as correlações costumam ser enfraquecidas em seu conteúdo e limitadas às partes mais antigas do Antigo Testamento. Isso é exatamente o que poderíamos esperar. Os mitos e as experiências anteriores a 1500 a.C., tirados das regiões dos rios Tigre e Eufrates, aparecem cada vez

---

436. George-Pierre Seurat foi um artista francês do século XIX (1859-1891), que desenvolveu um estilo pelo uso de pontos para causar a impressão de uma imagem em suas pinturas, que ficou conhecido como o "pontilismo".

menos conforme as recordações do clã de Abraão se tornam ainda mais vagas no processo de ser transmitidas de uma geração a outra.

Os pontos de correlação com o Egito não necessitam de verificação de fatos. Eles estão registrados em profusão prolífica. A maioria dos pontos de não correlação com a Bíblia foi omitida por não corresponder à progressão geral do monoteísmo, além de estar misturadas por uma complexa idolatria, que não contribui para uma representação progressiva da luta do homem para chegar até Deus ou por serem simplesmente pornográficas nos tempos modernos.

No entanto, os pontos de correlação têm, eu acredito, colorido as histórias bíblicas desde as da criação e são numerosas demais para serem vistas apenas como simples coincidências. As deduções sucessivas respondem muitos enigmas anteriores na Bíblia. Por essas razões combinadas, os pontos de correlação que juntos formam um quadro pontilístico no estilo de Seurat, criam um sentido geral e coerente de veracidade, que por si só é muito mais convincente do que a soma dos pontos individuais.

Acredito que essas deduções justifiquem uma reavaliação de como as raízes do monoteísmo foram originalmente nutridas, e como estão relacionadas às visões que são hoje mantidas pelo Judaísmo, Cristianismo e o Islã. As ligações estabelecidas e evidentes entre as três grandes religiões monoteísticas são profundas, formando correntes que unem seus fiéis como verdadeiros irmãos e irmãs — laços muito mais fortes do que qualquer uma de suas diferenças.

Além dos prováveis ganhos "literários" que vêm da era de ouro da Décima Oitava Dinastia de faraós egípcios, vemos ganhos religiosos e sociais:

- O decreto ou a contemplação de qualquer forma de sacrifício animal devem ser rejeitados;
- Todas as formas de superstição e magia, verbalizações ou emblemas anexados a crenças religiosas serão rejeitadas;
- A monogamia e a afeição familiar são ideais pelos quais se deve lutar;
- A completa emancipação feminina e igualdade em assuntos religiosos, domésticos e sociais é um ideal pelo qual se deve lutar.

Outra conclusão, talvez a mais importante de todas, a ser tirada dos relatos que apresentei neste livro, é que eles relacionam antigas personalidades bíblicas a povos e acontecimentos reais e históricos.

Quase não há evidências textuais, arqueológicas ou comparativas que tenham sido descobertas até agora para comprovar a existência dos principais personagens bíblicos e suas histórias, antes do século X a.C. Kathleen Kenyon, uma preeminente arqueóloga que fez um estudo especial do assunto, concluiu:

praticamente não existem textos fora da Bíblia de relevância direta suficiente para verificar o valor do Antigo Testamento como uma fonte histórica confiável no período anterior ao ano de 900 a.C., a abertura da Monarquia Dividida.[437]

Uma visão nada incomum para muitos historiadores foi recentemente expressa por Thomas Thompson, professor de Estudos do Antigo Testamento na Universidade de Copenhague, que não consegue ver nenhum fato bíblico antes de 300 a.C.[438]

Minhas "ligações" oferecem confirmação histórica de personagens bíblicos até a época de José e Jacó, além de dar à história de Moisés um cenário histórico real.

Sempre e onde quer que judeus, cristãos ou muçulmanos se reúnam para rezar, em grupos ou sozinhos, desde muito tempo, uma palavra é proferida cuja raiz hebraica também faz surgir as palavras "fé" e "fidelidade". Seria possível que essa mesma palavra também nos fizesse lembrar do nome do principal propositor dessas três grandes religiões mundiais: Akhenaton — conhecido como Amenhotep IV — e somente em seu círculo íntimo como *Amen-hetep-neter-heqa-Uast?*[439]

Amém.

O Capítulo a seguir é um novo complemento do texto originalmente publicado em junho de 1999. Esse texto original em si foi atualizado e suplementado, mas o novo capítulo contém materiais totalmente novos. Ele inclui um parecer de fontes acadêmicas e eruditas, extratos de recentes publicações e conferências, além de provas e opiniões obtidas durante a produção de um documentário para o canal de televisão BBC intitulado *The Pharaoh's Holy Treasure* [O Tesouro Sagrado do Faraó], baseado na obra do autor.

---

437. Kathleen M. Kenyon (revisado por P. R. S. Moorey), *The Bible and Recent Archaeology* [A Bíblia e a Recente Arqueologia] (London: British Museum Publications, 1987).
438. Thomas L. Thompson, *The Bible in History: How Writers Create a Past* [A Bíblia na História: Como os Escritores Criam um Passado] (London: Jonathan Cape, 1999).
439. N. de G. Davies, *The Rock Tombs of El Amarna — Part V* [As Tumbas de Pedra de El-Amarna — Parte V] (Londres: Fundo de Exploração do Egito, 1908).

CAPÍTULO XX

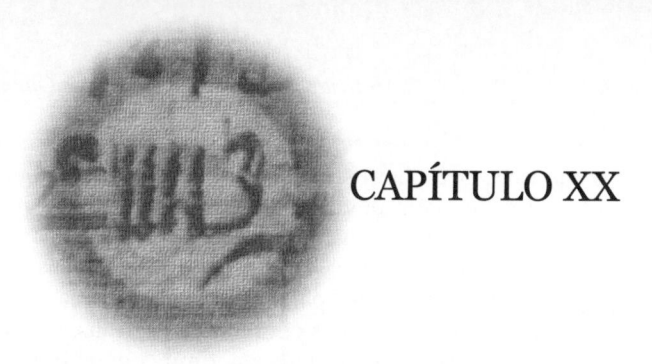

Reação Acadêmica e Erudita

As conclusões finais do capítulo anterior, em especial as referentes à ligação existente entre os Essênios de Qumran e um faraó egípcio chamado Akhenaton, são, eu acredito, totalmente sustentadas pelo peso impressionante das evidências apresentadas.

Desde a publicação do livro *The Copper Scroll Decoded* [O Pergaminho de Cobre Decodificado] em 1999, a principal teoria foi verificada contra um espectro amplo de opiniões eruditas e acadêmicas, e em muitos exemplos uma resposta para a principal ideia da teoria foi favorável e entusiástica. Isso se aplica ainda mais onde o comentarista pôde dedicar parte de seu tempo estudando a obra com certa profundidade. De onde recebi uma resposta negativa, ela apareceu na forma de um ceticismo reservado, em especial pelo fato de a teoria apresentar uma visão radicalmente nova da evolução religiosa que cria um conflito direto com a ortodoxia sagrada. Dois principais fatores foram capazes de, acredito, inibir qualquer tipo de aceitação disseminada da teoria central. Primeiro, obstáculos de tempo de alguns indivíduos não lhes permitiram desenvolver uma análise detalhada. Em segundo lugar, poucos acadêmicos estão em posição de avaliar a amplitude do escopo histórico e arqueológico das culturas religiosas israelitas, egípcias e mesopotâmicas de um ponto de vista multidisciplinar. É comum notarmos divisões bastante marcantes em suas áreas de domínio. Eles são mestres em seu próprio campo de atuação, mas raramente recebem muito treinamento científico ou planejado.

A maioria dos acadêmicos e estudiosos no campo da pesquisa bíblica são linguistas, historiadores, epigrafistas, filólogos ou arqueólogos versados que cada vez mais se especializam em uma certa área específica de seu interesse. Apesar de poder trabalhar em conjunto com especialistas médicos ou analistas, engenheiros, cientistas, antropólogos e sociólogos, praticamente não existe ninguém dessas disciplinas trabalhando no campo da pesquisa bíblica de maneira exclusiva.

Por 50 anos, e mais, estudiosos dos Manuscritos do Mar Morto ocuparam-se com a filologia, paleografia e linguística da comparação de textos com outros textos, escribas com outros escribas, idioma bíblico e o Pergaminho de Qumran. Quase todas as figuras mais importantes no campo foram treinadas como estudiosos bíblicos, ganhando a vida lecionando em universidades ou seminários, com seus dados e conclusões dominados por uma crítica histórica.

> Nossa estrutura de referências está fortemente restringida pela tradição bíblica e pelo Judaísmo talmúdico. Há muito poucas indicações para relacionarmos os Manuscritos a um mundo mediterrâneo mais amplo, ou à história e à sociologia da religião.[440]

Exegetas e Historiógrafos

Estudantes dos Manuscritos do Mar Morto e seus textos relacionados costumam ser classificados em dois grandes grupos — exegetas e historiógrafos; aqueles que estudam a natureza interna dos textos e os que se preocupam mais com seu cenário histórico.

Em virtude de os exegetas formarem um grupo maior, suas visões costumam dominar as discussões atuais, mas, talvez, em parte como resultado de meu trabalho, haja um interesse crescente por estudiosos voltados para fatores mais externos e situações históricas que existiam na época em que os textos foram compostos ou redigidos.

É somente agora, mais de meio século após a descoberta do primeiro dos Manuscritos do Mar Morto, que os estudiosos da Academia de Qumran estão começando a voltar seus olhares para além dos desertos da Judeia, tirando a poeira de seu campo de visão e sendo capazes de enxergar, a distância, a clareza da vastidão da região mediterrânea.

Conforme indicado pelo professor Lawrence Schiffman, da Universidade de Nova York, em uma paródia divertida das realizações massivas e dos lapsos vergonhosos dos primeiros anos de "Jubileu" da pesquisa dos Manuscritos do Mar Morto:

---

440. John J. Collins, *Scrolls Scholarship as Intellectual History* [A Sabedoria dos Pergaminhos como forma de História Intelectual], Os Manuscritos do Mar Morto com Cinquenta Anos, Sociedade de Literatura Bíblica, Encontros da Seção de Qumran, Scholars Press, 1999.

E eles serão estudados junto aos papiros do Egito em consideração a posteriores textos judaicos legais da Judeia. Uma literatura talmúdica do deserto.[441]

Em preparação de trabalhos futuros, ele, de modo instintivo, direcionou seus colegas para que prestassem mais atenção no Egito — para que olhassem na direção dos sinais que já sugeri neste livro.

Respostas de acadêmicos, em áreas específicas de suas próprias especialidades, geralmente acabam provando ser de grande valia. Em interpretações alternativas do significado do Pergaminho de Cobre, por exemplo, principalmente no contexto dos termos de peso e números nele apresentados, pudemos observar um consenso considerável de reconhecimento de que interpretações anteriores não estavam corretas. Entre esses estudiosos que acreditam que traduções anteriores são deficientes, um dos maiores especialistas do mundo no Pergaminho de Cobre, Judah Lefkovits, de Nova York, reitera que o pergaminho é muito mais problemático do que alguns estudiosos são capazes de admitir. Ele escreveu uma série de livros a esse respeito, incluindo uma obra clássica recente, *The Copper Scroll 3Q15: A Reevaluation; A New Reading, Translation, and Commentary* [O Pergaminho de Cobre 3Q15: Uma Reavaliação; Uma Nova Leitura, Tradução e Comentário],[442] e hoje não mais acredita que a tradução convencional dos termos de peso equivalentes a um talento bíblico esteja necessariamente correta. Ele chegou a sugerir que pode se tratar de uma medida de peso muito menor, como, por exemplo, o *karsch* persa. Ao apoiar minha afirmação em relação aos termos de peso, contra as ideias de pesquisadores anteriores, ele agora acredita que os pesos totais de metais preciosos foram exagerados.

Uma série de outros estudiosos demonstrou apoio, embora com reservas, com relação às mais abrangentes teorias que ligam os Essênios de Qumran ao Egito. Entre eles está o professor George Brooke, da Universidade de Manchester, que escreveu um prefácio para este livro; Jozef Milik (líder da equipe de tradução original dos Manuscritos do Mar Morto), Henri de Contenson (descobridor do Pergaminho de Cobre); professor Hanan Eshel e Esti Eshel (Universidade Bar Ilan, Jerusalém); rabino Mark Winer (rabino sênior da Sinagoga do Oeste de Londres), Helen Jacobus (*The Jewish Chronicle*); e a professora Rosalie David (mantenedora de Egiptologia, Museu de Manchester).

---

441. Lawrence H. Schiffman e Marlene Schiffman, "E Acontecerá no Final dos Dias: um Programa para o Futuro", *Os Manuscritos do Mar Morto com Cinquenta Anos*, Sociedade de Literatura Bíblica, Encontros da Seção de Qumran, Scholars Press, 1999.

442. Judah K. Lefkovits, *The Copper Scroll 3Q15: A Reevaluation — A New Reading, Translation and Commentary* [O Pergaminho de Cobre 3Q15: uma Reavaliação — uma Nova Leitura, Tradução e Comentário] (Leiden: E. J. Brill, 1999).

Um eminente estudioso, professor Harold Ellens, da Universidade de Michigan, mostrou-se muito favorável com relação à teoria generalizada, que ele diz estar provavelmente correta em suas bases. Em seu ponto de vista, as descobertas particularizadas relacionadas ao Mar Morto são dignas de sérias considerações e, ele diz, podem ser uma das mais importantes contribuições à pesquisa dos Manuscritos do Mar Morto dos tempos atuais.

> (...) com relação às bases das pesquisas pessoais independentes, depois de ler o livro de Robert Feather, fui capaz de confirmar quase todas as suas descobertas e conclusões. Estou agora totalmente convencido de que seu trabalho está mais do que na pista certa.[443]

Se existe ao menos uma aceitação parcial da possibilidade de uma ligação entre os Essênios de Qumran e o período de Jacó, José e do faraó Akhenaton, é na demonstração dessas conexões históricas com detalhes que a maioria das indecisões surge. Essa é uma ligação à qual Jozef Milik se refere como: "equivalente ao salto dado pelo movimento mosaico em relação a suas origens com o tempo do Templo de Salomão". Apesar disso, o professor George Brooke prefere ver quaisquer possíveis correspondências do Egito com os essênios como tendo ocorrido na época do sumo sacerdote Onias IV, e não como muito tempo antes disso.

Provas Suplementares

Na tentativa de respondermos a todas essas críticas, e reforçarmos as evidências incluídas na primeira edição, detalhes adicionais são apresentados ainda neste capítulo. Alguns dos detalhes suplementares surgiram de uma análise de novos e já existentes textos dos Manuscritos do Mar Morto, sugestões de outros estudiosos, matérias posteriormente publicadas e recentes descobertas arqueológicas.

As duas pontas dessa corrente que liga o faraó Akhenaton e os Essênios de Qumran estão, eu acredito, firmemente estabelecidas. Ao colocarmos todas as possibilidades dessa cadeia de informações em um período de tempo abrangendo mais de mil anos, com acontecimentos comprovadamente históricos, temos boas expectativas, principalmente por estarmos falando de eventos que ocorreram cerca de 2 mil a 3 mil anos atrás. O salto inevitavelmente faz surgir algumas evidências especulativas, mas mesmo que nenhuma dessas ligações possa ser demonstrada, a validade do caso não é colocada em questão. Eduard Meyer, apoiado por uma série de outros estudiosos, mostrou, no início da década de 1940, que reminiscências

---

443. Correspondência via *e-mail* entre o professor Harold Ellens e o autor, outono de 2002.

de Akhenaton sobreviveram na tradição oral egípcia e voltaram à tona depois de quase mil anos de latência.[444]

As anomalias e os mistérios presentes nas interpretações dos Manuscritos do Mar Morto (e do Antigo Testamento) exigem respostas, mas, como sempre, frases clássicas como "mais pesquisas precisam ser feitas" ou "simplesmente não temos uma resposta", aparecem no final de trabalhos de pesquisa. Muitas dessas surpresas e problemas podem ser solucionados de maneira convincente se olharmos na direção do Egito.

Da maneira que está, vemos dezenas de conclusões sequenciais ao longo do caminho. Algumas das mais influentes são, acredito, visíveis no comportamento e evidências de:

• José e Jacó — contemporâneos de Akhenaton.

• Sacerdotes levitas — nomeados no tempo de Jacó e chamados de guardas do palácio (c. 1350 a.C.).

• Moisés — um príncipe do Egito que toma para si a causa dos hebreus (c. 1200 a.C.).

• Presença de sacerdotes egípcios no Êxodo das multidões.

• Conflito constante entre facções sacerdotais com as práticas monoteísticas do tabernáculo/templo (de c. 1200 a.C. a 70 d.C.).

• Presença contínua do disco do sol — símbolo do Deus de Akhenaton ao longo da história da Terra Prometida (1000-100 a.C.).[445]

---

444. Eduard Meyer, *Aegyptische Chronologie*, Abhandlungen der Preussischen Akademie der Wissenschaften (Leipzig: Heinrichs, 1904).

445. Exemplos do símbolo do disco do sol vistos em Israel incluem: o Museu das Terras da Bíblia, Jerusalém; uma pequena placa de ossos esculpida com a figura de um filisteu sendo conduzido como escravo por dois hebreus que têm um emblema do disco do sol sobre suas cabeças, encontrado em Megiddo, datado de c. 1200 a.C.; retrato do rei Jehu, do reino do norte de Israel (842-814 a.C.); com um disco do sol mostrado sobre sua cabeça, sobre o obelisco negro de Shalmanseser III, onde ele é visto oferecendo presentes ao rei assírio (Ninian Smart, *Atlas das Religiões do Mundo*) (Oxford: Oxford University Press, 1999); inscrições sobre alças de jarros, de lugares como Hebron, Tel-Lachish e Beth Shemesh, do período do rei Ezequias (c. 720 a.C.); um rei reformista que mandou eliminar imagens pagãs e restabeleceu o puro monoteísmo, mostrando o disco do sol (representando o Aton) acompanhado de um besouro (representando a transformação de Kheperu, que eu anteriormente sugeri poder ser a origem da palavra hebreu) — ambos símbolos egípcios e, às vezes, as palavras "pertencente ao rei" inscritas em hebraico antigo. A mais antiga manifestação do disco do sol acontece no reino de Tutmoses IV. A troca do poder dos sacerdotes de Amun em Karnak, para os sacerdotes solares, centrados em Heliópolis, parece ter acelerado sob a regência deste faraó, menos de 40 anos antes da chegada do faraó Akhenaton e da forma mais pura do monoteísmo. Exemplos dessa mudança em direção a Aton podem

- Alusões de Isaías (*c.* 740 a.C.) e Ezequiel (*c.* 590 a.C.) do monoteísmo egípcio.
- Exemplos de insígnias reais usadas pelo rei Ezequias (*c.* 720-690 a.C.) e pelo rei Josias (*c.* 640-610 a.C.) que apresentam gravuras egípcias características de hieróglifos usados para designar "Aton".
- Revelação do Livro de Deuteronômio (620 a.C.) — escondido por cerca de 400 anos.
- Onias IV — Sumo sacerdote que construiu um templo hebraico no Egito (*c.* 190 a.C.) incluindo um símbolo atenista.

ser vistos em um ornamento de pulso feito de marfim, encontrado em Amarna, mostrando Tutmoses IV com o disco solar posicionado diretamente sobre sua cabeça, e um enorme amuleto na forma de um escaravelho ou besouro, do mesmo faraó, esculpido com as palavras fazendo alusão a estrangeiros que eram "súditos do governo de Aton para sempre". Essa peça se encontra hoje no Museu Britânico — veja Nicholas Reeves, *Akhenaton* (London: Thames & Hudson, 2001). O uso das imagens do escaravelho ou besouro, indicando a criação da vida com o nascimento diário do sol, foi, naturalmente, não confirmada como pertencendo ao período de Amarna, mas seu uso estava de acordo com a ideia de manter o Aton renovando a vida todos os dias e sem dúvida estava presente naqueles dias, principalmente em tampas de jarros. Na verdade, o surgimento da influência do Aton pode ser visto na representação de um grande escaravelho pouco antes do reinado de Akhenaton, referindo-se ao Aton como "o Deus que torna o faraó poderoso durante a batalha" (Cyril Aldred, *Akhenaton King of Egypt* [Akhenaton Rei do Egito] (London: Thames & Hudson, 1996)). Estudos extensivos das muitas referências às imagens do sol no Antigo Testamento e nos Manuscritos do Mar Morto foram realizados por pessoas como J. Morgenstern (*Fire upon the Altar* [Fogo sobre o Altar], Quadrangle Books, 1963); M. Smith (*Helios in Palestine* [Hélios na Palestina], Eretz Israel 16, 1982); H. P. Stähli
(*Solare Elemente im Jahweglauben des Alten Testaments*, *Orbis Biblicus et Orientalis 66*, Freiburg University, 1985); M. S. Smith (O Estudo do Oriente Próximo da Linguagem Solar de Iavé, *Journal of Biblical Literature 109*, 1990); e, mais recentemente, J. Glen Taylor (Iavé e o Sol, *Journal for the Study of the Old Testament*, Suplemento Série 111 (Sheffield: Sheffield Academic Press, 1993)). Glen Taylor, da Universidade de Toronto, Canadá, mostra que as imagens do sol, do cavalo e da carruagem, evidentes na história israelita, provavelmente não derivaram dos desenhos assírios, visto que exemplos arqueológicos são datados de períodos anteriores aos referentes à influência assíria — tais como o estande de culto de três fileiras encontrado em Taanach em Israel, datado do século X a.C. Curiosamente, a parte central desse artefato, geralmente ocupada pela divindade nesse tipo de santuário, é de modo deliberado deixado vazio, indicando a ideia de um Deus invisível (T. Mettinger, *The Veto on Images and the Aniconic God in Ancient Israel* [O Veto nas Imagens e o Deus Anicônico na Antiga Israel], em H. Biezas, ed., *Religious Symbols and Their Functions* [Símbolos Religiosos e suas Funções], Almqvist & Wiksell, 1979).

- Referências disfarçadas de Akhenaton, sua rainha e sumo sacerdote, nos Manuscritos do Mar Morto dos Essênios de Qumran — algumas datadas do Primeiro Templo e da antiguidade mosaica.
- Contínuas alusões à Cidade Santa e ao Grande Templo de Akhenaton nos Manuscritos do Mar Morto e no Antigo Testamento.

A participação de Moisés nessa cadeia de ligações é essencial. Desde que Sigmund Freud[446] fez uma conexão direta entre a religião hebraica e o monoteísmo de Akhenaton, outros autores passaram a compartilhar dessa visão. Mais recentemente, Jan Assmann, professor de Egiptologia na Universidade de Heidelberg,[447] reavaliou o trabalho de Sigmund Freud com base nos conhecimentos atuais e chegou à conclusão de que o monoteísmo de Moisés pode ser ligado ao do faraó Akhenaton.

De Moisés aos Essênios de Qumran

Evidências da ligação de Akhenaton e Moisés estão resumidas anteriormente e são discutidas em capítulos precedentes deste livro.

O trabalho aqui, portanto, é o de tentar demonstrar com maior clareza que uma seita sacerdotal isolada existiu do tempo de Moisés até os Essênios de Qumran, permeando a história dos hebreus, e que essa seita possuía visões religiosas distintas comparáveis às de Akhenaton. Além disso, é preciso mostrar que a seita teve a oportunidade de possuir e preservar informações exclusivas e objetos materiais não disponíveis da generalidade do povo hebreu.

A existência de duas facções em guerra dentro dos grupos sacerdotais de levitas é evidenciada por antigas histórias do Êxodo no Antigo Testamento. O problema então é resolvido quando diferenciamos os grupos e mostramos qual deles estaria mais intimamente voltado para as ideias e práticas religiosas sustentadas pela seita dos Essênios de Qumran e demonstrando que eles poderiam, de fato, ter composto essa seita. Para isso, baseio-me no trabalho excepcional de um professor aposentado da Uni-

---

Exemplos de bulas com motivos de "Aton", encontrados em Israel, estão descritos em um artigo de Robert Deutsch, "Impressões Marcantes", *Biblical Archaeology Review*, julho/agosto (Washington, D.C.: Sociedade de Arqueologia Bíblica, 2002).

446. Sigmund Freud, *Moses and Monotheism* [Moisés e o Monoteísmo] (London: The Hogarth Press, 1951).

447. Jan Assmann, *Moses the Egyptian* [Moisés o Egípcio] (Cambridge, Mass.: Harvard University Press, 1997); Erik Hornung, professor de Egiptologia, Universidade de Basel, em seu livro *Idea into Image* [Ideia das Imagens] (New York: Timken Publishers, 1992), chega a diversas das mesmas conclusões a respeito de Akhenaton e os hebreus.

versidade Hebraica, Cincinnati, Ben Zion Wacholder, e do professor Richard Elliott Friedman da Universidade da Califórnia, San Diego.

O tema central das rivalidades sacerdotais gira em torno de quem detinha os privilégios e benefícios materiais, trazidos pelo Tabernáculo móvel e posteriormente presentes no Templo em Jerusalém.

Para tentarmos compreender qual desses grupos predominava e o que defendia, precisamos entrar de maneira sutil no mundo das análises bíblicas. Pessoas como Karl Heinrich Graf, Wilhelm Vatke e Julius Wellhausen,[448] no final do século XIX e início do século XX, analisaram diferentes possibilidades de autoria no Antigo Testamento, e suas descobertas, junto às mais recentes ideias, são de modo admirável resumidas no livro do professor Friedman, *Who Wrote the Bible?*[449] [Quem Escreveu a Bíblia?].

Em sua essência, partes da Bíblia são atribuídas à autoria de grupos de fidelidade pela análise dos diferentes títulos que usavam para o nome de Deus e a ideia comum presente nos textos. Essas partes aparentemente em conformidade são conhecidas como:

E — onde Deus é chamado de Elohim*
J — onde Deus é chamado de Javé   } Primeiros quatro Livros de Moisés
P — onde visões sacerdotais da lei e dos
    rituais predominam
D — Deuteronômio   Livro de autor(es) independente(s)

O grupo de autoria do título E está associado aos antigos sacerdotes que guardavam o Tabernáculo e seus pertences no local de adoração em Shiloh, no norte. Esse grupo afirmava ser descendente de Moisés.

O grupo de autoria do título J está associado aos antigos sacerdotes que estavam originalmente sediados em Hebrom e, depois, na posição de guardiões do Templo e seus pertences, em Jerusalém, no sul. Esse grupo afirmava ser descendente de Arão.

A rivalidade entre esses grupos é percebida ainda nos tempos do Sinai no episódio do carneiro dourado, e a rebelião de Corá, Datã, Abirão e Om (Números 16).[450] Em cada um dos episódios, a propensão dos autores parece estar centrada no fato de o autor ser partidário de Moisés ou de Arão.

O professor Friedman diz o seguinte:

---

448. Raymond Brown, Joseph Fitzmyer, Roland Murphy (eds.), *The New Jerome Biblical Commentary* (London: Cassell & Co., 1996).
449. Richard E. Friedman, *Who Wrote the Bible?* [Quem Escreveu a Bíblia?] (San Francisco: HarperSanFrancisco, 1997).
  * Depois da revelação de Deus no Sinai a Moisés, E refere-se a Ele como Iavé.
450. Muitos dos nomes neste grupo têm origem egípcia. Corá, de acordo com o Talmude (28 Pechi 18a) era tesoureiro do faraó: On era o nome antigo de Heliópolis, próximo do Cairo, o tradicional centro de teologia no antigo Egito.

"O cenário geral das histórias de E é que eles formam um grupo consistente, com uma perspectivas definida e um conjunto de interesses, e que eles estão profundamente ligados ao mundo de seu autor... Os sacerdotes de Shiloh eram, ao que tudo indica, um grupo de contínua tradição literária. Eles escreveram e preservaram textos por muitos séculos: leis, histórias, relatórios históricos e poesia. Estavam associados a escribas. Aparentemente, tinham acesso a arquivos de textos preservados. Possivelmente, cuidavam também desses arquivos, da mesma forma que outro grupo de sacerdotes sem poder fez em Qumran séculos mais tarde."[451]

É a descendência de sacerdotes shilonitas que se tornou alienada do Templo em um período muito antigo na história de Israel e que eu defendo ser os ancestrais espirituais dos Essênios de Qumran. Por meio de análises cuidadosas, é possível mostrar como essa ligação com os shilonitas poderia ter chegado até os Essênios de Qumran. Sua função original de tomar conta do Tabernáculo significava que eles tinham acesso a todos os apetrechos preciosos trazidos do Egito com Moisés — metais preciosos, textos sagrados e cobre.

Alguns dos esconderijos mencionados no Pergaminho de Cobre incluem locais no norte, não muito longe de Shiloh, em Gerizim, e o território dos samaritanos. A evidente relação entre as crenças dos Essênios de Qumran e as dos samaritanos tem sido um constante tema de debates, e o cenário dos acontecimentos descritos aqui explica até certo ponto por que deve ter existido esse relacionamento.

Quando os shilonitas foram expulsos de seu cargo de sumo sacerdote pelo rei Salomão, por volta de 970-80 a.C., os sacerdotes de Arão assumiram o controle do Templo e é somente cerca de 300 anos mais tarde que a influência dos shilonitas é percebida por meio de sua revelação do Livro de Deuteronômio, na época do rei Josias, *c*. 620 a.C.

Seria possível que os sacerdotes shilonitas tivessem preservado sua identidade depois de 300 anos fora do poder e sem um centro religioso importante? A pergunta é lançada pelo professor Friedman,[452] e sua resposta é um enfático "sim". A força da filosofia dos shilonitas emerge com o profeta Jeremias, considerado, junto com Baruque, o autor de Deuteronômio, ajudados também pelo profeta Ezequiel.[453] Este último é considerado

---

451. Friedman, *Who Wrote the Bible?* [Quem Escreveu a Bíblia?]
452. Ibid.
453. Apesar de o professor Friedman acreditar que Jeremias era um shilonita, e eu estar propenso a concordar com essa ideia, ele acredita que Ezequiel era um aaronita, com o que discordo, conforme a análise do professor Wacholder parece sustentar. Ezequiel constantemente se refere a localizações geográficas no norte e diz que a

pelo professor Ben Zion Wacholder o fundador da seita dos Essênios de Qumran.

A visão do professor Ben Zion Wacholder é bastante pertinente com o papel de Ezequiel na continuidade do sacerdócio dos shilonitas.

No Reino dos Cegos...

Ben Zion Wacholder é um professor parcialmente cego da Universidade Hebraica, Cincinnati, mas que tem a capacidade de ver através dos emaranhados dos Manuscritos misturados e é considerado um rei, além de uma figura paterna muito respeitada, entre todos os seus companheiros. Na conferência de celebração do 50º aniversário da descoberta do primeiro dos Manuscritos do Mar Morto, sediada em Jerusalém, ele criou um pequeno alvoroço ao mostrar-se contrário a seus colegas afirmando que Ezequiel foi o primeiro dos essênios.[454]

Ele observa que muitos dos Manuscritos do Mar Morto sectários dos Essênios de Qumran, como o Pergaminho do Templo; o Pergaminho da Nova Jerusalém; o Testamento Aramaico de Levi, Qahat e Amram; Jubi-

---

redenção de Israel virá do norte e não da região sul dos aaronitas. O professor Friedman também conclui que as seções do Antigo Testamento que são identificadas como de autoria de um grupo sacerdotal seguidores de Aarão rotulados de P, envolvendo P1 — escritos antes de o Primeiro Templo ser destruído e antes de Deuteronômio, no tempo de Ezequias *c.* 610 a.C. — e P2, foram adicionados posteriormente. O professor Friedman relaciona suas leituras de P aos interesses dos aaronitas, mas não estou suficientemente convencido disso. Há elementos do P do professor Friedman que estão mais relacionados às ideias dos shilonitas, indicando que o autor não é tão anti-Moisés, mas apenas mais interessado na compreensão original da rejeição de anjos do estilo de Akhenaton, bem como de antropomorfismos, sonhos e animais falantes, apesar de enfatizar firmamentos cósmicos e a onipotência de Deus sobre Moisés e Aarão. P também nunca menciona o Templo, mas fala somente a respeito do Tabernáculo. Por que um autor pró-aaronita de P ignoraria o Templo, o centro de sua esfera de influência? A única ligação que parece ajudar a definir a filosofia dos shilonitas como sendo sua aderência ao Tabernáculo como uma principal base de sua crença. Nada surpreendente, visto que o Tabernáculo era sua prerrogativa exclusiva nos tempos mais antigos, e sua forma de exclusão do Templo de Jerusalém pode muito bem ser a razão de eles constantemente ignorarem o Templo e denegri-lo durante o tempo em que permaneceu nas mãos daqueles que eles consideravam seus guardiões ilegítimos. Isso não é para dizer que o conceito do Templo não lhes era importante. Contudo, o verdadeiro Templo deveria estar em mãos diferentes além de ter um desenho distinto.

454. Ben Zion Wacholder, apresentação verbal feita na seguinte conferência: *Dead Sea Scrolls — Fifty Years After Their Discovery* [Os Manuscritos do Mar Morto — Cinquenta Anos após sua Descoberta], Congresso in Jerusalém, julho de 1977.

leus; e os documentos de Cairo-Damasco, são derivativos da recusa de Ezequiel em reconhecer a legitimidade do Segundo Templo e por permanecer contra a autoridade judaica normativa. De certo modo, ele aceita dois conjuntos de textos bíblicos bem diferentes — os de Ezequiel e os que não são de Ezequiel.

Ao voltar no tempo de Ezequiel do século VI a.C., o professor Wacholder é capaz de preencher um grande espaço vazio entre os Essênios de Qumran e o faraó Akhenaton, e suas ideias nos fazem lembrar das ligações volumosas de Isambard Kingdom Brunel* nessa cadeia de acontecimentos. Apesar de concordar com a maioria das contenções do professor, acredito que alguns dos Manuscritos aparentemente derivativos de Ezequiel apresentam material que pode ser datado de antes do profeta em muitos séculos. Mas o professor Wacholder vai além. Os sacerdotes zadoquitas que aparecem no Livro de Ezequiel são geralmente associados ao estado teocrático fundado por Jeshua ben Jozadaq e Zerubbabel — respectivamente, sumo sacerdote e reconstrutor do Segundo Templo após o retorno de muitos israelitas da escravidão na Babilônia.[455] Ben Zion Wacholder discorda dessa ideia conforme mostrado a seguir:

> Eu, porém, não concordo com essa interpretação aceita. No meu ponto de vista, Benei Zadok de Ezequiel (filhos de Zadok) refletem um movimento que se mostrou contrário às autoridades sacerdotais que controlavam o Primeiro Templo do tempo de Salomão, e cujos descendentes governaram a Judeia até a perseguição Seleucid. Na verdade, o livro de Ezequiel pode ser lido, como de fato o foi pelo autor de CD (Documentos Cairo-Damasco) e por muitos dos sábios rabínicos, como uma acusação dos sumos sacerdotes anteriores ao exílio. Além disso, fica cada vez mais óbvio que o livro de Ezequiel serviu como uma espécie de compêndio ou programa sistemático do Judaísmo sectário da era do Segundo Templo.[456]

Se Ezequiel está na ligação direta de Qumran a Akhenaton, a seguinte declaração do professor Wacholder nos leva mais uma vez dos tempos do Primeiro Templo, c. 950 a.C., a cerca de 250 anos depois. Apesar da ideo-

---

* Isambard "Kingdom" Brunel foi um engenheiro britânico que construiu o Grande Navio do Oriente de 32 mil toneladas, na metade do século XIX, que exigiu a maior quantidade de correntes já produzida para seu lançamento.

455. A. Geiger, *Urschrift und Ubersetzungen der Bibel* (Brelau, 1857); Julius Wellhausen, *Prolegomena zur Geschichte Israels* (Edimburgo: A. & C. Black, 1885).

456. Ben Zion Wacholder, *Ezekiel and Ezekielianism Progenitors of Essenianism* [Ezequiel e o Ezequianismo como Progenitores do Essenianismo], Os Manuscritos do Mar Morto, Quarenta Anos de Pesquisa, Devorah Dimant e Uriel Rappaport (Leiden: E. J. Brill, 1992).

logia "Deuteronomística", visível em muitas partes do Antigo Testamento, mostrar Israel prosperando enquanto obedecia as leis de Deus, mas sofrendo depois de se entregar a apostasia, Ezequiel contradiz essa perspectiva.

> Da maneira que Ezequiel via isso tudo, Israel fora uma nação apóstata "desde seu estabelecimento temporário no deserto."[457]

Em outras palavras, o professor Wacholder defende, assim como eu, a existência de um grupo de seguidores sacerdotais separatistas, vindo de Qumran até a deserto do Sinai, que possuía uma compreensão diferente do monoteísmo e sua adoração. Esse grupo preservava uma compreensão e lembrança de uma forma de veneração muito mais parecida com a do faraó egípcio Akhenaton do que as demais comunidades hebraicas.

Será possível acreditarmos que Ezequiel tenha criado uma visão divina e detalhada do Templo e sua Cidade Santa e, por meio de uma coincidência estranha, os detalhes corresponderem, em muitos aspectos, aos do Templo e da Cidade Santa de Akhenaton? Uma visão que previa um templo que ultrapassava de modo exacerbado o tamanho real do Monte do Templo, construído em uma área de terra muito maior que os limites da cidade histórica de Jerusalém seriam capazes de acomodar. Eu acredito que não.

Após o restabelecimento do Segundo Templo, por volta de 540 a.C., os sacerdotes de Aarão veem-se novamente no comando e de maneira definitiva detêm o controle do sumo sacerdócio até os tempos Seleucid em 200 a.C.

Quando os gregos de Seleucid assumem o controle do país, os sumos sacerdotes de Aarão perdem sua força e um sacerdote de Shiloh da família de Onias aproveita-se da oportunidade para tornar-se o sumo sacerdote. Esse sacerdote, Onias IV, é expulso pelo novo sumo sacerdote, Menelaus, e foge para o Egito. Lá, ele faz algo muito estranho. Constrói um novo templo hebraico em Leontópolis, próximo a Heliópolis. O argumento que me faz acreditar que Onias IV era o Professor da Justiça, e por que sua descrição corresponde àquela oferecida nos Manuscritos do Mar Morto, é mostrado com maior riqueza de detalhes em um livro posterior ao *The Mystery of the Copper Scroll of Qumran* [O Mistério do Pergaminho de Cobre de Qumran]. É, eu acredito, em Leontópolis, no Egito, que Onias IV adquire seu conhecimento da descendência de Akhenaton do monoteísmo que se estendera até os anos dos sacerdotes shilonitas, reforçado pelo contato com o *Theraputae*[458] e pelo conhecimento residual de Akhenaton que ainda vivia em Heliópolis.

---

457. Ibid.
458. Uma seita intimamente relacionada aos essênios, que estavam sediados próximo a Alexandria e no vale de Natrun, na região Delta do Egito.

Mais uma vez podemos perguntar como o conhecimento de Akhenaton poderia ter sobrevivido por tanto tempo no Egito. Grande parte das evidências foi examinada em capítulos anteriores deste livro, mas neste instante coloco em observação as ideias do professor Jan Assmann.[459]

> Em uma das obras de reconstrução histórica mais brilhantes, Eduard Meyer foi capaz de mostrar, no início de 1904, que algumas reminiscências de Akhenaton tinham sim sobrevivido na tradição oral egípcia voltando à tona depois de quase mil anos de latência.[460] Ele demonstrou que uma história muito fantástica a respeito dos leprosos e dos judeus preservada na obra *Aigyptiaka* de Manetho só podia estar se referindo a Akhenaton e sua revolução monoteística. Rolf Krauss e Donald B. Redford foram capazes de substancializar a hipótese de Meyer ao fornecer mais argumentos e outros tantos novos materiais.[461]

Quando Onias IV voltou para a Judeia, por volta de 160 a.C., acredito que foi ele quem conduziu os seguidores até o refúgio em Qumran, onde fundaram uma colônia de muitas formas parecida com aquelas do *Theraputae* no Egito. Basta olharmos para as escrituras de Ezequiel do Antigo Testamento, personagem que o professor Wacholder insiste em afirmar ser uma força básica na fundação do movimento dos essênios, para vermos por que Onias IV pode ter conduzido seus discípulos até Qumran. No Capítulo 47 de Ezequiel, o profeta mostra como as águas límpidas de um Grande Rio passam por um vasto templo e, em seguida, como essas mesmas águas purificadoras um dia fluiriam em direção ao Mar Morto em Ein Gedi e o transformaria em um mar capaz de prover vida. O Grande Rio lembrado por ele só pode ser o Nilo e o vasto templo, o Grande Templo de Akhenaton. Ein Gedi, às margens do Mar Morto, é mencionado por Pliny em relação a um assentamento dos essênios que ele dizia ficar ao norte, e ele estava provavelmente se referindo à colônia dos Essênios de Qumran.

Que os Essênios de Qumran se viam como um grupo de elite, mais sagrado do que o restante da população, está além de ser questionado. Podemos, no entanto, questionar se, ao referir-se sobre eles mesmos como o "sacerdócio zadoquita", a comunidade estava associando-se a Zadok o sumo sacerdote que parecia ser contrário ao sacerdócio de Shiloh, que eu sugiro serem os predecessores ancestrais da comunidade de Qumran. Parte da resposta dada pelo professor Wacholder já foi citada, e ainda temos o professor Philip Davies, da Universidade Sheffield, que garante que, de seu

---

459. Assmann, *Moses the Egyptian* [Moisés o Egípcio].
460. Meyer, *Aegyptische Chronologie*.
461. Assmann, *Moses the Egyptian* [Moisés o Egípcio].

ponto de vista, os essênios não afirmavam que Zadok, o sumo sacerdote, era seu fundador ou que tinham qualquer ligação especial com os zadoquitas de Aarão ou sua causa.[462]

O Templo

Um dos aspectos preocupantes de uma série dos Manuscritos do Mar Morto, nas palavras do estudioso israelense, da Universidade Bar Ilan, Esti Eshel é: "sua persistente referência a sacerdotes do Templo sendo nomeados no tempo de Jacó. Isso é especialmente verdadeiro para os Manuscritos do Testamento de Levi".

Conforme indicado em capítulos anteriores deste livro, as evidências do Pergaminho da Nova Jerusalém e do Pergaminho do Templo, bem como do Livro de Ezequiel do Antigo Testamento, são, sob meu ponto de vista, conclusivas, por estarem falando de lembranças distantes de um templo muito maior — um que jamais poderia estar localizado no Monte do Templo. Não existe espaço físico possível para isso. A explicação convencional é que todas essas fontes estão falando de um templo visionário. Esse não pode ser o caso, pois os templos visionários não precisariam incluir detalhes de onde as latrinas ficam posicionadas!

Descrições no Pergaminho do Templo dos Essênios de Qumran, consideradas derivadas de tempos anteriores ao Primeiro Templo de Jerusalém, apresentam muitas semelhanças com o Grande Templo em Akhetaton. Sem dúvida, o conhecimento do pergaminho foi atribuído a Moisés; no Apócrifo (2 Baruque 49) e no *Midrash* (Samuel). Mas como isso é possível? Não havia um templo em Jerusalém naquela época, e ainda assim Moisés, ao que tudo indica, tinha em mãos um esboço detalhado do Templo Sagrado de Deus.

Há muitos outros aspectos enigmáticos do Pergaminho do Templo, alguns dos quais são discutidos a seguir.

Quando meus três colegas holandeses, que conheci durante viagens de aviões, Klosterman, Luz e Margalit,[463] que realizaram pesquisas nas décadas de 1980 e 1990, identificaram a antiga Akhetaton como sendo a correspondência mais lógica de qualquer cidade no Oriente Médio daquela descrita no Pergaminho da Nova Jerusalém, que por acaso nunca chega a mencionar Jerusalém, eles estão associando a descrição ao Templo Sagrado de Akhenaton. Seu trabalho foi mais recentemente reanalisado em um

---

462. Philip R. Davies, *Behind the Essenes — History and Ideology in the Dead Sea Scrolls* [Por trás dos Essênios — História e Ideologia nos Manuscritos do Mar Morto], Programa de Estudos Judaicos, nº 94 (Atlanta, Ga.: Scholars Press, 1987).
463. Shlomo Margalit, Aelia Capitolina, *Judaica* nº 45 (São Paulo: Capital Sefarad Editorial e Propaganda, Marz 1989).

estudo minucioso de Michael Chyutin,[464] um arquiteto israelense, que chegou a uma conclusão semelhante (e também que a planta da cidade do assentamento pseudo-hebraico em Elefantine apresentava uma similaridade incrível com a cidade de Akhetaton).

Possivelmente, uma das descobertas mais significativas de Michael Chyutin esteja relacionada a uma série de misticismos que ele abordou em sua série autorizada de 1994, *Discoveries in the Judaean Desert* [Descobertas no Deserto da Judeia]. Ele descobriu que só seria capaz de dar sentido ao sistema numérico no Pergaminho da Nova Jerusalém quando usasse medições dimensionais egípcias. Ele, posteriormente, concluiu que as medições da cidade referida no Pergaminho da Nova Jerusalém fazem uso da metrologia egípcia datada, no mínimo, da época do Primeiro Templo. Há também uma implicação de que o autor do Pergaminho da Nova Jerusalém fora educado no Egito e era herdeiro de uma tradição derivada do templo de Elefantine, na extremidade sul do Egito. A incapacidade do autor de explicar o destino sagrado da cidade, por que sua localização proposta de um vasto templo não incluí menção de Jerusalém (o que, no contexto do Templo ideal, também não recebe menções no Pergaminho do Templo, Ezequiel ou, sequer, em Deuteronômio) e por que estamos de volta, no mínimo, no século IX a.C. por razões descritivas, são as principais críticas que até agora não puderam ser solucionadas. Não solucionadas até, pelo menos, as conclusões deste livro serem levadas em consideração.

Quando os Essênios de Qumran construíram o prédio principal de seu povoado em Qumran, em alinhamento "exato" com as paredes principais do Templo de Akhenaton, e construíram dez tanques de lavagem ritual, eles estavam fazendo uso de uma lembrança registrada daquele Templo.

De modo exclusivo e desconhecido em todas as outras partes de Israel, uma das lavagens rituais conhecida por *Mikvaot* tem quatro divisões — exatamente como as bacias de lavagem ritual encontradas no Templo em Akhetaton.

---

464. Michael Chyutin, O Pergaminho da Nova Jerusalém de Qumran — uma Reconstituição Geral, *Journal for the Study of the Pseudepigrapha*, Suplemento Série 25 (Sheffield: Sheffield Academic Press, 1997). A outra cidade, também disposta em um padrão ortogonal, que Michael Chyutin considerava uma possível antagonista do templo do Pergaminho da Nova Jerusalém, era Sesebi, ao sul da região da Núbia do Egito. Curiosamente, esse também foi um novo local de construção desenvolvido pelo faraó Akhenaton, onde ele era conhecido como o "Leão da Núbia", (dr. Robert Morkot, Akhenaten in Nubia , Reunião da Egypt Exploration Society, SOAS, Unversidade de Londres, 27 de fevereiro de 2001). A informação citada refere-se ao estudo acima mencionado de Michael Chyutin, em um artigo intitulado A Cidade Ideal da Nova Jerusalém, Descobertas do Mar Morto I, 1994; uma crítica de Dwight D. Swanson, *Dead Sea Discoveries* 6, 1999; *e-mails* de Michael Chyutin em dezembro de 2001.

Em uma recente conferência de revisão dos últimos 50 anos de pesquisa na "Qumranologia", um trabalho discutia comentários acerca das três redes de Satanás de Isaías. Foi lançado o tema de que o Documento Damasco de Qumran definia as três redes, ou armadilhas do demônio, que são a prostituição, a riqueza e a corrupção do templo[465] — mas de que templo Isaías estava falando? O alvo das armadilhas do Satanás é o filho de Jacó, Levi, que adverte os habitantes da terra — notando-se que ele não menciona Israel. Contudo, no tempo de Jacó não existia um templo em Jerusalém, o que também não seria visto antes dos próximos 400 anos.

O autor do trabalho, John Kampen, da Faculdade Bluffton, América, ainda chega a propor um desafio fatal diante da noção mais que arraigada de que os Essênios de Qumran "espiritualizavam" as atividades do templo em Jerusalém, o que viam como uma forma de corrupção durante o reinado dos Hasmoneans (164 a 63 a.C.), por meio de uma observância alternativa de adoração no Templo com sua substituição pela observância da Lei. Para John Kampen:

> (aqueles) que propagam essa ideia não foram capazes de compreender a relação da lei e do templo. A lei não assume uma precedência sobre o templo, o lugar da presença de Deus. O problema é que Israel não seguia a lei certa por ela estar arraigada no templo errado.[466]

Ele conclui que a corrupção do templo foi algo que a Comunidade de Qumran vivera em sua própria história, e para eles a lei não tinha precedência sobre o templo. O templo com o qual os Essênios de Qumran estavam preocupados não era, ele insiste, aquele em Jerusalém, mas um templo idealizado para o futuro. Apesar de concordar com a ideia principal de seu argumento, o templo visionário estava, eu defendo, baseado em um desenho real. Detalhes no Pergaminho do Templo, por exemplo, exibem as dimensões da parede mais longa com 1.600 cúbitos, equivalente a 800 metros. O comprimento da parede mais longa do Grande Templo em Amarna foi medida, a partir de escavações arqueológicas detalhadas, como tendo 800 metros. Isso, entre muitas outras características congruentes, não é uma coincidência.

Sendo o templo mencionado como algo real, conforme alegações de Yigael Yadin, arqueólogo e vice-primeiro-ministro de Israel, em seu estudo do Pergaminho do Templo, onde ele afirma que se "refere ao templo terres-

---

465. John Kampen, "A Importância do Templo nos Pergaminhos do Documento de Damasco", *Os Manuscritos do Mar Morto aos Cinquenta Anos*, Sociedade de Literatura Bíblica, Encontros da Seção de Qumran (Atlanta, Ga.: Scholars Press, 1999).
466. Ibid.

tre do presente", bem como um do futuro.[467] Israel não seguia a lei certa, de acordo com os Essênios de Qumran, porque ela estava arraigada no templo errado.

Encontrado sob a Cama de Kando — O Pergaminho do Templo

O Pergaminho do Templo ou 11QT como é conhecido pelos profissionais, é o mais longo (884,5 centímetros) dos manuscritos dos Manuscritos do Mar Morto e em alguns aspectos o mais misterioso. Recuperado em 1967 em Belém, onde estivera escondido sob a cama de Kando* (veja Capítulo 1, nota 4), ele hoje pode ser visto no prédio do Santuário do Livro, em Jerusalém.

Uma das mais curiosas narrativas no Pergaminho do Templo é a afirmação do autor de que o Senhor revelou a Jacó em Bethel, assim como o fizera a Levi (confirmado em outro Manuscrito do Mar Morto, o Testamento de Levi), que os levitas seriam os sacerdotes no Templo do Senhor. Essa menção não existe na Bíblia, em que os seguidores de Levi não foram escolhidos até o tempo do Tabernáculo e Moisés.

Conforme indicado por Yigael Yadin em seu livro seminal, *The Temple Scroll* [O Pergaminho do Templo], temos algo bastante misterioso ao vermos que a Bíblia não fala de nenhuma lei divina para a construção do templo, e ainda assim o escritor do Pergaminho do Templo parecia ter acesso a um desenho e a uma lei escrita. Além de uma menção desse desenho, em I Crônicas 28:11-19, não há detalhes dele no Antigo Testamento — um enigma real para os sábios bíblicos. No entanto, no *Midrash Samuel* está registrado que Deus deu a Moisés o Pergaminho do Templo, e que ele foi transmitido por gerações a Davi e Salomão. Que esse Pergaminho do Templo original, com sua riqueza de detalhes no planejamento, tenha chegado às mãos de Salomão ou das autoridades normativas, é algo extremamente duvidoso, visto que todas as suas prescrições contradizem de modo severo o Judaísmo normativo. Ele explica uma das principais razões de os essênios rejeitarem o Templo em Jerusalém — ele não estava de acordo com o desenho que tinham do templo.

Assim, como também, posteriormente, a sabedoria talmúdica confirma que Davi deu uma planta a Salomão. No *Midrash Tehillim* (veja Glossário), vemos que o rei Davi propôs uma medida de 100 cúbitos para a

---

467. Yigael Yadin, *The Temple Scroll* [O Pergaminho do Templo] (London: Weidenfeld e Nicolson, 1985).

* Kando era um negociante árabe que anteriormente adquirira uma série de Manuscritos do Mar Morto dos beduínos.

altura do templo, comparada aos modestos 30 cúbitos especificados em Deuteronômio, Crônicas e I Reis para o Templo de Salomão.[468]

A conclusão lógica é que as informações no Pergaminho do Templo, em sua forma original, existiam antes de Moisés, e que descreviam o desenho de um templo real que não era o Templo em Jerusalém. Os detalhes devem ter sido transmitidos em segredo por meio de uma linhagem distinta de sacerdotes levitas para os Essênios de Qumran, que basearam sua cópia na versão original.

Avaliar sua data e compreender o pergaminho é uma controvérsia antiga. De acordo com o professor Lawrence Schiffman, da Universidade de Nova York, datar o pergaminho depende do significado de uma de suas seções conhecida em hebraico como *Torah Há-Melech* — a Lei do Rei. A maior parte dessa seção vem de fontes do Antigo Testamento, mas os regulamentos relacionados à rainha, a provisão de um guarda-costas real fixo, o conselho do exército do rei, o recenseamento militar no caso de guerra e na divisão do espólio não são encontrados na Bíblia. A estipulação da rainha, na verdade, vai contra a Bíblia ao exigir que o rei fique com ela durante todos os dias de sua vida. Na Bíblia, a esposa pode ser "dispensada".[469]

Onde o autor do Pergaminho do Templo conseguiu suas informações sempre foi um mistério. No entanto, se o rei mencionado é Akhenaton, nós sabemos que ele permaneceu, enquanto faraó, totalmente fiel a sua esposa Nefertiti, e somente junto dela passou todos os dias de sua vida; e ele era o tempo todo acompanhado por um guarda-costas. Presumindo-se os costumes de Akhetaton, e que as exigências da Lei do Rei relacionadas a uma renovação idealizada em Israel, muitas das anomalias do Pergaminho do Templo desaparecem, e explicações razoáveis são propostas. Por exemplo, a frase, "Ele não deve fazer o povo do Egito voltar a guerrear", que aparece no Pergaminho do Templo, faz pouco sentido para quaisquer reis candidatos da Judeia ou de Israel, a menos que houvesse algum outro lugar no Egito.

O conselho do exército do rei descrito na obra criteriosa de Cyril Aldred, *Akhenaton, King of Egypt*[470] [Akhenaton, Rei do Egito] — os comandantes do exército "formaram um conselho de organização em torno do rei, assim como seguidores em torno de seu senhor de guerra" — em

---

468. Esther M. Menn, "Rei Orador e o Santuário da Oração Parte I; Davi e as Origens do Templo nos Salmos Talmúdicos, Comentários *Midrash Tehillim*", *Journal of Semitic Studies*, Vol. LII, n° 1 (Manchester: Manchester University Press, 2001).
469. Serge Frolov, "A Lei do Rei" do Pergaminho do Templo; Aspectos Mishnaic", *Journal of Jewish Studies*, Vol. L, n° 2 (Cambridge: 1999).
470. Cyril Aldred, *Akhenaton, King of Egypt* [Akhenaton, Rei do Egito] (London: Thames & Hudson, 1996).

quase uma paráfrase da descrição no Pergaminho do Templo. Nenhuma decisão de ir para a guerra era feita sem que fossem consultados.

O Pergaminho de Cobre e as Letras Gregas que Soletram Akhenaton

Uma das perguntas que surgiram durante minhas leituras das misteriosas letras gregas espalhadas pelo antigo texto hebraico foi: "como alguém pode ter certeza dessa leitura? Existem outros exemplos do nome do faraó Akhenaton em registros gregos?"

A resposta simples é que não há exemplos de seu nome porque logo depois de sua morte ele foi perdido, até mesmo para a história egípcia comum. Ele não foi, eu defendo, perdido para a tradição secreta de seus seguidores. Para citar a professora Rosalie David, leitora de Egiptologia na Universidade de Manchester e uma autoridade mundial do antigo Egito:

> Não existe um equivalente grego de Akhenaton. Seu nome anterior, antes de tê-lo trocado para mostrar sua lealdade a Aton, era Amenhotep IV. A versão grega de Amenhotep era Amenophis. Além disso, não existe um equivalente grego da cidade, Akhetaton. Eu desconheço a existência de qualquer referência tanto de Akhenaton como de Akhetaton na literatura grega, porque o rei e a cidade foram apagados da história até que o local de Tell El-Amarna (Akhetaton) foi redescoberto em tempos recentes.[471]

Há duas dificuldades para que possamos nos sentir absolutamente certos com relação às minhas comparações das letras gregas. Em primeiro lugar, a pronúncia do nome atenístico, ou atonístico, do faraó é no máximo uma aproximação das versões hieroglíficas que temos. Um dos melhores exemplos de nome do século XIV a.C. pode ser visto em uma tábua dupla hoje no Museu de Turim, Itália. A vocalização dessa cártula mostra que, seja qual for o som exato, sua ordem é muito semelhante ao som das letras gregas que aparecem no Pergaminho de Cobre. As chances de encontrar sons sequenciais correspondentes em duas palavras de quatro sílabas de diversos idiomas, cada uma delas com aproximadamente 22 letras de som diferente, é mais de 160 mil por um! Também não há como termos certeza

---

471. Robert Feather, correspondências particulares, janeiro de 1999, também no documentário da rede de TV BBC2, *O Tesouro Sagrado do Faraó*, 31 de março de 2002.

de que o escriba de Qumran escolheu as mesmas letras gregas que acreditamos terem sido usadas.

Para nos aproximarmos ao máximo da escolha, consultei inúmeras fontes de dicionários gregos. Elas indicam que nomes de sons semelhantes aos de Aton e Akhenaton, ou Xuenaton como é, às vezes, escrito,[472] teriam precisado de letras gregas parecidas com as usadas no Pergaminho de Cobre. A validade dessa ideia é reforçada pela opinião do professor John Tait, da Universidade de Londres, que considera a leitura das letras gregas como sendo muito possivelmente o nome do faraó em questão.

Que o nome de Aten ou Aton, o usado por Akhenaton para chamar seu Deus, está espalhado por todo o Antigo Testamento, é algo atestado por muitos estudiosos, desde Sigmund Freud.[473] Mais recentemente, Messod e Roger Sabbah[474] publicaram um estudo extensivo do assunto e concluíram que Akhenaton foi o precursor da religião hebraica e que não apenas o Antigo Testamento, mas principalmente os Manuscritos do Mar Morto, inclui referências a Akhenaton e Aton. Eles observam que o nome de Deus aparece em muitas formas no Antigo Testamento, mas em uma invocação mais antiga como Deus do Êxodo, ele aparece como a palavra hebraica "Adonai", e como "Adon".[475] Muitos nomes egípcios são lidos com as letras "D" ou "T" de modo intercalado — Touchratta ou Douchratta, Taphne ou Daphne, e em cóptico egípcio a letra D pode ser pronunciada como "D" ou "T".[476] Assim, Aton podia muito bem ser escrito "Adon-ai" em que "ai" relaciona Deus aos hebreus[477] no sentido de "meu mestre", ou "O Senhor".

---

472. S. Birch, *Catalogue of the Collection of Egyptian Antiquities at Alnwick Castle* [Catálogo da Coleção de Antiguidades Egípcias no Castelo de Alnwick] (London: R. Clay & Sons, 1880).
473. Freud, *Moses and Monotheism* [Moisés e o Monoteísmo].
474. Messod e Roger Sabbah, *Les Secrets de l'Exode* (Paris: Jean-Cyrille Godefroy, 2001). Por acaso, os autores também mostram a tribo Massai da África como sendo composta por descendentes seguidores de Akhenaton, reprisando descobertas relacionadas à estranha comunidade pseudo-hebraica em Elefantine e aos falashas da Etiópia.
475. O nome de Deus aparece em muitas formas no Antigo Testamento: como a letra *yod* hebraica, *vav* e dois *heys*; o *yod* duplo, Hashem, ou apenas a letra hebraica *hey* — o Nome Makom — Todo Lugar; Adonai — Domínio; El; Eloha; Elohim; Shadai; Tsevaoit; Elohai; Jeremy Rosem, *Jewish Chronicle*, 11 de maio de 2001.
476. Jacques Champollion, *Grammaire Egyptienne* (Paris: Solin, 1997).
477. "Ai" é a primeira sílaba com som da palavra Israel ou Yisrael, como ela aparece no *Merneptah stela*, datado de 1210 a.C. — a primeira representação egípcia de Israel, como um povo. (O som de "Y" é equivalente ao som hieróglifo do símbolo do "*reed* duplo" — indicando a regência suprema do Egito Superior e Inferior, e talvez igual ao do "*Yod* duplo", usado no Antigo Testamento para indicar o inefável nome de Deus).

Outro exemplo pode ser a primeira ligação registrada identificada entre os hebreus do Egito e o nome do Deus de Akhenaton, "Aton". Ela pode ser encontrada na coleção de artefatos egípcios do Castelo Alnwick, de Northumberland, na Inglaterra.[478] Ali, em um objeto retangular de vidro azul-escuro, datado do período Amarna, está escrito:

Ra nefer Xeperu Ua en Aten

No Capítulo 12, há uma discussão a respeito dos possíveis nomes pelos quais os hebreus eram conhecidos durante sua permanência no Egito. A sugestão que proponho como a fonte mais provável foi a palavra egípcia *Cheperu*.

Uma possível tradução da inscrição então seria:

O belo Deus do sol dos hebreus o Aten

A ideia de que *Cheperu*, derivado do nome de um deus criador Chepri ou Khepri e geralmente representado no antigo Egito na forma de um escaravelho, não é algo sem importância, como veremos mais adiante neste capítulo.

A Ligação do Idioma Hebraico-Egípcios

Da mesma forma que os estudos convencionais costumam descartar o Egito como uma fonte fundamental para estudos bíblicos, eles têm erroneamente atribuído as origens do alfabeto hebraico como sendo da região costeira canaanita. Se existe um fator que define uma associação de cultura, essa é a associação do idioma.

Antes da publicação da primeira edição deste livro, em julho de 1999, praticamente todas as fontes convencionais possíveis de ser consultadas citavam as formas mais antigas de escrita alfabética na região leste e as escritas hebraicas como sendo derivadas da dos fenícios que, por sua vez, acreditava-se ter sido originada dos proto-canaanitas e Ugarit, datando de c. 1550 a.C. O egípcio era visto como influenciador do mais antigo dos alfabetos, mas a redução original de símbolos, de muitos milhares para menos de 30, foi creditada aos países costeiros na região do que hoje é conhecido como Líbano.*

Em colaboração com Jonathan Lotan, um estudioso anglo-israelense, fui contra essa ideia e incluí um diagrama (veja Capítulo 15), que indicava hieróglifos e a hierática egípcia como a linha principal da qual o hebraico foi

---

478. Birch, *Catalogue of the Collection of Egyptian Antiquities at Alnwick Castle* [Catálogo da Coleção de Antiguidades Egípcias no Castelo de Alnwick].

* Inscrições datadas da mesma época foram encontradas na Península do Sinai.

originado. Ninguém está sempre certo, e eu não afirmaria estar, mas nesse caso...

No verão de 1998, o dr. John Coleman Darnell, um egiptólogo da Universidade Yale, América, e sua esposa Deborah estavam trabalhando "no meio do nada", próximo a Wadi el-Hol (Desfiladeiro do Terror), a cerca de 25 quilômetros do Nilo e aproximadamente 25 quilômetros ao norte do Vale dos Reis. Eles descobriram inscrições em paredes de pedra calcária, hoje consideradas como trabalho de escrita de povos semitas em um alfabeto com menos de 30 letras, baseado em símbolos egípcios. Suas descobertas não foram publicadas antes de novembro de 1999, quando foram certificadas pelo dr. Bruce Zuckerman, diretor do Projeto de Pesquisas Semitas do Ocidente, Universidade da Califórnia do Sul, como uma das mais antigas formas de alfabeto já encontradas, que fora desenvolvida entre 1800 e 1900 a.C., anterior a qualquer outra descoberta em até 300 anos. A inscrição aparentemente se refere a "Bebi" — um general dos asiáticos, água, uma casa e um deus.

De acordo com o dr. P. Kyle McCarter Jr. professor de Estudos do Oriente Próximo, Universidade Johns Hopkins, América.

> (...) ela nos força a reconsiderar uma porção de questões relacionadas à antiga história do alfabeto. Coisas que escrevi há somente dois anos, considero agora como dados defasados.[479]

Para Frank Moore Cross, professor emérito na Universidade de Harvard:

> (...) isso pertence a uma única evolução do alfabeto.[480]

Símbolos do Aton

Exemplos de inscrições mostrando o disco do sol do Aton egípcio, conforme detalhado na nota 445, foram descobertos em muitas partes de

---

479. John Noble Wilford, "Descoberta de Inscrições Egípcias indica uma Data Anterior para as Origens do Alfabeto", *New York Times*, 13 de novembro de 1999; Johns Hopkins University, Baltimore (http://www.jhu.edu/news_info/news/home99/nov99/alpha.html).
    (Frank Moore Cross, *The Ancient Library of Qumran* [A Antiga Biblioteca de Qumran] (Sheffield: Sheffield Academic Press, 1995), cita exemplos nos textos de Qumran em que terminações em verbos como "-a" são restauradas, mesmo em contextos aos quais eles não pertencem. Essas terminações com vogais são sobreviventes do antigo canaanita, que na fala do idioma local foram perdidas por volta de 1200 a.C.)
480. Ibid.

Israel e são uma dor de cabeça neurálgica de muitos historiadores religiosos. Eles não parecem saber o que de fato representam. Evidências da adoração do deus sírio Baal e dos santuários pagãos em "lugares elevados", ao longo de todo o período da história israelita, podem ser explicadas como aberrações causadas por interações com divindades locais ou reversões para a idolatria do Egito; mas por que um rei de Israel como Ezequias, que era especialmente forte em sua orientação do monoteísmo, usaria um disco do sol e um besouro como símbolos ainda não pôde ser explicado em termos convencionais.

As duas imagens eram, na verdade, desenhos de motivos egípcios básicos e o disco do sol, especificamente, relacionado à forma de adoração de Akhenaton. Exemplos foram encontrados em antigos cabos de jarros e em outras formas por toda Israel. Ainda mais reveladoras são recentes descobertas de bulas, impressões em selos de argila, com o nome do rei Ezequias do século VII a.C., um rei reformador que praticou uma política de purificar o país de imagens e influências estrangeiras. Alguns dos selos mostram um escaravelho de duas asas, mas dois exemplos recentes mostram um disco do sol central com raios sendo lançados para cima e para baixo e um sinal do *ankh* (vida) de cada lado. A indicação de que a iconografia egípcia, predominante em toda a Israel e em outras partes do Oriente Médio, foi adotada simplesmente por ter sido associada a uma força dominante e por ter, de qualquer forma, perdido seu significado religioso, parece algo bastante inadequado. Todos os três símbolos estão intimamente associados ao período Amarna, e o disco do sol e o sinal do *ankh* eram os elementos-chave do símbolo de Aton, representando o nome do Deus de Akhenaton. A forma do disco, com raios emanando de cima e de baixo, é bastante específica do estilo das imagens de Aton vistas nas paredes das tumbas em Amarna, onde raios de luz irradiam de um disco do sol central e trazem sinais do *ankh* em suas extremidades.

Duas bulas, na coleção de Shlomo Moussaieff, apresentam a letra hebraica *ntnmlk*, que pode muito bem ser lida como *n-aten melech* — relacionando Aton ao rei.[481] No entanto, talvez a descoberta mais desconcertante, para seguidores religiosos devotos, seja uma inscrição encontrada em um jarro de armazenamento em Kuntillet Ajrud, na região de Negev, datado do século VIII a.C. O desenho foi interpretado como sendo uma gravura de Deus com sua consorte. Outras inscrições são lidas como "Eu vos abençoo por Iavé... e por sua Asherah". A ideia de Deus com uma consorte é, naturalmente, um completo anátema para o Judaísmo. Se Asherah se refere a uma deusa da fertilidade ou simplesmente a uma divindade feminina não se sabe ao certo.

---

481. Refere-se à nota 444.

Figura 23: Desenho e inscrição em um jarro de armazenamento encontrado em Kuntillet Ajrud, datado dos séculos VIII ou IX a.C. (Cortesia da BMP.)

Parte do baluarte do Palácio de Amarna, hoje no Museu do Brooklyn, Nova York, mostrando a cobra na mesma posição relativa ao rosto do faraó Akhenaton no jarro de Kuntillet Ajrud. (Cortesia do Museu do Brooklyn.)

Com base em minha teoria que relaciona a veneração de Deus, na tradição judaico-cristã, de volta ao monoteísmo do antigo Egito, há uma explicação que talvez possa nos proporcionar um certo alívio. A cena desenhada sobre o jarro de armazenamento de Kuntillet Ajrud (veja Figura 23) mostra a pequena cabeça de uma cobra na parte superior do canto esquerdo, e as duas figuras centrais foram interpretadas como representando o deus egípcio Bes. Acredito que a cena é uma das lembranças egípcias, e não uma cena contemporânea da religiosidade israelita.

Apesar de as duas figuras identificadas como Bes terem características dessa figura folclórica egípcia da música e da alegria, as imagens parecem-me muito mais duas figuras importantes, sentadas em tronos, entretidas por um cortesão tocando lira. O ícone de Bes sempre foi um favorito de Nefertiti e da família Akhenaton, conforme demonstrado em um anel (mostrado no canto esquerdo superior da Placa 14, na seção de ilustrações deste livro) considerado como tendo pertencido a Nefertiti. É possível, portanto, chegarmos a uma interpretação muito diferente desse cenário controverso.

A pequena cobra é um símbolo hieróglifo egípcio típico (que tem o som de "F"), tendo seu desenho derivado da víbora do milho egípcia. Ela aparece nos desenhos de Aton, e nesse contexto significa "em nome de (Aton)". Ainda mais importante, ela aparece exatamente na mesma posição relativa à cabeça de Akhenaton em uma série de relevos egípcios: por exemplo, um encontrado sobre um fragmento de baluarte, hoje no Museu do Brooklyn, Nova York, mostra o rei Akhenaton e a rainha Nefertiti fazendo uma oferta ao Aton. Os tamanhos relativos das figuras de Kuntillet Ajrud — que vejo como sendo do rei usando a *Atef* tripla (coroa) e a rainha usando a coroa única — são bastante rememorativas de outra representação do casal vestido com seus turbantes reais.

O fato de existir uma dimensão egípcia nessa inscrição foi percebido pelo estudioso da École Biblique, Émile Puech. Em uma palestra dada por ele a respeito dos salmos de Davi, em uma conferência: Quarenta Anos de Pesquisas, que aconteceu em Israel em 1988, ele citou a semelhança do estilo de saudação em Kuntillet Ajrud a outro visto em papiro de Saqqara no Egito.[482]

A associação na inscrição, que foi lida como, Iavé e "sua asherah,"[483] é também rememorativa da deusa da fertilidade associada a Iavé pela co-

---

482. Émile Puech, "Les Deux Derniers Psaumes Davidiques du Rituel d'Exorcisme", 11PsApa IV 4-V14", *Os Manuscritos do Mar Morto — Quarenta Anos de Pesquisa* (Leiden: E. J. Brill, 1992).
483. Kathleen M. Kenyon, *The Bible and Recent Archaeology* [A Bíblia e a Recente Arqueologia] (London: British Museum Publications, 1987). Outro desenho em Kuntillet Ajrud reforça a ligação até o tempo de Aton dessa descoberta. Ele mostra uma

munidade pseudo-hebraica em Elefantine, e parece que essa associação foi continuada por meio de uma descendência do monoteísmo até Canaã. Qualquer ideia de que a inscrição de Kuntillet Ajrud mostra Javé com sua consorte está, portanto, acredito, totalmente errada, e ela quase certamente retrata o rei Akhenaton com sua rainha Nefertiti.

Conclusão

As informações adicionais neste capítulo têm a intenção de suplementar evidências anteriores e responder às principais críticas que inevitavelmente têm surgido de importantes círculos ortodoxos dos institutos acadêmicos. Ao desenvolver algumas das respostas mais detalhadamente, sugere-se que argumentos ainda mais fortes apareçam para substancializar a base geral da tese. Aspectos desses argumentos recebem agora uma dimensão visual com a transmissão de um documentário de TV, baseado no livro.

Intitulado de *The Pharaoh's Holy Treasure* [O Tesouro Sagrado do Faraó], o documentário com uma hora de duração foi exibido pela primeira vez no canal BBC2, no dia 31 de março de 2002, e mostrou entrevistas com estudiosos influentes da América, Grã-Bretanha, Alemanha, França e Egito. Grande parte da apresentação exibiu opiniões confirmatórias de uma possível conexão entre Qumran e Amarna, apesar de outros entrevistados rejeitarem algumas das descobertas e não aceitarem as totais implicações da nova teoria.

Duas importantes entrevistas foram omitidas pelos editores do documentário por considerarem-nas "defensoras demais da teoria, o que poderia interferir com o equilíbrio controverso do programa". Uma dessas entrevistas foi com o professor John Tait, da Universidade de Londres, vice-presidente da Sociedade de Exploração do Egito e uma autoridade mundial nos extos gregos e egípcios. Ao ser indagado a respeito de sua leitura das misteriosas letras gregas que aparecem intercaladas no texto hebraico do Pergaminho de Cobre, que eu leio como Akhenaton, ele reiterava essa ideia e a da professora Rosalie David, egiptóloga na Universidade de Manchester, de que minha interpretação não era irracional.

> A sugestão de Robert Feather de que o nome do rei egípcio Akhenaton pode ser lido foi algo que me chamou muito a atenção. A primeira reação de alguém como eu é que esse rei fora apagado da história egípcia de maneira deliberada depois do

---

procissão de cinco veneradores com braços estendidos em uma atitude de adoração elevada e próximos à boca do líder no que parece ser uma mão aberta — que faz lembrar a mão de Aton vista nas inscrições em Amarna (P. Beck, *The Drawings from Horvat Teiman* [As Pinturas de Horvat Teiman] (*Kuntillet Ajrud*), *Tel Aviv 9* (Tel Aviv: Instituto de Arqueologia, Universidade de Tel Aviv, 1982).

fim de seu reinado. É certo que ele foi de modo consistente eliminado das listas de reis oficiais e, portanto, a primeira ideia de alguém é que o nome simplesmente não será reconhecido no futuro. Para mim, uma das coisas fascinantes é ser levado a considerar se esse nome poderia ter continuado a existir. Egiptólogos da atualidade sentem bastante interesse na diferença entre os registros ortodoxos oficiais e a ideia de como o Egito era governado, centralizado no rei, e a possibilidade de detectar crenças menos oficiais, tradições menos oficiais. O problema é a dificuldade em encontrar tais evidências, como no caso do material do Pergaminho de Cobre, o que não deixa de ser um desafio. De início, sinto-me unicamente preocupado com questões técnicas envolvidas, a respeito de como o nome pode ser escrito. A sugestão é, eu imagino, que neste caso estamos lidando com uma tradição oral, algo transmitido por meio da palavra da boca e que não pode ser encontrado em registros escritos. Estamos falando de um período de, no mínimo, um milênio; portanto, as mudanças estão prestes a acontecer e por isso não podemos esperar uma representação exata. A outra grande consideração é que essas letras gregas, e o segundo nome de Akhenaton — o nome em sua segunda representação — eram originalmente escritos em hieróglifos egípcios.

Logo nos vemos diante de um problema, pois o alfabeto grego não é capaz de representar de modo adequado todos os sons na língua egípcia. Esse é um problema com o qual aqueles que inventaram a escrita cóptica, no terceiro século da era comum, tiveram de enfrentar — a falta de uma forma de escrever certos sons. Eles vinham com a evasão de usar alguns caracteres egípcios nativos para preencher as lacunas. Agora, se você ainda não pensou em fazer isso, sua tentativa de representar alguns sons egípcios não será totalmente válida. Algo comparado à maneira que nós, na Inglaterra, usaríamos para representar as palavras do índio, do hindi, do arábico ou palavras chinesas. A menos que você adicione uma porção de pontos e traços eruditos terríveis, não conseguirá passar de uma simples aproximação.

Uma das letras que talvez ofereça a maior preocupação é a letra que eles imaginam ser o *gamma* grego, mas teriam então de lidar com o problema de não haver uma reprodução muito precisa, e eu acredito que seja aceitável a chance de chegarem à solução de usar a letra *gamma*.

Por isso, alguém que ouve um nome em uma tradição oral poderia chegar a esse grupo de letras para representar o nome de Akhenaton, o que não é nada irracional.[484]

A segunda principal entrevista omitida foi a do professor Harold Ellens, da Universidade de Michigan, e suas ideias são de modo amplo mostradas no Prefácio desta edição.

O professor Shiffman finalizou sua paródia acerca do futuro da pesquisa dos Manuscritos do Mar Morto, em uma conferência que celebrava o quinquagésimo aniversário de sua descoberta, na voz de um pastor evangélico:

> Até agora vens colecionando paralelos e daí temos a ideia de que Jesus, ou talvez seu professor João o Batista, era um membro da seita de Qumran ou até mesmo que Jesus fora morto em Qumran (...)[485]

Essas observações podem muito bem ter me instigado a olhar com mais cuidado para a relação do antigo Cristianismo com o Judaísmo do período do Segundo Templo, e mais especialmente para a forma de Judaísmo praticada em Qumran. Seja como for, eu já havia embarcado nessa jornada audaciosa quando li, por acaso, essa citação. Quem poderia pensar que as observações contundentes do professor Shiffman estariam tão próximas da verdade?

---

484. Transcrição da entrevista com o professor John Tait, no Instituto de Arqueologia, Londres, 21 de dezembro de 2001.
485. Schiffman e Schiffman, *E acontecerá no Final dos Dias: um Programa para o Futuro.*

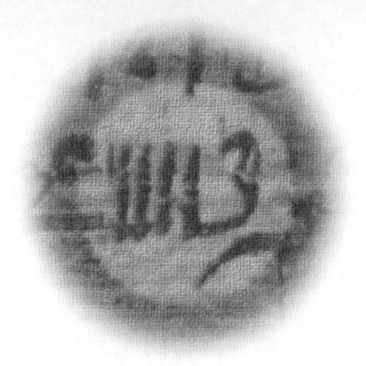

APÊNDICE

Tradução do Pergaminho de Cobre

A tradução a seguir do Pergaminho de Cobre é tirada da obra *The Treasure of the Copper Scroll* [O Tesouro do Pergaminho de Cobre] de John Marco Allegro (Routledge & Kegan Paul, 1960), reproduzida com a gentil permissão da Sra. Joan R. Allegro.
© Direitos autorais de propriedade de John M. Allegro

בתרוכא של עבק עלירחחח
חבעלוח תבואת לבירח אבית
איוח אד בגין אלתבסך ובליח
לש קל בכלון אב עלח א כ
לנכשל על כרח של אי עשחית
חחב ול בנוך חארו ל אךל תר
חפל סטל יו נוולנקר קעו סתן מבואי
לחבת ות העליון כ לרין ת שעבעת
נחל אלנ חלת נ לוי ב עבל גון ואחאת
חנל אלחי בעוח א צלרח אלעו בעתר
של בטו לתחו ב שיוח אלאב ודוע
אמת אעל נשקלת חב בול
בגואחב ס ג אשל בגש בוגדי לסגל
אב חמחקה ק עאמות אלאש סך ארבעי
עד

נבווחב לחאי
בלון 33 וי
נבער תבות ד
חשל עאחית וח
בתיחאנחנלג
נחי
נבוו שעד חי
לחוק אעית חי
ובלוקא אבנל
נעור חתח
נאן חסלעבדי
באות וחחח
כ כרב אשנבו
חצעו נחגור צ
בנחוצו

COLUNA 1

COLUNA 1

TRANSCRIÇÃO DAS LINHAS

1. bḥrwbh šbʻmq ʻkwr tḥt
2. hmʻlwt hbw't lmzrḥ 'mwt
3. 'rwḥ'rbʻyn šdt ksp wklyh
4. mšql kkryn šbʻ (ʻ)śrh KεN

5. bnpš bndbk hšlyšy ʻštwt
6a. zhb zll...

6b.   bbwr hgdwl šbḥṣr
7. hyrsṭlwn bzrb qrqʻw stwm bḥl'
8. ngd hptḥ hʻlywn kkryn tš' m't

9. bḥl šl bḥlh kly dmʻ blgyn w'pwryn
10. hkl šl hdmʻ wh'ṣr hšbwʻ wmʻ sr
11. šny mpyt lptḥ wbšwly h'm'mn hṣpẇṅ
12. "mwt šš ʻd nyqrt hṭbwl ΧΑΓ

13. hśy' hmsb' šl mns byrk' lsml
14. gbh mn hqrqʻ 'mwt šlwš[k]sp 'rbʻyṅ
15. [   ]kkr

TRADUÇÃO

ITEM 1. Na fortaleza que fica no Vale de Achor, 40 cúbitos sob os degraus na entrada leste: um baú de dinheiro e seu conteúdo, de um peso de 17 Talentos. KεN

ITEM 2. No monumento do sepulcro, no terceiro curso de pedras: — barras leves de ouro.

ITEM 3. Na Grande Cisterna que fica no Pátio do Peristilo, no reboco de seu piso, escondido em um buraco em frente à abertura superior: 900 Talentos

ITEM 4. No canal (?) do Local da Bacia (?): vasos de coleta de dízimo, compostos de vasos *lôg* e ânfora, todo o dízimo e produção do sétimo ano e Segundo Dízimo, da(s) bocas à abertura, e no fundo do canal de água, seis cúbitos ao norte em direção ao tanque de imersão talhado. ΧΑΓ

ITEM 5. Na subida da Escada do Refúgio, na lateral esquerda, três cúbitos acima do chão: 40 Talentos de [pra]ta.

בנוו חבל חאתח ת חבלעליות
בכרן 33וו
נבצ רתבת דכל חחוצ ו ל דיני
חשלעצרית וחב אצין וחבל
בצני חשנ חצ בת וח עצין ובת לו
נד בצדן וצסף נבלין שכאין
בנוו שעד חץ עצ דבורחו
לחוק אבית חצ ע דרא בונלין
וב כו קא אבננלן עסר
נגר חתחח ו ב אבן חבזרח
נצן חסלעבריצ אנסף
באות זחחחחסן חדדיול
כ נר בן אנ בזר חן נ חלת ב בקצע
ר צפנ נחגור אצח שי ארבצ
בנ חוצו

COLUNA II

COLUNA II

TRANSCRIÇÃO DAS LINHAS

1. bbwr hmlḥ štḥt hm'lwt
2. kkryn 42 HN

3. bm'rt byt hmdh hyšn brwbd
4. hšlšyl 'štwt zhb ššyn wḥmš
   Θε

5. bṣryḫ šbḥṣr mtwḥ 'syn ubtkw
6. bł ṁṭblyn wksp kkryn šb'yn

7. bbwr šngd hš'r hmzrhy
8. rḥwq "mwt tš' (')sr' bw klyn
9. wb(')mwq' šbw kkryn 'sr ΔI

10. bbwr šṭḥt hḥwm' mn hmzrḥ
11. bšn hsl' kdyn šl ksp šš
12. m'wt wtḥt hsp hgdwl

13. bbrk' šbmzrḥ bḥlh bmqṣ'
14. hṣpwny ḥpwr "mh syṭ 'rb'
15. kkryn 22.

TRADUÇÃO

ITEM 6. Na mina de sal que fica sob os degraus: 42 Talentos. HN

ITEM 7. Na cavidade da Antiga Casa de Tributo, na Plataforma da Corrente: 65 barras de ouro. Θε

ITEM 8: Na passagem subterrânea que fica no Palácio: um barril (?) de madeira e dentro dele uma medida de *banho* de bens não coletados e 70 Talentos de prata.

ITEM 9. Na cisterna que fica a dezenove cúbitos em frente da entrada oriental, nela há vasos, e no buraco em que eles estão: 10 Talentos. ΔI

ITEM 10. Na cisterna que fica sob a parede a leste, em uma espora de pedra: 600 jarras de prata (e sob o Grande Solado da Porta).

ITEM 11. No tanque que fica a leste, em um buraco no canto norte, enterrados a um cúbito: quatro *sîṭ's*: 22 Talentos.

עלות
בן
תחת הפנאתה
כנורה
בות אבות על ובלפון הנצל
נצב
ובעבזר קות בוסות בנקיאות
באב
לדינר
ק קאות בשבאות ותשעה
אבון
DE F
תחת הפנא הא חרת חמרה
חבו
נ
יתחפרא בית שש עמרהנ ספ
ין
ש|
נכ 33
ד ק
ו
באב
בשות שב ב לחב בצוע
ילן
שב
לון ר ב צבוצן ביאתא
Δ
תחת תחב נאח לערבית
בצות
צרה
בקבר שבבלה בב אחדו
לא ב
בצמון אבות ותחת ב
בצות
ת שלוש ל
לת ל
קצי
בואר
ארבע
אבת

COLUNA III

COLUNA III

TRANSCRIÇÃO DAS LINHAS

1. bḥ[...] ṯ tḥt hpn' hdrw
2. myt 'mwt ṯš' kly ksp wzhb šl
3. dm' mzrqwt kwswt mnqy'wt
4. qs'wt kl šš m'wt wtš'h

5. tḥt hpn' h'ḥrt hmzrḥ
6. ytḥpr 'mwt šš 'srh ksp
7. kk 40 **TP**

8. bšyt šbmlḥm bṣpwnw
9. kly dm wlbwhšyn̊by't'
10. tḥt hpn' hm'rbyt

11. bqbr šbmlḥm byrydw
12. bṣpwn 'mwt tḥt hm
13. t šlwš kk 13+

TRADUÇÃO

ITEM 12. Na C[orte do (?)...], nove cúbitos abaixo do canto sul: vasos de coleta do dízimo de ouro e prata, bacias de batismo, cálices, tigelas de sacrifícios, vasos de libação, ao todo 609.

ITEM 13. Sob o outro canto oriental, enterrados a 16 cúbitos: 40 Talentos de prata. **TP**

ITEM 14. Na mina (?) que fica n(o) MLHM, ao norte: vasos de coleta do dízimo e vestes. Sua entrada fica sob o canto ocidental.

ITEM 15. Na tumba que fica no MLHM, em seu poço ao norte, três cúbitos abaixo do cadáver: 13+ Talentos.

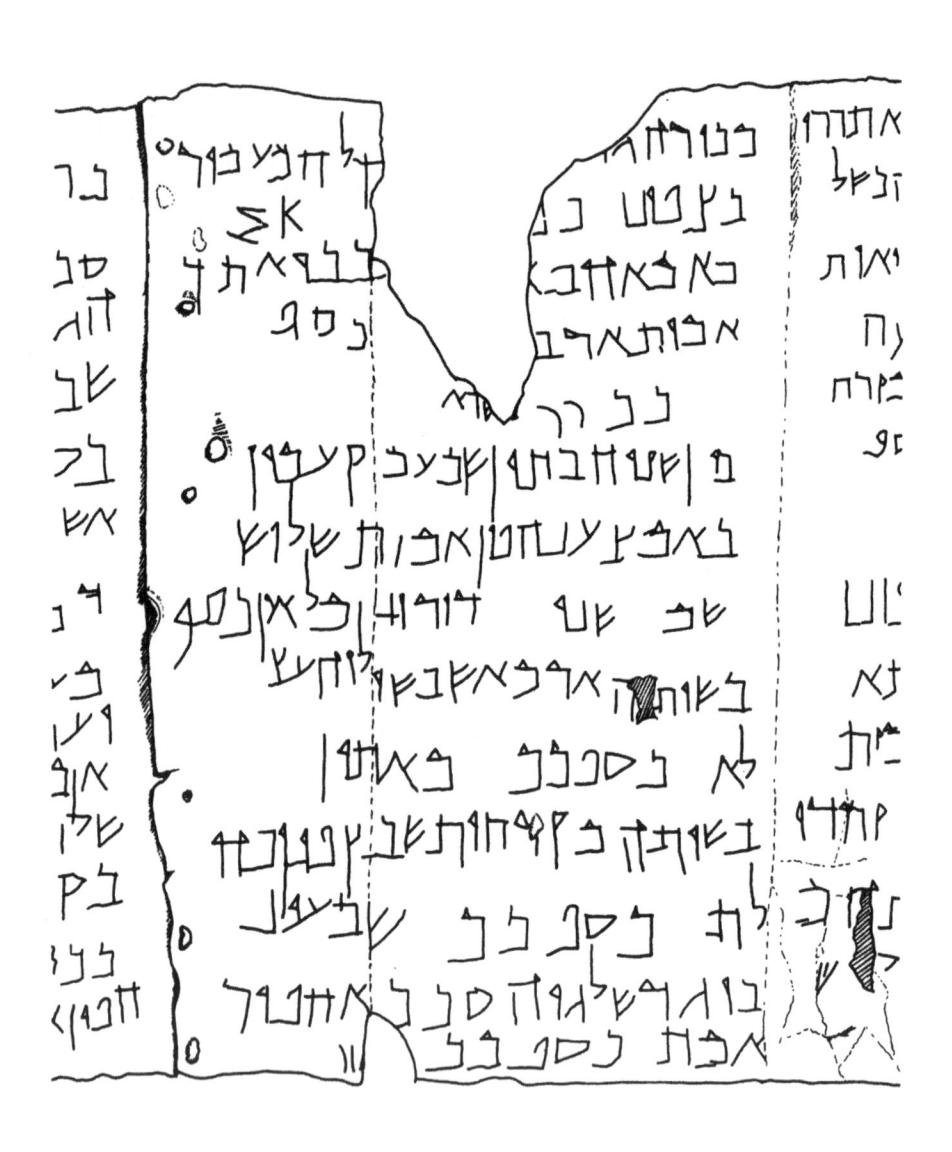

COLUNA IV

COLUNA IV

TRANSCRIÇÕES DAS LINHAS

1. bbwr hgd̦[wl (?)...b]ḫ̇lh b'mwd
2. bṣpwnw kk[...]   ΣK

3. b'm' hb' [h (?)...] bby'tk
4. 'mwt 'rb['...] ksp
5. kk 40 (?) [...b] s̊d̊'

6. byn šny hbdyn šb'nmq 'kwn
7. b'ms'n ḥpwn 'mwt šlwš
8. šm šny dwdyn ml'yn ksp

9. bšyḫ h'dm' šbšwly h'ṣ
10. l' ksp kk m'tyn

11. bšyḫ hmzrḥyt šbṣpwn bḥ
12. lh ksp kk šb'yn

13. bygr šl gy hskk' ḥpwr
14. 'mh ksp kk[...] 3+

TRADUÇÃO

Item 16. Na Gran[de] Cisterna, [... em] um buraco (?) em um pilar em seu norte: [...] Talentos.   ΣK

Item 17. No canal de água que en[tra (?)...] enquanto caminha quatro [...] cúbitos [...] 40 (?) Talentos de prata [em um] baú (?).

Item 18. Entre as duas pressões de óleo (?) que ficam no Vale de Achor, meio caminho entre elas, enterrados a três cúbitos, (escondidos) há dois potes cheios de prata.

Item 19. Na mina de barro que fica na parte inferior da prensa de lagar: 200 Talentos de prata.

Item 20. Na mina oriental que fica ao norte, em um buraco: 70 Talentos de prata.

Item 21. No canal da barragem (?) do Vale de Secacah, enterrados a um cúbito: [...] 3+ Talentos de prata.

COLUNA V

COLUNA V

TRANSCRIÇÃO DAS LINHAS

1. brwš 'mt hmym̊[hb'h (?)]
2. skk' mn hṣpwn t[ḥt hym' (?)]
3. hgdwl' ḥpwr 'm[wt šlw (?)]
4. š ksp kk 7

5. bsdq šbskk' bzr̊ [b (?)]
6. 'šwḥ šlwmw k'lyn šl
7. dm' wbtkn 'ṣlm

8. m'l hḥrwṣ šl šlwm
9. w'd hrgb hgdwl
10. 'mwt ššyn ḥpwr 'mwt
11. šlwš ksp kk 13

12. bqbr šbnḥl hkp'
13. bby' hmzrḥy lskk'
14. ḥpwn 'mwt šb' kk 32.

TRADUÇÃO

ITEM 22. Na extremidade do canal de água [que entra em(?)] Secacah pelo norte, enterrados s[ob] (?)] a grande [bacia de colocação (?)] a t[rês (?) cú]bitos: 7 Talentos de prata.

ITEM 23. Na fenda que fica em Secacah, no re[boco (?)] do "reservatório de Salomão": vasos de coleta do dízimo e dentro deles moedas com figuras.

ITEM 24. 60 cúbitos do "fosso de Salomão" em direção à grande torre de guarda, enterrados a três cúbitos: 13 Talentos de prata.

ITEM 25: Na tumba que fica no Wady *Kippā*', na estrada oriental para Secacah, enterrados a sete cúbitos: 32 Talentos.

COLUNA VI

COLUNA VI

TRANSCRIÇÃO DAS LINHAS

1. [bm]°ṙt h'mwd šl šny
2. [h]ptḫyṅ ṣwp' mzrḥ
3. [b]ptḥ hṣpwny ḥpwr
4. ["]mwt šlwš šm qll
5. bw spr 'ḥd tḥtw
6. kk 42

7. bm'r' šl hpn"
8. šl hrgb hṣwp"
9. lmzrḥ ḥpr bptḥ
10. "mwt tš" kk 21

11. bmškn hmlk" bṣd
12. hm"rby ḥpr "mwt
13. štym "srh kk 9

14. bygr šbmgzt hkwhn

TRADUÇÃO

Item 26. [Na interna câ]mara da plataforma do Portão Duplo, voltado para o leste, [n]a entrada norte, enterrada a três [cú]bitos, (escondido) há uma jarra; dentro dela, um pergaminho, sob ela 42 Talentos.

Item 27. Na câmara interna do canto da torre de guarda que fica voltada para o leste, enterrados na entrada a nove cúbitos: 21 Talentos.

Item 28. Na Tumba (?) da rainha, na lateral ocidental, enterrado a 12 cúbitos: 9 Talentos.

Item 29. No canal da barragem(?) que fica na Ponte de

COLUNA VII

COLUNA VII

TRANSCRIÇÃO DAS LINHAS

1. hgdwl h[...]
2. tš' k[k...]

3. b'm' šl [...]
4. h'šwḥ hṣpw[ny (?)...]
5. b'rb' dwdẏ [n (?)... lsm (?) ẇlẇ
6. mšḥ 'mwt 'sryn[syṭ 'r(?)] b'
7. kkryn 'rb' m'wt

8. bm'r' š'ṣl hmqr[t (?)šl
9. byt hqṣ ḥpwr 'mwt šš
10. kdyn šl ksp šš

11. bryq tḥt pnt hmšṭḥ
12. hmzrḥyt ḥpwr 'mwt šb'
13. kk 22

14. 'l py yṣy't hmym šl hby
15. b'ḥpwr 'mwt šlwš 'd ḥṭyp
16. kk 80 zhb bkdyn štym

TRADUÇÃO

o sumo sacerdote que [...] nove [...] ta[lentos...]

ITEM 30. No canal de água de [...] no reservatório do nor[te] [...] em quatro po[tes (?)... a sua [es]querda (?), uma distância de 20 cúbitos qua[tro *sit's* (?)] 400 Talentos [...]

ITEM 31. Na câmara interna que fica ao lado da sala de descanso da Casa de Verão, enterradas a seis cúbitos: seis jarras de prata.

ITEM 32. Em um espaço vazio sob o canto oriental da plataforma aberta, enterrados a sete cúbitos: 22 Talentos.

ITEM 33. Na boca da saída de água do tubo de esgoto, enterrados três cúbitos na direção do tanque de deslizamento: 80 Talentos de ouro em duas jarras.

בשובך ש
אבות ש׳
ברון אסח
נחבלת
בזרח ח ○

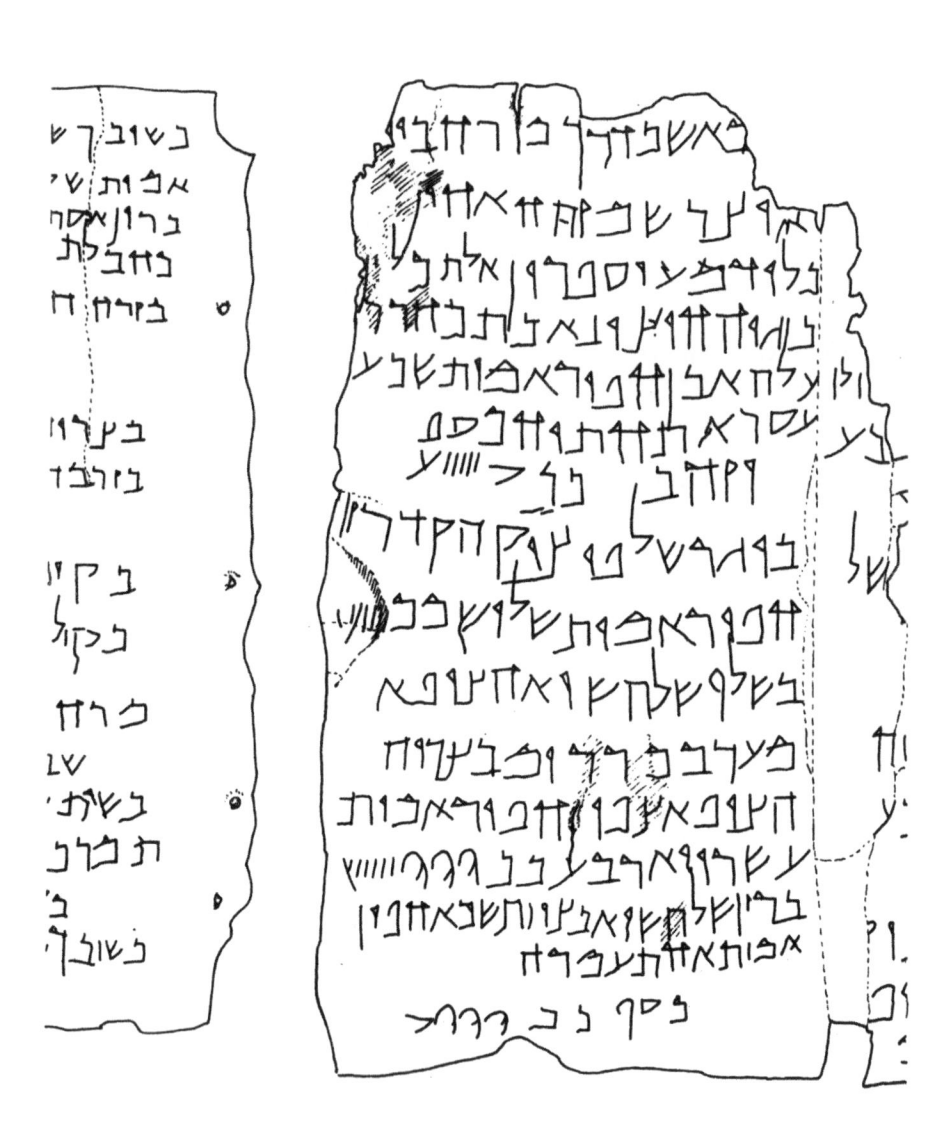

בערו
בזובד

ב ק יי
בקול

כ רח
LV
בשלי׳
תמון
ב׳
בשובך׳

באשזך בלרחבי
יצל שבתהאחז
בלוזבעוספרון אלתל
בעחדוזנאנתבזד
ולעלחאבןחפוראמותשנ
עסראתזתהנספ
וזחב בג ב ל ווווו
בגדשלטועקחקדרז
חפוראמותשלוש בכעוווו
בשליי שלחשואחזעגא
מערבבדרך וכבעזיח
העפאאבנוחפוראבות
עסרון ארבעבנ גזו ווווו
בריושלםאצאבעוותשבאחזין
אמותאזתהעברח
כסף ככ ככרא

COLUNA VIII

COLUNA VIII

TRANSCRIÇÃO DAS LINHAS

1. [bby(?)]b' šbdrk mżrḥ by [t]
2. 'wṣr šmyd h'twn
3. kly dm' wspryn 'l hklý ṅ

4. bgy hḥyṣwn' btk hdr
5. 'l h'bn ḥpwr 'mwt šb'
6. 'sr' tḥtyh ksp
7. wzhb kk 17

8. bygr šl pyswq hqdrwn
9. ḥywr 'mwt šlwš kk 7

10. bšly šl hšw' hṣwp'
11. m'rb bdrwm bṣryḥ
12. hṣwp ṣpwn ḥpwr 'mwt
13. 'sryn 'rb' kk 67

14. bryw(?) šl hšw bṣy°h šb' ḥ pwn
15. 'mwt 'ḥt 'srh
16. ksp kk 70

TRADUÇÃO

Item 34. No tubo (?) de [esgoto] que fica na passagem oriental para o [C]ofre, que fica ao lado da Entrada: jarros de coleta de dízimo e Manuscritos entre os jarros.

Item 35. No Vale Externo, no meio do Círculo-na-Pedra, enterrados a 17 cúbitos abaixo dela: 17 Talentos de prata e ouro.

Item 36. No canal da barragem (?) da boca do desfiladeiro Kidron, enterrados a três cúbitos: 7 Talentos.

Item 37. No campo de grama baixa de Shaveh, voltado para o sudoeste, em uma passagem subterrânea voltada para o norte, enterrados a 24 cúbitos: 67 Talentos.

Item 38. Na cisterna (?) de irrigação de Shaveh, na saída que há nela, enterrados a onze cúbitos: 70 Talentos de prata.

בשובך שבשרילוחנטףבבשח בשרלו
אבות שלושראשתון חפולי ובכשעתשבע
ברון אסתרו וארבע
נחבלת חשלוגב צרוח חעופא
בזרח חפון אבות שבוא
רבחצא נכר״יון
בצרוחיחחזיוצבחזהציפאל סוב
בזרבחפיראבפצ שטעסוה
נכ ן ‖
נ קיבעזה נסקפע חחל כ
נקולחבבחקלוניןלנפתביב
כרחכלטבשטמחפוראמות
שבע בב ‖‖‖‖‖‖
בשאת שוב צפון פחחןויקש לנזית
תכרנקחואתנדפלי
בשנחזח רב
בשובך שבבעד נאבת

COLUNA IX

COLUNA IX

TRANSCRIÇÃO DAS LINHAS

1. bšwbk šbšwly hnṭp mšḥ mšwlw
2. 'mwt šlwš w'štyn ḥywrwt bšẙ 'h šb'
3. bryn 'ystryn 'rb'

4. bḥblh hšnyt bṣryḥ hṣwp'
5. mzrḥ ḥpwn 'mwt šmwn'
6. wmḥṣ' kk 24

7. bṣryḥy hḥwryn b(ṣ?) ryḥ hṣwp' dr̊wm
8. bzrb ḥpwr 'mwt šš 'srh
9. kk 22

10. bqym'h ksp mn hḥrm

11. bqyl hmym hqrybyn lkp hbyb
12. mrḥb lpyhm ḥpwr 'mwt
13. šb 'kk 9

14. bšyt šybṣpwn py hṣwq šl byt
15. tmr bṣy't gy pl'
16. blškh ḥrm

17. bšwbk šbmṣdn' ptḥ

TRADUÇÃO

ITEM 39. No canal (?) que fica no fundo do tanque de escoamento (de água da chuva), enterrados a uma distância de três cúbitos e dois (*sit's* (?)) de seu fundo, no reboco das laterais: quatro *staters*.

ITEM 40. Na Segunda Área Fechada, na passagem subterrânea que fica voltada para o leste, enterrados a oito cúbitos e meio: 24 Talentos.

ITEM 41. Nas passagens subterrâneas de Os Poços, na passagem voltada para o sul, enterrado no reboco a 16 cúbitos: 22 Talentos.

ITEM 42. Na "chaminé": prata das ofertas consagradas.

ITEM 43. Na tubulação das águas que abastece a bacia do escoadouro, enterrados sete cúbitos da parte larga em direção à boca: 9 Talentos.

ITEM 44. No sepulcro (?) que fica ao norte, na boca do desfiladeiro do Lugar das Palmas, na saída do Vale de PL', tudo ali são ofertas consagradas.

ITEM 45. No canal (?) que fica no Forte de Senaah (?), abrindo para boca de saída, em

COLUNA X

COLUNA X

TRANSCRIÇÃO DAS LINHAS

1. drwm b'ly'h hšnyt yrydtw
2. mlm"l" kk 9

3. bbwr gy (')mwqwt šrwy mhnḫl
4. hgdwl bqrq'w kk 12

5. b'šwḥ šybyt hkrm kbw'k
6. lsmwlw'mwt'sr ksp
7. kkryn ššyn wšnyn

8. bym šl gy żyṯ bṣdw hm'ṙby
9. 'bn šḫwryt 'mwt štyn
10. hy hptḥ kkryn šlš m'wt
11. zhb wklyn kwpryn 'srh

12. tḥt yd 'bšlwm mn hṣd
13. hm'rby ḥpwr' mwt štyn'srh
14. kk 80

15. bym byt hmym šl żḥyl tḥt
16. hšqt kk 17

17. [...]h b'rb't

TRADUÇÃO

no segundo andar na descida de cima para baixo: 9 Talentos.

ITEM 46. Na cisterna da Ravina das Profundezas que é abastecida a partir do Grande Wady, em seu piso: 12 Talentos.

ITEM 47. No reservatório que fica em Beth Kerem, dez cúbitos à sua esquerda de sua entrada: 62 Talentos de prata.

ITEM 48. No tonel de prensa de olivas (?), em sua lateral ocidental, uma tampa de pedra de dois cúbitos (é a abertura): 300 Talentos de ouro e dez vasos de servir.

ITEM 49. Sob o Monumento de Absalom, na lateral ocidental, enterrados a 12 cúbitos: 80 Talentos.

ITEM 50. No tanque de abastecimento da Casa de Banho de água corrente (?), sob o canal: 17 Talentos.

ITEM 51. [No...], em seus quatro cantos de sustentação internos:

COLUNA XI

תידורתי
ויבחנודל
ב סו
יבכ ניא
סף
ען
רוחמעט
אתון
שב את
לעשרה
עד
אתון עסרות
את חת
////
עת

כ קצ עיתן חב נ לוזמעבח כן צלנ
לתחתמן תזאסטא תרן ובות
נקנו עון קתחת עמרח אב סדרן
כלורבע סזחדמע סנח ותבן יצלב
בחנסחאש הסלעתעובאבעורב
נערגתעזזקתחתתבם באח
דדולא שבשו לחזר ר מ ב
נקבר שתחת אס ג ין נב רך

ג קבר בנו זעב מ זנרחו
טכלו ד כעאזרמע סוד
בתב/אצ ל
ב ב תו א צרחז נאשוח
בבואת דל מזבות
של ו בו ד כ אחד ב סורא
ב ח בן אץ
ב בל ברו יתחב שב צ ח נ ב ערבו
כוף עלה על אית

וחב בב ויין נ
תחת חאבן ו

בחר גויזית
שדא אחתו
בפוחבכן
של דכ עול

בביבא חד
חל כ שקל
בשאות שנג
וקברון אלג
וכרושח וב

COLUNA XI

TRANSCRIÇÃO DAS LINHAS

1. mqṣw'wtyh bkly dm' btkn 'ṣlm

2. mtḥt pnt h'sṭ'n hdrwmyt
3. bqbr ṣdwq tht 'mwd h'ksdrn
4. kly dm' syḥ dm' snh (w?)btkn 'ṣlm

5. b'ksdr' š(l) hsl' hṣwp' m'rb
6. ngd gnt ṣdwq tḥt hmsm'h
7. gdwl' šbšwlyhy ḥrm b-

8. bqbr štḥt hspyn kk 40

9. bqbr bny h'm ṭhwr ḥw
10. bw kly dm' 'w dm' syḥ
11. btkn "ṣln

12. bbyt 'šwḥyn b"šwḥ
13. bby"tk lw mymwt
14. šlw kly dm (") l"ḥ dm" swr"
15. btkn 'ṣln

16. bmk'rw[t] b̊yt hmskb hm'rby
17. ṭwp'l[...kkryn (?)] t̊š' m'wt

TRADUÇÃO

vasos de coleta de dízimo, (e) dentro deles moedas com figuras.

ITEM 52. Abaixo do canto sul do Pórtico, na Tumba de Zadok, sob a plataforma do exedra: vasos de restos de dízimos, dízimos estragados, (e) dentro deles, moedas com figuras.

ITEM 53. No exedra do penhasco voltado para o oeste, em frente ao Jardim de Zadok, sob a grande tampa de pedra que está no fundo dele; ofertas consagradas. Em-

ITEM 54. No túmulo que está sob as pedras de pavimentação: 40 Talentos.

ITEM 55. No túmulo das pessoas comuns que (morreram) absolvidas de suas regras de pureza: vasos de coleta de dízimo e de recusa de dízimo, (e) dentro deles, moedas com figuras.

ITEM 56. Na Casa dos (Dois?) Tanques, no tanque logo que você entra no local a partir da colocação das bacias: vasos para dízimos em forma de líquidos, dízimos degenerados, (e) dentro deles, moedas com figuras.

ITEM 57. Nas câmaras talhadas da tumba ocidental, espalhados [... n]ovecentos [Talentos de] ouro; em jug-

וחב בב ויין בכדין שאן נמאוו לן חברכ | עבח כן קצלב
תחת חאבן חש חדיא צוזין דתתת סך | רווכות
חבך כנין כג" | רחאב סדרן
בחר גויאית תחת חבעלח א שלח שוח חעלוונא | ח ותבן יצלב
שדא אחתונ לויח ונסך נכ ככד | תעופא בעלב
בפיוחכבוע של בית שב נלכסן ובלי וחב | חבם באח
של דבע ונסרחנ לנדין ששבאות | דמב
| נין נב דד
נבדבא חשולא של חבוך נלבית חתוך |
חדל כשקל נינין גדבדו מעין עסדין | אחורחו
| עשוה
בשות שקע גבצכון ב חלת מחת אצעו | אצל
וקברין צלטה כ שנא אחנת בל חזא | שוח
וכרושח ונשחותו ט וטר טנל | ד
אחר ואד | סורא

| וצ חו ב ערבו
| של אות

COLUNA XII

COLUNA XII

TRANSCRIÇÃO DAS LINHAS

1. zhb b̊kẘz̊yṅ kkryn ššyn by'tw mn hm(')rb
2. tḥt h'bn hšḥwrẙ kwzyn tḥt sp
3. hkwk kkryn 42

4. bhr gryzyn tḥt hm'lt' šl hšyḥ h'lywn'
5. šd' 'ḥt wkl klyh wksp kk 60

6. bpy hmbw' šl byt šm kl(y) ksp wkly zhb
7. šl dm' wksp hkl kkryn šš m'wt

8. bbyb' hgdwl' šl hbzk kl(y) byt hbzk
9. hkl mṣql kkryn 71 mnyn 'sryn

10. bšyt škynḥ bṣpwn bḥlh ptḥh ṣpwn
11. wqbryn 'l pyh mšnh hktb hzh
12. wprwšh wmšḥwtyhm wpryṭ kl
13. 'ḥd w'ḥ[r]

TRADUÇÃO

taros, 60 Talentos. Sua entrada vem do oeste. Sob as tampas de pedra estão cântaros. Sob o peitoril da câmara da tumba estão 42 Talentos.

ITEM 58. No Monte Gerizim, sob a entrada da mina superior: um baú e seu conteúdo, e 60 Talentos de prata.

ITEM 59. Na boca da fonte do Templo: vasos de prata e vasos de ouro para coleta do dízimo e dinheiro, o total sendo de 600 Talentos.

ITEM 60. No Grande Dreno da Bacia: instrumentos da Casa da Bacia, o total sendo de um peso de 71 Talentos, 20 minas.

ITEM 61. Na Mina (Sh⁻ith) na lateral norte, em um buraco com abertura na direção norte, e enterrados em sua boca de entrada: uma cópia deste documento, com uma explicação e suas medidas, e um inventário de cada item, e ou[tras coisas].

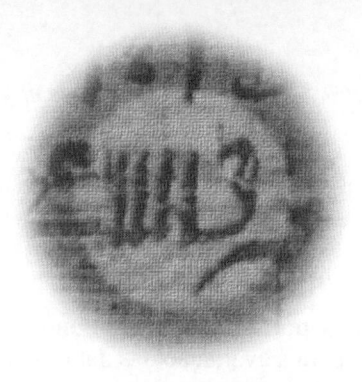

Glossário

a.C. — "Antes de Cristo", assumindo o ano "zero" como a data do nascimento de Jesus.

Akkadian — Uma língua semita que teve suas origens na região dos rios Tigre e Eufrates no terceiro milênio a.C. Em uso na época de Akhenaton no Egito, e como um tipo de idioma diplomático dos países do mediterrâneo oriental, até que foi substituída pelo **Aramaico**.

Apócrifo — Textos judaicos sagrados "ocultos" (do grego, *apokryphos*), escritos durante o período do Segundo Templo e até 135 d.C., que são adicionais aos 39 livros aceitos como parte do Antigo Testamento hebraico. Eles são conhecidos da versão *Septuagint* grega do Antigo Testamento e foram aceitos como textos cânones pela Igreja Católica, mas excluídos dos textos constituintes das igrejas protestantes na época da Reforma. Eles incluem os Livros de Judite, Tobit, a Sabedoria de Salomão e Eclesiásticos — para não ser confundido com Eclesiastes, que faz parte das Bíblias católica, protestante e hebraica. No período talmúdico das Idades Médias, os rabinos tentaram suprimir o Eclesiastes pelo fato de ele aconselhar o comportamento na base de que a vida humana é preordenada e que a opressão e a injustiça devem ser aceitas. Eles, por essa razão, sentiram-se obrigados a aceitá-lo como parte da constituição sagrada por causa de sua atribuição a "Kohelet, filho de Davi", apesar de estudiosos da atualidade acreditarem se tratar de um texto do século III a.C. Outros textos judaicos relacionados à Bíblia, rejeitados pelas Igrejas católica e protestante, são chamados de ***Pseudepigrapha***.

Aramaico — Uma língua semita datada de 900 a.C. A *língua franca* do Império persa e usada de modo extensivo pelos judeus após terem voltado do exílio na Babilônia. A escrita cursiva substituiu o antigo paleo-hebraico tanto nas escritas seculares como nas escrituras sagradas.

Assírios — Tribos semitas da antiga Ásia oeste que dominaram o Oriente Médio no século VIII a.C. e até o final do século VII. Eles conquistaram o reino do norte de Israel por volta de 722 a.C. e sitiaram Jerusalém, no reino do sul, em 701 a.C.

Avaliação de Datas por Meio do Carbono — O uso dos pesados isótopos de Carbono 14 para a avaliação das datas de materiais que contêm carbono por meio de medição de decadência radioativa. A meia-vida do Carbono 14 é de cerca de 5.730 anos.

Há uma estranha coincidência relacionada à avaliação por meio do carbono, o calendário judaico e a criação das formas de vida. As duas datas mais importantes na história atual do Estado de Israel e do povo judaico provavelmente aconteceram em 1947 e 1967. O primeiro ano viveu seu próprio "milagre" relacionado à descoberta dos Manuscritos do Mar Morto. O segundo, uma coincidência impressionante relacionada ao carbono, uma das ferramentas mais úteis da avaliação de datas históricas e a base de toda vida orgânica — a data na qual Jerusalém foi finalmente unificada pelo Estado Judaico após a Guerra dos Seis Dias, 29 de junho de 1967, foi exatamente 5.728 anos após a data em que o calendário judaico é considerado iniciado. Esse é um período de tempo também praticamente idêntico à duração da meia-vida radioativa do Carbono 14 usada na avaliação de datas pelo carbono!

A criação científica determina os primórdios da vida por volta de 3,7 bilhões de anos atrás, mas formas de vida de células múltiplas, o verdadeiro início das criaturas, aconteceram de modo muito estranho conhecido como a "Explosão Cambriana" (entre as eras Pré-cambriana e Paleozoica) quando os primeiros organismos vivos com partes sólidas tiveram sua aparição prolífica repentina na terra. O enigma dessa "explosão" até hoje não foi determinado e até mesmo Charles Darwin teve de reconhecer que o acontecimento colocava em questão toda a sua teoria da evolução. Não havia, e até hoje não há, uma explicação sensata de por que formas de vida de células múltiplas demoraram tanto tempo para aparecer, nem por que essas complexas criaturas não foram anunciadas na era Pré-cambriana por descobertas de fósseis capazes de demonstrar um desenvolvimento evolucionário gradativo de seus antecedentes.

Uma das grandes autoridades de antigas formas de vida, Roderick Impey Murchison, descreveu a Explosão Cambriana como: "O momento da criação de Deus". As "duras" evidências dessa explosão da vida vieram de uma descoberta surpreendente de animais de corpos macios no xisto burguês da Colúmbia Britânica, que revelou de forma inexplicável uma enorme variação de novos artrópodes e outros agrupamentos de formas de vida, considerados como ultrapassando em variação anatômica todo o espectro de vida invertebrada nos oceanos do mundo (Stephen Jay Gould, *Wonderful Life — The Burgess Shale and the Nature of History* [Vida

Maravilhosa — O Xisto Burguês e a Natureza da História] Penguin Books, 1991). Aqui uma estranha coincidência acontece.

A data dessa descoberta, pelo famoso paleontólogo americano Charles Doolittle Walcott, foi julho de 1909, ou 5.670 anos no calendário bíblico. A data da "Explosão Cambriana" de formas de vida — "O Momento da Criação de Deus" — é estimada como tendo sido de 567 milhões de anos atrás, ± 5 %. Parece mesmo que a Bíblia acertou a data e imaginou que todos obviamente saberiam que os cinco dígitos zeros extras sempre tiveram a intenção de estar ali!

Uma das expressões preferidas de Albert Einstein era *Gott wurfelt nicht* — "Deus não joga dados". Um forte determinista, ele não conseguia aceitar com facilidade as incertezas e probabilidades da mecânica *quantum*. No entanto, a prática experimental posteriormente foi capaz de confirmar a Teoria Quântica. Deus certamente parece brincar com os números!

Babilônios — veja **Mesopotâmia**.

Breasted, James Henry — Nascido em 1865, em Rockford, Illinois, Breasted estudou em Yale, onde conheceu W. R. Harper, o fundador da Universidade de Chicago, que prometeu entregar a primeira "Cadeira de Egípcios" a Breasted. Ele continuou seus estudos na Alemanha, onde passou a dominar uma série de línguas orientais e a interessar-se pela Arqueologia. Passou muitos anos no Egito e na Núbia concentrando seus esforços para documentar todas as inscrições egípcias conhecidas. Em 1919, J. D. Rockefeller Jr. foi motivado por Breasted a participar do Instituto Oriental de Chicago, e tornaram-se assim amigos íntimos, com Rockefeller referindo-se a ele como "um dos profetas". Como o "pai" da Egiptologia Americana, as obras mais conhecidas de Breasted são seus volumes dos *Ancient Records of Egypt* [Antigos Registros do Egito] e *The Dawn of Conscience* [O Despertar da Consciência].

Cabala — Baseada em revelações de Shimon bar Yohai, datadas da época de Cristo, a Cabala foi codificada no Zohar no século XIII d.C., na Espanha. Ele afirma dar o verdadeiro significado por trás da **Torá** em duas formas — uma básica e a outra secreta. Seu ensinamento foi proibido até o século XVI, mas partes de sua doutrina — de crença mística e concentração na presença de Deus — foram absorvidas no hasidismo (um ramo do Judaísmo ortodoxo) por volta do século XVIII.

Parte da filosofia da Cabala diz que:
- a Torá contém um código secreto e que o Zohar é capaz de desvendar esse código;
- a astrologia judaica é capaz de lançar uma luz sobre o significado do Universo;
- a meditação é capaz de fortificar a força das orações, o potencial humano e elevar a consciência;
- o Messias virá por meio do estudo da Cabala.

Há algumas semelhanças em seus ensinamentos com o Budismo, o Confucionismo e ideias religiosas indianas de consciência interior, e nos dez níveis de realização antes de a unificação com Deus poder ser atingida. Há também reflexos da mitologia egípcia nos aspectos visíveis e invisíveis de Deus, o julgamento da alma após a morte e o destino para o paraíso ou para o inferno, ou transmigração em animal ou outra forma humana em que a restituição pode ser buscada.

Akhenaton afastou a magia e o misticismo além de serem fortemente resistidos no antigo Judaísmo. O misticismo, a magia, a adivinhação e a feitiçaria eram, e ainda são, severamente rejeitados no ensinamento talmúdico. Contudo, após o Êxodo, crenças residuais continuaram a existir em superstições e no folclore e, finalmente, encontraram uma forma de expressão na "Cabala" — que pode ser traçada em suas origens até o antigo Egito.

Calendários
Judaico
O calendário judaico, que é essencialmente de base lunar, data a criação do mundo como o ano "zero", e como sendo, por exemplo, o ano 5757 entre os outonos de 1996 e 1997.

Antes de cerca de 360 a.C., o início do mês judaico era marcado pelo primeiro surgimento visual da lua nova. Com a morte ameaçada do Sanhedrin (a autoridade judaica religiosa regente na Palestina) e a necessidade da coordenação dos momentos com as comunidades dispersas após a destruição do Segundo Templo em Jerusalém, Hillel o Mais Jovem introduziu um calendário calculado. Esse Calendário Talmúdico foi modificado até cerca de 850 d.C. e, a partir daí, permaneceu o mesmo em sua essência se comparado ao usado pelos judeus em todas as partes do mundo nos dias de hoje.

Cálculos para a previsão da data de um festival ou acontecimento específico são extremamente complicados e principalmente baseados em movimentos lunares (e parcialmente em movimentos solares). O ano judaico é formado por 12 meses lunares, normalmente com duração alternando entre 29 e 30 dias; mas para manter-se em linha com os festivais agrícolas dominados pelo sol, o ano lunar de 354 dias é aumentado com a adição de um mês inteiro por sete vezes em um ciclo de 19 anos.

Essênios de Qumran
Um calendário puramente de base solar, dependendo, com exclusividade, do movimento do sol, dando-lhes um ano que continha 364 dias. Ele era dividido em 12 períodos de 30 dias (aproximando-se aos meses) e um com quatro dias a mais era adicionado ao final de cada período de três meses.

Egípcio Antigo
Seu ano era baseado na coincidência do surgimento helicoidal da estrela Sirius com o surgimento do sol, totalizando assim 12 períodos de 30

dias (aproximando-se aos meses) com cinco dias intercalados adicionados ao final de cada ano.
Muçulmano
O calendário muçulmano é puramente lunar, cada mês seguindo de perto os movimentos da lua, e como resultado ele faz seu ciclo por todas as quatro estações durante um período de 33 anos.
Cristão
Astrônomos helenos do período egípcio ptolemaico, *c.* 250 a.C., adicionaram o ¼ de dia que faltava no calendário egípcio (um ano verdadeiro tem 365 dias, 5 horas, 48 minutos e 46 segundos) colocando ainda um dia extra a cada quatro anos (ano bissexto). Essa abordagem foi por fim adotada pelos romanos, sob o comando de Júlio César, em 46 a.C. A única modificação ao calendário "romano" ou "juliano" foi feita em 1582 d.C., pelo papa Gregório. Seus conselheiros astronômicos sugeriram excluir o ano bissexto sempre que o ano terminasse com dois zeros — dando-nos assim o "Calendário Gregoriano", que é usado atualmente em todo o mundo.

Circuncisão — Para os judeus, a cerimônia ritual da circuncisão acontece quando o menino tem 8 anos de idade, ou para prosélitos com idade posterior. A prática da circuncisão também foi adotada pelos muçulmanos, que seguem muitos dos ensinamentos de Moisés (Quran, Surahs 2, 20, 26, 28, etc.) e reconhecem Ismael (o filho mais velho de Abraão, cuja circuncisão foi vista como sinal de uma aliança com Deus), como fundador das nações árabes.

d.C. — "depois de Cristo", após o nascimento de Jesus.

DNA — Toda célula humana tem 46 cromossomos agrupados em 23 pares (exceto óvulos e espermas que têm somente 23 cromossomos). Alinhados em uma fila única ao longo de cada cromossomo, temos milhares de genes. Genes são pequenas ramificações de DNA. O DNA (ácido dioxirribonucleico) é uma molécula que carrega detalhes hereditários codificados. É encontrado no núcleo de quase todas as células dos organismos vivos, com exceção de alguns vírus. Ele é formado por duas correntes espirais duplas com instruções para o corpo de como formar as proteínas ou enzimas estruturais que controlam a bioquímica do corpo — incluindo a produção de novas cópias de DNA.

Essênios — Um grupo religioso, centrado em Qumran, Judeia, próximo ao Mar Morto, na mesma época do Segundo Templo. Eles praticavam um estilo de vida abstêmio com suas próprias versões de lavagem ritual, **calendário**, percepção e filosofia religiosa. Aqueles que não percorriam o país evangelizando dedicavam-se a orações e escritas, incluindo muitos trabalhos hoje considerados parte dos **Manuscritos do Mar Morto**.

Freud, Sigmund — Além de ser o pai da psicanálise, Freud tinha um grande interesse pelos estudos de religiões antigas e da arqueologia, em especial a do Egito. Em 1931, ele escreveu um estudo acerca das origens de Moisés intitulado *Moses and Monotheism* [Moisés e o Monoteísmo], que atraiu consideráveis críticas e reprovações, em sua maior parte por ele ter retratado um primeiro Moisés sendo assassinado pelos hebreus e a chegada de um segundo Moisés. O trabalho foi fortemente influenciado por sua própria "angústia" em lidar com seu parentesco judaico e sentimentos de culpa por causa de sua própria não conformidade.

Em 1938, a família de Freud fugiu de Viena para Londres na tentativa de evitar a iminente invasão nazista e estabeleceu-se na Rua Gardens Maresfield nº 20, em Hampstead. Sua paixão por colecionar artefatos antigos pode ser vista na casa da família, que está aberta ao público, e ainda guarda muitos dos bens pessoais dentre os quais ele vivia e trabalhava.

Helenismo — Influências gregas na língua, literatura, filosofia, arte e desenho, que se espalharam pelo Oriente Médio após as conquistas de Alexandre o Grande no século IV a.C.

Hyksos — Invasores semitas do leste que dominaram a maior parte do Egito de cerca de 1640 a 1538 a.C. Fizeram de Avaris sua capital na região Delta do Nilo e veneravam Seth, Anat e Astarte.

Josephus, Flavius (37-100 d.C.) — Historiador judeu que se tornou cidadão romano e escreveu, *inter alia*, a respeito da comunidade dos **essênios** e sua colônia no Mar Morto.

Judeia — Região sul da antiga Israel, incluindo a área de Qumran e a região do deserto das redondezas.

Livros dos Mortos — Textos de "encantamentos" funerários egípcios, que datam de 2700 a.C., encontrados nos textos do caixão e da pirâmide, primeiro consolidados em cerca de 200 capítulos no início do período do Novo Reino, *c.* 1540 a.C. Os encantos, hinos, litanias e fórmulas mágicas dos capítulos descrevem rituais e procedimentos para o cadáver em seu estado de pós-vida e incluem uma descrição do último julgamento dos mortos. Nesse procedimento, o coração dos falecidos é pesado contra o *maat* ou verdade e ordem cósmica, simbolizado por uma pena. O julgamento do comportamento moral de uma pessoa, para decidir se pode ou não entrar na terra dos mortos, era proposto por 32 juízes e o deus do submundo, Osíris. Os textos eram escritos em hieróglifos, hierática ou escrita demótica, em papiros egípcios, ou de extratos esculpidos em amuletos e incorporados no caixão com o corpo mumificado. Um dos exemplos mais conhecidos é o *Livro dos Mortos* preparado para Ani, um escriba real, datado do período tebano de 1420 a.C. O papiro tem 24 metros de comprimento e pode ser visto no Museu Britânico, Londres.

Macabeus — Família sacerdotal judaica cujo líder era o sumo sacerdote Mattathias, cujo filho Judá liderou uma revolta bem-sucedida contra os seleucidas gregos sob o comando de Antiochus Epiphanes em 167 a.C. e reocuparam Jerusalém em 164 a.C. Sua rededicação ao Segundo Templo em Jerusalém é hoje lembrada por meio da celebração do Festival do Chanukah.

Manetho — Sacerdote egípcio do século III a.C. de Sebennytus, na região Delta do Nilo, que escreveu uma história do Egito, possivelmente a pedido de Ptolomeu II — Philadelphus. Seus trabalhos listavam os reis do Egito e ofereciam duas versões do Êxodo do Egito.

Manuscritos do Mar Morto — Uma coleção de Manuscritos e fragmentos descoberta nas cavernas acima de Qumran, às margens do Mar Morto, geralmente consideradas como pertencentes a uma comunidade de essênios que viveu ali entre *c.* 150 a.C. e 68 d.C. (O termo é, às vezes, usado para incluir quaisquer Manuscritos antigos encontrados ao longo das margens do Mar Morto). O primeiro material de pergaminho foi descoberto na primavera de 1947 por beduínos e, posteriormente, até 1956, outras dez cavernas nos trouxeram mais exemplares. Os Manuscritos incluem itens de todos os livros do Antigo Testamento, com exceção de Ester, materiais **apócrifos** e **pseudepigráficos**, e outras obras escritas, copiadas ou colecionadas pelos Essênios de Qumran. Até hoje, cerca de 95% do material foi traduzido e publicado, embora isso não inclua todos os trabalhos principais.

Mesopotâmia, Suméria e Babilônia — A Suméria era formada por cidades-estados que surgiram por volta de 3400 a.C., na região dos rios Tigre e Eufrates, atual Iraque, geralmente citado como a antiga Mesopotâmia. A Babilônia era o reino na porção sul da Mesopotâmia, formada sob a regência de Hammurabi por volta de 1790 a.C. Sua capital, a Babilônia, ficava a cerca de 80 quilômetros ao sul da atual cidade de Bagdá.

Referências bíblicas dessas áreas são limitadas e falhas em detalhes. Abraão envia seu servo (provavelmente Eliezer) de volta a Nahor para encontrar uma esposa para seu filho Isaque, mas há poucas descrições do lugar ou de seus habitantes. Nineveh é mencionada no Livro de Jonas como "uma cidade exageradamente grande" para onde ele é chamado a fim de tentar se redimir de seus caminhos do mal. Nineveh também aparece no Livro de Naum, no qual ela é da mesma forma repreendida pelo profeta Naum por sua maldade, enquanto ele descreve sua destruição. Além dessas passagens relativamente desafortunadas, pouca coisa mais pode ser deduzida.

Referências à Babilônia, para onde os judeus foram levados em 597 a.C., são também poucas e esparsas, e descrições geográficas são vagas e generalizadas.

A cidade de Ur, localizada na Mesopotâmia, foi assolada por uma inundação por volta de 4200 a.C., mas conseguiu restabelecer sua importância chegando a tornar-se a capital da Suméria, *c.* 3000 a.C. O Templo de Uruk é prova da riqueza e das técnicas avançadas de construção em seus prédios e artesanato do povo nesse período. Um dos principais parceiros comerciais de Ur era Dilmun, atual Bahrain. Ur foi saqueada em 2000 a.C., mas em pouco tempo recuperou sua posição comercial regional, somente para voltar a entrar em declínio por volta de 1800 a.C., quando a Babilônia, ao norte, assumiu o comércio lucrativo com a Pérsia. No século XIV a.C. Ur foi de certo modo restaurada, conseguindo recuperar parte de sua glória.

Como parte do desenvolvimento cultural da região, inúmeras histórias mitológicas surgiram — uma das mais conhecidas sendo a do rei de Uruk, Gilgamesh. Nesse épico, Gilgamesh parte em busca da vida eterna — e encontra-se com o sumério "Noé". A exegese convencional das antigas histórias do Antigo Testamento relaciona a criação, Noé e a Inundação, e as vidas dos patriarcas, a episódios dos registros babilônios e assírios (a porção norte do atual Iraque). Essa "ligação" somente pode ser considerada verdadeira em partes limitadas da antiga Bíblia, e logo se torna problemática conforme a principal influência que passa a ser notada é a egípcia.

Na "Epopeia de Atrahasis" babilônica, escrita em *c.* 1635 a.C., há uma série de exemplos óbvios de antigos "empréstimos". Ela conta a história de diversos deuses ocupados em cavar canais e arar a terra, mas consideram o trabalho como sendo pesado demais. Queixam-se ao deus superior "Enlil" que decide matar o líder da greve e criar o homem a partir de uma mistura da carne, do sangue e da argila daquele infeliz primeiro líder de trabalho.

Criou, pois, Deus o homem à sua imagem; à imagem de Deus o criou; homem e mulher os criou. (Gênesis 1:27)

E formou o Senhor Deus o homem do pó da terra, e soprou-lhe nas narinas o fôlego da vida; e o homem tornou-se alma vivente. (Gênesis 2:7)

(A palavra hebraica para formado — *yatzar* — tem o mesmo sentido de um trabalho de moldagem de cerâmica que é transformado em um vaso. No versículo escrito, ela aparece registrada com uma letra a mais (*yod*) para a formação do homem, mas com somente um *yod* para a formação de animais.

Uma interpretação talmúdica disso é que somente o homem recebe duas inclinações morais — uma do bem e outra do mal. Um tema visto também no Budismo e no Taoísmo.)

De volta a "Atrahasis", onde o homem se multiplica e seu ruído perturba os deuses, que decidem infligir pragas, fome e seca ao homem, e finalmente resolvem destruí-lo de uma vez por todas com o envio de uma grande inundação. "Enki", o deus criador, avisa seu homem predileto, Atrahasis, da armação para destruir a humanidade. Atrahasis constrói um grande barco para fugir da inundação e salvar sua família e animais. Após a enchente, ele oferece sacrifícios aos deuses que prontamente aceitam as oferendas. Paralelos no Antigo Testamento podem rapidamente ser encontrados.

Então disse Deus a Noé: O fim de toda carne é chegado perante mim; porque a terra está cheia da violência dos homens; eis que os destruirei juntamente com a terra. Faze para ti uma arca de madeira de gôfer: farás compartimentos na arca, e a revestirás de betume por dentro e por fora. Desta maneira a farás: o comprimento da arca será de trezentos cúbitos, a sua largura de cinquenta e a sua altura de trinta. (Gênesis 6:13-15.)

Veio o dilúvio sobre a terra durante quarenta dias; e as águas cresceram e levantaram a arca, e ela se elevou por cima da terra. (Gênesis 7:17.)

Outras lendas sumérias registram que quando a inundação terminou, no sétimo dia após a arca parar sobre uma montanha (que se acredita ser o Monte Ararat da Bíblia), Utnapishtim (o Noé desta versão) despacha uma pomba e uma andorinha. As duas voltam à arca, mostrando não terem sido capazes de encontrar terra seca. Depois de algum tempo, ele envia um corvo, que não retorna. Utnapishtim comemorou sua sobrevivência fazendo um sacrifício na montanha a Enlil, que o recompensou e também a sua família com um transporte até a terra prometida e a imortalidade.

E as águas foram minguando até o décimo mês; no décimo mês, no primeiro dia do mês, apareceram os cumes dos montes (...) soltou um corvo que, saindo, ia e voltava até que as águas se secaram de sobre a terra (...) Esperou ainda outros sete dias, e tornou a soltar a pomba fora da arca. À tardinha, a pomba voltou para ele, e eis no seu bico uma folha verde de oliveira; assim soube Noé que as águas tinham minguado de sobre a terra.

Edificou Noé um altar ao Senhor; e tomou de todo animal limpo e de toda ave limpa, e ofereceu holocaustos sobre o altar.

Abençoou Deus a Noé e a seus filhos, e disse-lhes: "Frutificai e multiplicai-vos, e enchei a terra." (Gênesis 8:5, 7, 10-11, 20; 9:1)

Todos os elementos da história da inundação no Antigo Testamento estão presentes nas lendas sumérias da Mesopotâmia. Essa história da enchente é mais uma vez contada no século VII a.C. na epopeia de Gilgamesh, que registra uma lenda muito mais antiga. Essa Epopeia também faz muitas alusões reconhecíveis na história bíblica do Jardim do Éden.

Dessa vez, na história de Gilgamesh e de seu fiel companheiro, Enkidu. Durante suas aventuras eles infelizmente caem na ira da deusa Ishtar, que provoca a morte de Enkidu com uma praga. Tomado pela dor, Gilgamesh parte em busca do segredo da imortalidade. Ele encontra Utnapishtim, que ficamos conhecendo em outras lendas sumérias e conseguiu ganhar a imortalidade do deus Enlil. Utnapishtim avisa Gilgamesh que é a providência do homem por fim chegar à morte, mas a esposa de Utnapishtim convence-o a revelar o segredo da vida. Gilgamesh fica sabendo de um fruto mágico que se encontra no fundo do oceano, que é capaz de trazer de volta sua juventude. Ele consegue buscá-lo no fundo do oceano, mas, enquanto se banha em um tanque no caminho de volta para casa, o fruto da vida é roubado dele por uma cobra. Com tristeza, nosso herói procura por seu amigo Enkidu, que agora reside no reino sob a terra, e fica sabendo da inevitabilidade da morte.

A história apresenta a mesma mensagem básica da que é contada na história bíblica de Adão e Eva. Há um mundo de diferenças entre o homem e Deus. Se o homem tenta ser como Deus, ele sofrerá.

Ordenou o Senhor Deus ao homem, dizendo: "De toda árvore do jardim podes comer livremente; mas da árvore do conhecimento do bem e do mal, dessa não comerás; porque no dia em que dela comeres, certamente morrerás."

Respondeu a mulher à serpente: "Do fruto das árvores do jardim podemos comer, mas do fruto da árvore que está no meio do jardim, disse Deus: 'Não comereis dele, nem nele tocareis, para que não morrais.'" Disse a serpente à mulher: "Certamente não morrereis. Porque Deus sabe que no dia em que comerdes desse fruto, vossos olhos se abrirão, e sereis como Deus, conhecendo o bem e o mal."

Então, vendo a mulher que aquela árvore era boa para se comer, e agradável aos olhos, e árvore desejável para dar entendimento, tomou do seu fruto, comeu, e deu a seu marido, e ele também comeu.

Então disse o Senhor Deus: "Eis que o homem se tem tornado como um de nós, conhecendo o bem e o mal. Ora, não suceda que estenda a sua mão, e tome também da árvore da vida, e coma e viva eternamente." O Senhor Deus, pois, o lançou fora do jardim do Éden para lavrar a terra, de que fora tomado. (Gênesis 2:16-17; 3:2-6, 22-23)

Existem muitas outras histórias da criação, porém, da antiga Babilônia, registradas nas línguas dos sumérios, dos akkadians e da Assíria, que não são facilmente relacionadas ao Antigo Testamento. Na verdade, além dessas antigas correspondências mostradas, há surpreendentemente poucas referências bíblicas à Babilônia, mas tantas outras que mencionam o Egito.

Midrash — veja **Torá**.

Mishnah — veja **Torá**.

Movimentos Contemporâneos — Muitas instituições religiosas atuais, anteriormente insulares, estão começando a olhar além de suas própria barricadas e tentando romper as barreiras que os separam de outras religiões. Uma das mais surpreendentes dessas tentativas começou a ser seguida pela Igreja Católica sob a direção do papa João Paulo II. Foi ela a esperança declarada de Sua Santidade de celebrar orações com representantes de todas as religiões no Monte Sinai no novo milênio no dia 1º de janeiro de 2000 d.C.

Há muitas organizações trabalhando pela eliminação do preconceito e pelo aumento da conscientização entre as religiões, incluindo o Congresso Mundial das Fés, a Fundação Cálamo e a Fundação Maimônides.

Ortografia — Forma, estilo e conteúdo das palavras, que dão uma indicação de quando e onde elas foram compostas.

Paleografia — Forma, estilo e aspecto das letras e dos símbolos usados na escrita.

Papiro — Meio de escrita feito a partir da planta do papiro, cultivada principalmente nos brejos Delta do Nilo, no Egito. Os exemplos mais antigos são datados de 3035 a.C.

Pentateuco — Os primeiros cinco livros do Antigo Testamento: Gênesis, Êxodo, Levítico, Números e Deuteronômio.

Pergaminho — Pele de animal, geralmente cabra ou ovelha, em especial preparada e usada para a escrita. Usada no Egito a partir de 2000 a.C. e na Judeia cerca de 200 a.C.

Persas — Povo da região do atual Iraque que expulsou os babilônios da Terra Santa e conquistou o Egito em *c.* 525 a.C. sob o comando do rei Cyrus. Eles dominaram o Oriente Médio por cerca de 200 anos. Permitiram que os judeus exilados pelos babilônios voltassem para a Terra Santa e geralmente agiam de forma benigna com relação a eles. A história bíblica de Ester é geralmente considerada como acontecida na Pérsia.

Philo, Judaeus (*c.* 20 a.C. — *c.* 40 d.C.) — Filósofo judaico-egípcio e historiador grego, nascido em Alexandria. Ele trabalhou em Alexandria em comentários e leis bíblicas e menciona os Essênios de Qumran em suas escrituras.

Pliny o Ancião (23-79 d.C.) — Gaius Plinius Secundus nasceu em Como, Itália, de uma aristocrática família romana. Após um período no exército romano, ele, mais tarde, dedicou-se à escrita de tratados históricos de assuntos como orações e a história de Roma. Um amigo do imperador Vespasian, ele morreu durante a erupção vulcânica do Monte Vesúvio em 79 d.C. Ele escreveu a respeito da comunidade dos **essênios**, do Mar Morto.

Plutarco (46-120 d.C.) — Historiador grego, filósofo e biógrafo, cujos trabalhos incluíam 46 retratos de grandes personagens anteriores a ele.

Pseudepigrapha — Textos judaicos relacionados à Bíblia, não canonizados pela Igreja Católica, e aqueles considerados escritos sob um nome falso ou atribuídos aos personagens bíblicos (veja **Apócrifa**).

Ptolomeus — Regentes gregos do Egito que seguiram o período "Macedônio Grego" da regência de Alexandre o Grande, seu meio-irmão e seu filho, de 332 a 310 a.C. O período ptolomaico do Egito durou de 305 a.C. até a morte de Cleópatra VII em 30 d.C.

Romanos — A força dominante no Oriente Médio e na região mediterrânea da metade do século I a.C. até o século IV d.C. Os romanos conquistaram a Terra Santa em *c.* 44 a.C. e Octavian Augustus autonomeou-se governador do Egito em 30 a.C.

Talmude — veja **Torá**.

Torá — A Torá, em seu sentido menos abrangente, é formada pelos cinco Livros de Moisés do Antigo Testamento. Em seu sentido mais amplo, ela envolve todos os ensinamentos judaicos. Junto aos Dez Mandamentos dados a Moisés no Monte Sinai, a ortodoxia afirma também a existência de outros 603 Mandamentos, a base da Torá, e um comentário oral explicando o restante.

Os Dez Mandamentos tradicionalmente dados a Moisés no Monte Sinai são:

1. Eu sou o Senhor teu Deus que te trouxe da Terra do Egito, para fora da casa da escravidão.
2. Não terás outros deuses além de Mim. Não erguerás a eles imagens esculpidas, nem qualquer outra forma de adoração, de qualquer coisa que esteja no céu acima de ti, ou que esteja abaixo na terra, ou que esteja na água sob o mar. Não deverás curvar-te diante deles; porque Eu, teu Senhor, sou um Deus zeloso, visitando a iniquidade dos pais sobre os filhos até a terceira e quarta gerações daqueles que Me odeiam; e demonstrando misericórdia à milésima geração daqueles que Me amam e seguem Meus mandamentos.
3. Não tomarás o nome do Senhor em vão; pois o Senhor não verá como inocente aquele que toma Seu santo nome em vão.
4. Lembra-te de que o Sábado é um dia sagrado. Por seis dias irás trabalhar, e realizar todas as suas obras; mas, no sétimo dia, cumprirás o Sábado do Senhor teu Deus, e nesse dia não realizarás nenhuma forma de trabalho, tu, e teus filhos, e tuas filhas, ou teus servos, ou tuas servas, ou seus animais domésticos, ou o estranho que vive dentro de seus portões; visto que em seis dias o Senhor criou o céu e a terra, o mar e tudo que neles existe, e descansou no sétimo dia; e, portanto, o Senhor abençoou o dia de Sábado, e o santificou.
5. Respeita teu pai e tua mãe, para que seus dias sejam longos sobre a Terra que o Senhor teu Deus lhes deu.
6. Não matarás.
7. Não cometerás adultério.

8. Não roubarás.
9. Não levantarás falso testemunho contra teu próximo.
10. Não desejarás a casa de teu próximo; nem sua esposa, nem seus servos, nem suas servas, nem seus bois, nem seus asnos, nem nada que lhe pertença.

Tríade — Um agrupamento de três deuses egípcios, geralmente nas figuras do pai, da mãe e do filho formando uma família divina, que eram adorados em uma base fixa. A prática surgiu durante o período do Novo Reino dos faraós Amenhotep. Exemplos eram a combinação de Amun, Mut e Khons em Tebas; Ptah, Sekhmet e Nefertum em Memphis; Horus, Hathor e o filho de Horus em Edfu; e Khnum, Satet e Anuket em Yeb (Elefantine). Uma tríade adorada de forma nacional era o de Osíris (adorado de forma local em Abydos), Ísis (adorada de forma local em Philae) e Horus (adorado de forma local em Edfu).

Ugarit — Antiga cidade da costa mediterrânea da Síria, ao sul do estuário do rio Orontes. Seu desenvolvimento cultural tornou-a líder no desenvolvimento da língua — produzindo um alfabeto reduzido com o uso de somente 27 letras, que levou ao desenvolvimento do paleo-hebraico

Terminologia Relacionada aos Ensinamentos Judaicos Religiosos

1. **A Torá*** – Formada pelo Pentateuco do Gênesis, Êxodo, Levítico, Números e Deuteronômio (de acordo com a tradição fundamental dada a Moisés no Monte Sinai em *c.* 1200 a.C.). A Torá contém 613 Mandamentos, incluindo os Dez Mandamentos.

2. **Leis Orais** – Compostas pelo **Mishnah** e pelo **Gemarah** formando o **Talmude** (um guia da observância judaica).

Mishnah	*Mishnah*
(Baseado em tradições orais)	(Baseado em tradições orais)
Leis, Histórias, Instrução Moral	Leis, Histórias, Instrução Moral
(*Aggadah*)	(*Aggadah*)
(de *Tannaim* — Rabinos de antes de 200 d.C.)	(de *Tannaim* — Rabinos de antes de 200 d.C.)
+	+
Gemarah	*Gemarah*
Discussão do Mishnah	Discussão do Mishnah
(de *Amoraim* — Rabinos que viveram entre 200 e 500 d.C.)	(de *Amoraim* — Rabinos que viveram entre 200 e 500 d.C.)
|	|
Talmude Palestino	*Talmude Babilônico*
(Escrito em hebraico e aramaico ocidental)	(Escrito em hebraico e aramaico oriental)
Compilado de trabalhos anteriores a 400 d.C.	Compilado de trabalhos anteriores a 500 d.C.
(Texto completo mais antigo hoje em Leyden, Holanda, primeira versão impressa, Veneza, 1522 d.C.)	(Texto existente mais antigo, escrito a mão no século XIV, hoje em Munique)

Posekim (codificadores)

As inúmeras fontes do *Mishnah* foram editadas por R. Judah Ha-nasi e escritas em *c.* 200 d.C. Os Talmudes palestino e babilônico usam o *Mishnah* de Ha-nasi, mas diferentes do Gemarah. O trabalho dos codificadores (*Posekim*) da lei (*Hallachah*), como Maimônides (1135-1204 d.C.) e Isaac Alfasi (1013-1103 d.C.) no Talmude babilônico, e Asher ben Jehiel (1250-1327 d.C.), foi compilado pelo estudioso sephardi Joseph Caro (1488-1575 d.C.) em uma obra chamada *Shulhan Arukh*. Moses Isserles (1525-1572 d.C.) adicionou a esse trabalho as ideias de estudiosos Ashkenasi, e o

---

* A Torá é também usada em um sentido mais amplo, indicando todo o ensinamento judaico.

código suplementar tornou-se a autoridade aceita da Lei Judaica Ortodoxa. Em que os suplementos diferem do texto principal, os ortodoxos Sephardim (tradições espanholas e portuguesas) seguem a interpretação de Caro e os Ashkenasi (tradições alemãs e francesas) seguem Isserles.

3. **Midrash** – Homilias geralmente baseadas em textos da Bíblia. Uma "Coleção" de Midrashim foi organizada na ordem da Bíblia por Yalkut Shimoni no século XIII, com base em homilias, interpretações e comentários de escrituras dos séculos I ao X.

|
Midrash Rabbah
Comentários do Pentateuco e os cinco *Megillot*
(Canção das Canções, Rute, Lamentações, Eclesiastes e Ester)
|
Shoher Tov
Comentários dos Salmos
|
Pesiktot
Comentários de *Sabbaths* Especiais e Festivais
|
Outros Midrash
A respeito de Ética, Moralidade,
Conduta e História

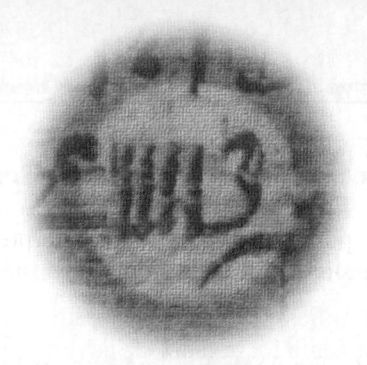

Créditos das Ilustrações

Figuras

Figura 1. Mapa Relacional do Antigo Oriente Médio, de Robert Feather e Barry J. Weitz.

Figura 2. Gráfico: ouro minado entre 4000 a.C. e 68 d.C., de Robert Feather.

Figura 3. Gráfico: ouro minado entre 68 d.C. e 1998 d.C., de Robert Feather.

Figura 4. Esquema de Deuses Egípcios, de Robert Feather.

Figura 5. Akhenaton e Nefertiti, de *The Rock Tombs of El Amarna — Part IV* [As Tumbas de Pedra de El-Amarna — Parte IV], de N. de G. Davies, reproduzida por cortesia da Sociedade de Exploração do Egito.

Figura 6. Suposta figura de José, de *The Rock Tombs of El Amarna — Part III* [As Tumbas de Pedra de El-Amarna — Parte III], de N. de G. Davies, reproduzida por cortesia da Sociedade de Exploração do Egito.

Figura 7. Akhenaton distribuindo colares de ouro, de *The Rock Tombs of El Amarna — Part IV* [As Tumbas de Pedra de El-Amarna — Parte

IV], de N. de G. Davies, reproduzida por cortesia da Sociedade de Exploração do Egito.

Figura 8. A Vaca Divina, redesenhada a partir de um original de Sue Cawood.

Figura 9. Linha do Tempo da Bíblia: Óstracon hierático reproduzido por cortesia do Museu Metropolitano de Arte, Nova York; Hieróglifos © Ronald Sheridan/Coleção de Arte Antiga & Arquitetura; Sinaiticus Pinturas à Mão © Biblioteca Britânica; Fragmento do Manuscrito do Mar Morto © Ronald Sheridan/Coleção de Arte Antiga e Arquitetura; fragmento Ryland reproduzido por cortesia do diretor e bibliotecário da Universidade, The John Rylands University Library of Manchester.

Figura 10. Merneptah Stela © P. Kyle McCarter, Jr, *Ancient Inscriptions* [Inscrições Antigas] Sociedade de Arqueologia Bíblica, Washington D.C.

Figura 11. Relevo em Karnak © K. Kenyon, *The Bible and Recent Archaeology* [A Bíblia e a Recente Arqueologia], British Museum Publications.

Figura 12. Linha do Tempo do Sinai a Qumran, de Robert Feather.

Figura 13. Desenho do local de Akhenaton, redesenhado a partir de *Akhenaton King of Egypt* [Akhenaton Rei do Egito], de Cyril Aldred 1988, cortesia de Thames & Hudson.

Figura 14. Revestimento de Khirbet Qumran na Cidade de Akhetaton, do *The Atlas of Ancient Archaeology* [Atlas da Arqueologia Antiga] de Jacquetta Hawkes, 1974. Khirbet Qumran originalmente desenhada por Fr H. M. Coüasnon da Palestra Schweich de 1959 "Arqueologia e os Manuscritos do Mar Morto" de R. de Vaux, reproduzido por cortesia de The British Academy.

Figura 15. Mapa mostrando a localização de Qumran, de Robert Feather.

Figura 16. Local do distrito de Akhetaton, do *The Atlas of Ancient Archaeology* [Atlas da Arqueologia Antiga] de Jacquetta Hawkes, Rainbird Reference, 1974.

Créditos das Ilustrações 425

Figura 17. Esquema mostrando o desenvolvimento das formas de escritas, de Robert Feather (baseado no original de Jonathan Lotan em *From A to Aleph: 3 Steps to Writing in Hebrew* [De A a *Aleph*: 3 Passos para Escrever em Hebraico] Qualum Publishing, 1996).

Figura 18. Última coluna do Pergaminho de Cobre, de John Marco Allegro de *The Treasure of the Copper Scroll* [O Tesouro do Pergaminho de Cobre].

Figura 19. Locais arqueológicos em Akhetaton (conhecida como El-Amarna), do *The Atlas of Ancient Archaeology* [Atlas da Arqueologia Antiga] de Jacquetta Hawkes, Rainbird Reference, 1974.

Figura 20. Esquema do Grande Templo, de *The Rock Tombs of El Amarna — Part II* [As Tumbas de Pedra de El-Amarna — Parte II], de N. de G. Davies, reproduzido por cortesia da Sociedade de Exploração do Egito.

Figura 21. Plano do Segundo Templo, do *The Atlas of the Bible* [O Atlas da Bíblia], de John Rogerson, 1991.

Figura 22. Possíveis locais dos tesouros do Pergaminho de Cobre de Robert Feather.

Figura 23. Desenho e inscrição do jarro de armazenagem, cortesia de British Museum Publications; Seção de baluartes, cortesia do Museu do Brooklyn, Nova York.

Placas

Placa 1. Vista de Qumran © Robert Feather. Vista aérea das ruínas em Qumran © Chris Bradley/Axioma.

Placa 2. Henri de Contenson © Robert Feather. O Pergaminho de Cobre sendo examinado por John Marco Allegro, reproduzido por cortesia do Museu de Manchester, da Universidade de Manchester, © Propriedade de John M. Allegro.

Placa 3. O Pergaminho de Cobre restaurado pela Electricité de France © Robert Feather. Parte do Papiro Matemático de Rhind, um exemplo do antigo sistema de numeração egípcio, e Coluna 6 no Pergaminho de Cobre © Museu Britânico.

Placa 4. Detalhe de uma inscrição na parede oriental da Tumba de Nefer-Seshem-Ptah em Saqqara, de *Une Rue de Tombeaux a Saqqarah, Volume II* de Jean Capart, Vromont & Co., Bruxelas, 1907, reproduzido por cortesia da Sociedade de Exploração do Egito. Sacerdote circuncidando um garoto © Werner Forman Archive. Meato datado de *c*. 1300 a.C. encontrado em El-Amarna, de *The Royal Tomb at El-Amarna Part 7* [A Tumba Real em El-Amarna Parte 7] de Geoffrey Thorndike Martin, 1974, reproduzido por cortesia da Sociedade de Exploração do Egito.

Placa 5. A mitologia de Osíris, do pedaço de uma joia feita para o faraó Osorkon II, *c*. 860 a.C., Museu do Louvre © Ronald Sheriden/Coleção de Arte Antiga e Arquitetura.

Placa 6. Estátua colossal de Akhenaton, Museu do Cairo © Werner Forman Archive. Estátua colossal de Akhenaton do Templo em Karnak, Museu do Cairo © Robert Partidge/Biblioteca de Fotos do Antigo Egito. Akhenaton beija sua filha, Museu do Cairo © Werner Forman Archive.

Placa 7. Nefertiti beijando sua filha mais velha, Meritaten, de um bloco de pedra calcária encontrado em Hermópolis, Museu do Brooklyn © Werner Forman Archive. Busto de pedra calcária pintado de Nefertiti © John Stevens/Coleção de Arte Antiga e Arquitetura.

Placa 8. Amenhotep II © Robert Partridge/Biblioteca de Fotos do Antigo Egito. A cadeira do trono de Tutankhamon © John G. Ross/Arquivo de fotos do Mediterrâneo do Egito.

Placa 9. Um antigo baú portátil egípcio encontrado na antecâmara da tumba de Tutankhamon, "cálice dos desejos", e luminária de óleo de lótus tripla reproduzida por cortesia do Instituto Griffith, Museu Ashmolean, Oxford. "Asas de Proteção" usadas em desenhos egípcios © James Morris/Axioma.

Placa 10. Jozef Milik © Robert Feather. Vista das montanhas logo atrás de Qumran © Robert Eisenman, reproduzida por cortesia de Element Books.

Placa 11. A figura Shawabty de Meryra, sumo sacerdote de Aton © Museu Metropolitano de Arte, Rogers Fund, 1944 (44.4.71). Jarro de tesouro encontrado nos restos de um prédio no "Depósito da Praça de Ouro", de *The City of Akhenaton, Part 2* [A Cidade de Akhenaton Parte 2] de H. Frankfort e J. Pendlebury, reproduzida por cortesia da Sociedade de Exploração do Egito.

Placa 12. Local do Grande Templo em El-Amarna, antiga Akhetaton © Gwil Owen.

Placa 13. Locais arqueológicos no distrito fúnebre de Saqqara © Gwil Owen. O Templo do Sol em Abu Gurab, Egito © Dr. Paul T. Nicolson F. R. G. S.

Placa 14. Dois anéis sinetes de ouro de Hagg Quandil reproduzidos por cortesia dos Museus & Galerias Nacionais em Merseyside, Museu de Liverpool.

Placas 14 e 15. Joias de Hagg Quandil (nove fotos) © Os Fiduciários dos Museus Nacionais da Escócia.

Placa 16. Vista da Ilha de Elefantine © Ronald Sheriden/Coleção de Arte Antiga & Arquitetura.

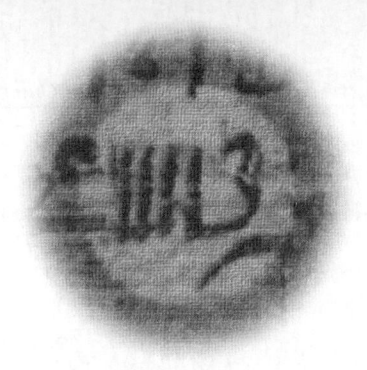

Índice Remissivo

A

Aarão – 64, 67, 87, 362, 364, 366
Ab – 161, 302, 326
Abimelech, Rei – 124
Abirão – 185, 360
Abraão (Abrão, Ibrahim) – 12, 24, 64-66, 74, 80-81, 84, 87, 109-119, 121-129, 141, 143-144, 147, 155, 157, 166, 168, 267, 277, 287-288, 319, 349, 351, 411, 413
Absalom – 255-256, 401
Abu Gurab – 251, 265, 426
Abu Simbel – 212
Abydos – 96-97, 158, 419
Ação de Graças – 26-28
Adão – 91, 119, 416
Agade – 69
Aggadah – 421
Ahaz – 296
Ahmose – 76, 87-88, 103, 107
Ain Farah – 217
Akhenaton – 13-14, 16, 87, 89, 131-141, 145-147, 149-152, 154-159, 163, 165-168, 178, 181, 184, 187-194, 200-207, 212-215, 217-223, 227-233, 235-236, 239, 244, 246-247, 252, 257, 259-260, 266-268, 278, 281-285, 288, 290-294, 297-299, 301, 303-305, 309, 311-313, 316, 323, 325-326, 335-337, 339, 345-346, 348, 350, 352-353, 356-359, 362-367, 370-373, 375-380, 407, 410, 423-426 – *veja também* Amenhotep IV
Akhetaton – 32, 133, 151-153, 157, 160-161, 163, 166, 176, 184, 187, 189-190, 204-205, 207-210, 213, 218-221, 231-232, 234, 236, 238-239, 241, 244, 246-248, 251-252, 254-261, 271, 288, 290-292, 298-299, 301, 304-307, 313, 332, 335, 337-341, 345, 349, 366-367, 370-371, 424, 426 – *veja também* El-Amarna
Akkadian – 224, 407
akkadian – 38, 116, 181, 282
Akki – 69
Aksum – 342
Al Ahxsa – 222
Aldred, Cyril – 131, 137-138, 151, 207, 259, 283, 358, 370, 424
Alemanha – 38, 52, 67, 77, 179, 205, 313, 378, 409
Aleppo Codex – 29
Alexander, David – 116
Alexander, Pat – 77, 116
Alexandre o Grande – 101, 176, 194, 200, 412, 418

Alexandria – 30, 32, 179, 188, 224, 314, 318, 327, 364, 417
Alkaabez – 159
Allegro, John Marco – 35, 41-42, 46, 80, 217, 381, 424-425
Amduat – 85, 161, 311
Amenemope – 320-321
Amenhotep – 66, 73, 87-88, 96, 100, 103, 105-107, 109, 116, 123-127, 129, 131-133, 141, 145, 151-152, 158, 161, 165, 168-169, 189, 212, 231, 267, 283, 285, 295, 326, 330, 335-338, 352, 371, 419, 425
Amenhotep I – 73, 87, 103, 123-127, 129, 131, 168
Amenhotep II – 87, 103, 106, 330, 337, 425
Amenhotep III – 87, 105-106, 131, 158, 161, 189, 212, 283, 326, 330, 336
Amenhotep IV (Akhenaton, Ikhanaton) – 66, 87, 106-107, 116, 124-125, 131-133, 145, 151-152, 231, 352, 371
Amenhotpe – 189
Amenophis (Amenhotep ou Amenhotpe) – 169, 181, 189, 231, 371
Amon – 73, 76, 89, 96, 105, 108, 134
Amon-Ra – 73, 89, 105, 134
Amoritas – 32
Amos – 196
Amram – 187-188, 259, 284, 362
Amraphel – 122
amuletos – 100, 140, 214, 278, 412
Amun – 96, 131, 133, 156-157, 172, 184, 357, 419
Anath – 84, 96
Anderson, G. W. – 111, 122, 329
Andrea, Michelle – 46
Aner – 127
Ani – 74-75, 85, 278, 321, 412
ankh – 223, 375
Ankhesenpaten – 158

Ankhsheshonq – 324
Antigo Testamento – 26, 29, 49, 56, 65, 67-69, 71-74, 77-79, 90-91, 95-96, 99, 107-108, 111-112, 114-115, 117-120, 126, 128, 137, 141, 151, 153, 156, 158, 166, 173, 175, 178-182, 184-186, 192-193, 198-199, 221, 223-224, 245, 263, 272, 274, 282, 289-290, 292-293, 312-313, 316, 318-319, 323, 327-329, 331, 333, 344, 346, 349-352, 357-360, 362, 364-366, 369-370, 372, 407, 413-418
Antiguidades – 26-27, 31, 38, 48, 58, 87, 167, 260, 306, 311, 372-373
Antiochus – 194, 202, 413
Anúbis – 84, 89
Anuket – 96, 419
Any – 150, 315
Aperu – 169
Apion – 188
apocalipse – 34, 275
Apócrifa – 417
Apollo – 244
Apy – 132, 150
Aqaba, Golfo de – 32
Arábia – 70-71, 341, 348
Arad, Tell – 335
Araldite – 38
Aramaico – 162, 224, 226, 362, 407
Arca da Aliança – 44, 161, 180, 182, 184-185, 194, 199, 248, 294-295, 338, 342
Arizona – 28, 185
Arquimedes – 114, 121
arsênico – 57-59
Asenath – 147
Ashambethel – 335
Asher – 29, 342, 421
Ashkelon – 189
Ashtaroth (Ashtoreth) – 295 – *veja também* Astorath, Astarte
Assíria – 65, 77, 310, 314, 328, 416
Assiut – 152

Assmann, Jan – 313, 359, 365
Astarte – 84, 96, 296, 330, 335-336, 342, 412
Astorath – 292
Aswan – 33, 326, 329, 339
Atbara, rio – 151
Athanasius – 26, 314
Aten (Aten) – 89, 104, 107, 131-135, 137-138, 148, 150, 158-164, 166-167, 186, 189, 191-192, 219, 231-233, 241, 245, 255, 257, 260, 271, 284, 288, 293, 298, 312, 315-316, 357-359, 371-375, 377-378, 426
Atum – 90, 92, 96
Aumann, Moshe – 109
Autoridade de Antiguidades – 27, 31
Avaris – 32-33, 84, 221, 412
Ay – 87, 158, 184, 312
Azariah – 335

B

Baal – 71-72, 247, 295-296, 375
Babilônia – 12, 15, 17, 32, 47, 65, 76-77, 87, 122, 183, 194, 197-201, 272-273, 275, 328, 331, 363, 407, 413-414, 416
Babilônios – 197, 409
bacias (banheiras) – 241-242, 254, 291, 306, 367, 387, 403
Bagoas – 333
Baines, John – 231
Bakhtyar – 113
Baltimore – 38, 58, 374
Bannister, C. O. – 57
Banu-yamina – 111
Bar-Kochba – 195, 197
Barnett, Mary – 212
barro – 25, 52, 246, 320, 337, 389
Barthélemy, Dominique – 38, 304
Baruque – 64, 361, 366
Baumgartner, W. – 321
baús – 181

Beck, P. – 378
beduíno – 25, 236
Beersheba – 113, 151
Belém – 25-26, 211, 269, 369
Belial – 284, 288
Ben-Dor, Shoshana – 344
Ben-Tor, Amnon – 140
Ben Asher – 29
Benben (Pedra) – 90
Bender, Lionel – 343
Ben Ezra – 272
Beni Amran – 259
Benjamin – 144, 327
Ben Shammen – 203
Ben Sira – 273
Berlim – 84, 120, 155, 189, 330
Bes – 377
Bethel – 113, 369
Bezalel – 221, 328, 332, 335
Bíblia – 20, 24, 38, 64-65, 67-68, 71-72, 75-77, 79, 83, 90-92, 99, 109-112, 115, 117-119, 121-124, 128, 140, 147-149, 151, 154, 166, 171-174, 176, 179, 181, 184, 187, 192, 195, 199, 225, 229, 260, 272-273, 285-286, 288, 296, 309-310, 312, 314-317, 321, 323, 328, 334, 344, 346, 349-352, 357, 360-361, 369-370, 377, 407, 409, 414-415, 417, 422-424
Bíblia de Áquila – 272
Biblioteca do Congresso – 68
Birch – 372-373
Blackman, A. M. – 249
Blank, Amy – 154
Blazer, S. – 185
Bonani, G. – 27
bórax – 25
Bradman, R. – 185
Bradshaw, Thomas – 45, 72
Breasted, James Henry – 55, 86, 133-134, 136, 138, 167, 206, 283
Brizemeure – 58
Bronowski – 112-113, 126

bronze – 54-56, 98, 106-107, 121, 181-182, 291, 332
Brooke, George – 29, 200, 202, 298, 355-356
Broshi, Magen – 303
Brugsch, H. – 310-311
Brunel – 363
Bryan Bunch – 118

C

Cabala – 140, 278, 409-410
cacos – 25, 270-271, 301
Cairo – 13, 26, 37, 55, 57, 60, 107, 147, 161, 163, 181, 183, 207, 218, 238, 243, 259-260, 272-274, 287, 303, 339, 360, 363, 425
Cairo, Museu do – 55, 57, 181, 183, 207, 238, 259-260, 303, 425
Cairo-Damasco – 243, 274, 363
Caldeia – 65, 109, 113
Calderini, Aristide – 231
Caleb – 176
Cálice Lotiforme – 183
Califórnia – 53, 112, 328, 360, 374
Calment, Jeanne Louise – 117
Cambridge – 37, 77, 112, 116, 125, 167, 227, 243, 259, 271-273, 304, 310, 359, 370
Cambridge, Universidade de – 37, 243, 271-273, 304
Canaã – 15, 24, 39, 61, 63-67, 76-78, 99, 101, 103, 106, 110-111, 115-117, 121, 127, 129, 143, 151, 155, 157, 162, 169-170, 178, 189-190, 193, 195, 197, 221, 230, 232, 245, 255-256, 261, 279, 291, 294-295, 309, 332, 336, 340, 378
Canaanita – 38-39, 224, 226
canal de Siloam – 178, 206, 255
Canções de Libertação – 173
candelabro (Menorah) – 46, 182-183
carbono – 295, 303, 408

Carmel – 296
Carmi, Israel – 28
Carneiro Dourado – 292, 336
Chaeremon – 188, 191
Champollion, Jacques – 372
Chanukah – 281, 344, 346, 413
Charles, R. H. – 243
Cheperu – 373
Chicago, Universidade de – 42, 47, 55, 138, 303, 409
Chnemu – 89, 337
chumbo – 25, 52, 57, 237-238, 303
Chyutin, Michael – 207, 209, 332, 367
Cincinnati – 74, 154, 199, 286, 360, 362
circuncisão – 74-75, 343-344, 346, 411
Clapham, Christopher – 342
CNRS – 35
cobra – 91, 192, 376-377, 416
cobre – 12-13, 19-20, 25, 35, 37-39, 46, 48-50, 54-60, 115, 182, 192, 258-259, 301, 303, 307, 334, 361
Cofre – 192, 218, 241, 249, 251
colares – 66, 150, 152, 249, 423
Colégio União – 74
Collins, Nina – 175
Congreve, William – 145
Conklin, Joseph – 46
Connor, Steve – 94
Contenson, Henri de – 35, 355, 425
Cooke, Alistair – 117
Copernicus, Nikolas – 94
Corá – 185-186, 360
Coríntios – 322
Couro – 60
Cowley, A. E. – 162, 331, 334
Cristianismo – 13, 19, 30, 70, 77-78, 112, 128, 217, 285, 309-310, 317, 341, 343, 346-347, 349, 351, 380
Crocodilópolis – 172, 220
cromossomos – 185-186, 411
cúbito – 51, 181, 183, 206, 245, 290-291, 385, 389

cuneiforme – 38, 178
Cush (Kush) – 72-73, 164, 166, 334, 338-340, 342, 349
Cymbyses – 334
Cyrus II, rei (Cymbyses) – 194, 334

D

Dalley, Stephanie – 282
Damasco – 32, 127, 199, 243, 269, 271-274, 279, 281, 286-287, 292, 294-295, 305, 363, 368
Dan – 342
Daniel – 140
Daphne – 372
Darius II – 334
Darnell, John Coleman – 374
Datã – 360
Davi, rei – 108, 193, 195-196, 247, 256, 258, 294-295, 315-317, 319, 341-342, 344, 348, 369
Davies, N. de G. – 107, 139, 141, 147-148, 150, 207, 235, 240, 246, 250-251, 254, 258-260, 297, 306, 352, 423-424
Davies, Philip R. – 286, 366
Davies, W. V. – 58
Deben – 59, 237
Debra Sehel – 340
Deir el-Bahir – 173
Deir el-Medineh – 172
Depósito da Praça de Ouro – 426
Derchain, Philippe – 321
Deserto da Judeia – 27-28, 275, 302-303, 316, 367
Deuteronômio – 71, 110, 174, 195-196, 262, 276, 291, 296-297, 322-323, 330, 358, 360-362, 367, 370, 417, 421
Deutsch, Robert – 359
Dez Mandamentos – 44, 67, 176-177, 180, 286, 336, 338, 418, 421
Diodorus – 188
Divinio Afflante Spiritu – 79

dízimos – 163, 228, 240, 243, 257, 262-263, 403
Djoser, rei – 246
DNA – 185-186, 347-348, 411
Dois Irmãos, Conto dos – 141
Dominican École Biblique et Archéologique Française – 27
Dothan – 144
Dream Works SKG – 68
Driver, G. R. – 273, 302
Dupont-Sommer, André – 47

E

Ebal – 261-262
École Biblique – 27, 35, 38, 41-42, 80, 377
Edfu – 89, 96, 99, 419
Edimburgo – 71, 111, 138, 212, 247, 249, 329, 363
egípcio – 13-14, 24, 30, 53, 55-56, 59-62, 67-70, 74-76, 87-88, 92, 94, 98-100, 103, 105-106, 116, 118, 133, 140-141, 145, 148, 155-156, 168, 170, 177, 178, 181, 184-186, 188, 191, 193, 209, 223-224, 243, 249, 268, 278, 281, 284, 288, 291, 297, 299, 313, 315, 319-322, 324, 330, 333, 335, 337-339, 347, 353, 358, 364, 372-374, 377-378, 411, 413, 417, 425
Egito – 12-16, 21, 24, 29, 34, 47, 52, 55-57, 59-78, 80, 83-90, 93, 97-101, 103, 105-106, 108-110, 112, 115-117, 121-129, 131, 133-134, 136-139, 141, 143-148, 150-151, 153-155, 157-159, 161-167, 169-174, 176, 179, 183-189, 191-195, 200-207, 210, 212, 218, 221-222, 227, 230-233, 235, 237, 239-240, 243, 246, 249-251, 254-255, 257-258, 260-261, 264, 266-268, 271, 273, 278, 283-286, 288-289, 293, 297, 301-318, 320-325, 327-334,

336-343, 345, 348-352, 355-358, 360-361, 364-365, 367, 370-373, 375, 377-379, 407, 409-410, 412-413, 416-418, 423-426
El-Amarna – 74, 116, 132-135, 139, 147-149, 152, 169, 205, 207, 218-219, 234-236, 238, 240, 246-247, 249-251, 253-254, 258-260, 297, 306, 312, 336, 345, 352, 371, 423-426 – *veja também* Akhenaton
El-Till – 208, 219, 234
Elam – 183, 273
Elefantine – 33, 72, 89, 96, 161-163, 166, 169, 218, 221, 224, 266, 268, 271, 302, 305, 310, 325-344, 346, 348, 350, 367, 372, 378, 419, 426
Elisha – 193
Elohim – 71, 360, 372
Elwolde, John – 49
En-Gedi – 31, 245
Enoch – 119, 276, 280, 344
Enosh – 119
entropia – 95
Ephraim – 263
Eratosthenes – 343
Erman, A. – 155
eruv – 261
Esaú – 143-144
escorificação – 25
Esdras – 47, 110, 179, 194
Eshel, E. – 271
Eshel, H. – 271
Espanha – 272, 409
especiarias – 48, 161
Espetroscópio Acelerador de Massa (MAS) – 27
Essênios – 24, 26, 29-30, 34-35, 37, 39, 41-42, 44-49, 54, 56, 60, 62-63, 81, 95, 98, 160, 188, 193, 197-206, 209-210, 213-215, 217, 222-223, 225, 228, 232, 239, 243-244, 246-247, 254, 262-263, 266-271, 273-275, 278-287, 289, 291-299, 301, 303, 305-309, 316-317, 341,
344, 346, 353, 355-356, 359, 361-363, 365-370, 410-411, 413, 417
estanho – 54, 58
Ester, Livro de – 29, 221, 273, 282
Etíopes – 343
Etiópia – 72-73, 106, 218, 221, 266, 268, 305, 325, 334, 339-340-343, 347-349, 372
Eufrates – 32, 65, 77, 109, 111, 350, 407, 413
exegese – 414
Êxodo, Livro do – 291
Êxodo, o – 15-16, 64, 115-116, 121, 162, 172, 221, 323, 332, 334, 410
Extremistas – 39, 45
Eysenck, Hans – 114
Ezequias – 178, 206, 357-358, 362, 375
Ezequiel – 30, 38, 140, 180, 196-201, 205, 228, 290, 358, 361-367

F

Faculdade da União Hebraica – 199, 286
Faiyum – 89, 152-154, 218, 220-221
Falashas – 325, 343-344
Faraó – 123-124, 131, 145, 157-158, 223, 352, 371, 378
Faulkner, R. O. – 94, 321
fé – 30, 80, 124, 126, 128, 140, 162, 168, 198, 269, 276, 304, 346, 352
Fenícios – 32
Fenton, Paul – 243, 271
Festa das Semanas (Shavuot, Pentecoste) – 281
Festa dos Tabernáculos (Sukkot) – 108, 281
festivais – 34, 162, 270, 281, 283, 290, 298, 340, 344, 348, 410
Festival Seged – 346
Filhos de Israel – 70, 75, 173
Fitzmyer, Joseph – 44, 360
Fonte Gihon – 257

Fostat – 272
fragmentos do Genizah – 243
França – 38, 117, 230, 378
Frankfort, H. – 236, 426
Freud, Sigmund – 68, 126, 168, 266, 313, 359, 372
Frey, Joerg – 205
Friedman, Richard Elliott – 79, 360
Frolov, Serge – 370
fundição – 25, 57-58, 121, 192

G

Gad – 342
Gaea – 244
Galeria Freer – 58
Gans, Raymonde de – 286
Gardiner – 231
Garland, H. – 57
Gaster, Theodor H. – 45, 310
Gauthier, Henri – 231
Geb – 89, 93, 104
Geber es Silsila – 158
Geiger, A. – 363
Gênesis – 26-28, 64, 71, 74, 77-78, 90-93, 110-111, 122-124, 126-127, 143-146, 149-150, 153-154, 157, 220, 282, 285, 414-417, 421
Gerizim – 13, 33, 44, 217-218, 255, 261-265, 296, 361, 405
Gershom – 71
Gezer – 116, 189
Gibson, Margaret – 271
Gilbert, Martin – 327
Gilgal – 75
Gilgamesh – 91, 125, 414-415
Gilukhepa, princesa – 131
Giza – 32, 105, 212, 251
Golb, Norman – 34, 42, 45, 47
Gomorra – 127
Goodman, Paul – 70, 110, 117
Goodrich, E. J. – 150
Goranson, Stephen – 47, 255
Goren, Avner – 24

Goren ha-Atad – 157
Gosén – 71, 151
Graf, Karl Heinrich – 360
Gray, John – 78
Green, Timothy – 52
Greenfield, Jonas – 40
Grego – 224, 226, 418
Gressmann – 320
Griffith, F. – 320
Griffiths, J. W. – 165
Guerra de Independência – 27
Guerra dos Seis Dias – 26-27, 408

H

Habacuque – 26-27, 30, 197-199, 228, 263-264, 302
Habiru – 169
Hagar – 123, 128
Haggadah – 198
Haggard, H. Rider – 249
Hagg Qandil – 219-220, 249
Hagu (Hagi), Livro de – 279-280
Hai – 143
Haifa – 306, 327, 335
Halevi, Jehudah – 272
Hallo, William W. – 156
Haman – 159
Hammer, M. F. – 185
Hammurabi – 122, 413
Hancock, Graham – 342
Hanson, Anthony Tyrrell – 293
Haram – 217
Haran – 32, 66, 109, 111, 143
Harding, Lankester – 38, 303
Haremhab – 56, 87, 210
Harris – 55-56, 59-61
Hashemite – 27
Hasmoneans – 368
Hathor – 89, 96, 104, 107, 177, 320, 419
Hatshepsut – 87, 103
Hawara – 218, 220
Hawata – 219, 260

Hayes, William C. – 87
Hazor – 116
hebraica, escrita – 178-179, 229, 257
Hebraico – 38, 224, 328, 373, 424
hebreus – 56, 59, 63-69, 72-78, 80, 87-88, 97-99, 109, 115, 121-122, 129, 139, 141, 145, 148, 151-155, 161-162, 165, 168-176, 178, 184-186, 189-191, 193-194, 220-222, 268, 272-273, 289, 295, 311, 313, 317, 323, 330, 335-338, 342-343, 348-349, 357, 359, 373, 412
Hebrom – 113, 143-144, 211, 360
Hecataeus – 188
Heidelberg – 313, 359
Heliópolis – 32, 67, 70, 84, 89-90, 92, 96, 107, 147, 163, 166, 185, 189, 201-202, 218, 221, 239, 274, 316, 325, 357, 360, 364
Hellanicus – 70
Hellemans, Alexander – 118
Herakleópolis – 32
Hermópolis – 32, 92, 154-155, 89, 219, 425
Herodes – 44, 64, 73, 194, 197, 253, 275
Heródoto – 322, 329, 343
Hertz, Joseph Herman – 175
hierática – 55, 146, 178-179, 224-225, 373, 412
hieróglifos – 38, 178-179, 190, 223-224, 231, 313, 323, 358, 373, 379, 412
Hill, Rosalind – 304
Hinos Leyden – 96, 108
HM Norfolk Flax Establishment – 303
Hobab – 71
homossexualidade – 317
Horácio – 322
Hornung, Erik – 313, 359
Horus – 69, 76, 84-85, 89, 95-98, 104-105, 118, 281, 284, 419
Hosea – 196

Hull – 293
Humbert, P. – 322
Hunzinger, Claus-Hunno – 38
Huya – 34, 147-149, 233, 235, 253
Hyatt, Philip – 167
Hyksos – 85, 87, 412
Hyrcarnus, rei – 263

I

Iavé – 167, 358, 360, 375, 377 – *veja também* Javé
Idelsohn, A. Z. – 314
Idumea – 194
Iêmen – 153, 341, 346, 348
Igreja Católica – 79, 407, 416-417
Ikhanaton – 122
Inanna – 125
indianos – 121
Indo-Aryans – 111
Instituto de Estudos Judaicos – 159
Instruções de Amenemope – 321
Instruções de Ankhsheshonq – 324
Instruções de Ptah-hotep – 322
Ipu – 88, 93
Irã – 113
Iraque – 198, 413-414, 417
Isaías – 26, 28, 38, 65, 114, 140, 196-197, 275, 282, 309-310, 321-322, 338, 343, 358, 368
Isaías, Livro de – 26
Isambard – 363
Isaque – 65, 113, 115, 117-118, 124, 128, 143-144, 147, 157, 166, 267, 277, 288, 413
Ishtar – 69, 282, 336, 415
Ísis – 69, 76, 96-99, 104, 118, 203, 281, 320, 419
Islã – 112, 128, 217, 285, 309-310, 317, 349, 351
Ismael – 65, 128, 411
Ismajlowicz, M. – 185
Israel – 13, 26-28, 31, 33, 44, 48, 51, 58, 62, 64-67, 70, 72, 75, 78, 87,

109-111, 113-114, 116, 122, 124, 140, 151, 158, 166, 173-174, 176-177, 181, 184-185, 187, 189-190, 192-196, 198, 201, 205, 218, 221, 239, 245, 247, 251, 255, 261, 264, 271, 273, 276, 279-280, 288-289, 293, 295-298, 301-303, 305-307, 309-310, 314-315, 322, 324-325, 327-329, 331-338, 340, 342, 344, 347-350, 357-359, 361-362, 364, 367-370, 372, 375, 377, 408, 412

Israelitas (Filhos de Israel) – 12, 14, 15, 27, 44, 87, 115-117, 119, 153, 158, 173-176, 178, 184-185, 189-190, 192-194, 197-198, 289, 293, 313, 342, 353, 363

Iuty – 34

Izumi, Shigechiyo – 117

J

Jacó – 16, 24, 64, 66-67, 87, 113-115, 117-119, 121-122, 129, 143-145, 147, 151, 153-157, 159-160, 166, 168, 174, 185, 193, 196, 267, 277, 286-289, 298, 350, 352, 356-357, 366, 368-369

Jacobus, Helen – 355

Jannes – 288

Jared – 119

jarras (jarros) – 25, 31, 61, 220, 239, 242, 245, 250-251, 304, 307, 357-358, 375, 385, 395, 397

Jati – 167

Javé (Iavé) – 71, 167, 330, 335, 342, 360, 378

Jebel Helal – 177

Jehoshua – 295

Jeremias – 46-47, 64, 163, 173, 197-198, 201, 214, 286, 289, 324, 328, 361

Jericó – 13, 75, 211, 217, 255, 259, 271, 273-274, 302

Jeroboam – 64, 193, 195, 327, 342

Jerusalém – 20, 23, 25-30, 33-35, 38, 40-42, 44-48, 53, 55, 58, 65, 68, 73, 80, 87, 99, 109-110, 113, 120, 127-128, 140, 159, 178, 184, 189, 193-199, 201-202, 205-207, 209, 213-214, 217-218, 222, 247, 252-253, 255, 257-259, 261-265, 270, 274, 276, 280, 289-293, 296, 303, 306, 314-315, 327-329, 331-335, 342, 346, 355, 357, 360, 362, 364, 366-370, 408, 410, 413

Jesus Cristo – 293

Jethro – 71

João o Batista – 380

John Kampen – 368

joias – 40, 61, 106, 161, 172, 175-176, 238, 247, 249, 266, 319

Jones, Steve – 348

Jones, Vendyl – 47-48

Joquebede – 68, 76, 167

Jordânia – 26-27, 38-39, 41, 279

José – 16, 24, 64, 66-67, 76, 80-81, 87, 109, 115, 119, 121, 129, 141, 143-161, 163, 165, 168, 189-191, 193, 220-221, 229, 232, 241, 267, 335, 337, 349-350, 352, 356-357, 423

Josephus, Flavius – 30, 31, 45, 67, 72

Josias, rei – 196, 295-297, 331, 358, 361

Josué – 64, 75, 87, 93, 119-120, 176, 193, 195, 197, 245, 262, 279, 295

Jubileus – 150, 280, 282-284, 286-287, 298, 344, 362

Judá – 64-65, 144, 178, 193-194, 197, 199-200, 206, 245, 257, 274, 289, 327, 340, 342, 412

judaico – 30, 186, 196, 243, 260, 280-282, 314, 321, 326-327, 338, 343, 377, 408, 410, 412, 417, 421

Judaísmo – 12-13, 15, 17, 19-21, 30, 34, 49, 62, 73, 77-79, 92, 99, 112, 115-116, 125-126, 128, 139-141,

163, 167, 195, 201, 204, 214-215, 268, 282, 285, 292-293, 295-296, 299, 309-310, 317, 321, 326, 329-330, 333, 335, 338-342, 344, 346-349, 351, 354, 363, 369, 375, 380, 409-410
Judeia – 23-24, 27-28, 30-31, 44, 54, 56, 62-63, 110, 201-203, 206, 214, 225, 227, 239, 263, 269, 275, 302-304, 307, 316, 354-355, 363, 365, 367, 370, 411-412, 417
Judeus – 20, 25-27, 29-31, 34, 39, 45, 47, 63, 67, 70, 72, 78-79, 110, 113, 116, 125, 137, 139, 153, 162, 171, 176, 185-186, 194-195, 198-199, 201, 214, 224, 264, 268, 270, 272-273, 275, 277-278, 293, 306, 310, 326-329, 331, 333-334, 339-343, 346-348, 352, 365, 407, 410-411, 413, 417
Juízes – 71, 111, 156, 193
Jull, A. J. T. – 27

K

Ka – 95
Kaddish – 198
Kadesh – 96, 172
Kando – 25-26, 369
Karnak – 32, 100, 105-106, 108, 136, 158, 172, 190-191, 357, 424-425
karsch – 355
Katzenberg, Jeffrey – 68
Kaufman, Yehezkel – 78
Kees, H. – 84
Kemp, Barry – 207, 304
Kenan – 119
Keneally, Thomas – 171
Kenyon, Kathleen M. – 140, 352, 377
Kessler, David – 343
Ketef Hinnom – 140
khaff – 227, 256

Khepru (Cheperu) – 169-170
Khirbet-Qumran – 25
Khnum – 89, 96, 169, 334, 419
Khons (Khonsu, Khunsu) – 96, 105, 133, 157, 419
Khopri – 90
King, Stephen – 276
Kite – 60-61, 237, 307
Kittim – 263
Kiya – 136
Klostermann, Georg – 205
Knesset – 335
Kochlit – 228-229, 232
Kohath – 28, 187, 277-278
Kohelet – 108, 407
Konosso – 340
Kuntillet Ajrud – 375-378
KV55 – 220, 345

L

Labão – 143-144
Laboratório AMS – 28
Lachish – 116, 357
Lacoudre, N. – 58
Lancaster, Universidade de – 342
Lange, Nicholas de – 77
Laperrousaz, E. M. – 35
latão – 56, 192
Lázaro – 319-320
Leeds, Universidade de – 175
Lefkovits, Judah – 46, 355
Legrange, Joseph-Louis – 119
Leia – 143
Leibnitz – 163
Leipzig, Universidade de – 77
Leis Orais – 298, 326, 330, 340, 348, 421
Leontópolis – 13, 163, 202, 364
Leslau, Wolf – 344
Levi – 68, 159, 185, 187, 195-196, 271, 277, 362, 366, 368-369
levitas – 195-196, 199-200, 228, 277,

342, 357, 359, 369-370
Levítico – 71, 110, 289, 291, 417, 421
Lex Coloniae Genetivae Juliae – 54
Líbano – 26, 373
Libby, W. F. – 303
Lichtheim, Miriam – 324
Lim, Timothy – 212
lingotes – 228, 232, 235-236, 238
língua – 12, 14, 39, 65, 69, 76, 116, 167, 170, 198, 225, 309, 331, 337, 343, 348, 379, 407, 412, 419
Linguística – 49
Liverpool – 181, 247, 249, 303, 331, 426
Livro dos Mortos – 78, 85-86, 90, 278, 284, 302, 412
Loftie, W. J. – 249
Londres – 24, 47, 58-59, 68, 70, 74, 79, 124, 126, 135, 139, 147-148, 185, 207, 210, 212, 227, 231, 235, 238-240, 249-250, 254, 257, 261, 297, 301, 352, 355, 367, 372, 378, 380, 412
Lot – 124, 127
Lotan, Jonathan – 178, 373, 424
Lublin, Universidade de – 202
Lucas, Alfred – 302
Lucretius – 267
Lüddeckens, Erich – 231
Luxor – 32-33, 55, 105, 135, 158, 172-173, 177, 232
Luz, Ulrich – 205

M

Ma'ariv – 347
Maat – 155-156, 333
Macabeus – 197, 412
Machpelah – 157
Mackenzie, Donald A. – 135
Maclaurin, E. – 336
Magen, Itzhak – 31

magia – 100, 128, 139, 155, 171, 278-279, 351, 410
Mahalalel – 119
Mahu – 150
Maimônides – 417, 421
Malach el Aha – 203
Malek, Jaromir – 231
Manasseh – 66, 147, 157, 341-342
Manchester – 22, 29, 37-38, 40, 44, 46, 48-49, 54, 58, 61, 80, 159, 200, 231, 255, 271, 355, 370-371, 378, 424-425
Manetho – 67, 70, 73, 76, 145, 166, 188-189, 191, 365, 413
mangual (nekhakha) – 347
Manual de Disciplina – 26, 275, 279, 305
Manuscrito – 25, 50, 179, 206-207, 263, 271, 274-275, 282, 284, 293, 369, 423
Manuscritos do Mar Morto – 12, 14, 19-21, 24, 26-30, 34, 37-42, 44-46, 48-49, 54, 58, 68, 80, 98, 110, 159, 179, 186-187, 198-200, 202, 205-206, 212-213, 222-223, 225, 227, 229, 239, 243, 245, 262, 268-269, 271-275, 278-280, 282, 285-287, 291-293, 295, 297-298, 301-306, 310, 317, 335, 345-346, 354-359, 362-364, 366, 368-369, 372, 377, 380, 408, 411, 413, 424
Margalit, Shlomo – 205, 209, 366
Mari – 32, 111, 122
Maria – 64, 90
Mar Morto – 12, 14, 19-21, 23-31, 34, 37-42, 44-46, 48-50, 54, 58, 62, 68, 80, 98, 110, 159, 179, 186-187, 193, 198-200, 202, 204-207, 212-213, 217-218, 222-223, 225, 227, 229, 239, 243, 245, 262-263, 268-269, 271-275, 278-282, 284-287, 291-293, 295, 297-298, 301-306, 310, 316-317, 335, 345-346, 350, 354-359, 362-369, 372, 377, 380,

408, 411-413, 417, 423-424
Mar Saba – 23
Martinez, Florentino Garcia – 42, 227, 297
Martyr, Justin – 67, 70, 76
Mar Vermelho – 161, 190, 265, 346
Masada – 34, 39, 45, 211, 273
Maskil – 223, 279
Matemático de Rhind – 227, 425
Mateus – 64
Maxwell, Robert – 25
McCarter, Kyle – 46, 58, 190, 374, 424
Mebaqqer – 271
Meca – 33, 157
Medinet Habu – 55, 105
Mediterrâneo – 14, 63, 161, 265, 425
Meggido – 116, 315
Meketaten – 345
Melquisedeque – 127-128
Memphis – 32, 72, 84, 89, 91-92, 95-96, 133, 173, 200, 246, 261, 320, 328, 419
Menelaus – 202, 364
Menelik, príncipe – 342
Menn, Esther M. – 370
Menorah (base de velas) – 183
Merari – 185
mercúrio – 303
Mereruka – 181
Merikare – 136, 155
Merneptah – 87, 116, 148, 189-191, 372, 424
Meroe – 339
Meryra I – 148
Meryra II – 148, 233, 235
Mesopotâmia – 15, 66, 69-70, 76-77, 103, 109-111, 116, 122, 125, 143, 169, 409, 413, 415
Messias – 34, 269, 276, 292-293, 409
metalurgia – 24, 40, 49-50, 52, 237
Methuselah – 119
Metrologia – 51
Mettinger, T. – 358

Meyer, Eduard – 188, 356-357, 365
Micah – 196
midianita – 71, 76, 166
Midrash – 67, 72, 91, 166, 198, 279, 366, 369-370, 416, 422
Migdol – 328
Mikvah – 306
Milik, Jozef – 38, 41-42, 47, 80, 202-203, 230-231, 255, 304, 355-356, 426
Mina – 43, 405
minérios cupríferos – 57
Miriam – 64, 67, 187, 324
Mishna – 38, 72
Mitanni – 111, 131, 336
Modigliani – 283
Moeris, lago – 152, 220
Mohammed edh-Dhib – 25-26
Moisés – 12, 14-16, 24, 56, 64, 67-76, 79-81, 87, 98, 109, 119-120, 126, 128-129, 131, 165-171, 173-174, 176-178, 184-189, 191-196, 199, 204, 221, 223, 230, 259, 261-262, 266-268, 272, 275-277, 279, 284-286, 288, 292, 296, 305, 308, 313, 315, 319, 325, 336, 338, 346, 348, 349-350, 352, 357, 359-362, 365-366, 369-370, 372, 411-412, 418, 421
Moller, G. – 156
Moloch – 296
Monoteísmo – 68, 98, 126, 168, 266, 313, 359, 372, 412
Monte das Oliveiras – 217
Monte Gerizim – 44, 217-218, 255, 261-262, 264, 296, 405
Monte Muntar – 23
Monte Rushmore – 204
Monte Sinai – 79, 176-178, 275, 296, 336, 416, 418, 421
Moret, A. – 99
Morgenstern, Julian – 74
Morkot, Robert – 367
Morteani, Giulio – 52

Mosteiro da Cruz – 335
Mosteiro de São Marcos – 25
Moussaieff, Shlomo – 375
Mozart – 114
Muçulmano – 222, 411
múmia – 57, 173, 320
Murnane, W. H. – 153
Museu Arqueológico – 26, 35, 38-39
Museu Bezalel – 335
Museu Bíblico e Arqueológico – 335
Museu Britânico – 55, 57-59, 73, 86, 167, 181, 191, 210, 227, 237-238, 243, 251, 301-302, 311, 320, 324, 358, 412, 425
Museu de Istambul – 257
Museu do Brooklyn – 131, 259, 330, 335, 377-376, 425
Museu do Louvre – 99, 178, 183, 425
Mut – 96, 133, 157, 249, 320, 419

N

Nablus – 261
Nabucodonosor – 45, 87, 194, 222, 274-275, 328
Nações Unidas – 27
Nahariya – 335
Nahum – 198
Naphtali – 342
Naqada II – 326
NASA – 94
NATO – 52
Nechoh – 297
Neemias – 47, 73, 110, 194
Nefer-Seshem – 74, 425
Neferkhepure Waenre – 133
Nefertiti – 34, 131-132, 136, 147, 235-236, 247, 249, 259, 294, 345, 370, 377-378, 423, 425
Negev – 265, 375
nekhakha – 347
Nephthys – 97, 104, 118, 281
Nicholson, Paul – 59, 210, 227, 301
Nilômetro – 326

Nineveh – 32, 263, 336, 413
Nir-El, Yoram – 303
Noé – 119, 285, 287, 414-415
Noph (Memphis) – 32, 328
Nova York – 26, 44, 46, 70, 87, 131, 166, 173, 207, 259, 293, 316, 330, 335, 354-355, 370, 376-377, 423, 425
Novo Testamento – 64, 73, 77, 92, 95, 141, 179, 224, 270, 288-289, 293, 318-320, 322, 350
Núbia – 52, 57, 72-73, 85, 101, 106, 334, 339, 340, 342, 367, 409
Números – 71-72, 110, 141, 185, 192, 195, 305, 360, 417, 421
Nut – 89, 93, 104
Nyussera, rei – 251

O

óleo – 31, 48, 104, 245, 389, 425
Olho, o – 92
Om – 360
cidade de On – 163
Onias III – 202
Onias IV – 64, 163, 201-202, 356, 358, 364-365
origens de Moisés – 68, 412
ortografia – 39
Osarsiph – 70, 189
Osireion – 97
Osíris – 70, 93, 96-98, 104, 118, 120, 134-135, 140, 281, 284, 313, 320, 412, 419, 425
Osorkon II – 98, 425
óxidos – 37, 58
Oxyrynchus (peixe) – 320

P

paleo – 39, 178, 200, 223, 225, 279, 407, 419
Paleo-hebraico – 224

Paleografia – 417
Palestina – 13-14, 26-27, 29, 35, 38, 110, 213, 272, 358, 410
Panehesy – 148-150, 208, 240, 242, 297
papiro – 13, 39, 55, 179, 271-272, 301, 324, 330-331, 335, 377, 412, 417
Papiro de Harris – 55-56, 59-61
Papiro Matemático de Rhind – 227, 425
Paris – 26, 35, 40, 45, 47, 58, 99, 131, 178, 183, 202, 230-231, 243, 286, 320-321, 330-331, 372
Páscoa – 198, 203, 262, 281-282, 296, 330, 334, 338, 346
Pathros – 328
Patriarca de Seleucia – 273
Patriarcas – 87, 113, 115, 122
patriarcas – 65-66, 77, 109, 113, 115, 118, 122, 128, 144, 167-168, 267, 285, 287, 289, 414
Epístola de Paulo – 320
Eric Peet – 331
peixe – 320
Peleg, Yuval – 31
Pendlebury, J. D. S. – 236, 257
Pentateuco – 71, 140, 150, 175, 297, 330, 334, 346, 417, 421-422
perfume – 31
Pergaminho da "Nova Jerusalém" – 213
Pergaminho de Cobre – 11-14, 16, 19-20, 22, 24, 35, 37-52, 54-63, 65, 80-81, 98, 109, 129, 141, 160, 176, 192, 200, 202-203, 210, 214-215, 217-218, 221-222, 225, 227-233, 237-239, 242-244, 246, 249, 252, 255-257, 259, 261, 263-268, 271, 299, 325-326, 339, 350, 353, 355, 361, 364, 371-372, 378-379, 381, 424-425
Pergaminho de Guerra – 26, 30, 269
Pergaminho do Templo – 26-28, 44, 209, 254, 279, 281, 286, 288-289, 291-292, 294, 304-305, 362, 366-371
Péricles – 317
perneira – 148
Pérsia (persas) – 14-15, 101, 113, 194, 200, 330, 338, 414, 417
Petosiris de Hermópolis – 155
Petra (Rekem) – 279
Pfann, Stephen – 280
Philadelphus – 188, 413
Philae – 96, 419
Philo, Judaeus – 30
pi – 120-121
picaretas – 307
Pinch, Geraldine – 100
Pithom – 32, 172, 221
Bargil Pixner – 47
Platão – 163, 317
Plaut, W. Gunther – 173
Pliny o Ancião – 30-31, 63, 417
Ploeg, J. Van de – 213
Plutarco – 97, 315, 417
politeísmo – 157, 162, 165
Polyhistor, Alexander – 70
Poppe
r-Linkeus, Josef – 68
Porten, Bezalel – 221, 328, 332
Posener, George – 302
Potifar – 66, 145
Pouilly, J. – 243
prata – 20, 25, 40, 42-43, 51-53, 55, 61, 64-65, 80, 105, 123-124, 129, 140, 144, 175-176, 182, 228, 236-238, 241-242, 245, 250-251, 254, 256-257, 262-264, 315, 331, 334, 338, 385, 387, 389, 391, 395, 397, 399, 401, 405
Príncipe de Cush – 73
Príncipe do Egito – 68, 266 – *veja também* Moisés
Priscilla, Catacumbas de – 90
Proto – 38-39, 224, 226
Provérbios, Livro dos – 315, 321
Ptah – 74, 90-91, 95-96, 107, 136, 156, 322, 419, 425

Ptah-hotep – 107, 322
Ptolomeu II – 413
Ptolomeus – 418
Purim – 221, 282, 340, 344, 346

Q

Qahat – 187, 362
Qarun, lago – 152, 220
querubim – 180
Qumran – 12-15, 20-21, 23-27, 29-31, 33-35, 37-42, 44-49, 54-57, 60, 62-63, 81, 95, 98, 159-160, 187-188, 193, 197-206, 209-215, 217-218, 222-223, 225, 228, 232, 239, 243-247, 254, 262-263, 266-271, 273-275, 278-289, 291-295, 297-299, 301-309, 314, 316-317, 331-332, 341, 344-346, 350, 353-356, 359, 361-370, 372, 374, 378, 380, 410-413, 417, 424-426

R

Ra – 73, 75, 89, 105, 134, 163, 330, 373 – *veja também* Re
Ra-Horakhty – 163
Rabin, Chaim – 159
Rabino – 70, 110, 179
Rachel – 66
radiocarbono – 27-28
Raguel – 71
Ramsés – 12, 32, 55-56, 59-60, 72, 87, 97, 105, 108, 154, 158, 165, 168, 172-174, 189-191, 212, 220-221
Ramsés II – 12, 56, 87, 97, 154, 165, 168, 172-173, 190-191, 212, 220
Ramsés III – 55-56, 59-60, 87, 105, 108, 189
Raspe, Lucia – 188-189
Rawlinson, G. – 322
Re – 75, 85, 90, 96-97, 99, 104, 107, 172 – *veja também* Ra
Ready, W. Talbot – 249
Rebeca – 143
rebitamento, técnicas de – 56
Redford, Donald B. – 149, 167, 365
Reeves, Nicholas – 206, 358
Regra Messiânica – 293
Regras da Comunidade – 271, 275, 305
Rehoboam – 193, 327, 342
Ronny Reich – 306
Reif, Stefan – 273
Reis, Livro dos – 178, 295
Rekem – 279
resinas – 259
ressurreição – 34, 139, 213-214, 311
Reuben – 144
Reuel – 71
Rio Nilo – 234, 265
ritual – 29, 31, 99-100, 125-126, 133, 137, 260, 296-297, 305-306, 311, 344, 346, 367, 411
Rockefeller, J. D. – 55, 409
Rogerson, John – 77, 328, 424
Rohl, David – 115
Roma – 30, 46, 90, 194-195, 197, 202, 275, 315, 329, 417
Romanos – 197, 320, 418
Romer, John – 105, 151, 311
Rosh Hashanah (Ano Novo) – 281
Rowley, H. H. – 243
Rússia – 29

S

Sabbah, Roger – 313, 372
Sacerdotes – 106, 185, 195, 277, 320, 357
Sagrado dos Sagrados – 99, 182, 248, 287
Salém – 33, 127
Salmos – 26-28, 148, 255, 272, 274, 313-317, 321-322, 349, 370, 422
Salomão, rei – 44, 108, 121, 193, 258,

322, 327, 341, 348, 361
Samaria – 44, 194, 334
Samuel, M. – 136
Sanballat – 261, 263, 334
Sanders, James A. – 316
Santuário do Livro – 26, 28-29, 58, 205, 280, 293, 303, 306, 335, 369
São João, Revelação de – 320, 322
São Lucas, Evangelho de – 319
São Marcos – 25
Saqqara – 32, 74, 246, 251, 265, 377, 425, 426
Sargon – 69
Saul, rei – 327
Schechter, Solomon – 272
Schiffman, Lawrence – 44, 293, 354, 370
Schindler, Oscar – 171
scriptorium – 34
Sekhmet – 96, 419
Selassie, Haile – 342
Seleucid – 197, 363-364
Selig, S. – 185
Sellin, Ernst – 126
Semenkhkare – 87, 157, 181, 235, 345
Semitas – 343, 374
Sendrey, Alfred – 70, 166, 314
Sephardi – 226
Septuagint – 179, 318, 323, 344, 407
Sergius – 273
serpente – 91, 192, 284, 416 – *veja também* cobra
Seters, John van – 110
Seth – 69, 84, 97, 104, 118-119, 281, 284, 412
Sethe, K. von – 183
Seti I – 87, 97, 158
Setnakhte – 87, 189-191
Seurat – 350-351
Shabako – 95
Shakespeare – 114, 313
Shavuot – 281
Shaw, Ian – 59, 210, 227, 301
Sheba, rainha de – 342
Shechem – 261-262, 327

Sheffield, Universidade de – 49, 298, 314
Sheikh Said – 219, 233
Shiloh – 195-196, 360-361, 364-365
Shiyiah – 203
Shu – 89, 92-93, 96, 104
Siloam – 178, 206, 255, 257
Simpson, William Kelly – 156
Sinai – 32, 57, 79, 176-178, 184, 192-193, 196-197, 199, 265, 268, 275, 286-289, 292, 296, 298, 336, 360, 364, 373, 416, 418, 421, 424
Síria – 14, 26, 29, 32, 38, 66, 95, 116, 143, 169, 203, 291, 336, 419
Sirius – 118, 410
Skorecki, K. – 185
Smith, M. S. – 358
Smolski, Roger – 119
Sodoma – 127
Sokaris – 96
Sol – 14, 34, 83, 85-86, 89, 94-95, 97, 99, 117, 137, 147, 212, 240, 248,
soldadura – 57
soldagem – 57
Spielberg, Steven – 47, 171
Starcky, Jean – 38
Star Trek (Jornada nas Estrelas) – 141
Stater – 43
stela – 73, 116, 148, 189-191, 207, 372
Stern, Ephraim – 263
Strabo – 212, 343
Strugnell, John – 38
Sudão – 52, 337, 339
Suez, Golfo de – 265
Sukenik, E. L. – 26-27
Sukkot – 281
Suméria – 69-70, 77, 413
sumo sacerdote – 67, 70, 99, 127, 141, 148, 166, 184, 191, 196, 202, 233, 241, 243-244, 249, 258, 263, 271, 288, 292-293, 295, 298, 315, 323, 334, 356, 359, 361, 363-366, 395,

412, 426
Susa – 183, 273
Sutherland, C. H. V. – 52
Swanson, Dwight D. – 286, 367
Sydney, Universidade de – 336
Syene – 327, 329, 334

T

Taamirek – 25
Tabernáculo – 176-177, 180, 182-184, 192, 195, 276, 291, 360-362, 369
Tabernáculos – 108, 281-282, 346
Tabick, Jacqueline – 124
Tahpanhes – 328
Tait, John – 231, 372, 378, 380
Talento – 42-43, 51, 237, 307
Talmude – 67, 76, 176, 198, 224, 360, 418, 421
Talmúdico – 410
Tana, lago – 221, 266, 268, 305, 325-326, 340-341, 348, 350
Tanis – 32, 221
Taphne – 372
Targum Onkelos – 150
Taylor, Charles – 272
Tebas – 32, 52, 55, 85, 89, 92, 96, 99, 103, 106-107, 116, 124, 131, 133, 135, 151-152, 158-159, 161, 172-173, 177, 181, 193, 212, 218, 220, 232, 315, 328, 345, 419
Technion-Israel – 185
tecidos – 161, 270, 303-304
Tefnut – 89, 92-93, 96, 104
Terah – 109, 119, 287
Testamento de Kohath – 278
Texas – 48, 94
Textos da Pirâmide – 182, 311
Textos do Caixão – 92, 156
textos egípcios – 54, 60, 93, 311
Thallus – 70
Tharbis – 72
Themuthis – 72

Therapeutae – 203
Thompson, Thomas – 352
Thoth – 95, 156
Thummim – 195
Tigre, rio – 111
Timna – 192
Timóteo – 321
Timotheus – 273-274
tintas – 106, 303
Tisithen – 191
Titus, Arco de – 46
Tiyi – 34, 147, 220, 235, 247, 345
Torá – 67, 72, 74, 78-79, 95, 110-111, 173, 175, 178-179, 194-195, 203, 229, 262, 275-276, 279, 285, 287, 294-295, 297, 318, 338, 343, 409, 416, 418, 421
Toronto, Universidade de – 78, 167, 185, 358
tríade – 96, 127, 419
trindade – 95-96, 321, 323
trombetas – 46, 315
Tübingen – 188, 205, 320-321
Turquia – 103, 257
Tusratta (Dusratta), príncipe – 336
Tutankhamon – 56, 87, 100, 157-158, 162, 177, 181-184, 206, 218, 220, 294, 303, 311, 345, 425
Tutmoses I – 73, 87
Tutmoses II – 87
Tutmoses III – 60, 87, 103, 105, 116, 311, 326, 335
Tutmoses IV – 87, 105, 357-358
Tutu – 150
Tyldesley, Joyce – 34, 345

U

Ugarit – 32, 38, 178, 224, 226, 373, 419
Ulrich, Eugene – 262, 302
UMIST – 38
unguentos – 40, 259, 264

Universidade Birmingham – 88
Universidade Brown – 286
Universidade de Harvard – 58, 374
Universidade de Oxford – 37, 38, 282
Universidade Freie – 189
Universidade Johns Hopkins – 38, 58, 374
Universidade Yale – 374
Ur (Caldeia) – 32, 65, 109, 122, 413-414
Urim – 195
Uruk – 125, 413-414
Uruk, rei – 125
Userkaura Meryamun – 191

V

Vale dos Reis – 105, 212, 345, 374
vasos – 241-242, 244, 256-260, 263, 383, 385, 387, 391, 401, 403, 405
Vaux, Roland de – 27, 38, 41, 80, 213, 239, 269, 280, 303, 305, 345
Vermes, Geza – 42, 187, 206, 227, 229, 240-241, 249, 257, 259, 291, 317
Vespasian, imperador – 30, 73, 417
vestuário – 148
Vidler, Mark – 212
Vincent, A. – 331
Vinci, Leonardo da – 114, 136
Volten, A. – 136

W

Waburton, P. J. – 185
Wacholder, Ben-Zion – 199, 286
Wadi el-Hol – 374
Wallis Budge, E. A. – 73-74, 86, 90, 167, 281, 284, 307, 310-311
Wall Street Journal – 26
Washington – 46, 58, 68, 190, 261, 359, 424

Weigall, Arthur – 134
Weinreich, O. – 320
Weiss, Charles – 74
Weitzman – 31, 347
Wellhausen, Julius – 71, 360, 363
Wigoder, Geoffrey – 43, 51
Wilford, John Noble – 374
Wilmot, David – 46
Winer, Mark – 355
Wise, Michael – 46, 55, 187, 204, 223, 278, 310
Wolters – 42, 46, 58, 227, 230, 240, 257
Wright Baker, H. – 38

X

XRF – 303

Y

Yadin, Yigael – 26-27, 279, 368-369
Yano-am – 189
Yaron, Reuven – 329, 333
Yeats, W. B. – 112
Yeb – 96, 104, 161, 163-164, 166, 326, 334, 419
Yerushalmi, Yosef Hayim – 68
Yom Kippur – 281
Yurco, Frank – 190

Z

Zacarias – 92
Zadok – 196, 243, 255, 257-259, 277, 295, 363, 365-366, 403
Zaphenath-paneah – 147, 149
Zeitlin, Irving – 77-78, 167
Zephaniah – 198
Zipora – 71, 76
Zuckerman, Bruce – 374
Zurique – 28

MADRAS® Editora — CADASTRO/MALA DIRETA

Envie este cadastro preenchido e passará a receber informações dos nossos lançamentos, nas áreas que determinar.

Nome _____
RG _____ CPF _____
Endereço Residencial _____
Bairro _____ Cidade _____ Estado ____
CEP _____ Fone _____
E-mail _____
Sexo ❑ Fem. ❑ Masc.   Nascimento _____
Profissão _____ Escolaridade (Nível/Curso) _____

Você compra livros:
❑ livrarias   ❑ feiras   ❑ telefone   ❑ Sedex livro (reembolso postal mais rápido)
❑ outros: _____

Quais os tipos de literatura que você lê:
❑ Jurídicos   ❑ Pedagogia   ❑ Business   ❑ Romances/espíritas
❑ Esoterismo   ❑ Psicologia   ❑ Saúde   ❑ Espíritas/doutrinas
❑ Bruxaria   ❑ Autoajuda   ❑ Maçonaria   ❑ Outros:

Qual a sua opinião a respeito dessa obra? _____
_____

Indique amigos que gostariam de receber MALA DIRETA:
Nome _____
Endereço Residencial _____
Bairro _____ Cidade _____ CEP _____

Nome do livro adquirido: ***O Mistério do Pergaminho de Cobre de Qumran***

Para receber catálogos, lista de preços e outras informações, escreva para:

MADRAS EDITORA LTDA.
Rua Paulo Gonçalves, 88 — Santana — 02403-020 — São Paulo/SP
Caixa Postal 12299 — CEP 02013-970 — SP
Tel.: (0_ _ 11) 6959-1127 — Fax.:(0_ _ 11) 6959-3090
www.madras.com.br

Este livro foi composto em Times New Roman, corpo 11/12.
Papel Offset 75g –
Impressão e Acabamento
Neo Graf – Rua Javaés, 689 – Bom Retiro – São Paulo/SP
CEP 01130-010 – Tel.: (0_ _11) 3333-2474 –
e-mail: atendimento@neograf.net